MADAME

DE SABLÉ

1217-82. IMP. D. BARDIN ET Cie, A SAINT-GERMAIN.

MADAME

DE SABLÉ

NOUVELLES ÉTUDES

SUR LES FEMMES ILLUSTRES ET LA SOCIÉTÉ

DU XVIIe SIÈCLE

PAR

M. VICTOR COUSIN

CINQUIÈME ÉDITION

PARIS

LIBRAIRIE ACADÉMIQUE

DIDIER ET Cie, LIBRAIRES-ÉDITEURS

QUAI DES AUGUSTINS, 35

1882

AVANT-PROPOS

Voici encore une figure de la galerie que nous avions projetée et que nous n'achèverons jamais. Mme de Sablé a occupé une place élevée dans l'estime de ses contemporains, et elle nous a paru mériter encore notre attention par la réunion de qualités peu communes. Elle avait de la naissance, de la beauté, de la raison et du cœur. Si elle n'a pas beaucoup fait par elle-même, elle a eu l'heureux don d'inspirer des esprits plus hardis et plus puissants que le sien : elle a donné l'impulsion à un nouveau genre de littérature, les Pensées et les Maximes, et on lui doit La Rochefoucauld; dans la défense de Port-Royal persécuté, elle a suscité la sœur de Condé. Et comme en littérature, son talent ne passe guère une médiocrité de bon goût, ainsi, toute janséniste qu'elle est ou veut être, sa piété demeure dans ce sage tempérament qui n'effraye pas trop la faiblesse humaine. Mme de Sablé pourrait donc servir encore aujourd'hui de modèle à quelque femme aimable, bien née et bien élevée, qui, revenue des illusions et des troubles de la première jeunesse, mettrait son bonheur dans une religion modérée, dans des occupations solides et élégantes, et se piquerait d'exercer autour d'elle une utile et noble influence. A ces divers titres, nous espérons que Mme de Sablé, si recherchée dans son temps, ne sera pas mal accueillie du nôtre.

Mais, nous l'avouons, malgré tout son mérite, Mme de Sablé n'est point ici notre unique sujet. Elle continue en quelque sorte en ce livre le rôle de toute sa vie : elle paraît moins qu'elle ne sert à faire paraître les autres. Elle nous mène à travers les meilleures parties du XVIIe siècle, et nous introduit dans la plus haute et la plus gracieuse compagnie. Nous assistons avec elle aux premiers et aux derniers jours de l'hôtel de Rambouillet, aux Samedis un peu bourgeois de Mlle de Scudéri, aux brillantes réunions du Luxembourg, chez la grande Mademoiselle; et des délassements de la plus fine aristocratie nous voyons naître une littérature agréable et sérieuse, celle des Portraits qui préparent les *Caractères* de La Bruyère. Mme de Sablé va terminer sa carrière à Port-Royal : nous la suivons dans cet asile modeste, où, vieillissante, presque sans fortune, ne vivant plus que de réflexions et de souvenirs, elle retient autour d'elle, par l'agrément de son commerce, une société d'élite, et donne ses propres goûts à La Rochefoucauld, à Domat, et peut-être à Pascal lui-même. Elle reçoit avec eux leurs plus illustres contemporaines; quelquefois, et à des heures réservées, des princesses telles que Henriette, duchesse d'Orléans, ordinairement Mme de Guyméné, la duchesse de Liancourt, la duchesse de Schomberg, Mme de Montausier, ou des religieuses d'une vertu aimable comme Éléonore de Souvré, abbesse de Saint-Amand de Rouen, Éléonore de Rohan, abbesse de Caen et de Malnoue, Gabrielle de Mortemart, abbesse de Frontevrault; sans parler de la grande Angélique Arnauld, de sa digne sœur la mère Agnès, et de cette autre mère Agnès, la Carmélite, l'amie, la confidente, et quelquefois la conseillère de Bossuet; bien des dames enfin qui, sans avoir le génie ou le talent de Mme de Sévigné et de Mme de La Fayette, composent en quelque sorte leur cortége, et nous représentent les étoiles inférieures de la littérature mondaine et féminine du XVIIe siècle. Au premier rang de ces dames distinguées du second ordre, nous signalons la vive, irritable et spirituelle comtesse de Maure, avec sa pupille Mlle de Vandy.

A l'écart et dans l'ombre, souriant aux amusements de la noble compagnie, mais n'y participant point, nous trouvons aussi, chez Mme de Sablé, une autre personne, jadis l'idole de l'hôtel de Rambouillet, la reine de la mode et du bon ton, alors vouée à la plus austère pénitence, cette La Vallière de la Fronde, dont nous avons retracé la pieuse enfance et l'aventureuse jeunesse. Ce n'est plus cette beauté à la fois languissante et passionnée, naïve et coquette, que

Mlle de Scudéry a célébrée sous le nom de Mandane pour laquelle Coligni est mort, qui troubla un moment le cœur de Turenne, et qui, elle-même, lorsqu'enfin elle connut l'amour, lui prodigua tous les sacrifices. A trente-cinq ans, Mme de Longueville a dit adieu au monde; elle a rejeté ses plaisirs les plus innocents, qui cachent souvent ses plus grands dangers; elle fuit tout ce qu'elle a aimé, tout ce qui l'a perdue, la comédie, les romans, les belles compagnies; elle a oublié jusqu'à Voiture et Corneille; elle est tout entière au repentir et au devoir, à son vieux mari, à ses deux enfants, à son frère. Et pourtant elle est toujours la même; elle demeure aussi gracieuse que majestueuse; à la moindre occasion, son esprit, son cœur, sa fierté lui échappent, et enlèvent involontairement l'admiration. D'abord nous avions cédé à la tentation de la mettre un peu trop sur le premier plan, et elle était ainsi devenue, contre notre dessein, la figure principale et dominante. Nous avons pris soin cette fois de la retenir à sa juste place et de relever les autres figures, de maintenir et de faire mieux paraître l'unité de notre sujet en réservant pour un autre ouvrage les années de pénitence de Mme de Longueville, aussi bien que ses brillantes erreurs pendant la Fronde.

Nous prions, en effet, qu'on veuille bien saisir le différent caractère de chacune de ces biographies, que le public a daigné accueillir avec trop d'indulgence. L'histoire de Mme de Longueville, si nous parvenons à la terminer, représentera seule le XVIIe siècle tout entier[1], par tous ses grands côtés, la religion, la politique, la guerre, la littérature, la galanterie : nos autres études en expriment les faces diverses et particulières. Jacqueline Pascal nous fait pénétrer dans l'intérieur de Port-Royal, cette grande œuvre du génie chrétien; elle nous fait voir des vertus sublimes avec leurs ombres inévitables, les plus heureux dons de la nature immolés au pied de la croix, et l'austérité poussée jusqu'à l'ascétisme. Avec Mme de Chevreuse vous avez le spectacle des grandes intrigues politiques entremêlées d'aventures galantes : ici les enivrements de la vie de cour, de la jeunesse et de la beauté, les fêtes du Louvre et les carrousels de Nancy; là l'échafaud de Chalais, la prison de Châteauneuf, Charles IV perdant sa couronne, trois longs exils, cette fuite à cheval en habit d'homme à travers la moitié de la France, cette autre fuite dans une barque à travers l'Océan, une femme tenant tête pendant vingt-cinq ans à Richelieu et à Mazarin. Mme de Hautefort est un type bien différent. Tout aussi belle et tout aussi courageuse, et en même temps d'une pureté sans tache, n'entendant rien à la politique, mais inflexiblement attachée à l'honneur, risquant tout pour faire son devoir et servir une reine persécutée, puis, par des scrupules magnanimes, ac-

1. En attendant, on peut lire LA SOCIÉTÉ FRANÇAISE AU XVIIe SIÈCLE, *d'après le grand Cyrus de Mlle de Scudéry.*

ceptant de la main de cette même reine une nouvelle disgrâce, un nouvel exil, Mme de Hautefort offre la touchante alliance de la beauté, de l'esprit et de la vertu; elle est le modèle de la grande dame, à la fois irréprochable et aimable, telle qu'il y en avait alors, quoi qu'on en dise, un assez bon nombre dans les rangs les plus élevés de l'aristocratie française, une marquise de Rambouillet, une duchesse de Liancourt, une maréchale de Navailles, une princesse de Conti, et bien d'autres qui peuvent défier tous les Tallemant. Enfin, Mme de Sablé nous montre les mœurs et les occupations de la société polie, et nous ouvre les grands salons du temps, surtout les salons littéraires.

D'austères censeurs nous demanderont peut-être pourquoi nous dérobons à la philosophie le peu de jours qui nous restent et les perdons sur de pareils travaux. Notre réponse sera bien simple : nous ne considérons pas la littérature comme une chose frivole; loin de là, nous la croyons tout aussi sérieuse que la philosophie, et presque aussi puissante sur le cœur et l'imagination que la religion elle-même. Hélas! de nos jours, quelle n'a pas été l'influence d'une littérature dépravée, complaisante à la faiblesse et au vice! N'avons-nous pas vu naguère, en quelque sorte à l'ordre du jour, dans les romans, dans la poésie même et sur le théâtre, le dénigrement de toute autorité, l'insulte prodiguée à tout ce qui était élevé à un titre ou à un autre, la royauté calomniée et travestie, les gloires du passé avilies dans des récits mensongers, les maux trop réels du peuple exagérés et envenimés dans le dessein manifeste de les lui rendre insupportables; la liberté, si chèrement achetée par nos pères, répudiée comme un présent inutile sans une égalité chimérique, sans les satisfactions de la vanité et de la fortune; le christianisme traité de superstition surannée; l'art réduit au rôle de serviteur de la fantaisie et des sens; l'amour même déshonoré, et, au lieu de Chimène et de Pauline, de Bérénice et de la princesse de Clèves, les marquises de la Régence et les héroïnes de la Révolution offertes à l'imitation de nos sœurs et de nos femmes? A cette conspiration de la licence et du mauvais goût ne serait-il pas temps d'opposer celle de l'art véritable et d'une littérature généreuse, digne fille de celle qu'inaugurèrent au commencement de notre siècle l'auteur de *Corinne* et de *l'Allemagne*, le chantre du *Génie du Christianisme* et celui des *Méditations?* Pour nous, en même temps que nous essayons de rappeler la jeunesse française au culte du Vrai, du Bien et du Beau, et qu'au nom d'une saine philosophie nous ne cessons de combattre le matérialisme et l'athéisme de nouveau répandus dans le monde par les derniers et extravagants systèmes de la métaphysique allemande, il nous a paru que ces Études sur la société et les femmes illustres du XVIIe siècle pourraient inspirer aux générations présentes le sentiment et le goût de plus nobles mœurs, leur faire connaître, honorer et aimer la France à la plus glorieuse époque de son histoire, puissante au dehors et au dedans, guerrière et littéraire tout ensemble, une France où les femmes étaient, ce semble, assez belles et excitaient d'ardentes amours, mais des amours dignes du pinceau de Corneille, de Racine et de Mme de La Fayette, une France enfin, à laquelle il ne manquait, parmi toutes ses grandeurs, que la grandeur suprême de la liberté.

15 Octobre 1858.

V. COUSIN.

LA
MARQUISE DE SABLÉ

CHAPITRE PREMIER.

Des principales sources où nous avons puisé : les manuscrits de Conrart et les portefeuilles du Dr Valant. — Naissance et famille de Madeleine de Souvré. — Sa beauté ; son esprit ; son goût pour la galanterie espagnole. — On la marie au marquis de Sablé, fils du maréchal de Bois-Dauphin. Ce mariage n'est pas heureux. — Madame de Sablé à l'hôtel de Rambouillet. — Le duc Henri de Montmorency. — Voiture. — La vraie vocation de Mme de Sablé est pour l'amitié. Sa liaison intime avec Anne d'Attichy, depuis comtesse de Maure. — Son affection pour Mme de Longueville, avec sa peur du mauvais air et de la contagion. Petite querelle à cet égard entre Mme de Sablé et Mlle de Rambouillet. — Elle perd son mari en 1640, et son fils chéri, Guy de Laval, en 1646. — Triste état de ses affaires. — Elle quitte le quartier du Louvre pour la Place Royale.

La marquise de Sablé est le modèle de la femme aimable et distinguée de la première moitié du XVIIe siècle. Elle n'a pas eu l'austère énergie de Jacqueline Pascal, la candeur et les tendresses vertueuses de Mlle du Vigean et de Mlle de La Fayette, la pure et incomparable beauté de Mme de Hautefort, l'audace de Mme de Chevreuse, le charme à la fois et la hauteur de Mme de Longueville, le génie de Mme de Sévigné. Mais elle possédait au suprême degré ce qu'on appelait alors la politesse, qui, sans exclure les qualités éminentes, ne les supposait pas, et était un heureux mélange de raison, d'esprit, d'agrément et de bonté. C'était là le mérite particulier de Mme de Sablé; c'est par là qu'elle a été si comptée dans la société de son temps, cette société qui est peut-être encore ce que l'humanité a produit de moins imparfait, et dont nous voudrions rappeler un moment l'image en ces fidèles peintures.

Pour éclairer la vie de Mme de Sablé, les livres ne fournissaient point assez; il nous a fallu avoir recours à deux célèbres collections de manuscrits auxquelles déjà en d'autres occasions nous avons beaucoup emprunté, et qui sont inépuisables.

Conrart, le premier secrétaire de l'Académie française [1], était un curieux universel : il prenait le plus vif intérêt à toutes les choses de quelque importance qui se passaient dans les lettres, dans le monde, dans la politique même; car il était du conseil d'État aussi bien que de l'Académie, et il se piquait d'être honnête homme, dans le sens qu'on donnait alors à ce mot. Répandu dans les meilleures compagnies, il recherchait les pièces de tout genre, en prose et en vers, qui circulaient sans être publiées; il les recueillait en original ou en copie, et ces recueils très-volumineux sont aujourd'hui à la bibliothèque de l'Arse-

1. Sur Conrart, voyez notre ouvrage : LA SOCIÉTÉ FRANÇAISE AU XVIIe SIÈCLE, D'APRÈS LE GRAND CYRUS, in-8°, 1858, t. II, chap. XI, XIII, XV, XVI : et l'APPENDICE, *passim*.

nal [1]. Nous y avons trouvé plus d'une lettre inédite adressée à Mme de Sablé ou même écrite par elle pendant sa jeunesse et son âge mûr. Plus tard, retirée à Port-Royal, elle brûla en quelque sorte sa vie passée, tous ses papiers; heureusement elle prit à son service, pour être à la fois son médecin, son intendant et son secrétaire, le docteur Valant, homme instruit, aimant assez la belle littérature, et surtout fort curieux. Mme de Sablé lui abandonnait ou il s'appropriait lui-même toutes les lettres qu'elle recevait, même les plus intimes, aux dépens de l'amitié et au grand profit de l'histoire; car, après la mort de la marquise, Valant rassembla ces papiers, les mit en ordre, et les déposa à l'abbaye de Saint-Germain des Prés, d'où ils sont arrivés à la Bibliothèque impériale [2]. Là se rencontre une foule de lettres précieuses de toute la société de Mme de Sablé, hommes et femmes; quelques-unes de Pascal, un assez grand nombre de La Rochefoucauld, avec de charmants billets de Mme de La Fayette, un entre autres qui trahit le secret et donne presque la date de sa liaison naissante avec l'auteur des *Maximes*, et qui, échappé de son cœur, est venu tomber des mains de sa négli-

1. Les manuscrits de Conrart à la Bibliothèque de l'Arsenal se divisent en deux séries : vingt-quatre volumes in-4°, et dix-huit volumes in-folio; ajoutez-y, à la même Bibliothèque, un recueil du même genre en deux volumes in-4°, intitulé : *Recueil de pièces*.

2. Fonds intitulé : *Résidu de Saint-Germain*, quatorze portefeuilles in-folio. Il y faut joindre deux volumes in-4°, *Supplément français*, n° 3029, et un in-folio sous ce titre : *Lettres de madame de Sablé à divers*.

gente amie dans celles de l'indiscret docteur, lequel l'a très-soigneusement conservé, afin qu'un jour un autre indiscret le découvrît et le mît sous les yeux du public.

Voilà les deux grandes sources où tour à tour nous puiserons [1]. Conrart nous fera connaître dans Mme de

1. Nous n'avons pas besoin de faire mention d'avance des nombreux ouvrages imprimés que nous consulterons, Mme de Motteville, Mademoiselle, La Rochefoucauld, et tant d'autres. Disons seulement, et une fois pour toutes, qu'ici, comme dans nos autres écrits, nous n'employons les historiettes de Tallemant des Réaux qu'avec beaucoup de précautions et en suivant fidèlement ces deux règles : la première de ne rien rejeter absolument, car nous n'ignorons pas qu'il y a bien des misères à côté de quelque grandeur dans l'humanité, au XVIIe siècle comme dans tous les siècles; la seconde, de ne rien accepter que sous bénéfice d'inventaire, et après avoir recherché et trouvé quelque autre autorité plus sérieuse. Il serait en effet d'une justice historique par trop nouvelle de condamner les gens sur le dire d'un seul témoin, et d'un témoin tel que celui-là. Une assez longue expérience nous permet d'affirmer qu'excepté sur l'hôtel de Rambouillet, où il avait été admis fort tard et dans sa pleine décadence, puisque le nom du malin personnage ne se rencontre pas une seule fois dans les lettres et les poésies de Voiture, véritables archives de l'illustre hôtel en ses beaux jours, Tallemant ne fait guère que répéter sur les hommes et sur les choses les bruits qui circulaient dans les bas-fonds de la société du temps. Il ne choisit pas; il entasse à pleines mains tous les bavardages; il flétrit et salit tout ce qu'il touche, et il se complaît particulièrement à dégrader ce qui est grand. Lisez, par exemple, les articles d'Henri IV, de Sully, de Mme de Chevreuse, trois personnages qui assurément ne sont pas irréprochables, mais qui occupent les sommets de l'histoire. Tallemant les en fait descendre, et les traite sans façon. Il ne se contente pas de montrer, selon le droit de l'histoire, le revers de ces trois grandes médailles, il ne laisse paraître que ce revers, et encore il le charge à tel point qu'au lieu du roi le plus politique que la France ait jamais eu, au lieu du ministre laborieux et habile, bien inférieur sans doute à son maître, mais qui le seconda admirablement et laissa des finances en bon ordre, une armée solide et une formidable artillerie; au lieu de

Sablé la femme du monde demeurant près du Louvre et à la Place Royale, les deux quartiers à la mode. Valant nous permettra de la suivre dans sa retraite de Port-Royal; il nous montrera tout ce qu'il y avait de mieux à Paris se donnant rendez-vous chez l'aimable recluse, et son salon devenant le berceau d'un nou-

l'intrépide ennemie de Richelieu et de Mazarin, qui mit la main dans les intrigues les plus audacieuses et souvent les plus tragiques, et mérita d'être placée par Mazarin lui-même, qui s'y connaissait apparemment, à côté de la Palatine et de Mme de Longueville, vous n'avez plus qu'un vieux roi débauché, un ministre avare et avide, et une libertine vulgaire. Les historiettes de Tallemant doivent être mises au même rang que le recueil de chansons satiriques de Maurepas. Il y a là sans doute, nous le reconnaissons, bien des indices qu'un historien peut et doit mettre à profit; mais avec quel discernement, avec quelle critique ne faut-il pas puiser dans ces archives du scandale! Au reste nous aimons à nous en référer à l'opinion de l'un des écrivains de notre temps qui ont le mieux connu le XVIIe siècle, M. Bazin, dans un article fort indulgent où il annonçait la première édition des *Historiettes* : « Lorsqu'en des mémoires recommandés par l'autorité de quelque personnage spirituel et vrai, il se trouve sur le chemin une aventure galante qui tient par le moindre fil aux événements contemporains, l'historien l'accepte et l'annote volontiers, parce qu'il ne faut rien négliger de ce qui appartient aux hommes, parce que dans ces faiblesses ou ces passions il y a souvent le secret des plus grandes choses, parce qu'aux affaires de ce monde la politique fait beaucoup moins qu'elle ne croit, et l'amour beaucoup plus qu'il n'y pense. Mais est-ce à dire qu'il faudra recevoir du premier venu tous les méchants propos qu'il aura recueillis, en bons ou mauvais lieux, dans le cours d'une vie obscure, et qu'il lui aura plu d'enregistrer sans se donner la peine de déguiser au moins la crudité des faits par la délicatesse de l'expression? Ce que nous ne hasardons dans les entretiens privés qu'avec des précautions et des réticences, avec des ménagements qui sauvent la pudeur sans rien faire perdre à la malice, sera-t-il permis à la page imprimée de nous le montrer avec cynisme, sous prétexte qu'il s'agit de gens qui ne sont plus, d'hommes ou de femmes qui ont eu de la réputation en leur temps, et dont l'honneur n'est maintenant sous la sauvegarde

veau genre de littérature. Enfin, la riche correspondance que le docteur nous a conservée nous mettra dans la confidence des occupations qui remplirent les dernières années de Mme de Sablé, surtout de ses intimes et affectueuses relations avec plusieurs personnes diversement éminentes, par lesquelles on pénètre dans le cœur et jusqu'au faîte de la société du XVIIe siècle; ici d'aimables et graves religieuses, qui nous représentent les grands couvents de Paris, ces admirables écoles de vertu et de politesse chrétienne; là, des grandes dames passionnées pour l'esprit et se complaisant dans un commerce agréable, depuis Mme de La Fayette jusqu'à Mme de Longueville et l'une et l'autre duchesse d'Orléans.

Madeleine de Souvré était fille de Gilles de Souvré, marquis de Courtenvaux, qui suivit le duc d'Anjou en Pologne, se trouva à la bataille de Coutras, et rendit des services considérables à Henri IV. Il fut fait gouverneur de Touraine et choisi pour être gouverneur de Louis XIII : charge importante, qui, ajoutée à ses autres titres, lui valut le bâton de maréchal de France, comme plus tard à Nicolas de Neuville, le premier duc et maréchal de Villeroy [1]. Madeleine avait

de personne? Faudra-t-il faire à l'histoire cet outrage d'étendre le besoin qu'on éprouve de n'en rien ignorer, jusqu'à couvrir de sa protection toutes les obscénités et tous les commérages des siècles passés qui ont trouvé une plume pour les écrire, une armoire pour les garder et des bibliophiles pour les découvrir? » *Études d'histoire et de biographie*, par M. Bazin, page 323-324.

1. Le maréchal de Souvré est mort en 1626, âgé de quatre-vingt-

deux sœurs. L'aînée épousa M. de Lansac, et restée veuve parvint quelque temps à une assez haute fortune, grâce à la protection de Richelieu, qui la fit nommer, en 1638, gouvernante des enfants de France; mais, en 1643, après la mort du cardinal et de Louis XIII, Anne d'Autriche la congédia, pour donner sa place à la marquise de Sénecey [1]. La cadette, Anne de Souvré, s'étant faite religieuse, devint abbesse de Saint-Amand, de Rouen [2], et paraît avoir apporté cette abbaye dans la maison de Souvré, puisque après elle deux de ses nièces lui succédèrent à la tête de ce monastère [3]. De ses quatre frères, les deux plus connus sont le marquis Jean de Souvré, chef de la famille, le plus ancien des quatre premiers gentilshommes de la chambre du Roi vers la fin de Louis XIII et pendant la minorité de Louis XIV, longtemps capitaine du château de Fontainebleau [4], et qui succéda à son père le maréchal dans le gouverne-

quatre ans. Sa femme était Françoise de Bailleul, dame de Renouard.

1. On peut voir à Versailles, attique du nord, un assez grand tableau du temps, d'un artiste inconnu, qui représente Mme de Lansac en costume de veuve tenant par la main le petit roi. Sur Mme de Lansac et Mme de Sénecey, voyez Madame de Hautefort, *passim*.

2. En 1630. Morte en 1651. Voyez la *Gallia christiana*, t. XI, p. 290. Voiture en parle dans une lettre à Mme de Sablé, t. Ier, p. 32, de l'édition de 1745.

3. D'abord Éléonore de Souvré, abbesse en 1651, morte en 1671; puis Madeleine de Souvré donnée à sa sœur comme coadjutrice en 1655, abbesse après elle, et morte en 1691. *Gallia christiana*, ibid. — Le *Dictionnaire des Précieuses* leur donne les noms de *Siridamie* et *Diotime*.

4. *État de la France* pour 1648. Le marquis de Souvré avait épousé une Villeroy, et mourut en 1656, âgé de 72 ans.

ment de Touraine; et Jacques de Souvré, chevalier de Malte, puis commandeur, qui se distingua tour à tour au siége de La Rochelle et au siége de Cazal, devint grand prieur de France, fit bâtir le superbe hôtel du Temple pour être la demeure ordinaire des grands prieurs, et mourut en 1670 [1]. Disons aussi qu'une petite nièce de Madeleine de Souvré, Anne de Souvré, marquise de Courtenvaux, épousa Louvois en 1662, et qu'une de ses petites-filles, la fille du marquis de Laval, fut mariée la même année à un autre favori de Louis XIV, le marquis de Rochefort, depuis maréchal de France.

Jusqu'ici on a fait naître [2] Madeleine de Souvré en 1608; mais un document authentique, le *Nécrologe de Port-Royal,* dit qu'elle mourut « le 16 janvier 1678, à l'âge de soixante-dix-neuf ans. » Elle était donc née certainement en 1599, à peu près avec le XVIIe siècle, et elle l'a presque accompagné jusqu'au terme fatal où, parvenu au faîte de la grandeur en toutes choses, il n'avait plus qu'à décliner.

Mlle de Scudéry, qui était fort liée avec Mme de Sablé, et l'a introduite dans *le Grand Cyrus* sous le nom de Parthénie, princesse de Salamis [3], nous ap-

1. On en a un très-beau portrait in-folio, gravé par Lenfant, en 1667, d'après Pierre Mignard. Son mausolée et sa statue, de la main de Michel Anguier, étaient autrefois à Saint-Jean de Latran, et on les voit encore au musée du Louvre.

2. Les éditeurs de Tallemant des Réaux, t. II, page 320.

3. Sur ce roman et sur la princesse de Salamis, voyez LA SOCIÉTÉ FRANÇAISE AU XVIIe SIÈCLE, t. II, chap. VIII, *Madame de Sablé et Voiture.*

prend qu'elle passa ses premières années en Touraine, dont son père, comme nous l'avons dit, était gouverneur. « Le père de Parthénie, dit Mlle de Scudéry, fit élever tous ses enfants en Amathusie, jusqu'à ce qu'ils fussent en état de paroître à la cour; joint que la princesse sa femme y demeuroit toujours; de sorte qu'il ne fut pas de l'éclat de la beauté de Parthénie comme du soleil que l'on voit tous les jours s'élever peu à peu, et aux rayons duquel on s'accoutume insensiblement; car elle parut tout d'un coup à Paphos, toute brillante de lumière. » Ainsi Madeleine de Souvré, vraisemblablement née en Touraine, y demeura avec ses frères et ses sœurs sous les yeux de sa mère, pendant toute son enfance, et elle vint toute formée à Paris et à la cour. Elle y jeta d'abord le plus grand éclat par les grâces de son esprit et de sa personne.

Il est impossible qu'on n'ait pas fait, et même plus d'une fois, le portrait de Madeleine de Souvré, soit quand elle était jeune fille, soit surtout à son mariage, ou dans quelque autre circonstance importante de sa vie. Elle-même, dans sa solitude de Port-Royal, avait conservé un des portraits de sa jeunesse qui la représentait portant des fleurs de jasmin et de grenadier entremêlées avec ses cheveux [1]. Scudéry, dans la description en vers de son cabinet de curiosités, cite un portrait de Mme de Sablé de la main de Mellan, sans nous dire si c'était une peinture ou un dessin ou

1. Voyez plus bas, chap. IV.

une gravure[1] du célèbre artiste; et au lieu de nous la faire connaître, il se borne à nous donner ces vers aussi fades que maniérés[2] :

Que d'attraits et que de beauté!
Que d'esprit et de complaisance!
Quelle farouche liberté
A pu tenir en sa présence?
Et qui ne voit à cette fois
Que les Grâces sont plus de trois?

Mais ces divers portraits ont péri dans le grand naufrage, ou, s'ils y ont échappé, ils sont ensevelis dans le coin de quelque château de province[3] ou

1. La *Bibliothèque historique de France,* t. IV, *Liste des François et des Françoises illustres,* n'indique aucun portrait gravé de Mme de Sablé.

2. *Le cabinet de M. de Scudéry,* etc., in-4°, chez Courbé, 1646, 1re partie, page 147. — Nous avons vu chez M. le baron de Schweiter, qui n'est pas seulement un amateur éclairé des arts, mais lui-même un artiste fort distingué, un dessin de Daniel Demonstier représentant une personne jolie sans être belle, avec de petits yeux bleus et des cheveux blonds, et qui est appelée dans l'inscription : *Madame la marquise de Sablé.* Mais la date de 1621, écrite de la main de Daniel Demonstier, ne permet pas de voir dans ce portrait celui que nous cherchons, car la personne représentée n'a pas moins d'une quarantaine d'années, et en 1621 Mme de Sablé avait vingt-deux ans.

3. En effet, on nous signale un portrait de Mme de Sablé dans le vieux château de Nangis, à Nangis, département de Seine-et-Marne, à quelques lieues de Provins. Rien d'étonnant que ce portrait se trouve là; car un Nangis, le père du célèbre marquis et maréchal de ce nom, avait épousé la fille de la maréchale de Rochefort, petite-fille elle-même de Mme de Sablé, comme nous l'avons dit plus haut, page 8. On nous assure donc qu'à Nangis, parmi de vieux portraits de famille, est celui de l'aimable marquise, peinte à peu près de grandeur naturelle, de la main d'un bon peintre du temps. La des-

dans le grenier de quelque marchand; et nous ne saurions pas quelle avait été cette beauté célèbre, si Mlle de Scudéry, dans *le Grand Cyrus,* ne nous en donnait une description fort détaillée. « Parthénie[1] étoit grande et de belle taille; elle avoit de beaux yeux; sa gorge étoit la plus belle du monde; elle avoit le teint admirable, les cheveux blonds et la bouche fort agréable... avec un air charmant et des souris fins et éloquents qui faisoient connoître la douceur ou la malice qui étoient dans son âme. » Cette description équivaut au meilleur portrait, et nous montre que Madeleine de Souvré n'était pas seulement une jolie femme, mais une beauté véritable, digne de rivaliser avec les plus illustres de son temps.

Pour de l'esprit, on s'accorde à lui en reconnaître beaucoup, et Tallemant lui-même, qui semble l'avoir prise en haine et la peint en caricature, ne peut s'empêcher de convenir que « elle avoit bien de l'esprit[2]. »

Mme de Motteville, qui la connaissait bien, se com-

cription que nous en donne une personne dont l'exactitude nous est connue répond tout à fait à celle de Mlle de Scudéry. La dame est blonde, les traits fins et délicats, l'expression douce et tranquille, le teint d'une blancheur extrême, des bras et des mains charmantes, une coiffure un peu à la Sévigné, un habillement riche et pourtant simple. En bas, à gauche, sur le pan d'un coffre où s'appuie la main droite, est sur la toile même cette inscription : *Marie de Souvray, marquise de Sablé*. Ce nom de *Marie,* au lieu de celui de *Madeleine*, le seul que l'on donne à Mlle de Souvré, est sans doute une difficulté; mais d'autre part quelle autre Souvré a pu être dite *marquise de Sablé?*

1. Voyez notre ouvrage précité, LA SOCIÉTÉ FRANÇAISE AU XVIIe SIÈCLE, t. II, chap. VIII.

2. Tallemant des Réaux, 1re édition, t. II, p. 320.

plaît à en faire ce sérieux éloge : « J'ai toujours reconnu, dit-elle, dans Mme de Sablé beaucoup de lumière et de sincérité [1]. »

Mais c'est toujours à Mlle de Scudéry qu'il faut s'adresser quand on veut des détails caractéristiques : « Parthénie [2] est née avec une beauté surprenante, qui charme dès le premier instant qu'on la voit, et qui semble encore augmenter à tous les moments qu'on la regarde. Son esprit brille aussi bien que ses yeux, et sa conversation, quand elle le veut, n'a pas moins de charmes que son visage. Au reste, son esprit n'est pas de ces esprits bornés qui savent bien une chose et qui en ignorent cent mille; au contraire, il a une étendue si prodigieuse que, si l'on ne peut pas dire que Parthénie sache toutes choses également bien, on peut du moins assurer qu'elle parle de tout fort à propos et fort agréablement. Il y a même une délicatesse dans son esprit si particulière et si grande que ceux à qui elle accorde sa conversation en sont épouvantés, et d'autant plus que c'est une des personnes du monde qui parlent le plus juste et le plus fortement, quoique toutes ses expressions soient simples et naturelles. De plus, elle change encore son esprit comme elle veut; car elle est sérieuse et même savante avec ceux qui le sont, pourvu que ce soit en particulier; elle est galante et enjouée quand il faut l'être; elle a le cœur haut et quelquefois l'esprit flatteur; personne n'a jamais su

1. *Mémoires*, édit. d'Amsterdam, 1750, t. IV, p. 24.
2. LA SOCIÉTÉ FRANÇAISE AU XVIIe SIÈCLE, t. II, chap. VIII, p. 8.

mieux le monde qu'elle le sait; elle est d'un naturel timide en certaines choses et hardi en d'autres; elle a de la générosité héroïque et de la libéralité, et, pour achever de vous la dépeindre, son âme est naturellement tendre et passionnée... »

Voilà bien des moyens de plaire; et, comme on le pense bien, une fille de gouverneur de Roi et de maréchal de France, parée de tant d'agréments personnels, ne pouvait manquer d'adorateurs dans une cour où la galanterie était fort à la mode. Mais Madeleine de Souvré était une élève de l'*Astrée*[1] : elle concevait l'amour de cette façon idéale et chevaleresque que Corneille a empruntée à l'Espagne, et elle contribua beaucoup à répandre le goût de ces grands sentiments à la fois passionnés et purs ou ayant la prétention de l'être, dont se piquait Louis XIII, et qui régnèrent dans la littérature et dans le beau monde jusqu'à Louis XIV. « La marquise de Sablé, dit Mme de Motteville[2], étoit une de celles dont la beauté faisoit le plus de bruit quand la reine (la reine Anne) vint en France (en 1615). Mais, si elle étoit aimable, elle désiroit encore plus de le paroître. L'amour que cette dame avoit pour elle-même la rendit un peu trop sensible à celui que les hommes lui témoignoient. Il y avoit encore en France quelques restes de la politesse que Catherine de Médicis y avoit rapportée d'Italie; et on trouvoit une si grande déli-

1. La première partie de l'*Astrée* est de l'année 1610, et dédiée à Henri IV.

2. *Mémoires*, t. I, p. 13.

catesse dans les comédies nouvelles et dans tous les autres ouvrages en vers et en prose qui venoient de Madrid, qu'elle avoit conçu une haute idée de la galanterie que les Espagnols avoient apprise des Maures. Elle étoit persuadée que les hommes pouvoient sans crime avoir des sentiments tendres pour les femmes, que le désir de leur plaire les portoit aux plus grandes et aux plus belles actions, leur donnoit de l'esprit et leur inspiroit de la libéralité et toutes sortes de vertus; mais que, d'un autre côté, les femmes, qui étoient l'ornement du monde et étoient faites pour être servies et adorées, ne devoient souffrir que leurs respects. Cette dame ayant soutenu ses sentiments avec beaucoup d'esprit et une grande beauté, leur avoit donné de l'autorité dans son temps, et le nombre et la considération de ceux qui ont continué à la voir ont fait subsister dans le nôtre ce que les Espagnols appellent *fucezus*[1]. »

Il semble bien que Mme de Sablé commença par être un peu coquette. Mme de Motteville vient de nous dire que « si Mme de Sablé étoit aimable, elle désiroit encore plus de le paroître, » et Mlle de Scudéry nous l'insinue fort clairement en plusieurs endroits :

« Dès que la belle Parthénie commença de paroître dans le monde, elle éblouit tous ceux qui la virent, et l'on peut assurer sans mensonge qu'elle effaça toutes les autres beautés, et qu'elle brûla plus

1. Lisez peut-être *finezas*.

de cœurs en un jour que toutes les autres belles n'en avoient seulement blessé en toute leur vie... Cet admirable esprit qu'elle avoit déjà, quoiqu'elle l'ait encore infiniment plus aimable qu'elle ne l'avoit en ce temps-là, ne lui servit de rien pour faire toutes les conquêtes qu'elle fit, parce que sa beauté avoit un si prodigieux éclat que ceux qu'elle devoit assujettir l'étoient devant qu'ils l'eussent entretenue, tant il est vrai que ses yeux étoient puissants et que leur charme étoit inévitable!... Voilà donc Parthénie aimée de plusieurs et haïe de beaucoup; car vous pouvez juger que toutes celles qui perdirent les cœurs qu'elle gagna, ne l'aimèrent pas. Il n'y en eut pas une qui ne fît tout ce qu'elle put pour trouver quelque défaut à sa beauté; et, comme il n'étoit pas aisé, elles s'attaquoient du moins ou à sa coiffure ou à ses habillements, quoiqu'elle fût très-propre [1], et elles n'oublioient rien de ce qu'elles pensoient lui pouvoir être désavantageux. Cependant Parthénie, qui s'aperçut de l'envie qu'elles lui portoient, trouvoit un extrême plaisir à s'en venger en assujettissant toujours davantage leurs amants, ne se souciant pas même de faire de nouvelles ennemies, pourvu qu'elle fît de nouveaux esclaves; car elle étoit alors dans un âge où il est assez difficile aux belles de mettre elles-mêmes des bornes à leurs conquêtes et de rejeter des vœux et des sacrifices. »

Madeleine de Souvré fut mariée le 9 janvier 1614 [2].

1. Se disait alors pour *bien mis, élégant.*
2. Nous tirons cette date certaine du mariage de Mme de Sablé d'un

au fils du maréchal de Bois-Dauphin, Philippe-Emmanuel de Laval, marquis de Sablé, de la grande maison de Montmorency, branche de Laval et de Bois-Dauphin. On ne sait rien du marquis de Sablé, sinon qu'il épousa la belle Madeleine de Souvré et mourut d'apoplexie le 14 juin 1640, après en avoir eu quatre enfants : une fille, Marie de Laval, religieuse à Saint-Amant de Rouen; Henry, doyen de Tours, évêque de Saint-Pol de Léon, puis de la Rochelle[1]; Urbain de Laval, marquis de Bois-Dauphin, qui continua la noble maison, et le beau et brave Guy de Laval, d'abord appelé le chevalier de Bois-Dauphin, puis marquis de Laval, un des amis particuliers de Condé, qui périt tout jeune et déjà maréchal de camp au siége de Dunkerque en 1646[2].

Il est vraiment étrange qu'on ne rencontre le marquis de Sablé dans aucune des grandes affaires de son temps; malgré les dignités et la faveur de son père et de son beau-père, tous deux maréchaux de France, on ne le voit jouer aucun rôle à la cour; on ignore même s'il avait embrassé la carrière des armes. Mlle de Scudéry supplée ici fort heureusement à l'his-

Journal historique et anecdotes de la Cour et de Paris, depuis le 1er janvier 1614 jusqu'au 31 décembre 1619; journal écrit tout entier de la main bien connue d'Arnaud d'Andilly, et qui contient des renseignements curieux sur nos derniers États Généraux de 1614. Il mériterait bien d'être mis au jour; on le trouve parmi les manuscrits de Conrart, in-4°, t. XI, p. 197. — Publié en 1857 par M. Halphen. Le passage en question est à la page 3.

1. L'évêque de la Rochelle est mort en 1693. On en a quatre beaux portraits gravés; les deux meilleurs sont de Boulanger et de Lenfant.

2. Voyez plus bas, p. 42-46.

toire[1]. Elle nous fait un peu connaître le marquis de Sablé; elle assure, et nous n'avons aucun motif de ne la point croire, que le goût de Madeleine de Souvré ne fut pas du tout consulté dans ce mariage, que la condition et la richesse des Montmorency-Laval l'emportèrent sur toute autre considération, qu'elle obéit avec une extrême répugnance, que pourtant elle se conduisit parfaitement avec son mari; mais que celui-ci, après avoir montré une vive passion pour elle, et lui avoir donné en toute propriété la terre et le marquisat de Sablé[2], comme lassé par la possession, la négligea, lui donna des rivales indignes d'elle et la rendit très-malheureuse. Elle tomba malade, quitta la cour et se retira dans sa terre de Sablé, où peu à peu elle regagna sa santé et sa beauté, et acquit cette multitude de connaissances variées et solides qu'elle produisit avec tant d'avantage lorsqu'elle reparut dans le monde. Laissons parler Mlle de Scudéry.

« Le prince de Salamis étoit infiniment riche, de grande condition, fort bien fait de sa personne, ayant assez d'esprit, mais un peu bizarre... Il sut si bien ménager l'esprit de tous les parents de Parthénie, que son mariage fut conclu devant qu'elle en eût entendu parler. Je ne vous dirai point quelle répugnance elle eut à obéir au commandement qu'on lui

1. Nous empruntons ces détails à notre ouvrage LA SOCIÉTÉ FRANÇAISE, t. II, chap. VIII.

2. Sablé est une petite ville du Maine, à douze ou quinze lieues du Mans, et dont Ménage a écrit l'histoire, *Histoire de Sablé*, Paris, 1686, in-4°.

fit...; mais je vous apprendrai qu'enfin la chose n'ayant point de remède, il fallut que Parthénie se résolût à épouser le prince de Salamis... Ce prince l'épousa malgré qu'elle en eût, et lui témoigna tant d'amour au commencement de son mariage, qu'il en adoucit ses chagrins et diminua de beaucoup l'aversion qu'elle avoit pour lui. Il lui donna même en propre, en cas qu'il mourût devant elle, la principauté de Salamis, lui rendant plus de soumission que personne n'en a jamais rendu. Mais, après avoir dépeint cette princesse aussi belle que je vous l'ai représentée, pourrez-vous croire que, lorsqu'elle vivoit le mieux avec lui, les yeux de ce prince s'accoutumèrent de telle sorte à la beauté de Parthénie qu'elle vint à lui donner moins de plaisir à voir que ne faisoit une beauté qui lui étoit nouvelle, et qui étoit mille degrés au-dessous de la sienne? Il est pourtant vrai que n'ayant aimé Parthénie que comme belle, dès que ses yeux furent accoutumés à la voir et à la voir à lui, sa passion s'alentit : de la tiédeur son âme passa insensiblement à l'indifférence, et de l'indifférence au mépris; car, comme il avoit l'esprit bizarre, l'humeur de Parthénie et la sienne n'avoient aucun rapport. Je vous laisse donc à penser quelle fut la douleur de cette princesse lorsqu'elle se vit méprisée. Elle fut si forte qu'elle en tomba malade, mais d'une maladie languissante, qui, sans mettre sa vie en hasard, lui fit perdre sa beauté. Vous pouvez juger que celui qui l'avoit méprisée, lorsqu'elle étoit la plus belle personne de Chypre, ne l'aima pas lorsque, par sa mélancolie, elle ne le fut presque plus; aussi commença-t-il de la maltraiter encore davantage. Il eut vingt amours différentes pour des femmes qui, dans le plus grand éclat de leur beauté, étoient moins belles que Parthénie ne l'étoit encore, quelque changée qu'elle fût... Toutes les belles à qui la princesse Parthénie avoit tant ôté d'amants à son arrivée à Paphos furent ravies de son malheur, et tous les amants qu'elle avoit maltraités en furent bien aises; de sorte que Parthénie, voyant qu'elle perdoit tout ce que sa beauté lui avoit acquis, entra en une telle indignation contre elle-même, qu'elle quitta la cour et s'en alla à Salamis, où elle vécut dans une fort grande solitude. Ce fut pourtant là où son esprit acquit de nouvelles lumières, et où elle apprit cent choses pour charmer ses ennuis, qui l'ont rendue encore plus merveilleuse qu'elle n'étoit auparavant... La solitude ne laissa pas d'avoir quelque douceur pour elle : car, enfin, si elle ne voyoit rien qui lui plût, elle ne voyoit aussi rien qui la fâchât; et l'absence de son mari, et de tous ceux qui l'avoient abandonnée avec sa beauté, faisoit qu'elle avoit l'esprit plus tranquille; si bien que, s'accoutumant peu à peu à une espèce de mélancolie qui occupe l'âme sans la troubler, elle commença de se porter mieux, et elle recouvra sa beauté, mais de telle sorte que jamais elle n'en avoit tant eu. Les choses étant en ces termes, il arriva que le prince de Salamis mourut subitement à Paphos... »

Il nous semble impossible que ce récit ne soit pas vrai, au moins dans ses points essentiels; car comment Mlle de Scudéry, une personne si honnête et si prudente, aurait-elle osé attribuer au marquis de Sablé de pareils procédés envers sa femme, à dix années de distance [1], en présence de ses contemporains et de ses enfants, si ces procédés n'eussent pas été des faits avérés et tombés dans la notoriété publique?

Entrons maintenant dans quelques détails de la vie intime de la marquise de Sablé pendant sa jeunesse, de 1614 à 1640.

De bonne heure, elle fréquenta l'hôtel de Rambouillet, le sanctuaire de la politesse, le rendez-vous de tout ce qu'il y avait de plus distingué à la cour [2]. Elle semblait faite tout exprès pour le noble hôtel par sa passion pour les choses de l'esprit et son goût déclaré pour la haute galanterie espagnole. Elle devint donc bien vite le type de la parfaite précieuse, et une des idoles de la rue Saint-Thomas-du-Louvre. Elle y donnait le ton presque à l'égal de la maîtresse de la maison et de sa fille, la fameuse Julie, depuis marquise et duchesse de Montausier. Sa jeunesse s'écoula entre les divertissements ingénieux et relevés de l'hôtel de Rambouillet, et les bruyants plaisirs de la cour de Marie de Médicis et de la reine Anne d'Autriche au Louvre et au Luxembourg; et dans l'un et l'autre lieu, belle, spirituelle, aimable et désirant le

1. Le marquis de Sablé est mort en 1640, et *le Grand Cyrus* est de 1649-1653.

2. Sur l'hôtel de Rambouillet, voyez LA JEUNESSE DE MADAME DE LONGUEVILLE, chap. II, et surtout LA SOCIÉTÉ FRANÇAISE AU XVIIe SIÈCLE, t. Ier, chap. VI et suivants.

paraître, ainsi que le dit Mme de Motteville, elle eut les plus grands succès en tout genre, enleva les suffrages des plus beaux esprits, et fit aussi bien d'autres conquêtes; mais, autant qu'on peut savoir ces sortes de choses, et après avoir examiné de près cette matière délicate, nous pensons qu'une seule de ses conquêtes lui fut périlleuse.

Parmi les jeunes seigneurs qui lui offrirent leurs hommages, était au premier rang ce brillant duc Henri de Montmorency, le dernier descendant des deux grands connétables, le digne frère de la belle Charlotte Marguerite, princesse de Condé, plus soldat peut-être que capitaine, qui pourtant sut en 1628 tenir tête au duc de Rohan et en 1630 prit une part considérable à la victoire de Veillane [1], mais qui, ayant été contraint par Richelieu de lui céder sa charge de grand amiral, en conçut un violent dépit, eut la folie d'entrer dans une des conspirations de Gaston duc d'Orléans, souleva le Languedoc dont il était gouverneur contre l'autorité royale, fut battu à Castelnaudary, fait prisonnier, et monta sur un échafaud à Toulouse, le 30 octobre 1632, à l'âge de trente-sept ans. Quoiqu'il eût quelque chose d'un peu égaré dans les yeux, il était difficile de rencontrer un plus beau et plus accompli cavalier. Ses portraits gravés lui donnent la taille et la tournure d'un héros [2]. Il était un

1. Sur la bataille de Veillane et la conduite qu'y tint Montmorency, voyez Richelieu lui-même, t. VI de ses *Mémoires*, dans la collection Petitot.

2. Voyez le charmant petit portrait de Mellan, et ceux de Grégoire Huret et de Michel Lasne, in-folio.

peu léger, mais généreux et magnifique, et répondait assez à l'idéal que s'était formé Mme de Sablé. Montmorency l'aima. « Son cœur, dit Mme de Motteville [1], avoit été occupé d'une forte inclination pour Mme de Sablé. » Mme de Motteville ne dit point, mais il se peut que Mme de Sablé ait été sensible à cette passion; jusqu'à quel point? On l'ignore. On sait seulement qu'au bout de quelque temps Montmorency ayant paru lever les yeux sur la reine Anne, Mme de Sablé, en digne Espagnole, rompit avec lui. « Je lui ai ouï dire à elle-même, quand je l'ai connue, que sa fierté fut telle à l'égard du duc de Montmorency qu'aux premières démonstrations qu'il lui donna de son changement, elle ne voulut plus le voir, ne pouvant recevoir agréablement des respects qu'elle avoit à partager avec la plus grande princesse du monde. » Ainsi parle Mme de Motteville [2], qui sans doute ne dit pas toujours tout ce qu'elle sait, mais jamais ne dit rien qu'elle ne croie bien savoir; à la fois très-bien informée, véridique et circonspecte. Nous sommes persuadé qu'elle exprime ici dans sa juste mesure la tradition répandue parmi les contemporains, et son récit, avec ce qu'il a de clair et d'obscur, est bien préférable, aux yeux d'une critique loyale, aux assertions grossières et dénuées de toute preuve de Tallemant, l'homme le moins bien placé à tous égards pour savoir ce qui a pu se passer avant 1632, entre le duc Henri

1. *Mémoires*, etc., t. I, p. 12.
2. *Ibid.*

de Montmorency et la fille du maréchal de Souvré[1].

Il est sans doute assez délicat d'appeler le roman au secours de l'histoire, mais en même temps il est bien difficile de négliger tout à fait ce que dit Mlle de Scudéry dans *le Grand Cyrus* sur cette liaison célèbre. La Clef qui nous a servi à déchiffrer les énigmes de ce singulier ouvrage affirme positivement que Polydamas, un des adorateurs de la belle Parthénie, est Henri de Montmorency. Le portrait suivant de Polydamas ne dément point cette conjecture[2]. « Polydamas avoit les inclinations toutes généreuses; il étoit beau, de bonne mine et bien fait. Il avoit l'air grand et noble, l'esprit enjoué, mais médiocre, et il plaisoit plus par un charme inexprimable qui étoit en toutes ses actions et en toute sa personne, que par les choses qu'il disoit, qui étoient sans doute plus agréables par la manière dont elles étoient dites que par elles-mêmes. »

L'histoire, en effet, ne donne pas infiniment d'esprit au vaillant duc de Montmorency, et on lui peut appliquer à la rigueur ce qui est dit ici de l'esprit de

1. Tallemant dit entre autres choses, t. II, p. 320 : « M. de Montmorency, dont par vanité elle vouloit être servie, la méprisoit. » C'est bien assez d'avoir fini par en aimer une autre, mais ne l'avoir jamais aimée, et l'avoir méprisée, où Tallemant a-t-il pris cela, je vous prie? Ce n'est certes pas Mme de Rambouillet ni sa fille qui lui ont fait un conte pareil, elles qui avaient et professaient pour Mme de Sablé tant d'estime et d'amitié. Tout le reste de l'historiette de Mme de Sablé est de la même force : c'est un ramassis de commérages de bas étage où un peu de vérité se mêle aux plus cyniques mensonges.

2. LA SOCIÉTÉ FRANÇAISE AU XVIIe SIÈCLE, t. II, chap. VIII, p. 12.

Polydamas [1]. Mme de Motteville nous montre Mme de Sablé rompant avec son noble chevalier par fierté et au premier soupçon d'inconstance; dans le *Cyrus*, la princesse Parthénie ne se détache de Polydamas qu'avec peine, en reconnaissant la trop grande médiocrité de son esprit. « Polydamas, qui n'avoit pas assez d'esprit pour fournir à de longues conversations, faisoit connoître sa passion par mille divertissements qu'il lui donnoit continuellement. Ce n'étoit que bals, musique, collations et promenades; et, comme sa personne étoit infiniment aimable, qu'il dansoit admirablement bien, que toutes ses actions plaisoient, et que sa présence et l'enjouement de son humeur inspiroient de la joie aux plus mélancoliques, Parthénie ne le haïssoit pas et n'eût pas eu de répugnance à l'épouser, si ses parents y eussent consenti. Mais, comme il y avoit alors quelques factions dans la cour qui partageoient les grandes maisons, il y avoit de certains intérêts qui faisoient que ceux qui pouvoient disposer de Parthénie ne la vouloient pas donner à Polydamas. D'autre part, remarquant le peu d'esprit qu'il avoit, quelque inclination qu'elle eût pour lui, elle vint à croire qu'elle seroit blâmée de l'aimer et de le choisir; de sorte que, combattant ses propres sentiments, elle commença de vivre un peu plus froidement avec Polydamas qu'elle n'avoit accoutumé. Toutefois, comme elle avoit une

1. *Mémoires-anecdotes de Segrais*, p. 100. « Le dernier duc de Montmorency, à qui le cardinal de Richelieu fit couper le col, n'avoit pas beaucoup d'esprit... »

assez forte inclination pour lui, et qu'en effet il étoit fort aimable, elle ne se vainquit pas tout d'un coup[1]. »

Il faut avouer que ce dénoûment-là est assez bien imaginé pour une précieuse passionnée pour l'esprit, comme celui de Mme de Motteville va parfaitement à une glorieuse et à une coquette. Nous laissons le choix entre l'un et l'autre.

A côté des grands seigneurs les beaux esprits, dans la société et dans l'amitié de Mme de Sablé. Elle ne pouvait pas ne pas rencontrer Voiture à l'hôtel de Rambouillet; mais, malgré son génie et sa renommée, avec sa taille de nain et sa petite figure il n'était pas fort dangereux, et elle n'eut jamais pour lui qu'une admiration affectueuse à laquelle il tenta en vain de donner une tournure équivoque. Tallemant dit que « Voiture en conta aussi à la marquise de Sablé[2]. » Mais telle était volontiers la coutume de ce prince des gens de lettres : il mettait sa vanité à paraître le galant des grandes dames dont la beauté faisait quelque bruit, croyant par là se relever et se donner des airs de gentilhomme. On le souffrait, comme nous l'avons dit ailleurs[3], parce qu'il était, à tous égards, sans conséquence, et sauf à le remettre à sa place quand il passait les bornes permises. Mlle de Scudéry, qui paraît avoir parfaitement connu Voiture, le peint à merveille sous le nom de Callicrate, et nous retrace les

1. La Société française au xviie siècle, t. II, chap. viii, p. 14.
2. Tallemant, t. II, p. 276.
3 La Société française, etc., t. Ier, chap. vii, p. 354 et 357.

artifices dont il environna Mme de Sablé pour gagner son cœur, ou plutôt pour faire croire qu'il était bien avec elle. Selon Mlle de Scudéry [1], jamais Voiture n'osa porter ses prétentions jusqu'à Mme de Sablé, mais il trouva qu'il était du bon air de paraître un peu plus que souffert d'une personne de ce rang, de cet esprit, de cette beauté, de cette considération. Il affectait en public une sorte de familiarité avec la belle marquise qui ne s'en fâchait point, parce qu'elle ne se doutait pas de ses desseins et qu'on passait beaucoup à Voiture. S'il en recevait quelques lettres, il ne les montrait pas, comme s'il y avait eu quelque mystère entre eux. Une fois même, dit Mlle de Scudéry, pendant que Mme de Sablé était retirée dans le Maine, il fit semblant d'aller la voir, bien qu'elle ne reçût personne, faisant une partie du chemin jusqu'à un certain endroit où il était sûr d'être vu, et s'en revint chez lui par un détour. Au milieu des scènes romanesques que Mlle de Scudéry mêle à l'histoire, elle fait jouer à Voiture un très-vilain rôle : il travaille à brouiller la belle Parthénie avec Polydamas, en mettant tout son esprit à lui faire sentir combien Polydamas en a peu; il se félicite de la voir mariée au prince de Salamis, parce qu'il sait qu'elle ne l'aime point et qu'il espère devenir son confident et son consolateur. Dans le malheur, il la néglige; et quand elle reparaît avec éclat dans le monde, il s'empresse de nouveau auprès d'elle, jusqu'à ce que la belle

1. La Société française au XVIIe siècle, t. II, chap. VIII, p. 22.

Parthénie découvre enfin toutes ses ruses, et le congédie.

Il y a là, dans le *Cyrus,* des peintures que la fantaisie ou l'inimitié ne peuvent pas seules avoir inspirées.

En effet, lorsque ainsi averti par Mlle de Scudéry on relit avec soin le peu de lettres qui nous restent de toutes celles que Voiture avait écrites à Mme de Sablé, on y reconnaît un caractère tout particulier, ni tout à fait sérieux, ni tout à fait badin, quelque chose d'embarrassé, le ton avantageux qui lui est ordinaire avec une nuance très-marquée de respect, et, sous un air de plaisanterie, l'affectation de tirer avantage, au profit de sa vanité, de toutes les paroles d'amitié qui lui étaient adressées le plus naturellement du monde. Mme de Sablé lui écrit-elle avec abandon et d'une façon affectueuse, il appelle cette lettre un poulet, il exagère son bonheur, et prend un accent passionné. En la quittant, se trouve-t-il mal par hasard, il n'est pas fâché de laisser croire aux assistants que cette faiblesse est un effet du chagrin et de l'amour [1]. Quel-

1. *OEuvres de Voiture*, Paris, 1745, t. I, p. 30 : « Je ne me puis résoudre de répondre par une lettre de consolation au plus obligeant poulet du monde, car la dernière partie de votre lettre ne se peut appeler qu'ainsi. Je vous supplie très-humblement, Madame, soyez bien aise de m'avoir écrit aussi favorablement que vous avez fait; car dans tous les ennuis que j'ai, j'ai reçu cette joie aussi sensiblement que si je n'avois point du tout de déplaisir, et je ne me puis estimer malheureux tant que j'aurai l'honneur d'être aimé de vous. Je suis si heureux et si hardi que je n'en doute point du tout; et mon bonheur est si grand en cela que le bien du monde que j'estime le plus est celui que je crois posséder le plus assurément. Vous dou-

quefois cependant, les bons offices qu'elle s'empresse de lui rendre dans des circonstances difficiles ont bien l'air de le toucher, et il lui exprime sa reconnaissance en des termes qui semblent partir d'un cœur pénétré [1]. Il finit par confesser qu'il doit re-

tez si peu de moi, Madame, que je sais bien que vous recevrez de meilleur cœur les assurances que je vous témoigne avoir de votre affection que celles que je vous pourrois donner de la mienne, et vous qui souhaitez mon bien en toutes choses, ne sauriez rien désirer davantage pour moi, sinon que je croie que vous m'aimez. Ceux qui ont vu quel changement votre absence fait en moi, et quelle part de mon esprit vous avez emportée avec vous, vous pourront témoigner quelque jour que je me rends en quelque sorte digne de cet honneur. Mais je ne puis m'empêcher de vous dire que monsieur Le Maître qui vit avec quelle tendresse je vous dis adieu se sera bien confirmé en l'opinion qu'il avoit, et qu'il croit bien voir un jour nos chiffres gravés ensemble sur les arbres de Bourbon. Au moins suis-je bien aise de ce qu'il a vu que notre affection est bien reconnue et qu'elle est réciproque. » — M. Ubicini, qui a recueilli dans son édition les notes de Tallemant sur les lettres de Voiture, donne celle-ci : « Ces bonnes gens qui ne croient pas qu'on puisse aimer que d'amour, voyant que Voiture se trouvait mal, soit pour s'être trop levé matin, ou pour n'avoir pas mangé, prirent sa faiblesse pour une pâmoison amoureuse, cela lui étant arrivé devant Mme de Sablé. »

1. *OEuvres de Voiture,* p. 35. « Quelque déplaisir que je pusse avoir, j'en serois aisément consolé par le soin que vous avez de moi, et je suis extrêmement content de voir que vous avez écrit plus de lettres pour moi en une nuit que vous n'en avez fait en quatre ans pour Mme Desloges et pour Mme d'Aubigny. C'est sans doute la plus grande preuve d'affection que je puisse tirer de vous, principalement en la considérant avec la circonstance que (pour *où*) vous m'écrivez, et je ne dois point douter que vous n'employassiez toute chose à l'avancement de ma fortune, puisque vous y employez votre peine. Je reconnois cela, Madame, avec ce cœur que vous savez que j'ai. Et outre le contentement que je reçois en cela pour mon égard, j'en ai encore un extrême de voir que vous êtes aussi généreuse et aussi bonne que je l'ai toujours désiré... » — Ailleurs, p. 37, il lui demande de nouvelles lettres de recommandation : « Je vous supplie très-humble-

noncer à toute illusion du côté de l'amour, et en même temps il ne peut s'empêcher de rendre justice à la sincère et loyale affection dont Mme de Sablé n'a cessé de lui donner des marques. « Sans mentir, Madame, lui écrit-il [1], il faut que ceux qui tâchent à vous décrier du côté de la tendresse avouent que si vous n'êtes pas la plus aimante personne du monde, vous êtes au moins la plus obligeante. La vraie amitié ne sauroit avoir plus de douceur qu'il y en a dans vos paroles, et toutes les apparences d'affection sont si belles en vous qu'il n'y a point d'honnête homme qui ne s'en pût contenter... Pour ce qui est de moi, je puis dire avec vérité que je vous ai toujours honorée et aimée sur toutes les personnes au monde, mais jamais à comparaison de ce que je fais à cette heure, et je n'oserois mettre ici tous les sentiments que j'ai pour vous, de peur que si cette lettre venoit à être perdue on ne la prît pour une lettre d'amour. »

En parlant ainsi, Voiture nous révèle le vrai carac-

ment de me les envoyer avec toute la diligence possible, car je n'attends que cela pour partir. Je vous dis adieu, Madame, avec tant d'affection et de tendresse qu'il seroit encore plus dangereux que Nerly (le même que M. Le Maître, un des fermiers ou hommes d'affaires de Mme de Sablé) vît celui-ci que l'autre; et je vous jure que j'ai plus de regret de m'éloigner de vous que de quitter celle que je laisse ici (Mme de Saintot ou quelque autre). Aussi me serez-vous toujours plus considérable que le reste du monde, et si vous saviez de quelle sorte cela est, vous en seriez satisfaite, vous qui ne sauriez être contente à moins d'avoir les cœurs tout entiers. Je vous dis ceci avec la même fidélité que les dernières paroles que je dirois en mourant : il n'y aura jamais personne que j'aime, que j'honore ni que j'estime tant que vous, etc. »

1. *OEuvres de Voiture*, p. 202.

tère de Mme de Sablé. Mlle de Scudéry lui donne une âme tendre et passionnée [1]; mais cette âme si tendre, Voiture nous l'apprend ici, et son témoignage est à nos yeux de la plus grande force, était moins faite pour l'amour que pour l'amitié. Un jour, quand le temps de la réflexion sera venu, nous verrons Mme de Sablé mettre en maximes ses propres sentiments, et défendre l'amitié, sa pureté, sa délicatesse, son généreux désintéressement; ici, dans sa brillante jeunesse, au milieu de la coquetterie naturelle à cet âge, elle est déjà une amie solide, même à l'égard du frivole Voiture. A peine a-t-elle goûté à la coupe enivrante et amère de l'amour, qu'elle se rejette et se repose dans le sein de l'amitié. Tallemant a beau lui prêter plusieurs autres aventures après celle de Montmorency, nous n'en voyons pas la moindre trace dans aucun des auteurs contemporains, imprimés ou manuscrits, que nous avons consultés; et en ne sortant pas des faits certains, nous n'apercevons dans toute la vie de Mme de Sablé, si l'on excepte le douteux épisode de sa liaison avec le vaillant et infortuné vainqueur de Veillane, qu'un sentiment constant et bien marqué : le goût pour les amitiés nobles et élevées. Oui, l'amitié, avec la bonté, tel a été, selon nous, le fond du cœur de Mme de Sablé, et son lot véritable en ce monde: et c'est par là aussi, comme nous le verrons plus tard [2], qu'elle appartient à l'histoire, et qu'elle est arrivée à la postérité, en compagnie de

1. Plus haut, p. 13.
2. Plus loin, chap. III.

noms illustres dont le sien est à jamais inséparable.

Mais, dans l'âme d'une vraie précieuse, nourrie à l'école de l'hôtel Rambouillet, l'amitié n'était guère au-dessous de l'amour : elle en avait les délicatesses, les raffinements, quelquefois même les orages. Dès qu'elle entra à la cour de Marie de Médicis, Mme de Sablé y avait connu une jeune dame belle et spirituelle, d'une sensibilité un peu irritable, Anne Doni d'Attichy, depuis comtesse de Maure, qui n'était pas encore mariée, et fut assez longtemps une des filles d'honneur de la reine mère. Les deux jeunes femmes se prirent l'une pour l'autre d'une tendresse fort vive, qui survécut à toutes les vicissitudes et fit jusqu'à l'heure suprême la consolation et la douceur inaltérable de leur vie.

L'année 1632 leur fut diversement douloureuse. Quoique Mme de Sablé eût rompu avec Henri de Montmorency, elle n'avait pu sans doute rester indifférente à sa destinée. Quelles ne durent pas être ses anxiétés lorsqu'elle apprit qu'il s'était engagé dans la guerre civile, et combien le coup de hache frappé à Toulouse dut retentir cruellement dans son âme! Mlle d'Attichy ne fut pas moins éprouvée. Elle était la nièce du garde des sceaux Michel de Marillac et du maréchal de ce nom que Richelieu brisa sans pitié après s'en être longtemps servi, quand au lieu d'instruments ils lui devinrent des obstacles. Il envoya le garde des sceaux mourir en prison à Châteaudun, et fit tomber la tête du maréchal sur un échafaud. Anne d'Attichy frémit d'indignation et de douleur, et elle voua au cardinal une haine qui ne s'est jamais démentie. Elle quitta Paris, et elle était à la veille de partir pour Sablé, où la marquise était alors : tout à coup elle apprend que Mme de Sablé a écrit à Mme de Rambouillet une lettre où, lui parlant de sa fille Julie, elle disait que son plus grand bonheur serait de passer sa vie avec elle. Anne d'Attichy a par hasard connaissance de cette lettre, et sa fière tendresse en est blessée comme d'une trahison. Son amie a beau la rassurer, excuser sa lettre sur le style accoutumé du lieu et traiter même ce qu'elle a écrit de galimatias : Mlle d'Attichy n'admet point ces explications; elle renonce au voyage qu'elle avait projeté, et après le coup affreux qui venait de ruiner sa maison et de faire périr misérablement ses deux oncles, elle aime mieux rester seule avec le chagrin qui l'oppresse que d'aller l'épancher dans un cœur qui n'est pas à elle tout entier. Il y a quelque chose non-seulement de la délicatesse raffinée de l'hôtel de Rambouillet, mais de l'humeur tendre et farouche de l'Alceste de Molière, dans le billet suivant, trouvé par nous parmi les papiers de Mme de Sablé. On y sent une âme ardente et pure qui, ne connaissant pas encore l'amour, en transporte involontairement les vivacités et les ombrages dans le seul sentiment qu'elle se permette. Vers la fin de sa vie, Mme de Sablé, devenue dévote, brûla, comme nous l'avons dit, toutes les lettres de sa jeunesse; mais, à ce qu'il paraît, elle s'était complu à garder celle-là comme un cher souvenir d'une rare et exquise amitié, et le docteur Valant y a mis cette petite note à notre usage : « Cette lettre a été écrite à Saint-Denis, au mois d'octobre, l'année de la mort de M. le maréchal de Marillac, et c'est à Sablé que Mme la marquise l'a reçue. » Nous la transcrivons fidèlement [1] :

« [2] J'ai vu cette lettre où vous me mandez qu'il y a tant de galimatias, et je vous assure que je n'y en ai point treuvé du tout. Au contraire, j'ai treuvé que toutes choses y sont très-bien expliquées, et entre autres une qui l'est trop bien pour mon contentement, qui est que vous avez dit à Mme la marquise de Rambouillet que, lorsque vous vous vouliez figurer une vie tout à fait heureuse pour vous, c'étoit de la passer toute seule avec Mlle de Rambouillet. Vous savez si personne peut être plus persuadée que moi de son mérite; mais je vous avoue que cela n'a pas fait que je n'aie été surprise de voir que vous eussiez pu avoir une pensée qui fait une si grande injure à notre amitié. Car de croire que vous n'ayez dit cela à l'une, et que vous ne l'ayez écrit à l'autre que pour leur faire un compliment agréable, j'estime trop votre courage pour pouvoir imaginer que la complaisance vous fît trahir de cette sorte les sentiments de votre cœur, surtout en un sujet où je crois que vous auriez plus de raison de les cacher, puisqu'ils ne m'étoient pas favorables, l'affection que j'ai pour vous étant si

1. Bibliothèque impériale, *Portefeuilles de Valant*, t. VII.

2. Nous avertissons qu'en respectant scrupuleusement le style du du temps et des personnes, nous ne nous faisons pas une religion d'en reproduire l'orthographe.

fort dans la connoissance de tout le monde, et surtout de Mlle de Rambouillet, que je doute si elle n'aura pas été plus sensible au tort que vous me faites qu'à l'avantage que vous lui donnez. L'aventure que cette lettre me soit tombée entre les mains m'a bien ramentevé ces vers de Bertaut que

> Malheureuse est l'ignorance,
> Et plus malheureux le savoir.

« Ayant perdu par ce moyen-là une confiance qui seule me rendoit la vie supportable, il n'y a pas moyen de songer à accomplir le voyage tant proposé; car y auroit-il de l'apparence de faire soixante lieues dans cette saison pour vous charger d'une personne si peu agréable, qu'après tant d'années d'une passion sans pareille vous n'ayez pu vous défendre de faire consister le plus grand plaisir de votre vie à la passer sans elle? Je m'en retourne donc dans ma solitude examiner les défauts qui me rendent si malheureuse, et, à moins que de les pouvoir corriger, je ne pourrois avoir tant de joie en vous voyant que je n'eusse encore davantage de confusion. Je vous baise très-humblement les mains, et suis, etc. »

Après la comtesse de Maure, et avec la marquise de Rambouillet et sa fille, la plus ancienne amitié de Mme de Sablé est assurément Mme de Longueville.

Dès que Mlle de Bourbon, après avoir essayé d'échapper à sa destinée en se faisant carmélite, parut à la cour et à l'hôtel de Rambouillet [1], elle y enleva tous les suffrages, désarma toutes les rivalités et se fit adorer des femmes elles-mêmes, séduites par sa grâce, sa candeur et sa douceur. Mme de Sablé, qui avait vingt ans de plus qu'elle, l'aima tout d'abord, guida ses premiers pas, et ne contribua pas peu à entretenir et à cultiver en elle cet idéal de délicatesse et d'héroïsme qui était déjà dans tous ses instincts, et qu'elle poursuivit inutilement à travers bien des orages. A peine Mlle de Bourbon était-elle mariée et devenue Mme de Longueville, qu'elle eut une maladie assez grave, la petite vérole. La crainte de la contagion était alors fort répandue : c'était une suite bien naturelle de l'épouvante qu'avait laissée après elle la peste qui désola Paris au commencement du XVIIe siècle [2]. Est-il donc si étonnant que cette crainte troublât des femmes, d'ailleurs raisonnables et même courageuses, et ne faut-il pas Tallemant pour leur en faire un crime? On en badinait agréablement à l'hôtel de Rambouillet, et Voiture, écrivant à Mme de Sablé d'une maison où il y avait eu des malades et une mort, lui dit : « J'ai peur que vous ne vous épouvantiez trop. Sachez donc que moi qui vous écris ne vous écris point, et

1. LA JEUNESSE DE Mme LONGUEVILLE, chap. Ier et II.

2. Nous avons sous les yeux un petit écrit, publié apparemment par l'autorité, ADVIS SUR LA MALADIE, à Paris, chez Claude Morel, 1619, quinze petites pages, où l'on expose toutes les mesures hygiéniques nécessaires pour prévenir la maladie avec les remèdes qu'il faut suivre lorsqu'elle est déclarée. Il y a beaucoup d'analogie avec les précautions bonnes et mauvaises qui furent prescrites chez nous, en 1832, dans la première invasion du choléra.

que j'ai envoyé cette lettre à vingt lieues d'ici pour être copiée par un homme que je n'ai jamais vu [1]. »

En 1642, quand Mme de Longueville eut la petite vérole, Mme de Sablé ressentit ses frayeurs accoutumées, et malgré la plus vraie tendresse elle eut de la peine et, ce semble, d'autant plus de mérite à les surmonter. Elle n'osa pas d'abord aller voir Mme de Longueville, ni même Mlle de Rambouillet, qui, ayant été assidue auprès de la belle malade, était devenue presque aussi redoutable à la peureuse marquise. Mlle de Rambouillet la menace, en style de Voiture, d'une visite de sa part. Mme de Sablé répond de la même façon; mais, comme elle a tort, elle laisse percer un peu d'humeur. L'autre se pique à son tour, et le prend sur un ton toujours poli, mais presque sévère. Mme de Sablé, ainsi avertie, fait effort sur elle-même, et va faire visite à Mme de Longueville, qui entrait en convalescence; mais elle charge Voiture d'exprimer son mécontentement à sa moqueuse amie. Celle-ci s'aperçoit qu'elle a été trop loin, et s'empresse d'écrire une nouvelle lettre flatteuse et caressante, qui termine cette petite querelle en donnant à tout ce qui s'est passé un air de plaisanterie. Voici ces divers billets, jusqu'ici inédits, dont le tour est d'une délicatesse peu commune, et qui montre comme on s'écrivait, dans le commerce le plus journalier, à l'hôtel de Rambouillet.

1. *OEuvres de Voiture*, t. Ier, p. 29, lettre XIV.

MADEMOISELLE DE RAMBOUILLET A LA MARQUISE DE SABLÉ [1].

« Mademoiselle de Chalais [2] lira, s'il lui plaît, cette lettre à Mme la marquise au-dessous du vent. »

« Madame, je crois ne pouvoir commencer de trop bonne heure mon traité avec vous, car je suis assurée qu'entre la première proposition que l'on me fera de vous voir et la conclusion, vous aurez tant de réflexions à faire, tant de médecins à consulter et tant de craintes à surmonter, que j'aurai eu tout loisir de m'aérier [3]. Les conditions que je vous offre pour cela sont de n'aller point chez vous que je n'aie été trois jours sans entrer dans l'hôtel de Condé [4], de changer de toutes sortes d'habillements, de choisir un jour qu'il aura gelé, de ne vous approcher que de quatre pas, de ne m'asseoir que sur un même siége. Vous pourrez aussi faire faire un grand feu dans votre chambre, brûler du genièvre aux quatre coins, vous environner de vinaigre impérial, de rue [5] et d'absinthe. Si vous pouvez treuver vos sûretés dans ces

1. Manuscrits de Conrart, in-4°, t. XIV, p. 57-62.

2. Dame de compagnie de la marquise, devenue presque célèbre à la suite de sa maîtresse, et à laquelle Voiture, Mlle de Scudéry et d'autres beaux esprits n'ont pas dédaigné d'écrire. On trouve aussi dans les manuscrits de Conrart, in-4°, t. XI, p. 929, une lettre en vers de M. de Maulévrier à Mlle de Chalais. Nous en avons publié deux lettres fort bien tournées dans l'*Appendice* du tome II de LA SOCIÉTÉ FRANÇAISE AU XVIIe SIÈCLE.

3. *S'aérier*, prendre l'air, chasser le mauvais air.

4. Où Mme de Longueville était malade.

5. Plante aromatique.

propositions sans que je me coupe les cheveux, je vous jure de les exécuter très-religieusement; et si vous avez besoin d'exemples pour vous fortifier, je vous dirai que la Reine a bien voulu voir M. de Chaudebonne[1], qui sortait de la chambre de Mlle de Bourbon, et que Mme d'Aiguillon[2], qui a bon goût sur ces choses-là, et à qui l'on ne sauroit rien reprocher en pareils sujets, vient de me mander que si je ne la voulois aller voir, elle me viendroit chercher. »

RÉPONSE DE LA MARQUISE DE SABLÉ.

« Je vous ai treuvée si bien instruite dans toutes les précautions de la poltronnerie que je doute un peu si j'avois raison, il y a deux jours, de disputer avec une personne de vos amies que vous aviez vu Mlle de Bourbon sans aucune frayeur. Ce n'est pas, comme vous pouvez juger, que je veuille ôter à votre générosité tous les avantages qu'elle mérite; car je sais fort bien que, si vous en aviez besoin, elle vous feroit surmonter toutes ces choses pour ne manquer jamais à aucun devoir; mais je vous avoue que je ne suis guère plus persuadée de l'amitié que vous avez pour vos amis, que je la[3] suis de votre hardiesse. Néan-

1. Chevalier d'honneur de Mme la duchesse d'Orléans, un des habitués de l'hôtel de Rambouillet. Voyez les lettres de Voiture, *passim*.

2. La nièce du cardinal de Richelieu. Il semble par là qu'elle n'était pas exempte de peur à l'endroit de la contagion; c'était pourtant une personne du plus ferme esprit et d'un mâle caractère.

3. Au XVIIIe siècle, on aurait mis *le*. Tous les auteurs du XVIIe, ceux du moins qui se sont formés dans la première moitié du siècle, à

moins vous avez fait de si belles réflexions sur la timidité, que j'ai sujet d'espérer que, puisque vous connoissez si bien les dangers, vous pourrez un jour les craindre, et qu'enfin vous ferez ce plaisir à vos amis de vous conserver mieux à l'avenir. Au reste, vous avez dit tout ce qui se peut penser sur la frayeur, et vous n'avez jamais rien écrit de plus mignon ; mais je vous réponds que, quoi que vous en pensiez, vous avez été bien loin au delà de mes précautions. Je ne prends pas plus de sûreté avec mon médecin que vous m'en offrez, en me promettant de changer d'habit; car, lorsque j'ai besoin de lui, je me résous fort bien à le voir en sortant de la petite vérole, pourvu qu'il quitte une soutane grasse qui est plus capable de prendre du mauvais air qu'une robe bien nette ; et tout de bon, j'ai lu vos lettres à Mme de Maure et les miennes sans les faire chauffer ; enfin je sais, et j'en suis ravie, que Mlle de Bourbon est guérie. En toutes façons j'aurai une joie non pareille d'avoir l'honneur de vous voir. »

NOUVELLE LETTRE DE MADEMOISELLE DE RAMBOUILLET
A LA MARQUISE DE SABLÉ.

« Je suis assez satisfaite que vous fassiez semblant de me vouloir voir ; je vous garderai ce respect de ne vous point prendre au mot. Mais, ma très chère, imaginez-vous que Mme d'Aiguillon vit hier Mlle de Bour-

commencer par Mme de Sévigné, écrivaient comme le fait ici Mme de Sablé.

bon, et que je tire de là cette conséquence nécessaire que l'on ne craint jamais de voir ceux que l'on aime. Je voudrois avoir donné beaucoup, pour votre intérêt, et que cela ne fût point arrivé. »

DERNIÈRE LETTRE DE MADEMOISELLE DE RAMBOUILLET.

« Je suis ravie de voir que la plus honnête personne du monde ait pris, une fois dans sa vie, une raillerie de mauvais biais; car, si cela m'arrive jamais, je me sauverai par un si bel exemple, et s'il ne m'arrive point, j'en tirerai une grande vanité. Enfin, ma belle mignonne, quand vous devriez être plus mal satisfaite de cette lettre que de l'autre, il faut que je vous die que votre colère est un reste de cette humeur que vous aviez du temps de la première présidente de Verdun [1], et qu'elle a si peu de rapport à tout ce que vous êtes maintenant, que j'ai fait jurer cent fois Voiture pour croire ce qu'il me disoit; et à l'heure qu'il est, il me vient de venir à l'esprit que vous me voulez attraper tous deux. Je ne vous dis point pour me justifier des raisons que j'avois préparées; elles sont trop claires pour que vous ne les voyiez pas comme moi. Bon soir, j'en dormirai en

1. Nicolas de Verdun fut premier président du parlement de Paris, de 1611 à 1627. C'est à ce président de Verdun que Voiture a dédié la première pièce de vers qu'il ait faite à l'âge de quinze ans, *Hymnus virginis Astreæ*, *OEuvres*, t. II, p. 460. Malherbe lui adressa des vers de consolation sur la mort de sa première femme, Charlotte du Gué, celle à laquelle il est fait ici allusion. *OEuvres de Malherbe,* édit. de Ménage, 2e édit. de 1689, p. 180 et 543.

repos, ce que je n'aurois pas fait si mon esprit ne se fût ouvert à la fourbe que vous me voulez faire, et Mme la Princesse m'a dit ce soir qu'elle vous a des obligations très grandes du soin que vous avez eu de Mme sa fille. »

Malgré la petite querelle que nous venons de raconter et les légères picoteries qui s'élevaient souvent entre Mme de Sablé et Mlle de Rambouillet, elles s'aimaient beaucoup, jusqu'à donner de la jalousie à Mlle d'Attichy, comme on l'a vu, et plus tard l'estime publique ne les sépara point. Leur réputation de bel esprit et de préciosité grandit ensemble. « Mesdames les marquises de Sablé et de Montausier ne sont sitôt nommées, dit le neveu de Voiture dans la préface des œuvres de son oncle [1], que notre âme se remplit de l'image de ces personnes accomplies en elles-mêmes et dans toutes les belles connoissances. » Somaize les a célébrées toutes deux sous les noms de Ménalide et de Stéphanie [2].

Cependant les années s'écoulaient. Peu à peu la jeunesse faisait place à l'âge mûr. Mlle d'Attichy était devenue la comtesse de Maure, Mlle de Rambouillet la marquise de Montausier, et Mme de Longueville commençait à Münster [3] cette brillante carrière politique qui a fait sa renommée, mais non pas sa véritable gloire. Le temps exerçait ses ravages autour de

1. *OEuvres de Voiture*, 1re édit., in-4°, 1650.

1. *Le grand Dictionnaire historique des Précieuses*, 2e partie, p. 28. Ménalide est Mme de Montausier; Stéphanie, Mme de Sablé.

3. La Jeunesse de Mme de Longueville, chap. iv.

Mme de Sablé. Elle avait perdu son père, le noble maréchal, en 1626, deux de ses frères en 1631 et 1637[1], et son mari en 1640. L'année 1646 lui porta un coup bien autrement rude en lui enlevant le second de ses fils, celui qu'elle aimait d'une tendresse particulière, et sur lequel elle avait fondé ses plus grandes espérances. Guy de Laval était un de ces fameux *Petits-maîtres,* les camarades de Condé, élevés avec lui ou attachés à sa fortune, qui ne le quittaient ni dans les plaisirs ni dans les combats, prenaient part avec lui aux fêtes du Louvre et de Chantilly, et à la voix de leur jeune chef s'élançaient sur les champs de bataille, toujours aux postes les plus périlleux, se chargeant des manœuvres les plus difficiles, et acquérant ainsi le coup d'œil et la décision qui font les hommes de guerre : admirable école d'où est sorti le plus grand des Montmorency, le vainqueur de Guillaume, Montmorency-Luxembourg. On a beaucoup reproché à Condé d'avoir trop fait pour ses jeunes amis, et de leur avoir prodigué les grades et les commandements; mais il ne faut pas oublier qu'eux aussi ils prodiguaient leur sang et servaient avec un dévouement extraordinaire. La plupart ont été tués de bonne heure. Potier de Gèvres a été enseveli sous une mine à Thionville, quand il allait passer maréchal; Châtillon, qui s'était couvert de gloire à Lens, a péri au

1. Gilles de Souvré, évêque de Cominges, puis d'Auxerre, trésorier de la Sainte-Chapelle de Paris, etc., le 19 septembre 1631; et René de Souvré, seigneur de Renouard, du chef de sa mère, en 1637.

combat de Charenton, et le bâton de maréchal n'a été déposé que sur sa tombe; Pisani, le fils de Mme de Rambouillet, est resté à Nordlingen; La Moussaye est mort tout jeune, ainsi que Chabot, Nemours et tant d'autres. Guy de Laval était le plus beau de tous les petits-maîtres, et l'un des plus braves et des plus spirituels. Il faut qu'il ait été bien aimable pour avoir séduit jusqu'à Tallemant. « C'étoit, dit Tallemant, un des plus beaux gentilshommes et des mieux faits de France[1]. » Il avait l'âme aussi belle que la figure; il était généreux, humain, affable, et le plus obligeant des hommes. Il se faisait aimer de tout le monde, et sa mère l'adorait. Il n'avait guère plus de vingt ans à Rocroy, où il commença à se faire remarquer, et il se distingua tellement à la prise de Thionville, que Condé le récompensa en lui donnant la flatteuse commission d'en porter la nouvelle à Paris. « Il avoit acquis tant de réputation, dit encore Tallemant, que M. d'Enghien le regardoit comme un appui de sa grandeur. » Par les grâces de sa personne, il avait gagné le cœur et la main de la fille du chancelier Séguier, veuve du marquis de Coislin, et par le crédit de son beau-père et celui de Condé, surtout par sa propre capacité et ses services, il était destiné aux plus grands commandements et à renouveler le maréchalat dans sa famille. Il était déjà maréchal de camp en 1646, dans la campagne de Flandre, qui se termina par ce siége de Dunkerque, un des plus

1. T. IV, p. 152.

grands siéges du XVIIe siècle. C'est là qu'il périt à la fleur de l'âge; il avait à peine vingt-quatre ans. Laissons parler Sarasin dans son *Histoire du Siége de Dunkerque*[1] : « La nuit du 1er octobre (1646), Noirmoutier et Laval entrèrent aux deux tranchées, et résolurent ensemble, à quelque prix que ce fût, de se rendre maîtres de la contrescarpe, que tous nos assauts n'avoient pu jusqu'alors entièrement emporter. Laval commandoit en cette occasion les régiments d'Anguien et de Conti, avec une troupe de Polonois. Il sépara à droite et à gauche les officiers et les soldats qu'il vouloit qui commençassent l'attaque, et prenant le milieu avec ceux qu'il choisit pour combattre avec

1. Sarasin ne fait guère que reproduire le récit officiel. GAZETTE, année 1646. *Journal du siége de Dunkerque*, p. 909 : « Le 1er de ce mois (d'octobre), le marquis de Laval-Boisdauphin, mareschal de camp, étant un jour dans l'attaque du duc d'Anguyen avec les régiments de Conti, et d'Albret et les Polonois, voulut gagner la contrescarpe. A cette fin, il commanda deux capitaines de Conti pour l'attaquer, comme ils firent à droite et à gauche, pendant qu'il feroit lui-même son attaque par le milieu où il destinoit son logement, faisant à cette fin marcher devant lui un lieutenant avec trente hommes. Ce qui lui succéda si heureusement que les nôtres se rendirent maîtres de toute la palissade des ennemis qui étoit au-devant de notre dernier logement. Mais le courage de ce marquis n'étant pas encore satisfait, il continuoit d'agir et de donner de nouveaux ordres aux siens pour l'assurance de ce logement, lorsqu'il reçut un coup de mousquet au derrière de la tête, duquel il tomba, et fut contraint de retourner en sa tente où le duc d'Anguyen accourut aussitôt pour le visiter. C'étoit sur les dix heures du soir, auquel temps le sieur de Clermont Vertillac, maréchal de bataille, qui étoit de jour, fit continuer et assurer ses logements, et encore un nouveau que les ennemis avoient abandonné sur le bord du fossé. Ce jour-là aussi, le sieur Du Tems, ingénieur, fut tué auprès dudit marquis de Laval en posant les barriques... »

lui, il fit donner l'épée à la main par trois endroits. Tout fut renversé d'abord au lieu où il combattoit, et la contrescarpe du bastion gagnée; mais lorsqu'il commençoit à s'y couvrir, travaillant lui-même parmi les soldats, comme il posoit une barrique, il fut porté par terre d'un coup de mousquet qu'il reçut à la tête, et mourut quelques jours après de cette blessure, qu'on avoit au commencement jugée favorable. La douleur de sa perte fut commune à toute l'armée. Le prince en particulier en témoigna un sensible déplaisir. C'étoit un jeune homme d'illustre naissance, ambitieux d'honneur et capable de porter bien loin ses espérances, si la mort, qui le prit dans la plus belle fleur de sa vie, lui eût laissé le temps d'ajouter l'expérience à la valeur. Il étoit au reste fort bien fait de sa personne, et témoignoit dans sa conversation une bonté et une franchise naturelle qui faisoient souhaiter son amitié, et qui le rendoient agréable à tous ceux qui le pratiquoient. Aussitôt qu'il fut blessé, on l'emporta dans sa tente, où le prince le vint visiter [1].»

Tallemant ajoute quelques détails intéressants [2] : « Laval se piqua de faire un logement qui étoit si important que de là dépendoit le succès du siége; il y alla après que deux autres maréchaux de camp en eurent été repoussés. Il avoit avec lui un ingénieur huguenot, nommé Dutens, qui lui dit qu'il n'y iroit pas sans casque. Laval lui donna un chapeau de fer qu'il avoit, et après fit le logement; mais il y reçut un

1. *OEuvres de Monsieur Sarasin*, Paris, 1656, in-4°, p. 63.
2. T. IV, p. 152.

coup de mousquet sur la tête dont il mourut au bout de dix-sept jours. Le chevalier Chabot, autre maréchal de camp, garçon de cœur et de mérite, y fut aussi tué en même temps. Cependant, quoiqu'il fût fort estimé, Laval l'obscurcit de telle façon qu'on ne songea pas à le plaindre. »

Tous les témoignages sont unanimes sur les regrets de la Cour et de l'armée, et particulièrement de Condé[1]. Mme de Sablé demeura longtemps accablée de cette perte, et insensible aux compliments de condoléance qui lui furent adressés de toutes parts. Il lui fallut plusieurs mois pour se remettre un peu et trouver la force de répondre à quelques amis d'élite. De ce nombre était le comte d'Avaux, Claude de Mesme, homme d'infiniment d'esprit, un des anciens habitués de l'hôtel de Rambouillet, ami et correspondant de Voiture, diplomate éminent, qui alors, avec Servien et sous M. de Longueville, représentait la France au congrès de Münster[2]. I avait écrit à Mme de Sablé en cette occasion une lettre des plus affectueuses. La réponse de la marquise est très-simple

1. Mme de Motteville, t. Ier, p. 385. « Laval, gendre du chancelier et fils de la marquise de Sablé, bien fait et honnête homme à la mode du monde, mourut dans ce siége. Il fut regretté de toute la cour et particulièrement du duc d'Enghien, qui l'aimoit. » *Mémoires de Monglat*, t. L de la collection Petitot, p. 42 : « Le marquis de Laval Bois-Dauphin, gendre du chancelier de France, reçut un coup de mousquet dont il mourut, au déplaisir du duc d'Enghien et de toute la cour, pour les bonnes qualités qui étoient en lui. »

2. Sur le comte d'Avaux, sa vraie situation au congrès de Münster, et sa spirituelle correspondance avec Voiture, voyez LA JEUNESSE DE MADAME DE LONGUEVILLE, chap. IV.

et devait l'être, mais on y sent je ne sais quoi de distingué et d'aimable, qui, dans les moindres choses comme dans les plus importantes, est le trait particulier de tout ce qui sortait de la plume de Mme de Sablé.

LETTRE DE M. D'AVAUX [1] A MADAME LA MARQUISE DE SABLÉ, SUR LA MORT DE M. LE MARQUIS DE LAVAL, SON FILS.

« De tant de visites et de lettres que vous recevez sur le sujet de la perte que vous avez faite, il n'y a rien certainement qu'on vous die ni qu'on vous écrive avec un plus véritable regret que je fais ces trois mots. Les autres vous plaignent et sentent une partie du mal qui vous presse; mais pour moi je suis accablé de toute votre douleur et de ma honte. Depuis que j'ai appris cette fatale nouvelle, je me dépite trois fois par heure contre la fortune qui vous a ôté un tel fils, et contre moi-même qui me treuve engagé de rompre le silence par un si fâcheux entretien. Sans mentir, Madame, il me déplaît fort de vous faire un compliment de cette sorte pour un premier devoir; et, après tant d'occasions perdues pour vous écrire quelque chose d'agréable, je ne souffre pas peu de me voir attaché à un événement funeste, qui réveille trop durement ma paresse. Mais il blesse encore davantage l'affection que j'ai pour vous. Et plût à Dieu, Madame, que je pusse vous servir ou vous soulager en cette rencontre! Vous connaîtriez au

1. Manuscrits de Conrart, in-4°, t. X, p. 677 et 26.

moins que, si je ne suis pas soigneux de flatter mes amis quand leurs affaires vont bien, je ne les perds point de vue dans leur affliction. Quel secours pouvez-vous attendre de qui que ce soit que vous ne treuviez plus abondamment en vous-même? Une raison si droite et si éclairée que la vôtre, cette force et ces belles lumières que Dieu vous a données, n'ont pas besoin de nos consolations; l'on ne vous peut rien présenter que vous ne possédiez déjà, et s'il nous reste quelque chose à faire, c'est à vous prier de vous servir de vos biens. Je joindrois volontiers, Madame, à ce devoir funèbre un remerciement des faveurs que je reçois en cette cour, parce que n'en treuvant pas la cause en moi, je vous en soupçonne un peu [1]; mais cet entretien serait trop doux à présent. Il me suffit de vous dire que si vos bons offices et vos reproches même sont obligeants, vos déplaisirs sont mortels à qui est au point que je suis votre passionné, etc.

« Münster, le 9 novembre 1646. »

RÉPONSE DE MADAME LA MARQUISE DE SABLÉ A M. D'AVAUX [2]

« Vous avez si bien compris l'affliction que je sens de la perte que j'ai faite, que je ne doute pas que

1. Lui-même écrit de Münster à Voiture qu'il doit à Mme de Sablé et à Mme de Montausier les bonnes grâces de Mme de Longueville, Voyez LA JEUNESSE DE MADAME DE LONGUEVILLE, chap. IV.

2. Manuscrits de Conrart, t. X. — On lit dans Tallemant, t. IV, p. 88, l'historiette suivante sur la lettre de d'Avaux et la réponse de Mme de Sablé : « M. de Laval ayant été tué à Dunkerque, M. d'Avaux écrivit une lettre bien faite et bien civile à la marquise de Sablé,

vous ne compreniez bien aussi la difficulté que j'ai d'écrire sur ce sujet-là, et ainsi je crois que vous me ferez aisément la grâce de me pardonner si j'ai tardé jusqu'à cette heure à répondre à la lettre que vous m'avez fait l'honneur de m'écrire. En vérité, Monsieur, je puis vous assurer que tout ce qu'on m'a dit et écrit en cette malheureuse occasion n'a fait aucune impression sur mes sentiments, et que vos seules paroles, soit en flattant mon déplaisir, ou même en me causant une secrète satisfaction de me voir encore dans l'honneur de votre souvenir, ont eu la force de me faire treuver quelque sorte de bien qui ne se peut quasi nommer en l'état où je suis. C'est assez vous dire, Monsieur, pour vous faire connoître de quelle sorte vous êtes dans mon cœur et dans mon

qui, n'étant pas encore trop en état d'écrire, pria Costar de répondre pour elle. Lui, qui ne demandoit pas mieux, fit une réponse et la lui porta; elle fit semblant d'en être contente, mais à peine eut-il le dos tourné qu'elle s'écria : « Ah! mon Dieu! la méchante lettre! Que je n'ai garde de l'envoyer! » Costar, qui n'étoit pas de son avis, en avoit gardé copie, et aussi de celle de M. d'Avaux, et fut ravi d'avoir une occasion de se pouvoir louer en tierce personne. Il va donc chez Mme de Saint-Thomas... Là il se mit à lire la lettre de M. d'Avaux; on la trouva fort belle. « La réponse, dit-il, est tout autre chose. » Il la prend et en fait admirer jusqu'aux virgules. Il se trouva d'assez sottes gens chez cette femme, auxquels pourtant il ne put refuser d'en laisser prendre copie; de sorte que l'une et l'autre lettre coururent bientôt les rues. Quelques jours après, M. de Maisons, le fils, demanda à la marquise s'il n'y avoit point moyen d'avoir copie de la lettre qu'elle avoit écrite à M. d'Avaux. Elle lui dit que jamais de sa vie elle n'avoit donné copie d'aucune lettre qu'elle eût écrite. Le lendemain il y retourne et lui dit en entrant : « Madame, voilà ce que vous me refusâtes hier. » Elle, bien étonnée prend la lettre et trouve que c'étoit la réponse de Costar; elle lui conte l'histoire, et qu'elle avoit fait une autre lettre qu'elle avoit envoyée à Münster.»

esprit, et pour vous faire encore un peu honte de m'avoir si longtemps privée de vos nouvelles, moi qui sur toutes les personnes du monde honore votre mérite, et suis, avec une véritable passion, votre etc.

« Décembre 1646. »

A la douleur de cette perte cruelle succédèrent des chagrins tout différents. La fortune de Mme de Sablé était en assez mauvais état, on ne sait par quelles causes. Son mari avait laissé une succession très-embarrassée, qui ne put être acceptée que sous bénéfice d'inventaire. Elle eut recours aux bons offices d'un de ses amis, René de Longueil, seigneur de Maisons, un des présidents au parlement de Paris[1], homme d'esprit, riche, ambitieux, influent dans sa compagnie, qui parvint à arranger les affaires de la noble veuve, au moyen du sacrifice de la terre de Sablé, qui passa entre ses mains en 1648[2]. Tallemant prétend qu'à cette occasion Mme de Sablé et le président se brouillèrent, ce qu'il prend soin de démentir bien vite en nous apprenant qu'au blocus de Paris, en 1649, Mme de Sablé se sauva à Maisons[3].

1. Il y en a plusieurs très-beaux portraits gravés de Mellan et de Morin d'après Champagne, et de Nanteuil en 1660.

2. Un arrêt du parlement du 29 août 1648 adjugea la terre de Sablé au président de Maisons. Le 14 novembre 1652, Abel Servien, le célèbre diplomate, acquit le marquisat entier, et c'est de là qu'il prit le titre de marquis de Sablé. Torcy l'acheta en 1711, abattit l'ancienne demeure des Sablé et éleva à sa place un très-beau château, arrivé par droit de succession à M. le marquis de Rougé, qui le possède aujourd'hui.

3. Très-belle terre à quelques lieues de Paris, avec un château magnifique bâti par François Mansard.

Mme de Motteville laisse entendre[1] aussi que le crédit de la marquise ne fut pas inutile au président Maisons en 1651 pour devenir chancelier de la reine mère et quelque temps surintendant des finances. Quant aux méchantes insinuations de Tallemant sur les relations de Mme de Sablé et du président en 1649, il suffit de répondre que Mme de Sablé avait alors cinquante ans : elle était agréable encore, mais la saison des amours était depuis longtemps passée.

Depuis plusieurs années, à une époque qu'il nous est impossible de bien déterminer, elle avait quitté le faubourg Saint-Honoré près du Louvre[2], où elle habitait pendant sa jeunesse, pour aller demeurer à la Place Royale[3], avec son amie la comtesse de Maure, tout aussi mal qu'elle dans ses affaires. Là, ces deux dames, autrefois si brillantes, alors sur le retour, sans grande fortune, mais avec une naissance qui s'en pouvait passer, beaucoup d'esprit et quelques restes de beauté, ne songèrent plus qu'à finir doucement leur vie dans d'aimables commerces, et dans la culture ou du moins dans le goût des lettres.

1. *Mémoires*, t. IV, p. 137 : « La marquise de Sablé étoit mon amie, elle m'avoit engagée dans les intérêts du nouveau surintendant. »
2. Tallemant, t. II, p. 325.
Ibid., p. 328.

CHAPITRE DEUXIÈME

Mme de Sablé à la Place Royale. Sa société. — Entre autres gens de lettres, Costar et La Mesnardière. — La Fronde. — Le Samedi de Mlle de Scudéry. — La société de Mademoiselle au Luxembourg. — Les *Nouvelles françoises*. — Les *Divers Portraits*. — *Relation de l'île imaginaire. Histoire de la princesse de Paphlagonie.* — Mme de Sablé se convertit, devient janséniste, et se retire auprès de Port-Royal de Paris, un peu avant 1659.

Voilà donc Mme de Sablé à la Place Royale[1]. Elle y continua la tradition de l'hôtel de Rambouillet, et en recueillit les débris. Plus que jamais, ainsi que nous l'avons dit, elle mit l'honneur et l'agrément de sa vie en de nobles amitiés, et dans la compagnie d'hommes et de femmes aimables, sans distinction de rang et de

1. C'est en vain que nous avons cherché à savoir quel hôtel Mme de Sablé y occupait. Ce ne devait pas être un des plus beaux, car elle n'était pas riche ; il est même vraisemblable qu'elle y avait loué seulement un appartement ; du moins ne trouvons-nous pas d'hôtel de Sablé parmi ceux que désigne Gomboust dans son plan de 1652, époque où certainement Mme de Sablé habitait à la Place Royale. Scarron dans son *Adieu au Marais et à la Place Royale,* t. VII de l'édition d'Amsterdam, semble mettre Mme de Sablé parmi les habitants de la noble place :

> La nonpareille Bois-Dauphine,
> Entre dames perle très-fine.

Mais peut-être cette nonpareille Bois-Dauphine n'est-elle pas Mme de Sablé, mais sa belle-fille, la veuve de Guy de Laval qu'on appela longtemps le chevalier de Bois-Dauphin.

parti, comme à l'hôtel de Rambouillet[1], et le mérite personnel passant avant tout. Il régnait dans son salon une liberté de bon goût qui attirait tous les honnêtes gens, mais qui ne plaisait pas toujours aux ministres, et de bonne heure fit ombrage à la soupçonneuse pénétration de Mazarin. Le successeur de Richelieu, qui, dès l'année 1644, avait discerné dans la fierté de Mme de Longueville la future frondeuse, et qui surveillait avec un soin jaloux toutes ses démarches et jusqu'à ses amitiés, fait cette remarque dans les carnets[2] où de temps en temps il épanchait son âme et déposait ses desseins et surtout ses inquiétudes : « Mme de Longueville est très-liée avec la marquise de Sablé. » Et il ajoute : « Dans la maison de Mme de Sablé, viennent continuellement d'Andilly[3], la princesse de Guymené[4], d'Enghien et sa sœur, Nemours[5]

1. Une noble indépendance était en effet le trait le plus marqué du caractère et du salon de Mme de Rambouillet. Voyez LA SOCIÉTÉ FRANÇAISE AU XVIIe SIÈCLE, t. Ier, chap. VI, p. 281.

2. Sur les carnets de Mazarin, conservés à la Bibliothèque impériale, voyez nos nombreux articles du JOURNAL DES SAVANTS, années 1854, 1855, 1856. Voyez aussi MADAME DE CHEVREUSE, chap. V, VI et VII, particulièrement l'*Appendice*.

3. Robert Arnauld, seigneur d'Andilly, le frère du grand docteur et des deux grandes abbesses, d'abord homme du monde et dans les plus grands emplois, plus tard solitaire à Port-Royal. Voyez dans le Recueil de ses lettres, in-4°, 1645, la 161e lettre adressée à Mme de Sablé et qui suppose une amitié déjà ancienne. Nous le verrons reparaître à la fin de ce chapitre et dans le chapitre IVe.

4. La belle princesse de Guymené. Il en sera question de nouveau à la fin de ce chapitre, et surtout au chapitre IIIe.

5. Le duc de Savoie-Nemours, qui a joué un si triste rôle dans la vie de Mme de Longueville, et qui fut tué, pendant la Fronde, dans un duel affreux avec son beau-frère, le duc de Beaufort.

et beaucoup d'autres; on y parle très-librement de tout le monde. Il faut y avoir quelqu'un qui avertisse de tout ce qui s'y passera[1]. »

Mazarin ne voyait chez Mme de Sablé, en 1644, que les grands seigneurs et les grandes dames dont les libres propos l'importunaient; il ne daignait pas apercevoir derrière M. d'Andilly d'autres personnages qui n'importaient pas à sa politique, des beaux esprits de profession, des gens de lettres plus ou moins célèbres, que recevait la spirituelle et aimable marquise. Voiture se trouvait-il parmi eux? Cela aurait fort bien pu être sans que le cardinal en conçût le moindre souci et en prît note, car Voiture, qui avait su faire sa cour à Richelieu, tout en étant au service de Monsieur, duc d'Orléans, n'avait pas manqué de se faire bien venir aussi de Mazarin; et dès l'année 1643, grâce au crédit renaissant de son maître, dont le cardinal avait alors grand besoin et qu'il s'appliquait à gagner de toutes les manières, l'habile Voiture s'était fait donner une bonne pension du premier ministre. C'est celui-ci qui nous l'apprend dans ses carnets, confidents mal sûrs de tant de secrets, grands et petits : « M. Voiture, une pension de mille écus[2]. » Et un peu plus tard il

1. Ve carnet (encore pour l'année 1444), p. 53 : « *Grande intelligenza con la marchesa di Sablé... In casa di Sablè vi è un continuo commercio d'Andilly, la principessa di Ghimené, Anghien, sua sorella, Nemur, e molti altri; e vi si parla di tutti liberamente. Bisogna haver qualcheduno là che possi avvertire di quello vi passerà.* »

2. Carnet II, p. 5 : *M. Vuettura, pensione di mille scudi.*

s'avertit lui-même de ne pas oublier cette affaire : « M. Voiture, une pension[1]. » Mais il est au moins douteux qu'en ce temp-là l'illustre bel esprit fît encore partie de la société de Mme de Sablé. Mlle de Scudéry nous assure, en effet[2], que la marquise avait rompu avec lui dès qu'elle eut reconnu ses artifices et son manége pour faire accroire qu'il était bien avec elle ; et nous ne voyons pas quel intérêt pouvait avoir Mlle de Scudéry à inventer une fiction si injurieuse à Voiture, pour ainsi dire le lendemain de sa mort, devant ses contemporains et ses amis qu'un pareil mensonge eût indignés. Il est d'ailleurs certain qu'aucune des lettres jusqu'ici connues de Voiture à Mme de Sablé n'approche de l'époque où nous sommes arrivés.

Mais, à défaut de Voiture, dans le salon de la Place Royale, il y avait sa monnaie, et souvent même sa monnaie assez petite, par exemple Costar et La Mesnardière.

Costar[3] est un bel esprit d'un ordre inférieur, qui se fit une petite réputation à la suite de Voiture en le célébrant, en prenant sa défense envers et contre tous, et en publiant, après sa mort, la correspondance qu'il avait entretenue avec lui[4]. Tandis qu'il habitait le Maine, comme une sorte de mentor de

1. Carnet III, p. 3 : *M. Vuettura, pensione.*

2. Voyez plus haut, chap. 1er, p. 28.

3. Voyez sur Costar, Tallemant, t. IV, p, 84-98, et t. VI, sa biographie par un anonyme.

4. ENTRETIENS DE MONSIEUR DE VOITURE ET DE MONSIEUR COSTAR, in-4°, 1654.

Philibert Emmanuel de Beaumanoir, abbé de Lavardin, depuis évêque du Mans, il profita du voisinage de Sablé pour faire sa cour à la noble dame, et il entra peu à peu dans son intimité. Un jour, pour se donner des airs d'importance, il s'avisa d'imprimer, à l'exemple de Balzac, d'Arnaud d'Andilly et de bien d'autres, les lettres qu'il avait écrites à diverses personnes de haute qualité, hommes et femmes, dont la plupart vivaient encore; et ce recueil en contenait un assez bon nombre adressées à Mme de Sablé, qui dut fort peu goûter ces fadeurs surannées, mais qui se trouvait là d'ailleurs en très-bonne compagnie, avec Mme de Chevreuse, Mme de Guymené, Mme de Rambouillet, Mme de Lafayette et Mme de Sévigné elle-même[1].

La Mesnardière a fait, de son temps, une meilleure figure que Costar : il a eu la faveur de Richelieu, de fort belles charges auprès de Gaston, duc d'Orléans, et auprès du jeune roi Louis XIV; enfin, un siége à l'Académie française. C'est chez Mme de Sablé et sous ses auspices qu'il débuta. Il commença, à ce que nous dit Tallemant[2] dont nous n'avons aucune raison de révoquer en doute le témoignage, par être

1. LETTRES DE MONSIEUR COSTAR, in-4°, 1re partie, 1658, et 2e partie, 1659. Voyez l'*Appendice* à la fin de ce volume.

2. Tallemant, t. IV, p. 25 : « Médecin domestique de la marquise de Sablé. » Il est vraisemblable qu'en 1635 il demeurait encore avec Mme de Sablé; car dans son *Traité de la Mélancolie*, imprimé en cette même année, et où il combat les effets extraordinaires qu'on attribuait à l'imagination, on lit cette phrase : « Si je m'imagine être le château de Sablé, s'ensuivra-t-il que je le sois? »

médecin de la marquise qui le prit à son service, et le logea chez elle, comme plus tard elle fit le docteur Valant. Un assez pauvre ouvrage de médecine, publié en 1635, devint l'origine de sa fortune. Il était alors fort question de la triste affaire des religieuses de Loudun. L'Écossais Mac Duncan, médecin à Saumur, le père de Cérisante qui depuis fut résident de Suède à Paris pour la reine Christine, mit au jour une dissertation où il prétendait que les religieuses de Loudun n'étaient pas possédées, comme on le disait, et que ce qu'elles éprouvaient était un effet de leur imagination échauffée et troublée par la mélancolie. La Mesnardière soutint que la mélancolie n'a pas cette puissance et que la possession de ces religieuses était bien réelle. Richelieu avait ses raisons pour goûter cet avis. Il fit venir à Paris l'auteur du complaisant traité et le prit sous sa protection[1]. La Mesnardière devint bientôt un de ses favoris. S'imaginant qu'on peut soumettre le talent à la même discipline qu'il s'efforçait de porter dans les diverses parties du gouvernement de l'État, et que la littérature se peut conduire et administrer comme la marine, les finances ou la guerre, le cardinal commanda à La Mesnardière une poétique; celui-ci en composa une fort pédantesque à la mode du temps, où il ne craignait pas d'autoriser ses maxi-

1. *Le Traité de la Mélancolie* est de 1635. En 1638, La Mesnardière publia des *Raisonnements sur la nature des esprits qui servent aux sentiments*, où il prend le titre de *conseiller et médecin de Son Altesse Royale.*

mes de ses exemples et de citer à l'appui des prétendues règles d'Aristote de nombreux passages d'une tragédie de sa façon[1]. Ajoutons à son honneur qu'il demeura fidèle à Richelieu, qu'il l'accompagna dans le périlleux voyage de Roussillon, et que plus tard, dans son discours de réception à l'Académie française, en faisant l'éloge du fondateur de la compagnie, il ne manqua pas de se glorifier de la protection et de la familiarité dont l'avait honoré le grand cardinal[2]. La Mesnardière possédait sans doute une certaine érudition; mais, n'en déplaise à Richelieu, à Mme de Sablé et à l'Académie[3], il n'y a rien de si vulgaire à la fois et de si prétentieux que la prose de La Mesnardière, si ce n'est peut-être sa poésie. Ses vers[4] durs et médiocres ont au moins l'avantage de nous établir un moment au sein de la bonne compagnie où il vécut et dont il s'efforce en vain d'attraper le ton. Il a beau louer Voiture et Sarasin[5], il est loin d'en rappeler le style. Amateur malheureux de

1. *La Poétique de Jules de La Mesnardière*, in-4°, 1640.

2. *Recueil des Harangues prononcées par MM. de l'Académie françoise, dans leurs réceptions*, etc., in-4°, 1698.

3. Et aussi à Bussy, d'ailleurs si peu admiratif, et qui dit de La Mesnardière en ses *Mémoires*, édit. de 1696, t. II, p. 213 : « C'étoit un *virtuose*, qui a fort bien écrit de toutes manières, et qui a laissé des ouvrages de lui sérieux et galants, dignes de beaucoup d'estime. »

4. *Les Poésies de Jules de La Mesnardière de l'Académie françoise*, etc., 1656, in-folio. La Mesnardière, qui vivait encore et n'est mort qu'en 1663, s'y donne le titre de *Conseiller du Roi et maître d'hôtel de Sa Majesté*.

5. Préface des *Poésies*.

l'antiquité, il a donné une foule d'imitations de l'anthologie grecque, invoquant fort à son aise l'approbation de Mme de Sablé et de Mme de Rambouillet, qu'il célèbre comme les deux arbitres de l'élégance et du bon goût[1].

Telle était à peu près la compagnie fort diverse que recevait Mme de Sablé. Les mélanges et les contrastes ne lui déplaisaient pas. Elle avait des amis de toute sorte, qu'elle ménageait avec un soin presque égal. Obligeante et éclairée, chacun lui demandait des services ou des conseils; insinuante et discrète, on s'épanchait volontiers avec elle; elle portait aisément les secrets les plus contraires, et elle prodiguait les bons offices en tout genre; aussi était-elle adorée de quelques-uns, très-considérée et honorée de tous.

A la Fronde, l'ingénieuse et brillante société se divisa et se dispersa. A l'exemple de M. et de Mme de Montausier, à l'exemple aussi de ses deux frères, le marquis et le commandeur de Souvré, Mme de Sablé demeura invariablement attachée à la Reine et à Mazarin; et, comme ses frères aussi et ses amis les

1. « Voici, dit La Mesnardière en tête des *Imitations,* un ouvrage qui... a été commencé par hasard et continué par le désir que j'ai eu de plaire à deux des plus illustres personnes du monde. Mme de Rambouillet ayant vu avec plaisir ces *Imitations,* elle qui, parmi les autres marques de son excellent et rare esprit, a tant de goût pour les sentiments des anciens; afin d'étendre un peu davantage la satisfaction qu'elle en avoit eue, je tournai encore par ses ordres à ma manière une douzaine d'épigrammes du même livre (l'Anthologie). Depuis, Mme la marquise de Sablé, de qui le goût est aussi délicat en toutes choses que son jugement est clair et solide, eut aussi la bonté de m'exhorter au même travail. » Voyez l'*Appendice*.

Montausier, elle recueillit le fruit de sa fidélité. Lenet nous dit, sur la foi de Gourville [1], et deux pièces authentiques, que nous avons sous les yeux, nous prouvent qu'en 1650 la reconnaissance de Mazarin et surtout l'amitié de d'Avaux, devenu surintendant des finances à la place de d'Émery, lui firent obtenir une pension de 2,000 écus[2]. Mais, en restant fidèle au Roi, elle ne se brouilla avec aucun de ses amis du parti opposé. La comtesse de Maure, dont le mari était le plus fougueux et le plus obstiné frondeur, ne cessa pas un moment d'être sa meilleure amie; et, au plus fort de la guerre civile, elle entretint constamment une correspondance affectueuse avec Mme de Longueville. Sans avoir le génie politique de la Palatine, et sans être mêlée autant qu'elle aux intrigues des partis, Mme de Sablé intervint toujours, comme la Palatine, pour adoucir les divisions et concilier les intérêts. C'est elle, selon Lenet, si bien informé de tout ce qui touche aux Condés, qui fit proposer, en 1650,

1. Voyez l'excellente édition des *Mémoires* de Lenet, dans la collection de Michaud, 1re partie, p. 317.

2. Lettres de Mazarin, à la Bibliothèque Mazarine, t. III, fol. 335. Mazarin au surintendant d'Avaux, 27 juillet 1650 : « Monsieur, ayant toujours fait une estime très-particulière de Mme la marquise de Sablé, et sachant d'ailleurs que je ne perdrois pas vos bonnes grâces, si je lui en procurois auprès de la Reine, j'ai demandé pour elle à Sa Majesté une pension de deux mille écus; ce que Sa dite Majesté m'a accordé avec grand plaisir et des témoignages particuliers de bonne volonté et d'estime pour cette dame. J'écris à M. Le Tellier d'en faire les expéditions et de vous les remettre... » — Extraits des Mémoriaux de la Chambre des comptes, à la Bibliothèque impériale, collection Gaignières, n° 771, p. 545 : « Pension à la dame marquise de Sablé, de 6,000 livres, le 2 septembre 1650. »

à Mme de Longueville, alors à Stenay, le mariage du prince de Conti avec une nièce du cardinal, et elle fit faire la même proposition au prince de Condé, pendant qu'il était en prison à Vincennes, par le chirurgien Dalancé [1]. Enfin, pour éteindre toutes les inimitiés, elle eut aussi l'idée de marier les trois nièces de Mazarin au duc de Candale, fils du duc d'Épernon, à un fils du duc de Bouillon, et au prince de Marcillac, le fils du duc de La Rochefoucauld [2].

Aussi la Fronde n'ôta pas un seul ami à Mme de Sablé, et, l'orage passé, elle put de nouveau les rassembler tous autour d'elle. Elle habitait toujours avec la comtesse de Maure; et, quoiqu'elle n'aimât guère à sortir de chez elle, elle prenait une certaine part aux autres sociétés qui autrefois s'étaient formées, à l'exemple de l'hôtel de Rambouillet, et que le retour de la paix, du loisir et de la prospérité répandait et faisait fleurir à Paris presque dans toutes les classes. La plus célèbre de ces sociétés, vers 1653, est celle qui se rassemblait tous les samedis chez Mlle de Scudéry, dans la rue de Beauce au Marais, à une fort petite distance de la Place Royale.

M. Rœderer [3] a écrit l'histoire de l'hôtel de Rambouillet; il nous manque une histoire des *Samedis* [4].

1. *Mémoires* de Lenet, édition de 1729, t. II, p. 170.

2. *Ibid.*, p. 172. Voyez dans la collection Michaud les *Mémoires* de Lenet, p. 347.

3. *Mémoire sur la société polie*, etc.

4. Nous avons essayé de donner cette histoire dans LA SOCIÉTÉ FRANÇAISE AU XVIIe SIÈCLE, t. II, chap. XII, XIII, XIV et XV, d'après Mlle de Scudéry elle-même.

Elle pourrait être piquante par le contraste des deux sociétés. A l'hôtel de Rambouillet, tous les gens d'esprit étaient bien reçus, quelle que fût leur condition : on ne leur demandait que d'avoir de bonnes manières; mais le ton aristocratique s'y était établi sans nul effort, la plupart des hôtes de la maison étant de fort grands seigneurs, et la maîtresse étant à la fois Rambouillet, Vivonne et Savelli [1]. La littérature n'était pas le sujet unique des entretiens : on y parlait de tout, de guerre, de religion, de politique. Les affaires d'État y étaient de mise aussi bien que les nouvelles les plus légères, pourvu qu'elles fussent traitées avec esprit et avec aisance. Les gens de lettres étaient recherchés et honorés, mais ils ne dominaient pas. Voilà pourquoi l'hôtel de Rambouillet a exercé une influence générale sur le goût public. Les fameux Samedis étaient par-dessus tout littéraires. C'était une réunion en général assez bourgeoise, qui, avec la meilleure volonté d'imiter celle de la rue Saint-Thomas-du-Louvre, restait bien loin de son modèle. Quelques rares grands seigneurs, quelques grandes dames y paraissaient encore de temps en temps, mais le fond de la compagnie était d'un ordre inférieur par les manières comme par la naissance. L'esprit n'y manquait pas, mais il était à tous égards d'une assez mince qualité : nulle vraie grandeur, peu de simplicité, beaucoup de fadeur et de recherche [2]. Chez la

1. Rœderer, *Mémoire sur la société polie*, t. Ier, chap. VI.

2. Nous confondons ici les diverses époques de la société de Mlle de

marquise de Rambouillet régnaient la suprême distinction, la noblesse, la familiarité, l'art de dire simplement les plus grandes choses; dans les Samedis on disait avec prétention les plus petites; on affectait le bon ton, le ton galant, parce qu'on ne l'avait pas naturellement. Ici Richelieu, Malherbe, Balzac, Corneille, Condé, Bossuet tout jeune encore, et, pour mettre en train la société, Voiture; en femmes, la princesse de Condé et sa fille Mme de Longueville, la princesse Marie, la future reine de Pologne, quelquefois aussi, et toujours bien accueillie comme elle méritait de l'être, Mlle de Scudéry et son frère, qui venaient chercher des sujets de descriptions et de portraits pour *le Grand Cyrus*. Là, cette même Mlle de Scudéry, devenue la Sapho du Marais, et, autour d'elle, Mme Aragonais, sa fille Mme d'Aligre, belle-fille du chancelier de ce nom, Mlle Legendre, nièce de Mme Cornuel, Mlle Robineau, Mlles Bocquet, et un peu plus tard quelques dames auteurs et artistes, telles que Mme de La Suze, Mlle Chéron, Mlle de La Vigne, Mlle Lhéritier, avec Ysarn, Raincy, Sarasin, Chapelain, Conrart, Pellisson. Chapelain était une sorte de ministre de la littérature. Le titre de secrétaire perpétuel de l'Académie française donnait à Conrart une assez grande autorité. Pellisson avait son propre mérite, et bientôt la faveur de Fouquet, déjà procureur général et depuis surintendant des finances. Sarasin,

Scudéry que nous avons distinguées avec soin dans l'histoire détaillée que nous en avons faite.

secrétaire du prince de Conti, était le Voiture de cet autre hôtel de Rambouillet. Il y avait un ordre du jour, un appareil presque académique, un procès-verbal, des actes, une chronique, un secrétaire, qui était Pellisson, et un conservateur des archives de la société, Conrart. Conrart, en effet, nous a transmis une partie des papiers de la compagnie, entre autres le procès-verbal d'une des séances rédigé par Pellisson, la séance du 20 décembre 1653. La pièce est intitulée : *La Journée des Madrigaux, fragment tiré des Chroniques du Samedi*[1]. Et il y a une foule d'autres pièces du même genre, car ce qui dominait dans cette société, c'était la passion des petits vers et de la poésie légère. Les madrigaux, les sonnets, les stances, les élégies, les bouts rimés, les lettres mêlées de vers et de prose, surabondent dans les manuscrits de Conrart. Un assez grand nombre a paru successivement dans les recueils de Sercy, de Barbin, de Quinet, les libraires de la poésie agréable et des choses galantes; mais il en reste tout autant d'inédit, et de quoi défrayer bien des almanachs des muses et des grâces.

Les Samedis durèrent assez longtemps; ils eurent leur influence à la fois bonne et mauvaise, entretenant et répandant le goût des lettres, mais aussi l'altérant et l'abaissant. Ces réunions en firent naître d'autres, encore plus mêlées, et ce sont celles-là qui, tombant de plus en plus dans l'affectation du savoir

1. L SOCIÉTÉ FRANÇAISE AU XVIIe SIÈCLE, t. II, chap. XV.

et du bel esprit, et dans un jargon insupportable, décrièrent les précieuses bien avant Molière. On en a une preuve assurée dans un ouvrage aujourd'hui bien justement oublié[1], mais qui dans son temps fit assez de bruit, *la Précieuse ou le Mystère de la Ruelle,* par l'abbé de Pure, qui, après avoir fréquenté les précieuses, finit par s'en moquer, distinguant d'ailleurs avec soin les vraies des fausses, et faisant un très-grand éloge de Mlle de Scudéry et même de sa société.

1. Il a presque péri : nous n'en connaissons pas quatre ou cinq exemplaires, et la Bibliothèque impériale n'en a pas un ; il n'est donc pas mal à propos d'en donner une très-courte description. — *La Prétieuse ou le Mystère de la Ruelle, dédiée à telle qui n'y pense pas ;* première partie, chez Guillaume de Luyne, 1656, in-12. Le privilége est du 15 décembre 1655, sous ce titre : *La Prétieuse, ou les Mystères de la Ruelle,* et en effet les autres parties portent *les Mystères* et non pas *le Mystère.* Le nom de l'abbé de Pure n'est pas sur le titre, mais il est dans le privilége : A. D. P. Vers la fin de cette première partie, p. 357, on trouve un éloge de Corneille assez bien fait et bien senti ; un autre, p. 382, de Mlle de Scudéry, du *Cyrus* et de la première partie de la *Clélie,* qui paraissait en cette même année. En tête du volume est une petite gravure représentant une ruelle. — Seconde partie, chez Pierre Lamy, 1656. A la fin du privilége : Achevé d'imprimer pour la première fois le 15 juin 1656. — Troisième partie, chez Pierre Lamy, 1657. Achevé d'imprimer pour la première fois le 30 décembre 1656. — Quatrième et dernière partie sous ce titre : *Le Roman de la Prétieuse, ou les Mystères de la Ruelle,* à Paris, chez Guillaume de Luyne, 1658. Achevé d'imprimer pour la première fois le 9 mai 1658 ; avec une dédicace à l'abbé de Clermont-Tonnerre. « Je connois trop le peu de rapport qu'il y a entre des fausses prétieuses et un véritable prétieux, entre de défectueuses copies et un parfait original. » Dans l'Avant-propos : « Il y a peu de choses qui n'aient un sens caché... ; tôt ou tard on entendra la force de mon jargon. Il y aura des clefs et des ouvertures de mes secrets, et tel condamne mon coq-à-l'âne qui un jour en justifiera le bon sens. »

Cet ouvrage est en quatre volumes, dont le premier et le plus instructif a paru au commencement de l'année 1656. L'auteur y donne une description complète de la précieuse, de l'espèce en elle-même et de ses variétés; il peint leurs occupations, leurs intrigues, leurs travers; il les déchire sans pitié et sans scrupule, et s'il ne les nomme pas, il annonce qu'un jour il y aura des clefs. C'est un pamphlet, un véritable libelle, plus méchant que spirituel. Un peu plus tard, l'abbé de Pure en fit une comédie [1], qui fut représentée par les bouffons italiens sur le théâtre du Petit-Bourbon. Toutes les voies étaient donc préparées, il ne manquait plus qu'un homme de génie : il vint à son heure. Le 18 novembre 1659, Molière donna sur ce même théâtre *les Précieuses ridicules,* suivant le goût public plutôt qu'il ne le devançait, se faisant l'interprète d'une opinion déjà puissante et lui assurant la victoire, accablant les précieuses ridicules, mais ne leur portant pas les premiers coups. Lorsqu'il imprima sa comédie, en 1660, il y mit une préface, où il prend les mêmes précautions que l'abbé de Pure, et dit avec raison que « les véritables précieuses auroient tort de se piquer lorsqu'on joue les ridicules, qui les imitent mal. » Ce sont en effet ces mauvaises imitations répandues à Paris et dans toute la France qu'a voulu attaquer l'implacable ennemi de tout excès, et nullement l'hôtel de Rambouillet, qui depuis longtemps, n'était plus, ni même la société de Mlle de

1. *Histoire du Théâtre françois* (par les frères Parfait), t. VIII, p. 318 et 321.

Scudéry, dont les nouvelles précieuses n'avaient retenu que les défauts pédantesquement exagérés [1].

On pense bien que Mme de Sablé, dont le goût était si délicat, sentait autant que personne ce qui manquait aux Samedis; mais enfin c'était un reflet des beaux jours de sa jeunesse; elle honorait et aimait Mlle de Scudéry qui l'avait introduite et célébrée dans *le Grand Cyrus;* elle la visitait de temps en temps, avec la comtesse de Maure, et se plaisait à rencontrer chez elle Chapelain, Pellisson, Conrart. Quelquefois même, à ce que nous apprend Tallemant, elle allait dîner avec Mme de Montausier à la maison de campagne de Conrart, à Athis, sur les bords de la Seine [2]; et les riches recueils du secrétaire de l'Académie française contiennent plus d'une lettre de Mme de Sablé, où elle se fait un honneur de le recommander à de hauts personnages en diverses occasions.

Presque dans le même temps, mais dans un quartier bien différent de Paris, au Luxembourg, s'était formée une tout autre société, qu'on ne peut pas appeler une société littéraire, et qui pourtant a laissé une trace profonde dans la littérature nationale.

Mademoiselle, fille de Gaston, duc d'Orléans, après avoir pris, ainsi que son père, une assez grande part à la Fronde, et y avoir fait un moment le général d'ar-

1. LA SOCIÉTÉ FRANÇAISE AU XVIIe SIÈCLE, t. II, chap. XV, p. 289 : *Si Molière, dans les Précieuses ridicules, a voulu attaquer Mlle de Scudéry et sa société.*

2. Tallemant, t. II, p. 424, et LA SOCIÉTÉ FRANÇAISE, t. II, ch. XVI, p. 324. — Voyez l'*Appendice*.

mée avec ses deux aides de camp, Mlle de Fiesque et Mme de Frontenac, vivait tranquillement au palais du Luxembourg, dans une disgrâce que lui rendaient facile à supporter sa naissance et sa fortune. Elle avait une cour, et l'esprit y était le bienvenu. Elle-même en avait beaucoup, d'un genre un peu fantasque, mais assez relevé, capricieuse, mais sincère, et plus portée aux aventures qu'aux bassesses. Elle avait voulu faire elle-même sa destinée, et elle n'avait pas su la conduire. Plus d'une fois elle avait pu s'asseoir sur un trône; elle avait rêvé celui de Louis XIV, et elle avait fini par se prendre d'une passion ridicule pour un gentilhomme dépourvu de toute grande qualité, et qui n'avait pas même celle de l'aimer. Jeune, elle avait eu quelque beauté[1]. Sans nulle étude, elle prenait plaisir à se rendre compte de ce qu'elle avait pensé ou voulu et à mettre sur le papier tout ce qui lui passait par la tête. On a d'elle des mémoires écrits tout entiers de sa main[2], où il n'y a pas un mot d'orthographe et où les détails insignifiants surabondent, mais qui sont pleins des renseignements les plus précieux, et d'un style qui n'est pas vulgaire et sent fort bien sa princesse royale. Pendant sa disgrâce,

1. Voyez le portrait de Juste gravé par Falck et celui de Poilly.

2. On en peut voir à la Bibliothèque impériale le manuscrit autographe qui diffère singulièrement des mémoires imprimés. M. Petitot et MM. Michaud et Poujoulat ont reproduit dans leurs collections l'édition ordinaire et vicieuse, sans avoir l'idée de recourir à l'original qui était en quelque sorte sous leurs mains. — M. Chéruel vient enfin de donner une édition sincère de ces curieux Mémoires, 4 volumes in-12, 1859.

de 1654 à 1659 et 1660, Mademoiselle, n'ayant rien de mieux à faire, s'occupa de littérature. Elle avait pour secrétaire de ses commandements Segrais, de l'Académie française, poëte et bel esprit, qui a laissé un nom dans les lettres, et qui naturellement s'efforçait de donner ses goûts à sa maîtresse. *Les Nouvelles françoises et les Divertissements de la princesse Aurélie*, qui parurent en 1656 [1], sont un récit allégorique de la manière dont la princesse Aurélie, Mademoiselle d'Orléans, passait son temps au château des Six-Tours, c'est-à-dire à Saint-Fargeau, avec cinq de ses amies, Gilone d'Harcourt, comtesse de Fiesque, et Mme de Frontenac, peu déguisées sous les noms de Gilonide et de Fronténie; Mme de Valençay, la sœur de Mme de Châtillon et du maréchal de Luxembourg, appelée ici Aplanice, de la devise célèbre de sa maison [2]; la jolie marquise de Mauny, qu'on nomme Silerite, et Uralie, qui est Mme de Choisy, la femme du chancelier du duc d'Orléans, l'amie de la princesse Marie de Gonzague, reine de Pologne, qui, avec Mme Cornuel, avait la réputation d'un des esprits les plus libres et les plus piquants. Ces dames s'amusent à se raconter chacune une histoire, un petit roman, une nouvelle galante à la façon du *Cyrus*, mais beaucoup plus courte,

1. 2 vol. in-8°, chez Sommaville, 1656. — Segrais n'y a pas mis son nom, mais il en est l'auteur et il a signé la dédicace. L'exemplaire de la Bibliothèque impériale, qui vient de la Bibliothèque des Sully, et porte les W couronnés, contient, sur une page imprimée, mais évidemment ajoutée, puisqu'elle est trop grande et a dû être repliée, la clef dont nous venons de faire usage.

2. Ἄπλανος est la devise des Montmorency.

et avec cette différence considérable que les personnages n'y sont pas, comme dans Mlle de Scudéry, empruntés aux Grecs et aux Romains, mais à l'Europe moderne et surtout à la France : de là le titre de *Nouvelles françoises*. C'était déjà un pas vers une littérature plus vraie et plus nationale, et ce sont ces nouvelles qui ont préparé et amené quelques années après *Mademoiselle de Montpensier* et *la Princesse de Clèves*.

Avec les dames que nous venons de citer, il y avait aussi, à la cour de Mademoiselle, la sœur de Mme de Montespan, Mme de Thianges, tant célébrée par La Fontaine, la comtesse de Maure, l'amie intime de Mme de Sablé, et sa nièce, la fière et spirituelle Mlle de Vandy, qui avait pris du service auprès de Mademoiselle; bien d'autres encore qui, sans avoir d'emploi au Luxembourg, y fréquentaient assidûment, telles que la belle comtesse de Brégy, qui écrivait avec agrément en vers et en prose; l'aimable duchesse de La Trémouille, célèbre par ses goûts élégants, et qui a laissé le plus charmant recueil des devises de toutes les grandes dames de son temps[1]; la duchesse de

1. On le peut voir à la Bibliothèque de l'Arsenal. Consultez LA JEUNESSE DE MADAME DE LONGUEVILLE, *Introduction*. — A ce propos nous donnerons ici un billet de Mme de Sablé à cette duchesse de La Trémouille que nous trouvons dans les manuscrits de Conrart, in-4°, t. XIV, et dont nous ignorons la date et l'occasion. Il ne dit rien, mais le style est toujours de la meilleure qualité.

DE MADAME LA MARQUISE DE SABLÉ A MADAME LA DUCHESSE DE LA TRÉMOUILLE.

Je crois qu'il n'y a que moi qui fasse si bien tout le contraire de

Châtillon, une des plus grandes beautés du siècle, la fille vertueuse et spirituelle de la beauté la plus décriée, Mlle de Montbazon, abbesse de Caen, puis de Malnoue; la duchesse de Schomberg, l'ancienne Mme de Hautefort, le digne objet d'une des passions platoniques du roi Louis XIII; enfin Mme de Sévigné et Mme de La Fayette. Par les femmes, vous pouvez juger des hommes, : ils étaient à l'avenant; au premier rang était La Rochefoucauld.

Un jour, à la campagne, en 1657, Mademoiselle eut l'idée de demander à toutes les personnes de sa société de faire leur portrait; et sur-le-champ elle fit

ce que je veux faire; car il est vrai qu'il n'y a personne que j'honore plus que vous, et j'ai si bien fait qu'il est impossible que vous le puissiez croire. Ce n'étoit pas assez pour vous persuader que je suis indigne de vos bonnes grâces et de votre souvenir, que d'avoir manqué fort longtemps à vous écrire, il falloit encore retarder quinze jours à me donner l'honneur de répondre à votre lettre; en vérité, madame, cela me fait paroître si coupable que vers * tout autre que vers vous, j'aimerois mieux l'être en effet que d'entreprendre une chose si difficile qu'est celle de me justifier; mais je me sens si innocente dans mon âme, et j'ai tant d'estime, de respect et d'affection pour vous qu'il me semble que vous devez le connoître à cent lieues d'ici, encore que je ne vous en dise pas un mot. C'est ce qui me donne le courage de vous écrire à cette heure, mais non pas ce qui m'en a empêché si longtemps. J'ai commencé à faillir par force, ayant eu beaucoup de maux, et depuis je l'ai fait par honte, et je vous avoue que si je n'avois à cette heure la confiance que vous m'avez donnée en me rassurant, et celle que je tire de mes propres sentiments pour vous, je n'oserois jamais entreprendre de vous faire souvenir de moi. Mais je m'assure que vous oublierez tout, sur la protestation que je vous fais de ne me laisser plus endurcir en mes fautes, et de demeurer inviolablement, Madame, votre, etc. »

* *Vers* pour *envers*, partout, au XVIIe siècle, dans La Rochefoucauld, dans Retz, dans Mme de Sévigné.

elle-même le sien, en commençant par une description physique assez détaillée, et passant de là à la peinture de son esprit, de son âme, de ses mœurs et de toutes ses qualités morales. Elle fit aussi les portraits de M. de Béthune, qui était son chevalier d'honneur, de Mlle de Vandy, de M. d'Entragues, de Mme de Montglat, et beaucoup d'autres, parmi lesquels ceux du Roi, de Monsieur, de M. le Prince avant même qu'il fût réconcilié avec la cour, et on peut dire que ce dernier portrait est encore le meilleur que nous ayons de Condé. Après avoir donné l'exemple, elle voulut qu'on le suivît. Mlle de Montbazon, l'abbesse de Caen, fit son portrait en 1658, par ordre de Mademoiselle, comme elle le dit : plusieurs autres dames s'exécutèrent de bonne grâce. Il était reçu qu'on dirait de soi le bien qu'on en pensait, mais qu'on oserait dire aussi le mal. La belle duchesse de Châtillon ne trouva que des éloges à se donner. Celles qui ne se sentaient pas aussi habiles ou aussi hardies s'adressaient à de plus exercées. Mme de Brégy, qui était une des muses du temps, avec Henriette de Coligny, la comtesse de La Suze, se chargea de faire le portrait de la princesse d'Angleterre, l'aimable Henriette, avant qu'elle fût mariée, sous le nom de la princesse Cléopâtre, avec celui de la reine de Suède, alors à Paris. On emprunta aussi le secours de quelques plumes viriles. Le marquis de Sourdis peignit la comtesse de Maure et la duchesse de Créqui, et M. de Jussac la jolie Mme de Gouville, la fille du comte de Tourville, la sœur du grand amiral, que les mémoires de Lenet nous font trop connaître. Vineuil, bel esprit un peu subalterne, à moitié homme du monde, à moitié homme de lettres, et qui aurait bien voulu rappeler Sarasin et Montreuil, car personne alors n'aurait osé songer à l'héritage de Voiture, s'arrêta si complaisamment à retracer la beauté de la comtesse d'Olonne, qu'il oublia de dire le reste. C'est en cette occasion que Mme de La Fayette fit le premier usage de sa plume délicate en faveur de son amie, la marquise de Sévigné; elle l'annonçait en quelque sorte et s'annonçait elle-même, car il est impossible de faire un portrait plus agréable, plus flatteur et plus fidèle tout ensemble. Ce devait bien être là Mme de Sévigné, jeune encore, n'ayant pas toute sa renommée, retenant un peu sa verve et sa malice et ne laissant paraître qu'un enjouement plein de charme[1]. Il y eut aussi des portraits dont les auteurs et les originaux ne voulurent pas être connus, et qui sont mis sous des noms de fantaisie. N'oublions pas de dire, à l'honneur de la société de Mademoiselle, qu'une main ignorée y a tracé un *Portrait des Précieuses* que Molière a dû connaître, et qui, bien mieux encore que le livre et la comédie de l'abbé de Pure, le préparait et l'autorisait. Remarquez enfin que, parmi tous les auteurs du Luxembourg, il n'y a guère que des personnes du grand monde; que Mademoiselle n'employa pas d'hommes de lettres proprement dits, aucun des habitués du samedi, et que Mlle de Scu-

1. Voyez une lettre inédite, à peu près de ce temps, dans LA SOCIÉTÉ FRANÇAISE AU XVIIe SIÈCLE, t. II, chap. XIII, p. 201, etc.

déry elle-même, si habile et si célèbre dans l'art des portraits, n'en a pas fait ici un seul.

Tel fut le passe-temps de Mademoiselle et de ses amis pendant les années 1657 et 1658 : de ce passe-temps est sortie toute une littérature. En 1659, Segrais revit ces portraits et les publia[1] en un beau volume in-4° admirablement imprimé, et aujourd'hui devenu fort rare[2], sous ce titre : *Divers portraits*. On n'en tira que trente exemplaires[3], qui ne furent pas mis dans le commerce, et dont Mademoiselle fit des présents. L'ouvrage eut un succès prodigieux. Ce qui avait fait la fortune des romans de Mlle de Scudéry, le plaisir de voir son portrait un peu embelli, la curiosité de voir aussi celui des autres, la passion qu'a toujours eue et qu'aura toujours la bourgeoisie de savoir ce qui se passe dans le monde de l'aristocratie, qui ne s'ouvrait pas alors très-facilement, les noms des personnes illustres qui se trouvaient là pour la première fois décrites avec le plus

1. *OEuvres diverses* de Segrais, édit. d'Amsterdam, t. Ier, *Mémoires anecdotes*, p. 171 et 172 : « J'ai fait imprimer avec Monsieur *** (c'est Huet; voyez les Mémoires latins de Huet, *Huetii commentariùs de rebus ad eum pertinentibus*, Amstelodami, 1718, p. 194) un autre ouvrage qui est un recueil de cent portraits de différents personnages; il y en a bien quarante de la composition de Mademoiselle. »

2. Un de ces exemplaires, de condition assez médiocre, a été vendu 350 fr., à la vente de la bibliothèque de M. de Bure.

3. Segrais, *ibid.* : « On n'en a tiré que trente exemplaires, et afin qu'on n'en tirât pas davantage, nous étions présents lorsqu'on tiroit chaque feuille, et à la trentième nous faisions rompre la planche, de sorte qu'il n'a pas été possible à l'imprimeur d'en tirer un plus grand nombre. »

grand détail au physique et au moral, de grandes dames transformées tout à coup en écrivains, et inventant sans s'en douter une nouvelle manière d'écrire dont aucun livre ne donnait la moindre idée, et qui était le parler ordinaire des gens de qualité; ce je ne sais quoi de naturel, de familier, d'aisé, et en même temps d'agréable et de souverainement distingué, tout cela charma la cour et la ville, et les premiers jours de l'année 1659 étaient à peine écoulés, qu'on vint demander à Mademoiselle la permission de donner de l'ouvrage privilégié une édition nouvelle à l'usage de tout le monde.

Cette édition ne suffit pas; il en fallut une autre encore et dans cette même année[1]. On avait déjà le

1. On nous permettra ici quelques détails de bibliophile qui ne sont pas sans intérêt littéraire. Les *Divers Portraits* ont été composés pendant les années 1657 et 1658. Ils ont paru in-4° avec ce seul titre : *Divers Portraits, imprimés en l'année 1659*, et au milieu les armes de Mademoiselle. On ignore la date précise de l'impression, parce qu'il n'y a point de privilége; mais il faut qu'elle soit des premiers jours de janvier, car la seconde édition, donnée par Sercy et Barbin, en un volume in-12 de 325 pages, sous ce titre : *Recueil des portraits et éloges en prose, dédié à Son Altesse Royale Mademoiselle*, non-seulement porte ce même millésime de 1659, mais contient ces mots à la fin du privilége : *Achevé d'imprimer le 25 janvier 1659.* Cette seconde édition n'est pas une pure réimpression des *Divers Portraits* : on en a négligé quelques-uns, et des meilleurs, tels que celui de Mademoiselle par elle-même, celui de Mme de Châtillon par elle-même, etc., et on en a ajouté plusieurs qui sont fort curieux, par exemple celui de Mme de Hautefort sous le nom d'Olympe, avec un plus grand nombre de très-médiocres, et dont les originaux ne valent guère mieux que les auteurs. C'est un recueil infiniment inférieur à tous égards à celui de Mademoiselle : il n'a point de table, et il y a des fautes souvent grossières à chaque page; mais il y faut remarquer une préface d'une plume inconnue, où l'on fait voir que les

goût des portraits en France; Mlle de Scudéry l'avait fort augmenté par ses admirables portraits du *Cyrus* et de la *Clélie;* ils devinrent à la mode, et la paix des Pyrénées, le mariage de Louis XIV, les longues fêtes qui suivirent dans toute la France, étant venus animer et augmenter la passion générale pour les divertissements des arts et des lettres, on se jeta en quelque sorte sur le genre nouveau que les *Divers Portraits* avaient mis en vogue. C'étaient de petites compositions qui semblaient faciles et qui étaient agréables à

Portraits ne viennent point d'une imitation de Philostrate ou de Théophraste, que ces dames n'avaient pas lu, mais tout simplement du succès du *Cyrus* et de la *Clélie*. Dans cette même année de 1659, les mêmes libraires publièrent une nouvelle édition du *Recueil des portraits et éloges,* sous le même titre et dans le même format, mais avec des additions très-considérables, qui portent ce volume, dont l'impression est assez grosse et bien plus soignée que la précédente, à 912 pages. Il y a des exemplaires divisés en deux parties et en deux volumes, avec des titres visiblement ajoutés, mais la pagination se suit. C'est là que pour la première fois se trouvent un certain nombre de portraits excellents, noyés en quelque sorte dans une foule de portraits mal faits de personnes vulgaires. Enfin, en 1663, Sercy réimprima ce *Recueil* en deux parties bien distinctes et en deux volumes in-12, avec ce long titre : *La Galerie des Peintures ou Recueil des Portraits et éloges en vers et en prose, contenant les portraits du Roy, de la Reyne, des princes, princesses, duchesses, marquises, comtesses, et autres seigneurs et dames les plus illustres de France, la plupart composés par eux-mêmes; dédiée à Son Altesse Royale Mademoiselle.* Cette *Galerie des Peintures* n'est autre chose que la troisième édition de 1659, avec quelques portraits de plus, celui de La Rochefoucauld par lui-même, et celui de Mazarin par Mme de Brégy. Cette édition se recommande surtout par une table des portraits où les noms des originaux et des peintres sont indiqués. On ne sait pourquoi, dans les éditions venues après celle de Mademoiselle, le style de plusieurs portraits, par exemple du portrait de la comtesse de Maure, a été changé, et pas du tout en mieux.

faire. La vanité y trouvait son compte, et à peu de frais. On s'occupait de soi et on en occupait les autres. Bien entendu on ne se maltraitait guère, et ce n'était pas par ses plus mauvais côtés qu'on se montrait. Les portraits se multiplièrent à Paris et dans les provinces; ils descendirent du grand monde dans la bourgeoisie; il y en eut d'excellents, il y en eut de médiocres et aussi de détestables, jusqu'à ce qu'en 1688 La Bruyère renouvela et éleva le genre, et, sous le nom [1] de *Caractères,* au lieu de quelques individus, peignit son siècle et l'humanité [2].

Mme de Sablé allait beaucoup au Luxembourg, et y prenait part à tous les divertissements littéraires, ainsi

1. Ce nom de Caractères n'est pas même une invention de La Bruyère ou un emprunt qu'il aurait fait à Théophraste. Il était déjà très-répandu et en usage : on disait caractère pour portrait, et dans le second *Recueil des portraits et éloges* de 1659, p. 534 et 560, on trouve un nouveau *Caractère de madame la comtesse d'Olonne,* avec une lettre d'envoi où ce mot est répété : *Lettre écrite à madame la comtesse d'Olonne en lui envoyant son* CARACTÈRE. L'auteur dit à la comtesse : « Paroissez, madame, au milieu des portraits et des CARACTÈRES, et vous défaites toutes les images qu'on sauroit donner de vous. »

2. On a une clef de La Bruyère; mais ici la plus grande circonspection est nécessaire, car non-seulement La Bruyère s'est servi souvent de plusieurs originaux, mais ces originaux n'ont été pour lui qu'une occasion, un point de départ, une matière, sur laquelle il a librement travaillé, sans consulter aucun modèle particulier, et l'œil fixé sur un caractère général et abstrait que son pinceau énergique rendait aussi vivant, aussi réel qu'un individu, mais où nul individu ne se pouvait reconnaître. Quel clef appliquer à un pareil ouvrage? La Bruyère seul pourrait la fournir. On dit qu'il l'a fait. Il est permis d'en douter, et de considérer la *Clef des Caractères* publiée en Hollande, à quelques exceptions près, comme de simples conjectures, curieuses et intéressantes, sur les contemporains de La Bruyère.

que son amie la comtesse de Maure. Elle ne tenait guère la plume, mais elle était consultée, et Mademoiselle prisait fort son opinion. Quand elle publia la *Relation de l'Ile imaginaire,* Mme de Sablé fut au nombre des personnes dont elle rechercha le suffrage, et la comtesse de Maure s'empressa d'en écrire à la marquise, lui disant que Mlle de Scudéry était ravie de ce petit morceau et lui demandant son avis à elle-même, évidemment afin de le transmettre et d'en faire sa cour à Mademoiselle. Mme de Sablé se prête de la meilleure grâce du monde à l'intention de son amie, et elle lui adresse ce billet, qui n'a pas dû déplaire à l'illustre auteur [1] :

« Je mourois d'envie de vous dire mon avis sur la *Relation de l'Isle imaginaire;* mais vous m'en avez ôté le pouvoir en me mandant que Mlle de Scudéry en a déjà dit le sien. Car comme elle pense bien mieux que je ne fais sur toutes choses, et qu'elle sait aussi bien mieux exprimer ses pensées, il ne me reste rien à vous dire, pour vous peindre l'admiration que j'ai de tant de belles imaginations et de tant d'esprit, que les mêmes choses que cette habile personne en a déjà dites. C'est pourquoi, dans l'impossibilité de m'en taire, je ne sais point d'autre moyen pour me satisfaire sur cela que de marquer dans le livre quelques-uns des endroits qui m'ont donné le plus de plaisir et d'étonnement. Je vous supplie de les relire, car, encore que vous en ayez déjà si parfaitement reconnu

1. Manuscrits de Conrart, in-folio, t. XI, p. 79.

toutes les grâces, je crois que si vous les considérez avec cette réflexion, que c'est dans la grandeur et sous la couronne que ces belles imaginations se sont trouvées conduites avec tant de jugement, vous en direz admirablement tout ce que j'en voudrois pouvoir dire, et je suis persuadée que personne ne peut me contenter sur cela si ce n'est vous. Je vous renvoie le livre avec un grand regret; j'en voudrois bien avoir un qui fût tout à moi, et qu'il me fût permis d'en récréer la solitude de certains anachorètes de nos amis[1]. Je vous supplie d'avoir la bonté de travailler à cela, etc. »

Mme de Sablé est bien plus intéressée dans un autre petit roman de Mademoiselle, plus piquant que la *Relation de l'Isle imaginaire*, parce qu'il continue les *Divers portraits* sous des noms inventés, et contient des peintures de mœurs dont la vérité perce à travers la fiction. Nous voulons parler de l'*Histoire de la Princesse de Paphlagonie*. C'est un tableau de l'intérieur de Mademoiselle, de sa cour et des querelles qui l'agitaient, sous le gouvernement fantasque de la princesse. Mme de Sablé y fait un personnage ainsi que la comtesse de Maure : celle-ci s'appelle la reine de Misnie, et Mme de Sablé y est mise sous le nom de la princesse Parthénie, emprunté au *Grand Cyrus*[2]. On

1. Évidemment les solitaires de Port-Royal. Voyez quelques pages plus bas.

2. LA SOCIÉTÉ FRANÇAISE AU XVIIe SIÈCLE, t. II, chap. VIII. — Mme de Sablé a deux autres noms de Précieuse, celui de Stéphanie, comme nous l'avons déjà dit, dans *la Clef du grand Dictionnaire historique*

s'y moque fort de leur peur de la contagion, du soin qu'elles prennent de leur santé, et aussi d'un autre défaut de Mme de Sablé, que nous n'avons pas encore indiqué et qu'elle avait pris avec l'âge, le goût et le génie de la friandise; en même temps on vante sa politesse et son esprit, et sous les bouffonneries que le genre permettait et exigeait même, on sent pour elle comme pour son amie la sérieuse considération qui leur était due. Voici le récit burlesque et fidèle que fait Mademoiselle de la manière dont les deux amies passaient leur temps; on croit lire Tallemant, mais un Tallemant de bonne compagnie :

« Il n'y avoit point d'heures [1] où elles ne conférassent des moyens de s'empêcher de mourir, et de l'art de se rendre immortelles. Leurs conférences ne se faisoient pas comme celles des autres; la crainte de respirer un air ou trop froid ou trop chaud, l'appréhension que le vent ne fût trop sec ou trop humide, une imagination enfin que le temps ne fût pas aussi tempéré qu'elles le jugeoient nécessaire pour la conservation de leur santé, étoit cause qu'elles s'écrivoient d'une chambre à l'autre. On seroit trop heureux si on pouvoit trouver de ces billets et en faire un recueil. Je suis assurée que l'on y trouveroit des préceptes pour le régime de vivre, des précautions

des Précieuses de Somaize, p. 26, Paris, 1661; et celui de Falmasie dans *le Cercle des Femmes Savantes*, Paris, 1663. La comtesse de Maure est Melistrate dans *le Cercle des Femmes Savantes*, et Madont, dans Somaize.

1. *Histoire de la princesse de Paphlagonie*, imprimée en 1659, avec la *Relation de l'Isle imaginaire*, petit in-4°, p. 79 et 80.

jusques au temps propre à faire des remèdes, et des remèdes même dont Hippocrate et Galien n'ont jamais entendu parler avec toute leur science; ce seroit une chose fort utile au public, et dont les facultés de Paris et de Montpellier feroient bien leur profit. Si on trouvoit leurs lettres, on en tireroit de grands avantages en toutes manières, car c'étoient des princesses qui n'avoient rien de mortel que la connoissance de l'être. Dans leurs écrits, on apprendroit toute la politesse du style et la plus délicate manière de parler sur toutes choses. Il n'y a rien dont elles n'aient eu connaissance : elles ont su les affaires de tous les États du monde, par la participation qu'elles y ont eue de toutes les intrigues de particuliers, soit de galanterie ou d'autres choses où leurs avis ont été nécessaires, tantôt pour apaiser les brouilleries et les querelles, tantôt pour les faire naître selon les avantages que leurs amies en pouvoient tirer; enfin c'étoient des personnes par les mains desquelles le secret de tout le monde avoit à passer. La princesse Parthénie avoit le goût aussi délicat que l'esprit : rien n'égaloit la magnificence des festins qu'elle faisoit; tous les mets en étoient exquis, et sa propreté [1] a été au delà de tout ce qui s'en peut imaginer. C'est de leur temps que l'écriture a été mise en usage : auparavant on n'écrivoit que des contrats de mariage, et des lettres il ne s'en entendoit pas parler; ainsi nous

1. *Propreté*, *propre*, pour *élégant*, *élégance*. Partout dans *le Cyrus*. Voyez plus haut, p. 15.

leur avons l'obligation d'une chose si commode pour le commerce. »

Un autre passage de l'*Histoire de la Princesse de Paphlagonie* nous apprend qu'un grand changement était récemment survenu dans la vie et les habitudes de Mme de Sablé, et que depuis quelque temps elle avait quitté la Place Royale pour aller habiter au faubourg Saint-Jacques, auprès de Port-Royal : « La princesse Parthénie s'éloigna de la cour, et alla demeurer parmi un grand nombre de vierges qui s'étoient retirées pour servir aux dieux ; c'étoit un lieu comme l'on pourroit dire maintenant un monastère. Là, elle conversoit quand elle vouloit avec ces dames, et quand elle vouloit aussi elle voyoit ses amies. Pendant le voyage du Roi de Misnie (le comte de Maure), la Reine sa femme alloit quelquefois se retirer avec elle... Elle ne confirmoit pas la princesse Parthénie dans la résolution qu'elle avoit prise de devenir dévote. Je dis de le devenir, car je sus qu'elle s'étoit retirée avant que d'être fort touchée, espérant cet effet du bon exemple. Assurément le lieu de sa retraite étoit fort propre à inspirer de bons sentiments ; c'étoit une société de personnes d'une vertu et d'un mérite tout extraordinaire, qui causoit même de l'envie aux gens du siècle, parce qu'il y avoit peu de personnes ailleurs qui pussent s'égaler à ceux qui composoient cette assemblée. » Voilà les anachorètes dont parlait Mme de Sablé à la fin du billet à la comtesse de Maure sur la *Relation de l'Isle imaginaire*[1].

1. Plus haut, p. 78.

Déjà, en effet, depuis plusieurs années, et bien avant 1659, l'âge et les approches de cette fin toujours présente à l'imagination de Mme de Sablé, lui avaient inspiré des pensées de plus en plus sérieuses. Suivant la coutume du temps, elle avait songé à mettre un intervalle entre la vie et la mort, et à se retirer du monde.

On ne peut méconnaître une teinte assez marquée de mélancolie mêlée à une politesse affectueuse dans ce billet, écrit vraisemblablement vers l'époque où nous sommes arrivés, et adressé à un ancien ami qui la négligeait.

« Il y a longtemps que je souhaitois de vous entretenir pour faire des réflexions avec vous sur vous-même; mais comme j'apprends que vous ne me voulez plus voir, il faut que je vous écrive tout ce que j'ai pensé sur la misère et sur le néant du monde. Avouez qu'il n'y a jamais eu une amitié qui parût si bien établie que la nôtre; elle étoit fondée sur l'estime, sur l'agrément de part et d'autre, et sur une confiance réciproque. Cependant, sans qu'il se soit rien passé qui ait dû détruire ni ébranler de tels fondements, vous m'avez quittée, et même dans un temps où je faisois toutes choses pour vous retenir. Il ne s'est point passé de jour dans votre maladie que je n'aie envoyé savoir de vos nouvelles. Vous avez dit à un de mes gens, quand vous commenciez à guérir, que la première de vos visites seroit pour moi. J'ai parlé de vous avec les mêmes sentiments que j'ai toujours eus. Et parmi tout cela vous m'abandonnez. N'est-ce pas là un grand exemple de la foiblesse humaine? Je parle ainsi, parce que j'aime mieux m'en prendre à tout le genre humain que de vous accuser en particulier. Je ne fais donc que vous y comprendre, et détester le néant de cette nature qui, même dans les hommes les plus parfaits, ne peut rien faire qui ne soit défectueux. Votre procédé avec moi en est une grande preuve, car n'ayant point de raisons à dire pour vous excuser, vous n'en avez pas même cherché la moindre apparence. Quoique l'artifice empire toujours les choses, selon moi, je ne sais pourtant s'il ne m'auroit point été plus supportable. J'ai regret à vous, je vous l'assure, et d'autant plus, que j'espérois que lorsque vous seriez à vous je vous posséderois davantage. Je croyois qu'après les choses que j'avois prié M. de V.... de vous dire, il n'y avoit plus rien à faire; mais je n'ai pu vous enterrer sans vous parler encore une fois. Je le fais donc, et du moins dites-moi que j'ai raison, et que je méritois une plus heureuse destinée[1].»

Nul doute que ce que Mme de Sablé entendait dire de la nouvelle vie de Mme de Longueville ne fît sur elle une vive impression. Au milieu de l'année 1654, à trente-cinq ans, dans tout l'éclat de la beauté, Mme de Longueville avait renoncé à tous les plaisirs que le monde lui promettait encore pour se donner à Dieu; elle s'était remise entre les mains de son vieux mari, et était allée ensevelir son esprit et ses charmes au fond de la Normandie. De toutes parts il n'était

1. Manuscrits de Conrart, t. XIII, in-folio, p. 289.

question que de cette illustre pénitence. Mme de Sablé, qui connaissait si bien le cœur de son ancienne amie, ce cœur qui avait été la source de ses fautes, ce besoin de plaire et d'être aimée, cette passion de paraître et de briller, comprit plus que personne tout ce qu'il y avait de douloureux et de magnanime dans un pareil sacrifice. Elle aussi, elle se convertit, comme on disait alors, c'est-à-dire que les sentiments religieux, qu'elle partageait avec ses contemporains, prirent un caractère plus prononcé. Mais en pensant davantage à Dieu, elle ne changea pas de nature et demeura elle-même. Avec la tournure de son esprit, le goût et l'habitude de la distinction et de l'importance, elle ne pouvait se contenter de la piété commune, et après avoir été précieuse elle devint une dévote raffinée. Visant toujours au sublime, comme les femmes de sa jeunesse, elle échangea la galanterie espagnole pour le jansénisme. Rappelons aussi que depuis longtemps[1] Mme de Sablé était fort liée avec Mme de Guymené et avec Arnauld d'Andilly, le frère du grand docteur, de la mère Angélique et de la mère Agnès. D'Andilly partageait les sentiments de toute sa famille, et, s'étant retiré à Port-Royal des Champs, il attirait de toutes ses forces à la dévotion et à Port-Royal les brillantes amies de sa jeunesse. Il arrachait de temps en temps Mme de Guymené à ses adorateurs[2]. Il est vraisemblable qu'il attaqua de même Mme de Sablé, et que de ce côté il réussit davantage.

1. Plus haut, dans ce chapitre, p. 54, etc.
2. Les Mémoires de Retz, au commencement.

Ce doit être là l'origine ou l'occasion du jansénisme de Mme de Sablé.

N'oublions pas les dispositions générales qui portaient alors toutes les âmes d'élite vers la doctrine nouvelle. Plus l'homme était grand au XVIIe siècle, plus il se sentait petit devant Dieu, et les plus forts étaient les plus humbles. Tout ce qui était de l'homme avait été si souvent mis à l'épreuve et convaincu d'infirmité, les événements avaient tellement déjoué les espérances les mieux conçues et les calculs les plus habiles, qu'on se jetait volontiers entre les bras de Celui qui ne trompe point, et qu'on en venait aisément jusqu'à demander à sa bonté souveraine, seule efficace, non-seulement le salut, mais le désir même du salut. Comme en philosophie la pensée avait été glorifiée aux dépens de la volonté mal définie et un peu confondue avec des facultés étrangères [1], de même en théologie la liberté humaine courait grand risque d'être sacrifiée à la grâce. Ajoutez à cela l'autorité de la vertu et de la science, l'empire d'une morale austère comparée à la morale relâchée du probabilisme et des jésuites, les séductions de la disgrâce et bientôt de la persécution auprès des âmes généreuses, et vous aurez le secret de l'attrait et des conquêtes rapides du jansénisme.

Mme de Sablé n'était pas étrangère à cet état des esprits; mais outre ces motifs élevés et sérieux, elle en avait d'un autre ordre : elle allait chercher à Port-

1. Voyez les dernières pages de JACQUELINE PASCAL.

Royal un asile à la fois honorable et modeste, où à peu de frais elle pouvait soutenir son rang, ne pas rompre tout à fait avec le monde, et en même temps s'éloigner du bruit, conserver ses amitiés les plus hautes et les plus chères et avoir sous les yeux d'édifiants exemples, vaquer enfin à son aise aux soins de son salut et à ceux de sa santé.

Telles furent les raisons diverses qui, vers 1655, déterminèrent Mme de Sablé à quitter le Marais pour le faubourg Saint-Jacques. Elle s'y reposait à peine depuis quelques mois qu'une légère inquiétude vint un moment l'y troubler. Nous avons vu qu'avant la Fronde Mazarin avait pris en mauvaise part les propos qui se tenaient dans le salon de Mme de Sablé. Comme après la Fronde elle avait conservé tous ses amis et recevait la même société, dont le ton était resté assez libre, Mazarin vainqueur en conçut de nouveaux ombrages, et il en parla au frère de la marquise. Celle-ci, qui n'avait guère d'autre ressource que sa pension, écrivit au cardinal la lettre suivante qui peint fort bien son caractère, à la fois noble et circonspect, et la justifie entièrement, ainsi que Port-Royal, de toute ombre d'intrigue politique :

Novembre 1656[1].

« Monseigneur, je crois que dans une aussi grande surprise que celle que j'ai sur ce que mon frère m'a dit de la part de Votre Éminence, elle aura bien la

1. Bibliothèque de l'Arsenal, Papiers de la famille Arnauld, t. II, n° 128.

bonté de me permettre que je m'adresse à elle-même pour me plaindre de mon malheur de ce que ne songeant plus qu'à faire mon salut et en ayant donné des marques si publiques par ma retraite et par le lieu que j'ai choisi, si éloigné du commerce ordinaire de la cour, on n'a pas laissé de donner quelque ombrage à V. É. pour l'obliger à faire réflexion sur les gens qui me viennent voir. En vérité, Monseigneur, je ne puis comprendre comment certaines personnes, qui rendent de mauvais services seulement pour en tirer de l'avantage, ont pu si hardiment renoncer à la vraisemblance en me voulant montrer capable d'une aussi grande folie que seroit celle d'entrer en quelque chose contre votre service. Car, quand même j'aurois l'esprit d'intrigue, dont Dieu me veuille bien garder, il faudroit avoir perdu le sens pour pouvoir même former de mauvaises intentions contre une autorité si solidement établie que l'est celle de V. É. Ce n'est pourtant pas, Monseigneur, sur le peu de fondement qu'il y auroit à l'entreprendre que je me justifie; mais principalement sur le témoignage de ma conscience. Car je puis assurer V. É. qu'au lieu où je suis l'on ne parle point d'affaires d'État, et qu'on ne me croiroit pas en sûreté de conscience si je prenois la moindre part dans aucune intrigue. Je vous avoue, Monseigneur, que j'ai vu mes anciens amis sans distinction, quand ils ont voulu me venir voir, et que je n'ai jamais pensé que cela me dût rendre suspecte. Et quand il n'y auroit que la part que je prends à l'honneur et au bien que vous faites à mon frère, il me semble que cela suffiroit. Enfin, Monseigneur, j'espère que V. É. aura la bonté de remarquer l'innocence de mes actions et de me faire l'honneur de croire que personne n'est plus attachée que je la suis dans tous mes devoirs, et n'a plus de passion que j'en ai d'être tenue, avec toute sorte de respect, de V. É..... »

Comme le dit Mademoiselle, quand Mme de Sablé quitta la Place Royale elle n'était pas encore dévote, elle avait plutôt l'espérance et le désir de le devenir : une fois à Port-Royal, elle le devint de jour en jour davantage; elle finit par être tout fait janséniste, et elle attira au jansénisme toutes les âmes pieuses de sa connaissance.

Elle échoua sur sa meilleure amie, la comtesse de Maure, qui avait de la religion, mais sans excès, et qui était même un peu philosophe [1]. Mlle de Vandy, qui pensait comme Mme de Maure, résista également. Mme de Choisy alla plus loin : pénétrant bien vite les côtés faibles du jansénisme, dès les premiers symptômes du changement de Mme de Sablé, elle se moqua d'elle et de ses nouveaux amis dans une lettre vive et sensée adressée à la comtesse de Maure. Cette lettre étant la seule que nous connaissions [2] de cette per-

1. Voyez plus bas, chapitre IV.

2. Voyez dans les *Divers Portraits* deux portraits de Mme de Choisy, l'un par Mme de Brégy sous le nom de Philis, l'autre par Mademoiselle elle-même sous le nom de la charmante exilée. Voyez aussi Segrais dans *les Divertissements de la princesse Aurélie.* On n'a rien de Mme de Choisy que le portrait de la duchesse d'Épernon dans les *Divers Portraits*, p. 253. Tallemant, t. IV, p. 247, dit de Mme de Choisy : « Elle a été jolie, a de l'esprit et dit les choses plaisamment. »

sonne singulière, si considérable au XVIIe siècle, et montrant assez bien la tournure de son caractère et de son esprit, nous la donnons ici, en l'abrégeant un peu. Mme Cornuel appelait les jansénistes des *Importants spirituels*, et on sait le mot bien sévère [1] sur les religieuses de Port-Royal : « Pures comme des anges, orgueilleuses comme des démons. » Mme de Choisy, en badinant, dit quelque chose de tout cela.

Décembre 1655 [2].

« A l'exemple de l'amiral de Chatillon, je ne me décourage pas dans la mauvaise fortune. J'ai senti avec douleur la légèreté de Mme la marquise, qui, persuadée par les jansénistes, m'a ôté l'amitié que les Carmélites m'avoient procurée auprès d'elle. Je vous prie, Madame, de lui dire de ma part que je lui conseille en amie de ne s'engager pas à dire qu'elle ne m'aime plus, parce que je suis assurée que, dans dix jours que je suis obligée d'aller loger à Luxembourg [3], je la ferai tourner casaque en ma faveur. Entrons en matière. Elle trouve donc mauvais que j'aie prononcé une sentence de rigueur contre M. Arnauld. Qu'elle quitte sa passion comme je fais la mienne,

1. Il est d'Hardouin de Péréfixe, archevêque de Paris, dans la visite épiscopale qu'il fit à Port-Royal des Champs.

2. Manuscrits de Conrart, in-fol., t. XI, p. 270. La lettre est adressée à la comtesse de Maure qui pensait à peu près comme Mme de Choisy.

3. Le mari de Mme de Choisy était chancelier du duc d'Orléans, qui était alors à Blois, mais dont les affaires se faisaient au Luxembourg. Mme de Choisy demeurait ordinairement dans son hôtel de la rue des Poulies, à côté de l'hôtel Longueville, et elle avait une charmante maison de campagne à Bas-le-Roi.

et voyons s'il est juste qu'un particulier, sans ordre du Roi, sans bref du Pape, sans caractère d'évêque ni de curé, se mêle d'écrire incessamment pour réformer la religion, et exciter par ce procédé-là des embarras dans les esprits qui ne font autre effet que de faire des libertins ou des impies. J'en parle comme savante, voyant combien les courtisans et les mondains sont détraqués depuis ces propositions de la grâce, disant à tout moment : Hé! qu'importe-t-il comme l'on fait, puisque si nous avons la grâce, nous serons sauvés, et si nous ne l'avons pas, nous serons perdus? Et puis ils concluent par dire : Tout cela sont fariboles..... Avant toutes ces questions-ci, quand Pâque arrivoit, ils étoient étonnés comme des fondeurs de cloches, ne sachant où se fourrer et ayant de grands scrupules; présentement ils sont gaillards et ne songent plus à se confesser, disant : Ce qui est écrit est écrit. Voilà ce que les jansénistes ont opéré à l'égard des mondains. Pour les véritables chrétiens, il n'étoit pas besoin qu'ils écrivissent tant pour les instruire, chacun sachant fort bien ce qu'il faut faire pour vivre selon la loi. Que MM. les jansénistes, au lieu de remuer des questions délicates, et qu'il ne faut point communiquer au peuple, prêchent par leur exemple, j'aurai pour eux un respect tout extraordinaire, les considérant comme des gens de bien dont la vie est admirable, qui ont de l'esprit comme des anges, et que j'honorerois parfaitement s'ils n'avoient point la vanité de vouloir introduire des nouveautés dans l'Église. Je crois fermement que si M. d'Andilly savoit que j'eusse l'audace de n'approuver pas les jansénistes, il me donneroit un beau soufflet, au lieu de tant d'embrassades amoureuses qu'il m'a données autrefois. Je ne vous écris point de ma main, parce que prends les eaux de Sainte-Reyne, qui me donnent un froid si épouvantable, que je ne puis mettre le nez hors du lit. Mais, Madame, la colère de Mme la marquise ira-t-elle, à votre avis, à me refuser la recette de la salade? Si elle le fait, ce sera une grande inhumanité dont elle sera punie dans ce monde et dans l'autre... »

Mme de Sablé réussit mieux auprès de celles de ses amies dont la sensibilité l'emportait sur le jugement, et qui aussi avaient plus à expier. Elle donna à Port-Royal plusieurs belles pécheresses, entre autres Mme de Longueville. Mais ne devançons pas les temps. Nous en sommes à l'année 1659; Mme de Longueville n'est pas encore janséniste, et Mme de Sablé l'est fort modérément. Elle menait à Port-Royal de Paris une vie pieuse, mais agréable et fort douce. Elle s'y était fait bâtir un corps de logis séparé du monastère, mais renfermé dans son enceinte, et là elle s'occupait de la grande affaire de son salut, sans en négliger aucune autre, le soin de sa santé, le goût de toutes les délicatesses, y compris la friandise, celui de la belle littérature, surtout la passion d'un certain crédit pour soi, pour ses amis, pour tout le monde. Elle avait fait de son appartement à Port-Royal un autre hôtel de Rambouillet en petit, très-aristocratique, encore un peu galant, toujours très-bel esprit, d'une dévotion élégante et d'abord assez peu sévère. Il y avait des habitués médiocres dont le nom a surnagé à peine : l'abbé Testu, l'abbé de La Victoire, Esprit, l'abbé d'Ailly, le marquis de Sourdis; quelques visiteurs d'un ordre plus relevé, Nicole, Arnauld, Domat, Pascal avec sa sœur Gilberte Mme Périer, la duchesse d'Aiguillon, nièce de Richelieu; Anne de Rohan, la belle princesse de Guymené; Mme de Hautefort, duchesse de Schomberg; sa belle-sœur, la duchesse de Liancourt, M. et Mme de Montausier, le prince et la princesse de Conti, M. le Prince, quelquefois même Monsieur, le frère de Louis XIV, très-souvent La Rochefoucauld et Mme de La Fayette, constamment et dans le plus particulier la comtesse de Maure et Mme de Longueville avec sa fidèle amie Mlle de Vertu. En même temps qu'on faisait chez Mme de Sablé du bel esprit et de la dévotion, on y faisait aussi des confitures et de merveilleux ragoûts; on y composait des élixirs pour les vapeurs et des recettes contre toutes les maladies. Mme de Sablé suffisait à tout, s'occupait de tout, de nouvelles littéraires et d'affaires sérieuses, sans beaucoup sortir de chez elle, et sur la fin presque sans quitter sa chaise et son lit. Il lui prenait quelquefois des accès de dévotion ou des vapeurs, et pendant ce temps elle fermait sa porte à tout le monde, même à ses meilleurs amis; mais ces moments étaient rares et duraient peu, et c'était en général une maîtresse de maison accomplie. Elle possédait tout ce qu'il faut pour cela : un assez grand nom, le goût de l'influence, un cœur au repos, un esprit actif et aimable, peu ou point d'originalité, ce qui est la condition essentielle de ce genre de succès[1]. En effet, comme nous l'avons dit et comme on l'a vu par nos citations, l'esprit de Mme de Sablé consistait surtout en une parfaite politesse. Elle ne s'élevait guère au-dessus de cette heureuse médiocrité, soutenue par le bon ton et le bon goût, qui sied si bien à une femme qui aspire à tenir un salon. Rien en elle d'éminent et de fort rare, comme aussi rien de vulgaire; aucune de ces qualités qui éblouissent et souvent offusquent, et toutes celles qui attirent et qui retiennent. Elle avait de la raison, une grande expérience, un tact exquis, une humeur agréable. Quand je me la représente telle que je la conçois d'après ses écrits, ses lettres, sa vie, ses amitiés, à moitié dans la solitude, à moitié dans le monde, sans fortune et très en crédit, une ancienne jolie femme à demi retirée dans un couvent et devenue une puissance littéraire, je crois voir, de nos jours, Mme Récamier à l'Abbaye-aux-Bois.

1. LA SOCIÉTÉ FRANÇAISE AU XVIIe SIÈCLE, t. Ier, ch. IV, *Mme de Rambouillet.*

CHAPITRE TROISIÈME.

Mme de Sablé à Port-Royal. — Occupations de la compagnie qui se rassemblait chez elle. — Ouvrages inédits de Mme de Sablé : *De l'Éducation des Enfants*, *De l'Amitié*. — Ses *Maximes*. — Celles de l'abbé d'Ailly. — Celles d'Esprit. — Pensées de Domat ; Pensées de Pascal et Discours sur l'Amour. — La Rochefoucauld ; l'homme, l'écrivain ; ses premiers essais. — Comment ses *Maximes* ont été composées. — Leur valeur philosophique, et leur valeur littéraire. — Mme de Sablé les communique à diverses personnes pour en avoir leur opinion. — Les hommes sont partagés. — Toutes les femmes sont contre La Rochefoucauld. — Opinion de la comtesse de Maure, — de la princesse de Guymené, — de la duchesse de Liancourt, — de la duchesse de Schomberg, — de Mlle de Montbazon, abbesse de Malnoue, — de Mme de La Fayette. — Article de Mme de Sablé, dans le *Journal des Savants* sur le livre des *Maximes*. — Dernier jugement sur ce livre par le petit-fils de l'auteur.

Transportez-vous au haut du faubourg Saint-Jacques, dans une rue assez étroite qui porte le triste nom de rue de la Bourbe, au delà de la rue nouvelle du Val-de-Grâce ; arrêtez-vous devant un édifice d'une modeste apparence, qu'on appelle aujourd'hui *Hospice de la Maternité*. Là était Port-Royal [1]. Entrez dans la cour ; en face était l'église, dont le chœur seul subsiste et tient lieu de l'église entière ; à droite et autour de l'église s'étendait le monastère ; derrière, de vastes jardins se prolongeaient, entre la rue d'Enfer et la rue

1. Dans ces derniers temps, on a fort justement donné à la rue de la Bourbe le nom de *rue de Port-Royal*.

Saint-Jacques, jusqu'à la rue qui depuis a reçu le nom de Cassini; à gauche, à une très-petite distance de l'église, est un groupe de maisons moitié anciennes et moitié nouvelles. C'est de ce côté que Mme de Sablé s'était fait bâtir un corps de logis à la fois séparé du monastère et renfermé dans son enceinte. Son appartement était tout voisin du chœur de l'église, et elle avait à deux pas le parloir des religieuses. Sa maison, fort réduite, se composait de son médecin et intendant le docteur Valant, de Mlle de Chalais, son ancienne dame de compagnie, devenue pour elle une amie, d'un bon cuisinier, de quelques domestiques, et elle eut assez longtemps un cocher et une voiture. Elle pouvait recevoir une assez nombreuse compagnie, sans que l'ordre du couvent en fût le moins du monde troublé. Ses liaisons les plus chères étaient dans son voisinage et presque à sa porte. Elle avait enlevé à la Place Royale et attiré dans son quartier la comtesse de Maure, qui ne pouvait se passer de la voir ou de lui écrire à tout moment. Près d'elle étaient les Carmélites, où elle comptait plus d'une amie, la belle Lancry de Bains, ancienne fille d'honneur de la reine Marie de Médicis, devenue la grande et sainte prieure Marie-Madeleine de Jésus; la sœur Marthe, autrefois la charmante Mlle du Vigean, l'unique passion véritable de Condé, qu'elle avait tant vue au Louvre et à Chantilly; Mlle d'Épernon, qui avait fui dans la pieuse maison la couronne de Pologne; surtout l'aimable, spirituelle et judicieuse Mlle de Bellefond, si connue sous le nom de la mère

Agnès de Jésus-Maria [1]. Elle n'avait pas grand chemin à faire pour aller rendre ses devoirs à la reine Anne, dans ses fréquentes retraites au Val-de-Grâce, ou à Mademoiselle, au Luxembourg. L'hôtel de Condé n'était pas bien loin, à la place où sont aujourd'hui le théâtre et la rue de l'Odéon. La duchesse d'Aiguillon habitait au Petit-Luxembourg, et Mme de La Fayette rue de Vaugirard. Pascal demeurait sur la fin de sa vie avec sa sœur, Mme Périer, rue Neuve-Saint-Étienne-du-Mont. L'hôtel de La Rochefoucauld était rue de Seine où nous l'avons vu encore avec sa façade, sa belle cour et ses jardins, à l'endroit qu'occupe la rue toute nouvelle des Beaux-Arts. Mme de Longueville était presque la seule amie qu'elle eût au delà des ponts, d'abord rue des Poulies, et un peu plus tard rue Saint-Thomas-du-Louvre; mais Mme de Longueville passait sa vie à l'hôtel de Condé, et elle avait un logement aux Carmélites, d'où elle venait sans cesse à Port-Royal. On peut donc dire que Mme de Sablé, bien que retirée à l'extrémité du faubourg Saint-Jacques, conservait autour d'elle toutes ses amitiés, et les avait en quelque sorte sous sa main.

Quelquefois l'esprit du lieu qu'elle habitait la saisissait, et elle s'enfonçait dans une solitude où elle ne laissait pénétrer personne. Elle disparaissait du monde, à ce point que l'abbé de La Victoire, mécontent de n'être pas reçu, dit un jour en parlant d'elle: « Feu Mme la marquise de Sablé [2]. » Il paraît qu'elle

1. Voyez LA JEUNESSE DE MADAME DE LONGUEVILLE, chapitre Ier.
2. Tallemant, t. II, p. 329.

en usait ainsi avec La Rochefoucauld lui-même, car il lui écrit : « Je ne sais plus d'inventions pour entrer chez vous, on m'y refuse la porte tous les jours, etc. [1] » Elle évitait alors jusqu'à Mme de La Fayette, et nous trouvons parmi les papiers de Valant le débris d'une lettre inédite, à demi épargnée par le temps et les amateurs d'autographes, où Mme de La Fayette se plaint, même assez vivement, de n'avoir pas été admise. « Je sens bien, dit-elle, que j'en suis très-offensée, et je connois par là que j'étois encore plus attachée à vous que je ne pensois, car assurément il y a un bien petit nombre de personnes au monde qui m'offensassent en ne me voulant plus voir. Je ne vous dis pas tout ceci pour vous faire changer de résolution, mais pour vous faire un peu de honte de l'avoir prise, en vous faisant voir que je méritois que vous me distinguassiez un peu des autres par les sentiments que j'ai pour vous, mais non pas de la manière que vous m'avez distinguée [2]. » Si dans ces

1. *OEuvres complètes de La Rochefoucauld*, chez Ponthieu, in-8°, 1825 (édition donnée, dit-on, par le marquis Gaëtan de La Rochefoucauld), p. 458.

2. Voici un autre billet inédit de Mme de La Fayette à Mme de Sablé dans une occasion semblable, et que nous tirons aussi des *Portefeuilles de Valant* : « Il y a une éternité que je ne vous ai vue, et si vous croyez, Madame, qu'il ne m'en ennuie point, vous me faites une grande injustice. Je suis résolue à avoir l'honneur de vous voir, quand vous seriez ensevelie dans le plus noir de vos chagrins. Je vous donne le choix de lundi ou de mardi, et de ces deux jours-là je vous laisse à choisir l'heure, depuis huit du matin jusques à sept du soir. Si vous me refusez après toutes ces offres-là, vous vous souviendrez au moins que ce sera par une volonté très-déterminée que vous n'aurez pas voulu me voir, et que ce ne sera pas ma faute. Ce

temps-là Mme de Longueville n'était pas tout à fait enveloppée dans la disgrâce commune, elle était au moins un peu négligée. C'est ce qu'elle remarque doucement et avec grâce [1] : « Si on pouvoit vous laisser là, vous en seriez bien contente, car vous ne prévenez jamais les gens. Je souhaite au moins que ce ne soit que par esprit de solitude, et de peur d'attirer quelqu'un dans votre désert; car encore que je prétende être une exception à la règle que vous pratiquez là-dessus, je m'accommoderois toujours mieux de cette raison que d'une autre. »

Il est un peu étrange, mais il est certain que Mme de Sablé avait gardé à Port-Royal la fine cuisine, le soin extraordinaire de sa santé et la fertilité d'inventions médicales dont Mademoiselle se moque agréablement dans *la Princesse de Paphlagonie.* Passe encore pour le premier point, car enfin ce n'était là que l'excès d'une délicatesse qui se peut comprendre, et une sorte de fidélité au caractère de précieuse. Comme la précieuse ne faisait rien suivant le commun usage, elle ne pouvait aussi dîner comme une autre. Nous avons cité un passage de Mme de Motte-

dimanche au soir. » — Autre billet de la même et du même genre : « Ce mardi au soir. De peur qu'il n'arrive quelque changement à la bonne humeur où vous êtes, j'envoie vitement savoir si vous voulez me voir demain. J'irai chez vous incontinent après dîné, car je vous cherche seule; et si vous envisagez des visites, remettez-moi à un autre jour. Il est vrai qu'il faut que vous ayez de grands charmes, ou que je ne sois guère sujette à m'offenser, puisque je vous cherche après tout ce que vous m'avez fait. »

1. Bibliothèque impériale, *Supplément français,* n° 3029.

ville [1] où Mme de Sablé est représentée dans sa première jeunesse, à l'hôtel de Rambouillet, soutenant que la femme est née pour servir d'ornement au monde et recevoir les adorations des hommes. La femme digne de ce nom devait toujours paraître au-dessus des besoins matériels, et retenir même dans les détails les plus vulgaires de la vie quelque chose de distingué et d'épuré. Manger est une opération assez nécessaire, mais dont la vue est très-peu agréable. Mme de Sablé voulait qu'on y apportât une propreté toute particulière. Selon elle, il n'appartenait pas à la première venue d'être impunément à table avec un amant : c'était assez, disait-elle, de la moindre grimace pour tout gâter [2]. On devait abandonner aux bourgeoises les gros repas faits pour le corps, et avoir l'air de prendre un peu de nourriture pour se soutenir seulement et même pour se divertir, comme on prend des rafraîchissements et des glaces. Peu de mets, mais exquis et apprêtés d'une certaine façon. La fortune n'y suffisait pas, il y fallait un art particulier. Mme de Sablé était maîtresse en cet art. Elle avait transporté l'esprit aristocratique et précieux, le bon ton et le bon goût, jusque dans la cuisine. Ses dîners, sans aucune opulence, étaient célèbres et recherchés. Elle formait ses amis à goûter les bonnes choses, et elle tenait école de friandise. La Rochefoucauld était un de ses meilleurs élèves. Il lui

1. Voyez le chapitre Ier, p. 14.
2. Tallemant, t. XI, p. 156.

demande sans cesse des leçons : « Vous ne pouvez faire une plus belle charité, lui écrit-il, que de permettre que le porteur de ce billet puisse entrer dans les mystères de la marmelade et de vos véritables confitures, et je vous supplie très-humblement de faire en sa faveur tout ce que vous pourrez... Si je pouvois espérer deux assiettes de ces confitures dont je ne méritois pas de manger autrefois, je croirois vous être redevable toute ma vie[1]. »

Mais, comme on le pense bien, ce n'était pas la table de Mme de Sablé, encore bien moins la savante pharmacie qu'elle avait aussi transportée à Port-Royal, qui attiraient chez elle tant de personnes du plus grand mérite et du plus haut rang; c'était la sûreté et l'agrément de son commerce, une obligeance inépuisable, toujours prête à prodiguer les services ou les conseils, une raison aimable, le goût très-vif des choses de l'esprit, l'art heureux de faire valoir celui des autres, l'habitude et le talent des belles conversations et des occupations élégantes. Aussi fut-elle recherchée, jusque dans sa retraite, par une compagnie d'élite qui prit insensiblement une place considérable dans le beau monde d'alors, et

1. *OEuvres de La Rochefoucauld*, p. 454 et 468. Le texte cité est pris sur la lettre autographe qui est dans le IIe portefeuille de Valant, p. 180. L'imprimé donne sans nul motif : « Vous ne *sauriez* faire plus belle charité, » omettant le mot *une*, et donnant ainsi à la phrase un air plus ancien. Ce sont là des riens, mais ces riens multipliés changent le caractère du style.

subsista assez longtemps. Si nous voulions donner un nom à cette société, nous l'appellerions la société mondaine de Port-Royal, car Port-Royal et ses amis en faisaient le fond, et c'est de là qu'elle a tiré le trait qui la distingue : le sérieux y dominait, sans que l'agréable en fût exclu.

Les portefeuilles de Valant sont en quelque sorte les archives de la société de Mme de Sablé, à cette époque de sa vie, comme ceux de Conrart sont celles de la société de Mlle de Scudéry : ils montrent clairement quelles étaient les occupations favorites du cercle intime de la marquise. Sans doute il y a de tout dans ces portefeuilles, des vers et de la littérature légère ; mais la plupart des pièces qu'on y trouve ont un autre caractère et un objet plus relevé. Dans ce coin de Port-Royal, on cultivait de préférence la théologie, la physique elle-même et aussi la métaphysique, surtout la morale prise dans sa signification la plus étendue. Par exemple, c'est chez Mme de Sablé, en 1663, que se tinrent des *Conférences sur le calvinisme,* dont une sorte de procès-verbal nous a été conservé. Lorsque Rohault inventa ses tuyaux de verre pour servir aux expériences barométriques que Pascal avait mises en vogue, le marquis de Sourdis lut ou communiqua un écrit de sa façon intitulé : *Pourquoi l'eau monte dans un petit tuyau.* Le cartésianisme, qui agitait alors tous les esprits à Paris et en province, qu'on attaquait chez les jésuites, qu'on défendait à Port-Royal et à l'Oratoire, qui pénétrait dans les universités et dans les cloîtres même, que Retz discutait dans sa retraite de Commercy [1], qui faisait enfin l'objet de tous les entretiens d'un bout de la France à l'autre, depuis les Rochers de Mme de Sévigné, dans le fond de la Bretagne, jusqu'au château de Mme de Griguan, sur les bords de la Durance, le cartésianisme troublait aussi le salon de Mme de Sablé. On y prenait parti pour et contre, et on y lisait des *Pensées sur les opinions de M. Descartes* [2], résumé d'une conférence qu'un habitué de la société avait eue avec un habile homme, d'un esprit indépendant, M. de La Clausure. Mme de Sablé s'occupait trop de sa santé pour ne pas rechercher les médecins célèbres; aussi était-elle fort liée avec Cureau de La Chambre [3], médecin du chancelier Seguier, puis de Louis XIV, membre de l'Adémie française et de l'Académie des sciences, qui a laissé une foule d'ouvrages de philosophie, de médecine, de physique et de littérature, parmi lesquels on lit encore aujourd'hui *les Caractères des Passions*, grâce à la charmante édition qu'en ont donnée les Elzévirs. Mme de Sablé goûtait et encourageait les travaux du docte médecin. Nous savions qu'après avoir composé le discours qui est en tête de la première édition de la *Logique de Port-Royal*,

1. Voyez, dans nos *Fragments de philosophie cartésienne*, le morceau intitulé : *le Cardinal de Retz cartésien*.

2. *Ibid.*, p. 435.

3. Né au Mans en 1594, mort en 1669. — L'édition elzévirienne des *Caractères des Passions* est en quatre petits volumes in-18, auxquels on joint d'ordinaire *l'Art de connoître les hommes*. Cureau de La Chambre est le père de l'abbé de La Chambre qui était aussi de la société de Mme de Sablé. Voyez l'APPENDICE.

Arnauld le soumit en manuscrit [1] à l'aimable et sérieuse marquise; les portefeuilles de Valant nous apprennent que celle-ci y applaudit, et l'adressa avec son avis à un M. de La Brosse, que nous ne connaissons pas, mais qui paraît avoir été un homme de mérite, à en juger par la lettre judicieuse et fort bien faite qu'il répondit à Mme de Sablé [2]. Nous-même autrefois nous avons tiré de ce précieux recueil une lettre jusqu'alors inédite de Pascal [3] sur un ouvrage du médecin Menjot. On y rencontre aussi deux billets de Mme de Brégy sur une vie de Socrate et sur une traduction d'Épictète qui paraissaient alors, et il est assez piquant de voir l'éloge de Socrate et celui d'Épictète sortir d'une plume galante et ordinairement assez fade. A côté de ces deux billets sont des lettres bien différentes du marquis de Sourdis *sur l'amour*. Et il paraît que l'amour était un des sujets ordinaires de conversation, car, outre les lettres de l'ancien ami de Mme Cornuel, il y a des *Questions sur l'amour*. Le marquis de Sourdis est encore l'auteur d'un *Jugement du livre de Charron*, et ce jugement est très-sévère. Voilà des *Pensées sur la guerre*, d'une main inconnue, et d'autres *Pensées sur l'esprit*, par l'abbé de La Chambre. Évidemment tout tourne à la dissertation morale, presque toujours sous sa forme la

1. *OEuvres d'Arnauld*, t. Ier, p. 206. La lettre d'Arnauld est du 19 avril 1660; la première édition de la *Logique* est de 1662; cette édition ne contient que le discours d'Arnauld : Nicole est l'auteur du second discours ajouté dans les éditions qui ont suivi.

2. Voyez l'APPENDICE.

3. ÉTUDES SUR PASCAL, cinquième édition, p. 457.

plus abrégée, celle de pensées, de sentences, de réflexions, de maximes.

Tel est le genre de compositions qui charma et occupa davantage les loisirs de la noble et spirituelle compagnie dont Mme de Sablé était le centre. Et on le conçoit aisément : c'était là comme une suite et un écho de la conversation ordinaire. On y trouvait encore le moyen de parler de soi sans en avoir l'air. On tirait de sa propre expérience, de ce qu'on avait éprouvé soi-même ou découvert chez les autres, quelques observations, que l'on généralisait un peu, sur l'esprit et sur le cœur, sur les vertus et sur les vices, sur nos mœurs, nos goûts, nos faiblesses, particulièrement sur la galanterie qu'on avait connue et sur la religion à laquelle on se réduisait; puis l'effort, comme le talent, était de resserrer ces observations dans le cadre le plus étroit possible et de leur donner un tour agréable. L'hôtel de Rambouillet a particulièrement favorisé le genre épistolaire qu'un de ses plus anciens et plus illustres habitués, Balzac, a créé, et qu'une de ses dernières écolières, Mme de Sévigné, a porté à la perfection. Les réunions de Mlle de Scudéry, et celles qui en sont sorties, ont cultivé avec passion la littérature légère et donné à Voiture une innombrable famille d'imitateurs plus ou moins heureux. Mademoiselle a mis à la mode les portraits et les caractères; Mme de Sablé y mit les maximes, les sentences, les réflexions, les pensées. Par là, le salon de Port-Royal occupe un rang plus élevé encore que celui du Luxembourg dans l'histoire des lettres françaises. Nous pouvons donc nous permettre de raconter avec un peu d'étendue cet intéressant épisode de la vie de Mme de Sablé et de la littérature du XVIIe siècle.

Le titre d'honneur de la marquise de Sablé, et qui soutiendra son nom auprès de la postérité, est d'avoir donné l'essor au genre des pensées et des maximes. Elle-même s'y essaya. Ce genre en effet sortait naturellement de la disposition de son esprit, de sa situation, de ses habitudes. Nous l'avons dit, Mme de Sablé était née plus raisonnable que passionnée. Tout son génie était le goût et la politesse; elle aimait à réfléchir; elle avait soixante ans en 1659; elle connaissait parfaitement le monde; et ses observations lui suggéraient des pensées qu'elle se plaisait à communiquer à ses amis comme une sorte de retour innocent sur le passé de leur vie, et comme une matière à des entretiens à la fois sérieux et agréables. Nous inclinons même à croire que les prétendus écrits de Mme de Sablé ne sont autre chose que des maximes et des réflexions un peu plus développées, mais auxquelles ses flatteurs seuls pouvaient donner le nom d'ouvrages.

Les lettres de La Rochefoucauld nous révélaient déjà et nos manuscrits confirment pleinement l'existence de deux écrits de Mme de Sablé, l'un sur l'éducation des enfants, l'autre sur l'amitié.

Nous ne pouvons dire certainement ce qu'était le premier, ne l'ayant pu découvrir malgré toutes nos recherches; mais nous voulons du moins rassembler les moindres renseignements qui s'y rapportent. Quand La Rochefoucauld aspirait ou quand ses amis songeaient pour lui à la charge de gouverneur du dauphin, qui fut donnée à Montausier, il fait ce compliment à la marquise : « C'est ce que vous m'avez envoyé qui me rend capable d'être gouverneur de M. le dauphin depuis l'avoir lu... Je n'ai en ma vie rien vu de si beau ni de si judicieusement écrit. Si cet ouvrage-là étoit publié, je crois que chacun seroit obligé, en conscience, de le lire, car rien au monde ne seroit si utile; il est vrai que ce seroit faire faire le procès à bien des gouverneurs que je connois [1]. » Ailleurs : « L'*Éducation des Enfants* que Mme de Sablé m'a envoyée... [2] » Ailleurs encore : « Je vous supplie... de vous souvenir que vous m'avez promis le Traité de l'amitié, et ce que vous avez ajouté à l'*Éducation des Enfants* [3]. Quelques lignes de Mme de Longueville porteraient à croire que l'écrit de Mme de Sablé avait pour titre *Instruction pour les Enfants :* « Rien n'est plus beau que votre *Instruction pour les Enfants ;* je l'ai lue aux miens sans leur dire que cela vînt de vous. Je ne la montrerai point, à mon grand regret; mais vous voulez bien qu'on en prenne copie [4]. » Les deux billets suivants, l'un de la comtesse de Maure, l'autre d'Arnauld d'Andilly, montrent que cette *Instruction* était déjà composée, non-seulement avant l'année 1663,

1. *Œuvres de La Rochefoucauld*, p. 447.
2. *Ibid.*, p. 471.
3. *Ibid.*, p. 468.
4. Biblioth. impér., *Supplément français*, 3029.

époque de la mort de la comtesse, mais dès l'année 1660. Mme de Maure parle comme La Rochefoucauld : « En vérité, dit-elle, plus je vois cette *Instruction des Enfants* et plus je trouve que c'est une très belle chose, et ce que vous y avez ajouté est encore admirable. J'ai toujours songé en la lisant que c'est grand dommage que vous n'ayez eu le Roi dans votre gouvernement... » D'Andilly nous apprend que Mme de Sablé conseillait d'exercer de bonne heure les enfants à la réflexion, et de les préparer par la connaissance d'eux-mêmes à la vraie intelligence de l'histoire. Lettre à Mme de Sablé, du 1er février 1660 : « Je doute qu'on vous ait assez dit jusques à quel point je fus satisfait de certain discours. J'en fus d'autant plus touché qu'il me parut d'abord un paradoxe; mais vous faites voir si clairement ce que vous avez entrepris de prouver, qu'il faudroit renoncer à la raison pour n'en pas demeurer d'accord. Rien n'est plus judicieux ni plus solide, et si les enfants étoient instruits de cette manière, il est sans doute que par la connoissance qu'ils auroient d'eux-mêmes ils pourroient former en même temps et leurs mœurs et leur esprit, et, lorsqu'ils liroient ensuite l'histoire, en faire des jugements dont les vieillards mêmes sont incapables, à cause de la manière dont ils l'ont apprise dans leur jeunesse, qui fait, comme vous le dites si bien, que leur jugement n'y ayant eu nulle part, il ne leur reste seulement que le souvenir des noms qui se sont conservés dans leur mémoire [1]. »

1. *Supplément français*, 3020, 8.

Nous avons été plus heureux avec le second ouvrage de Mme de Sablé : nous l'avons retrouvé parmi les papiers de Conrart, et celui-là nous laisse entrevoir par analogie ce que devait être l'autre. D'Andilly le vante encore plus qu'il n'a fait *l'Instruction pour les Enfants* : « Ce 28 janvier 1661. En vérité, c'est moi qui puis dire sans vous flatter que quelque bien que vous ayez toujours écrit, vous écrivez encore mieux que vous n'avez jamais fait ; ce qui vient, à mon avis, de ce que le jugement croît sans cesse et se sert ainsi avec plus d'art et de conduite des lumières de l'esprit. Il n'en faut point de meilleure marque que ce que vous m'avez fait l'honneur de m'envoyer touchant l'amitié. Rien n'est plus beau, plus juste et plus véritable. Ce qui me le fait encore plus estimer, c'est que, quelque grands que soient votre jugement et votre esprit, ils y ont beaucoup moins de part que votre cœur. Il faut sentir ces choses-là pour les pouvoir penser et les pouvoir dire [1]. » Mais cet écrit n'est pas du tout un traité sur l'amitié, comme l'appelle La Rochefoucauld, semblable à celui de Saci, dédié à Mme de Lambert ; c'est une suite de maximes placées les unes après les autres sans autre unité que celle du sujet, et formant à peine deux petites pages. Il y faut voir une réponse à quelqu'un de la société de Mme de Sablé qui devant elle avait exprimé de basses pensées sur l'amitié. Ce quelqu'un-là est, à n'en pouvoir douter, La Rochefoucauld. Il

1. *Supplément français*, 3029, 8.

avait communiqué à Mme de Sablé sa maxime sur l'amitié : « L'amitié [1] la plus désintéressée n'est qu'un trafic où notre amour-propre se propose toujours quelque chose à gagner. » Loin d'effacer cette triste maxime, deux ans avant sa mort il l'étendit de la façon suivante : « Ce que les hommes ont nommé amitié [2] n'est qu'une société, qu'un ménagement réciproque d'intérêts, et qu'un échange de bons offices; ce n'est enfin qu'un commerce où l'amour-propre se propose toujours quelque chose à gagner. » Le cœur de Mme de Sablé lui fournit des pensées d'un ordre bien différent. Elle prend à tâche de combattre sur tous les points la maxime de La Rochefoucauld, sans s'écarter jamais de cette parfaite mesure qui est le trait distinctif de son esprit et le signe de la vérité en toutes choses, mais qui rarement est accompagnée d'un grand éclat. Elle sépare nettement l'amitié de l'intérêt; elle montre qu'il se fait bien dans l'amitié un échange de bons offices, mais que l'amitié est autre chose encore que l'espoir de cet échange. Elle va jusqu'à distinguer, et selon nous avec raison, l'amitié de l'inclination naturelle, du goût qu'on a pour une personne; l'inclination commence l'amitié et en fait le charme; l'estime seule l'achève et lui donne un fondement solide et durable. Voilà certes des pensées justes et vraies, de nobles sentiments. Mme de Sablé comptait, à ce qu'il paraît, sur leur effet

1. Édition de 1665, maxime XCIV.
2. Édition de 1678, maxime LXXXIII.

propre, car elle ne s'est guère appliquée à les relever par l'expression.

DE L'AMITIÉ [1].

« L'amitié est une espèce de vertu qui ne peut être fondée que sur l'estime des personnes que l'on aime, c'est-à-dire sur les qualités de l'âme, comme la fidélité, la générosité et la discrétion, et sur les bonnes qualités de l'esprit. — Il faut aussi que l'amitié soit réciproque, parce que dans l'amitié l'on ne peut, comme dans l'amour, aimer sans être aimé. — Les amitiés qui ne sont pas établies sur la vertu et qui ne regardent que l'intérêt et le plaisir ne méritent point le nom d'amitié. Ce n'est pas que les bienfaits et les plaisirs que l'on reçoit réciproquement des amis ne soient des suites et des effets de l'amitié; mais ils n'en doivent jamais être la cause. — L'on ne doit pas aussi donner le nom d'amitié aux inclinations naturelles, parce qu'elles ne dépendent point de notre volonté ni de notre choix, et, quoiqu'elles rendent nos amitiés plus agréables, elles n'en doivent pas être le fondement. » — « L'union qui n'est fondée que sur les mêmes plaisirs et les mêmes occupations ne mérite pas le nom d'amitié, parce qu'elle ne vient ordinairement que d'un certain amour-propre qui fait que nous aimons tout ce qui nous est semblable, encore que nous soyons très-imparfaits, ce qui ne peut arriver dans la vraie amitié qui ne cherche

1. Manuscrits de Conrart, in-folio, t. XI, p. 175.

que la raison et la vertu dans les amis. C'est dans cette sorte d'amitié où l'on trouve les bienfaits réciproques, les offices reçus et rendus, et une continuelle communication et participation du bien et du mal qui dure jusqu'à la mort sans pouvoir être changée par aucun des accidents qui arrivent dans la vie, si ce n'est que l'on découvre dans la personne que l'on aime moins de vertu ou moins d'amitié, parce que l'amitié étant fondée sur ces choses-là, le fondement manquant, l'on peut manquer d'amitié. — Celui qui aime plus son ami que la raison et la justice, aimera plus en quelque autre occasion son plaisir ou son profit que son ami. — L'homme de bien ne désire jamais qu'on le défende injustement, car il ne veut point qu'on fasse pour lui ce qu'il ne voudroit pas faire lui-même. »

Les *Maximes*, qui ont paru après la mort de Mme de Sablé, n'étaient pas faites davantage pour le public, mais pour elle-même et pour ses amis. Elles lui venaient la plupart du temps, ainsi que nous l'avons dit, selon les hasards de la conversation, qui amenait tel ou tel sujet, et de sa part donnait naissance à des réflexions honnêtes et judicieuses qu'ensuite elle écrivait à son aise, se contentant de les amener à une forme claire et polie. Aussi, parmi les quatre-vingt-et-une maximes imprimées [1], à peine s'il y en a huit ou

1. *Maximes de madame la marquise de Sablé et Pensées diverses de M. L. D.* Paris, 1678, in-12. Il y en a une réimpression d'Amsterdam à la suite des *Maximes* de La Rochefoucauld en 1712. Voyez maxime VI, VII, XXVI, XLVIII, LXI, LXXXI.

dix qui soient vraiment remarquables. Nous en pouvons citer quelques-unes :

« Être trop mécontent de soi est une faiblesse; être trop content de soi est une sottise. » — « Il n'y a que les âmes fortes qui sachent se dédire et abandonner un mauvais parti. » — « Il y a un certain empire dans la manière de parler et dans les actions qui se fait faire place partout et qui gagne par avance la considération et le respect. » — « Une méchante manière gâte tout, même la justice et la raison. Le *comment* fait la meilleure partie des choses, et l'air qu'on leur donne dore, accommode et adoucit les plus fâcheuses. » — « Dans la connoissance des choses humaines, notre esprit ne doit jamais se rendre esclave en s'assujettissant aux fantaisies d'autrui. Il faut étendre la liberté de son jugement et ne rien mettre dans sa tête par aucune autorité purement humaine. Quand on nous propose la diversité des opinions, il faut choisir, s'il y a lieu; sinon, il faut rester dans le doute. » — « Il n'y a rien qui n'ait quelque perfection. C'est le bonheur du bon goût de la trouver en chaque chose; mais la malignité naturelle fait découvrir un vice entre plusieurs vertus pour le révéler et le publier, ce qui est plutôt une marque du mauvais naturel qu'un avantage du discernement, et c'est bien mal passer sa vie que de se nourrir toujours des imperfections d'autrui. »

Une des maximes de Mme de Sablé qui fut le plus goûtée dans sa société, et même au delà, est celle sur la comédie. On sait quelle controverse s'éleva dans le temps à propos du théâtre. Les plus grands esprits y prirent part. Racine et Molière défendirent leur cause; Port-Royal, avec Bossuet, Bourdaloue et tous les gens sévères, entre autres le prince de Conti et Mme de Longueville[1], se prononça contre la comédie, et Mme de Sablé suivit Port-Royal. Elle fit un petit écrit sur le sujet qui était à l'ordre du jour, et le communiqua à plusieurs femmes de ses amies, qui comme elle autrefois avaient fort connu le monde, et qui aujourd'hui, comme elle, étaient devenues dévotes et même jansénistes. Parmi ces beautés sur le déclin était la princesse de Guymené, Anne de Rohan, que Retz a trop fait connaître, qui inspira au pauvre de Thou une passion mal partagée, comme le fait voir la lettre touchante qu'il lui adressa avant de monter sur l'échafaud. M. d'Andilly, l'âge et des malheurs, qui bientôt devaient s'accroître[2], l'avaient attirée vers Port-Royal. Elle commençait à penser comme Mme de Sablé, et Valant nous en a conservé ce petit billet[3] : « Je serois persuadée de tout ce que vous m'avez envoyé sur les comédies, quand il ne seroit pas si convaincant et si bien écrit qu'il est. Je trouve toutes vos pensées si raisonnables et si vraies,

1. Il y a un écrit du prince de Conti intitulé : *Traité de la Comédie et des Spectacles*, édit. in-4°, 1668; et dans ses lettres, Mme de Longueville s'exprime à peu près comme son frère. Voyez *Supplément français*, 3029.

2. On sait que son second fils, le chevalier de Rohan, impliqué dans une conspiration insensée, périt sur l'échafaud en 1674.

3. *Portefeuilles de Valant*, t. VII, p. 298.

que je les crois comme des articles de foi. » Cet écrit de Mme de Sablé est tout simplement une maxime un peu plus longue que les autres. On y voit que Mme de Sablé était bien revenue de l'enthousiasme de sa jeunesse pour les mœurs espagnoles, du moins en ce qui regarde le théâtre :

« Tous les grands divertissements sont dangereux pour la vie chrétienne ; mais entre tous ceux que le monde a inventés, il n'y en a point qui soit plus à craindre que la comédie. C'est une représentation si naturelle et si délicate des passions, qu'elle les émeut et les fait naître dans notre cœur, et surtout celle de l'amour, principalement lorsqu'on le représente fort chaste et fort honnête ; car plus il paraît innocent aux âmes innocentes, et plus elles sont capables d'en être touchées. Sa violence plaît à notre amour-propre, qui forme aussitôt un désir de causer les mêmes effets que l'on voit si bien représentés, et on se fait en même temps une conscience fondée sur l'honnêteté des sentiments qu'on y voit, qui éteint la crainte des âmes pures, lesquelles s'imaginent que ce n'est pas blesser la pureté d'aimer d'un amour si sage. Ainsi l'on s'en va de la comédie le cœur si rempli de toutes les douceurs de l'amour et l'esprit si persuadé de son innocence, qu'on est tout préparé à recevoir ses premières impressions, ou plutôt à rechercher l'occasion de les faire naître dans le cœur de quelqu'un, pour recevoir les mêmes plaisirs et les mêmes sacrifices que l'on a vus si bien dépeints dans la comédie [1]. »

1. Nous tirons cette maxime des manuscrits de Conrart où elle se

Toutes ces maximes partent assurément d'une âme bien faite, et montrent un talent peu commun d'observation et de réflexion; le style en est d'une bonne qualité, le tour est ingénieux, aisé, agréable : c'est à peu près ainsi qu'un jour pensera et écrira Mme de Lambert; mais chez l'une comme chez l'autre marquise la raison et l'esprit ne sont point assez rehaussés par le travail et par l'art, et les maximes de Mme de Sablé auraient eu besoin de recevoir d'une main exercée la concision, le tour piquant, l'arête saillante et vive, le trait qui frappe et qui dure : faute de cela, elles sont restées à l'état d'une médiocrité convenable.

Quand la maîtresse de la maison donnait ainsi l'exemple, on eût été assez mal venu de ne pas le suivre. Aussi, chez Mme de Sablé, chacun faisait des maximes et des pensées, depuis les plus grands jusqu'aux plus petits. Parmi ces derniers était l'abbé d'Ailly, précepteur des enfants de Mme de Longueville, ecclésiastique mondain, attentif à faire sa cour à la marquise en flattant ses goûts, parce qu'elle était toute-puissante sur la princesse. C'est d'Ailly qui,

trouve à la suite des maximes sur l'amitié. Dans l'imprimé, elle occupe la dernière place : elle est la maxime LXXXI; elle a subi quelques légers changements de style qui ne sont point heureux, mais qui ne valent pas la peine d'être relevés. — Il est bien étrange qu'on ait pu attribuer ce petit morceau à Pascal. D'abord il n'est pas dans le manuscrit autographe; de plus il n'a point l'accent inimitable du grand écrivain. D'ailleurs le billet de Mme de Guymené à Mme de Sablé ne peut laisser aucun doute : « Je trouve toutes *vos pensées* si raisonnables, etc. » Et Valant y a mis ce titre : « Mme la princesse de Guymené, sur l'écrit que Mme de Sablé a fait contre la comédie. »

après la mort de Mme de Sablé, s'empressa de recueillir et de mettre au jour les maximes qu'elle avait laissées, avec un éloge de l'aimable auteur, et en ayant bien soin d'y joindre ses propres pensées. Il s'en excuse dans un petit avant-propos, parce que, dit-il, « ces pensées sont d'un des amis particuliers de la marquise et que c'est elle en quelque façon qui les a fait naître. » Il nous apprend que « les *Pensées* et les *Maximes* étaient déjà mises ensemble en diverses copies manuscrites », et il nous fournit une preuve de plus que tout ce petit travail de pensées et de maximes se faisait presque en commun. A mesure qu'il les composait, « il les communiquait à son incomparable amie, ou de vive voix ou par lettres. » Le voisinage des pensées de l'abbé d'Ailly ne fait ni tort ni honneur aux maximes de Mme de Sablé. Il y en a de savantes [1], il y en a de mondaines; les

1. Les savantes ont bien l'air d'être empruntées à Pascal, et aux conversations de Domat, de Nicole et d'Arnauld, celles-ci par exemple : « La trop grande soumission aux livres et aux opinions des anciens, comme à des vérités éternelles révélées de Dieu, gâte bien des têtes et fait bien des pédants. » — « Hors des choses qui regardent la religion, on doit toujours soumettre ses études et ses livres à la raison, et non pas la raison à ses livres. » — « Ces mots de sympathie, de je ne sais quoi, de qualités occultes, et mille autres de cette nature, ne signifient rien; on se trompe quand on pense en être mieux instruit. On les a inventés pour dire quelque chose quand on manque de raisons et qu'on ne sait plus que dire. » — « Le bon sens doit être l'arbitre des règles, tant anciennes que modernes; tout ce qui ne lui est pas conforme est faux. » — « La nature est donnée aux philosophes comme une grande énigme où chacun donne son sens, dont il fait son principe. Celui qui, par ce principe, rend raison plus clairement de plus de choses, peut au moins se vanter d'avoir l'opinion la plus vraisemblable. » — « La raison et l'expé-

moins fades sont celles sur les femmes et sur l'amour.

Jacques Esprit, de l'Académie française, est un écrivain plus exercé que d'Ailly et qui tenait une place bien plus considérable dans le salon de Port-Royal. Personnage mobile et divers, il est assez malaisé de le distinguer de ses frères, de le reconnaître et de le suivre parmi tous ses changements. Dans sa jeunesse, il s'était fait à l'hôtel de Rambouillet une certaine réputation de bel esprit, et la protection du chancelier Séguier lui avait ouvert l'Académie. Tombé en disgrâce auprès du chancelier pour n'avoir pas connu ou lui avoir caché les amours de Guy de Laval et de sa fille, Mme de Coislin, il s'était attaché à Mme de Sablé. Mme de Longueville lui avait fait obtenir une pension de 2,000 livres [1], et l'avait emmené avec elle à Münster; puis il se mit dans l'Oratoire, puis il en sortit et se maria. Toujours pour complaire à son amie, Mme de Longueville le plaça auprès de ses neveux, les petits princes de Conti. Tour à tour on l'appela l'abbé Esprit et M. Esprit. Sarasin, dans ses vers sur les deux sonnets de Benserade et de Voiture, dit en 1649 : *monsieur Esprit, de l'Oratoire*. Sans nous engager dans ces obscurités, disons seulement que vers 1660 Esprit était dans l'intimité de Mme de Sablé et très-janséniste. Personne plus que lui ne s'occupa de maximes et de pensées. Il en faisait en prose, il en faisait même en vers, et en 1669 il a dédié à Montau-

rience doivent être inséparables pour la découverte des choses naturelles. »

1. Tallemant, IV, p. 70 et suiv.

sier, alors gouverneur du dauphin, des *Maximes politiques, mises en vers par monsieur l'abbé Esprit* [1]. Si ses maximes en prose n'ont paru qu'en 1678, comme celles de d'Ailly et de Mme de Sablé, elles avaient aussi été composées bien auparavant [2]. On a dit et on répète sans cesse que le livre d'Esprit est une paraphrase de celui de La Rochefoucauld. Il y a là du vrai et du faux. Oui, l'académicien semble souvent reproduire et commenter le grand seigneur; mais il ne l'imite pas : ils tirent leur frappante ressemblance du fonds commun sur lequel ils travaillent tous les deux. Si même entre eux il y a un disciple et un maître, le disciple serait La Rochefoucauld. Celui-ci ne parle jamais d'Esprit dans ses lettres qu'avec une déférence marquée; il loue ses maximes, qui déjà circulaient; il le consulte sur les siennes, il lui adresse des sujets et des ébauches de maximes pour qu'il y mette la dernière main [3]. Esprit le lui rendait bien, il prenait parti pour lui chez Mme de Sablé et ailleurs, et son ouvrage est un développement de leurs communs principes, encore exagérés par le jansénisme. Nous pouvons recommander cet ouvrage à ceux qui,

1. Paris, in-12.

2. L'approbation du censeur Pirot est de 1674.

3. *OEuvres de Larochefoucauld*, p. 461 : « Je trouve la sentence de M. Esprit la plus belle du monde. » Page 450 : « A M. Esprit. Je vous prie de mettre sur le ton de sentence ce que je vous ai mandé de ce mouchoir et des tricots, sinon renvoyez-moi ma lettre pour voir ce que j'en pourrai faire. » Page 451 : « Je vous prie de montrer à Mme de Sablé *nos* dernières sentences; cela lui redonnera peut-être l'envie d'en faire, et songez-y aussi de votre côté, quand ce ne seroit que pour grossir *notre* volume, etc. »

sans doute pour s'absoudre eux-mêmes, s'instruisent à mépriser la nature humaine, à considérer la liberté des actions comme une chimère, tout ce que les hommes ont honoré et admiré comme n'étant au fond que mensonge et hypocrisie ou légèreté et sottise, et l'amour-propre et l'égoïsme comme les seuls sentiments vrais et permanents. Par-dessus cette belle doctrine vient celle de la grâce, à la fois gratuite et irrésistible, qu'on ne peut pas même invoquer efficacement s'il ne lui plaît de nous prévenir, qui nous emporte invinciblement lorsqu'elle nous visite, et hors de laquelle toutes les lumières de la raison, toutes les inspirations du cœur, tous les enseignements de l'expérience, tous les efforts de l'éducation, en un mot tout le travail de la volonté humaine n'aboutit qu'à de fausses vertus. De là le titre du livre d'Esprit, *la Fausseté des Vertus humaines* [1]. Ce ne sont pas, à proprement parler, des pensées et des maximes, c'est une suite de chapitres, où l'on passe en revue la plupart des vertus pour en montrer la vanité radicale; mais le ton général de l'ouvrage est sentencieux et les maximes y sont semées. Le style vise à une

1. 2 vol. in-8°, Paris, 1678. Avec cette devise significative : *Quis enim virtutem amplectitur ipsam?* L'ouvrage est offert au Dauphin, pour lui apprendre à connaître l'homme, c'est-à-dire l'amour-propre: « Car comme c'est l'amour-propre qui est l'inventeur de tous ces stratagèmes que l'homme met en usage, et la cause de la fausseté de toutes ses vertus, et que l'homme en est si fort possédé qu'il n'a point d'autres mouvements que les siens ni d'autre conduite que celle qu'il lui inspire, l'on ne sauroit représenter l'un qu'on ne fasse en même temps le portrait de l'autre. »

certaine élévation. Il y a quelque érudition. Sénèque avec Cicéron, c'est-à-dire les représentants de la vertu purement humaine, y sont la matière d'une réfutation continuelle. L'auteur s'efforce d'engager dans sa cause Aristote, et il ménage Platon, parce que saint Augustin est platonicien déclaré. Il s'applique à décrier tout ce qui a paru de bon dans l'antiquité, comme « rendant la venue de Jésus-Christ inutile. » Il y dit de Socrate : « Ses vices étaient très-réels, et toutes ses vertus feintes et contrefaites [1]. » Qu'est-ce à ses yeux que le désintéressement? « C'est l'intérêt qui a changé de nom, afin de ne pas être reconnu, et qui ne paroît pas sous sa figure naturelle, de peur d'exciter l'aversion des hommes; c'est un chemin contraire à celui qu'on tient ordinairement, par lequel les plus fins et les plus déliés parviennent à ce qu'ils désirent; c'est le dernier stratagème de l'ambition; c'est la plus effrontée de toutes les impostures de l'homme [2]. » Voulez-vous du La Rochefoucauld terni et effacé, lisez la maxime d'Esprit sur l'amitié; au style près, c'est celle de La Rochefoucauld. Encore une fois, ils ne se sont copiés ni l'un ni l'autre : dans le débat avec Mme de Sablé sur la nature de l'amitié, ils avaient soutenu la même opinion, ils l'ont écrite chacun à sa manière [3] : « Les amitiés ordinaires sont des trafics honnêtes où nous espérons faire plusieurs sortes de gains qui répondent aux prétentions diffé-

1. Tome II, page 387.
2. *Ibid.*, page 456.
3. Tome Ier, page 164.

rentes que nous avons. » Le chapitre *de la Gravité* est un développement d'une pensée bien connue de Pascal. Il y a aussi des variations plus ou moins bien tournées sur un des thèmes les plus en vogue dans toute la société de Mme de Sablé, et qui revient sans cesse dans Pascal et dans La Rochefoucauld, que l'esprit est le serviteur et même la dupe du cœur [1]. Il y en a d'autres sur la paresse comme étant le fondement de la plupart de nos vertus, surtout de celles des honnêtes femmes, et comme le meilleur et même l'unique remède contre l'ambition [2].

Mais hâtons-nous d'arriver à des jansénistes d'un ordre un peu plus relevé, à des penseurs et à des écrivains d'une autre trempe.

En fréquentant le salon de Mme de Sablé, le grave Domat et Pascal lui-même y trouvèrent tellement établi le goût des sentences et des maximes, qu'ils n'échappèrent point à l'influence régnante, et qu'il leur fallut sacrifier au génie du lieu. Les portefeuilles de Valant contiennent plusieurs lettres de Domat et même des vers de sa façon, par exemple une inscription en vers pour l'entrée du Louvre. Lui aussi il a fait des *Pensées* qui nous révèlent des côtés tout à fait

1. Tome II, page 374.

2. Tome II, p. 121 et 322. — Les passages qui peuvent encore souvenir aujourd'hui l'attention sont ceux qui ont trait aux mœurs du XVIIe siècle, par exemple : *Des amitiés en apparence les plus saintes des hommes avec les femmes*, t. Ier, p. 179; *De la fausse sensibilité*, ibid., p. 397; tout le chapitre, *De l'honnêteté des femmes*, t. II, p. 100; ceux de *la vaillance*, de *la bravoure des duels*, *la mort de Caton d'Utique*, etc.

nouveaux de l'esprit et de l'âme du grand jurisconsulte[1]. Il prit de la compagnie de Mme de Sablé l'habitude de s'observer, de s'analyser, d'étudier ses goûts, ses sentiments, jusqu'à son humeur, et de donner à ses réflexions une tournure vive et piquante qui contraste fort avec le style simple et uni des *Lois civiles dans leur ordre naturel.* Qui jamais se serait attendu à trouver sous cette plume austère des pensées telles que celles-ci : « Toutes les sottises et les injustices que je ne fais pas m'émeuvent la bile. » — « Je ne serois ni de l'humeur de Démocrite, ni de celle d'Héraclite : je prendrois un tiers parti pour mon naturel, d'être tous les jours en colère contre tout le monde. » — « Un peu de beau temps, un bon mot, une louange, une caresse me tirent d'une profonde tristesse, dont je n'ai pu me tirer par aucun effort de méditation. Quelle machine que mon âme, quel abîme de misère et de foiblesse ! » — « J'ai une expérience réglée d'un certain tour que fait mon esprit du trouble au repos, du repos au trouble, sans que jamais la cause ni de l'un ni de l'autre cesse, mais seulement parce que, la roue tournant, il se trouve tantôt dessus, tantôt dessous. » — « Mon sort est différent du vôtre ; vous changez souvent d'état, et moi je suis à la même place ; nous sommes pourtant tous deux également tourmentés ; vous roulez dans les flots, et je les sens rouler sur moi. » N'est-ce pas

1. Nous avons le premier mis au jour ces *Pensées* avec une *Vie* nouvelle de Domat. Voyez JACQUELINE PASCAL, APPENDICE, *Documents inédits sur Domat*, p. 425-466.

l'âme même de Port-Royal qui a dicté les pensées suivantes? « Cinq ou six pendards partagent la meilleure partie du monde et la plus riche! C'en est assez pour nous faire juger quel bien c'est devant Dieu que les richesses. » — « On se sert du prétexte de ce que l'on mendie pour ne pas donner à l'hôpital, et de l'hôpital pour ne pas donner aux mendiants. » — « On doit plus craindre d'avoir trop à l'heure de la mort que trop peu pendant la vie. » Voici maintenant des pensées qui rappellent davantage celles de Mme de Sablé : « Nous voulons tellement plaire, que nous ne voulons pas déplaire aux autres lorsque nous nous déplaisons à nous-même, et que nous voulons plaire à ceux qui nous déplaisent. » — « Les louanges, quoique fausses, quoique ridicules, quoique non crues ni par celui qui loue ni par celui qui est loué, ne laissent pas de plaire; et si elles ne plaisent pas par un autre motif, elles plaisent au moins par la dépendance et par l'assujettissement qu'elles marquent de celui qui loue. »

Il est à nos yeux de la dernière évidence que nous n'aurions point le livre des *Pensées* de Pascal et qu'Arnauld, Nicole et Étienne Périer n'auraient jamais songé à réduire sous ce titre et à mettre sous cette forme ce qu'ils avaient recueilli des papiers de l'auteur des *Provinciales*, s'ils n'eussent trouvé autour d'eux cette forme et ce titre en honneur et presqu'à la mode, surtout depuis l'immense succès de l'ouvrage de La Rochefoucauld. Nous allons plus loin : nous croyons assez vraisemblable que Pascal a composé plusieurs de ses Pensées pour la compagnie d'élite qui s'assemblait à Port-Royal ou du moins en vue ou en souvenir d'elle. Dès l'origine [1], il y allait souvent avec sa sœur, Mme Périer. Il est donc assez naturel qu'il ait pris part à ce qui s'y faisait et payé son tribut au goût dominant. Ouvrez le manuscrit autographe de Pascal; examinez ces papiers de toute sorte transportés plus tard sur des feuilles uniformes : vous y rencontrerez une foule de réflexions, de pensées, de maximes, qu'avec la meilleure volonté du monde il est difficile de considérer comme des matériaux amassés par Pascal pour son grand ouvrage sur la religion, et qui semblent bien, des pensées, des maximes détachées, à peu près comme celles qu'on faisait chez Mme de Sablé. Si ces pensées-là n'avaient été pour lui que des notes destinées seulement à fixer ses souvenirs, comme il y en a tant d'autres dans le précieux manuscrit, pourquoi aurait-il pris la peine de les travailler avec tant de soin, de les remanier souvent trois ou quatre fois pour les amener à une forme achevée, sans savoir en quelle place il pourrait mettre un jour ces diamants si habilement façonnés? Nous savons que Pascal écrivit les *Pensées* après les *Provinciales*, de 1658 à 1662, c'est-à-dire dans tout l'éclat de la société de la marquise avec laquelle il était lié [2]. Comment cette société aurait-elle été sans influence sur

1. Certainement vers 1655, comme nous l'avons dit chap. II, p. 92, et comme on le verra encore mieux chap. IV.

2. Voyez ÉTUDES SUR PASCAL, lettre de Pascal à Mme de Sablé, p. 437.

lui? Comment Mme de Sablé ne lui aurait-elle pas aussi demandé des sentences, des maximes, et pourquoi lui en aurait-il refusé? Il ne faut pas oublier qu'il y a un assez bon nombre de pensées de Pascal dans les portefeuilles de Valant; il y en a même plusieurs qui y sont plus développées que dans le manuscrit original, probablement d'après les conversations de l'auteur, ce qui prouve à quel point Mme de Sablé et ses amis entraient dans les travaux de Pascal. Beaucoup de ses pensées mondaines ne se rapportent-elles pas, pour la vivacité du tour et pour l'effet dramatique, au modèle même qu'on se proposait chez Mme de Sablé, et que La Rochefoucauld a plus d'une fois atteint? Relisez les deux fameuses pensées sur le gravier de Cromwell et sur le nez de Cléopâtre. Il y a là sans doute un fond puissant, une vigueur qui n'appartient qu'à Pascal; mais, à ne considérer que leur forme et le caractère général du style, ne pourrait-on les attribuer à La Rochefoucauld? Prenez surtout la dernière pensée : « Qui veut connoître à plein la vanité de l'homme n'a qu'à considérer les causes et les effets de l'amour. La cause en est un je ne sais quoi (Corneille), et les effets en sont effroyables. Ce je ne sais quoi, si peu de chose qu'on ne peut le reconnoître, remue toute la terre, les princes, les armées, le monde entier. Le nez de Cléopâtre, s'il eût été plus court, toute la face de la terre auroit changé[1]. » Est-ce que cette pensée n'aurait pu être lue dans le salon de Mme de Sablé avec tant d'autres sur l'amour, du marquis de

1. ÉTUDES SUR PASCAL, p. 242.

Sourdis, de d'Ailly, d'Esprit, de La Rochefouchauld, de Mme de Sablé elle-même ?

Qui sait même si ce n'est pas le désir de plaire à l'aimable marquise, de tenir sa place dans cette compagnie à moitié dévote, à moitié galante, qui a inspiré un autre écrit de Pascal, antérieur aux *Pensées* et aux *Provinciales*, qui appartient à sa vie mondaine ou qui du moins la rappelle, nous voulons dire le *Discours sur les passions de l'amour,* que nous avons découvert et publié il y a dix ou douze années[1] ? Ce discours convient si merveilleusement à la société de Mme de Sablé, qu'il paraît bien avoir été fait tout exprès pour elle. Que de choses y semblent à l'adresse des galants gentilshommes et des belles dames du temps passé que Mme de Sablé réunissait autour d'elle ! Combien le passage sur le charme des hautes amitiés devait parler au cœur de ces noble dames ! En revenant à plusieurs reprises sur les rapports de l'amour et de l'ambition, Pascal ne témoigne-t-il pas qu'il parle à des hommes et à des femmes qui toute leur vie avaient mêlé l'ambition et l'amour, et dont plusieurs n'avaient encore tout à fait renoncé ni à l'un ni à l'autre ? N'est-ce point comme un abrégé de leur vie que Pascal leur présente, et une sorte de flatterie qu'il exerce à leur égard, lorsqu'il dit : « Qu'une vie est heureuse quand elle commence par l'amour et finit par l'ambition ! Si j'avois à en choisir une, je prendrois celle-là. Tant que l'on a du feu, l'on est aimable ; mais ce feu s'éteint, il se perd : alors que la place est belle et

1. Études sur Pascal, p. 475.

grande pour l'ambition! » Mme de Sablé a écrit cette maxime sur l'amour : « Partout[1] où il est, l'amour est toujours le maître... Il semble véritablement qu'il est à l'âme de celui qui aime ce que l'âme est au corps de celui qu'elle anime. » Dans sa première édition, La Rochefoucauld avait emprunté cette maxime à la marquise; il la retrancha dans les éditions suivantes, rendant à Mme de Sablé son bien ou mettant le sien à sa disposition. Pascal les avait prévenus, et il les efface l'un et l'autre dans ces lignes d'une incomparable beauté : « L'ambition peut accompagner le commencement de l'amour; mais en peu d'instants il devient le maître. C'est un tyran qui ne souffre point de compagnon; il veut être seul; il faut que toutes les passions ploient et lui obéissent. » La Rochefoucauld dit ingénieusement[2] : « L'amour, aussi bien que le feu, ne peut subsister sans un mouvement continuel. » Pascal dit grandement : « Les âmes propres à l'amour demandent une vie d'action qui éclate en événements nouveaux. Comme le dedans est en mouvement, il faut aussi que le dehors le soit, et cette manière de vivre est un merveilleux acheminement à la passion. C'est de là que ceux de la cour sont mieux reçus dans l'amour que ceux de la ville, parce que les uns sont tout de feu, et que les autres mènent une vie dont l'uniformité n'a rien qui frappe. La vie de tempête surprend, frappe et pénètre. » La Rochefoucauld et Pascal ont cela de commun qu'évidemment ils écri-

1. Maxime LXXIX.
2. Maxime LXXXV.

vent pour des femmes du grand monde; mais La Rochefoucauld, qui les connaît à fond, se met fort à l'aise avec elles, et ne se gêne pas pour déchirer les voiles dont elles aimaient à s'envelopper. Pascal, au contraire, est tout rempli de l'esprit de Platon, et l'amour qu'il analyse et qu'il peint est l'amour à la façon de Corneille et de Mlle de Scudéry. Son analyse est subtile et fine, ses peintures chastes et passionnées. C'est le vrai genre précieux dans toute sa perfection. Et puisque l'hôtel de Rambouillet n'était plus, où mieux placer la scène d'un pareil discours que chez Mme de Sablé, devant de belles précieuses, les unes jeunes encore, les autres un peu sur le retour, mais toujours faites pour plaire : l'ancienne idole de la cour de Louis XIII, la princesse de Guymené; Mme de Brégy, une des plus belles muses de la poésie galante; la duchesse de Schomberg, veuve depuis quelque temps, toujours belle, spirituelle, d'une vertu et d'une piété qui n'ôtaient rien à ses grâces; enfin, à côté de Mme de Sévigné, très-vive au moins si elle n'était pas fort tendre, le futur auteur de *la Princesse de Clèves,* celle qui devait retracer un jour avec tant de charme les tourments et les douceurs d'une passion contenue? N'est-ce pas à des femmes de cet ordre que Pascal a dû présenter l'amour comme une adoration respectueuse, comme un sentiment qui ennoblit et agrandit l'âme, ardent à la fois et délicat, tour à tour silencieux et éloquent, heureux de la moindre faveur, et avec lequel, ce semble, il n'y aurait pas de trop grands risques à courir?

Mais laissons les conjectures, si vraisemblables qu'elles nous paraissent, pour revenir aux faits certains dont nous voulons marquer la suite. Du moins, il est indubitable que les *Maximes* de La Rochefoucauld sont sorties du salon de Mme de Sablé. La Rochefoucauld n'y a pas introduit le goût de ce genre d'occupations; il l'y a trouvé, et il a fait des maximes parce que tout le monde en faisait autour de lui. Otez la société du Luxembourg et les *Divers Portraits* de Mademoiselle, vous n'auriez jamais eu le *Portrait de La Rochefoucauld par lui-même*. De même, ôtez la société de Mme de Sablé et la passion des sentences et des pensées qui y régnait, jamais La Rochefoucauld n'eût songé ni à composer ni à publier son livre. Il est bien loin de se donner pour l'inventeur de cette manière de passer le temps. Dans ses lettres, il se plaint assez souvent que d'un délassement on lui a fait une fatigue, et il reproche à Esprit d'avoir suscité en lui le goût des sentences pour troubler son repos. Il en envoie à Esprit pour obéir à ses instances; il en envoie à Mme de Sablé, et lui demande en retour quelque bon plat et quelque bonne recette. « Voilà tout ce que j'ai de maximes; mais comme on ne fait rien pour rien, je vous demande un potage aux carottes[1], un ragoût de mouton, etc. » C'est ainsi que les *Maximes* ont été faites. La Rochefoucauld a la courtoisie de dire à Mme de Sablé et à Esprit qu'elles sont à eux au-

1. Les éditeurs mettent « un potage *avec* carottes. » Quelle distraction, bon Dieu! et comme Mme de Sablé se serait emportée contre ces maladroits éditeurs qui gâtent ainsi ses potages!

tant qu'à lui, et il y a eu de bonnes gens, même de nos jours, qui l'ont pris au mot; mais il faut bien s'entendre ici. Oui, encore une fois, La Rochefoucauld a trouvé la matière de la plupart de ses maximes dans les conversations qui avaient lieu chez Mme de Sablé, dans leur commun retour sur le passé, dans les aventures dont s'entretenait la compagnie et qui faisaient alors du bruit, dans l'histoire de monsieur tel et de madame telle, surtout dans sa propre histoire. Cela est si vrai qu'avec les *Maximes* on éclaire la vie de La Rochefoucauld et l'histoire même de son temps, comme on peut suivre la marche opposée et répandre un grand jour sur certaines maximes en les rapportant aux circonstances, aux choses et aux personnes qui vraisemblablement leur ont donné naissance. Il y avait chez Mme de Sablé, comme dans toutes les petites sociétés, une sorte de fonds commun; on s'occupait à peu près des mêmes sujets, mais chacun y apportait une tournure d'esprit particulière et mettait son cachet à ce qu'il faisait. Quand La Rochefoucauld avait composé quelques sentences, il les mettait sur le tapis avant ou après dîner, ou il les envoyait au bout d'une lettre. On en causait, on les examinait; on lui faisait des observations dont il profitait; on a pu lui ôter des fautes, mais on ne lui a prêté aucune beauté : il n'y a pas un tour délicat et rare, un trait fin et acéré, qui ne viennent de lui, ou bien ces messieurs et ces dames ont donné généreusement tout leur talent à La Rochefoucauld, et en ont trop peu gardé pour eux-mêmes.

Je ne m'en défends pas, je n'aime pas La Rochefoucauld : je veux dire l'homme et le philosophe; mais je mets très-haut l'écrivain. Sans doute, comme on a pu le voir dans les passages analogues que nous avons cités de l'un et de l'autre, La Rochefoucauld pâlit devant Pascal; mais Pascal, c'est un grand esprit inspiré par un grand cœur et servi par un art consommé. Il a tour à tour la hauteur et le pathétique de Corneille, la plaisanterie profonde de Molière, la magnificence et la sublimité de Bossuet : il occupe avec eux les sommets de l'art. Au-dessous de Pascal et de ces maîtres incomparables, La Rochefoucauld a encore une belle place; son vrai rival, celui avec lequel il a des rapports de tout genre, c'est le cardinal de Retz. Peut-être la nature avait-elle plus fait pour Retz : elle lui avait donné autant d'esprit, plus d'imagination, de force, d'étendue. Retz a des moments admirables; il démêle et expose avec une netteté supérieure les affaires les plus difficiles; sa narration est pleine d'agrément; il excelle dans les portraits, il y déploie les plus grandes qualités, et particulièrement une étonnante impartialité à l'égard même de ceux qui l'ont le plus combattu, Condé ou Molé, Mazarin seul excepté; il est unique pour la profonde intelligence des partis et la peinture vivante de l'intérieur du parlement; il a de la finesse, de la vigueur, de l'éclat, et par-dessus tout cela une parfaite simplicité, une aisance du plus haut ton. Une seule chose lui a manqué : le soin et l'étude. L'art n'a point achevé son génie : il est négligé[1], et il se perd souvent dans

1. Nous possédons à la Bibliothèque impériale le manuscrit auto-

des détails infinis. C'est que Retz voulait seulement amuser Mme de Caumartin et se divertir lui-même dans sa retraite de Commercy, et que s'il regardait aussi le public et la postérité, c'était d'un regard détourné et lointain, tandis que La Rochefoucauld, après avoir commencé à écrire par occasion, par complaisance même, pour faire sa cour à Mademoiselle, et à Mme de Sablé, peu à peu enhardi par ses succès de société, s'en proposa de plus grands, et songea à paraître devant le public. Là est le trait particulier de La Rochefoucauld, qui le distingue entièrement de Retz, de ces grands seigneurs et de ces grandes dames dont Mme de Sévigné et Saint-Simon sont les représentants les plus illustres, qui avaient tant d'esprit et écrivaient si bien sans en faire profession et sans penser à se faire imprimer, au moins de leur vivant. Grâce à sa liaison avec Segrais et avec Mme de La Fayette, qui elle-même était un auteur, La Rochefoucauld a su qu'il y a un art d'écrire, et il s'est exercé dans cet art. A peu près vers 1660, il est devenu un homme de lettres, bien entendu en mettant tout son soin à ne le pas paraître.

Il avait infiniment d'esprit et d'agrément dans l'esprit, et il y joignait la délicatesse et le goût. Dans le monde où il vivait, entre Condé et sa sœur, entre Retz et la Palatine, chez Mademoiselle et même chez Mme de Sablé, le ton du grand seigneur devait dominer. On lui savait gré de la malice, de la vivacité, de

graphe des *Mémoires* de Retz : il est écrit facilement et presque sans ratures.

la grâce de ses pensées et de son style, pourvu que l'air aisé et une certaine négligence de grand goût y fussent toujours, sans quoi on eût trouvé qu'il dérogeait. Aussi M. le duc de La Rochefoucauld se donne-t-il l'air de reproduire tout ce qu'il fait sans nul effort et sans mettre enseigne, comme dit Pascal, en honnête homme et nullement en homme du métier, et pourtant il en est. Il porte le soin du bon style jusqu'au raffinement, et ce travail secret et qui ne se sent pas l'a conduit à une perfection que son rival a trop souvent manquée.

La Rochefoucauld était scrupuleux et réfléchi jusqu'à l'irrésolution en toutes choses. Il n'avait pas de ces instincts puissants qui poussent malgré eux certains hommes. Il se battait bien par honneur, mais il n'a jamais eu aucune des inspirations de l'homme de guerre. Cette grande passion pour Mme de Longueville, qui, dit-on, l'entraîna dans la Fronde, commença, c'est lui-même qui nous l'apprend, par un calcul, par la considération des avantages qu'il pourrait tirer de cette liaison pour sa fortune, en gagnant le frère par la sœur [1]. Il n'était pas non plus un véritable homme de parti, n'ayant ni la fermeté d'esprit ni la constance nécessaires, entrant aisément dans une affaire et en sortant de même, s'étant mêlé d'intrigues dès son enfance, comme le dit Retz [2], sans en avoir poussé aucune à fond, ne s'attachant à rien for-

1. Voyez La Jeunesse de Mme de Longueville, Introduction au chapitre quatrième.

2. *Mémoires*, édit. de 1731, tome Ier, page 218.

tement et cherchant toujours son intérêt au milieu de tous les mouvements contraires. Enfin, comme Retz le conclut fort bien aussi, avec sa raison, sa douceur et une facilité de mœurs fort voisine d'une élégante indifférence, il était né pour être « le courtisan le plus poli de son siècle et le plus honnête homme à l'égard de la vie commune. »

C'était là sa vraie carrière; il s'y était réduit après la Fronde. Il fit sa paix avec Mazarin, et en obtint une bonne pension [1]; il poussa habilement son fils Marsillac auprès du Roi; il ouvrit sa maison, y reçut la plus brillante compagnie, se lia avec plusieurs membres de l'Académie française, et plus tard, après les succès de son livre, il en aurait été, on le lui offrit même, mais il ne se sentit pas le courage, assez facile pourtant, de prononcer le compliment d'usage. C'est en 1659 qu'il débuta devant le public avec son *Portrait fait par lui-même,* inséré dans une des éditions des *Portraits* de Mademoiselle. Ce petit écrit montre bien que La Rochefoucauld n'était pas novice dans l'art d'exprimer heureusement ses pensées. Nous avons sous les yeux plus d'une lettre inédite de la première moitié de sa vie, où perce déjà le soin précoce de bien dire et de bien écrire; nous possédons même un mémoire étendu et habile composé par lui en 1649, à la fin de la première Fronde, pour être communiqué à Mazarin. Retz a fait cette remarque que « l'air de

1. « Pension de 8,000 liv. au duc de La Rochefoucauld, le 11 juillet 1659. » Bibliothèque impériale, papiers de Gaignières, n° 771, p. 567.

honte et de timidité qu'avoit La Rochefoucauld dans la vie ordinaire s'étoit tourné dans les affaires en air d'apologie, et qu'il croyoit toujours en avoir besoin [1]. » La pièce qui est entre nos mains, et qui n'a jamais vu le jour, est en effet intitulée : *Apologie* [2] *de M. le prince de Marsillac.* Tout ce que nous avons dit des motifs intéressés et personnels qui engagèrent La Rochefoucauld dans la guerre civile, semble bien faible devant les explications qu'il y donne lui-même de sa conduite; mais en même temps on y reconnaît tous les caractères de son talent, je ne sais quoi de spirituel, d'aisé, d'agréable à la fois et de mordant. *Le Portrait de La Rochefoucauld* partait donc d'une plume exercée; il annonçait l'auteur des *Maximes*, son style et aussi plus d'une de ses pensées. Le futur apologiste de l'égoïsme ne se révèle-t-il pas dans ce superbe contempteur des misérables, qui veut bien qu'on soulage leur affliction, mais sans la partager, qui laisse au peuple la pitié, et interdit à l'homme d'esprit de souffrir parce que d'autres souffrent? « Je suis peu sensible à la pitié, et je voudrois ne l'y être point du tout. Cependant il n'est rien que je ne fisse pour le soulagement d'une personne affligée, et je crois effectivement que l'on doit tout faire, jusqu'à lui témoigner même beaucoup de compassion de son mal, car les misérables sont si sots que cela leur fait le plus grand bien du monde; mais je tiens aussi qu'il faut se contenter d'en témoigner, et se garder

1. T. Ier, page 218.
2. Voyez La Jeunesse de Mme de Longueville, Introduction, III.

bien soigneusement d'en avoir. C'est une passion qui n'est bonne à rien au dedans d'une âme bien faite, qui ne sert qu'à affoiblir le cœur, et qu'on doit laisser au peuple. » Voilà en quelque sorte le stoïcisme de l'indifférence. On s'aperçoit bien aussi que La Rochefoucauld commence à faire la cour à Mme de La Fayette, car il parle de l'amour bien autrement qu'il fera dans les *Maximes;* il le célèbre comme un grand sentiment, et qui se peut même accommoder avec la plus austère vertu ; il dit que si jamais il aime, ce sera avec cette force et cette délicatesse : déclaration bien engageante pour Mme de La Fayette ; mais il la gâte en ajoutant qu'il doute fort s'il est capable d'aimer. D'ailleurs ce *Portrait de La Rochefoucauld* peint à merveille la disposition d'esprit où il était en 1659, son goût pour les lettres, ses premiers essais et l'intention de les poursuivre : « J'aime la lecture en général, surtout j'ai une extrême satisfaction à lire avec une personne d'esprit, car de cette sorte on réfléchit à tous moments sur ce qu'on lit, et des réflexions que l'on fait il se forme une conversation la plus agréable du monde et la plus utile... La conversation des honnêtes gens est un des plaisirs qui me touchent le plus ; j'aime qu'elle soit sérieuse et que la morale en fasse la plus grande partie... Cependant je sais la goûter aussi lorsqu'elle est enjouée... J'écris bien en prose, je fais bien en vers, et si j'étois sensible à la gloire qui vient de ce côté-là, je pense qu'avec peu de travail je pourrois m'acquérir assez de réputation[1]. »

1. C'est là le seul indice que nous connaissions de poésies de

Nous ne sommes pas dupes de cet air de négligence et d'indifférence. En affectant de ne pas être un auteur, La Rochefoucauld nous convainc d'autant mieux qu'il songe à l'être, ou plutôt qu'il l'est déjà.

Lorsqu'à peu près vers ce temps-là il entra dans une société occupée à faire des maximes, il était admirablement disposé et comme préparé à ce genre de composition. Il y apportait l'expérience de sa vie, remplie des aventures les plus diverses, où il avait pu reconnaître les ressorts secrets de bien des conduites et voir sans masques bien des cœurs. Il était revenu de toutes les illusions; il avait cinquante ans : c'est le bon âge pour se replier sur soi-même et réfléchir après avoir agi.

Et pouvait-il faire autre chose que des mémoires et des maximes? Il n'avait aucune instruction; plusieurs des femmes de sa société savaient le latin mieux que lui. Il tire donc, et forcément, tout ce qu'il écrit de son propre fonds. Les *Mémoires* racontent ce qu'il a vu; les *Maximes* en expriment la philosophie : à proprement parler, il ne sort jamais de lui-même.

On n'a pas assez remarqué qu'à le prendre littérairement, c'est là un grand moyen de naturel à la fois et d'agrément. De quoi en effet parlera-t-on avec

La Rochefoucauld; mais le témoignage de La Rochefoucauld lui-même est irrécusable. Nous le pouvons confirmer par le fait suivant. M. Charavay, marchand d'autographes fort digne de confiance, nous assure avoir vu des poésies de l'auteur des *Maximes* écrites de sa main, et formant un volume in-4°, relié en maroquin du temps et à ses armes. M. Charavay était chargé de certifier l'écriture, ce qu'il a fait. Comment le possesseur d'un si précieux manuscrit ne se fait-il pas scrupule de le dérober à la connaissance des amis des lettres?

simplicité, avec force, avec charme, si ce n'est de soi? Là du moins tout a sa vérité, tout coule de source avec limpidité et avec grâce.

Tel est le caractère des *Mémoires* de La Rochefoucauld; ils ont fait époque en 1662, pour la netteté et l'élégance. Les *Maximes*, en 1665, en gardant les mêmes avantages, firent paraître des qualités nouvelles, d'un ordre encore plus relevé. Ce sont, pour la plupart, de petites médailles de l'or le plus fin et du relief le plus vif. On sent que l'artiste y a travaillé avec amour. Je le crois bien : il gravait son portrait.

Ce portrait est aussi celui de l'homme de son temps, tel que La Rochefoucauld l'avait vu, et même de l'humanité tout entière; car nous sommes tous de la même famille, nous avons tous les mêmes misères, auxquelles se mêle un rayon de grandeur. Ce rayon-là, qui souvent ne brille qu'un moment et à travers mille nuages, La Rochefoucauld ne l'apercevant pas en lui, quoiqu'il y fût sans doute, mais bien caché, ne l'a pas reconnu dans les autres, ni dans Condé, ni dans Vincent de Paul, ni dans la mère Angélique, ni, hélas! dans Mme de Longueville. Vain par-dessus tout, il a donné la vanité comme le principe unique de toutes nos actions, de toutes nos pensées, de tous nos sentiments; et cela est très-vrai en général, même pour le plus grand des hommes qui n'en est que le moins petit; il y a néanmoins tel instant où, du fond de cette vanité, de cet égoïsme, de cette petitesse, de ces misères, de cette boue dont nous sommes faits, sort tout à coup un je ne sais quoi, un cri du cœur, un mouvement instinctif et irréfléchi, quelquefois même une résolution qui ne se rapporte pas à nous, mais à un autre, mais à une idée, à notre père et à notre mère, à notre ami, à la patrie, à Dieu, à l'humanité malheureuse, et cela seul trahit en nous quelque chose de désintéressé, un reste ou un commencement de grandeur, qui, bien cultivé, peut se répandre dans l'âme et dans la vie tout entière, soutenir ou réparer nos défaillances, et protester du moins contre les vices qui nous entraînent et contre les fautes qui nous échappent. Admettez un seul acte ou même un seul sentiment vraiment honnête et généreux, et c'en est fait du système des *Maximes*. Mais je ne les considère ici qu'au seul point de vue littéraire, et à ce point de vue on ne peut trop les admirer.

Faites bien attention, je vous prie, à un procédé de La Rochefoucauld, qui montre au plus haut degré l'homme de lettres amoureux de son art. Avant d'affronter l'œil du public, il avait grand soin de laisser ses *Maximes* courir les salons, et de les soumettre à l'épreuve des jugements les plus divers, pour se préparer sans doute des admirateurs et des partisans, mais surtout aussi pour avoir des avis éclairés, et sur eux perfectionner son ouvrage. Voici à peu près comme les choses se passaient : Mme de Sablé, sans avoir l'air d'agir au nom de La Rochefoucauld, communiquait les *Maximes* à ceux ou à celles qui lui paraissaient les plus capables d'en juger. Elle exigeait que l'on n'en tirât pas de copie, et qu'on lui envoyât par écrit son opinion; puis elle montrait toutes ces lettres à La Rochefoucauld. L'année qui précéda la publication se passa dans ce travail de révision et de correction. Il est curieux de le suivre dans les papiers de Mme de Sablé.

En général, les hommes approuvent La Rochefoucauld, et les femmes le condamnent. On ne sait pas le nom des hommes : ils ne signent point; mais la plupart sont évidemment des ecclésiastiques ou des dévots d'un esprit assez médiocre, qui, accoutumés avec Port-Royal à exagérer la doctrine du péché originel, pour exagérer ensuite celle de la grâce [1], triomphent de voir étaler la perversité de la nature humaine. Cependant il y a ici un danger immense : c'est que, si on ne va jusqu'au jansénisme, on s'arrête, avec La Rochefoucauld, à un égoïsme sans limite et sans remède.

Voici deux lettres favorables à La Rochefoucauld :

« A considérer superficiellement l'écrit que vous m'avez envoyé, il semble tout à fait malin, et il ressemble fort à la production d'un esprit orgueilleux, satirique, ennemi déclaré du bien sous quelque visage qu'il paroisse, partisan très-passionné du mal auquel il attribue tout, qui querelle toutes les vertus, et qui doit enfin passer pour le destructeur de la morale et pour l'empoisonneur de toutes les bonnes actions, qu'il veut absolument qui passent pour autant de vices déguisés [2]. Mais quand on le lit avec un

1. Voyez ÉTUDES SUR PASCAL, p. 67-73, etc.

2. Ces petites incorrections, qui de la conversation passent dans le style, trahissent un homme qui n'est pas un auteur.

peu de cet esprit pénétrant qui va bientôt jusqu'au fond des choses pour y trouver le fin, le délicat et le solide, on est contraint d'avouer, ce que je vous déclare, qu'il n'y a rien de plus fort, de plus véritable, de plus philosophe, ni même de plus chrétien. C'est une morale très-délicate qui exprime d'une manière peu connue aux anciens philosophes et aux nouveaux pédants[1] la nature des passions qui se travestissent dans nous si souvent en vertus. C'est la découverte du foible de la sagesse humaine et de ce qu'on appelle force d'esprit. C'est une satire très-ingénieuse de la corruption de la nature par le péché originel, de l'amour-propre et de l'orgueil, et de la malignité de l'esprit humain qui corrompt tout quand il agit de soi-même sans l'esprit de Dieu. C'est une agréable description de ce qui se fait par les plus honnêtes gens quand ils n'ont point d'autre conduite que celle de la lumière naturelle et de la raison sans la grâce. C'est une école de l'humilité chrétienne où nous pouvons apprendre les défauts de ce que l'on appelle si mal à propos nos vertus. C'est un parfaitement beau commentaire du texte de saint Augustin, qui dit que toutes les vertus des infidèles sont des vices. C'est un anti-Sénèque qui abat l'orgueil du faux sage que le superbe philosophe élève à l'égal de Jupiter... Enfin, pour dire nettement mon sentiment, quoiqu'il y ait partout des paradoxes, ces paradoxes sont pourtant très-véritables, pourvu qu'on demeure toujours dans les termes de la vertu morale

1. Style de gentilhomme.

et de la raison naturelle sans la grâce. Il n'y en a point que je ne soutienne, il y en a même plusieurs qui s'accordent parfaitement avec les sentiments de l'Ecclésiastique qui contient la morale du Saint-Esprit. Enfin je n'y trouve rien à reprendre que ce qu'il dit, qu'on ne loue jamais que pour être loué; car je vous jure que je ne prétends nulle louange de celles que je suis obligé de lui donner, et dans l'humeur où je suis je lui en donnerois bien d'autres. Mais il y a là-bas un fort honnête homme qui m'attend dans son carrosse pour me mener faire l'essai de votre chocolat. Vous y avez quelque intérêt, et moi aussi, parce que vous êtes de moitié avec Mme la princesse de Guymené pour m'en faire ma provision [1]. »

Lundi 8 février [2] 1664.

« Je vous suis infiniment obligé, Madame, de m'avoir donné la pièce que je vous renvoie; et encore que je n'aye eu que le loisir de la parcourir dans le peu de temps que vous m'aviez prescrit pour la lire, je n'ai pas laissé d'en retirer beaucoup de plaisir et de profit, et une estime si particulière pour l'auteur et pour son ouvrage qu'en vérité je ne suis pas capable de vous la bien exprimer. L'on voit bien que ce faiseur de maximes n'est pas un homme nourri dans la province ni dans l'université; c'est un homme de qualité qui connoît parfaitement la cour et le monde,

1. Sur cette fin, on serait fort tenté de soupçonner Arnauld d'Andilly, ami bien connu de Mme de Guymené comme de Mme de Sablé; mais ce n'est pas sa belle écriture.

2. Presque déchiré.

qui en a goûté autrefois toutes les douceurs, qui en a aussi senti souvent les amertumes, et qui s'est donné le loisir d'en étudier et d'en pénétrer tous les détours et toutes les finesses. Mais, outre cela, comme la nature lui a donné cette étendue d'esprit, cette profondeur et ce discernement joint à la droiture, à la délicatesse et à ce beau tour dont il parle en plusieurs endroits de cet écrit, il ne faut pas s'étonner s'il a prononcé si judicieusement sur des matières qu'il avoit si parfaitement connues. Pour ce qui est de l'ouvrage, c'est, à mon sens, la plus belle et la plus utile philosophie qui se fit jamais; c'est l'abrégé de tout ce qu'il y a de sage et de bon goût dans toutes les anciennes et les nouvelles sectes des philosophes, et quiconque saura bien cet écrit n'a plus besoin de lire Sénèque, ni Épictète, ni Montaigne, ni Charron, ni tout ce qu'on a ramassé depuis peu de la morale des sceptiques et des épicuriens. On apprend véritablement à se connoître dans ces livres, mais c'est pour devenir plus superbe et plus amateur de soi-même. Celui-ci nous fait connoître, mais c'est pour nous mépriser et pour nous humilier; c'est pour nous donner de la méfiance et nous mettre sur nos gardes contre nous-mêmes et contre toutes les choses qui nous touchent et nous environnent; c'est pour nous donner du dégoût de toutes les choses du monde, et, en nous en détachant, nous tourner du côté du bien, qui eul est immuable et digne d'être aimé, honoré et servi. On pourroit dire que les chrétiens commencent où votre philosophie finit, et l'on ne pourroit faire une instruction plus propre à un catéchumène pour convertir à Dieu son esprit et sa volonté... Quand il n'y auroit que cet écrit au monde et l'Évangile, je voudrois être chrétien. L'un m'apprendroit à connoître mes misères, et l'autre à implorer mon libérateur... Si cette pièce ne s'imprime pas, je vous prie très-humblement, Madame, de m'en faire avoir une copie. »

Donnons de courts extraits de deux autres lettres, sans signature aussi, mais écrites dans un esprit différent :

« L'auteur de ces maximes affecte dans ses divisions et ses définitions, subtilement mais sans fondement inventées, de passer pour un Sénèque, ne prenant pas garde néanmoins que celui-ci, dans sa morale, tout païen qu'il étoit, ne s'est jamais jeté dans cette extrémité de confondre toutes les vertus des sages de son temps, ni de les faire passer pour des vices. Il a cru qu'il y en avoit de tempérants et de dissolus, de bons et de mauvais, d'humbles et de superbes... Je lui donnerois néanmoins cette louange de savoir puissamment invectiver... Considérant que par ces Maximes il n'y a aucune vertu chrétienne si solide qu'elle soit qui ne puisse être censurée... j'aime mieux ne passer pas pour complaisant en approuvant sa doctrine que d'être dans un perpétuel danger de déclamer contre les belles qualités ni médire des plus vertueux. »

« Je vous ai beaucoup d'obligation d'avoir fait un jugement de moi si avantageux, que de croire que j'étois capable de dire mon sentiment de l'écrit que vous m'avez envoyé. Je vous proteste, Madame, avec toute la sincérité de mon cœur, quoique l'auteur de l'écrit n'en croie point de véritable, que j'en suis incapable, et que je n'entends rien en ces choses si subtiles et si délicates; mais puisque vous commandez, il faut obéir.... Après la raillerie [1], il est bon d'entrer un peu dans le sérieux, et de vous dire que les auteurs des livres desquels on a colligé ces sentences les avoient mieux placées; car si l'on voyoit ce qui étoit devant et après, assurément on en seroit plus édifié ou moins scandalisé. Il y a beaucoup de simples dont le suc est un poison, qui ne sont point dangereux lorsqu'on n'en a rien extrait et que la plante est en son entier. Ce n'est pas que cet écrit ne soit bon en de bonnes mains, comme les vôtres, qui savent tirer le bien du mal même; mais aussi on peut dire qu'entre les mains de personnes libertines, ou qui auroient de la pente aux idées nouvelles [2], cet écrit pourroit les confirmer dans leur erreur, et leur faire croire qu'il n'y a point du tout de vertu et que c'est folie de prétendre de devenir vertueux, et jeter ainsi le monde dans l'indifférence et dans l'oisiveté, qui est la mère de tous les vices. J'en parlai à un homme de mes amis qui me dit qu'il avoit vu cet écrit, et qu'à son avis il découvroit les parties honteuses de la vie civile et de la société humaine sur lesquelles il falloit

1. Nous l'avons supprimée comme n'étant pas fort plaisante.

2. Probablement l'opinion des sceptiques et des épicuriens, de Lamothe-Levayer, Gassendi, Bernier, etc.

tirer le rideau; ce que je fais, de peur que cela ne fasse mal aux yeux délicats comme les vôtres, qui ni sauroient rien souffrir d'impur et déshonnête. »

Nous avons l'avantage de connaître les noms des femmes qui adressèrent à Mme de Sablé leur opinion sur les *Maximes*. La première qui se présente est la comtesse de Maure.

C'était, comme nous l'avons dit [1], la plus ancienne amie de Mme de Sablé, une personne très-considérée, qui, avec quelques travers fort innocents partagés par la marquise, possédait un grand fonds de mérite, d'honneur et d'esprit. Ajoutez qu'elle n'était pas dévote, ni moliniste ni janséniste. Dans les affaires de Port-Royal, elle montra le plus grand bon sens et le plus noble caractère. En vain les deux factions s'agitaient autour d'elle, elle ne se laissa entraîner ni par l'une ni par l'autre. Tout en respectant et en admirant ces religieuses héroïques, qui préféraient ce qui leur semblait la vérité au repos et à toutes les douceurs de la vie, elle était ouvertement opposée à la doctrine outrée de l'absolue corruption de la nature humaine, comme trop dure à son esprit et à son cœur. Elle appuyait sa vertu sur un christianisme modéré et sur une philosophie élevée. Elle ne pouvait donc être favorable à La Rochefoucauld. Lui-même écrit à Mme de Sablé [2] : « J'avois toujours bien cru que

1. Plus haut, chap. Ier. Nous en parlerons avec plus d'étendue au chap. ve.

2. *Œuvres de La Rochefoucauld*, p. 461.

Mme la comtesse de Maure condamneroit l'intention des sentences, et qu'elle se déclareroit pour la vérité des vertus. » La comtesse nous apprend en effet, dans un petit billet conservé par Valant, qu'elle avait donné son opinion sur les *Maximès* de La Rochefoucauld; et cette opinion était si sévère et si peu mêlée de compliments qu'elle supplie son amie de ne pas la communiquer à La Rochefoucauld, connaissant fort bien l'amour-propre du personnage. Elle la lui redemande pour l'adoucir, ou du moins pour y ajouter des éloges qui la fassent passer. Nous voudrions bien avoir cet avis dans sa première ou dans sa seconde forme, avec ses sévérités un peu fortes ou même avec ses tempéraments; du moins le billet que nous mettons sous les yeux du lecteur nous conserve-t-il une ligne de la pièce égarée, et cette ligne est décisive : « Il me semble que M. de La Rochefoucauld n'y est pas assez loué [1] pour le lui envoyer, et du moins il y faudroit remettre quelque chose que j'ai oublié, avant de dire: mais je trouve qu'il fait à l'homme une âme trop laide. Renvoyez-le-moi, s'il vous plaît. »

La belle Anne de Rohan, princesse de Guyméné, jadis l'objet de tant d'hommages, alors réduite au bel esprit et au jansénisme, n'hésite pas à se prononcer aussi contre La Rochefoucauld. Avec sa pénétration et sa fermeté, elle va droit à la source du mal; elle accuse La Rochefoucauld de juger de tous les hommes par ses propres sentiments.

« Je vous allois écrire, quand j'ai reçu votre lettre,

1. Dans l'avis que nous n'avons plus.

pour vous supplier de m'envoyer votre carrosse aussitôt que vous aurez dîné [1]. Je n'ai encore vu que les premières maximes, à cause que j'avois hier mal à la tête; mais ce que j'en ai vu me paroît plus fondé sur l'humeur de l'auteur que sur la vérité, car il ne croit point de libéralité sans intérêt ni de pitié; c'est qu'il juge tout le monde par lui-même. Pour le plus grand nombre, il a raison; mais assurément il y a des gens qui ne désirent autre chose que de faire du bien. »

La duchesse de Liancourt, Jeanne de Schomberg, qui jouissait d'une assez grande réputation d'esprit et de vertu, célèbre aussi par son goût pour les beaux bâtiments et les beaux jardins, et qui a créé la magnifique résidence de Liancourt, janséniste éclairée, auteur d'un excellent traité d'éducation [2], et dont la fille épousa le fils de La Rochefoucauld, fut choquée, et, comme elle le dit, scandalisée à la première lecture; puis elle se radoucit, peut-être un peu par politique, par condescendance pour Mme de Sablé et La Rochefoucauld, et grâce à une distinction qui ôte en effet le scandale mais aussi tout le piquant des *Maximes* :

« Je n'avois qu'une partie d'un petit cahier de *Maximes* que vous savez, quand j'eus l'honneur de vous voir, et il débutoit si cruellement contre les vertus, qu'il me scandalisa, aussi bien que beaucoup

1. Mme de Guyméné demeurait à côté de Mme de Sablé, dans les bâtiments extérieurs de Port-Royal de Paris.

2. *Règlement donné par une dame de haute qualité à madame sa petite-fille ;* composé en effet pour l'éducation de la petite La Rochefoucauld, publié en 1698, réimprimé en 1779.

d'autres; mais depuis j'ai tout lu, et je fais amende honorable à votre jugement, car je vois bien qu'il y a dans cet écrit de fort jolies choses, et même je crois, de bonnes, pourvu qu'on ôte l'équivoque qui fait confondre les vraies vertus avec les fausses. Un de mes amis a changé quelques mots en plusieurs articles qui raccommodent, je crois, ce qu'il y avoit de mal. Je vous les lirai un de ces jours, si vous avez le loisir de me donner audience. »

Mme de Liancourt n'avait pas vu que cette équivoque, qu'elle relève avec raison dans le livre des *Maximes*, est le livre tout entier; quelques mots ajoutés ne justifieraient le système qu'en le renversant.

Parmi les diverses lettres féminines que reçut en cette occasion Mme de Sablé, nous rencontrons celle d'une personne qu'ailleurs nous avons essayé de peindre[1] comme une des dames à la fois les plus belles et les plus vertueuses du XVIIe siècle, la belle-sœur de Mme de Liancourt, la duchesse de Schomberg, Marie de Hautefort, que La Rochefoucauld avait autrefois passionnément aimée[2] et qui le connaissait parfaitement. Mme de Sablé goûta fort la lettre de Mme de Schomberg; mais, en amie zélée de La Rochefoucauld, elle commença par en retrancher ce qui pouvait lui moins convenir; elle l'abrégea et en fit une sorte de discours sur les *Maximes*, comme l'appelle La Rochefoucauld. On l'a publiée en cet état,

1. MADAME DE HAUTEFORT, avec un portrait.
2. *Ibid.*, chap. Ier, p. 20.

entièrement défigurée et disant souvent le contraire de ce que dit la lettre originale. Nous allons la rétablir dans son texte vrai, non d'après la lettre autographe que nous n'avons pu retrouver, mais sur une copie qui est dans les papiers de Mme de Sablé avec les corrections malencontreuses qui gâtaient jusqu'ici une des plus jolies lettres que nous connaissions, et où se sent encore ce parfum de délicatesse raffinée et de nobles sentiments qu'on respirait, dans la jeunesse de Marie de Hautefort, à l'hôtel de Rambouillet et à la cour de Louis XIII.

« Je [1] crus hier tout le jour vous pouvoir renvoyer

1. Nous mettons ici pour les amateurs de ces sortes de curiosités littéraires les principaux changements introduits par Mme de Sablé dans la lettre de Mme de Schomberg. Dans cette phrase : « Je ne suis pas encore parvenue... » Mme de Sablé supprime *encore*. — « Cependant,... l'on demeure persuadé qu'il n'y a;... » Mme de Sablé : « *Je suis comme persuadée qu'il n'y en a point.* » Le reste de la phrase est supprimé, ainsi que les deux ou trois phrases qui suivent et qui ont paru trop défavorables à La Rochefoucauld. — « ... quoique bien des gens y trouvent de l'obscurité en certains endroits. » Mme de Sablé a encore supprimé tout cela. — « Il y en a une qui me paroît bien véritable, *et à quoi le monde ne pense pas, parce qu'on ne voit autre chose que des gens qui blâment le goût des autres :* c'est celle qui dit... » Elle supprime, et met seulement : « bien véritable : c'est celle qui dit... » — « Que dites-vous aussi, Madame... qu'il met en la place de ce que l'on veut paroître au lieu de ce que l'on est? » Mme de Sablé, plus correctement, mais sans abandon : « De ce qu'*il* veut paroître au lieu de ce qu'*il* est? » — « Il y a longtemps que je l'ai pensé, etc. » Mme de Sablé supprime la fin de la phrase depuis *Louvre*. — « Voici de ces phrases nouvelles, etc... » Mme de Sablé supprime tout ce paragraphe. — « Mais je ne sais si cela réussira imprimé comme en manuscrit. » Supprimé. — « Si j'étois du conseil de l'auteur, je ne mettrois point au jour ces mystères... » Mme de Sablé : « Mais si j'..., *je serois d'avis qu'il ne mît point au jour* ces m... » — « Il en sait tant là-dessus, et il paroît si fin, qu'il ne peut plus mettre... » Mme de

vos *Maximes*, mais il me fut impossible d'en trouver le temps. Je voulois vous écrire et m'étendre sur leur sujet. Je ne puis pas vous dire mon sentiment en détail ; tout ce qui me paroît en général, c'est qu'il y a en cet ouvrage beaucoup d'esprit, peu de bonté et force vérités que j'aurois ignorées toute ma vie, si l'on ne m'en avoit fait apercevoir. Je ne suis pas encore parvenue à cette habileté d'esprit où l'on ne connoît dans le monde ni honneur, ni bonté, ni probité. Je croyois qu'il y en pouvoit avoir. Cependant, après la lecture de cet écrit, l'on demeure persuadé qu'il n'y a ni vice ni vertu à rien, et que l'on fait nécessairement toutes les actions de la vie. S'il est ainsi que nous ne nous puissions empêcher de faire tout ce que nous désirons, nous sommes excusables, et vous jugez de là combien ces Maximes sont dangereuses. Je trouve encore que cela n'est pas bien écrit en françois, c'est-à-dire que ce sont des phrases et des manières de parler qui sont plutôt d'un homme de la cour que d'un auteur, et cela ne me déplaît pas. Ce que je puis vous en dire de plus vrai est que je les entends toutes comme si je les avois faites, quoique bien des gens y trouvent de l'obscurité en certains endroits[1]. Il y en a qui me charment, comme : « l'esprit est toujours la dupe du cœur. » Je ne sais si vous l'entendez comme moi, mais

Sablé : « *Il montre qu*'il en sait tant là-dessus, qu'il ne peut plus mettre. » — Si vous les gardez, etc. » Mme de Sablé supprime toute cette phrase jusqu'à : « je ne pense qu'à... quelque sottise que je puissedire, » et elle termine là la lettre.

1. Mme de Sévigné dit aussi : « A ma honte, il y en a que je n'entends pas du tout. »

je l'entends, ce me semble, bien joliment. Et voici comment : c'est que l'esprit croit toujours par son habileté et par ses raisonnements faire faire au cœur ce qu'il veut. Il se trompe : il en est la dupe. C'est toujours le cœur qui fait agir l'esprit. L'on suit tous ses mouvements, malgré que l'on en ait, et l'on les suit même sans croire les suivre. Cela se connoît mieux en galanterie qu'aux autres actions; et je me souviens de certains vers, sur ce sujet, qui ne seroient pas mal à propos :

> La raison sans cesse raisonne
> Et jamais n'a guéri personne;
> Et le dépit le plus souvent
> Rend plus amoureux que devant [1].

« Il y en a encore une qui me paroît bien véritable, et à quoi le monde ne pense pas, parce qu'on ne voit autre chose que des gens qui blâment le goût des autres : c'est celle qui dit que la félicité est dans le goût et non pas dans les choses. C'est pour avoir ce qu'on aime qu'on est heureux et non pas ce que les autres trouvent aimable. Mais ce qui m'a été tout nouveau et que j'admire est que la paresse, toute languissante qu'elle est, détruit toutes les passions. Il est vrai, et l'on a bien fouillé dans l'âme pour y trouver un sentiment si caché, mais si véritable que nulle de ces Maximes ne l'est davantage, et je suis ravie de savoir que c'est à la

1. De qui sont ces jolis vers?

paresse à qui l'on a l'obligation de la destruction de toutes les passions. Je pense qu'à présent l'on la doit estimer comme la seule vertu qu'il y a dans le monde, puisque c'est elle qui déracine tous les vices. Comme j'ai toujours eu beaucoup de respect pour elle, je suis fort aise qu'elle ait un si grand mérite.

« Que dites-vous aussi, Madame, de ce que chacun se fait un extérieur et une mine qu'il met en la place de ce que l'on veut paroître au lieu de ce que l'on est? Il y a longtemps que je l'ai pensé et que j'ai dit que tout le monde étoit en mascarade, et mieux déguisé qu'à celle du Louvre, car l'on n'y reconnoît personne. Enfin, que tout soit *arte di parer honesta*[1] et non pas l'être, cela est pourtant bien étrange.

« Voici de ces phrases nouvelles : : « la nature fait le mérite et la fortune le met en œuvre. » Ces modes de parler me plaisent, parce que cela distingue bien un honnête homme qui écrit pour son plaisir et comme il parle, d'avec les gens qui en font métier. Mais je ne sais si cela réussira imprimé comme en manuscrit.

« Si j'étois du conseil de l'auteur, je ne mettrois point au jour ces mystères qui ôteront à tout jamais la confiance qu'on pourroit prendre en lui. Il en sait tant là-dessus, et il paroît si fin, qu'il ne peut plus mettre en usage cette souveraine habileté qui est de ne paroître point en avoir.

1. *Arte di parer honesta* est du Guarini dans le *Pastor fido*, livre que toutes les belles dames d'alors savaient par cœur et citaient sans cesse. Voici la phrase du Guarini, *Past. Fid.*, att. III, sc. v : « *L'honestate altro non è che un'arte di parer honesta.* »

« Je vous dis à bâtons rompus tout ce qui me reste dans l'esprit de cette lecture. Si vous les gardez, je les lirai avec vous, et je vous en dirai mieux mon avis que je ne fais à cette heure, où je n'ai pas le temps de faire une réflexion qui vaille. Je ne pense qu'à vous obéir ponctuellement, et en le faisant je crois ne pouvoir faillir, quelque sottise que je puisse dire. Je n'ai point pris de copie, je vous en donne ma parole, ni n'en ai parlé à personne. Je vous prie aussi de ne dire à qui que ce soit ce que je pense. J'espère avoir l'honneur de vous voir demain. »

Mme de Sablé se garde bien de faire ce que lui demande Mme de Schomberg : elle communique sa lettre à tous ses amis après l'avoir arrangée à son goût et à celui de La Rochefoucauld, et elle y répond par le billet suivant, où elle insinue tout bas sur La Rochefoucauld ce que Mme de Guyméné en disait sans faire de façons.

« L'explication que vous donnez à cette maxime : que l'esprit est toujours la dupe du cœur, est plus que joliment entendue ; mais ce joliment-là est fort joliment dit, et vous avez admirablement bien achevé la maxime. Il est vrai que l'amour la fait mieux entendre que les autres passions, mais cela n'empêche pas qu'il ne soit vrai que l'esprit est partout la dupe du cœur.

« L'auteur a trouvé dans son humeur la maxime de la paresse, car jamais il n'y en a eu une si grande que la sienne, et je crois que son cœur, aussi inofficieux qu'il est, a autant ce défaut par sa paresse que par sa volonté. Elle ne lui a jamais pu permettre de faire la moindre action pour autrui, et je crois que parmi ses grands désirs et ses grandes espérances, il est quelquefois paresseux pour lui-même.

« Ce que vous dites, que l'auteur ne pourra mettre en usage sa finesse, est fort bien pensé. Vous verrez dans une de mes maximes que nous nous sommes rencontrées. En vérité, vous êtes une habile personne. »

Voici maintenant une femme d'une époque un peu plus avancée du XVIIe siècle, qui n'a pas connu l'hôtel de Rambouillet, et qui vient de la société de Mlle de Scudéry et de la cour de Mademoiselle, une personne belle[1], instruite et pieuse, qui porta jusque dans le cloître le goût du bel esprit, en retenant celui de sa profession, une digne abbesse, mais une abbesse un peu précieuse et d'une amabilité assez mondaine, religieuse irréprochable et même édifiante, mais propre aux amitiés délicates et particulières avec une pointe de chaste coquetterie ; la fille, qui le dirait ? de Mme de Montbazon, mais la nièce aussi de la noble Mlle de Vertus, en un mot Marie Éléonore de Rohan, d'abord abbesse de Caen, puis de Malnoue, et en dernier lieu supérieure du monastère de Notre-Dame-de-Consolation, à Paris[2]. Elle a composé plusieurs

1. Voyez le joli petit portrait gravé par Mariette. On y retrouve quelque chose de la figure belle mais un peu forte de Mme de Montbazon.

2. Monastère situé dans la rue du Cherche-Midi. Elle y mourut en 1681, à l'âge de cinquante-trois ans. La religieuse qui lui succéda lui fit élever un tombeau sur lequel Pellisson grava une épitaphe vrai-

ouvrages fort estimés de piété, ce qui ne l'a pas empêchée de prendre part aux amusements littéraires de Mademoiselle et aux *Divers Portraits;* elle y a fait son portrait à elle-même et celui de Huet, tournés d'une façon assez galante pour une abbesse. On trouve dans les manuscrits de Conrart une correspondance inédite d'Éléonore de Rohan, qui contient plus d'un détail curieux sur elle-même et sur la société de Mlle de Scudéry. Nous y avons surtout distingué sept lettres, adressées, sous le nom d'Octavie, à Zénocrate, personnage de la *Clélie,* qui n'est pas du tout Conrart, Godeau ou Pellisson, mais le beau et léger Isarn, le frivole auteur du *Louis d'or,* qu'on ne s'attendait pas à trouver en si intime commerce avec la docte abbesse[1]. Sa naissance et son esprit donnaient de l'importance à son suffrage. La Rochefoucauld lui avait donc envoyé ses *Maximes.* L'aimable religieuse lui répondit par l'éloge le plus vif, sans toutefois s'engager sur le système; elle abandonne volontiers les hommes, mais elle défend les femmes; elle n'accorde pas du

ment touchante, qui se trouve à la fin du troisième volume de ses *Lettres historiques.* Huet, qui l'avait connue à Caen, en parle avec éloge dans ses *Mémoires.* Elle a donné au monastère de la rue du Cherche-Midi des *Constitutions* très-admirées et qui ont été imprimées. On a aussi imprimé plusieurs des *Exhortations* qu'elle avait faites aux vêtures ou aux professions de ses religieuses à Caen et à Malnoue, ainsi qu'une *Paraphrase des Psaumes de la Pénitence.* Son principal ouvrage est la *Morale du Sage,* commentaire du livre des Proverbes, de l'Ecclésiaste et de la Sagesse, qui a eu plusieurs éditions du vivant d'Éléonore de Rohan et après sa mort.

1. Sur Isarn voyez LA SOCIÉTÉ FRANÇAISE AU XVIIe SIÈCLE, t. II, chap. XIII, p. 194, etc.

tout que leur vertu ne soit jamais que l'effet du tempérament, de la paresse, du hasard; elle n'ose s'en prendre au caractère même de La Rochefoucauld, et elle aime mieux mettre sa triste opinion sur le compte des femmes qu'il avait connues, poursuivant ainsi, ce semble, les hostilités de sa mère contre Mme de Longueville[1]. Elle finit en se plaignant que Mme de La Fayette et elle ne l'aient pas ramené à de meilleurs sentiments. Cette lettre[2], comme tout ce qui est sorti de la plume d'Éléonore de Rohan, est d'une correction et d'une politesse parfaites, quoique, selon nous, bien inférieure à celle de Mme de Schomberg; déjà l'élégance y remplace la grâce et l'abandon.

LETTRE DE MADAME DE ROHAN, ABBESSE DE MALNOUE, A M. LE DUC DE LA ROCHEFOUCAULD, EN LUI RENVOYANT LES *MAXIMES*.

« Je vous renvoie vos *Maximes*, Monsieur, en vous en rendant mille et mille grâces très-humbles. Je ne les louerai point comme elles méritent d'être louées, parce que je les trouve trop au-dessus de mes louanges. Elles ont un sens si juste et si délicat, quoiqu'il soit quelquefois un peu détourné, qu'il ne faudroit pas moins de délicatesse pour vous dire ce qu'on en pense qu'il vous en a fallu pour les faire. Vous avez une

1. LA JEUNESSE DE Mme DE LONGUEVILLE, chap. III.

2. Brotier l'a donnée sans dire où il la prenait ni de qui elle était; voyez son édition des *Maximes*, p. 191 : *Lettre d'une Dame au duc de La Rochefoucauld.* Nous la tirons, avec le billet inédit de La Rochefoucauld, des manuscrits de Conrart, in-folio, t. XIII, p. 1183.

lumière si vive pour pénétrer le cœur de tous les hommes, qu'il semble qu'il n'appartienne qu'à vous de donner un jugement équitable sur le mérite ou le démérite de tous ses mouvements, avec cette différence pourtant qu'il me semble, Monsieur, que vous avez encore mieux pénétré celui des hommes que celui des femmes ; car je ne puis, malgré la déférence que j'ai pour vos lumières, m'empêcher un peu de m'opposer à ce que vous dites, que leur tempérament fait toute leur vertu, puisqu'il faudroit conclure de là que leur raison leur seroit entièrement inutile. Et quand même il seroit vrai qu'elles eussent quelquefois les passions plus vives que les hommes, l'expérience fait assez voir qu'elles savent les surmonter contre leur tempérament, de sorte que quand nous consentirons que vous mettiez de l'égalité entre les deux sexes, nous ne vous ferons pas d'injustice pour nous faire grâce. Il est même bien plus ordinaire aux femmes de s'opposer à leur tempérament qu'aux hommes lorsqu'elles l'ont mauvais, parce que la bienséance et la honte les y forceroient quand même leur vertu et leur raison ne les y obligeroient pas. Voilà les trois de vos maximes que j'aime le mieux et qui m'ont le plus charmée :

« 1[1]. Il ne faudroit point être jaloux quand on nous donne sujet de l'être ; il n'y a que les personnes qui évitent de donner de la jalousie qui soient dignes qu'on en ait pour elles.

1. Il n'y a point de numéros dans Brotier.

« 2. La fortune fait paroître nos vertus et nos vices comme la lumière fait paroître les objets.

« 3. La violence qu'on se fait pour demeurer fidèle à ce qu'on aime ne vaut guère mieux qu'une infidélité. »

« Je vous avoue, Monsieur, que quoique toutes vos maximes soient très belles, ces trois-là me paroissent incomparables, et qu'on ne sait à qui donner le prix, ou au sens ou à l'expression. Mais comme vous m'avez engagée à vous parler franchement, trouvez bon que je vous dise que je n'entends pas bien votre première maxime. où vous dites : « L'accent du pays où l'on est né demeure dans l'esprit et dans le cœur comme dans le langage. » Je crois que cela est fort bien et fort juste, mais je ne connois point ces accents qui demeurent dans l'esprit et dans le cœur. Je crois que c'est ma faute de ne les pas entendre ni de ne les pas sentir, et cette maxime me fait connoître ce que vous dites dans la quatrième, que les occasions nous font connoître aux autres et à nous-mêmes.

« Cette autre maxime, où vous dites « que l'on perd quelquefois des personnes qu'on regrette plus qu'on n'en est affligé, et d'autres dont on est affligé quelque temps et qu'on ne regrette guère, » n'est pas à mon usage, car la mesure de la douleur seroit toujours la mesure de mon regret, et j'ai grand'peine à comprendre que je puisse séparer ces deux choses, parce que ce qui auroit mérité mon attachement mériteroit également et mon regret et mes larmes et ma douleur.

« La maxime sur l'humilité me paroît encore parfaitement belle ; mais j'ai été bien surprise de trouver là l'humilité. Je vous avoue que je l'y attendois si peu, qu'encore qu'elle soit si fort de ma connoissance depuis longtemps, j'ai eu toutes les peines du monde à la reconnoître au milieu de tout ce qui la précède et qui la suit. C'est assurément pour faire pratiquer cette vertu aux personnes de notre sexe que vous faites des maximes où leur amour-propre est si peu flatté. J'en serois bien humiliée en mon particulier, si je ne me disois à moi-même ce que je vous ai déjà dit dans ce billet, que vous jugez encore mieux du cœur des hommes que de celui des dames, et que peut-être vous ne savez pas vous-même le véritable motif qui vous les fait moins estimer. Si vous en aviez toujours rencontré dont le tempérament eût été soumis à la vertu et les sens moins forts que la raison, vous penseriez mieux d'un certain nombre qui se distingue toujours de la multitude ; et il me semble que Mme de La Fayette et moi méritons bien que vous ayez un peu meilleure opinion du sexe en général. Vous ne ferez que nous rendre ce que nous faisons en votre faveur, puisque malgré les défauts d'un million d'hommes nous rendons justice à votre mérite particulier, et que vous seul nous faites croire tout ce qu'on peut dire de plus avantageux sur votre sexe. »

RÉPONSE DU DUC DE LA ROCHEFOUCAULD
A MADAME DE ROHAN[1].

« Quelque déférence que j'aie à tout ce qui vient de vous, je vous assure, Madame, que je ne crois pas que les *Maximes* méritent l'honneur que vous leur faites. Je me défie beaucoup de celles que vous n'entendez pas, et c'est signe que je ne les ai pas entendues moi-même. J'aurai l'honneur de vous en dire ce que j'en ai pensé dans un jour ou deux, et de vous assurer que personne du monde, sans exception, ne vous estime et ne vous respecte tant que moi. »

Enfin, et c'est là le dernier témoignage que nous citerons contre La Rochefoucauld, Mme de La Fayette, son amie, car l'intime liaison est à peu près vers ce temps-là, pense des *Maximes* comme Mme de Schomberg et Mme de Maure, et elle le dit assez nettement dans un petit billet à Mme de Sablé, déjà publié en partie, mais que nous donnons tout entier pour augmenter le trésor des lettres trop peu nombreuses de Mme de La Fayette :

« Vous me donneriez le plus grand chagrin du monde si vous ne me montriez pas vos *Maximes*. Mme Du Plessis[2] m'a donné une curiosité étrange de les voir, et c'est justement parce qu'elles sont hon-

1. Ce billet n'est pas dans Brotier.

2. Isabelle de Choiseul, fille puînée de Charles, marquis de Praslin, maréchal de France, et femme de Henri de Guénégaud, seigneur du Plessis et garde des sceaux. C'était une personne de beaucoup de mérite, fort liée avec Mme de La Fayette et Mme de Sévigné.

nêtes et raisonnables que j'en ai envie, et qu'elles me persuaderont que toutes les personnes de bon sens ne sont pas si persuadées de la corruption générale que l'est M. de La Rochefoucauld. Je vous rends mille et mille grâces de ce que vous avez fait pour ce gentilhomme ; je vous en irai encore remercier moi-même, et je me servirai toujours avec plaisir des prétextes que je trouverai pour avoir l'honneur de vous voir ; et si vous trouviez autant de plaisir avec moi que j'en trouve avec vous, je troublerois souvent votre solitude[1]. »

Ainsi il est certain que Mme de La Fayette condamnait le système de son ami. Nous ne lui attribuerons donc pas les *Remarques* écrites à la marge d'un exemplaire des *Maximes* appartenant à un membre de la Chambre des députés de la Restauration, M. de Cayrol. M. Aimé Martin a publié plusieurs de ces remarques à la fin de son édition de La Rochefoucauld, sur la foi d'une tradition qui les donne à Mme de La Fayette. Nous n'avons pas vu l'exemplaire de M. de Cayrol ; mais quand M. Aimé Martin nous dit : « On sait que l'auteur de *Zaïde* et de *la Princesse de Clèves* approuvait le système de La Rochefoucauld », nous répondons qu'il se trompe ; et si, comme il l'assure, on trouve le plus souvent au bas de chaque maxime ces mots : *vrai*, *excellent*, *sublime*, cela prouverait certainement que ces remarques ne sont point de Mme de La Fayette. Il y en a d'ailleurs un assez grand nombre qui ne lui peuvent

1. Ces derniers mots rappellent la plainte de Mme de La Fayette dont nous avons parlé au commencement de ce chapitre.

appartenir. La Rochefoucauld avait dit : « L'intention de ne jamais tromper nous expose à être souvent trompés. » Est-ce la femme avisée et prudente, mais loyale et sincère, et que La Rochefoucauld lui-même a appelée *vraie,* qui sera tombée en admiration devant cette belle maxime et se sera empressée d'y apposer cet élégant commentaire : « On est toujours dupe de ses bonnes intentions » ? Est-ce la fleur des beaux esprits de la cour de Madame qui n'aura pas compris le sens du mot *honnête homme* dans sa propre société, et qui, en bourgeoise qui se rengorge et fait l'entendue, lorsque La Rochefoucauld écrit avec Pascal, avec Méré, avec tout le monde : « Le vrai honnête homme est celui qui ne se pique de rien, » le reprend et l'avertit « qu'il y a bien d'autres choses pour un honnête homme. Cela est bon pour un galant homme, et non pour un honnête homme ; » ce qui est parfaitement vrai aujourd'hui et l'était déjà au commencement du XVIIIe siècle, mais ne l'était pas du tout au milieu du XVIIe. Il faut donc ôter ces remarques à Mme de La Fayette, bien qu'il y en ait plus d'une qui ne soit pas indigne d'elle[1]. Si nous avions à les juger,

1. Maxime LII de La Rochefoucauld : « Quelque différence qu'il paroisse entre les fortunes, il y a néanmoins une certaine compensation de biens et de maux qui les rend égales. » — Remarque : « Et qui prouve la Providence. Le crocheteur a son bon endroit pour la vie et le ministre d'État son mauvais. » Max. LXVII : « La bonne grâce est au corps ce que le bon sens est à l'esprit. » — Rem. : « Plus justement : La bonne grâce est au corps ce que la délicatesse est à l'esprit. » Max. LXXVII : « L'amour prête son nom à un nombre infini de commerces qu'on lui attribue, et où il n'a non plus de part que le doge à ce qui se fait à Venise. » — Rem. : « L'amour ne prête pas

nous dirions qu'on les pourrait attribuer à une personne du temps et du goût de Mme de Lambert par exemple, plus de la ville que de la cour, d'un esprit agréable et poli, mais sans grande portée. Pour Mme de La Fayette, sa vraie pensée sur les *Maximes* est dans le billet authentique que nous avons cité.

Nous doutons aussi beaucoup de la vérité de ce propos si souvent attribué à Mme de La Fayette : « M. de La Rochefoucauld m'a donné de l'esprit, mais j'ai réformé son cœur. » Personne, pas même La Rochefoucauld, n'avait à donner de l'esprit à l'auteur de *Mademoiselle de Montpensier*, déjà publiée en 1662, et personne aussi n'a réformé La Rochefoucauld, car, depuis sa liaison avec Mme de La Fayette jusqu'à sa mort, il a donné bien des éditions différentes des *Maximes* sans jamais toucher au système.

Le livre tant travaillé, revu et corrigé d'avance, pour ainsi dire, parut enfin au commencement de l'année 1665. La Rochefoucauld s'était ménagé bien des appuis, de pieux et puissants protecteurs, d'illustres et gracieuses protectrices. Il fit plus : il écrivit un *Avis au lecteur* pour le séduire aussi, et Segrais, dont la plume était au service de La Rochefoucauld comme de Mme de La Fayette, composa un long *Discours* qu'on mit en tête de l'ouvrage, et qui en est une apologie régulière en quatre points. Toutes les difficultés qui avaient été et peuvent encore être

son nom, mais on le lui prend. » Max. CCCLXVII : « Il y a peu d'honnêtes femmes qui ne soient lasses de leur métier. » — Rem. : « Il n'y a pas de métier plus lassant lorsqu'on le fait par métier.

faites y sont méthodiquement réfutées. La Rochefoucauld a grand soin d'y faire dire par Segrais qu'il n'est pas un auteur, qu'il n'y prétend pas, et qu'on lui a arraché cet écrit. « Il est aisé de voir que cet ouvrage n'étoit pas destiné pour paroître au jour. C'est une personne de qualité qui l'a fait, mais qui n'a écrit que pour soi-même, et qui n'aspire pas à la gloire d'être auteur. Si par hasard c'étoit M**, je puis vous dire que son esprit, son rang et son mérite le mettent au-dessus des hommes ordinaires, et que sa réputation est établie dans le monde par tant de meilleurs titres qu'il n'a pas besoin de composer des livres pour se faire connoître. Enfin, si c'est lui, je crois qu'il n'aura pas moins de chagrin de savoir que ces *Réflexions* sont devenues publiques, qu'il en eut, lorsque les *Mémoires* qu'on lui attribue furent imprimés. »

Pour soutenir et achever la comédie, La Rochefoucauld demanda à Mme de Sablé de lui faire un article dans le seul journal littéraire du temps, qui commençait à paraître cette année même, le *Journal des Savants,* et la complaisante amie écrivit un article qu'elle lui soumit. Elle y faisait en quelque sorte l'office de rapporteur; elle exposait les deux opinions qui partageaient sa société, et à côté de grands éloges elle avait mis quelques réserves. Cela ne plut guère à La Rochefoucauld, qui pria Mme de Sablé de changer un peu ce qu'elle avait fait. Celle-ci, à ce qu'il paraît, n'y put réussir, et elle adressa de nouveau son projet d'article à La Rochefoucauld, lui avouant qu'elle a laissé ce qui lui avait été sensible, mais l'engageant à user de son article comme il lui plairait, à le brûler ou à le corriger à son gré. Ce billet d'envoi, dont on a donné quelques lignes, mérite bien d'être fidèlement reproduit, parce qu'il est joli et qu'il éclaire les ombrages et les petites manœuvres de l'amour-propre de La Rochefoucauld :

« Ce 18 février 1665.

« Je vous envoie ce que j'ai pu tirer de ma tête pour mettre dans le *Journal des Savants*. J'y ai mis cet endroit qui vous est le plus sensible[1], afin que cela vous fasse surmonter la mauvaise honte qui vous fit mettre la préface[2] sans y rien retrancher; et je n'ai pas craint de le mettre, parce que je suis assurée que vous ne le ferez pas imprimer, quand même le reste vous plairoit. Je vous assure aussi que je vous serai plus obligée, si vous en usez comme d'une chose qui seroit à vous pour le corriger ou pour le jeter au feu, que si vous lui faisiez un honneur qu'il ne mérite pas. Nous autres grands auteurs, nous sommes trop riches pour craindre de rien perdre de nos productions. Mandez-moi ce qu'il vous semble de ce dictum. »

La Rochefoucauld prit au mot Mme de Sablé; il usa très-librement de son article, il supprima les critiques, garda les éloges, et le fit mettre dans le *Journal*

1. Il y avait d'abord : « Cet endroit seul par où l'on vous condamne. »

2. Probablement la préface de Segrais.

des Savants ainsi amendé et pur de toute prétention à l'impartialité[1].

L'ouvrage de La Rochefoucauld, publié en 1665, eut tout le succès que l'auteur pouvait souhaiter et

1. Nous mettons en regard le projet d'article et l'article imprimé pour qu'on en saisisse mieux les différences.

PROJET D'ARTICLE.	ARTICLE IMPRIMÉ.
	Journal des Savants, 1665, p. 116. *Réflexions ou Sentences et Maximes morales*, à Paris, chez C. Barbin, au Palais.
« C'est un traité du mouvement du cœur de l'homme qu'on peut dire lui avoir été comme inconnu jusques à cette heure. Un seigneur aussi grand en esprit qu'en naissance en est l'auteur, mais ni sa grandeur ni son esprit n'ont pu empêcher qu'on n'en ait fait des jugements bien différents.	« Une personne de grande qualité et de grand mérite passe pour être auteur de ces *Maximes;* mais quelque lumière et quelque discernement qu'il ait fait paraître dans cet ouvrage, il n'a pas empêché que l'on n'en ait fait des jugements bien différents.
« Les uns croient que c'est outrager les hommes que d'en faire une si terrible peinture, et que l'auteur n'en a pu prendre l'original qu'en lui-même. Ils disent qu'il est dangereux de mettre de telles pensées au jour; qu'ayant si bien montré qu'on ne fait jamais les bonnes actions que par de mauvais principes, on ne se mettra plus en peine de chercher la vertu, puisqu'il est impossible de l'avoir, si ce n'est en idée; que c'est enfin renverser la morale de faire voir que toutes les vertus qu'elle nous enseigne ne sont que des chimères, puisqu'elles n'ont que de mauvaises fins.	
« Les autres, au contraire, trouvent ce traité fort utile, parce qu'il découvre aux hommes les fausses idées qu'ils ont d'eux-mêmes, et leur fait voir que sans la religion ils sont incapables de faire aucun bien; qu'il est	« L'on peut dire néanmoins que ce traité est fort utile, parce qu'il découvre aux hommes les fausses idées qu'ils ont d'eux-mêmes, qu'il leur fait voir que sans le christianisme ils sont incapables de faire aucun bien qui ne

qu'il avait si industrieusement préparé; mais encore ici remarquez la conduite du véritable artiste : au lieu de s'endormir sur un succès qui allait toujours augmentant, il y puise des forces nouvelles pour perfectionner son œuvre et la rendre de plus en plus digne des suffrages des connaisseurs et de la postérité. La Rochefoucauld continua toute sa vie à corriger et à accroître l'édition de 1665 : il en donna une seconde en 1666, une troisième en 1671, une quatrième en 1675, et deux ans avant sa mort, en 1678 [1] une cinquième, plus étendue et plus parfaite et qui

bon de se connoître tel qu'on est, quand même il n'y auroit que cet avantage de n'être pas trompé dans la connoissance qu'on peut avoir de soi même.

« Quoi qu'il en soit, il y a tant d'esprit dans cet ouvrage et une si grande pénétration pour connoître le véritable état de l'homme, à ne regarder que la nature, que toutes les personnes de bon sens y trouveront une infinité de choses qu'ils auroient peut-être ignorées toute leur vie, si cet auteur ne les avoit tirées du chaos du cœur de l'homme pour les mettre dans un jour où quasi tout le monde peut les voir et comprendre sans peine. »

soit mêlé d'imperfection, et que rien n'est plus avantageux que de se connoître tel qu'on est en effet, afin de n'être pas trompé par la fausse connoissance que l'on a toujours de soi-même.

« Il y a tant d'esprit dans cet ouvrage et une si grande pénétration pour démêler la vérité des sentiments du cœur de l'homme, que toutes les personnes judicieuses y trouveront une infinité de choses fort utiles qu'elles auroient peut-être ignorées toute leur vie, si l'auteur des *Maximes* ne les avoit tirées du chaos pour les mettre dans un jour où quasi tout le monde les peut voir et les peut comprendre sans peine. »

1. Cette année 1678 fut véritablement une année épidémique en fait de maximes et de pensées. C'est en cette année que parurent, ainsi que nous l'avons dit, les *Maximes* de Mme de Sablé, les *Pensées* de d'Ailly, le livre d'Esprit, et qu'un autre ami de Mme de Sablé, un grave disciple de Port-Royal, Vallon de Beaupuis, tira des lettres de Saint-Cyran des *Maximes chrétiennes*. — Un peu plus tard, en 1684, un M. Boucher s'avisa de mettre en assez mauvais vers les *Maximes* de La Rochefoucauld.

est son dernier mot. Nul ne sait si les maximes trouvées dans ses papiers n'étaient pas de simples ébauches par lui condamnées, ou des maximes achevées et destinées à une édition nouvelle. Personne n'a le droit de se mettre à la place de La Rochefoucauld, de toucher à son travail suprême, d'y rien ajouter ni d'en rien retrancher. On doit sans doute recueillir avec soin les moindres notes, les pensées, les réflexions qu'il a laissées, et en composer un précieux appendice; mais il faut respecter avec religion l'édition de 1678 comme le monument auquel est à jamais attaché son nom. Nous regrettons donc vivement qu'un siècle après, en confiant à l'Imprimerie royale le soin de procurer enfin une belle édition des *Maximes*, avec le portrait de leur auteur admirablement gravé sur le bel émail de Petitot, la famille de La Rochefoucauld, égarée par sa piété même, ait altéré un livre consacré [1].

Si nous sommes bien informé, celui qui prépara cette célèbre et charmante édition est ce bon et infortuné duc de La Rochefoucauld, un des hommes les

1. Nous disions déjà dans nos études sur le style de Rousseau: « Au lieu de reproduire la dernière édition des *Maximes* telle que son auteur lui-même un peu avant sa mort avait jugé à propos de la donner au public, à savoir celle de 1678, des mains pieuses et téméraires, trouvant dans ses papiers de nouvelles maximes ou qu'il avait rejetées ou qu'il destinait à une édition nouvelle, ce qu'il est très-difficile de distinguer, les ont à tort et à travers mêlées aux pensées par lui publiées, quand il aurait fallu les placer en appendice; en sorte que nous avons aujourd'hui un livre des *Maximes* fort différent de celui qu'il avait plu à La Rochefoucauld de nous donner. » FRAGMENTS ET SOUVENIRS, p. 496.

plus éclairés de son temps, l'ami et l'élève de Turgot, le partisan déclaré des réformes nécessaires, l'avocat de la nation auprès de la royauté, le défenseur de la royauté auprès de la nation, un des pères et des martyrs de la monarchie constitutionnelle. Quand l'édition de 1778 parut, le duc de La Rochefoucauld en envoya un exemplaire à l'auteur de la *Théorie des sentiments moraux,* Smith, qui dans son ouvrage avait fait des *Maximes* une critique, selon nous, fondée, mais très-sévère. Le noble éditeur joignit à cet envoi la lettre suivante, retrouvée dans les papiers de Smith, et que son digne biographe, Dugald-Stewart, a publiée [1] :

« Paris, 3 mars 1778.

« Le désir de se rappeler à votre souvenir, Monsieur, quand on a eu l'honneur de vous connaître, doit vous paraître fort naturel; permettez que nous saisissions pour cela, ma mère [2] et moi, l'occasion d'une nouvelle édition des *Maximes* de La Rochefoucauld, dont nous prenons la liberté de vous offrir un exemplaire. Vous voyez que nous n'avons point de rancune, puisque le mal que vous avez dit de lui dans la *Théorie des sentiments moraux* ne nous empêche point de vous envoyer ce même ouvrage. Il s'en est même fallu de peu que je ne fisse encore plus, car j'aurois eu peut-être la témérité d'entreprendre

1. Voyez PHILOSOPHIE ÉCOSSAISE, 3e édition, IVe leçon, *Smith,* p. 149, etc.

2. La duchesse de Danville.

une traduction de votre *Théorie;* mais comme je venois de terminer la première partie, j'ai vu paroître la traduction de M. l'abbé Blavet, et j'ai été forcé de renoncer au plaisir que j'aurois eu de faire passer dans ma langue un des meilleurs ouvrages de la vôtre.

« Il auroit bien fallu pour lors entreprendre une justification de mon grand-père, peut-être n'auroit-il pas été difficile premièrement de l'excuser, en disant qu'il avoit toujours vu les hommes à la cour et dans la guerre civile, deux théâtres sur lesquels ils sont certainement plus mauvais qu'ailleurs, et ensuite de justifier par la conduite personnelle de l'auteur des principes qui sont certainement trop généralisés dans son ouvrage. Il a pris la partie pour le tout, et parce que les gens qu'il avoit eus le plus souvent sous les yeux étoient animés par l'amour-propre, il en a fait le mobile général de tous les hommes. Au reste, quoique son ouvrage mérite à certains égards d'être combattu, il est cependant estimable même pour le fond, et beaucoup pour la forme. »

Nous acceptons volontiers ce jugement de M. le duc de La Rochefoucauld comme la meilleure expression du nôtre. Oui, l'auteur des *Maximes* a pris la partie pour le tout; il a trop généralisé ses principes; parce que la plupart des hommes sont animés par l'intérêt et l'amour-propre, il a eu tort d'en faire le mobile unique de tous les hommes, et son ouvrage mérite d'être combattu. Nous trouvons une réfutation suffisante de La Rochefoucauld dans la lettre aimable et généreuse, surtout dans la vie et dans la mort de son noble descendant : admirables représailles exercées par le petit-fils contre les écrits et la conduite de son grand-père !

Arrivé à la fin de cette longue histoire des *Maximes*, nous sentons le besoin de demander grâce au lecteur pour cette multitude de pièces, de lettres, de documents de toute espèce que nous y avons comme entassés ; mais ces documents étaient presque tous inédits, et on sait combien ceux qui consument leur temps et leurs yeux à rechercher et à déchiffrer des pièces nouvelles ont de faiblesse pour leurs laborieuses découvertes. Il nous eût été facile et commode d'en prendre et d'en présenter seulement la fleur, mais nous aurions sacrifié la solidité à l'agrément, tandis que nous nous proposions de donner quelque chose de définitif et de complet sur ce sujet mille fois touché, jamais approfondi dans toutes ses parties, de faire en un mot, comme le dit Leibnitz, un véritable *établissement* sur ce point important de l'histoire littéraire du XVIIe siècle.

La Rochefoucauld a donné à la France un genre de littérature agréable et sérieux, délicat et élevé, une famille d'observateurs ingénieux de la nature humaine, dont le premier père est sans doute Montaigne, mais qui relèvent plus directement de l'auteur des *Maximes*. Saint-Évremond, par exemple, appartient évidemment à l'école de La Rochefoucauld. Il faisait profession d'être de ses amis particuliers, et le donnait volontiers comme un des modèles du parfait honnête homme, avec le maréchal de Clerembauld et le maréchal d'Albret[1]. Il en avait toutes les opinions, et il en rappelle jusqu'à un certain point la manière, avec bien moins de force et de grâce, mais avec plus de sérénité; car au fond La Rochefoucauld est triste au milieu de ses grands airs d'indifférence, comme un homme qui a perdu sa vie, et, malgré tout son esprit, n'est parvenu à rien, si ce n'est, comme Saint-Simon, à ce qu'il n'avait pas cherché d'abord, la gloire d'un écrivain de premier ordre. Saint-Évremond est moins artiste et plus philosophe. Sa pensée embrasse un horizon plus étendu, mais son style ne va guère au delà d'un naturel plein d'agrément. Ses premiers essais ont bien l'air d'imitations des *Maximes*; ce ne sont même que des maximes un peu développées. L'un d'eux en porte le nom : *Maxime, qu'on ne doit jamais manquer à ses amis*[2]. On y retrouve toute la théorie de La Roche-

1. ŒUVRES DE SAINT-ÉVREMOND, édit. d'AMSTERDAM, 1739, t. III, p. 1-35 : *Conversation de M. de Saint-Évremond avec le duc de Candale.*

2. Cette petite dissertation, avec les deux autres : *Que l'homme qui veut connoître toutes choses ne se connoît pas lui-même. — Qu'il faut mépriser la fortune et ne pas se soucier de la cour,* a paru en 1671, parmi les ŒUVRES MESLÉES, successivement recueillies, en cinq petits volumes, de 1670 à 1689, Paris, chez Barbin, in-12. La maxime dont nous parlons a été reproduite dans la 2e édition des ŒUVRES MESLÉES DE SAINT-ÉVREMOND, un vol. in-4°, toujours chez Barbin, en 1689; mais elle a disparu des éditions subséquentes, et elle est si peu connue qu'elle peut passer pour inédite. En voici quelques lignes : « Il est certain que l'amitié est un commerce (ce qu'avait dit en ces mêmes termes La Rochefoucauld); le trafic en doit

foucauld, et il semble en vérité que Saint-Évremond avait assisté aux débats du salon de Mme de Sablé sur la nature et les causes de l'amitié. Lui-même se plaît à offrir à la spirituelle marquise, en se cachant mal sous le nom de son libraire, les prémices de son ta-

être honnête, mais enfin c'est un trafic. — Chacun vante son cœur; c'est une vanité à la mode; vous n'entendez plus dire autre chose, on n'en rougit point; après cela, chacun se fait une règle de reconnoissance toujours commode pour lui, toujours incommode pour ses amis. Tacite nous en a dit la raison : c'est que notre reconnoissance s'exerce à nos dépens et celle d'autrui à notre profit. L'amour-propre gauchit la règle pour nous et la redresse pour les autres. — L'honneur qui se déguise sous le nom d'amitié n'est qu'un amour-propre qui se sert lui-même dans la personne qu'il fait semblant de servir. L'ami qui n'agit que par ce motif va seulement au bien à mesure que sa réputation l'entraîne; il s'arrête tout court dès qu'il n'a plus de témoins; c'est un faux brave qui tourne les yeux pour voir si on le regarde; c'est un bigot qui donne l'aumône à regret, et qui ne paye ce tribut à Dieu que pour tromper les hommes. — Si les amitiés qui ne sont animées que par l'honneur ou par le devoir ont je ne sais quoi de languissant ou de fâcheux, celles qui se font par la ressemblance des humeurs et par la communication des plaisirs sont fort sujettes au changement. Puisqu'on se dégoûte quelquefois de soi-même, il est encore plus aisé de se dégoûter des autres. Il n'y a point de sympathie si parfaite qui ne soit mêlée de quelque contrariété, point d'agrément à l'épreuve d'une familiarité continuelle. Les plus belles passions se rendent ridicules en vieillissant. Les plus fortes amitiés s'affaiblissent avec le temps : chaque jour y fait quelque brèche. On veut d'abord aller si vite qu'on manque d'haleine à moitié chemin. On se lasse soi-même et on lasse les autres. Après tout c'est une chose bien lassante que de dire toute sa vie à une même personne : *je vous aime*. Rien n'approche de l'ennui que donne une passion qui dure trop. On a beau s'évertuer pour cacher son dégoût et jouer d'industrie pour entretenir le commerce : les lettres deviennent sèches, les conversations languissent, etc... Dieu n'a pas voulu que nous fussions assez parfaits pour être toujours aimables : pourquoi voulons-nous toujours être aimés? Nous prenions plus de soin au commencement de cacher nos imperfections; nos complai-

lent encore ignoré, et il les place sous sa protection[1]. La Bruyère est d'un autre temps, et, grâce à Dieu, d'une autre école; cependant sans les *Maximes* et leur immense succès, comme aussi sans les *Portraits* de Mademoiselle, nous n'aurions jamais eu les *Caractères*. Ils forment un heureux mélange des deux genres:

sances tenoient lieu d'un plus grand mérite; nous avions les grâces de la nouveauté; ces grâces ressemblent à une certaine fleur que la rosée répand sur les fruits: il est peu de mains assez adroites pour les cueillir sans les gâter. » Il y a encore dans Saint-Évremond des *Pensées, Sentiments, Maximes*, sur la santé, sur l'amour, sur la dévotion, sur la mort. Ce n'est jamais la justesse ni la finesse, mais le tour et le trait, l'art enfin qui leur manque.

1. Est-ce en effet Barbin qui est le véritable auteur de cette dédicace de la seconde partie des ŒUVRES MESLÉES? « A Mme la marquise de Sablé. Madame, à qui peut-on mieux s'adresser pour faire valoir les choses dont on ne sait pas encore tout le prix, qu'à vous, de qui le suffrage seul peut faire une grande réputation? Votre estime passe aujourd'hui pour la règle assurée du véritable mérite. Il n'est pas jusqu'aux personnes du plus haut rang qui ne souhaitent votre approbation; tel qui n'a jamais eu la hardiesse de s'exposer à la délicatesse de votre jugement, voudroit bien pouvoir dire que vous avez quelque bonté pour lui, s'imaginant qu'il n'y a pas de moyen plus court et plus infaillible pour avoir la voix publique. Je me sers de ce moyen, Madame, pour élever la gloire d'un auteur inconnu: il avouera peut-être son ouvrage quand il saura que vous l'aurez approuvé. Cependant, le hasard m'ayant rendu maître de son bien, je prends la liberté d'en disposer sans son aveu et le vôtre; je vous offre ce qui n'est pas à moi parce que je ne le crois pas indigne d'être à vous, et que je suis persuadé avec les plus honnêtes gens du monde que les biens du bel esprit, du bon sens et de la droite raison vous appartiennent préférablement à tout autre. C'est donc un tribut que je vous paye et non pas un présent que je vous fais; ainsi je n'y prétends aucun avantage que celui de vous témoigner que je suis avec un profond respect, Madame, votre très-humble et très-obéissant serviteur, BARBIN. » Nous ne connaissions pas à Barbin cette plume délicate et raffinée, et nous soupçonnons fort que Saint-Évremond lui a ici prêté la sienne.

ce sont encore des Portraits, mais fort généralisés, ainsi que nous l'avons dit [1], des Maximes sur le cœur et l'esprit humain, sur les mœurs et sur la société, mais des maximes empreintes d'une philosophie généreuse. Vauvenargues diffère encore plus de La Rochefoucauld que La Bruyère, mais il en vient aussi ; il prend tour à tour ses inspirations dans La Rochefoucauld et dans Pascal, surtout comme eux-mêmes, dans sa propre expérience, dans sa vie et dans son âme, dans cette âme mélancolique et fière qui, sous la régence, sous le règne de l'esprit en délire, lui dicta cette maxime, le meilleur abrégé de la philosophie la plus profonde : **Les grandes pensées viennent du cœur** [2].

Résumons-nous dans une dernière réflexion. Toute la littérature des maximes et des pensées est sortie du salon d'une femme aimable, retirée dans le coin d'un couvent, qui, n'ayant plus d'autre plaisir que celui de revenir sur elle-même, sur ce qu'elle avait vu et senti, sut donner ses goûts à sa société, dans laquelle se rencontra par hasard un homme de beaucoup d'esprit, qui avait en lui l'étoffe d'un grand écrivain.

1. Plus haut, chap. II, p. 77.

2. La Bruyère a depuis longtemps rencontré un éditeur accompli dans M. Walckenaër, le savant auteur des Mémoires sur Mme de Sévigné. Vauvenargues vient d'avoir la même fortune : l'édition nouvelle de M. Gilbert, 2 volumes in-8°, est un modèle de bonne critique et de recherches consciencieuses.

CHAPITRE QUATRIÈME

Rôle de Mme de Sablé dans les affaires de Port-Royal. — Ses relations avec la mère Angélique Arnauld. — Elle gagne Mme de Longueville à la cause de Port-Royal. — Sa conduite pendant la persécution. — Malgré ses services, elle est trouvée un peu faible par les religieuses les plus ardentes, par la mère Agnès et la mère Angélique de Saint-Jean. — Petite querelle de Mme de Sablé et d'Arnauld d'Andilly, dans laquelle intervient Mme de Hautefort. — Quelques billets de Mme de Sablé et de M. de Sévigné, un des solitaires de Port-Royal-des-Champs.

L'affaire la plus considérable où Mme de Sablé ait mis la main, après la composition des *Maximes*, est la défense de Port-Royal. Par cet endroit encore, elle appartient à l'histoire. Et elle joue toujours le même rôle : elle provoque, elle inspire, elle soutient; mais elle fait plus par les autres que par elle-même. Son plus grand mérite littéraire n'est pas d'avoir écrit quelques maximes d'une parfaite politesse, mais qui ne s'élèvent pas au-dessus du médiocre, c'est d'avoir tourné de ce côté l'ambition et le talent de La Rochefoucauld. De même elle a surtout servi Port-Royal en lui donnant Mme de Longueville.

Nous ne nous proposons point d'entrer ici dans l'histoire des malheurs et des persécutions de Port-Royal et dans le détail des bons offices que Mme de Sablé rendit à la sainte maison : nous voulons montrer seulement que là aussi elle prit une noble initiative, et se tint ensuite au second rang, en conservant la modération qui était le fond de son caractère.

C'est Arnauld d'Andilly qui, en se retirant des emplois publics et en renonçant à la vie mondaine lorsqu'il perdit sa femme, engagea plusieurs des belles dames qu'il avait connues et aimées à suivre son exemple, et, avec la chaleur et l'opiniâtreté qu'il mettait en toutes choses, parvint à les attirer vers Port-Royal. Parmi les pénitentes de M. d'Andilly, ainsi qu'on les appelait, étaient Marie Louise de Gonzague, sœur de la Palatine, la future reine de Pologne; Anne de Rohan, princesse de Guyméné, et la marquise de Sablé. Les deux premières faisaient d'assez fréquentes retraites à Port-Royal de Paris, et même elles obtinrent de l'abbesse, la fameuse Angélique Arnauld, la permission de se faire bâtir de modestes logements dans l'enceinte du monastère, comme le firent plus tard d'autres dames; par exemple la marquise d'Aumont, la vertueuse sœur de la très-peu sage Mme de Monglat, veuve de Charles d'Aumont, lieutenant général, mortellement blessé au siége de Landau, en 1644[1]. Il ne faut pas croire que ces retraites volontaires et momentanées fussent de pures cérémonies; la sérieuse abbesse étendait son autorité sur toutes ces dames, et, sans s'écarter du respect dû à leur rang, « elle régloit leur temps, leurs exercices, leurs priè-

1. Frère d'Antoine Villequier, un des premiers hommes de guerre du milieu du XVIIe siècle, depuis maréchal et duc d'Aumont.

res et les personnes de la maison à qui elles devoient parler, afin que les autres ne fussent pas distraites de leurs observances. Elle ne vouloit pas même qu'elles eussent la liberté de s'entretenir trop longtemps ensemble, lorsqu'elles se rencontroient à Port-Royal en même temps, disant qu'elles ne pouvoient s'empêcher de parler du monde; qu'elles venoient à Port-Royal pour apprendre une autre langue, et qu'il étoit bon pour cela de ne plus parler celle qu'on savoit auparavant et que l'on doit oublier[1]. »

On n'approchait pas impunément de la mère Angélique : sa foi vive, sa candeur, sa bonté, son énergie, son esprit si prompt, si net, si élevé, lui donnaient d'abord un ascendant irrésistible. La belle Marie de Gonzague, qui avait déjà fait plus d'une triste expérience de la fragilité des affections et des espérances humaines[2], paraît avoir été sincèrement touchée des pathétiques discours de la mère Angélique; il est au moins certain que la digne religieuse lui inspira une confiance et une amitié que ni l'absence ni la royauté

1. *Histoire de l'abbaye de Port-Royal* (par l'abbé Besoigne), Cologne, 1752, 1er vol., p. 205.

2. Gaston, duc d'Orléans, s'était pris d'une grande passion pour elle, et avait fait mine de la vouloir épouser contre la volonté du Roi et de la Reine mère; pour empêcher ce mariage, on avait emprisonné la princesse; puis Gaston l'avait oubliée, et avait été épouser hors de France Marguerite de Lorraine. On dit qu'après cette aventure Marie de Gonzague s'était un peu dissipée, et qu'elle s'était même laissée aller à aimer le beau, léger et ambitieux Cinq-Mars. — Pour juger de la beauté de Marie de Gonzague, il suffit de jeter les yeux sur l'admirable portrait de Mellan, et sur les deux portraits de Juste, gravés l'un par Falk en 1645, et l'autre en 1653, par Nanteuil.

ne diminuèrent[1]. Plus belle encore[2] et plus faible que Marie de Gonzague, Anne de Rohan éprouvait d'étranges alternatives de l'esprit de pénitence et de l'esprit du monde. Elle s'enfonçait des mois entiers dans la solitude de Port-Royal, et tout à coup elle en sortait pour rentrer dans la vanité et les plaisirs. Retz, avec sa fatuité ordinaire, a pu charger un peu dans ce qu'il dit de ses galanteries avec Mme de Guyméné; mais le fond doit être vrai. Une dévotion si peu solide ne satisfaisait guère la mère Angélique, et elle fit entendre plus d'un murmure dans le sein de son frère d'Andilly[3], encore plus porté à ne jamais déses-

1. La mère Angélique et la reine de Pologne ne cessèrent d'entretenir une correspondance suivie, comme on le peut voir dans le recueil des *Lettres de la mère Angélique Arnauld*, 3 vol., Utrecht, 1742-1744.

2. Voyez la peinture qu'en fait Retz au premier livre de ses *Mémoires*, la charmante médaille de Varin, le portrait de François Poilly, et surtout le petit mais incomparable portrait qui se trouve à la galerie de Versailles, attique du Nord.

3. Voyez particulièrement une lettre de la mère Angélique à d'Andilly, t. Ier, p. 267, dans le recueil de ses Lettres. Voyez aussi t. II, p. 459, une lettre à la reine de Pologne, où elle lui dit : « Monsieur Singlin reçoit une consolation toute particulière de voir la persévérance de V. M. dans ses bons mouvements, comme nous recevons de grandes douleurs de l'éloignement de celle qui était logée au-dessus de V. M. pendant les retraites chez nous. Je ne doute pas que quelqu'un ne dise à V. M. les bruits qui courent d'elle, à quoi elle donne trop de sujets. » Elle-même ayant à remercier Mme de Guyméné de quelque service, ne craint pas de mêler à ses remercîments des avertissements dignes de Port-Royal, t. II, p. 406 : « J'ose vous dire, Madame, que j'en ai autant de joie pour vous que pour nous, dans l'espérance que Dieu vous le rendra; il sait quels sont les désirs qu'il me donne pour vous, et ce que je lui demande de tout mon cœur... Il y va de tout, le temps s'évanouit à toute heure, et

pérer de la grâce invincible et victorieuse, quand il s'agissait d'une ancienne et belle amie. Il n'en fut pas ainsi de Mme de Sablé. Elle était jeune et fort aimable encore, lorsqu'elle commença à tourner ses regards vers Port-Royal; mais si le progrès de sa dévotion fut un peu lent et toujours modéré, il ne s'arrêta point, et finit par la conduire à l'union la plus étroite avec le monastère où elle a terminé sa vie.

Le premier symptôme de la conversion de Mme de Sablé est dans un billet de la mère Angélique à Mme de Guyméné, du 10 septembre 1640, où elle lui annonce qu'elle vient de recevoir une lettre de Mme de Sablé dans laquelle celle-ci lui ouvre son cœur et lui expose ses misères. Il paraît que la mère Angélique ne connaissait encore Mme de Sablé que sur sa réputation d'esprit et de beauté. « Je la crains, dit-elle à la princesse, comme je vous craignais avant que la grâce vous eût rendue plus aimable que redoutable... La lettre de la marquise, ajoute-t-elle, me semble fort sincère. Elle me fait une extrême pitié, etc. [1] » Trop de liens retenaient Mme de Sablé dans le monde pour qu'il lui fût possible de le quitter; mais quand elle eut perdu son fils bien-aimé et qu'elle eut vu disparaître et sa fortune et sa jeunesse,

nous courons à la mort qui nous surprendra toujours... Ayez, Madame, en la pensée les années éternelles, et le monde qui passe sera l'objet de votre mépris. La très-sincère et pressante affection que j'ai pour votre très-humble service et votre vrai bien m'a emportée à vous en parler. »

1. *Lettres de la mère Angélique*, t. Ier, p. 201.

sur la fin de la Fronde elle mit ordre à ses affaires et songea sérieusement à finir sa vie à Port-Royal. Elle multiplia les retraites qu'elle y faisait, quitta la place Royale pour le quartier Saint-Jacques, s'établit tout près de Port-Royal, et, non contente de ce voisinage, elle se fit construire une maison dans la pieuse enceinte, à côté de la marquise d'Aumont. La mère Angélique lui écrit le 11 mars 1653[1] : « M. Singlin et M. de Bagnols m'ont fait voir le plan du bâtiment que vous comptez faire; je le trouve fort bien, etc. » Le 21 mai 1654[2] : « Mme la marquise de Sablé vient ici le plus qu'elle peut, ayant pris une maison fort proche en attendant que celle qu'elle a fait bâtir soit sèche. Elle se sépare le plus qu'elle peut du monde, et sincèrement elle veut être toute à Dieu. » En 1655[3], Mme de Sablé était en possession de son logement; elle suivit alors le plus exactement qu'elle put les exercices du couvent; elle voulut même avoir pour confesseur M. Singlin, cet habile mais sévère directeur des âmes. Dans la persécution naissante qui s'élevait contre le jansénisme, elle prit hautement sa défense. Mais elle ne parvint point à se dépouiller des petites faiblesses que nous avons fait connaître : elle était dans des craintes continuelles pour sa santé; la peur du mauvais air ne la quittait pas dans une

1. *Lettres de la mère Angélique*, t. II, p. 293.
2. *Ibid.*, p. 500.
3. Voyez chap. II, p. 87, la lettre de Mme de Sablé à Mazarin, de novembre 1656, établissant qu'elle était déjà depuis quelque temps à Port-Royal.

maison où il y avait souvent bien des malades; enfin elle était dans sa vieillesse à Port-Royal telle que nous l'avons vue à l'hôtel de Rambouillet.

Dans la rue Saint-Thomas-du-Louvre, on ne se faisait pas faute de se moquer un peu d'elle. La mère Angélique, qui connaissait le fond de son cœur, lui passait bien des choses, mais la reprenait aussi quelquefois, lorsque ses faiblesses allaient un peu trop loin, tour à tour indulgente et véridique, mêlant ensemble la bonté, la patience, une raillerie aimable et une fermeté judicieuse, et nous représentant les qualités diverses de ses deux grands maîtres, l'austère Saint-Cyran et le doux saint François de Salles. 11 novembre 1655[1] : « Je vous demande de vos nouvelles, avec un grand désir qu'elles soient bonnes en toute façon pour la santé de votre âme et pour celle de votre corps. Je demande toutes les deux à Dieu avec grande affection, surtout la dernière, parce que j'espère qu'elle vous aidera à travailler à l'autre avec plus de courage et de soin, vous délivrant des inquiétudes qui vous distraient. Car je ne crains plus que le monde vous amuse; il me semble que Dieu vous fait tous les jours la grâce d'en détacher votre affection... Il me vient en pensée de vous dire, et je le fais avec simplicité, que vous feriez très bien de vous confesser cette semaine pour communier dimanche... Le jour s'avance, le couchant s'approche; il ne faut plus perdre de temps à nous avancer vers le beau

1. *Lettres de la mère Angélique*, t. III, p. 92.

jour de l'éternité ; le meilleur moyen, c'est de profiter de toutes nos peines d'esprit et de corps par la patience, les offrant à Dieu en satisfaction de nos fautes. » — 14 janvier 1656[1] : « Il est vrai que votre silence m'a étonnée, mais je pensois que vos maux ordinaires en étoient la cause, ou que vous étiez dans l'attente des choses à venir, qui produisoit en vous, comme elle fait en moi, le silence avec les créatures. Au reste, quand vous ne me diriez mot d'un an, je ne croirois jamais que ce fût par froideur. Si je le pensois, je ne ferois pas comme autrefois, que je vous disois que l'on vous quittoit quand on vouloit et que je laissois le monde fort libre ; je ne vous mets plus en ce rang, ma très-chère, car je prétends que vous êtes une des nôtres ; de sorte que si vous songiez à vous écarter, je vous ferois si bonne guerre que vous auriez peine à vous échapper de nous. Je vous plains bien dans vos grandes fluxions ; mais ce sont vos pénitences pour ce que le mauvais air de la cour vous a fait autrefois. Dieu se paye de tout, pourvu que nous lui offrions de bon cœur avec humilité. » — 27 janvier de la même année, de Port-Royal-des-Champs[2] : « Je suis toujours bien aise quand vous me dites que vous avez un grand désir de venir mourir avec nous au désert, quoiqu'il vous soit impossible de l'accomplir. Mais je ne laisse pas d'aimer ce désir, parce que je sais qu'il est au fond de votre cœur, et que Dieu l'y a mis... N'êtes-vous pas heu-

1. *Lettres de la mère Angélique*, t. III, p. 158.
2. *Ibid.*, p. 170.

reuse, ma très-chère sœur, de n'être point ébranlée par cette furieuse tempête? Gardez-vous bien d'attribuer cette force à votre générosité et à votre fidélité habituelle, qui n'est bonne qu'à cimenter les affections humaines et criminelles. C'est la grâce seule qui vous peut affermir dans cette occasion, n'étant sans elle, toute la sûre et fidèle marquise que vous êtes, au regard de Dieu et du bien, qu'un misérable roseau que le moindre vent briseroit, si vous n'étiez soutenue de la grâce. » — 21 janvier 1657[1] : « Ne me faites pas le tort de croire que je dorme pour vous ; car je vous puis assurer que personne n'est plus présente à mon esprit. Mais je suis une pauvre fille qui devient tous les jours plus paresseuse et pesante, et cet hiver qui a été si chagrin me la[2] rend encore davantage. Il est vrai aussi que, depuis les maladies de nos sœurs mortes, je n'ai osé vous écrire, pensant que vous appréhenderiez qu'il n'y eût du mauvais air... » — 6 mars de la même année[3] : « Mon Dieu, ma très-chère sœur, éloignez-vous de cette méchante pensée que ce soit par indifférence pour vous que M. Singlin craigne de s'avancer... Rien n'est plus éloigné de lui, qui, par grâce et même par nature, a le meilleur et le plus charitable cœur qui soit au monde, et je vous puis assurer qu'il

1. *Lettres de la mère Angélique*, t. III, p. 345.

2. L'imprimé donne *le* ; mais la lettre autographe que nous fournit un manuscrit de la Bibliothèque impériale, dont nous parlerons tout à l'heure, a certainement *la*, qui est bien plus dans le génie de la langue du XVIIe siècle.

3. *Lettres de la mère Angélique*, t. III, p. 363.

donneroit sa vie pour votre salut. Il craint toujours de s'avancer vers les âmes, de peur de leur nuire au lieu de les servir, comme il feroit s'il agissoit par lui-même ; c'est ce qui lui fait attendre une nouvelle vocation par les désirs des âmes. Hélas ! ma très-chère, que nous devons révérer cette sainte manière d'agir ! Mais, voyez-vous, ma très-chère sœur, l'orgueil naturel n'aime point cela, et les dames qui ont été adorées autrefois le trouvent terriblement rude ; cependant elles ont une double obligation de désirer d'être traitées ainsi. Surmontez cette inclination courageusement, et après avoir offert à Dieu vos besoins, adressez-vous humblement à celui qu'il vous a donné, et le priez de vous y secourir. Il n'y manquera jamais quand Dieu lui en donnera le pouvoir. » — 4 juin 1660[1] : « Si vous jugez que je vous oublie, ma très-chère sœur, parce que je ne me donne pas l'honneur de vous écrire, vous feriez un jugement téméraire, parce que je puis vous assurer avec vérité que vous ne me fûtes jamais plus présente et avec plus de compassion de ce que vous souffrez... Je prie Dieu qu'il vous fasse la femme forte aussi bien contre les craintes des maladies que pour les autres choses pour lesquelles il vous a fait la grâce de l'être. »

Les lettres déjà connues de la mère Angélique à Mme de Sablé, montrent comment elles vivaient ensemble, et quel était l'agrément aussi bien que la sainteté de leur commerce. Mais les lettres inédites[2]

1. *Lettres de la mère Angélique*, t. III, p. 489.

2. Bibliothèque impériale, *Supplément français*, 3029, 9, *Lettres*

que nous avons sous les yeux peignent bien mieux encore l'indulgente affection qui unissait la grave religieuse à l'aimable recluse. Elle y est encore plus attentive à ménager ses frayeurs et à la conduire doucement à Dieu. On est touché de voir cette âme forte, accoutumée à ne tenir pour elle aucun compte du temps, des saisons, de la maladie et d'aucun danger, oublier et dissimuler presque son énergie pour se mettre à la portée de son amie ; elle compatit à ses misères, la console, l'encourage. Voici quelques lignes d'un billet de l'année 1653, quand Mme de Sablé fit à Port-Royal une première retraite,

à Mme de Sablé par la mère Angélique Arnauld, in-4°, 42 lettres autographes, sur lesquelles quelques-unes sont imprimées dans le recueil que nous avons cité. En comparant ces dernières lettres dans l'édition de 1752 et dans les originaux, on reconnaît aisément, comme nous l'avions annoncé ailleurs (JACQUELINE PASCAL, *Introduction*, p. 16), que les jansénistes du XVIIIe siècle ont traité la mère Angélique comme Jacqueline Pascal et comme Pascal lui-même. Partout l'édition a effacé la naïveté et la vigueur du style original, en corrigeant fort inutilement ses négligences. Donnons-en un petit exemple. Dans la lettre du 21 janvier 1657, la mère Angélique engage Mme de Sablé à inspirer, s'il se peut, à la princesse Palatine, sœur de Marie de Gonzague, le dégoût des plaisirs du monde. Elle lui dit : « Vous êtes doctissime dans les passions, dégoûts, inconstances, et fourberies du monde, de sorte que vous lui pouvez aider à s'en dégoûter... » L'édition : « Vous êtes doctissime dans les passions, *les* dégoûts, *les instances* (!) et *les* fourberies du monde; de sorte qu'*en en faisant un bon usage*, vous pouvez aider *cette* princesse à s'en dégoûter. » — Pourquoi M. de Sacy, si consommé dans la langue du XVIIe siècle, et particulièrement dans celle de Port-Royal, ne donnerait-il pas place dans sa Bibliothèque spirituelle à un volume de lettres choisies de la mère Angélique, en restituant autant que possible le texte véritable? Pas un auteur de cette excellente collection, non pas même Bossuet, n'aurait à rougir de ce voisinage, et l'honnête Duguet pourrait en être fier.

avant d'y fixer sa demeure : « Ma très-chère sœur, c'étoit bien à moi à vous écrire la première pour vous témoigner la joie que j'ai de ce que vous êtes enfin où vous êtes tant désirée, et où je prie Dieu que vous receviez toute sorte de satisfactions et les véritables moyens de votre salut. Je suis très fâchée que vous n'y avez pas toutes les commodités que je désirerois, mais j'espère que le temps arrangera toutes choses... Ces grandes migraines qui vous travaillent toujours me peinent. N'y a-t-il point quelques remèdes qui les puissent au moins diminuer? Je crois que vous négligez de les chercher. » — 8 janvier 1655 : « N'êtes-vous pas heureuse, ma très-chère sœur, je vous conjure de le bien reconnoître, de ce que, dans toutes vos foiblesses, vous avez tenu ferme au moins à aimer toujours la vérité et à ne pas croire qu'on vous demandât trop, quoique vous ne pussiez satisfaire à tout? Au moins, quand on se trouve en cet état, se faut-il humilier sous la main de Dieu et lui demander son secours et sa miséricorde, sans présumer de s'opposer à ses lois, et vouloir qu'il change ou qu'il renverse son Évangile pour s'accommoder à nous... Il a mille inventions pour sauver; mais jamais il ne sauvera que les humbles, et les vrais humbles sont toujours pénitents, et jamais l'on n'est pénitent sans être humble. La vraie et sincère humilité peut suppléer à toutes les pénitences, quand on est dans l'impuissance de les faire ; mais nulle ne peut suppléer au manquement de cette vertu, dans laquelle est renfermée toute la justice. Je suis ravie, ma très-chère sœur, de cette bonne parole que vous nous dites, que vous ne désirez rien au monde que ce qui peut servir à votre salut. Offrez bien à Dieu cet unique désir, comme un don très précieux qu'il vous a fait. » — 10 décembre 1655 : « Mon Dieu, ma très-chère sœur, votre migraine me tue l'esprit, comme elle fait votre corps, et je voudrois en pouvoir au moins porter une partie, car je n'ai presque plus la mienne, et il semble que la vôtre se rend toujours plus fréquente et pénible. Je me console de ce que je sais que vous la supportez de bon cœur. » — Lettre non datée. « Si vous saviez la peine que me donne la vôtre, je crois que vous auriez autant de chagrin pour moi que j'en ai pour vous. Je suis affligée que vous soyez sortie, et néanmoins je crois qu'il le falloit ; car il vous eût été impossible de soutenir la vue continuelle de nos maladies qui vous eussent fait mourir de frayeur... Enfin, ma très-chère sœur, nous sommes à Dieu ; il a un tel soin de nous qu'il ne laisse pas tomber un cheveu de notre tête sans son ordre. Cela fait que je ne me puis inquiéter jusques au trouble... Je ne me plains point de vos frayeurs ; au contraire, je les porte avec douleur et compassion ; et nous en avons pleuré, ma sœur Catherine et moi. La pauvre fille en étoit toute pénétrée... J'avois toujours crainte que nos lettres vous fissent peur ; cela m'a fait différer de me donner l'honneur de vous écrire ; mais Mlle Soyer[1] me dit hier que je le pouvois, et

1. Une des femmes de Mme de Sablé.

qu'en passant ma lettre au feu vous n en auriez pas peur. » — Encore sans date. « Je suis très fâchée de la continuation de cette fâcheuse migraine, et de ce qu'elle vous oblige de sortir, quand il semble que vous devriez plutôt demeurer; mais la nécessité n'a point de loi... Cependant vos remèdes et les affoiblissements qu'ils vous pourront causer vous seront une pénitence; recevez-lez ainsi, afin qu'ils servent à votre âme et que la vue de la pénitence vous retienne dans la douceur d'esprit et la patience vers ceux qui vous servent. Je vous dis ceci, m'imaginant, peut-être faussement, que vous êtes comme moi, qui suis impatiente quand je suis foible. Bonjour, ma très-chère sœur, je suis toute à vous. » — « Il est vrai qu'il faut mourir, mais ce ne sera pas bientôt, et Dieu, par sa bonté, vous donnera du temps pour vous y préparer encore mieux que vous n'êtes, et j'espère qu'il vous en ôtera la peur auparavant par la confiance en sa bonté, qui augmentera votre charité jusques à vous faire désirer ce que vous craignez si fort à cette heure. »

Disons à l'honneur de Mme de Sablé que plus la mère Angélique la connaissait, plus elle l'aimait. Est-il possible de trouver quelque part un langage plus affectueux, plus chrétien et plus humain tout ensemble, que celui de ces deux dernières lettres que nous empruntons à notre manuscrit? 30 octobre 1658, de Port-Royal-des-Champs : « Ma très-chère sœur, je vous puis assurer qu'encore que je n'aie pas le bonheur de savoir de vos nouvelles tous les jours comme à Paris, je n'en pense pas moins à vous ; et, au contraire, l'incertitude de votre état me donne une sollicitude qui me porte à prier Dieu qu'il soit tel que je le désire. Il faut que je vous avoue que les deux dernières fois que j'ai eu l'honneur de vous voir, j'ai ressenti quelque chose pour vous que je n'avois pas encore eu, qui m'a rendu votre éloignement plus pénible, et obligée d'adorer la nécessité de se soumettre à l'ordre de Dieu. C'est en cela que je trouve ma force en toute chose, et où je vous prie très-humblement de la prendre, ma très-chère sœur, et de bien chercher votre trésor (que cette parole m'a plu [1]!), mais non pas tant par la lecture que par l'oraison, ou plutôt par le désir du cœur, qui, d'une seule parole ou d'un seul regard vers Dieu, attire plus sa miséricorde que la multitude des paroles. Contentez-vous, ma chère sœur, du Nouveau Testament. Je suis ravie de ce que notre Seigneur vous y donne de l'affection : car encore que toute la sainte Écriture soit également digne d'amour et de respect, puisqu'elle est du Saint-Esprit, le saint évangile de notre Seigneur Dieu et homme nous doit donner un sentiment particulier... Je suis plus à vous que jamais, et d'une manière toute nouvelle. Dieu veuille que ce soit par le mouvement nouveau de sa grâce ! » — 24 octobre 1660. « C'est pour moi que votre migraine est maligne, puisqu'elle m'a privée de l'honneur de vous voir ; mais je m'en console dans l'assurance que votre bonté l'auroit bien voulu.

1. C'était vraisemblablement un mot dont s'était servie Mme de Sablé. La mère Angélique le répète en y applaudissant.

Car je connois votre bon cœur. Faites-moi la grâce d'être assurée que le mien est, sans compliment, entièrement rempli d'affection et de tous les bons désirs et souhaits pour votre très-chère personne que vous sauriez imaginer. Je vous supplie de ne prendre point la peine de vous lever demain matin après une si grande migraine ; vous n'en pourriez qu'être bien incommodée, et j'en aurois de la peine. La grande grâce que je vous demande, c'est que vous me croyiez très intimement et très parfaitement à vous. »

Combien n'est-il pas à regretter qu'on n'ait pas conservé et mis au jour les réponses de Mme de Sablé à de pareilles lettres ! Que de précieux détails n'y trouverait-on pas sur l'état de son âme, surtout quelle vive reconnaissance pour cette charité magnanime et cette tendre affection !

Cependant la persécution allait croissant et menaçait de plus en plus Port-Royal. Mme de Sablé, qui lui cherchait partout des défenseurs, imagina de mettre dans ses intérêts Mme de Longueville. Au premier coup d'œil l'entreprise était bien difficile. Mme de Longueville, toujours en disgrâce, s'appliquait à ménager les ombrages de la cour, pour son mari et ses enfants, et aussi pour son frère Condé, tout récemment revenu de l'exil. Elle avait à peine la permission de reparaître de temps en temps à Paris. Vouée d'ailleurs à une austère pénitence, le souvenir toujours présent des fautes où l'avait entraînée le goût de la grandeur et de la gloire la précipitait dans une humilité profonde. Elle s'était remise comme un enfant entre les mains de ses directeurs, et s'étant fort mal trouvée de l'indépendance, elle faisait de l'obéissance son premier devoir. Étroitement unie à ses premières et saintes amies les Carmélites du couvent de la rue Saint-Jacques, elle était, comme elles, étrangère aux discussions théologiques, et ne songeait qu'à faire son salut dans la simplicité de la foi commune en sanctifiant de plus en plus sa vie. Mme de Sablé savait tout cela, mais elle connaissait aussi les insurmontables instincts du cœur de son amie ; elle était persuadée que tant que ce cœur n'aurait pas cessé de battre il y aurait toujours place à une compassion généreuse pour le malheur et à une révolte involontaire contre l'injustice et la tyrannie. Il ne s'agissait donc que de mettre sous les yeux de Mme de Longueville le spectacle d'âmes vertueuses et chrétiennes indignement calomniées. Un jour, s'il plaît à Dieu, en poursuivant et terminant l'histoire de Mme de Longueville, nous raconterons l'origine de son jansénisme, par quels degrés insensibles elle s'engagea dans cette querelle ténébreuse, quelle intrépidité, quelle constance, quelles ressources elle déploya pendant la lutte, et avec quelle habileté elle finit par sauver Port-Royal, pour ainsi dire malgré Port-Royal même. Ici nous nous bornons à bien marquer le rôle de Mme de Sablé : c'est elle qui a introduit Mme de Longueville à Port-Royal, et Mme de Longueville, une fois gagnée, a fait tout le reste.

Mme de Longueville passait sa vie en Normandie, dont son mari était gouverneur, tout occupée à le soigner dans sa vieillesse et ses infirmités, et à bien élever ses deux fils. Elle ne venait que fort rarement à Paris ; elle y restait le moins de temps qu'elle pouvait, et trouvait alors quelques moments pour aller visiter ses chères Carmélites dans la rue Saint-Jacques, et, tout près de là sa vieille amie à Port-Royal. Mme de Sablé ne manquait pas de l'entretenir du chagrin qu'elle ressentait de voir troubler la retraite où elle était venue chercher le repos de ses derniers jours. Aidée par une amie de Mme de Longueville, depuis quelque temps convertie et devenue janséniste elle-même, Mlle de Vertus, elle intéressa peu à peu la princesse non-seulement à ses propres peines, mais à celles des pauvres religieuses ses voisines. A la fin de l'année 1660, Mme de Longueville étant allée aux Carmélites sans faire visite, comme à l'ordinaire, à Mme de Sablé, celle-ci s'en plaignit comme si la princesse avait eu peur de se compromettre en allant voir une janséniste. Mme de Longueville lui répond, le 31 décembre 1660 : « Tout le jansénisme du monde ne m'eût pas empêchée de vous aller voir, si j'eusse été plus longtemps ou plus libre à Paris. » Quelques mois après elle lui écrit encore : « Le vacarme qui se fait chez vous ne m'empêchera pas d'y aller. Quand je n'aurois pas eu ce dessein, je le prendrois là-dessus. Je vous verrai donc mercredi, et nous parlerons de cette affaire. » En parlant de « cette affaire, » elle y prit goût ; et, par pur sentiment de charité, sans aucune idée de dogme et de théologie, elle désira voir ces religieuses que l'on tourmentait si fort, et surtout la mère Angélique, vieille et malade, dont Mme de Sablé lui parlait avec tant d'admiration et d'amitié. « Vraiment non, lui écrit-elle, je n'ai point perdu la pensée d'aller demain dîner chez vous; car, outre l'envie que j'ai toujours de vous voir, j'ai encore celle de voir ces pauvres filles, c'est-à-dire la mère Angélique, avec laquelle cette disgrâce ici m'a déterminée de faire connoissance. Je voudrois fort entrer dans le couvent après dîner, pourvu que ce ne soit pas une affaire; si c'en est une, je me contenterai de voir la mère Angélique à la grille de votre parloir. Hélas! que je suis touchée de ce que vous me dites, et de n'être point en état de soulager la nécessité où ces pauvres créatures vont tomber! J'ai autant d'envie d'avoir de l'argent[1] pour leur en donner, que les avares en ont d'en avoir pour le serrer dans leurs coffres. »

La mère Angélique avait alors soixante et dix ans. Depuis l'âge de dix-sept ans, elle travaillait sans relâche à sa propre sanctification et à la perfection du troupeau confié à ses soins. Épuisée de fatigue, elle sentait arriver sa dernière heure. La question du for-

1. La Fronde avait ruiné tous ceux qui y avaient pris part. Retz et Condé ne parvinrent à payer leurs dettes et à remettre en ordre leurs affaires que sur la fin de leur vie et à l'aide des plus grands sacrifices. Mme de Longueville et sa belle-sœur, la princesse de Conti, poussèrent la générosité jusqu'à s'engager dans des restitutions infinies; et elles se firent un devoir, pendant une grande famine, de nourrir presque des provinces entières que la Fronde avait désolées. Mme de Longueville ne pouvait d'ailleurs disposer d'un sou sans l'autorisation de son mari, et elle était, à la lettre, dans une gêne extrême.

mulaire[1] tourmentait sa conscience; elle ne voyait pas nettement où était le devoir, ou dans une signature contraire à la sincérité chrétienne ou dans un refus contraire à l'humilité si particulièrement imposée à des religieuses. Toutes les autorités qui lui étaient chères étaient divisées, et elle cherchait douloureusement sa route entre deux abîmes; mais elle se soutenait par sa force naturelle et par une absolue soumission à la volonté impénétrable de Dieu. Son courage, sa tristesse, sa parole si naïve et si forte firent une impression profonde sur Mme de Longueville. De son côté, la mère Angélique se sentit aussi attirée vers l'ancienne héroïne de la Fronde, précisément par le contraste des qualités que la renommée célébrait en elle et de celles qu'elle y rencontrait : elle fut surtout frappée de sa douceur et de son humilité. Mme de Sablé l'avait avertie qu'elle la trouverait un peu froide. En effet, comme ailleurs nous nous sommes appliqué à le faire voir[2], dans le train ordinaire de la vie Mme de Longueville était la personne du monde qui s'agitait le moins : sa tranquillité et sa douceur allaient même jusqu'à une sorte d'indolence. Dans sa jeunesse, cet air de langueur et de nonchalance était peut-être son plus grand charme. Elle en avait retenu quelque chose qui, avec sa dignité naturelle et les manières d'une princesse du sang, lui donnait l'ap-

1. Sur le formulaire, voyez JACQUELINE PASCAL, p. 313 et suiv.; et même ouvrage, APPENDICE, p. 438.

2. LA JEUNESSE DE MADAME DE LONGUEVILLE, *Introduction*, p. 6 et suiv.

parence de la froideur, quand le cœur ne se mettait pas de la partie. La mère Angélique ne s'y trompa pas. Après l'entrevue, elle écrit à Mme de Sablé : « Je n'ai point du tout trouvé la princesse froide, mais très-sage, douce, humble et dévote; et je préfère infiniment ces qualités à ces feux volages qui ne produisent que de belles paroles dont je ne me repais pas du tout, les regardant comme de la fausse monnoie, et le peu que j'ai vu de cette princesse m'a semblé tout d'or fin [1]. » Mme de Longueville s'animant par degrés, écrivit à la mère Angélique une lettre que nous n'avons point, mais qui déjà devait être assez vive, à en juger par la réponse de la sainte abbesse [2]. Dès ce moment, Mme de Longueville fut acquise sans retour à la cause de Port-Royal.

Plus la mère Angélique approchait de sa fin, plus Mme de Sablé redoublait envers elle sa tendresse et ses soins. Selon ses délicatesses accoutumées, traitant son amie comme elle-même, elle s'inquiétait de la qualité des remèdes et des aliments qui lui étaient prescrits; les faisait préparer sous ses yeux, et chaque jour envoyait à la pauvre malade la nourriture particulière qui pouvait lui être bonne. La mère Angélique l'en remercie avec effusion dans une lettre du 3 janvier 1661, qui n'a jamais vu le jour et que nous donnons ici, parce qu'elle met en relief la parfaite confiance et l'étroite affection qui unissaient ces deux femmes si différentes. — « Vous êtes trop bonne, ma très-chère

1. *Lettres de la mère Angélique*, t. III, p. 529.
2. *Ibid.*, p. 503.

sœur, de vouloir apprendre des nouvelles de ma santé. Je ne vaux pas la peine que vous daigniez songer à moi qui ne fus jamais bonne à rien, et qui ne suis plus qu'une pauvre vieille languissante qui s'en va tous les jours à la mort, mais qui cependant n'oublie point ce que je vous dois; je vous en assure, ma très-chère sœur, et que la foiblesse de mon corps ne rend point mon affection moins forte; je m'en vante avec très grande vérité, bien fâchée que ce soit avec tant d'inutilité, n'étant pas digne de vous rendre aucun service. Je prie Dieu tous les jours pour vous, et plût à sa divine bonté que ce fût si bien qu'il daignât regarder les désirs qu'il me donne pour vous et que je conserverai jusques à la mort et après, si Dieu me fait miséricorde. Je me réjouis de ce qu'on me dit toujours que vous vous portez bien. Dieu vous conserve votre santé, ma très-chère, et l'amitié dont vous m'avez honorée depuis tant d'années, et dont vous me donnez tous les jours des preuves en me nourrissant. Je ne vois point votre pain sans attendrissement de cœur de la bonté du vôtre, qui daigne prendre ce soin; je vous en remercie très humblement. »

La mère Angélique Arnauld mourut à Port-Royal de Paris, le 6 août 1661, après plusieurs jours d'une douloureuse agonie. Conservant jusqu'au dernier moment ses tendres inquiétudes pour Mme de Sablé, au milieu des saintes pensées qui remplissaient son âme, elle répétait de temps en temps : « Ah! ma pauvre marquise[1]! »

1. Le fait est attesté par la mère Agnès dans une de ses lettres.

A peine ses yeux furent-ils fermés, que l'orage éclata sur Port-Royal. On dispersa dans d'autres couvents les religieuses qualifiées de rebelles, parmi lesquelles étaient la sœur et la nièce de la mère Angélique, la vénérable mère Agnès Arnauld, et la sœur Angélique de Saint-Jean, une des filles de M. d'Andilly. La sœur Euphémie, Jacqueline Pascal, alla mourir chez son frère. Les pieux et illustres solitaires furent exilés ou mis en prison, et, ce qui importait particulièrement à leurs ennemis, on ferma les admirables écoles qu'ils avaient fondées, et on renvoya les enfants dans leurs familles. Dans ces tragiques circonstances, Mme de Sablé demeura fidèle à Port-Royal. Avec son nom et ses amis, elle aurait pu aisément demeurer dans la retraite qu'elle s'était bâtie pour y abriter sa vieillesse; mais elle ne voulut pas prêter ses yeux au spectacle d'une lâche et odieuse persécution. Elle-même eut à subir plus d'une tracasserie. Le lieutenant civil, qui était venu s'établir à Port-Royal, pensa la mettre dans sa procédure, et l'archevêque de Paris, Hardouin de Péréfixe, lui fit, comme dit Mme de Longueville dans une de ses lettres, des querelles d'Allemand. Elle quitta donc sa chère solitude. Elle se réfugia tantôt chez son frère le commandeur, tantôt chez Mme de Longueville, tantôt chez M. et Mme de Montausier, dans cet hôtel de Rambouillet qui avait vu les beaux jours de sa jeunesse. Elle alla pendant quelque temps habiter Auteuil [1], et elle offrit à quelques-unes des

1. Mme de Sablé avait songé à se retirer dans quelque couvent rai-

religieuses fugitives de venir auprès d'elle et de former ensemble dans l'ombre un autre Port-Royal[1].

> .... falsi Simoentis ad undam
> ...... et parvam Trojam simulataque magnis
> Pergama, et arentem Xanthi cognomine rivum.

Ayant appris que la mère Agnès, la sœur de la mère Angélique, et depuis sa mort la principale personne de Port-Royal, était tombée malade, elle avait pris soin, sans se faire connaître, de lui faire parvenir les petites douceurs dont elle aimait à faire part à ses amis, et de ce pain délicat que naguère elle avait envoyé à la mère Angélique. La mère Agnès avait été très-sensible à cette attention : « Je demande tous les jours à Dieu mon pain quotidien, lui écrit-elle, et je ne savois pas que c'étoit par l'entremise de cette chère marquise qu'il me le donnoit. C'est ce qui me don-

sonnable près de Paris, et elle jeta un moment les yeux sur deux maisons religieuses situées au village d'Auteuil, dont l'air pur était un attrait pour elle. Mme de Longueville lui donne dans ses lettres des renseignements sur ces deux couvents de l'Assomption et de la Conception. Le t. VII des *Portefeuilles de Valant* contient, p. 179, une lettre du curé d'Auteuil à Mme de Sablé, où il célèbre le bon air dont on jouit en ce lieu. Elle y passa quelques étés.

1. Bibliothèque impériale, *Supplément français*, 3029, 9 A, in-4°, *Lettres à Mme de Sablé par la mère Agnès de Saint-Paul Arnauld.* La mère Angélique de Saint-Jean écrivant au nom de sa tante la mère Agnès à Mme de Sablé, lui dit, lettre VIIe : « La mère Agnès veut que je vous témoigne pour elle, que si, toute âgée qu'elle est, on la veut obliger à aller fonder un nouveau couvent de son ordre, elle seroit ravie que ce fût plutôt chez vous que nulle part, et que l'*offre que vous lui en faites* lui est une sensible obligation qu'elle ajoute à toutes les autres. »

nera sujet de lui dire dans mes prières : « Seigneur mon Dieu, vous affligez une personne qui me nourrit pour l'amour de vous. » — « Je n'ai point de paroles, ma chère sœur, pour vous exprimer le ressentiment que j'ai de vos bontés ; je les crois si grandes que je ne doute point que vous ne les étendiez jusques à la chose du monde que je désire le plus, qui est que vous soyez persuadée que j'en ai une extrême reconnoissance. Assurément je serois indigne de manger le pain que vous m'envoyez et qui nourrit autant mon âme que mon corps, par l'admiration que j'ai de la persévérance de votre amitié, qui vous fait suivre une pauvre exilée[1]. »

Sans doute Mme de Longueville fit bien davantage. Séduite par le péril, et cédant de plus en plus à ses instincts héroïques, elle déclara hautement ses sentiments, ouvrit toutes ses maisons aux fugitifs, établit à Paris, dans son hôtel même, les plus menacés, et les deux chefs du parti, Nicole et Arnauld. D'abord, comme Nicole et comme Arnauld lui-même, elle avait été pour la signature pure et simple, puis pour la signature avec explication ; puis elle rejeta toute signature, et fut d'avis d'affronter la tempête. Elle y fit tête avec son courage accoutumé, mais sans oublier la prudence ; et après quelques années, à force de patience et de constance, en faisant agir tous ses amis à la cour de France, en s'adressant au Pape lui-même, à l'aide de négociations compliquées et difficiles, mais conduites avec le plus grand art, elle amena, en 1669,

1. Biblioth. impér., *Suppl. franç.*, 3029, 9 A, etc., lettre XXVIII.

le rétablissement de Port-Royal. C'est là, selon nous, sa plus grande gloire parmi les hommes. Mme de Sablé n'avait ni la hauteur d'âme ni l'autorité de la sœur de Condé, mais elle ne cessa de servir la bonne cause dans la mesure de son caractère et de ses forces. En voici des preuves certaines et qu'on ne connaissait point.

Dans l'Église de France, bien des prélats ne voulaient pas servir d'instruments à l'inimitié intéressée des jésuites, entre autres Gilbert de Choiseul du Plessis-Praslin, le frère du vainqueur de Rethel, alors évêque de Comminges et plus tard de Tournai, un des hommes les plus savants du clergé, et déclaré contre les petites superstitions qu'on mêlait trop souvent au christianisme. Disciple zélé de saint Augustin, il n'approuvait guère le formulaire; il avait écrit au Roi en faveur de Port-Royal, ménagé une conférence entre les jésuites et les jansénistes[1], et tenté de procurer un accommodement convenable; mais quand il vit qu'Arnauld, d'abord si modéré, s'aigrissait à son tour, rejetait le compromis accepté et désavouait publiquement ses amis, il se refroidit beaucoup, et menaça même de se séparer ouvertement. Mme de Sablé, qui était fort liée avec lui, s'appliqua à prévenir un éclat qui eût accablé Port-Royal, et s'entremit pour obtenir au moins du prélat irrité la faveur du silence.

20 juillet 1664[2] : « Vous avez trouvé le moyen de

1. *Histoire de l'abbaye de Port-Royal*, t. Ier, p. 456.
2. Biblioth. impér., *Suppl. franç.*, 3029, 8, in-folio. *Lettres de* me *de Sablé*, fol. 119.

me réjouir et de m'affliger tout ensemble. Car rien n'est plus agréable que votre lettre, ni si affligeant pour ceux qui aiment ces messieurs, que vos plaintes et vos menaces. Je suis assurée que je les sens bien plus qu'eux, car ils ne croient point avoir mal fait; mais pour moi qui les aime plus qu'ils ne s'aiment eux-mêmes, je vous avoue qu'il n'y a rien au monde qui me fâche davantage que de voir un prélat aussi habile et aussi homme de bien que vous êtes, et des docteurs qui ont les mêmes dons de Dieu, c'est-à-dire de la piété et de l'habileté, être opposés en quelque chose. Vous avez, tout lion que vous paroissez dans votre lettre, l'âme si douce que je ne crains pas de vous dire mes sentiments, encore qu'ils soient contraires aux vôtres. Permettez-moi donc, Monsieur, de vous dire que, comme ces messieurs ne vous ont rien imputé que vous n'ayez vous-même publié dans la lettre que vous avez écrite au Roi, ils ne vous ont fait aucun préjudice. C'est pourquoi il me semble que vous pouvez donner à Dieu et à vos amis le silence, puisque le ressentiment que vous avez contre eux ne vous apporterait aucun bien si vous le suiviez. Cet endroit où vous dites que vous êtes obligé pour votre honneur de découvrir des mystères que vous avez couverts jusques à cette heure, ne m'est pas assez clair pour oser en dire mon avis. Mais, quoi qu'il en soit, ne voyant point le tort prétendu que vous vous feriez en vous taisant, j'ose, en attendant que je voie plus clair, vous demander, par l'estime que vous avez eue pour ces gens-là, par leur piété, et par le bien qu'ils peuvent faire à l'Église, de ne pas tacher leur réputation de la perte de vos bonnes grâces; et après toutes ces choses qui regardent la charité, nous vous demandons encore, Mme du Plessis [1], M. Le Nain [2] et moi, que vous calmiez un peu votre esprit qui souffre sans doute quelque violence d'agir si fort contre sa nature. L'on a fait ce que vous avez demandé à l'égard de M. d'Andilly. Je crois que sa seule considération vous doit obliger, par la peine que cela lui feroit, de nous accorder le silence que nous demandons, et qu'il vous demanderoit sans doute lui-même s'il savoit ce que vous avez dessein de faire. Au reste, il me semble que M. Le Nain dit si bien tout ce qui est nécessaire pour ménager votre intérêt et votre honneur, que je n'y peux rien ajouter, mais seulement me conformer à lui dans l'attachement que j'ai à tout ce qui vous touche. »

Quand Mme de Longueville entreprit avec le saint-siége les négociations qui aboutirent à la paix de 1669, Mme de Sablé les seconda heureusement auprès du cardinal Rospigliosi, neveu du pape Clément IX, et fort puissant sur l'esprit de son oncle. Elle lui écrit en 1667 [3] :

1. Cousine de M. de Comminges, fille de Charles, maréchal et marquis de Choiseul-Praslin, mariée en 1642 à Henri de Guénégaud, seigneur du Plessis et de Fresnes, secrétaire d'État et garde des sceaux, veuve en 1676, morte en 1677. C'était une femme de beaucoup d'esprit, amie de M. de Pomponne, et dont Mme de Sévigné parle bien souvent.

2. Chef du conseil de Mme de Longueville.

3. Biblioth. impér., *Supplém. franç.*, 3029, 8, *Lettres de Mme de Sablé*, fol. 6.

« Monseigneur, la joie que je ressens de la grâce que vous m'avez faite de vous souvenir de moi en partant de Paris est si grande, qu'elle a redoublé le déplaisir que j'ai d'avoir été privée de l'honneur de vous voir. J'étois pleine du plus grand désir d'avoir quelque temps pour vous entretenir; tout ce que j'ai entendu dire de vos belles et grandes qualités étoit suffisant pour me donner ce désir. Mais, par ces mêmes qualités qui donnent tant sujet de prendre toute confiance en Votre Éminence, j'aurois pris la liberté, Monseigneur, de vous parler sur un sujet où tout le monde doit prendre intérêt, je veux dire sur la paix de l'Église; et, comme il n'est pas possible de ne la point espérer de Sa Sainteté, qui a l'âme si belle, si grande et si douce, j'ai eu d'autant plus de passion de vous en entretenir. J'avois quelque honte, n'étant qu'une femme, d'oser vous parler sur ces choses-là; mais comme j'ai fait bâtir une maison dans le Port-Royal pour me retirer quelquefois du monde, et que c'est le lieu où les contestations qui sont dans l'Église ont causé et causent encore le plus de divisions, vous ne trouverez pas si étrange que j'entreprenne de vous dire qu'il y avoit dans cette abbaye cent ou six-vingts religieuses, toutes filles excellentes en esprit et en paix, qu'on en a ôté quatre-vingts, qui, par tendresse de conscience, craignent de blesser la vérité en disant que des propositions sont dans un livre qu'elles ne sauroient entendre, parce qu'il est dans une autre langue que la leur. Elles sont persuadées que, condamnant ces propositions partout où elles se trouveront, même dans Jansénius, si elles s'y trouvent, on ne leur doit pas demander autre chose, et elles sont si parfaitement dans cette persuasion qu'elles aiment mieux, pour ne pas blesser la vérité, mourir sans sacrements et sans aucun secours spirituel, que d'en dire davantage. Vous savez, Monseigneur, que plusieurs des plus saints évêques qui sont en France approuvent ce qu'elles font, et que quantité d'habiles docteurs écrivent tous les jours pour le soutenir. Ce sont là les maux dont on attend les remèdes de la douceur de Sa Sainteté et de vos bonnes intentions. J'aurois quelque confusion, Monseigneur, de vous dire toutes ces choses, sans que votre réputation a fait tant d'impression sur moi que vous me pardonnerez cette liberté, et celle que je prends aussi de vous dire que personne n'est avec plus de respect et de soumission que je suis, etc. »

La paix de Clément IX rendit aux saintes religieuses les deux monastères de Port-Royal de Paris et de Port-Royal-des-Champs, et Mme de Sablé rentra dans sa pieuse et chère retraite. Elle renouvela son ancien commerce avec la mère Agnès, qu'elle avait fort connue autrefois, et que depuis la mort de la mère Angélique elle avait aimée et soignée à l'égal de sa sœur. La mère Agnès était à peine inférieure à la mère Angélique ; elle en avait l'élévation et la bonté, et elle gardait sans doute un souvenir reconnaissant des services que Mme de Sablé avait rendus à Port-Royal et à elle-même ; mais, il faut bien le dire, son cœur avait reçu une blessure qui saignait encore.

Nous l'avons assez fait paraître : comme dans les choses de l'esprit, Mme de Sablé était pleine de raison et de goût, mais sans génie, de même dans les affaires publiques, elle était toujours du bon côté, elle se montrait toujours noble et officieuse; mais ce n'était pas une héroïne; elle n'en avait ni les qualités ni les défauts. Dès que s'éleva la question du formulaire, elle fut, comme Mme de Longueville elle-même, de l'avis d'Arnauld, d'étouffer le danger dans son principe par une signature de respect comme le voulait Bossuet, et elle persista dans cette opinion quand tout le monde et Mme de Longueville et Arnauld l'eurent abandonnée. Elle donna constamment les conseils les plus sages qu'on ne suivit pas, et alors elle se chargeait de couvrir la retraite, comme nous l'avons vu dans sa lettre à l'évêque de Comminges. Elle servit constamment Port-Royal, et souffrit même pour sa cause; mais elle ne se faisait pas une religion d'épouser tous ses préjugés; elle ne se croyait pas obligée de rompre avec tous ceux que les religieuses considéraient comme leurs ennemis; et, par exemple, elle était entrée en relation avec l'un d'eux, que nos manuscrits ne nomment pas, mais qui peut bien être Chamillard, docteur et professeur de Sorbonne, que l'archevêque de Paris avait mis à Port-Royal comme unique confesseur; il paraît même qu'elle s'était confessée à lui; faute bien vénielle, si l'on songe que Mme de Sablé avait toujours voulu adhérer fortement à l'Église, et que Chamillard était à Port-Royal la seule autorité officielle; mais faute immense aux yeux de l'esprit de parti, que le zèle le plus vrai et les services les plus effectifs n'avaient pu entièrement réparer, parce que les partis tiennent encore plus à leurs passions qu'à leurs intérêts, et qu'ils veulent par-dessus tout qu'on partage leurs amours et leurs haines. Ce qu'il y avait à Port-Royal de plus ardent et de plus opiniâtre avait vu là un manquement de fidélité, et la mère Agnès, toute bonne qu'elle était, avait un peu pensé comme les religieuses qui l'entouraient. Quand donc elle reprit le gouvernement de Port-Royal, elle fut fort bien pour Mme de Sablé; mais l'ancienne amitié avait reçu quelque atteinte, et il s'en fallut bien que la pauvre marquise retrouvât la mère Angélique, ce grand cœur si courageux à la fois et si compatissant, plein de force et de douceur, qui savait si bien mêler en quelque sorte les caresses aux réprimandes.

Malgré toutes ces précautions, Mme de Sablé n'avait pu échapper aux ravages de la vieillesse : elle perdit ou crut perdre l'odorat. Elle s'en affligea, et, sachant que la mère Agnès avait éprouvé le même accident, elle s'empressa de lui écrire dans l'espoir d'en obtenir quelque adoucissement à ses peines. Elle en reçut cette réponse spirituelle, où l'ironie paraît un peu à côté de la bonté et de l'affection. 1er septembre 1669[1] : « Je suis fâchée du sujet que j'ai de vous rendre compte de la perte de mon odorat, apprenant que vous êtes menacée de la même privation. Je m'offrirois de vous en soulager en la prenant sur moi; mais

1. Biblioth. impér., *Suppl. franç.*, 3029, 9 A, in-4°, Lettre IIe.

je ferois moins pour vous que je ne voudrois faire, parce qu'il est vrai que cela ne m'a rien coûté. Je l'ai perdu dès l'âge de dix-huit ans, en la manière qu'on le perd quand on a de grands rhumes, à quoi j'étois fort sujette. Je pensois toujours qu'il reviendroit, mais n'en ayant point de nouvelles, je n'ai pas couru après, c'est-à-dire que je ne m'en suis pas mise en peine; non pas que je n'aime assez tous les sens qui sont nécessaires à la vie, mais je ne mets pas celui-là du nombre; et vous conclurez avec moi qu'on s'en passe fort bien, puisqu'il y a cinquante-huit ans que j'en suis privée; et si j'ose vous dire ce que je pense, vous gagneriez à cette perte, ma très-chère sœur, si vous vous en serviez pour satisfaire à Dieu d'avoir pris trop de plaisir dans les bonnes odeurs. »

Mme de Sablé reçut humblement ce petit sermon qui l'édifia sans la consoler : « Hélas! lui répond-elle[1], ma très-chère sœur, je suis trop éloignée de votre vertu pour qu'elle me puisse être un exemple. Vous dites parfaitement bien que la privation de ce sens peut me servir de pénitence pour le plaisir que j'ai pris aux bonnes odeurs. J'en suis tout à fait persuadée; ma raison et ma volonté s'y soumettent; mais je vous avoue que mon imagination est si peinée de me voir toute vivante porter une espèce de mort dans une partie de moi-même, qu'en dormant il m'en prend des tressaillements qui me réveillent. »

Après la mère Agnès, la personne qui avait le plus

1. Biblioth. impér., *Supplém. franç.*, 3029, 8, *Lettres de Mme de Sablé à divers*, etc., fol. 53, *verso.*

d'autorité à Port-Royal était la fille de M. d'Andilly, la mère Angélique de Saint-Jean. Elle n'avait pas moins d'esprit que ses deux tantes ni moins de sainteté, mais tous les témoignages nous la dépeignent comme poussant la fermeté jusqu'à l'obstination. Dans l'intérieur du parti, elle avait été tout d'abord, comme la sœur Euphémie et Pascal, pour l'absolu refus de toute signature, et elle résista à tout ce que lui put dire son oncle le grand docteur. La modération de Nicole lui était un scandale qu'elle supportait impatiemment; et si l'on en croit Racine [1], qui devait être très bien informé, elle tâcha de brouiller Nicole et Arnauld. Or Mme de Sablé avait toujours été avec Nicole, dont l'esprit, le goût, la délicatesse répondaient si bien à tous ses sentiments. On juge donc bien qu'au fond la mère Angélique de Saint-Jean ne l'aimait guère. Mme de Sablé s'en était bien aperçue, et elle s'était plainte doucement à un ami commun de l'indifférence et du mépris de l'austère religieuse. Celle-ci relève vivement ces termes trop forts sans doute, et elle donne à entendre que Port-Royal n'a pas de leçon à recevoir en fait d'amitié véritable, et qu'il en pourrait plutôt donner; sous une politesse recherchée perce un mécontentement médiocrement dissimulé.

2 septembre 1669 [2] : « Depuis tant d'années que nous gardons le silence, je crois, Madame, que j'ai

1. *Fragments sur Port-Royal*, t. IV, p. 385, de l'édition d'Aimé Martin.

2. Biblioth. impér., *Supplém. franç.*, 3029, 8, *Lettres de Mme de Sablé*, etc., fol. 50.

oublié comme on parle; car si je m'en tenois aux idées qui m'en restent, je croirois que vous m'auriez dit des injures, et encore des plus offensantes, ne sachant rien de plus atroce contre l'amitié, la charité et la reconnaissance, que l'accusation d'indifférence et de mépris dont il semble que vous me vouliez charger. Cependant, comme je sais qu'une des lois de l'amitié est de ne se rendre pas facile à croire du mal de ses amis, encore qu'on y voie de l'apparence, je suspends mon ressentiment qui seroit fort juste, pour vous donner le temps de vous expliquer, et je demeure cependant fort tranquille sur le témoignage de ma bonne conscience qui ne me reproche rien de tout ce que vous m'imputez. Quand il vous plaira d'interpréter ce que vous dites contre moi en un autre sens, et que vous ne m'attribuerez plus que des défauts qui nous rendent la plus sincère amitié désagréable, quand elle manque de certains petits ornements dont j'avoue que je suis fort mal pourvue, je vous dirai franchement que vous avez raison de vous plaindre de la mienne; mais pour moi je me consolerai de ma pauvreté, étant persuadée par beaucoup d'expériences toutes récentes qu'en matière d'affection la fermeté vaut mieux que la tendresse; jusque-là que j'oserois bien préférer ma rusticité et ma sécheresse aux caresses et aux douceurs de quelques personnes que vous avez vues depuis nous. C'est mon sentiment et celui de quelques autres qui croient savoir quelque chose dans l'amitié; et je suis assurée qu'ils ne me refuseront pas leur protection, si vous me déclarez la guerre. Pensez-y un peu, ma très chère sœur, avant que d'en prendre la résolution, car je vous réponds que j'ai de quoi me bien défendre, si vous ne m'attaquez que du côté de la charité et de la reconnoissance, où je me sens si forte à votre égard que vous pourriez bien avoir du regret si vous m'y blessiez; car vous seriez vous-même vaincue d'avoir si peu de compassion pour des affligées comme nous, qu'au lieu d'essuyer leurs larmes par des témoignages agréables de votre bonté, vous leur voulussiez faire sérieusement des reproches d'un défaut dont elles ne furent jamais capables. ».

A cette défense tournée en attaque, Mme de Sablé répond avec sa douceur accoutumée : « Vous parlez donc, ma très-révérende mère, et vous parlez si bien que je vous ai aimée pendant que j'ai lu votre lettre; quoique vous y ayez touché un endroit sur la fermeté et sur la tendresse que je dois prendre pour moi, et vous dire qu'encore que je tâche d'être douce à tout le monde, je suis ferme pour mes amis, sans que ma douceur me puisse affoiblir dans la moindre chose qui regarde leur intérêt. Voilà comme j'ai toujours été pour vous, j'entends pour toute la maison. Si tous vos évêques vous avoient dit le mal que je leur ai fait en leur reprochant que ce qu'ils faisoient n'étoit que pour eux s'ils n'accommodoient tout avant que de rien conclure, vous verriez bien que mon cœur et mon esprit ont été fort droits; mais vous avez mieux aimé vous prendre à de méchantes apparences que d'examiner mon fond. Je suis persuadée que, sans blesser son honneur ou sa conscience, il faut savoir vivre avec les vivants. Voilà mon humeur qui vous a déplu et qui vous a rendue si sèche pour moi. Mais quelque exclusion que vous me donniez, je serai ravie de vivre toujours avec une telle vivante que vous êtes. »

Il n'y a pas jusqu'à d'Andilly, un des plus anciens amis de la marquise, que la contagion de l'esprit de parti et d'humeur sévère de sa fille, la mère Angélique de Saint-Jean, n'aient failli brouiller avec Mme de Sablé; c'est ici un curieux épisode à ajouter à ce que Nicole appelait les guerres civiles de Port-Royal.

D'Andilly garda quelque temps rancune à Mme de Sablé; mais quand il publia en 1666 le premier volume de sa traduction de *Josèphe*, l'auteur et l'ancien ami l'emportèrent, et il en adressa un exemplaire à celle qui d'un commun accord était considérée comme le meilleur juge des ouvrages d'esprit. Mme de Sablé s'empressa de lui écrire ce billet de remercîment: « 2 décembre 1666[1]. — C'est une bonté qui ne se peut trouver qu'en vous, de me donner la plus belle chose du monde presque dans le même temps que vous avez demandé à mes meilleures amies si j'avois encore de l'amitié pour vous. Je décharge mon cœur en vous faisant plutôt des reproches que des remercîments, car en vérité vos doutes m'ont bien plus touchée que vos présents. Je vous avois préparé une apologie que Mme de G*** vous devoit porter; mais comme je suis fort

1. Biblioth. impér., *Supplém. franç.*, 3029, 8, *Lettres de Mme de Sablé*, etc., fol. 69.

dépitée, après y avoir pensé je pris plutôt le parti de bouder un peu que d'entreprendre de détromper une personne qui n'auroit jamais dû se tromper un moment sur une aussi véritable amitié... Je vous écris avec un grand rhume, par l'impatience de vous faire mille remercîments, non-seulement d'un si grand trésor, mais aussi de ce que cela me fait voir que vous me comptez encore entre vos plus chères amies. Je vous assure que j'ai de grands témoins que je n'ai jamais manqué à ce que je vous dois, ni dans les effets ni dans la tendresse. Au reste, je sais tout ce que vous faites, vos plans, vos promenades, comme votre chambre est faite, la place de votre lit, enfin votre bonne santé; car je m'en informe très-particulièrement à tous ceux qui ont le bien de vous voir. Pour la force et la grandeur de votre esprit, ils paroissent plus que jamais dans la beauté de vos ouvrages. L'avertissement est admirable. Pour votre traduction, je la trouve si belle, qu'encore que je n'aie jamais lu *Josèphe*, je suis persuadée que vous l'avez relevé au-dessus de lui-même.. »

M. d'Andilly était trop loyal et trop bon pour répondre comme sa fille à un semblable billet par une lettre d'une modération affectée avec des allusions blessantes; il s'explique et dit nettement ce qu'il a sur le cœur :

9 janvier 1667[1] : « S'il y avoit autant d'esprit dans l'ouvrage que vous avez si bien reçu qu'il en paroît

1. Biblioth. impér., *Supplém. franç.*, 3029, 8, *Lettres de Mme de Sablé*, etc., fol. 71.

partout dans votre lettre, il pourroit mériter les louanges que vous lui donnez; et si j'avois douté d'avoir toujours part en l'honneur de votre amitié, je ne pourrois me défendre des reproches que vous me faites. Mais permettez-moi, s'il vous plaît, de vous dire que ce n'est pas là l'état de la question. Il s'agit de savoir si vous avez pu, sans blesser cette ancienne et si grande amitié dont vous honorez tant de personnes qui n'ont rien fait pour s'en rendre indignes, conserver une liaison particulière avec un de leurs plus violents persécuteurs. J'appelle de vous à vous-même de ce procédé et en prends pour juge votre générosité. Je serai trompé si elle me condamne, et si vous croyez que je pusse conserver de l'estime et de l'affection pour ceux que j'aurois reconnus être vos mortels ennemis. Je ne saurois, ce me semble, plus sincèrement vous ouvrir mon cœur, et vous n'aurez pas peine sans doute à en être persuadée; que si néanmoins vous désirez quelque plus grand éclaircissement, vous n'aurez qu'à me le faire savoir, et vous serez bientôt obéie. Après m'être justifié, il me reste à vous remercier, au lieu de recevoir les remercîments que vous avez la bonté de me faire du livre que je ne pouvois manquer à vous envoyer. Je vous le dois, parce que je n'ignore pas que, n'aimant guère les histoires, c'est une faveur particulière que vous faites à *Josèphe* pour l'amour de moi, de vouloir bien lire quelque chose de la sienne; et je ne le tiendrois pas seulement fort honoré, mais fort heureux, s'il vous pouvoit divertir agréablement durant quelques heures. »

Mme de Sablé, qui avait la conscience d'avoir fait tant d'efforts et même de sacrifices pour la cause de Port-Royal, s'étonne fort de se voir accusée de l'avoir presque trahie. Elle reconnoît qu'elle n'a pas assez ménagé les ombrages de l'esprit de parti ; elle l'avoue à d'Andilly ; mais en même temps elle se montre blessée qu'on ait pu soupçonner son cœur, et en lui envoyant une lettre de Mme de Longueville, elle l'assure que son illustre amie est sans doute plus en état de servir Port-Royal, mais qu'elle n'a pas une meilleure volonté ; et elle lui déclare qu'avec l'opinion qu'il a d'elle, elle ne croît pas pouvoir accepter le présent qu'il lui a fait. Il y a dans cette lettre un piquant mélange de douceur, d'humilité et de fierté. « 27 janvier 1667[1]. — J'ai été si accablée des visites que la coutume oblige de rendre en ce temps-ci pour se réjouir ou s'affliger, sans être ni bien aise ni fâchée, que je n'ai pu répondre à votre lettre. Elle m'a montrée à moi-même si imparfaite que j'ai été toute honteuse d'avoir reçu un présent de vous, en même temps que vous avez si mauvaise opinion de moi. Après cela, il me semble que je ne puis garder légitimement votre *Josèphe*. En vérité j'ai pensé l'envoyer de votre part à Mme de Montausier, parce qu'elle me dit que vous l'aviez oubliée ; mais comme j'ai vu par la lettre qu'elle vous écrit que vous lui en avez donné un, je suis toute résolue de rendre le mien à M. Petit, car je ne puis consentir d'avoir un bien si mal acquis. Je vous dirai

1. Biblioth. impér., *Supplém. franç.*, 3029, 8, *Lettres de Mme de Sablé*, etc., fol. 73.

pourtant, non pas pour avoir un prétexte de ne le point restituer, mais pour la vérité, que vous m'avez ouvert les yeux à une chose que je n'avois point regardée comme une faute, ayant été toujours parfaitement fidèle à tous les devoirs de l'amitié, même en parlant aux personnes que vous nommez vos ennemis. Il ne m'est jamais venu dans l'esprit qu'il fallût traiter la confession autrement que comme une affaire de l'autre monde. Je vous assure que j'ai fort bien mis toutes choses à part et chaque chose en son lieu sans en blesser aucune; et en attendant que je vous puisse expliquer tout cela, je vous supplie de croire que j'ai de bons témoins non suspects qui ne m'ont jamais accusée de lâcheté sur aucune des actions que vous me reprochez. Mais enfin, puisque vous en êtes persuadé, il n'est pas juste que je garde votre livre; je ne puis pourtant vous rendre le plaisir qu'il m'a donné. La personne dont je vous envoie la lettre a bien de la puissance, mais elle n'a pas assurément plus de bonne volonté que moi pour vos intérêts. »

Un langage aussi sincère ne pouvait manquer d'éclairer et d'apaiser d'Andilly; il se déclare satisfait et il supplie Mme de Sablé de garder *Josèphe* et d'oublier ce qui s'est passé. « 30 janvier 1667[1]. — La guerre a assez duré, il est temps de faire la paix. Votre bonté me désarme, et je ne saurois tenir contre l'aveu que vous faites de n'avoir pas envisagé ce qui m'avoit si fort blessé. Si je n'estimois autant que je

1. Biblioth. impér., *Supplém. franç.*, 3029, 8, *Lettres de Mme de Sablé*, etc., fol. 75.

fais l'amitié dont vous m'honorez, et si la mienne n'y répondoit, je n'aurois pas été si sensible. Rien ne m'est plus facile que de négliger ce qui ne vient que de ceux pour qui je n'ai pas cette grande estime, ou de qui je ne crois pas être beaucoup aimé; mais quel moyen de souffrir sans crier les moindres égratignures que l'on croit recevoir des personnes que l'on porte dans son cœur? Puisque votre lettre les a guéries, voilà donc *Josèphe* à couvert de vos menaces; je dis de vos menaces, car comment auriez-vous pu vous résoudre à lui faire un si grand affront, ensuite d'une aussi grande faveur que celle d'avoir commencé par lui à prendre quelque plaisir à lire une histoire? S'il est assez heureux pour continuer à vous entretenir agréablement, je lui pardonnerai la peine qu'il m'a donnée et qu'il me donne encore, quelque grande qu'elle soit. Ainsi vous voyez combien il lui importe de vous plaire. Ce n'est pas, ce me semble, une marque que nous soyons maintenant vous et moi trop mal ensemble; mais c'en est une bien grande de la difficulté qu'il y a de condamner ce que vous entreprenez de défendre.»

Mais Mme de Sablé n'eût pas été l'ancienne coquette que nous avons connue, la grande dame qui portait si haut le sentiment de la dignité féminine, si, bien sûre une fois d'être pardonnée, elle n'eût pas demandé davantage et voulu être absoute sans indulgence et justifiée en règle. Elle eut donc l'air de ne pas accepter la paix de d'Andilly, et prit pour juge entre elle et lui une personne qui avait fait ses preuves en fait de fidélité, l'héroïque amie de la reine Anne, l'irréprochable objet des tendresses de Louis XIII, celle qui avait tant de fois risqué sa fortune pour ne pas démentir son caractère et ses engagements, Marie de Hautefort, duchesse de Schomberg, dont nous avons déjà fait connaître une charmante lettre sur les *Maximes* de La Rochefoucauld[1]. Ayant perdu son mari d'assez bonne heure, Mme de Schomberg égalait la pureté et l'éclat de sa jeunesse par la sainteté de son veuvage : sans renoncer absolument au monde, elle vivait dans la retraite. Elle n'était pas, il est vrai, janséniste, mais elle honorait et aimait Port-Royal, surtout Port-Royal persécuté. Un jour se trouvant à la cour chez la Reine mère, et la conversation s'étant engagée sur la grande affaire du moment, le refus que faisaient les religieuses de Port-Royal de signer le formulaire, Mme de Schomberg prit ouvertement leur défense, et soutint qu'on ne pouvait leur faire un crime de refuser d'attester un fait étranger à la foi et dont elles n'avaient aucune connaissance. La Reine mère, qui était douce et bonne, surtout en paroles, dit à son tour qu'en effet elles croyaient bien faire, et que c'était par pure délicatesse de conscience qu'elles refusaient de signer. « Assurément[2], reprit Mme de Schomberg, Votre Majesté leur fait justice, car il n'y a point d'apparence que des filles qui ont paru si saintes jusqu'ici dans tout le reste, agissent en cette occasion contre leur

1. Chapitre III, p. 151 et suiv.
2. *Histoire de l'abbaye de Port-Royal*, t. Ier, p. 536.

conscience. » La Reine parla ensuite de leur vertu, qu'elle avait ouï dire qu'elles en avaient beaucoup, qu'elles étaient fort désintéressées, fort mortifiées pour leur corps, et qu'enfin c'étaient de bonnes filles. Mme de Schomberg ajouta « qu'elles avoient beaucoup d'esprit. » Mme de Sablé ne pouvait donc invoquer une autorité mieux établie. Mme de Schomberg s'enquit de toutes les circonstances de l'affaire qui lui était déférée, lut toutes les pièces du procès, et prononça en faveur de Mme de Sablé. Jamais, en effet, celle-ci n'avait manqué à aucun des devoirs de l'amitié; et si dans ses besoins spirituels elle s'était adressée à Chamillard, c'est qu'il était alors dans le monastère la seule autorité ecclésiastique reconnue par l'archevêque de Paris. Était-ce donc une si grande faute d'avoir accepté de sa main la confession et la communion? Mme de Longueville n'avait pas approuvé son amie, elle l'avait avertie[1] et même un peu grondée; mais elle n'avait pas douté un moment de son cœur, et Mme de Sablé était restée la conseillère et la confidente de tous les desseins de l'intrépide princesse. L'une et l'autre suivaient la trempe différente de leur esprit et de leur âme: Mme de Longueville, réservée, froide même en apparence, mais au fond ardente et impétueuse, ayant l'instinct et le

1. Nous lisons dans une lettre de Mme de Longueville du 16 septembre 1664: « J'ai voulu vous dire ma pensée là-dessus afin de vous y faire faire quelque réflexion, si vous trouvez qu'elle le mérite, et de vous empêcher d'entrer avec M. Chamillard dans quelque chose qui, par l'événement, pourrait être une pierre de scandale dans cette sainte maison. »

goût des grandes choses et les poursuivant à travers tous les dangers ; Mme de Sablé, raisonnable et judicieuse, se défiant des partis extrêmes, toujours amie du bien, mais dans les limites d'une modération quelquefois un peu voisine de la faiblesse. Cette différence même était à leur insu le nœud et le charme de leur amitié, les grands sentiments et les périlleuses résolutions de Mme de Longueville tenant Mme de Sablé dans une admiration et une émotion continuelles, et la douceur, la raison, le bon sens affectueux de la marquise étant à l'aventureuse princesse un asile assuré où après la tempête elle venait reposer sa tête et son cœur. Mme de Schomberg, à la place de Mme de Longueville et des nobles religieuses de Port-Royal, eût vraisemblablement agi comme elles ; après avoir préféré l'exil et la pauvreté[1] à la seule apparence d'une connivence équivoque à la faiblesse de la reine Anne pour Mazarin, elle eût mieux aimé se priver de toutes les consolations et des sacrements de l'Église que d'avoir l'air de reconnaître une autorité injuste. Mais, comme Mme de Longueville, elle était capable de comprendre une autre conduite que la sienne, elle honorait et aimait Mme de Sablé ; elle rendit donc une sentence qui l'acquittait pleinement. La marquise signifia cet arrêt à d'Andilly. « Février 1667[2]. — Je ne sais si vos occupations continuelles vous ont donné assez de liberté pour remarquer que je ne vous ai

1. Voyez Mme DE HAUTEFORT, chap. IV.

2. Biblioth. impér., *Supplém. franç.*, 3029, 8, *Lettres de Mme de Sablé*, fol. 7?.

rien dit sur la plus jolie et la plus aimable lettre du monde. Vous ne devinerez jamais ce qui m'en a empêchée, c'est que je ne voulois pas reparoître devant vous que je ne fusse aussi satisfaite des doutes que vous m'avez donnés contre moi-même, que je l'étois à l'égard de la chose dont vous m'avez accusée, et pour céla j'ai voulu être jugée par Mme de Schomberg, qui est la plus sévère du monde sur la générosité et l'amitié. Mais comme elle étoit malade d'un grand rhumatisme, il a fallu attendre qu'elle fût guérie, et ce fut seulement hier au soir que les papiers du procès furent examinés. Elle trouva vos plaintes si belles et la lettre de raccommodement si douce et si agréable qu'elle dit qu'elle étoit bien aise de cette dispute, puisqu'elle avoit produit de si belles choses. Elle a aussi jugé, sur tout ce que je lui ai conté de mon procédé, que je suis fort innocente, et qu'il s'en faut tenir à la paix que vous m'avez envoyée. »

D'Andilly accepta de bonne grâce la décision de Mme de Schomberg, en se confondant en compliments sur son esprit et sur son cœur. « 19 février 1667[1]. — Il est vrai que vous ne pouviez choisir de juge à qui je voulusse plutôt m'en rapporter, et puisque c'est une affaire terminée, il ne faut plus y penser. Je ne savois rien de ce rhumatisme, et je loue Dieu de tout mon cœur de ce qu'une personne que j'honore et que j'estime tant, en est guérie. Je n'en connois point de qui le cœur réponde mieux à l'esprit;

1. Biblioth. impér., *Supplém. franç.*, 3029, 8, *Lettres de Mme de Sablé*, fol. 82.

mais ce n'est pas encore assez dire, puisque l'on peut ajouter : ni dont l'âme soit aussi belle que son cœur est noble et que son esprit est grand. »

Mme de Sablé, toujours attentive à faire plaisir à ses amis, ne manqua pas d'envoyer à Mme de Schomberg sa lettre à d'Andilly, où déjà Mme de Schomberg était fort louée, ainsi que la réponse de d'Andilly qui la louait davantage. Elle avait emprunté la main du docteur Valant pour ce simple billet[1] : « Mme de Sablé envoie à Mme la duchesse ce qu'elle a écrit à M. d'Andilly, et la réponse sur la consultation qu'elle lui a faite. Elle est bien en peine de savoir de ses nouvelles. » Au bas de ce billet même, Mme de Schomberg, mal remise du rhumatisme qui la tourmentait, griffonna à la hâte ce peu de lignes que nous transcrivons ici, parce qu'elles ont ce je ne sais quoi d'aimable et de distingué qui n'abandonnait jamais Marie de Hautefort dans les moindres choses : « Bon Dieu! quel avantage l'on a d'être louée de vous ! Cela fait que l'on passe dans le monde pour ce que l'on n'est point. Ce bonhomme, M. d'Andilly, n'a point pris la peine de rien penser après vous ; ce qui est cause qu'il me traite d'une si admirable créature ; car sur quoi juger que j'ai de si belles et si grandes qualités que sur ce que vous lui avez dit? Si j'osois, je me plaindrois de cette excessive bonté. Si vous lui aviez parlé vingt fois moins avantageusement, il ne lui seroit pas resté dans l'esprit tant de si grandes choses

1. Biblioth. impér., *Supplém. franç.*, 3029, 8, *Lettres de Mme de Sablé*, fol. 84.

dont je demeure accablée de confusion, et tres-reconnoissante des bontés que vous avez pour moi, qui ne suis pas mieux que quand j'eus l'honneur de vous aller voir. Je ne suis sortie que pour aller chez Mme de Louvois (nièce de Mme de Sablé). Vous jugez bien que je ne puis avoir de santé, puisque je n'ai pas la satisfaction de vous aller moi-même dire de mes nouvelles. Si j'osois, je vous supplierois de brûler la lettre de M. d'Andilly pour son honneur, car si l'on la voyoit, cela feroit voir que c'est un homme qui se prévient sans se servir de son jugement; car s'il s'en étoit servi, il eût dû prendre garde si vous ne railliez point, quand vous lui avez parlé de moi. Je crois tout de bon que c'est pour cela que vous lui en avez dit du bien, afin de voir jusques où vous le pourriez faire aller sans faire aucune réflexion. Vous devez être contente de sa foi, car elle ne peut pas aller plus loin. La paix de M. d'Andilly et de vous fera finir vos commerces; c'est un dommage tout à fait grand, car cela vous eût fait dire à tous deux des merveilles. Votre lettre, sans faire la louangeuse, est tout autrement belle que la sienne[1]. »

1. Malgré toutes nos recherches, nous n'avons pu trouver qu'un très-petit nombre de lettres autographes de Mme de Hautefort, d'abord une lettre à Mazarin, aux archives du ministère des affaires étrangères (voyez Mme DE HAUTEFORT, chap. v, p. 151), puis celle que nous venons de donner, et cette autre que nous rencontrons encore dans les papiers de Mme de Sablé. Bibliothèque impériale, *Supplément français*, 3029, 8, fol. 96. Mme de Sablé apprenant que Mme de Schomberg était plus malade qu'à l'ordinaire, lui envoie le docteur Valant avec ce petit billet : « 3 juillet 1665. — Hélas ! mon adorable Madame, vous êtes donc malade! Je vous envoie M. Valant afin que

Malgré ces légers nuages qui se dissipaient aisément, Mme de Sablé jouit d'une paix profonde à Port-Royal de Paris. Bientôt elle vit Mme de Longueville et Mlle de Vertus, s'avançant de plus en plus dans les voies de la pénitence, aller chercher une solitude plus grande encore à Port-Royal-des-Champs; elle

vous en disposiez comme moi-même, pour vous servir comme il me sert dans mes frayeurs qui sont aussi grandes pour vos maux que pour les miens, car votre vie m'est toute précieuse. » — Mme de Schomberg répond, au verso même du billet précédent: « Vos extrêmes bontés me touchent si vivement, qu'il est impossible de dire le ressentiment que j'en ai. Je pourrois dire sans exagération que je passerois la comparaison des courtisans de Rome, qui appellent une apostille de la main du cardinal patron dans une lettre d'un secrétaire, un saint baume qui la parfume tout entière. J'espère avec plus de fondement que le billet que vous me fîtes l'honneur de m'écrire hier, fera plus d'effet et de bien que toute la science d'Esculape et de Galien. M. Valant est trop raisonnable pour n'en tomber pas d'accord. Voilà qui feroit un grand chapitre si l'on le vouloit approfondir. Je vous rends de très-humbles grâces de la bonté avec laquelle vous m'avez envoyé M. Valant dont je suis fort contente, bien qu'il m'ait ordonné une saignée à laquelle je me soumets, quelque répugnance que j'y puisse avoir. Il me semble qu'ayant votre approbation, cela doit me faire passer par-dessus toutes mes aversions. » — Un peu plus tard, en 1669, Mme de Schomberg ayant rendu quelque bon office à Mme de Sablé, celle-ci oublia de la remercier en temps utile; puis elle se ravisa et lui écrivit le billet suivant: *Ibid.*, fol. 85: « Je viens de faire une réflexion qui me feroit la plus grande honte du monde, si vous ne saviez aussi bien juger de mon cœur que vous faites, et que vous ne sussiez pas qu'il va droit quand mon esprit va de travers. En vérité, Madame, il a été bien à l'envers (?) de ne vous avoir point assez remerciée de ce que vous venez de faire pour moi. Mais je sais que vous avez assez bonne opinion de moi pour croire que personne ne peut m'égaler aux sentiments de reconnaissance que j'ai pour tant de choses que je vous dois. Souffrez, s'il vous plaît, que je me sois satisfaite en faisant cette petite réparation au défaut de mon esprit et non pas à celui de mon cœur. »

désira suivre leur exemple, et aller comme elles mourir au désert, selon l'expression de la mère Angélique.

Mais la piété la plus sincère ne la pouvait défendre de ses frayeurs habituelles : elle s'inquiétait du mauvais air qu'elle pouvait trouver dans cette mélancolique vallée de Chevreuse ; elle consultait tout le monde sur les maladies qui régnaient dans le pays, sur les ressources qu'on y pouvait trouver, et sur bien des choses auxquelles on ne faisait guère attention dans l'austère couvent.

Parmi les solitaires de Port-Royal était alors le marquis Renauld de Sévigné, un des parents de celle qui a immortalisé ce nom. Après avoir honorablement servi dans les armées du Roi, il avait quitté le monde à cinquante ans. Aux rudes mœurs des hommes de guerre de ce temps, il joignait une vraie bonté. Un jour, à la prise d'une ville, il vit une petite fille de trois ou quatre ans que ses parents morts ou en fuite avaient laissée sur un fumier. Touché de compassion, il mit cette enfant dans son manteau, en prit soin, la fit élever dans un couvent où elle devint religieuse, et lui-même, quelque temps après, las de la licence et de la grossièreté de la vie qu'il menait, il se convertit et se donna à Dieu. D'intrépide soldat, il devint un pénitent plein de ferveur. Il avait contracté dans ses campagnes de nombreuses infirmités qui mirent à de cruelles épreuves son attachement à la solitude et à Port-Royal[1]. Mme de Sablé espéra trouver en lui

[1] Sur M. de Sévigné, voyez l'*Histoire de l'abbaye de Port-Royal*,

un peu plus de commisération à ses craintes, et elle lui demanda comment il se trouvait dans cette vallée humide et malsaine. Sévigné répondait qu'il était fort bien, mais que Dieu était l'unique auteur du retour de sa santé, « car, dit-il, il ne peut rien refuser aux saintes qui habitent ce désert[1]. » Mme de Sablé convient que Sévigné a raison; mais elle lui avoue qu'elle désespère de guérir de sa frayeur. « 7 septembre 1669[2]. — Je suis ravie de vous voir si aise, et au lieu de vous souhaiter ici comme j'ai fait, je me souhaite avec vous, et tout de bon je crois que Dieu me fera la grâce d'y mourir; car si je pouvois, comme il est raisonnable, me déterminer à ne me soucier plus du méchant air, et me persuader que tout lieu est bon pour mourir, quelle consolation n'aurois-je pas de vivre parmi de telles personnes! En vérité, je crois que je ne pourrois mieux faire que de tout quitter et de m'en aller là. Mais que deviendroient ces frayeurs de n'avoir pas de médecins à choisir ni de chirurgiens pour me saigner? Tout cela vous semblera impossible, et il me le semble aussi. N'en dites mot à personne, car on n'y croiroit jamais. »

Le vieil homme de guerre la gourmande, et l'exhorte à tout braver pour l'amour de Dieu: « 12 septembre 1669. — Il n'y a rien, Madame, de

et surtout l'article du *Nécrologe de Port-Royal-des-Champs*, p. 115.

1. Biblioth. impér., *Supplém. franç.*, 3029, 8, *Lettres de Mme de Sablé*, fol. 52.

2. Biblioth. impér., *Supplém. franç.*, 3029, 8, *Lettres de Mme de Sablé*, fol. 53.

si bien dit que tout ce qui est dans votre lettre, ni de mieux pensé que ce que vous pensez sur l'obligation que vous avez de donner le reste de votre vie à Dieu, et de vous séparer de tous les biens qui vous attachent si fortement à tout ce qu'on appelle le monde. Vous avez beau faire, vous n'allongerez pas vos jours d'un seul moment au delà du terme que Dieu y a mis. Si vous aviez cette vérité bien fortement imprimée dans l'esprit, je suis persuadé, Madame, que vous ne craindriez pas tant de choses. Mais enfin ne bougez de Paris et faites-y pénitence, en vous souvenant de cette épouvantable parole que Jésus-Christ dit à ses apôtres au sujet de ceux qu'une tour avoit écrasés : Si vous ne faites pénitence, vous périrez tous. Expliquez-le comme il vous plaira. Pour moi, cela me feroit trouver beaux les plus vilains lieux du monde, pourvu qu'on y servît Dieu en esprit et en vérité. Si mes prières étoient agréables à Dieu, je vous assure, Madame, que la semaine ne finiroit point que vous ne fussiez aussi exempte des frayeurs de la mort que la sœur de sainte Fare qui a tant désiré mourir. »

Mme de Sablé s'incline douloureusement sous ces rudes et véridiques paroles ; elle gémit elle-même de ses frayeurs ; elle en rougit, mais elle ne peut s'en dépouiller. Sa brève et triste réponse à Sévigné est comme un soupir échappé de son âme : on y voit à découvert l'état de la pauvre femme, ses bonnes intentions, ses tourments intérieurs, sa profonde humilité, qui est le signe de la vraie pénitence, et qui appelle à la fois la miséricorde et le secours de Dieu. « 26 septembre 1669. — Hélas ! mon cher Monsieur, que vous dites vrai en tout ce que vous me faites l'honneur de m'écrire ! Nul homme sur la terre ne peut m'être un remède, si Dieu ne lui donne le pouvoir de le prier efficacement pour moi. Entreprenez-le, s'il vous plaît, avec votre grande ferveur. Je hais le monde, je le fuis ; priez afin que je me haïsse autant moi-même, et que je ne songe plus qu'à mon salut. »

CHAPITRE CINQUIÈME

Commerce épistolaire de Mme de Sablé, depuis sa retraite à Port-Royal, avec des hommes célèbres de l'Église, de la cour, de l'armée ; — avec des religieuses de différents ordres. Les Carmélites. La mère Agnès et la sœur Marthe de Vigean. — Gabrielle de Rochechouart, abbesse de Fontevrault. — Diverses dames du grand monde. — La comtesse de Maure. Sa naissance. Sa personne. Son caractère. Son intime amitié avec Mme de Sablé. — Son histoire jusqu'à la fin de la Fronde.

Ainsi vécut à Port-Royal Mme de Sablé, s'avançant vers le terme inévitable, parmi les occupations littéraires que nous avons retracées, les soins de sa santé, ceux de son salut, la multitude de petites affaires qu'elle prenait sur elle pour obliger tout le monde, surtout la correspondance étendue qu'elle entretenait avec sa famille et ses nombreux amis.

Cette correspondance est le véritable monument des quinze ou vingt dernières années de sa vie. On ne saurait dire tout ce qu'elle embrasse, à combien de choses et de personnes elle touche. On y voit d'abord tout Port-Royal, non pas seulement les grandes religieuses dont nous venons de parler, et leur frère et leur père, M. d'Andilly, mais Antoine Arnauld, Pascal, Domat, l'abbé de Saint-Cyran, assez médiocre neveu d'un grand homme égaré par l'esprit de système, l'intrépide et obstiné Pavillon, évêque d'Alet ; Henri Arnauld, évêque d'Angers ; Sainte-Marthe, et bien d'autres encore de la grande famille janséniste; à côté d'eux, des ecclésiastiques d'un tout autre caractère, l'abbé de La Victoire, plus occupé de littérature que de théologie et connaissant mieux Cicéron[1] que saint Augustin ; Godeau, évêque de Vence, un des beaux esprits de l'hôtel de Rambouillet et de la société de Mlle de Scudéry, ayant un peu changé de style avec l'âge, et adressant alors des lettres mystiques aux objets vieillissants de ses anciens hommages[2] ; l'évêque de Laon, depuis l'habile cardinal d'Estrées, mêlé à toutes les grandes affaires de son temps, et ambassadeur plein d'autorité auprès du saint-siége. D'autres noms s'adressent à une curiosité plus profane et promettent un autre genre d'instruction. Une lettre[3] de l'aimable et empressé d'Hacqueville, l'ami de Mme de Sévigné, nous apprend que le cardinal de Retz connaissait aussi et appréciait fort Mme de Sablé. Une autre, du maréchal de Grammont[4], qui remonte à 1654, contient ce renseigne-

1. On trouve de sa main la traduction de bien des lettres de Cicéron dans le tome V des *Portefeuilles de Valant.* Sur l'abbé de La Victoire, voyez Tallemant, t. II, p. 330.

2. Sur Godeau, voyez LA JEUNESSE DE MADAME DE LONGUEVILLE, chap. II, et surtout LA SOCIÉTÉ FRANÇAISE AU XVIIe SIÈCLE, t. II, chap. XI.

3. *Portefeuilles de Valant,* t. V, p. 171 : « ... M. le cardinal de Retz vint ici sur la fin, et j'appris de lui, Madame, qu'il avoit eu l'honneur de vous voir : vous aurez pu juger par la longueur de sa visite du goût qu'il y a trouvé. Il l'a trop bon et trop délicat pour que j'aie pu être surpris du respect et de l'estime qu'il m'a témoignés pour vous, avec un extrême regret d'avoir eu si tard l'honneur de vous voir. »

4. *Portefeuilles de Valant,* t. II, fol. 273.

ment, que depuis la régence, c'est-à-dire depuis une dizaine d'années, il y avait eu neuf cent quarante gentilshommes tués en duel, et cela après toutes les rigueurs et les exécutions terribles de Richelieu. On connaît par les mémoires du temps ce gentilhomme gascon, spirituel et brave, qui se distingua à la fois dans les salons et sur les champs de bataille, et avant La Rochefoucauld fit une cour très-pressante à Mme de Longueville, César Phœbus, comte de Miossens, depuis le maréchal d'Albret. Nous ne croyons pas qu'il y ait de lui une seule ligne imprimée ; on en trouvera ici plusieurs lettres fort agréables qui, pour la politesse et le bon ton, peuvent le mettre à côté du maréchal de Clérembault, le héros du chevalier de Méré. Qui s'attendrait à rencontrer dans les papiers de Mme de Sablé des billets de ce marquis de Vardes que Mme de La Fayette a si bien fait connaître dans son *Histoire d'Henriette d'Angleterre,* traître à la fois envers celle sur laquelle il avait osé lever les yeux, envers son ami, l'aimable, chevaleresque et imprudent comte de Guiche, et envers son Roi, dont il surprit un moment la confiance, mais qui le punit bientôt de toutes ses déloyautés ? Les portefeuilles de Valant en ont conservé quatre ou cinq billets assez bien tournés [1]. Mme de Sablé paraît aussi avoir été fort liée avec Monsieur, frère de Louis XIV, prince médiocre assurément, mais dont une triste politique se complut à cultiver les goûts frivoles, qui finirent par être honteux. Il n'était ni sans esprit ni sans courage, et si

1. *Portefeuilles de Valant*, t. II, fol. 277, etc.

son frère l'eût bien voulu, il en aurait pu faire l'égal de bien des archiducs. Mme de Sablé, comme beaucoup d'autres dames, s'intéressa vivement et très-innocemment au jeune et beau Philippe d'Orléans, et elle le poussa à se distinguer; lui, de son côté, rechercha son estime et lui témoigna de la confiance et de l'amitié, comme on le voit par plusieurs lettres qu'il lui écrivit en diverses occasions[1], particulièrement dans la campagne de Flandre, où il fit preuve de bravoure et d'une certaine capacité militaire.

Mais, nous l'avouons, ce qui a le plus attiré notre attention, ce sont les lettres de femmes, plus confidentielles et plus intimes, qui font mieux pénétrer dans le cœur et les habitudes de la marquise, et montrent en même temps combien il y avait d'esprit et de goût pour l'esprit dans les grandes dames d'alors, soit qu'elles brillassent à la cour et dans les salons, soit qu'une piété précoce ou de secrètes blessures ou la politique de leurs familles les eussent jetées dans des couvents. On peut partager en deux classes les amies de Mme de Sablé, les religieuses et les mondaines, et on ne sait trop en vérité auxquelles donner la préférence, même après avoir mis à part la mère Angélique Arnauld, la mère Agnès, la mère Angélique de Saint-Jean et la sœur Euphémie, Jacqueline Pascal. Commençons par les religieuses.

Mme de Sablé avait une nièce, abbesse de Saint-Amand à Rouen[2], qui s'était fait une certaine réputa-

1. *Portefeuilles de Valant*, t. II, fol. 265, etc.
2. Voyez notre premier chapitre, p. 7.

tion d'esprit; car dans un ouvrage assez ridicule, mais qui n'en est pas moins fort curieux par les nouveaux renseignements qu'il donne sur les précieuses, *le Cercle des Femmes savantes*, publié en 1663, on lit au nom d'*Amestris* : « La Normandie n'a pas seulement produit des grands hommes; elle peut encore se vanter de la naissance de Mme l'abbesse de Saint-Amand. » Deux ans auparavant, en 1661, le *Grand Dictionnaire historique des Précieuses* désignait Mme de Saint-Amand sous le nom de *Siridamie*[1]. Somaize nous y apprend qu'elle était visitée à la grille de son parloir par ce qu'il y avait de mieux à Rouen, et qu'elle avait près d'elle une autre nièce de Mme de Sablé qui devait lui succéder. Sa correspondance avec sa tante, ici conservée, ne dément point sa réputation provinciale.

Pour habiter Port-Royal et être sincèrement dévouée à sa cause, Mme de Sablé, exempte, comme elle était, de tout fanatisme et de tout esprit de parti, n'appréciait pas moins les vertus, les qualités solides et aimables de beaucoup d'autres religieuses, et particulièrement de ses voisines les Carmélites. Elle en avait connu plusieurs dans le monde, la marquise de Bréauté, et cette belle Marie de Bains, dont le portrait seul excitait des murmures d'admiration jusque dans le cloître[2]. Il y avait là aussi une autre mère Agnès, bien digne d'être comparée à la sœur d'Arnauld, la mère Agnès de Jésus-Maria, Mlle de Bellefonds, dont l'esprit est si

1. Tome II, p. 313.

2. Voyez LA JEUNESSE DE Mme DE LONGUEVILLE, chap. Ier, et le long Appendice sur les Carmélites.

vanté par Bossuet et par Mme de Sévigné[1]. Mme de Longueville n'avait pas de meilleure amie, et Mme de Sablé entretenait avec elle un commerce à la fois édifiant et agréable. Mais pour tirer de la mère Agnès tout ce qui était en elle de force, d'élévation ou de délicatesse, il fallait des circonstances heureusement rares, ou la longue lutte de Mlle d'Épernon contre sa famille, ou le désir d'arracher à la cour Mlle de La Vallière et de la purifier dans les pénitences du Carmel. C'est alors que l'humble servante de Dieu trouvait ces accents persuasifs et touchants qui revivent dans plusieurs lettres de Bossuet; mais d'ordinaire elle ne montrait qu'une grande justesse, de la sérénité et même un certain enjouement, et ce n'était vraiment pas sa faute si elle ne pouvait rien écrire qui ne trahît par quelque endroit une nature distinguée. Quand la charmante Marie de Bains, devenue la sainte prieure Marie-Madeleine de Jésus, tomba gravement malade en 1673, Mme de Sablé, qui l'avait si souvent vue à la cour de Marie de Médicis, et qui l'aimait tendrement, ne pouvant ou n'osant aller la voir à l'infirmerie des Carmélites, lui envoya son portrait[2], pour récréer les yeux et l'esprit de la malade de l'image et du souvenir d'une amie. Elle était représentée jeune encore et assez parée. Le gracieux portrait fut reçu avec toutes sortes d'honneurs, et la mère Agnès raconte cette petite scène à l'ancienne précieuse avec

1. Voyez LA JEUNESSE DE Mme DE LONGUEVILLE, chap. Ier, et le long Appendice sur les Carmélites.

2. Voyez plus haut, chap. Ier, p. 9.

un agrément qui n'est pas exempt aussi de quelque préciosité.

Lundi, 14 juillet 1673 [1].

« Madame la marquise de Sablé a été la très-bienvenue dans l'infirmerie de notre bonne mère. Elle l'a fait parfaitement bien souvenir de sa chère sœur, et moi très-bien aussi du jour qu'elle avoit des fleurs de jasmin et de grenade mêlées avec ses cheveux. Ensuite de ce que l'on a vu et de tout ce que l'on s'est rappelé, elle a reçu de très-grandes louanges; mais on lui doit encore celle-ci qu'elle y a paru si insensible, qu'on pourroit assurer qu'elle n'en a été nullement touchée et même qu'elle ne les a pas entendues. Comme vous êtes de ses amies, ma chère sœur, nous vous faisons part de nos sentiments pour elle et de l'extrême satisfaction que nous avons eue de sa visite. Il faut néanmoins confesser qu'il s'est dit une petite chose à son désavantage, qui est, sans flatterie, qu'elle n'égaloit pas à beaucoup près l'original... Je supplie le divin maître des cœurs de semer sa sainte parole dans le vôtre avec une si abondante bénédiction qu'il porte des fruits dignes de la vie éternelle. »

Parmi les filles de Sainte-Thérèse, il en était une que nous avons plus d'une fois rencontrée dans le cours de ces Études, et que nous avons essayé d'arracher à un injuste oubli [2], l'Aurore de Voiture, la Valérie

1. *Portefeuilles de Valant*, t. VII, fol. 372.

2. LA JEUNESSE DE MADAME DE LONGUEVILLE, chap. II, surtout l'APPENDICE; LA SOCIÉTÉ FRANÇAISE, t. Ier, chap. II.

de Somaize, cette belle et infortunée Mlle du Vigean, qui était venue ensevelir aux Carmélites le souvenir de l'ardente et chaste passion de Condé et les troubles de son propre cœur. La sœur Marthe de Jésus était au couvent de la rue Saint-Jacques telle qu'elle avait paru à la cour et à l'hôtel de Rambouillet, douce et modeste, se cachant et s'effaçant en vain, et inspirant à tout ce qui l'entourait la sympathie et l'affection. Mme de Longueville, qui autrefois avait connu ses sentiments secrets, ses luttes, sa victoire, lui portait le plus tendre intérêt; et Mme de Sablé ne l'aimait guère moins, mais elle l'aimait à sa manière. Elle se recommandait à ses prières, et en même temps lui envoyait ses petits cadeaux accoutumés, des confitures, de la gelée, qu'elle préparait elle-même avec un art et des soins particuliers. Marthe de Jésus se prêtait à l'humeur de la bonne marquise. Elle entrait aussi dans ses craintes et ses délicatesses pour sa santé, et au lieu de la gronder elle s'appliquait à la consoler. En vraie carmélite, elle mettait par-dessus tout la charité, et y joignait l'humilité. Nous n'avons trouvé d'elle que deux petits billets parmi les papiers de Mme de Sablé[1]; et nous en détachons ce peu de lignes, où paraît encore une grâce naturelle et involontaire dans la plus extrême simplicité. On y voit aussi que, loin de partager la commune défiance envers les religieuses de Port-Royal, alors officiellement condamnées, Marthe de Jésus demande leurs saintes prières :

2 août 1662 : « Que direz-vous de moi, ma très chère

1. *Portefeuilles de Valant*, t. V

sœur, de ce que je n'ai pas répondu plus tôt à votre si obligeante lettre? Je n'en puis obtenir le pardon qu'en vous le demandant très humblement, et c'est ce que je fais de tout mon cœur... Notre mère Marie Madeleine et la mère Agnès m'ont chargée de vous assurer qu'elles ne manqueront pas de bien prier Notre-Seigneur pour vous et de lui demander tout ce qui vous est nécessaire pour être tout à lui. Pour moi, ma très-chère sœur, pour qui prierai-je (plutôt) que pour vous, que j'ai aimée et honorée par mon inclination et ensuite par mille obligations que je vous ai; de sorte, ma chère sœur, que vous pouvez compter que tout ce que j'ai est à vous, et que si je faisois quelque petit bien, vous y auriez tout autant de part que moi-même. Mais hélas! je suis une si méchante religieuse que je crains bien que je vous serois aussi inutile auprès de Dieu que je vous l'ai été auprès des hommes. Donnez-moi vos prières et me procurez celles de vos chères voisines... Je me réjouis de ce que votre rhume est passé, nous ne nous en sommes pas aperçues à votre gelée, car elle étoit très-bonne, à ce que m'a dit la sœur qui en a usé; et pour vous montrer comme j'obéis à vos ordres, agissant avec une entière liberté, je vous conjure de nous en envoyer encore un pot. »

5 septembre 1662 : « Vous serez bien aise, ma chère sœur, lorsque vous saurez que notre mère Marie Madeleine de Jésus fut hier élue prieure. Comme il ne pouvoit arriver un plus grand bonheur à notre maison, vous aurez grande joie, je m'assure, de la nôtre à toutes, et de celles que j'ai à mon particulier;

car vous savez combien m'est chère cette bonne mère, qui a pour vous toute l'amitié et l'estime que vous sauriez désirer de la meilleure de vos amies. La mère Agnès fut hier élue sous-prieure, dont vous serez encore bien aise, car vous connoissez ce qu'elle vaut... Je suis en une petite retraite pour dix jours. Procurez-moi des prières de vos bonnes amies pour que je la passe bien. »

Voici maintenant une autre religieuse, qui n'appartient ni à Port-Royal ni au Carmel, l'abbesse de Fontevrault, Marie Madeleine Gabrielle de Rochechouart, fille du duc de Mortemart et de Diane de Grandseigne, nièce du comte de Maure, sœur du duc de Vivonne, de Mme de Thianges et de Mme de Montespan. Elle avait l'esprit des Mortemart et quelque chose de la beauté de ses sœurs, ainsi qu'on peut le voir dans le portrait gravé de Gantrel, probablement fait sur le portrait peint de Mignard, et qui la représente avec les traits les plus nobles et un grand air de majesté et de douceur[1]. Son goût la portait vers le monde, et elle eût peut-être succombé comme ses sœurs; le cloître la sauva, et lui fut tout ensemble un asile à sa vertu et une école où toutes ses qualités se développèrent. Elle ne savait pas seulement l'italien et l'espagnol, les deux langues alors à

1. In-folio, 1693. Mignard l'avait peinte en 1675, à l'âge de trente ans, à ce que nous apprend Mme de Sévigné, t. III, p. 456 de l'édition de M. de Montmerqué. Mme de Sévigné dit à cet endroit qu'ayant vu Mme de Fontevrault dans l'atelier de Mignard, elle ne la trouva pas du tout jolie. Il faut être pour cela bien difficile; nous renvoyons au portrait de Gantrel et au témoignage unanime des contemporains.

la mode, mais elle parlait le latin et l'écrivait d'une façon à étonner les plus habiles. Un peu plus tard, elle apprit assez de grec pour entreprendre du *Banquet* de Platon, en s'aidant beaucoup, il est vrai, du latin de Ficin, une traduction d'un style coulant et agréable. Elle l'envoya à Racine, qui en refit le commencement, surpassant aisément la docte religieuse, mais restant lui-même bien au-dessous de l'original, et remplaçant par une savante élégance la naïveté, la grâce, le charme incomparable du modèle antique[1]. Vainement Mme de Mortemart, frappée de tant de mérite, voulut regagner sa fille au monde : celle-ci, qui d'abord était entrée au couvent avec répugnance, s'y était attachée et n'en voulut plus sortir[2]; elle fit pro-

1. *Le Banquet de Platon, traduit un tiers par feu monsieur Racine, de l'Académie française, et le reste par madame de****. Paris, 1732. Voyez aussi les notes du *Banquet*, t. VI de notre traduction de Platon.

2. Nous tirons ce renseignement de la lettre circulaire qu'après la mort de Mme de Fontevrault, la religieuse qui lui succéda écrivit à tous les couvents de l'ordre pour leur annoncer la perte qu'ils venaient de faire. Cette circulaire est très-remarquable, et de la main d'une autre Mortemart, nièce de la défunte et troisième fille du duc de Vivonne. Il y est dit qu'on eut d'abord bien de la peine à faire entrer Mlle de Mortemart au couvent de l'Abbaye-aux-Bois pour y recevoir l'éducation accoutumée, mais que peu à peu elle s'y plut et y resta malgré tous les efforts de sa famille. « Madame sa mère n'oublia rien pour la retenir dans le monde; elle employa la douceur, les prières, les promesses, les reproches, lui proposa des mariages; mais Mlle de Mortemart persévéra dans sa résolution. Elle rentra dans l'Abbaye-aux-Bois sous prétexte de s'y éprouver encore. Là elle souffrit de nouvelles attaques; une infinité de personnes considérables dans le monde et dans l'Église la sollicitoient sans cesse de se conformer aux volontés de madame sa mère; mais elle ne pouvoit plus écouter d'autre voix que celle de Dieu. » Voyez l'exemplaire, peut-être unique, de cette circulaire à la Bibliothèque impériale.

fession à l'Abbaye-aux-Bois, à l'âge de vingt ans, en 1665; elle fut nommée abbesse de Fontevrault en 1670, ayant à peine vingt-cinq ans, et elle y mourut en 1704. Il paraît que le goût des lettres anciennes et de Platon était héréditaire dans la famille, car Huet nous raconte qu'étant aux eaux de Bourbon avec l'abbesse de Fontevrault et sa nièce, Marie Élisabeth de Rochechouart, une des filles du duc de Vivonne, devenue depuis la marquise de Castries, dame d'atour de la duchesse d'Orléans, il trouva la nièce tout aussi savante que la tante, et la surprit un jour lisant en secret un livre qu'elle s'efforça de cacher et qui était un volume de Platon. Ils lurent ensemble le *Criton*, et Huet ne sut qu'admirer le plus de son intelligence ou de sa modestie[1]. Mme de Sévigné, aussi sévère envers ceux qu'elle n'aime pas qu'indulgente pour ceux qui lui plaisent, et qui ne pouvait souffrir tout ce qui tenait à Mme de Montespan, dit avec sa malice accoutumée : « L'abbé Testu la gouverne fort[2]. » L'abbé Testu ne la gouvernait point, et l'agréable commerce qu'ils avaient ensemble, et que Mme de Sévigné relève en divers endroits avec une affectation marquée, était tout aussi public et aussi innocent que celui de Mme de Sévigné avec Corbinelli, de Mme de Sablé avec Esprit, de Mme de La Fayette avec Ménage et Segrais[3]. La

1. *Huetii Commentarius de rebus ad eum pertinentibus*. Amstelodami, MDCCXVIII, p. 380.

2. Édition de Montmerqué, t. III, p. 295.

3. Jacques Testu, de l'Académie française, abbé mondain, fort lié avec les dames les plus célèbres de son temps, non-seulement avec l'abbesse de Fontevrault et ses deux sœurs, mais avec Mme de Sévi-

nièce de Mme de Maintenon a peint avec beaucoup plus de vérité et de justice la sœur de Mme de Montespan : « On ne pouvoit, dit Mme de Caylus dans ses *Souvenirs*[1], rassembler dans la même personne plus de raison, plus d'esprit et plus de savoir ; son savoir fut même un effet de sa raison. Religieuse sans vocation[2], elle chercha un amusement convenable à son état ; mais ni les sciences ni la lecture ne lui firent rien perdre de ce qu'elle avoit de naturel. »

Écoutons maintenant le sévère Saint-Simon[3] : « Elle étoit fille du premier duc de Mortemart et sœur du duc de Vivonne, de Mme de Thianges et de Mme de Montespan ; elle avoit encore plus de beauté que cette dernière[4], et, ce qui n'est pas moins dire, plus d'esprit qu'eux tous avec ce même tour, que nul autre n'a attrapé qu'eux, ou avec eux par une fréquentation continuelle, et qui se sent si promptement et avec tant de plaisir. Avec cela très-savante, même bonne théologienne, avec un esprit supérieur pour le gouvernement, une aisance et une facilité qui lui rendoient comme un jeu le maniement de tout son ordre et de plusieurs grandes affaires qu'elle avoit embrassées, et

gné elle-même, et surtout avec Mme de Maintenon, sur laquelle il avait beaucoup de crédit. Malgré toutes ces belles protections, ses *Stances chrétiennes* et ses fréquentes retraites à La Trappe et à Saint-Victor, Louis XIV ne voulut jamais le faire évêque, trouvant qu'il ne se conduisait pas assez bien lui-même pour conduire les autres.

1. *Souvenirs*, édition de Renouard, p. 116.
2. Au moins dans les commencements.
3. Œuvres de Saint-Simon, édit. de M. Chéruel, t. IV, p. 200.
4. Autre exagération en sens contraire de Mme de Sévigné.

où il est vrai que son crédit contribua fort au succès; très-régulière et très-exacte, mais avec une douceur de grâce et des manières qui la firent adorer à Fontevrault et de tout son ordre. Ses moindres lettres étoient des pièces à garder, et toutes ses conversations ordinaires, même celles d'affaires et de discipline, étoient charmantes, et ses discours en chapitre, les jours de fête, admirables. Ses sœurs l'aimoient passionnément[1]; et malgré leur impérieux naturel, gâté par la faveur au comble, elles avoient pour elle une vraie déférence. Voici le contraste. Ses affaires l'amenèrent plusieurs fois et longtemps à Paris. C'étoit au fort des amours du roi et de Mme de Montespan. Elle fut à la cour et y fit de fréquents séjours, et souvent longs. A la vérité elle n'y voyoit personne, mais elle ne bougeoit de chez Mme de Montespan, entre elle et le roi, Mme de Thianges et le plus intime particulier. Le roi la goûta tellement qu'il avoit peine à se passer d'elle. Il auroit voulu qu'elle fût de toutes les fêtes de sa cour, alors si galante et si magnifique. Mme de Fontevrault se défendit toujours opiniâtrément des fêtes publiques, mais elle n'en put éviter de particulières. Cela faisoit un personnage extrêmement singulier. Il faut dire que son père la força à prendre le voile et à faire ses vœux, qu'elle fit de nécessité vertu et qu'elle fut toujours très-bonne religieuse. Ce qui est très-rare, c'est qu'elle conserva toujours une extrême décence

1. Il y a bien ici quelque réserve à faire, au moins du côté de Mme de Thianges, comme on va bientôt l'apprendre de Mme de Fontevrault elle-même.

personnelle dans ces lieux et ces parties où son habit en avoit si peu. Le roi eut pour elle une estime, un goût, une amitié que l'éloignement de Mme de Montespan ni l'extrême faveur de Mme de Maintenon ne purent émousser. Il la regretta fort et se fit un triste soulagement de le témoigner. Il donna tout aussitôt cette unique abbaye à sa nièce, fille de son frère, religieuse de la maison et personne d'un grand mérite. »

Les qualités que Saint-Simon attribue, avec une complaisance qui ne lui est pas ordinaire, à la plume de l'abbesse de Fontevrault, paraissent dans le petit écrit que l'aimable et spirituelle religieuse composa sur la politesse [1], en réponse à une de ces questions qui s'agitaient alors dans les cercles précieux, et qui ont inspiré à la Palatine, Anne de Gonzague, cette défense de l'espérance [2], les seules pages qui soient restées de cet esprit si judicieux et si fin. On peut dire que l'écrit de Mme de Fontevrault n'est pas seulement un traité, mais un modèle de politesse. C'est tout à fait la manière de Mme de Sablé; tout y est marqué au coin de la raison, et respire une simplicité du meilleur goût. Leur correspondance a le même caractère; on en pourra juger par quelques fragments.

Lorsqu'en 1670, Mlle de Mortemart, religieuse à l'Abbaye-aux-Bois, fut nommée abbesse de Fonte

1. *Recueil de divers écrits* (par Saint-Hyacinthe), Bruxelles, 1736, p. 85. Voyez l'*Appendice*.

2. On la trouvera dans Mme de Sévigné, édition de Montmerqué, t. II, p. 344.

vrault, Mme de Sablé lui adressa le billet suivant :

« L'honneur[1] que j'ai eu de vous voir, Madame, et tous les biens qu'on m'a dit de vous, m'empêchent de vous faire les compliments que vous recevez de beaucoup d'autres, car je vous avoue que je ne saurois me réjouir d'une chose qui vous éloigne d'ici, surtout après avoir fait tant de beaux châteaux en Espagne sur le plaisir qu'il y auroit de se trouver quelque jour auprès de vous. Cependant, Madame, il est vrai que vous avez un petit royaume, et que cela mérite bien qu'on s'en réjouisse ; mais comme il n'est pas permis de regarder ces choses-là par des sentiments humains, je ne sais ce que je vous dois dire, si ce n'est que je ne puis résister à l'abondance de mon cœur en vous disant qu'il me semble qu'à moins d'être comme M. de La Trappe, la situation est plus à compter dans la vie que la richesse et la magnificence des maisons[2]. Peut-être que si j'occupois le voisinage de la vôtre, comme j'ai fait autrefois[3], je me trouverois trop heureuse pour en faire cette médisance. Enfin, Madame, votre mérite a pourtant en cela tout ce qu'on lui pouvoit donner, et je crois, puisque vous l'avez bien voulu ainsi, qu'il faut se dépouiller de ses propres sentiments pour prendre les vôtres et ceux des personnes pour qui on a toute sorte d'estime et de respect, et

1. *Portefeuilles de Valant*, t. VII, fol. 439.

2. C'est en effet Mme de Rochechouart qui a restauré et embelli l'abbaye de Fontevrault, avant elle assez délabrée. Voyez la circulaire déjà citée.

3. Lorsqu'elle demeurait à Sablé.

qu'ainsi je dois m'étudier à m'y conformer. Quoi qu'il en soit, je serai toute ma vie, avec toute sorte d'estime et de respect, votre, etc. »

La correspondance est souvent interrompue, mais toujours aimable et affectueuse.

« Avouez [1], Madame, que Votre Révérence voudroit bien que je l'oubliasse tout à fait, afin d'avoir une raison de ne vous plus souvenir de moi; mais ne vous y attendez pas, s'il vous plaît; vous avez fait une trop forte impression sur mon cœur, pour qu'elle en puisse être effacée même par votre volonté. Au reste, Madame, nous avons parlé quasi de vous deux jours durant, M. l'abbé Testu et moi. Il me semble qu'il ne lui manque rien pour être un bon directeur que d'être un peu plus dévot [2]. A la vérité, je n'y dois pas trouver à redire, moi qui suis si humaine et qui ne vis que par l'amour-propre. Il m'a fait part de vos règlements et de vos desseins, que je trouve également admirables. Je souhaite que vous fassiez toutes choses aussi bien par le sentiment de votre cœur que par la droiture de votre entendement. »

Dans un autre billet, Mme de Sablé lui dit [3] : « Au nom de Dieu, ma très-aimable et très-chère Madame, ne me mettez plus un mot de cérémonie dans vos lettres. Tout ce qui vient de vous et qui est contraire à l'amitié m'est insupportable. »

1. *Portefeuilles de Valant*, t. VII, fol. 434.
2. C'était l'avis de Louis XIV. Voyez la note 3 de la p. 242.
3. *Portefeuilles de Valant*, t. VII, fol. 432.

Quelquefois elle s'efforce d'attirer Mme de Fontevrault au parti de Port-Royal, et se moque du parti contraire avec une liberté de langage bien permise à son âge : elle avait alors soixante-quinze ans.

« 1674.[1].

« Il n'y a rien de si obligeant ni de si généreux que ce que vous m'avez fait l'honneur de m'écrire, et je voudrois bien vous pouvoir mander quelque chose qui pût rendre cette lettre un peu agréable... Le prédicateur de Montmartre prêcha dimanche dernier sur la tentation, et dit qu'il ne falloit pas se mettre tant en peine lorsque l'on étoit tenté; qu'il n'y avoit qu'à dire non; que David, étant vieux et comme usé lorsqu'il fit tuer le mari de Bethsabée, ne pouvoit pas avoir une grande tentation; qu'il y succomba parce qu'il ne sut pas dire non; que Joseph, au contraire, qui étoit jeune, sanguin et vigoureux, en devoit avoir une fort grande; qu'il n'y succomba pas pourtant, parce qu'il sut dire non, et même laisser sa casaque, mais que si elle avoit tenu au bouton il ne savoit pas ce qui en seroit arrivé. N'est-ce pas là un bon entretien pour des religieuses? Je ne sais comment Mme de Montmartre[2] l'aura pris, mais je gagerois toujours cent contre un qu'elle en sera très-mécontente... »

1. *Portefeuilles de Valant*, t. VII, fol. 437.

2. Françoise Renée de Guise, fille de Charles de Lorraine, duc de Guise, et de Henriette-Catherine de Joyeuse, d'abord abbesse de Saint-Pierre de Reims, puis abbesse de Montmartre en 1657, morte en 1682. Elle avait aussi pour médecin le docteur Valant, qui nous en a conservé un assez grand nombre de lettres.

« 13 octobre 1674 [1].

« Ce seroit, Madame, un grand bien pour moi, aussi bien qu'un grand honneur, si j'avois une de vos lettres à porter toutes les fois que je vais à Montmartre. Cela me donne un rehaussement d'être, comme il arrive aux ambassadeurs des grands princes. J'ai beaucoup de joie que vous ayez vu le livre que l'on appelle *Monita*[2], et la belle lettre que M. de Tournay a écrite sur cela. Celle qui est en latin est un peu plus longue et plus exacte, et l'on y voit de quelle sorte on doit entendre l'endroit de l'*Index* où on l'a mis. Voici comme la chose s'est passée à Rome. Quantité de personnes qui ont intérêt que toutes les imaginations de dévotion subsistent, s'élevèrent contre ce livre et demandèrent qu'il fût condamné. D'autres, au contraire, bien intentionnées, disant que l'on ne pouvoit condamner ce livre, demandèrent que l'examen en fût fait, et que s'il y avoit quelque proposition qui fût suspecte dans la

1. *Portefeuilles de Valant*, t. VII, fol. 182.

2. *Monita salutaria beatæ Virginis Mariæ ad suos cultores indiscretos*, ouvrage contre le culte de la sainte Vierge, dont l'auteur est un jurisconsulte allemand nommé Adam Windelfets; il en parut une traduction française de Dom Gerberon, sous ce titre : *Avertissements salutaires de la bienheureuse Vierge Marie à ses dévots indiscrets*, Gand, 1673. Mgr l'évêque de Tournay, Gilbert de Choiseul, dont nous avons parlé dans le chapitre précédent, avait approuvé cette traduction; mais cette approbation ayant été fort attaquée, le savant évêque avait dû la défendre, en 1674, dans la lettre pastorale que cite Mme de Sablé. Voyez la *Bibliothèque Janséniste*, 2me édition, de 1731, p. 26.

foi, on la condamnât. L'on examina ce livre; l'on n'y trouva rien qui puisse être suspect. Nonobstant cela, comme le parti contraire à ce livre étoit fort puissant et pressant, l'on ne put leur refuser quelque chose, et ne pouvant le condamner, ils le mirent dans l'*Index*.. Que l'on est heureux quand on a de quoi voir par soi-même comme vous, et de n'être point conduit comme un oison-bridé par des gens qui, étant aveugles, tombent les premiers et font tomber ceux qui les suivent! »

Mme de Fontevrault ne devint pas janséniste, malgré son respect et sa déférence pour Mme de Sablé, mais on lui en fit un peu la réputation à l'Abbaye-aux-Bois: elle-même nous l'apprend dans une lettre adressée à une religieuse de ce monastère.

« A Fontevrault, ce 16 mars 1679[1].

« ... Je suis très-aise que madame (la prieure de l'Abbaye-aux-Bois) parle de moi avec amitié; mais assurément elle se trompe de me croire janséniste. Pour la doctrine qu'on leur impute, je ne l'ai pas; mais il est vrai que les livres de ces messieurs me paroissent au-dessus de tout ce qu'on peut lire en notre langue, et que la morale qui y est enseignée, quoique très-rude à la nature, ne laisse pas de me plaire, parce qu'elle est conforme à la seule et véritable règle, qui est l'Évangile. Voilà ma profession de foi en raccourci. Je ne m'étonne pas qu'elle soit

1. *Portefeuilles de Valant*, t. VII, fol. 422 et suivants.

un peu suspecte chez vous, puisque les gens qui y gouvernent, ne me croyant pas de leur cabale, seroient bien aises de faire croire que je suis aussi séparée de l'Église que de leur empire. Comme leurs jugements ne sont pas ceux de Dieu, je me console, et je suis même assurée que dès ce monde les vrais honnêtes gens me feront justice. Vous serez peut-être ennuyée, ma chère sœur, d'un aussi grand prône que celui-là ; mais comme je n'ai nulle nouvelle à vous mander et que je suis bien aise de vous écrire, je me suis étendue sur la première chose qui m'est tombée dans l'esprit... »

L'avantage des lettres intimes est qu'au milieu de bien des détails inutiles, elles nous instruisent d'une foule de choses qui ne sont point passées dans l'histoire et qui méritent d'être sues. Nous ignorions, par exemple, que l'abbesse de Fontevrault avait eu à se plaindre de sa sœur, Mme de Thianges, et que celle-ci avait fini par devenir fort dévote, et par suivre les exemples et les conseils de Mme de Sablé et de ce Tréville, l'Arsène, dit-on, des *Caractères* de La Bruyère, si célèbre au XVIIe siècle par son esprit, sa galanterie et ses perpétuels changements.

« A Fontevrault, ce 19 juin 1674 [1].

« Je suis trop heureuse, Madame, que vous vous soyez aperçue de mon silence et que vous m'ordonniez de vous en rendre raison. Il m'est très-aisé de le

1. *Portefeuilles de Valant*, t. VII, fol. 453.

faire, et je n'ai pour cela qu'à vous dire que j'ai été deux mois occupée à mon chapitre général, qui est la plus grande et la plus longue affaire que puisse avoir l'abbesse de Fontevrault. Je n'en suis pas encore absolument quitte, mais je puis vous assurer que, dans le temps qu'elle m'occupoit le plus, je songeois à trouver quelque moment de loisir pour vous faire ressouvenir de moi. Vous avez eu la bonté de me prévenir, et vous m'avez donné une très-sensible joie, car je ne souhaite rien tant que de trouver que vous me faites l'honneur de m'aimer, et outre cela j'aime vos lettres pour elles-mêmes. Je me fais un plaisir extrême de les lire mille fois. Ma sœur de Fourille[1] en aura un le plus grand du monde quand elle saura qu'il lui est permis d'aller chez vous. C'est une fille qui a beaucoup d'esprit et le goût très-fin. Ainsi il ne peut rien lui arriver de plus heureux dans tout son voyage que d'avoir l'honneur de vous entretenir. Comme elle est une de celles de cette maison que j'aime le mieux, je lui ai dit cent fois ce que je savois sur votre sujet, et vous jugez bien, Madame, que je serai ravie qu'elle vous ait vue pour que nous puissions, elle et moi, avoir le plaisir de parler souvent de vous. Je n'ai été nullement surprise de la froide réception que Mme de Thianges lui a faite : cela ressemble à tout le reste de sa conduite à mon

1. Serait-ce une fille ou une parente du lieutenant général de Fourille, excellent officier, tué à Senef cette même année 1674? Dans le *Grand dictionnaire historique des Précieuses*, on trouve une *demoiselle de Fouril* sous le nom de *Florelinde ;* mais elle est donnée comme mariée : ce ne peut donc être celle-ci.

égard, et je commence à croire qu'elle se fait un point de conscience de me maltraiter, voyant que ce déchaînement a commencé presque en même temps que sa dévotion, et qu'il subsiste sans que j'en puisse deviner le fondement; car enfin, Madame, je ne lui ai rien fait en ma vie, et il me semble même que, quand je l'aurois offensée, l'éloignement et l'abandon où je suis devroient naturellement faire cesser ses persécutions. Je vous dis cela, parce que j'aime à vous faire part de ce que je pense, et nullement pour que vous en fassiez usage. Je suis résolue à prendre patience, à me passer des gens et à me souvenir toujours de ce dont ils sont capables, non pas pour leur en vouloir du mal, mais afin de n'être jamais assez sotte pour faire aucun fond sur eux. Voilà, Madame, tout ce que je pense sur ce sujet. Si je m'y suis un peu trop étendue, vous vous souviendrez, s'il vous plaît, que vous m'avez mandé de vous dire toutes mes pensées sur cette affaire... Je vais écrire à Mme de La Reinie (vraisemblablement la femme du fameux lieutenant de police) sur celle de Mme la princesse de Guyméné. Il m'est bien glorieux de rendre quelque service à une personne de son mérite et de sa qualité; mais ce qui me touche principalement est de faire en cela quelque chose qui vous soit agréable. Je vous assure que je solliciterai Mme de La Reinie plus d'une fois. Elle est tout à fait de mes amies, et il est vrai qu'elle avoit fort recommandé votre procès à M. son mari. Toutes les fois que vous aurez besoin de son crédit, je vous conjure de ne faire aucune difficulté de m'employer auprès d'elle. Je suis certaine que mes recommandations ne seront pas tout à fait inutiles de ce côté-là. Cette lettre est si longue que je n'ose entreprendre de vous dire tout le bien que je pense de M. l'archevêque de Tours. En un mot, je le trouve digne de l'approbation que vous lui donnez, et il a tant de respect pour vos sentiments qu'il n'y a point d'honnêtetés qu'il ne me fasse, fondées assurément sur la bonté qu'il sait que vous avez pour moi. Je vous serai fort obligée si vous prenez la peine de lui témoigner que je lui suis très-reconnoissante. Il me semble que j'ai répondu à tous les articles de votre dernière lettre, excepté aux louanges qu'il vous plaît de donner à ce petit discours qui est tombé entre vos mains[1]; mais je suis si honteuse que vous l'ayez vu, que je ne puis vous en rien dire. Je vous prie de ne pas prendre cela pour une façon, etc. »

« A Fontevrault, ce 8e de janvier[2].

« ..... Vous m'avez fait un plaisir sensible de vous étendre un peu sur la dévotion de Mme de Thianges. Il me paroît, de la manière dont vous en parlez, qu'elle pourroit être très-solide, si elle quittoit la cour; mais je ne puis croire, non plus que vous, qu'on puisse soutenir dans ce pays-là une vie aussi austère que le doit être celle des véritables chrétiens, surtout

1. Probablement le discours sur la politesse. Il aurait donc été composé avant 1674.

2. *Portefeuilles de Valant*, t. VII, fol. 443.

de ceux qui, ayant été engagés dans le monde, doivent songer à faire une sérieuse pénitence. Je pense, Madame, que vous et M. de Tréville lui aurez souvent prêché cette vérité, et que bientôt elle la mettra en usage. Je trouve qu'elle n'est pas à plaindre d'avoir de tels directeurs ; car, Madame, je vous mets de ce nombre, et je sais bien que personne ne peut mieux que vous persuader de bien faire. J'ai ouï parler aussi il y a longtemps du mérite de M. de Tréville ; je l'ai même vu une fois ou deux pendant que j'étois à Paris. Je ne soupçonnois point du tout alors qu'il pût être à deux ans de là le directeur de Mme de Thianges; mais Dieu change les cœurs quand il lui plaît, et je me réjouis bien quand j'appris l'année passée cette célèbre conversion. Je suis ravie, Madame, que ma sœur soit assez heureuse pour être tout à fait bien avec vous. Je lui envie furieusement le plaisir qu'elle a de vous entretenir quelquefois, et je voudrois au moins que vous voulussiez vous souvenir de moi quand vous êtes ensemble. Croyez qu'il ne se peut rien ajouter à l'admiration que j'ai pour vous, et puisque vous voulez que je vous traite familièrement, je vous aimerai avec toute la tendresse et la fidélité possible. »

« De Fontevrault, ce 23 août [1].

« Je ne suis pas si malheureuse que je pensois, puisque vous ne m'avez pas tout à fait abandonnée. J'avois jusqu'ici craint ce malheur, et je ne puis assez

1. *Portefeuilles de Valant*, t. VII, fol. 329.

vous remercier de m'avoir conservé quelque part dans votre amitié. Vous avez eu raison de croire que je comprendrai le sens de votre lettre. Je l'ai tout entendue, Madame, et je suis touchée comme je dois de toutes les bontés que vous m'y faites paroître. Vous êtes, je crois, bien persuadée que ma confiance et mon estime pour vous ne diminueront jamais. Ainsi je ne vous en donnerai pas ici de nouvelles assurances... Mais pour répondre autant que je le puis à tout ce qu'il vous plaît de me dire, je vous avouerai sincèrement, qu'en effet, je suis assez en repos sur une certaine affaire, que je fais tous mes efforts pour en détourner mon imagination, et que, comme elle n'a aucun fondement, je ne puis pas me figurer qu'elle ait une longue durée. Si je n'entrois dans ces pensées, je tomberois dans un accablement qui passeroit mes forces. Je ne prétends point faire pitié, mais il est certain qu'on ne peut pas soutenir, comme je fais, tout le poids de ma charge, sans être exposée à plus de peines qu'il n'en faut pour exercer une médiocre patience. Vous jugez donc bien, Madame, qu'il faudroit mourir si l'on vouloit être encore attentive à toutes les persécutions de dehors, et vous m'avouerez que j'ai raison de les oublier, autant qu'il est en mon pouvoir. Dieu me fait même la grâce de trouver des sujets solides de consolation dans les circonstances dont je serois naturellement le plus blessée. Car de recevoir les plus grands outrages des personnes auxquelles non-seulement on n'a jamais fait de mal, mais qu'on a aimées et, j'ose dire, servies en des occasions considérables, vous m'avouerez que cela n'est point selon les règles communes, et qu'il faut bien que Dieu permette cet horrible renversement pour ma sanctification. Je le prie, de tout mon cœur, qu'il me fasse la grâce d'en faire un bon usage et de regarder comme un bonheur une épreuve si extraordinaire. Voilà, au vrai, les dispositions où j'essaye d'être sur ce sujet. Si dans l'abord il n'a pas paru tant de modération, cela est bien pardonnable, et vous m'avouerez qu'il y a des natures d'injustice qui font perdre toute la douceur et toute la patience qu'on pourroit avoir dans des occasions communes. Vous voyez bien, Madame, que je vous décharge mon cœur, autant qu'on le peut par lettre. Je vous conjure de n'en rien faire paroître, et, si vous m'aimez, de m'aider à oublier toutes ces ravauderies. Je ne veux point mettre à autre usage les offres que vous avez la bonté de me faire, parce que tout le mal qu'on m'a fait est irréparable. Au reste, je ne puis me passer de vous dire que je suis satisfaite de M. d'Angers [1] au delà de toute expression, et qu'il n'y a point d'honnêtetés qu'il ne me fasse. Si vous lui écrivez, vous m'obligerez fort de lui faire quelques remercîments pour moi. Si on vouloit demander à ce prélat des nouvelles de ma conduite, j'aurois, je crois, le bonheur d'être autant louée par lui que je suis blâmée de gens qui sont à cent lieues de moi. Quoique cela soit très-vrai, je pense que j'aurois mieux fait de ne le pas

1. Henri Arnauld, frère du grand docteur.

dire, mais je n'ai pu retenir ce trait de vanité. C'est l'extravagance des gens qui me persécutent qui m'a fait faire celle-là, que je vous supplie très-humblement de me pardonner. »

Mais quittons Port-Royal, les Carmélites et Fontevrault pour revenir à la société mondaine de la marquise de Sablé. Nous avons déjà fait connaître plusieurs des femmes qui en faisaient l'ornement, Mme de La Fayette, la duchesse de Schomberg, la duchesse de Liancourt, la princesse de Guyméné, Mme de Choisy, Mme de Montausier, etc. A ces nobles dames il faut en ajouter bien d'autres, dont nous trouvons des lettres plus ou moins nombreuses dans les Portefeuilles de Valant : la petite-fille de Mme de Sablé, la maréchale de Rochefort, spirituelle et jolie, mais un peu plus que légère, et que Saint-Simon n'a pas ménagée[1] ; la marquise de Gouville, dont on peut voir le portrait parmi les *Portraits* de Mademoiselle, et les premières aventures dans les *Mémoires* de Lenet, fille aînée du comte de Tourville, premier gentilhomme de Condé et l'un de ses meilleurs officiers, qui le suivit sur tous les champs de bataille, et préluda dignement à la gloire de l'un de ses enfants, le grand amiral de Tourville ; la maréchale de La Mothe-Houdancourt, Louise de Prie, marquise de Toussy, qui, après Mlle du Vigean, toucha un moment encore le cœur de Condé[2], aussi vertueuse que belle, dont

1. *Mémoires*, t. Ier, p. 30, etc.
2. La Société française au xviie siècle, t. Ier, chap. iii.

le burin délicat de Poilly nous a conservé la ravissante figure, et que Louis XIV, par un juste respect de son mérite et de sa vertu, donna pour gouvernante à ses enfants; Marie de Brissac, duchesse de La Meilleraye, belle aussi[1] et d'une humeur moins sévère; la maréchale de L'Hôpital, Mme de Vassé, Mme de Gèvres, Mme de Canaples, Mme de Créqui, Mme de Puisieux; cette jolie Mme de Saint-Loup, si passionnément aimée du beau duc de Candale, et qui finit par mêler si bizarrement, à ce que nous apprend Gourville[2], les restes d'une galanterie assez vive avec les commencements d'une dévotion équivoque; la duchesse d'Aiguillon, la digne nièce de Richelieu, belle et fière, habile et courageuse, fidèle à la politique de son oncle et inviolablement attachée au parti de la royauté; Mlle d'Aumale de Haucourt[3], l'amie de Mme de Grignan, dont Mme de Sévigné loue plus d'une fois le mérite, et qui épousa le dernier maréchal de Schomberg, un des hommes de guerre faits pour tenir tête, avec Luxembourg, Conti, Catinat et Villars, à Guillaume, à Eugène, à Marlbrough, et que la révocation de l'édit de Nantes chassa de France et poussa dans les rangs de l'ennemi; enfin l'une et l'autre duchesse d'Orléans, Henriette d'Angleterre et la Palatine de Bavière.

1. Voyez le joli portrait de Montcornet fait en 1659.
2. *Mémoires de Gourville*, collection de Petitot, t. LII, p. 304.
3. Et non de Harcourt, comme on le met fort souvent et à tort, même les plus instruits, tels que M. de Montmerqué, dans *Mme de Sévigné*, t. IV, p. 445.

Tant de lettres inédites ne peuvent manquer de contenir bien de nouveaux et curieux documents pour l'histoire des femmes distinguées de cette grande époque. Mais comment embrasser toutes ces lettres, ou bien auxquelles s'arrêter? Dans ce vaste recueil s'offrent au premier rang trois correspondances beaucoup plus considérables que toutes les autres, et dont nous n'avons pas parlé encore, celles de Mme de Longueville, de Mlle de Vertus et de la comtesse de Maure. Il faut même faire un choix entre ces correspondances, car chacune d'elles exige une étude particulière et de justes développements. On se doute bien de quel côté seraient nos préférences. Mais dès que nous serons en présence de Mme de Longueville, le charme bien connu agira, nous emportera loin de Mme de Sablé, et l'aimable marquise disparaîtra derrière la grande princesse. Ainsi il semble assez convenable de remettre à parler, selon notre cœur et tout à notre aise, de ces précieuses lettres, au temps où nous essayerons de retracer les dernières et touchantes années de notre héroïne. D'autre part, Mlle de Vertus est à peu près inséparable de son illustre amie. Enfin la correspondance de la comtesse de Maure suffit bien toute seule à nous occuper; car elle est déjà riche dans les Portefeuilles de Valant, et nous l'agrandirons encore d'une foule de pièces rares et ignorées que fournissent en abondance les papiers de Conrart à l'Arsenal et ceux de Lenet à la Bibliothèque Impériale. Mme de Maure était incomparablement la plus intime amie de Mme de Sablé ; c'est elle qui est entrée davantage dans l'intérieur de son âme et de sa vie, depuis les beaux jours de leur jeunesse jusqu'à celui de l'éternelle séparation ; c'est donc elle que nous devons préférer ici, bien qu'assurément nous sachions ce qui lui manque, et que ses qualités ne nous aveuglent pas sur ses défauts.

La comtesse de Maure descendait d'une famille Florentine, réfugiée en France au XVIe siècle et établie à Avignon. Le premier qui se soit fait connaître est Octavien Doni, qui occupa d'assez hauts emplois, et devint seigneur d'Attichy, terre située près de Compiègne. Il épousa Valence de Marillac, une des sœurs du garde des sceaux et du maréchal de ce nom, tous deux si célèbres sous Richelieu par leur éclatante élévation et leur chute profonde. Octavien Doni eut trois fils et deux filles. Aucun des trois frères ne laissa de postérité. L'aîné, Charles Doni, mourut jésuite en 1645 ; le second, Louis Doni, entra d'abord dans l'ordre des Minimes, devint ensuite évêque de Riez, puis d'Autun, et mourut en 1664 [1] ; le troisième, Antoine Doni, marquis d'Attichy, embrassa la carrière militaire, servit avec honneur en Italie et en Flandre, et fut tué en 1637, sans avoir été marié, emportant avec lui le nom de sa maison. L'une des deux filles épousa Scipion d'Acquaviva, duc d'Atri [2] au royaume de Naples,

1. Il est auteur d'un certain nombre d'ouvrages français et latins ; voyez le P. Niceron, t. XXIV, p. 372, à l'article *Louis Doni d'Attichy*. On en a un magnifique portrait in-folio gravé par Nanteuil.

2. Nous suivons Moreri à l'article *Doni*.

dont elle eut un fils, le comte de Châteauvilain, qui finit par se faire ecclésiastique, et Mlle d'Atri, que nous retrouverons dans le cours de ce récit. L'autre sœur est Anne Doni d'Attichy, depuis la comtesse de Maure.

Anne Doni semble avoir été l'aînée des deux sœurs; car Tallemant dit [1] qu'elle devint héritière à la mort de son frère le marquis d'Attichy. Elle perdit son père en 1614 [2]. Elle était née en 1601 [3], et elle mourut en 1663, ce qui en fait une contemporaine de Mme de Sablé, et met son éclat, comme celui de son amie, sous la régence de Marie de Médicis et sous Louis XIII.

Il ne reste d'elle aucun portrait ni peint ni gravé; mais c'était, à n'en pas douter, une fort belle personne. Mme de Motteville [4] en parle comme d'une dame « dont la beauté avoit fait autrefois beaucoup de bruit, » sans marquer en quoi cette beauté consistait. Mademoiselle, qui l'a peinte dans l'*Histoire de la*

1. Tome II, p. 354.

2. A ce que nous apprend le *Journal historique et anecdotes de la Cour et de Paris* conservé parmi les papiers de Conrart à la Bibliothèque de l'Arsenal, dont nous avons déjà tiré plus d'un renseignement, et que nous citons, chap. Ier, p. 16. Le passage mérite d'être cité en entier, parce qu'il indique avec précision les charges que possédait M. d'Attichy. T. XI, in-4° : « 1614, 2 janvier. Mort de M. d'Attichy. M. Dollé (a) sa charge d'intendant; M. Barbin, celle d'intendant de la maison de la Reine; il en avoit voulu bailler 23,000 livres à M. d'Attichy; sa femme en vouloit 24,000. Sur cela M. d'Attichy étant mort, Mme la maréchale d'Ancre a eu 40,000 livres de Barbin, sur quoi n'en a été baillé aucune chose à Mme d'Attichy. »

3. Somaize, dans le *Grand Dictionnaire historique des Précieuses*, qui est de 1661, dit qu'alors elle avait soixante ans; voyez t. II, p. 31, au nom de *Madonte*.

4. *Mémoires*, t. III, p. 226.

princesse de Paphlagonie sous le nom de la reine de Misnie, en dit un peu plus, et nous apprend qu'elle était grande et avait une belle taille. Dans les *Divers Portraits,* le marquis de Sourdis lui donne un teint d'une blancheur éblouissante, « qui effaçoit et ternissoit celle du satin blanc et des jasmins, dont elle portoit hardiment des guirlandes. » Enfin, Mlle de Scudéry, dans le *Grand Cyrus,* en fait une description détaillée qui peut remplacer les portraits qui nous manquent, et justifie pleinement l'admiration des contemporains : « Onésile étoit grande [1], de belle taille et de bonne mine. Elle avoit les cheveux bruns, les yeux noirs, le teint blanc et uni, la peau délicate, la bouche incarnate et souriante, et le tour du visage fort agréable, quoique d'une forme assez particulière, car on ne pouvoit véritablement dire qu'il fût tout à fait ovale, et on ne pouvoit pas dire aussi qu'il fût rond. De plus, elle avoit le nez très-bien fait, et sans être ni trop grand ni trop petit, il avoit tout ce qu'il falloit pour contribuer à la bonne mine d'Onésile, et pour ne gâter point cet assemblage de belles choses qui en faisoit une des plus belles et des plus charmantes personnes du monde. Car non-seulement elle avoit tout ce que je viens de décrire, mais elle avoit de plus un si grand et un si bel éclat dans les yeux, un air si fin, si noble et si spirituel en sa physionomie, une beauté si particulière à la bouche, une gorge si admirablement belle, et un caractère de grandeur en toutes ses actions qui plaisoit si fort, que

1. LA SOCIÉTÉ FRANÇAISE AU XVIIe SIÈCLE, t. Ier, chap. V, p. 219.

quand elle n'auroît eu de merveilleux que les seules grâces de sa personne, elle auroit été digne de beaucoup d'admiration. »

Tous les témoignages s'accordent à lui donner beaucoup d'esprit et le plus noble caractère. Laissons là Mademoiselle qui badine[1] et Sourdis beaucoup trop louangeur[2], bornons-nous à Mme de Motteville et à Mlle de Scudéry : « Elle avoit, dit Mme de Motteville[3], une vertu éclatante et sans tache, de la générosité, avec une éloquence extraordinaire, une âme élevée, des sentiments nobles, beaucoup de lumière et de pénétration. » Mlle de Scudéry[4] développe ce qu'abrége Mme de Motteville. Le portrait qu'elle trace de la comtesse de Maure est assurément très-flatteur; cependant elle n'oublie pas quelques défauts, par exemple la rêverie et les distractions, qui, dans la jeunesse, pouvaient avoir bonne grâce, mais qui, s'accroissant avec l'âge, devaient entraîner les plus graves inconvénients : « L'esprit d'Onésile brilloit encore plus que ses yeux, et l'on peut assurer que qui que ce soit n'en a jamais eu un plus pénétrant,

1. *Histoire de la princesse de Paphlagonie.* Relevons pourtant ce trait sérieux : « Elle avoit de l'esprit infiniment, un esprit capable, instruit, connoissant, et extraordinaire en toutes choses. » *Connoissant* est l'expression ordinaire du XVIIe siècle pour dire *connaisseur.* On prenait alors le mot *connoissant* d'une manière absolue, comme *reconnaissant* et *méconnaissant.* Le seul qui ait prévalu ainsi employé est *reconnaissant.*

2. Portrait de la comtesse de Maure dans les *Divers Portraits.* Voyez l'APPENDICE.

3. *Mémoires*, t. III, p. 226.

4. LA SOCIÉTÉ FRANÇAISE AU XVIIe SIÈCLE, t. Ier, chap. V.

plus éclairé, plus solide, plus agréable, ni d'une plus vaste étendue. Car encore que son imagination fût si prompte et si vive qu'elle dérobât jusque dans le cœur les pensées de ceux qui lui parloient, et qu'on pût quelquefois appeler divination la manière dont elle entendoit les choses, il est pourtant certain que, quelque prompte que fût son imagination, elle ne devançoit jamais son jugement, qui, agissant aussi diligemment qu'elle, faisoit que cette princesse jugeoit équitablement de tout. Ce n'est pas qu'on ne pût quelquefois lui reprocher qu'elle n'étoit pas toujours où elle paraissoit être ; car il est certain qu'il y avoit peu de gens au monde qui pussent occuper assez son esprit pour l'empêcher longtemps de penser à autre chose qu'à ce qu'ils lui disoient. Mais elle revenoit si à propos et si agréablement de ces légères distractions, dont ses amies particulières lui faisoient la guerre, qu'elle répondoit aussi juste à ce que l'on ne croyoit pas qu'elle eût entendu, que si son esprit n'eût point fait plusieurs petits voyages durant la conversation. Joint qu'à parler véritablement, ce qui paroissoit quelquefois distraction et rêverie étoit un pur effet de l'étendue de son esprit, qui, ne pouvant se renfermer en un seul objet, se partageoit en tant d'objets différents, qu'il n'étoit pas possible que durant qu'il étoit partagé il n'en parût quelque chose ou au son de sa voix ou en ses yeux ou en quelqu'une de ses actions ; et je pense même qu'on en pouvoit accuser sa générosité, étant certain que très-souvent, en écoutant une de ses amies, elle pensoit encore comment elle en serviroit quelque autre. Ainsi on peut dire sans flatterie que la seule petite chose dont on pouvoit quelquefois accuser la princesse d'Arménie servoit à la rendre plus aimable et plus parfaite, et étoit un pur effet de la grandeur de son esprit et de celle de sa bonté. Joint aussi que lorsqu'elle revenoit tout de bon à ceux qui étoient auprès d'elle, sa conversation étoit la plus agréable du monde et la plus capable de satisfaire pleinement les plus délicats et les plus difficiles, n'y ayant rien de si élevé dont elle ne parlât à propos, ni rien de bas dont elle ne pût parler noblement. On peut encore dire que jamais personne sérieuse n'a eu un enjouement plus aimable que celui qu'elle avoit quelquefois dans l'esprit, ni n'a su faire un si agréable mélange de l'air modeste et de l'air galant, ni n'a entendu les choses plus finement. Mais si Onésile parloit éloquemment, elle écrivoit aussi bien qu'on pouvoit écrire, et l'on peut dire que peu de femmes ont aussi bien écrit qu'elle. Mais, après tout, il falloit encore que son esprit cédât à sa générosité, à sa bonté et à sa vertu. En effet, on ne peut avoir l'âme plus solidement généreuse qu'Onésile, et qui que ce soit n'a jamais su obliger d'une manière plus noble, plus désintéressée ni plus héroïque ; car non-seulement elle accordoit de bonne grâce à ses amis ce qu'ils désiroient d'elle, mais elle leur rendoit même des offices qu'ils ne lui demandoient pas et qu'ils n'eussent osé lui demander. De plus, quiconque avoit de la vertu étoit assuré de sa protection, et elle étoit si fort touchée du mérite, qu'elle ne pouvoit voir un homme malheureux sans en avoir de la douleur, quoiqu'il ne fût pas de ses amis particuliers. Enfin Onésile avoit le cœur si grand et si noble, qu'on peut encore dire qu'elle étoit au-dessus de sa fortune, et qu'elle en avoit moins qu'elle ne méritoit d'en avoir. Aussi tout le monde la plaignoit avec tendresse de ce que sa santé n'étoit pas toujours aussi bonne que tous ceux qui la connoissoient l'eussent désiré. Ce n'est pas qu'elle ne fût tout à la fois agissante et délicate, et qu'elle ne fît bien souvent autant de choses que ceux qui se portoient le mieux, principalement quand il s'agissoit de servir quelqu'un. Onésile étoit aussi libérale qu'on peut l'être, et l'on peut assurer sans mensonge qu'elle avoit toutes les vertus ensemble, et qu'elle étoit respectée et tendrement aimée de tous ceux qui avoient l'honneur de l'approcher. »

Veut-on savoir ce qu'amenèrent l'habitude de la distraction et l'empire d'une mauvaise santé? Sourdis, malgré son admiration accoutumée, nous peut ici tenir lieu de Tallemant : « La nature[1], qui ne peut faire aucune chose entièrement parfaite, lui a donné une santé si délicate qu'elle est obligée de recourir souvent aux remèdes de la médecine; et parce qu'elle ne peut avoir le repos si nécessaire à la vie aux heures ordinaires, elle est forcée de le recevoir aux heures qu'il lui plaît de se présenter, lesquelles, étant souvent extraordinaires, l'empêchent de régler l'ordre de sa vie à celui de la plus grande partie des mortels; et on

1. *Divers Portraits.*

peut dire avec vérité que Mme la comtesse de Maure seroit une personne parfaite si elle pouvoit, comme le reste du monde, s'assujettir aux horloges. »

Ajoutons qu'elle avait dans le caractère, à côté du soin légitime de sa dignité, une fierté ombrageuse qui s'offensait de toute injustice et du moindre tort, et qu'elle porta cette humeur un peu irritable dans toutes les situations de sa vie et jusque dans ses affections les plus chères.

Elle commença par être une des filles d'honneur de la Reine mère, Marie de Médicis. Elle ne se maria point de bonne heure[1]. En 1632, elle ressentit vivement les malheurs de ses oncles de Marillac; elle voua au cardinal de Richelieu une haine fidèle; et, après la mort du tout-puissant ministre, ne cessa de réclamer avec une opiniâtreté courageuse la révision du procès

1. Divers projets de mariage échouèrent, tantôt parce que l'un de ceux qui la recherchaient n'avait pas assez de fortune, tantôt parce que l'autre mourut avant le temps ou périt à la guerre; on peut du moins tirer cette conjecture de ce couplet d'une chanson inédite sur les filles de la Reine. *Recueil de chansons historiques*, dit *Recueil de Maurepas*, à la Bibliothèque Impériale, t. Ier, p. 427 :

> Pauvre Attichy, je te plains bien.
> Tu es d'amants mal assortie,
> L'un te manque faute de bien;
> L'autre a manqué faute de vie.

Il paraît qu'elle fut recherchée, en 1630, par le président Chevilier, de la cour des comptes, si l'on en croit son oncle Marillac. (Archives des affaires étrangères, *France*, t. LIII, fol. 5.) — Marillac à Richelieu, 7 janvier 1630 : « J'achèverai par le président Chevilier, veuf depuis peu, que l'on m'a dit demander ma nièce d'Attichy et lui vouloir donner deux cent mille écus. Je n'en ai pas encore ouï parler assez clairement pour en dire davantage... »

du maréchal. Dans cette triste circonstance, « Mme d'Aiguillon [1], qui avoit été amie intime de Mlle d'Attichy quand elles avoient été toutes deux chez la Reine mère, envoya savoir de ses nouvelles, et lui fit dire qu'elle n'avoit osé l'aller voir, n'étant pas assurée comment elle seroit reçue. Celle-ci répondit qu'elle la remercioit de son souvenir, mais qu'elle la prioit de ne trouver pas mauvais qu'elle ne vît point la nièce du meurtrier de son oncle [2]. »

1. Tallemant, t. II, p. 354.

2. Elle le prend sur un tout autre ton avec Richelieu, dans la lettre suivante, que nous trouvons dans les Archives des affaires étrangères, *France*, t. LXII, authentique et autographe, sans date, mais qui doit être d'avril 1632.

« Monseigneur, voyant les affaires de M. le maréchal de Marillac en l'extrémité où elles sont, et ayant reçu ordre de lui, par un de ses advocats, de vous implorer encore en sa faveur et de rechercher pour cela l'honneur de vous voir, j'ai cru que vous n'auriez pas désagréable que j'osasse vous en demander la permission; et parce que j'aurois sujet de craindre qu'à cause des défenses qui m'ont été faites de la part du Roy, vous ne me voulussiez pas accorder cette grâce sans que ces défenses fussent révoquées, et que je ne le puis espérer que de votre bonté, à laquelle je sçais bien que je dois rapporter comme je fais la tolérance du séjour que ma maladie me contraint de faire ici; je vous supplie, très-humblement, Monseigneur, de vouloir ajouter à cette obligation celle d'obtenir de Sa Majesté la liberté que je demande. Je m'assure, Monseigneur, que vous considérerez le commandement que m'a fait M. le maréchal de Marillac et ce que je lui dois pour excuser ma faute, si vous jugez qu'il y en ait à vous faire de nouvelles importunités pour lui, et comme par la chose que j'ai à vous représenter de sa part, il *y* a sujet d'espérer quelque bien et quelque soulagement à ses affaires, je ne puis sans crime contre lui me dispenser de m'aller jeter à vos pieds pour vous supplier derechef, avec tout le respect et l'humilité que je dois, de m'écouter et de croire que je suis,

Monseigneur, votre très-humble et très-obéissante servante,

ATTICHY. »

Très-jeune encore, elle avait rencontré à la cour Mme de Sablé, et l'avait beaucoup aimée. Cette amitié s'accrut avec l'âge et ne finit qu'avec la vie; mais dans sa première vivacité, et même longtemps après, Mlle d'Atticby y mêlait des mbrages et des jalousies, réservées d'ordinaire à un autre sentiment, et il en résultait quelquefois entre les deux jeunes femmes des querelles sentimentales dont nous avons donné un curieux et touchant exemple [1].

Vers 1637, Mlle d'Atticby épousa le frère cadet du marquis, depuis duc de Mortemart, Louis de Rochechouart, comte de Maure. On ne se pouvait mieux convenir. Le comte était fier et généreux comme sa femme, et comme elle aussi il se laissait plus gouverner par l'humeur que par la raison. Il avait de l'honneur et du mérite, et servit fort bien. Il se distingua tellement en 1630 à la bataille de Veillane, sous Montmorenci et d'Effiat, qu'il fut choisi pour apporter au Roi les drapeaux enlevés à l'ennemi [2]. Plus tard, il suivit l'exemple de ses deux frères d'armes de Veillane, le comte de Cramail et le comte du Fargis, et, tandis que son frère aîné, le marquis de Mortemart, faisait son chemin à la cour, devenait un des quatre gentilshommes de la chambre du roi, et, en ménageant tour à tour Richelieu et Mazarin, gagnait par d'habiles complaisances la duché-pairie qu'il finit par obtenir, le comte de Maure s'engagea, comme son parent, le

1. Plus haut, chap. Ier, p. 31-33.

2. Voyez l'affaire de Veillane dans les *Mémoires de Richelieu*, t. VI, et *la Jeunesse de Mazarin*, chap. VIII.

commandeur de Jars, dans les intrigues de la Reine mère, Marie de Médicis[1]; puis sous la régence d'Anne d'Autriche, mêlant les passions de sa femme avec les siennes, il demanda la réhabilitation du maréchal de Marillac, bien entendu avec une réparation convenable en faveur de sa famille; et ne l'obtenant pas, comme on le pense bien, du successeur de Richelieu, il prît parti contre lui et se rangea parmi ces ambitieux mécontents qu'en 1643 on appelait les Importants, et qui, en 1648, devinrent les Frondeurs[2].

Le comte et la comtesse de Maure n'eurent pas d'enfants, mais ils n'en vécurent pas moins parfaitement ensemble, et Tallemant, qui n'aime pas du tout la comtesse, est obligé de reconnaître sa constante honnêteté: il ne lui attribue aucune galanterie; mais il s'en venge en étalant complaisamment toutes les petites misères dont la vertu et le mérite ne défendent pas toujours. Il lui reproche d'être trop occupée de sa santé, comme son amie Mme de Sablé, et de redouter aussi la contagion et le mauvais air. Ce qui est plus grave et tout aussi vrai, c'est que le mari et la femme n'avaient guère plus d'ordre l'un que l'autre, et que leur maison était fort mal réglée en toute chose. Il en résulta qu'avec une grande fortune, soixante mille

1. *Mémoires de Richelieu*, édit. Petitot, t. VII, p. 449.

2. Mazarin, dans ses Carnets, met le comte de Maure au nombre de ses ennemis. IIIme Carnet, p. 82 : « Il conte di Mora è andato otte volte a Aneto. » Anet était le séjour des Vendôme et le foyer de toutes les intrigues contre Mazarin. Sur les Importants, voyez LA JEUNESSE DE Mme DE LONGUEVILLE, chap. III, et Mme DE CHEVREUSE, chap. V et VI.

livres de rente, dit Tallemant[1], et pas d'enfants, ils finirent par se trouver fort gênés, surtout lorsque, après la mort de M. et de Mme d'Atri, ils prirent la fille avec eux, et un peu plus tard Mlle de Vandy.

A la Fronde, le comte et la comtesse de Maure commencent à paraître un peu plus sur la scène.

Tallemant prétend que « le désordre de ses affaires autant que le bien public engagea le comte de Maure dans le parti des Frondeurs. » Mais nous n'avons pas à nous mettre en frais de conjectures sur les motifs secrets de la conduite du comte de Maure ; ils sont écrits de sa propre main dans les *Demandes particulières de messieurs les généraux et autres intéressés*, que Mme de Motteville nous a conservées, pour nous donner une exacte idée du désintéressement des chefs de la Fronde : M. le comte de Maure demande le cordon bleu, lorsqu'il plaira à Sa Majesté de faire des chevaliers ; la révision du procès du feu maréchal de Marillac, et s'il est déclaré innocent, qu'on lui rende la charge de lieutenant de Roi des terres et évêché du gouvernement de Verdun, ou qu'on lui rende les cinquante mille écus que ledit feu maréchal avait payés pour ladite charge[2]. »

Sur la fin de la guerre de Paris, en 1649, les chefs des Frondeurs envoyèrent une députation à la Reine pour s'accommoder avec la cour et Mazarin à des conditions toutes personnelles qui trahissaient le fond de leur cœur, et qui, connues du public, les eussent

1. T. II, p. 354.
2. T. III, *ibid.*

décriés. Ces conditions ayant été rejetées par la Reine, il fallut bien, pour relever leur réputation, qu'ils eussent recours à l'hypocrisie du patriotisme : ils envoyèrent donc à Saint-Germain une députation nouvelle chargée d'étaler de grands sentiments et de faire des propositions altières. En attendant ils allèrent au parlement déclarer qu'ils n'avaient prétendu des places et des grâces que pour leur sûreté, tant que Mazarin demeurerait en France, mais que s'il plaisait au Roi et à la Reine de le chasser du royaume, ils ne demandaient rien et se contenteraient de l'honneur d'avoir rendu ce signalé service à l'État. « Ils demandèrent, dit madame de Motteville, un acte public de leur déclaration, qui demeurât au greffe du parlement comme marque de leur désintéressement. » Le comte de Maure fut choisi pour porter à Saint-Germain les nouvelles propositions. Il accepta cette commission contre l'avis de sa femme, qui, malgré la vivacité de ses ressentiments, pensa bien, à ce que nous apprend encore Mme de Motteville, que cette députation irriterait inutilement la Reine, et, au lieu de détruire Mazarin, ne servirait qu'à l'affermir davantage. « Mais lui, dit Mme de Motteville[1], qui avoit l'âme intrépide sur la haine comme sur l'amitié, se résolut, malgré la déférence qu'il étoit accoutumé d'avoir pour sa femme, de pousser le cardinal aux extrémités. Il eut peu de satisfaction, car il fut reçu à la cour comme un homme qui venoit jouer la farce de la comédie sérieuse qui venoit de finir, et toute la plaisanterie

1. T. III, p. 354.

tomba sur lui. L'intention de ceux qui avoient désiré son voyage n'étant pas de se contenter de cette gloire dont il devoit pour eux faire parade, mais de traiter en particulier, la constance et la fermeté avec laquelle il parloit tout de bon ne fut pas soutenue par ceux qui l'avoient envoyé, qui, voulant cacher le dégoût qui se pouvoit rencontrer en cette hardiesse, prirent plaisir à la condamner et à se moquer gaiement de l'ambassadeur qui ne s'étoit pas aperçu qu'il seroit abandonné, et ne laissèrent pas de profiter de sa bonne foi. Le soir de ce jour, revenant d'une promenade que j'étois allée faire à Maisons, la Reine en riant me demanda ce que je disois du voyage de mon bon ami le comte de Maure; car elle savoit bien que lui et sa femme étoient de mes amis. Je ne voulus entrer en rien contre une personne que j'estimois assez pour ne m'en pas moquer. Il avoit de l'honneur et de la probité, mais il étoit entêté de ses opinions et avoit le malheur de n'avoir pas autant d'approbation dans le monde qu'il avoit effectivement de vertu. Je répondis donc assez froidement à la Reine, et lui dis seulement que le comte de Maure étoit à plaindre d'être persuadé que son honneur l'obligeoit à venir demander une chose qu'il pouvoit bien juger qu'il n'obtiendroit pas. En effet, il exécuta avec tant d'exactitude la commission qu'on lui avoit donnée, et dont il s'étoit bien voulu charger, que, malgré les railleries qui se firent contre lui dans le cabinet, il fit dans le conseil sa déclaration en forme contre le ministre, promettant de la part des généraux un généreux dédain des dignités, richesses et gouvernements, à condition que par eux la France fût délivrée de celui qu'ils nommoient l'*ennemi de l'État.* Le chancelier, rejetant bien loin cette proposition, lui dit que cela étoit une affaire finie; que, de leur côté, comme de celui du Roi, la paix étoit faite, et que toutes haines et animosités étoient terminées et abolies. Cette célèbre harangue ne fut donc ni approuvée ni utile, et ne fit autre chose que d'arrêter la paix pendant quinze jours, et tout l'avantage qu'en tira celui qui la fit fut le plaisir de se venger de son ennemi, qui est beaucoup pour un homme qui préfère la liberté de dire ses sentiments à sa fortune. Il crut peut-être faire voir au ministre qu'il étoit un homme à craindre, et il est vrai que cette protestation qui avoit quelque chose en soi qui lui parut beau, fit beaucoup parler de lui. »

Et ici, malgré sa gravité, Mme de Motteville cite trois couplets assez plaisants qu'on fit contre lui en cette occasion. Tallemant[1] en donne quatre qu'il rapporte à différents auteurs, et qu'il divise selon les diverses circonstances de la guerre de Paris. « Durant le blocus, dit Tallemant, il fut le seul, tant il sait bien la guerre, qui, avec le Coadjuteur, fût d'avis de donner

1. Tallemant, t. II, p. 337. — On les trouve un peu pêle-mêle et sans nom d'auteurs dans une chanson Mazarine qui a huit pages et de fort nombreux couplets. Il est probable que dans cette guerre de chansons, chacun se livrait à son humeur particulière, et attaquait qui celui-ci, qui celui-là, M. d'Elbeuf, le maréchal de La Mothe, le parlement, Beaufort, le coadjuteur, les Corinthiens, Conti et sa sœur, etc.; et que de tous ces couplets on a fait, en les raccordant un peu, les *Triolets de Saint-Germain*, in-4°, 1649.

bataille le jour que M. le prince prit Charenton. Sur cela on fit ces triolets :

Je suis d'avis de batailler,
Dit le brave comte de Maure.
Il n'est plus saison de railler:
Je suis d'avis de batailler,
Il les faut en pièces tailler
Et les traiter de Turc à More.
Je suis d'avis de batailler,
Dit le brave comte de Maure.

Buffle à manches de velours noir
Porte le grand comte de Maure.
Sur ce guerrier qu'il fait beau voir
Buffle à manches de velours noir.
Condé rentre dans ton devoir,
Si tu ne veux qu'il te dévore.
Buffle à manches de velours noir
Porte le grand comte de Maure.

BACHAUMONT [1].

« M. le prince (qui alors tenait pour la cour) répondit ainsi :

C'est un tigre affamé de sang
Que ce brave comte de Maure.
Quand il combat au premier rang,
C'est un tigre affamé de sang.
Mais il n'y combat pas souvent,
C'est pourquoi Condé vit encore.
C'est un tigre affamé de sang
Que ce brave comte de Maure [2].

1. Un des auteurs du célèbre *Voyage de Chapelle et de Bachaumont.*
2. Il ne serait pas étonnant qu'en effet Condé fût l'auteur de ce

« A la seconde conférence, après les demandes des généraux et d'autres chefs de Paris, on fit un autre triolet à l'honneur du comte de Maure :

Le Maure consent à la paix,
Et la va signer tout à l'heure;
Pourvu qu'il ait de bons brevets,
Le Maure consent à la paix.
Et que son buffle lui demeure,
Le Maure consent à la paix,
Et la va signer tout à l'heure.

BAUTRU [1].

Si le comte de Maure joua dans cette première Fronde un personnage assez fâcheux, la comtesse en fit un à son tour qui ne fut pas fort à son avantage. Elle avait blâmé la fameuse députation qui tourna si mal; mais elle n'était pas femme à abandonner son mari dans ses disgrâces, et elle crut bien faire d'écrire à une de ses plus anciennes amies, Mme de Brienne, la femme du secrétaire d'État, pour lui donner les raisons de leur conduite et la prier de les faire entendre à la Reine et au Cardinal [2]. Ses raisons se réduisent à ceci : On n'a rien fait pour nous quand on faisoit tant pour d'autres; nous avions été d'abord pour la Reine, mais on ne nous en a pas su de gré; et comme

couplet, car il était très-spirituel, d'une gaieté moqueuse jusqu'à la licence, et il a fait beaucoup de vers, peut-être à l'aide des beaux esprits de sa maison. Voyez LA JEUNESSE DE Mme DE LONGUEVILLE, chap. II.

1. Sur Bautru, ses bons mots et ses vers, voyez Tallemant, t. II, p. 103-113.

2. Manuscrits de Conrart, in-fol., t. XI, fol. 1235.

ailleurs on nous promettait beaucoup, nous avons dû céder à cette tentation. Au lieu de tirer de cette belle explication ce qu'il était nécessaire d'en dire à la Reine et à Mazarin, Mme de Brienne donna la lettre même à son mari pour qu'il s'acquittât de la commission. Celui-ci fait comme sa femme, il porte au conseil la malheureuse lettre; on la lit, on s'en moque, et toute la cour sait bientôt cette aventure. La comtesse écrit de nouveau à Mme de Brienne pour s'expliquer mieux [1]. Mme de Brienne lui fait une réponse qui ne la charme guère [2]. Mme de Maure indignée épanche son ressentiment dans une longue lettre à Mme de Montausier, son ancienne rivale dans le cœur de Mme de Sablé [3]. Mais ce qui est un trait frappant de son caractère, elle s'afflige moins d'avoir si mal réussi qu'elle ne triomphe d'avoir tenu tête à la Reine et à son ministre, comme autrefois elle avait bravé Richelieu.

On ignorait jusqu'ici ce que fit le comte de Maure dans la seconde Fronde, pendant la captivité des princes, lorsqu'à Stenay Mme de Longueville et Turenne, et à Bordeaux la princesse de Condé, le duc de Bouillon et La Rochefoucauld, résistaient aux armées royales et balançaient la fortune. Les papiers de Lenet, trop peu consultés par les historiens de la Fronde [4], nous apprennent que le comte de Maure

1. Manuscrits de Conrart, in-fol., t. XI, fol. 1235.
2. *Ibid.*, t. XIV.
3. *Ibid.*, fol. 13.
4. Ils sont conservés à la Bibliothèque impériale, où ils forment

resta à Paris avec plusieurs autres amis des princes pour travailler en leur faveur auprès du duc d'Orléans et des Frondeurs que Mazarin avait eu l'art de mettre dans ses intérêts, pour rappeler sans cesse au parlement la violation outrageante de la clause la plus essentielle du traité de Paris, à savoir, que nul ne serait arrêté sans être immédiatement interrogé et traduit en justice, pour agiter enfin, autant qu'on le pourrait, le peuple de Paris, en lui montrant le vainqueur de Rocroy et de Lens, le sauveur de la France et du trône, renfermé comme un ennemi de l'État dans le donjon de Vincennes. Le comte de Maure remplit fort bien ce rôle, et il paraît qu'il avait acquis une véritable importance, puisque Lenet, qui était alors à Bordeaux avec Mme la Princesse, le duc de Bouillon et La Rochefoucauld, lui écrit souvent, loue sa conduite et lui demande ses conseils. Le comte de Maure n'a qu'une politique, comme Mme de Longueville : à tout prix la liberté des princes, et ne poser les armes qu'à cette condition. Il est sans doute aveuglé par la haine intéressée qu'il porte à Mazarin; mais Lenet nous a conservé plusieurs dépêches de sa main, une entre autres du 24 août 1650, qui contient une appréciation parfaitement vraie de la situation des affaires, et peut être considérée comme le manifeste et en quelque sorte le mot d'ordre du parti des princes[1].

près de quarante volumes in-folio. M. Aimé Champollion en a tiré de précieux documents dont il a enrichi la nouvelle édition des Mémoires de Lenet dans la collection Michaud.

1. Biblioth. impér., Manuscrits de Lenet, t. III. Voyez l'APPENDICE à la fin de ce volume.

Cependant la ville de Bordeaux, vivement pressée par l'armée royale et faiblement secourue par l'Espagne, fut bien obligée d'entrer dans l'accommodement que Mazarin lui offrit, et la jeune princesse Claire Clémence de Maillé se retira avec son fils, le petit duc d'Enghien, à Montrond, place forte du Berry, appartenant à Condé. Elle y avait une bonne garnison, et de là elle attendait les événements, dirigée en toutes choses par Lenet. Celui-ci, comme la princesse palatine, inclinait à négocier avec Mazarin victorieux. Ce n'était pas là le goût du comte de Maure, qui s'efforça d'attirer Lenet à un avis contraire, lui représentant combien il était mal sûr de traiter avec Mazarin, puisqu'en même temps qu'il donnait à Lenet les meilleures espérances, il faisait transporter les princes de Vincennes à Marcoussis, et de Marcoussis dans la citadelle du Hâvre, afin de les avoir dans sa dépendance, tandis que les frondeurs et le duc d'Orléans voulaient les faire venir à la Bastille, ce qui eût remis l'avenir entre leurs mains; car Condé c'était tout, et qui l'avait et pouvait à son gré le retenir ou le délivrer, était le maître de la situation. Le comte de Maure fit à Lenet une ouverture importante qui fut suivie et qui réussit; il lui proposa de faire présenter requête au parlement par la jeune princesse elle-même[1]. Dans une lettre du 22 novembre 1650[2], il prévoit et annonce la mort de la princesse douairière de Condé qui eut lieu en effet quelques jours après, le 2 décembre, à

1. Mme de Motteville, *Mémoires*, t. IV, p. 222.
2. Manuscrits de Lenet, t. III.

Châtillon-sur-Loing. On ne peut être mieux informé de tout ce qui se passe et se prépare.

Les trop grands succès de Mazarin furent précisément ce qui le perdit. La victoire de Rethel lui donna une telle puissance que lui-même se crut en état de dominer ou de tromper les deux partis qui traitaient avec lui, et que ces deux partis, voyant qu'ils ne pouvaient compter sur sa parole, et craignant de n'avoir servi en se divisant qu'à élever sur leur tête un ennemi rusé, habile et heureux, se réunirent et travaillèrent de concert à sa perte. La délivrance des princes devint le cri universel : le comte de Maure la laisse entrevoir le 5 février 1651 [1]; il l'annonce le 13 [2], et ce même jour les princes sortaient de prison et Mazarin quittait le pouvoir et la France.

Mais c'est surtout dans la troisième et dernière Fronde que le comte de Maure joua un rôle considérable. Il suivit Condé en Guyenne, et quand le prince quitta le Midi pour aller se mettre à la tête de l'armée que commandaient fort mal le duc de Nemours et le duc de Beaufort, le comte de Maure resta à Bordeaux avec le prince de Conti, Mme de Longueville, Lenet et Marsin, et montra, comme officier général et gouverneur de Libourne, une bravoure incontestable, avec ses défauts ordinaires, la susceptibilité et l'obstination, qui suscitaient presque autant de difficultés qu'il rendait de services [3]. Il fut blessé et un moment pri-

1. Manuscrits de Lenet, t. IV.
2. *Ibid.*
3. Voyez dans les papiers de Lenet, t. IV, deux lettres du 12 et du 17 mars 1652, qui le peignent parfaitement.

sonnier. Mme de Longueville, qui ne se faisait pas illusion sur l'état des affaires, et qui voyait autour d'elle toutes les fidélités chanceler avec la fortune, appréciait fort un dévouement tel que celui du comte de Maure; elle supportait donc et ménageait ses défauts, et connaissant tout le crédit de la femme sur le mari, elle avait soin de lui écrire de temps en temps pour soutenir et animer son zèle par des paroles aimables et caressantes. Elle l'avait invitée à venir à Bordeaux[1]; mais, désespérant de l'y attirer, elle lui envoie son portrait pour lui être du moins aussi présente qu'il se pouvait. La fière et glorieuse dame est ravie de ce présent. Elle en écrit à M. de Maure avec des transports de joie[2]; et elle offre à la princesse[3], toute surveillée qu'elle est à Paris par la police de Mazarin, de lui mander toutes les nouvelles qu'elle pourra recueillir, et de suppléer son amie Mme de Sablé; nous apprenant ainsi que Mme de Sablé entretenait une correspondance suivie avec Mme de Longueville.

Quand la Fronde eut succombé, le comte et la comtesse de Maure eurent à subir toutes les disgrâces attachées à la défaite, exil dans leur terre d'Attichy, logements de troupes, impositions, vexations de toute sorte. Il leur fallut avoir recours au marquis de Mortemart, qui, étant resté fidèle à la Reine, put interve-

1. Manuscrits de Conrart, in-fol., t. X, fol. 245 et suiv.; lettre de Mme de Longueville à Mme la comtesse de Maure, de Bordeaux, le 31 octobre 1652.

2. *Ibid.* 9 septembre 1652.

3. *Ibid.* Réponse de Mme la comtesse de Maure à Mme de Longueville, du 16 novembre 1652.

nir utilement en faveur de son cadet. Peu à peu, Mazarin, aussi indulgent par nature que par politique, adoucit, puis fit cesser entièrement les mesures que sa sûreté et celle de l'État l'avaient forcé de prendre. Le comte et la comtesse obtinrent la permission d'habiter à leur gré ou leurs terres ou Paris; et dégoûtés désormais de se mêler des affaires publiques, ils se réduisirent à vivre paisiblement à la place Royale, auprès de Mme de Sablé, menant encore un assez grand train, et se ruinant de plus en plus, faute d'ordre, grandement estimés et considérés comme des gens d'honneur et de mérite avec quelques légers travers.

N'ayant pas d'enfants, la comtesse de Maure s'était donné une fille en quelque sorte dans sa nièce, Mlle d'Atry, dont la destinée a été fort obscure : on la mit d'abord pensionnaire à Port-Royal : puis, comme Mme de Sablé, elle prit un logement dans les bâtiments extérieurs de la maison de Paris; pendant les mauvais jours, elle fut forcée de chercher un autre asile, où elle vécut avec une grande édification, et mourut en 1676[1]. Mme de Maure avait été plus heureuse avec une autre de ses parentes qu'elle prit d'assez bonne heure avec elle, Mlle de Vandy, de la vieille maison d'Apremont, sœur de M. de Vandy[2] qui avait épousé une nièce du maréchal de Marillac. Comme on le voit, cette demoiselle était d'assez grande qualité, mais sans fortune; elle était petite, mais jolie

1. *Histoire de l'abbaye de Port-Royal*, etc., t. Ier, p. 203, et t. III, p. 58.
2. Voyez Tallemant, article *Vandy*, t. V, p. 103. — Mademoiselle parle souvent de ce Vandy, à propos de sa sœur, particulièrement t. III, p. 193.

ou du moins fort agréable; elle avait de l'esprit et de l'instruction; et, ainsi que la plupart des dames bien élevées de la première moitié du XVIIe siècle, elle savait l'italien et l'espagnol. N'ayant pas voulu descendre à des partis médiocres et au-dessous de sa naissance, elle ne s'était point mariée, et vivait avec la comtesse de Maure comme sa fille ou plutôt comme sa sœur. Elle s'était fait une assez grande réputation d'esprit, et, en digne élève de la comtesse, elle était demeurée étrangère à toute intrigue galante, c'est-à-dire qu'elle était précieuse et prude[1], deux choses que Molière n'avait pas encore entièrement décriées.

1. On trouve dans le fonds de Clérembault, à la Bibliothèque Impériale, *Mélanges*, n° 261, p. 405, une pièce de vers intitulée *Portraits de la cour en contre-vérité*, pour l'année 1659, où nous lisons ces deux vers :

> La Suze est justement prude comme Vandy :
> Pour lui parler d'amour il faudroit être hardi.

Un *Recueil de chansons historiques notées*, de la Bibliothèque de l'Arsenal, donne, au n° CCXVII, le couplet suivant :

> Brusque Vandy, vous êtes un peu fière
> De vous fâcher pour un madrigalet
> Qui n'a rien dit de votre corselet,
> De votre esprit, vos beautés, vos lumières,
> Et qui n'a pas passé votre jartière.

Enfin le *Recueil de Maurepas*, Bibliothèque Impériale, t. II, p. 295, contient une complainte burlesque assez longue sur les rigueurs des dames que Mlle de Vandy prétendait mettre à la mode. Cette pièce, où l'on trouve rassemblés les noms de toutes les beautés de la cour de la régente vers 1646 ou 1647, commence ainsi :

> Ne vous plus voir si ce n'est en peinture,
> Ne vous parler sinon en écriture,
> Gente Vandy, saurai bien me garder,
> Puisqu'à votre huis il se faut poignarder
> Et par amour vous immoler sa vie, etc.

Mlle de Scudéry, qui a mis, dans le *Grand Cyrus,* la comtesse de Maure, ne pouvait manquer d'y introduire aussi sa jeune amie. Mlle de Vandy y est Télagène, princesse de Paphlagonie : « Télagène étoit de taille médiocre, mais bien faite ; elle avoit les yeux grands et bleus, et d'un éclat languissant et doux qui plaisoit infiniment. Elle avoit le teint uni et vif, le visage en ovale et les cheveux d'un châtain si clair et si beau qu'on eût pu les dire blonds sans leur faire grâce. Elle n'avoit pas seulement beaucoup de beauté, beaucoup de douceur et beaucoup d'esprit, elle avoit encore la mémoire remplie de tout ce qu'on avoit écrit d'agréable dans toute la Grèce ; et, depuis Hésiode jusqu'à Sapho qui vivoit alors, rien n'avoit échappé à sa curiosité de tout ce que les muses avoient produit d'excellent. Aussi cette grande lecture avoit-elle donné à Télagène une facilité de bien écrire et d'écrire galamment, qu'on mettoit avec raison entre les bonnes qualités qui la rendoient aimable. Sa conversation étoit douce, flatteuse et complaisante... Télagène avoit l'âme infiniment tendre à l'amitié, et toutes les inclinations si nobles et si portées à la véritable vertu, qu'elle étoit incapable de faire jamais rien qui l'en pût tant soit peu éloigner [1]. »

Lorsque Mademoiselle commençait à se dégoûter de ses deux célèbres aides de camp du temps de la Fronde, la comtesse de Fiesque et la comtesse de Frontenac, elle distingua Mlle de Vandy ; ses mœurs, son esprit, sa raison lui plurent, et elle se l'attacha.

1. La Société française au XVIIe siècle, t. Ier, p. 227.

Elle la prit tellement en gré qu'elle en fit l'héroïne de son roman allégorique et burlesque, *Histoire de la princesse de Paphlagonie*[1], que déjà nous avons fait connaître[2]. Mme de Sablé y est la princesse Parthénie, la comtesse de Maure la reine de Misnie, et Mlle de Vandy la princesse de Paphlagonie elle-même : elle y est représentée presque toujours en beau, avec sa jolie figure, son esprit, ses connaissances, sa fierté, et son aversion pour la galanterie. On y voit agréablement retracées les querelles de la princesse de Paphlagonie et de la reine Gélasine (la comtesse de Fiesque), la protection dont l'entoure la reine des Amazones (Mademoiselle), l'intervention de la princesse Aminte (Mme de Montausier), la description pleine de grâce de cette princesse, celle de sa mère la déesse d'Athènes (Mme de Rambouillet), etc. A la fin Diane enlève la princesse de Paphlagonie et consent à partager avec elle les hommages de ceux et de celles qui feraient vœu de virginité.

Dans les *Divers Portraits,* Mademoiselle s'est complue à nous donner une description très-détaillée de Mlle de Vandy au physique et au moral, pour mettre à côté du portrait de la comtesse de Maure qu'avait fait dans ce même ouvrage le marquis de Sourdis. Au lieu de reproduire cette description connue[3], signalons bien plutôt un trait particulier et tout à fait original du caractère des *deux inséparables*, comme on appelait

1. On peut voir ce qui a donné naissance à ce roman, dans les *Mémoires* de Mademoiselle, t. Ier, p. 24 et suiv.

2. Plus haut, chap. II, p. 79, et chap. V, p. 262.

3. Voyez l'APPENDICE.

Mlle de Vandy et la comtesse de Maure. Dans ce siècle où la galanterie et la dévotion se succédaient et même se mêlaient fort souvent, ces deux dames étaient restées pures et irréprochables sans être d'une grande ferveur religieuse. Assurément elles avaient de la piété, mais sans nul excès, et se tenaient éloignées des querelles du temps. En un mot, elles étaient un peu philosophes. C'est ce que Mademoiselle dit fort nettement de Mlle de Vandy, dans le portrait qu'elle en a tracé : «Vous n'avez nulle dévotion, et cela vient de ce qu'ayant le cœur bon..., et la conduite uniforme de votre vie vous empêchant d'avoir des remords, vous croyez que vivant moralement bien, c'est assez ; et vous n'êtes pas seule que cette pensée éloigne de la dévotion ; cela est plus philosophe que chrétien.» Mademoiselle en dit autant de la comtesse de Maure dans *la Princesse de Paphlagonie ;* elle la présente, il est vrai, en badinant, comme étant « fort éloignée de la dévotion, » et ne confirmant pas du tout Mme de Sablé dans la résolution qu'elle avait prise de devenir dévote[1].

La comtesse de Maure passa ainsi plusieurs années à la place Royale, depuis la fin de la Fronde, entourée de la considération générale, assez intimement liée avec plusieurs beaux esprits célèbres, Mlle de Scudéry, Chapelain, Conrart, et elle-même augmentant de jour en jour sa réputation, presque à l'égal de son amie Mme de Sablé, par l'agrément de sa conversation et la multitude de lettres ingénieuses qu'elle écrivait en toute occasion.

1. Plus haut, chap. II, p. 83.

CHAPITRE SIXIÈME

Quelques lettres de la comtesse de Maure sur Mmes de Bouillon aux eaux de Bourbon en 1655. — Dépit du comte et de la comtesse, de ne pas être mieux traités par Condé à son retour en France en 1660. — Ils se retirent dans le quartier Saint-Jacques, auprès de Mme de Sablé. — La comtesse de Maure, toujours indépendante et hardie dans ses jugements. Elle est assez sévère envers la Reine mère, — envers Mme de Chevreuse et la Palatine. — Ses sentiments affectueux pour la duchesse de Navailles, — pour le duc et la duchesse d'Orléans. — Son jugement sur Mme de Longueville. — Son opinion sur la Grâce et sur la Prédestination. — Elle ne prend pas une grande part à la composition des sentences. — Elle meurt en avril 1663. — Mme de Sablé n'a plus d'autre amie intime que Mme de Longueville. — Elle prolonge sa vie à Port-Royal de Paris jusqu'à 79 ans : sa mort humble et tranquille en 1678.

Tous les amis de la comtesse de Maure, Mademoiselle, Sourdis, Mlle de Scudéry, vantent beaucoup ses lettres. Il faut dire que le genre épistolaire était alors fort à la mode. Balzac et Voiture l'avaient créé et popularisé. Les romans, c'est-à-dire peut-être la partie de la littérature qui exprime le plus fidèlement le goût de la société d'une époque, sont remplis de lettres fort soigneusement travaillées. C'était là surtout que l'auteur montrait tout ce qu'il avait de poli et de galant. Dans les romans de Mlle de Scudéry, les lettres sont imprimées en caractères particuliers pour se mieux détacher du reste de l'ouvrage et se recommander à l'attention du lecteur. On se faisait un nom par quelques lettres, et Mme de Sévigné n'a fait que porter à sa perfection, en le cultivant avec art, un genre qu'elle n'a point inventé. Plus on étudiera le XVIIe siècle, plus on trouvera, parmi les innombrables manuscrits qu'il a laissés, une foule de correspondances féminines qui, sans le diminuer, expliquent le talent de Mme de Sévigné : elle est la première parmi mille rivales, et elle a du génie là où beaucoup d'autres n'ont eu qu'une politesse gracieuse ou donné seulement de fugitives espérances. Dans une maladie de Conrart, il paraît que toutes les personnes de sa connaissance s'efforcèrent de le divertir en lui envoyant des lettres amusantes. La comtesse de Maure fit sa partie comme les autres, et ses lettres furent remarquées [1]. Conrart ne nous les a pas conservées; mais, grâce à Dieu, il en a recueilli beaucoup d'autres de la même main, et dans le nombre il en est plusieurs qui soutiennent fort bien l'éloge des contemporains, et qui même, plus connues, pourraient porter assez haut la réputation de la comtesse.

Dans l'été de 1655, elle était allée avec Mlle de Vandy aux eaux de Bourbon alors fort en vogue, elle y avait trouvé une société du plus haut rang : Mme de Longueville avec une de ses parentes Mlle de Portes, la comtesse de Saint-Géran, la maréchale de L'Hôpital, la duchesse de Saint-Simon, et aussi Mmes de Bouillon qui étaient fort montées sur leur titre nouveau de princesses, réclamaient celui d'altesses, et voulaient établir une

1. *Portefeuilles de Valant*, t. VII, fol. 277.

étiquette insupportable. C'était d'abord Mme de Turenne, Anne de Caumont, fille du second duc et maréchal de La Force, mariée tout récemment en 1653 au grand capitaine, et qui mourut avant lui; avec elle était sa belle-sœur, la célèbre Charlotte de La Tour, sœur de Turenne et de Frédéric Maurice, duc de Bouillon, vieille fille pleine de vertu et de mérite, mais très-huguenote et très-fière, qui avait un crédit presque sans bornes sur son frère Henri, et qu'à cause de cela on appelait la gouvernante de M. de Turenne. Elle était accoutumée au commandement et avait sa belle-sœur sous sa conduite. Ces deux princesses opprimaient et humiliaient tout le monde. Il faut bien entrer ici dans quelques détails indispensables.

La maison de Bouillon avait perdu sa ville et sa forteresse de Sedan, incorporées en 1642 à la couronne de France : en échange de cette principauté effective, elle avait reçu une autre principauté accompagnée de grands revenus, mais d'ailleurs purement honorifique. MM. et Mmes de Bouillon se pouvaient donc, à la rigueur, faire appeler princes et princesses, mais ils n'avaient pas droit au titre d'altesse réservé aux maisons princières souveraines, ni à d'autres priviléges d'étiquette assez désagréables en eux-mêmes pour qu'on ne fût pas fort empressé de les laisser usurper par ceux qui ne les possédaient pas légitimement. Les uns cédaient, les autres résistaient, selon leur convenance et leur caractère. Nous ne voulons pas rechercher si, dans la hiérarchie aristocratique du temps, Mmes de Bouillon avaient ou n'avaient pas le droit de se placer chez elles au-dessus de toutes les dames qui n'avaient pas le rang de princesses, de se mettre dans des chaises à bras et de ne donner que des pliants aux autres; il est du moins certain que dans la liberté et l'abandon de la vie des eaux, ce rigide cérémonial était ridicule, et la comtesse de Maure n'était pas d'humeur à s'y soumettre. Mais il fallait trouver quelqu'un qui fût en état de faire entendre raison à Mmes de Bouillon; Mme de Longueville, en sa qualité de princesse du sang, voulut bien l'entreprendre, en y mettant tous les ménagements que sa bonté et sa douceur lui suggéraient. Elle n'y réussit point, et les deux nouvelles princesses ne voulurent jamais consentir à rien relâcher de leur droit; elles disaient que les personnes du plus haut rang le reconnaissaient, et que la comtesse de Maure n'était pas reçue à vouloir être autrement traitée que des maréchales de France et des marquises, nommant tout bas la marquise de Sablé, et tout haut la marquise de Montausier. Voilà pourquoi la comtesse de Maure en écrit à Mme de Montausier, et lui fait le récit de toutes les scènes comiques auxquelles donna lieu ce beau démêlé. Encore une fois nous ne prenons pas parti entre les prétentions superbes des deux princesses et les prétentions tout aussi orgueilleuses peut-être de la comtesse de Maure et de Mlle de Vandy, qui ne manqua pas de se mêler à cette petite levée de boucliers. La seule chose qui nous intéresse et que nous voulons relever, c'est que la comtesse de Maure trouve ici, dans son caractère, un redoublement de talent et d'esprit, et qu'elle peint les ridicules de Mmes de Bouillon avec une vivacité de pinceau et une verve de raillerie que Saint-Simon n'eût pas désavouée.

« De Bourbon, le 9 juin 1655 [1] : Encore, ma chère sœur [2], que l'on ne trouve guère de temps à Bourbon pour écrire, il faut bien vous faire part de ce qui m'est arrivé avec les dames de Bouillon, surtout puisque vous y êtes mêlée. Il a fallu pour mes péchés qu'elles vinssent ici, car ailleurs je m'étois bien sauvée de leur principauté. Elles m'envoyèrent visiter dès le lendemain que je fus arrivée, disant qu'elles me viendroient voir, de sorte qu'il fut doublement question de savoir si l'on pourroit trouver quelque sûreté chez elles. Mme de Longueville me voyant en peine de trouver quelqu'un qui fût propre à cela, elle trouva qu'il n'y avoit qu'elle ; et nonobstant ce qui la pouvoit empêcher de se charger d'une si redoutable entreprise, elle le voulut bien. Elle fit donc la harangue avec tous les assaisonnements qu'il lui fut possible, et ce fut à Mlle de Bouillon [3]. La réponse fut qu'elles étoient en possession de traiter comme faisoient les

1. Manuscrits de Conrart, in-fol., t. V, fol. 696, etc. — M. le comte de Saint-Aulaire a eu le premier le mérite de mettre au jour cette lettre et la suivante à Mme de Longueville, dans l'Appendice du t. III de son *Histoire de la Fronde*. Malheureusement il s'est servi d'une copie trop souvent inexacte.

2. Nom de tendresse que se donnaient alors les femmes qui avaient été élevées ensemble, ou qui avaient eu de bonne heure une grande intimité. Voyez LA SOCIÉTÉ FRANÇAISE AU XVIIe SIÈCLE, t. II, APPENDICE, p. 376, etc.

3. Charlotte de La Tour.

princesses, et qu'en un mot, elles ne le pardonneroient à personne, qu'elle s'étonnoit que je songeasse à cela, parce que les Maréchales de France même s'y étoient accommodées. Elle nomma Mme de Guébriant[1]. Mme de Longueville lui fit entendre que pour moi je ne m'y accommoderois pas, encore que je lui eusse témoigné d'être tout à fait de leurs amies. Le lendemain, Mme de L'Hospital[2] et Mme de Charlus[3], qui ne les avoient point encore vues chez elles, y allèrent; et sans autre cérémonie, Mme de Turenne se mit au-dessus de Mme de L'Hospital. Toute la grâce qu'elle lui fit fut de lui donner une même chaise qu'à elle. Étant donc toutes deux dans des chaises à bras, on donna un petit siége à Mme de Charlus. Je ne doute pas qu'elle ne vous fasse grande pitié de l'avoir pris, et j'en suis assez fâchée, car elle est ma bonne amie; mais enfin elle le fit. Mlle de Bouillon étoit sur le lit. Elle ne manqua pas de venir tout courant conter cette prouesse-là à Mme de Longueville et de se vouloir servir d'un tel exemple pour me persuader; et Mme de Longueville disant que cela ne me feroit chose du monde, elle dit, plus rouge que feu : Avant que nous eussions ce que nous avons à cette heure, nous n'en

1. La maréchale de Guébriant, Renée du Bec, de la maison de Vardes, ambassadrice en Pologne pour y conduire Marie de Gonzague, morte en 1659, désignée première dame d'honneur de la reine Marie-Thérèse.

2. En 1655, la maréchale de L'Hôpital était Marie Mignot, que le maréchal avait épousée pour sa beauté en 1653.

3. Vraisemblablement Jeanne de Montjouvent, la première femme de Roger de Levis, comte de Charlus, lieutenant général du Roi au gouvernement du Bourbonnais.

avons jamais usé d'autre sorte avec Mme de Montausier, sans qu'elle s'en soit formalisée; et elle dit aussi, entre ses dents, Mme la marquise de Sablé; mais pour vous, ce fut tout franc. Je dis à Mme de Longueville que je ne le croyois non plus de vous que de la marquise de Sablé, de laquelle j'étois très assurée; que pour le siége pliant cela seroit du dernier ridicule de le vouloir faire croire; que je ne pensois pas aussi qu'elle y songeât, mais que je ne le croyois non plus des places, encore que ce seroit une chose plus supportable. Mme de Longueville eut aussi son fait, après que nous eûmes eu le nôtre. Mlle de Bouillon lui fit entendre qu'elles prétendoient qu'elle les traiteroit comme elle traite ceux de Savoye et de Lorraine, et en un mot qu'elle donneroit la droite à elle et à ses nièces. J'entrai chez Mme de Longueville comme elles ne faisoient que de la quitter; et si ce fut bien à propos pour elle, à cause de la hâte que l'on a de conter de telles choses, ce ne fut pas si à propos pour moi ni pour nos princesses. Je les trouvai dans l'antichambre, causant avec Mlle de Portes [1], et vous jugerez bien que de part et d'autre l'on n'avait pas trop d'envie de se rencontrer. Je fis pourtant le mieux que je pus, parlant de leur santé, du bon visage de Mme de Turenne, que je trouvai en effet tout embellie; et Mlle de Portes dit après à Mme de Longue-

1. Marie-Félice de Budos, marquise de Portes, fille d'Hercule de Budos et de Louise de Crussol. Elle était parente de Mme de Longueville, une Budos et de Portes, étant la mère de Charlotte-Marguerite de Montmorency.

ville qu'elles parurent plus embarrassées que moi. Mme de Turenne fut toujours fort froide, mais Mlle de Bouillon se remit un peu, et demanda de vos nouvelles et ce que ç'avoit été que votre mal. Mme de Turenne entra dans le discours, mais très-peu; et sans se saluer, non plus à la fin qu'au commencement, on se sépara. Mais revenant à Mme de L'Hospital, vous saurez qu'à l'heure qu'il est, elle ne sait point que Mme de Turenne se soit mise au-dessus d'elle. Jugez le beau triomphe d'avoir emporté cela sur une personne qui ne s'en est point aperçue! C'est un conte que je garde pour notre première conversation. Mais quoique je n'aie voulu révolter personne, et que je n'aie prétendu, sinon de ne point faire de bassesse, je ne doute point que je ne sois brouillée avec toute la maison pour le reste de ma vie. Et après tout, sans moi, leur principauté eût été du moins établie à Bourbon; car pour Mme de Saint-Simon[1], que vous savez qui y est peu soumise, comme elles ne se voient point ailleurs, cela n'eût guère paru. Je voudrois bien pourtant ne m'être point trouvée en leur chemin, quoique je sois naturellement révoltée contre ces sortes d'entreprises-là, et je ne me suis jamais étonnée que dans les républiques on se soit exposé à tant de périls pour empêcher qu'un citoyen ne se rendît maître des autres. Il faut avouer que, pour le siége pliant, cela va jusqu'à

1. Diane Henriette de Budos, fille d'Hercule de Budos et de Louise de Crussol, sœur de Mlle de Portes et première femme du premier duc de Saint-Simon, Claude de Saint-Simon, un des favoris de Louis XIII, et père du grand écrivain.

l'audace. Mme de Longueville, qui les peut connoître, comme vous savez [1], n'a pas laissé d'en être surprise; et en effet y a-t-il rien de tel que de vouloir qu'on soit devant elles comme devant les princesses du sang? Mlle de Duras[2] même est une espèce de princesse; elle ne conduit personne et se tient si près de ses tantes, dès qu'elle le peut, qu'on n'y mettroit pas une feuille de papier. Au reste, on me l'avoit bien dit, l'écolier le maître a passé : Mme de Turenne est pire à cette heure que Mlle de Bouillon. Je vous ai dit comme c'étoit elle qui avoit été la plus froide lorsque je les rencontrai. Elle fit la même chose chez elle, à Mlle de Vandy, qui crut qu'elle les devoit aller voir, parce qu'elle les connoît de son chef. Ce fut une gravité de Reine, dans une grande chaise à bras, le coude appuyé sur une table, un valet de chambre n'apportant des siéges que fort loin de Son Altesse. Mais comme la demoiselle à qui elle avoit affaire n'étoit pas fort disposée au respect, cela fit un effet tout contraire à celui que l'on se proposoit. Elle se souvint qu'elle n'avoit vu Mme de Longueville que sur un petit siége; et elle dit que si j'eusse été là, elle eût été en danger d'éclater de rire, surtout lorsqu'elle vit entrer Mlle de

1. Mme de Longueville, en 1648 et 1649, avait beaucoup connu, pendant le siége de Paris, le duc et la duchesse de Bouillon, alors fort engagés dans la Fronde pour ravoir leur principauté de Sedan; et à Stenay, elle s'était très liée avec Turenne qui n'avait pu la voir dans l'intimité sans en être épris.

2. La sœur des maréchaux de Duras et de Lorges, fille de Guy de Durfort, marquis de Duras et de Lorges, marié en 1619 à Élisabeth de Bouillon, sœur du duc de Bouillon et de Turenne.

Bouillon, tenant par la main une dame d'Auvergne, que personne n'a su déchiffrer ici, et qui est plaisamment faite, Mlle de Bouillon disant : C'est madame la comtesse une telle, du ton dont elle auroit dit : c'est madame la comtesse de Flix[1]; et cette comtesse de se jeter quasi par terre, pour prendre la robe de Mme de Turenne, laquelle recevoit cela, non pas comme auroit pu faire Mme de Longueville, mais comme feu Mme la Princesse[2], quand elle étoit sur ses grands chevaux; cette comtesse, au reste, n'ouvrant quasi la bouche que pour dire Vos Altesses, auxquelles on voyoit venir alors une grande sérénité sur le visage, que Mlle de Vandy leur avoit trouvé fort troublé, principalement quand elle avoit nommé mon nom, bien que ce n'eût été que pour dire que j'avois trouvé Mme de Turenne embellie. Enfin, elle dit que de tout ce qu'elle a vu de sa vie, rien ne lui a jamais semblé si plaisant, qu'il falloit que Mlle de Rambouillet vît cela comme elle, et que jamais il n'y eut telle comtesse, si ce n'est la comtesse Trifaldi, quand elle vint saluer Don Quixote. Je voulois qu'elle vous fît la relation de cette aventure-là, à

1. Ou de Fleix, Marie Claire de Baufremont, fille de Henri de Baufremont, marquis de Senecey, président de la noblesse aux états généraux de 1614, et de Marie Catherine de La Rochefoucauld, qui fut, après la mort de son mari, première dame d'honneur de la reine Anne d'Autriche, gouvernante des enfants de France, d'abord comtesse, puis duchesse de Randan. Marie Claire de Baufremont avait épousé le comte de Fleix, de la maison de Foix. Restée veuve de bonne heure, elle fut, comme sa mère, dame d'honneur de la reine mère, et nommée aussi duchesse. La mère et la fille étaient très-vaines de leur naissance. Voyez Mme DE HAUTEFORT, etc.

2. La princesse douairière de Condé, Charlotte Marguerite.

l'heure même; mais c'est une paresseuse, qui me laisse toujours tout à faire, quoiqu'elle s'en acquitteroit bien mieux que moi. Elle dit pour ses raisons que la prose n'est pas digne de cela, et qu'il faudroit savoir faire des vers. Mais pour moi, j'ai voulu que vous le sussiez vitement en quelque langage que ce fût. Ce n'est pas encore tout; il a fallu que les hommes aient tâté aussi de la principauté. Ne leur pouvant pas faire toutes les mêmes choses qu'aux dames sur les siéges, on s'est tué de leur parler des valets de pied de M. mon frère[1]. Enfin l'on n'auroit jamais fait, et elle a dit quelque chose à Mme de Longueville sur la souveraineté de Sedan, qui passe, à mon gré, tout ce qui a jamais été dit. Pour ce qui est de moi, c'étoit mon étoile présente que d'avoir des démêlés avec ces sortes de princesses: car au même temps que Mme de Longueville faisoit celui-ci pour moi avec Mlle de Bouillon, Mme la marquise de Sablé faisoit peut-être un éclaircissement à Mme de Guyméné, pour quelque chose de pareil qui m'arriva chez elle la veille que je partis. Mlles de Haucourt[2] vous pourront dire ce que c'est[3], car je le leur ai mandé. Vous pourrez aussi, s'il vous plaît, leur faire part de cette lettre, et à ce parpaillot de M. Conrart[4], pour lui faire voir ce que c'est que leurs dévotes[5].

1. Le grand Turenne.

2. Filles de Daniel d'Aumale, seigneur de Haucourt, premier chambellan de M. le Prince. Une d'elles, Susanne d'Aumale, épousa Frédéric-Armand de Schomberg, maréchal de France.

3. Voyez l'Appendice : *Lettres du comte et de la comtesse de Maure.*

4. Conrart était protestant.

5. La copie qu'on a donnée à M. de Saint-Aulaire porte ici: « pour lui faire voir ce que c'est que leurs *devoirs.* »

M. Chapelain aussi peut bien être de cette confidence-là. Mais pour Mme votre mère et Mlle votre sœur[1], c'est pour elles aussi bien que pour vous que cette relation est faite. Il faut bien aussi que M. votre mari sache ce qu'elle contient : mais je n'ose désirer qu'il voie de mes lettres. Hors cela, ma chère, je vous supplie que personne n'entende parler de ceci, car pour Mme la marquise de Sablé, elle est toujours exceptée, et ce sera elle qui vous envoyera ma lettre.

« Il y a bien eu ici une plus grande affaire que celle des rangs; je ne doute pas que vous n'en ayez ouï parler, et je n'ai pas le courage aussi de vous en rien dire, à cause de mes amis qui y sont si intéressés. Plût à Dieu que cela pût être aussi bien oublié qu'il a été réparé, c'est-à-dire autant qu'il peut l'être. Mme de Longueville a témoigné en cela une bonté extraordinaire. Je l'ai trouvée non-seulement dévote, comme on nous l'avoit dit[2], mais détachée du monde plus que je ne l'avois cru. Elle m'a demandé de vos nouvelles fort amiablement, vous plaignant fort de l'accident qui vous est arrivé[3]. Elle est allée à Moulins il y a trois jours. Vous verrez bientôt Mme de Saint-Simon, et pour moi je n'espère de vous revoir qu'au commencement du mois qui vient. Je souhaite de tout mon cœur de vous retrouver en parfaite santé et que

1. La future Mme de Grignan, Angélique-Clarisse d'Angennes, l'Anacrise du *Grand Cyrus*. Voyez LA SOCIÉTÉ FRANÇAISE, etc., t. Ier, p. 288.

2. C'était un an après la grande et définitive conversion.

3. La fameuse fausse-couche.

vous me fassiez toujours la grâce de me croire parfaitement à vous. »

Nous ignorons quelle est cette grande affaire dont parle la comtesse de Maure à la fin de sa lettre, et où Mme de Longueville aurait montré une bonté extraordinaire avec un entier détachement du monde. On le voit, ce n'est pas nous qui cherchons Mme de Longueville; mais nous la rencontrons partout, déployant jusque dans les moindres choses la douceur à la fois et la grandeur de son caractère. Elle avait quitté les eaux de Bourbon dans les premiers jours de juin 1655, comme nous l'apprend la comtesse de Maure, pour aller à Moulins faire visite à sa tante, Mme de Montmorency, au couvent des filles de la Visitation, avant de retourner en Normandie auprès de son mari. Au mois de septembre étant au château de Trie près de Gisors, elle reçut une lettre de la comtesse de Maure, où celle-ci, qui était restée aux eaux bien longtemps après elle, et qui n'avait pas voulu s'arrêter en si beau chemin dans une querelle d'amour-propre et d'étiquette, en raconte la suite à la princesse pour la divertir, et nous donne ainsi un nouveau tableau de genre qui n'est en rien inférieur au précédent. Nous n'hésitons pas à mettre encore sous les yeux du lecteur cette lettre tout entière, en y joignant un billet de Mlle de Vandy adressé à la Princesse lorsqu'elle était encore à Moulins, parce que ce billet est fort agréablement tourné, et qu'il met presque involontairement en lumière les grâces et la beauté que Mme de Longueville possédait encore en 1655, et par-dessus tout la douceur et la bonté qui la faisaient adorer de tout le monde.

A MADAME LA DUCHESSE DE LONGUEVILLE, A TRIE.

De Bourbon, septembre 1655.

« Dans la créance que j'ai qu'on s'ennuie quelquefois à Trie, aussi bien qu'on fait à cette heure à Bourbon, il m'a semblé, Madame, que ce qui nous y avoit diverties vous pourroit divertir aussi, et qu'à Paris même ce que j'ai à vous dire d'un voyage que Mme de Saint-Géran[1] a fait ici, ne seroit pas à rejeter. Vous vous souviendrez peut-être bien, Madame, qu'elle et moi sommes parentes et bonnes amies. Cela fit qu'aussitôt que je sus qu'elle étoit arrivée, je la voulus avertir qu'il y avoit ici un fort dangereux endroit, où il se falloit bien garder d'aller sans reconnoître[2]. Je lui mandai donc qu'elle n'allât en aucun lieu que je n'eusse parlé à elle, et que j'allois la trouver. Elle répondit qu'elle me verroit à l'heure même; et aussitôt je la vis entrer disant : Je me doute bien de ce que vous me voulez; mais comment ferai-je? Il faut bien que je les voie, puisque je suis ici. Je lui dis que si elle avoit envie d'être traitée comme une soubrette, elle n'avoit qu'à se dépêcher; mais que si elle vouloit l'être selon sa condition, il falloit faire préparer les

1. La comtesse de Saint-Géran était Susanne de Longaunay, femme de Claude-Maximilien de La Guiche, comte de Saint-Géran et de La Palice, gouverneur du Bourbonnais, fils du maréchal de Saint-Géran.

2. On dit aujourd'hui : faire une reconnaissance.

voies, et que, pourvu qu'elle pût savoir qu'on trouveroit les Altesses sur le lit, ce seroit assez, parce qu'elle n'auroit qu'à s'asseoir dessus pour éviter le petit siége. Il fut donc question de trouver un négociateur. Vous savez, Madame, que cela n'étoit pas aisé; et sans le Père gardien[1], qui voulut bien l'être, et qui avoit fait grande connoissance avec ces Altesses, nous n'eussions su à quel saint nous vouer. Il jugea que d'abord il ne falloit point faire de semblant d'avoir vu Mme de Saint-Géran, et qu'il devoit seulement dire que l'intérêt qu'il prenoit à cette maison-là lui avoit fait croire qu'avant que cette dame les vît, il devoit s'éclaircir d'un bruit qui couroit de ce qu'elles avoient fait à Mme de L'Hospital et à Mme de Charlus, et que même elles s'en étoient vantées. Il s'adressa à Mlle de Bouillon, Mme de Turenne étant au bain. Mlle de Bouillon, rouge, comme vous savez qu'elle devient en ces occasions-là, lui dit qu'il étoit vrai qu'elles l'avoient fait, que cela étoit de leur droit, mais qu'elles n'en avoient point parlé. V. A. saura qu'elles l'ont dit à Mme de Mézières, de la même façon qu'à elle, et c'est par là qu'il a été su; car pour moi, Madame, je pense que vous jugez bien que je ne vous aurois citée que bien à propos. Mlle de Bouillon demanda ensuite s'il avoit vu Mme de Saint-Géran. Le Père, ne voulant point mentir, avoua la dette. Alors, devenant toute en feu, elle lui dit qu'il n'en falloit point davantage, mais que cela ne venoit pas de Mme de Saint-Géran, qu'elle

1. Le Père gardien de quelque couvent de Bourbon ou des environs.

les avoit vues toute sa vie, et qu'elle n'avoit jamais songé à cela; que même son mari avoit reconnu par écrit leur principauté; et qu'aussi d'aller au contraire, c'étoit leur refuser ce que la naissance leur avoit donné; que ce que le Roi avoit fait pour eux n'avoit été que les reconnoître. Et ensuite elle conta mot pour mot tout ce que vous savez, Madame, qu'elles disent de la façon dont le Pape et le Roi d'Espagne ont traité feu M. de Bouillon, n'oubliant pas que le Pape lui donnoit de l'Altesse, lorsqu'il ne donnoit que de l'Excellence à M. de Guise; que pour le roi de France, chacun savoit que dans le traité que feu M. de Bouillon avoit fait pour Sedan, le Roi a juré foi de roi et M. de Bouillon foi de prince; et pour conclusion, qu'elle ne croyoit pas que Mme de Saint-Géran, qui étoit leur parente et de leurs meilleures amies, voulût être venue pour leur faire un affront, en ne les voyant pas, sur un tel sujet. Le Père lui dit que cela étoit aisé à accommoder, que Mme sa belle-sœur étoit au bain, et que pour elle, comme elle étoit sur son lit, elle n'avoit qu'à s'y tenir, et à faire mettre dans sa ruelle une chaise. Ce fut là que S. A. fut aux abois. Elle n'osoit refuser de demeurer sur son lit, de peur que la dame ne s'en retournât sans les voir; de s'y accorder aussi, jugez s'il y avoit moyen de proférer une telle parole; car, comme vous le savez, Madame, on ne prétend point cela des princesses de Savoye et de Lorraine. Elle prit enfin l'expédient de ne répondre que sur les siéges, disant qu'elle n'avoit que deux chaises, qui étoient déjà sur le char pour partir; qu'il voyoit bien qu'il n'y en avoit point dans la chambre, et avec mille protestations qu'elle voudroit rendre à Mme de Saint-Géran tout l'honneur qu'il lui étoit possible, mais que Dieu lui avoit fait la grâce d'être née princesse. Elle acheva par où elle avoit commencé, disant que cela ne venoit pas de Mme de Saint-Géran. Vous jugez bien, Madame, que si cette comtesse avoit été de l'humeur de quelque autre, l'affaire eût pu en demeurer là; mais comme elle est bien meilleure, et qu'elle a des exemples domestiques que véritablement l'autre n'a pas, elle voulut aller, disant qu'assurément la demoiselle seroit sur le lit; de sorte qu'il se fallut contenter de lui faire promettre qu'elle ne s'assiéroit point, si elle ne l'y trouvoit, et qu'en ce cas-là elle se mettroit auprès d'elle. En effet, elle l'y trouva; mais le cœur lui faillit au besoin. Elle se sentit si obligée de ce qu'elle lui offrit de s'y mettre qu'elle se mit sur le petit siége. Mme de Villars [1], qui lui avoit fait de bonnes leçons, aussi bien que nous, pensa tomber de son haut, et lui fit de telles mines qu'elle fut contrainte de changer de place assez promptement, et de se mettre sur le lit disant qu'elle sentoit un grand vent. Mais ce fut assez pour mettre la princesse en bonne humeur, que la dame se fût mise d'abord à son devoir. Elle crut sans doute qu'elle n'avoit fait le reste que pour avoir paix à ceux qu'elle jugeoit bien qui lui avoient donné de si mauvais conseils; et lui parlant comme à

1. Très-vraisemblablement la marquise de Villars, la femme de l'ambassadeur en Espagne, la mère du vainqueur de Denain, auteur de lettres pleines d'esprit et d'agrément.

une véritable amie de la maison, elle l'entretint de la douleur qu'elle avoit que trois de ses sœurs se fussent mésalliées, n'ayant épousé que des gentilshommes; que sans cela elle seroit morte contente, le Roi leur ayant fait la justice qu'il leur avoit faite. V. A. n'aura-t-elle point de regret que ce discours-là ne se soit point adressé à quelqu'un qui eût moins de douceur que n'en a cette comtesse? Pour moi, je ne m'en saurois consoler. Mais ce n'est pas encore la fin de mon histoire. L'autre Altesse qui vouloit voir cette dame, et que ce ne fût point dans sa chambre, vint dans celle de sa belle-sœur, et s'étant mise d'abord de l'autre côté du lit, cette pauvre comtesse ne se put encore tenir de lui donner sa place. Elle dit que ce fut à cause d'un grand vent, qui véritablement n'auroit pas été fort bon au sortir du bain, et qu'elle le lui dit pour lui faire voir que ce n'étoit que pour cela. Mais Mme de Villars, ni moi, ni Mlle de Vandy non plus n'avons point pris cette excuse en paiement, et il ne nous arrivera plus de vouloir faire battre quelqu'un qui n'en ait point d'envie. Mais enfin l'Altesse de Madame n'étant pas moins satisfaite que l'Altesse de Mademoiselle, elle fut aussi fort humaine, et conduisit la dame le plus loin qu'il se pouvoit; de sorte que si je n'ai tout à fait réussi en mon dessein, j'ai du moins fait recevoir ma cousine d'une autre façon qu'elle ne l'auroit été, si je ne m'en étois mêlée, et j'ai un peu vengé le mépris qu'elles font de nous autres pauvres noblesses, ayant empêché la gouvernante de la province[1] de servir

1. Mme de Saint-Géran.

tout à fait à leur triomphe. Vous ne doutez pas aussi, Madame, que je ne me sois donné le dernier coup de pinceau, et qu'elles ne soient bien persuadées que c'est moi qui leur ai envoyé le capucin. Mais quoi qui m'en puisse arriver, je n'y saurois avoir de regret; car outre que j'ai fait ce que j'ai dû, on s'ennuyoit tellement ici que l'on a été trop heureux d'avoir cela à faire. Je vois bien que, lorsqu'on est près de l'ennemi, qu'on est oisif et qu'on n'est pas poltron, l'on fait aisément des entreprises assez hardies. Après tout, Madame, nous avons eu une demi-victoire, et si nous avions eu de meilleures troupes, jugez ce que nous aurions fait. Nous apprenons même que de leur côté celui qui commandoit est assez blessé. Tout de bon, ce n'est pas raillerie; je crois que Mlle de Bouillon en est malade; car après avoir paru furieusement émue avec le capucin, elle se trouva mal dès le lendemain, et le jour d'après, qui fut hier, elle eut un grand accès de fièvre. Elle n'a pas laissé de partir aujourd'hui. Mme de L'Hospital est partie aussi, il y a trois jours. On ne trouve pas ici que sa libéralité soit égale à sa fortune. Les uns disent qu'elle n'a donné que sept pistolles aux comédiens, les autres rien du tout. Mais en vérité, sept pistolles peuvent être appelées rien, après les avoir fait tant jouer. Elle s'est contentée de prendre un grand soin de la quête que l'on a faite pour eux, qui n'a pas été fort bonne. Voilà, Madame, les nouvelles de Bourbon, et que Mlle de Vandy n'a point pris congé des Altesses, encore qu'elles l'eussent envoyé visiter. Elle n'a pas été friande d'une seconde réception pareille à la première. Mme de L'Hospital ne s'est point assise, quand elle est allée leur dire adieu. Je crois que c'est qu'elle aura enfin compris qu'elles s'étoient mises au-dessus d'elle. Elle ne l'a pourtant jamais voulu avouer. Et à propos de Mme de L'Hospital, il faut bien dire un petit mot de M. de Lévy[1]. Mme de Villars lui parla si bien, sur ce qui s'est passé ici[2], qu'encore que je sois fort persuadée que vous ne doutez point du zèle qu'elle a pour votre service, je ne saurois m'empêcher de vous en rendre ce témoignage. Et pour moi, Madame, cela me tient tellement au cœur que, bien que vous ayez pardonné, je ne me saurois résoudre à aller à Poligny, quoique le mari m'en ait autant pressée que la femme. Mais quand je vous pourrois mettre quelque chose en compte, ce ne seroit pas cela; car jugez quel personnage je pourrois faire parmi tout ce que l'on trouve là! Et puis, Madame, l'impatience d'être à Trye ne permettroit pas même de s'arrêter pour des choses agréables. M. le comte de Maure n'en a pas moins que moi, étant toujours autant votre très-humble et très-obéissant serviteur que je suis votre très-humble, très-obéissante et très-passionnée servante. »

1. Il n'est pas aisé de savoir de quel M. de Lévy il est question ici en 1655. Ce ne peut être, ce nous semble, que François-Christophe de Lévis, duc de Danville, gouverneur du Limousin, capitaine de Fontainebleau, vice-roi d'Amérique, mort en 1661.

2. Allusion à l'affaire où Mme de Longueville avait eu à se plaindre et montra une si grande bonté.

MADEMOISELLE DE VANDY A MADAME DE LONGUEVILLE, A MOULINS.

« Quand V. A. ne seroit que de Bourbon, qu'elle n'auroit pas un teint de perles, l'esprit et la douceur d'un ange, les Altesses qu'elle nous a laissées ne seroient pas capables de nous consoler de votre absence. En vérité, Madame, je ne crois pas qu'il y ait encore au monde deux princesses aussi enfumées et aussi fières que celles-là ; et je voudrois que V. A. eût pu voir par un trou ce qui se passa dans leur palais le jour que j'y fus. Rien n'a jamais été si ridicule que l'arrivée et la réception de cette comtesse qui y vint, et je ne la saurois comparer qu'à celle de la comtesse Trifaldi, quand elle fut saluer dom Quixote. Voilà une grande folie, pour être écrite à V. A. et dans un lieu aussi saint que celui où elle est [1] ; mais huit jours après que l'on a vu une telle chose, on n'a pas l'esprit bien sain. Et je ne rentre dans le bon sens que pour assurer V. A. que personne ne sauroit être avec plus de respect et de passion que moi, etc. »

La comtesse de Maure n'avait pas manqué de communiquer à ses amis sa seconde lettre, comme elle avait fait la première. Mlle de Scudéry en avait été charmée, et elle la célèbre dans un billet lui-même assez remarquable, que nous publions aussi pour compléter cette spirituelle correspondance où l'on se

1. Le couvent de la Visitation à Moulins.

peut donner une idée du ton et des mœurs de la haute société du temps.

« Foi de demoiselle[1], votre lettre est une des plus agréables lettres du monde. Mais, Madame, n'admirez-vous point, qu'à l'exemple de M. de Bouillon qui disoit : Foi de Prince, je n'ai pu m'empêcher de jurer, pour me donner un titre de noblesse, comme il le faisoit pour s'en donner un de principauté ? Je sens même que j'ai quelque envie de dire que mon serment est peut-être mieux fondé que le sien. Mais, quoiqu'il en soit, l'histoire de votre lettre est une plaisante histoire, et la manière dont vous l'avez écrite est si ingénieuse, et fait si bien voir tous les personnages de cette aventure, que qui verroit un tableau du monde de votre main verroit une chose merveilleuse. Au reste, Madame, ceux qui s'imaginent qu'il faut du marbre et du jaspe pour faire un très beau palais, n'y entendent rien. Du moins, êtes-vous bien plus adroite qu'eux, puisque avec un enchaînement de toutes les folies que la vanité peut faire et penser, vous faites une des plus belles lettres que je vis jamais. Sincèrement, Madame, je crois la chose comme je la dis, et la flatterie n'y ajoute rien. Je vous en dirois davantage; mais j'ai l'imagination si remplie de cette princesse qui se baigne, de celle qui se couche, de cette dame qui s'assied et se relève, et de ce capucin qui se fourre là comme diable à miracles, que je ne puis même penser sérieusement à

1. Manuscrits de Conrart, t. V, fol. 696.

ce que je vous écris. Il paroît bien, Madame, que cela est ainsi; car je vous écris les plus terribles mots du monde; et quand j'aurois été à la cour de la Reine de Suède[1], je ne dirois guère pis. Mais, pour finir plus sagement, je vous en demande pardon, et je proteste avec vérite que je suis absolument à vous. »

L'humeur ombrageuse de la comtesse de Maure fut mise à une épreuve plus sérieuse, lorsqu'à la fin de 1659, Condé rentra en France et fit sa paix avec la cour. On sait quelle grandeur d'âme il déploya dans le cours de cette négociation pénible, demandant toujours qu'on sacrifiât ses intérêts à ceux de la France, et stipulant avec une opiniâtreté généreuse pour tous ceux de ses amis qui l'avaient suivi jusqu'au bout et avaient risqué leur fortune pour la sienne[2]. Mais il ne devait au comte de Maure qu'un souvenir amical. En effet, le comte avait fini par faire comme tout le monde, et s'était réconcilié avec Mazarin. Sa femme venait de rentrer en grâce auprès de la Reine. Quand donc le comte de Maure lui écrivit à Bruxelles pour le féliciter sur son prochain retour et célébrer sa noble conduite, Condé n'aperçut pas la prétention secrète cachée sous ces compliments, et répondit d'une manière très-affectueuse, mais qui ne satisfit pas le comte de Maure. Lui seul peut-

1. On sait que la reine Christine poussait fort loin la liberté du langage.

2. Voyez dans les *Mémoires de Lenet*, édit. Michaud, p. 627, l'Instruction pour Caillet, etc.

être n'avait pas oublié les demandes qu'il avait faites en 1649[1], et en particulier celle du cordon bleu auquel il se croyait des droits, et que vraisemblablement les chefs de la Fronde ne s'étaient pas fait faute de lui promettre. Il paraît que le comte et la comtesse de Maure auraient voulu que Condé fît de ce brevet une des conditions de son traité, ou du moins qu'à son retour il le sollicitât. C'était la prétention la plus chimérique. Le Roi, il est vrai, avait eu la bonne grâce de mettre un cordon bleu à la disposition du prince, comme une marque de sa faveur renaissante. A ne consulter que la capacité et les longs services, Marsin, ancien lieutenant-général, et même quelque temps vice-roi de Catalogne, était sans aucun doute de tous les compagnons de Condé celui qui méritait le mieux cette récompense. Mais le comte de Marsin, originaire des Pays-Bas, en avait assez du service de France, et tourna ses regards d'un autre côté. Condé laissa tomber son choix sur le comte de Guitaut, un de ses officiers particuliers, dont les talents n'égalaient pas le dévouement et la complaisance, et qui depuis n'a plus paru dans aucune grande affaire. Coligny était bien supérieur à Guitaut, mais il avait le plus méchant caractère, et le fit bien voir, en poussant le dépit de se voir préférer un autre jusqu'à devenir l'ennemi acharné de Condé. Il y avait là un homme qui était bien au-dessus de tous les deux, le comte de Boutteville ; mais il est vraisemblable que

1. Voyez plus haut, chap. v, p. 271.

la cour n'aurait pas vu ce choix de bon œil, et Condé se réserva de servir plus sérieusement son ami : un peu plus tard, il lui procura un mariage qui donna au descendant des Montmorency la fortune des Luxembourg. Il était donc impossible de songer au comte de Maure pour ce cordon unique disputé par de tels rivaux, et Condé n'y songea pas un instant ; le comte en fut très-piqué, et son mécontentement se communiqua aisément à sa femme. Ils trouvèrent mauvais qu'en répondant au comte de Maure, Condé ne l'eût pas traité avec une distinction plus marquée ; ils en adressèrent une plainte assez aigre, non pas à M. le Prince, qui n'aurait pas enduré un tel procédé, mais à Mme de Longueville. Le comte rédigea un petit mémoire où il rappelle ses services et sa juste prétention au brevet ; il déclare, il est vrai, n'y plus songer, mais en homme qui y songe beaucoup.

« Quoique[1] la sécheresse qui paroît dans la lettre de monseigneur le Prince puisse venir de cette humeur qui lui fait quelquefois recevoir les louanges quasi comme des injures, elle donne néanmoins sujet de croire qu'il a oublié tout ce qu'on a fait pour son service, puisqu'il ne dit pas un mot du passé, et qu'il réduit aux seules marques d'amitié qu'on lui donne sur son retour le ressentiment qu'il témoigne, comme si on ne lui en avoit jamais donné d'autres. Je pense que lorsque Madame sa sœur aura vu cette lettre, elle ne croira plus devoir lui proposer l'excep-

1. Manuscrits de Conrart, in-fol., t. XI, p. 1283 et suiv.

tion que mon ancien zèle m'auroit assurément fait désirer (le brevet), et j'avoue qu'à cette heure cette exception ne pourroit plus me passer pour un (bonheur), si ce n'étoit que je pusse être bien persuadé qu'on seroit porté à me l'accorder par un pur sentiment de bienveillance et de satisfaction de ma conduite.

« Cette façon d'écrire m'a fait aussi juger que ce fut par quelque mauvaise satisfaction que M. le Prince ne fit point réponse à la lettre que je me donnai l'honneur de lui écrire à la paix de Bordeaux, pour lui rendre raison de la résolution que je pris de me retirer, de l'aveu des personnes qui lui étoient les plus considérables, comme s'il eût cru que je fusse obligé d'aller le trouver en Flandres, aussi bien que les officiers de ses troupes, et qu'il n'eût pas eu égard à ce que je lui représentois qu'en y allant sans emploi j'aurois appréhendé de lui être à charge. Mais quand il n'auroit pas bien pris cela, il me semble qu'il n'aura pas pu garder longtemps cette mauvaise satisfaction, si j'avois été assez heureux pour qu'il fût informé de la manière dont j'ai toujours et parlé et agi dans tout ce qui l'a regardé, et que même je n'ai revu la cour que depuis un an, y étant engagé par le bon traitement que la Reine fit à Mme la comtesse de Maure, laquelle ne recommença aussi à la voir qu'en ce temps-là. Il y a apparence aussi que M. le Prince n'a pas été informé du détail de ses affaires de Guyenne, et comme j'y ai agi jusqu'à la fin, tout autrement que ceux qui y avoient le plus de part, sans intérêt et sans intrigue, avec une fermeté qui ne déplaisoit pas à Mme sa sœur, de laquelle seule je puis espérer la satisfaction de le voir bien éclairci sur ma conduite, et informé de certaines choses qui méritoient, si je ne me trompe, l'estime de celui pour qui on les faisoit. J'attends cette grâce de la bonté que Son Altesse a pour moi, et qu'elle voudra bien me la faire dès la première vue de Monseigneur son frère. »

Quelle était donc la lettre qui avait soulevé un pareil orage ? Nous l'avons sous les yeux, et, en vérité, elle nous paraît bien peu coupable.

« Monsieur[1], Je ne sais de quels termes je me dois servir pour vous bien exprimer mon ressentiment sur toutes les marques d'amitié que vous me donnez touchant mon retour en France, et sur l'approbation que vous donnez à ma conduite. Je me sens assez là-dessus pour connoître que je n'ai pas mérité que vous en parliez si avantageusement que vous faites, ayant pris un chemin qu'il me semble qu'un homme d'honneur devoit tenir, et que tout autre auroit suivi aussi bien que moi. Ainsi, ce ne doit être qu'une action fort commune et qui ne mérite pas tout le bien que vous en dites. Je suis infiniment obligé à Mme la comtesse de Maure des sentiments qu'elle a pour moi, et de ceux durant le temps de ma disgrâce. Je vous prie de l'assurer que j'en ai toute sorte de reconnoissance.

1. Manuscrits de Conrart, in-fol., t. XI, p. 1283 et suiv.

En votre particulier, je ne puis assez vous dire combien véritablement je suis, Monsieur, votre très-affectionné à vous servir;

« LOUIS DE BOURBON.

A Bruxelles, le 29 novembre 1659.

Sans doute Condé aurait bien fait d'insister davantage sur la bonne conduite du comte de Maure à Bordeaux et sur ses services passés ; mais il avait en tête bien d'autres soins, et il se croyait si bien avec le comte et la comtesse de Maure, que le frère de celle-ci, l'évêque d'Autun, ayant cru devoir aussi lui écrire une lettre de félicitations, Condé, en lui répondant, lui donne pour garant de ses sentiments ceux qu'il porte à sa sœur et à son beau-frère.

« Monsieur[1], j'ai reçu avec bien de la joie la lettre que vous m'avez écrite sur le sujet de mon retour en France. Je suis fort aise de voir par là l'intérêt que vous prenez à ce qui me regarde et l'amitié que vous avez pour moi. Je vous assure que je ferai, de mon côté, ce que je pourrai pour vous donner sujet de demeurer dans ces sentiments-là. Je pourrois bien vous donner M. et Mme la comtesse de Maure pour garants de ma reconnoissance ; mais je crois que vous ne doutez pas que je n'en aie autant que j'en dois avoir des sentiments que vous me témoignez. Je vous dirai seulement que, dans toutes ces occasions ici, M. le comte de Maure en a toujours si bien usé pour moi que, quand je n'aurois pas sujet de

1. Manuscrits de Conrart, in-fol., t. XI, p. 1283 et suiv.

vous promettre mon amitié comme je fais de tout mon cœur, je ne pourrois m'empêcher, étant ce que vous lui êtes, d'avoir beaucoup de considération pour vous. Je vous promets donc, dans toutes rencontres, des marques d'une véritable amitié et d'une parfaite estime, et vous assure que je serai toujours, Monsieur, etc. »

De pareilles lettres méritaient-elles l'amère réclamation de la comtesse de Maure auprès de Mme de Longueville? Elle va jusqu'à accuser le caractère de Condé. Elle se félicite d'avoir regagné l'amitié de la Reine, puisqu'elle n'aurait pu compter sur celle de M. le Prince, ne s'apercevant pas que par là même elle l'aurait absous, s'il avait eu besoin de l'être. Mais elle tient toujours au brevet sans oser le dire, et son orgueil prend à cet égard un singulier détour : il ne s'agit plus là du comte de Maure, mais de l'honneur et de l'autorité des Condé : « Seroit-il possible, dit-elle [1], que ce fût le naturel seul qui fît écrire si sèchement, et qu'en ne disant pas un pauvre petit mot du passé, on ne laissât pas d'avoir dans le cœur ce qui me semble qui y doit être? V. A. veut bien que je lui décharge un peu le mien là-dessus. Elle ne sera pas sans doute surprise que la première chose que j'ai faite a été de songer à elle. Je ne croyois pas avoir fait un grand coup en faisant que M. le comte de Maure n'attendît pas le retour de Monseigneur le Prince pour revoir la cour, et vous savez, Madame,

1. Manuscrits de Conrart, in-fol., t. XI, p. 1283 et suiv.

que je n'ai jamais compté cela que pour ce qu'il vaut, quoique j'avoue que la manière dont la Reine nous a traités en cette occasion m'ait redonné quelque amitié pour elle, s'il est permis de parler ainsi. Mais, à n'en point mentir, je trouve, à cette heure, qu'on est assez heureux que cela soit fait, puisqu'il semble que M. le Prince ne se souvienne point qu'on ait jamais fait autre chose pour lui que de lui écrire une lettre de compliment sur son retour. Mais, Madame, tout cela ne sauroit faire que je fusse indifférente sur l'affaire du brevet. Je me trouve là-dessus, comme si j'étois du sang de Bourbon... »

Au fond du cœur, Mme de Longueville devait trouver cette querelle fort mesquine, mais elle la supporta avec l'inaltérable patience qu'elle mettait dans les petites choses ; et en souvenir de l'ancienne amitié et des anciens services, elle s'empressa d'écrire au comte et à la comtesse pour adoucir leur chagrin et leur donner toute satisfaction sur les sentiments de son frère ; mais du brevet[1] pas un mot.

1. Le comte de Maure tenait tellement à ce brevet qu'il alla jusqu'à le demander à Mazarin lui-même. Nous trouvons dans les papiers de Conrart, in-fol., t. XI, p. 1377, une lettre du comte au cardinal, du 11 novembre 1661, où nous lisons ces mots : « Enfin, Monseigneur, Votre Éminence agréera, s'il lui plaît, que je lui dise que si mon malheur a pu me faire manquer à ce qui regardoit ma fortune, je n'ai jamais été capable de manquer en ce qui a regardé mon honneur, et qu'ainsi Votre Éminence se peut assurer de ma parfaite reconnoissance, si elle veut bien me témoigner, en cette occasion des Chevaliers, qu'elle fait quelque cas de moi, etc. »

A MONSIEUR LE COMTE DE MAURE.

De Saint-Denis, le 14 janvier 1660 [1].

« Je vous aurois mandé mon passage, si j'avois pu vous y entretenir à loisir; mais comme je suis avec Mme ma belle-sœur, que M. mon frère me laisse jusqu'à son retour de la cour, et qu'il ne veut pas qu'elle voie personne, et cela sans exception, jusqu'à ce qu'il ait vu le Roi, je n'ai pas voulu vous donner la peine de venir ici. J'en aurois néanmoins été bien aise, parce qu'on vous auroit dit cent choses qui ne se peuvent écrire. Je commencerai à vous apprendre celles qui se peuvent confier au papier sur ce qui vous regarde, et je vous dirai que cette lettre sèche ne venoit que d'inapplication, et point d'un principe moins obligeant que celui-là. Il était tué d'affaires. Il est tout à fait comme il doit être sur les affaires de Bordeaux. Pour votre visite, il l'auroit reçue avec plaisir, s'il avoit voulu voir ses propres cousins germains; mais quoiqu'il ne les considère pas personnellement tant que vous, néanmoins, vous savez qu'il y a de certaines convenances qui sont à observer... Il m'a ordonné de vous faire mille amitiés, auxquelles Mme votre femme prendra sa part, s'il lui plaît. On ne peut assurément en témoigner davantage qu'il m'en a montré, et le plus sincèrement du monde. J'ai toute sorte de sujet d'être contente de ce côté-là. Voilà ce que l'embarras d'une hôtellerie me permet de vous dire, et que je

1. Manuscrits de Conrart, in-fol., t. XI, p. 1283 et suiv.

suis toute à vous et à Mme votre femme. Je vous aurois plus tôt écrit sans tous mes accablements, mais je n'ai pas eu un moment à moi. »

Cependant la santé de la comtesse de Maure s'altérait de plus en plus. Sa pupille, Mlle de Vandy, avait un asile à la cour de Mademoiselle. Mme de Sablé était restée sa première à la fois et sa dernière affection. La longue distance de la place Royale à Port-Royal était pénible à son cœur et à sa paresse. Elle prit donc le parti, vers 1660, d'aller habiter aussi le faubourg Saint-Jacques[1], et elle y demeura jusqu'à sa mort.

La marquise de Sablé avait alors un peu plus de soixante ans, et la comtesse y touchait[2]. Elles n'avaient d'autre affaire que de s'aider à passer le plus doucement la fin de leur vie. Logées tout près l'une de l'autre et se voyant sans cesse, c'est dans le tête-à-tête qu'elles mettaient ce qu'elles pouvaient avoir d'important à se dire; et le docteur Valant, entré à peu près vers ce temps-là chez la marquise en qualité de médecin, de secrétaire, d'intendant, de factotum, n'a pu ici exercer sa curiosité et ses soins que sur des billets la plupart du temps fort courts, échappés à la comtesse de Maure dans l'abandon et la négligence d'une ancienne familiarité. On y peut pourtant surprendre encore plus d'un trait piquant, plus d'un

1. Elle logeait à l'hôtel de Troyes, rue d'Enfer. Voyez LA SOCIÉTÉ FRANÇAISE AU XVIIe SIÈCLE, t. II, APPENDICE, lettre de la comtesse de Maure à Mme de Montausier, p. 384.

2. Voyez plus haut, chap. V, la note 4 de la p. 261.

renseignement précieux sur le caractère, les sentiments et les habitudes des deux amies, et aussi sur les personnes et sur les choses de cette grande époque.

Ce qui d'abord y frappe, c'est de voir que l'affection de Mme de Maure pour Mme de Sablé avait conservé sous les glaces de l'âge la même chaleur qu'autrefois, et que cette personne si fière, si vive, si irritable, n'écrit que des douceurs à sa vieille amie; elle se sert encore avec elle de ces petits mots de tendresse, empruntés aux habitudes d'une jeunesse depuis longtemps évanouie, et qu'on rendrait presque ridicules en les faisant sortir du sanctuaire de l'intimité.

Mais avec tout autre que Mme de Sablé, quels que soient la qualité et le rang, elle garde un jugement indépendant et sévère. Elle était rentrée en grâce avec la cour, et particulièrement auprès de la Reine-mère, Anne d'Autriche. Malgré cela, elle ne se gêne pas pour en parler ici fort légèrement. Il paraît qu'on lui avait prêté sur cette Reine des propos où avait été mêlé le nom de La Rochefoucauld. Elle s'en justifia d'une manière assez hautaine. Dans l'affaire de Fouquet, elle reconnaît que la Reine-mère résista d'abord au désir qu'avait le Roi de perdre le surintendant, mais elle la blâme d'avoir fini par se rendre, et d'avoir livré Fouquet, après en avoir reçu de grosses sommes à l'insu du Roi. La hardiesse de ses jugements et la liberté de son langage, avec une certaine pointe d'aigreur et de personnalité, rappellent encore ici Saint-Simon, ou du moins contrastent fort avec l'admiration, sincère ou intéressée, qu'on commençait à faire paraître pour tout ce qui venait du Roi ou des Reines, admiration qui, peu à peu sous Louis XIV, fut portée à son comble et dégénéra souvent en une triste adulation. Il resta toujours dans la comtesse de Maure un certain levain de la Fronde.

« Elle[1] est belle comme le jour, cette Reine-mère[2], et fort gracieuse, comme on dit, quand on ne lui demande rien... » — « Je vis hier la Reine (mère)[3]. Elle me reçut si bien que cela s'appelle proprement avoir mis la main à la conscience. Elle fut fort embarrassée lorsque je lui voulus faire une justification sur M. de La Rochefoucauld, faisant entendre qu'elle ne s'intéressoit nullement si je l'avois nommée à bonne ou mauvaise intention, et il étoit visible qu'elle avoit de la honte de la tracasserie qu'elle avoit faite. » — « Je ne sais[4] si je vous ai mandé ce que M. Le Tellier m'a dit, et comme je lui répondis gravement sans vouloir faire durer le discours. Il vaut toujours mieux qu'il l'ait pris comme il a fait; mais quand il l'auroit pris autrement, j'y étois toute résolue, n'ayant pu

1. *Portefeuilles de Valant*, t. VII, fol. 290.

2. Mme de Motteville l'a peinte aux Pyrénées en 1660, « si belle qu'à cinquante-neuf ans elle auroit quasi pu disputer de beauté avec la reine sa nièce... La Reine mère avoit les traits du visage plus beaux, elle étoit plus grande, elle avoit une plus grande mine, beaucoup plus de majesté et le visage d'une plus belle forme. Elle la surpassoit encore de la beauté admirable de ses mains et de ses bras. »

3. *Portefeuilles de Valant*, t. VII, fol. 302.

4. *Ibid.*, fol. 318.

avaler d'avoir reçu un tel traitement sans montrer aux gens à qui ils se sont joués. Et pour la Reine, je n'ai jamais su me mettre en peine du bruit qu'on faisoit, ayant fort bien vu qu'elle ne s'étoit point aigrie de ce que je lui avois dit, et que ce ne pouvoit être autre chose sinon ce que sa conscience lui reprochoit sur M. de La Rochefoucauld. En effet, dès qu'on lui a eu bien dit que j'étois contente d'elle, elle l'a été de moi. » — « Ne savez-vous pas[1] ce qu'a produit l'interrogation de Graves (dans le procès de Fouquet)? Il a dit qu'il avoit reçu cinq cent mille francs, mais qu'il ne pouvoit dire qu'au Roi ce qu'il en avoit fait, et l'on dit qu'il les a donnés à la Reine-mère, à Madame et à Monsieur, et que depuis cela la Reine-mère paroît toute attérée. Pour moi je ne trouve rien de plus pauvre que d'avoir voulu recevoir deux cent mille francs de cet homme en manière de présent, car c'est bien ainsi, puisqu'elle ne l'a pas dit au Roi, et je trouve épouvantable que, les ayant pris, elle se soit laissé porter à être contre lui, du moins sans les lui rendre; car s'il a fallu qu'elle consente à sa perte, j'aurois voulu lui rendre son argent, disant : Je me suis repentie d'avoir pris cela sans le su du Roi, je n'en veux plus. Mais vraiment si elle avoit été la cause de sa perte, comme vous savez qu'on l'a tant dit, ce seroit encore bien autre chose. Mais selon qu'on peut démêler tout cela, on trouve qu'elle a résisté au Roi quelque temps, puis qu'elle s'est rendue; cela

1. *Portefeuilles de Valant*, t. VII, fol. 277.

rappelle quand elle a été gagnée par Mme de Chevreuse[1]. »

A propos de Mme de Chevreuse, la comtesse de Maure ne montre pas une grande sympathie pour elle. Plus d'une fois elle entretient Mme de Sablé, de la grande faveur dont elle jouit auprès de la Reine-mère[2]; mais elle se plaint qu'elle ne l'a pas servie avec assez de zèle dans une affaire, et qu'elle réserve tout son crédit pour elle et pour le marquis de Laigues, son dernier amant[3]. Elle ne semble pas aussi avoir fort aimé la Palatine, Anne de Gonzague; du moins elle s'en moque un peu en racontant, comme le font de leur côté Mademoiselle et Mme de Motteville, la scène assez ridicule qui se passa en 1660 aux Pyrénées, quand la cour était allée assister au mariage de Louis XIV et de Marie-Thérèse : « Enfin[4] voilà le Roi marié il y eut jeudi huit jours. La nouvelle en vint hier par un courrier de M. de Guise. Mademoiselle y a été déguisée, et après la cérémonie elle a baisé la main de la Reine. On croit que Mme la Palatine ne conservera pas sa charge[5] et que ce sera la comtesse de Soissons[6], moyennant une récompense à la Palatine, qu'on croit qui a dessein de se retirer en Angle-

1. Elle l'avait été par Mme de Chevreuse dans cette affaire aussi, comme nous l'avons établi dans notre ouvrage sur Madame de Chevreuse, chap. VII, p. 326, la note, etc.

2. *Portefeuilles de Valant*, t. VII, fol. 303, 304.

3. *Ibid.*, fol. 311, 314.

4. *Ibid.*, fol. 266.

5. La charge de surintendante de la maison de la Reine.

6. Nièce de Mazarin.

terre. Elle a fait une chose qui montre bien, ce me semble, qu'elle n'espère pas de conserver sa charge; c'est que Mlle d'Alençon[1], croyant qu'il la falloit appeler ma cousine, l'appela ainsi, et la Palatine s'en offensa, disant qu'elle étoit petite-fille d'Angleterre[2], et dit à Mlle de Saujeon[3] : Quelqu'un lui a fait faire cela; pourquoi m'appeler sa cousine? je ne la suis point. Le Roi, ayant su cela, l'a trouvé très-mauvais et a dit : Tant pis pour elle, si elle ne l'est pas! Pour moi, je ne trouve pas une plus plaisante levée de boucliers que d'alléguer la succession d'Angleterre pour ne trouver pas bon que les petites-filles de France l'appellent ma cousine, lorsqu'elle veut bien être domestique d'une Reine de France; car ce sera bien malgré elle qu'elle ne le sera point. La Reine-mère l'a excusée tant qu'elle a pu, parce qu'elle l'aime et par elle et par Montaigu[4], et vous

1. Une des filles de Gaston, duc d'Orléans.

2. Son mari, Édouard, prince palatin, était un des fils d'Élisabeth d'Angleterre, électrice palatine et reine de Bohême, sœur de Charles Ier.

3. Sur Mlle de Saujeon et les vicissitudes de sa fortune, voyez les Mémoires du temps. Le duc d'Orléans, Gaston, en avait été amoureux : elle l'avait fui aux Carmélites, et elle en était sortie pour revenir au palais d'Orléans, où elle était attachée au service de la duchesse.

4. Milord Montaigu, serviteur dévoué d'Henriette-Marie, reine d'Angleterre, et qui, dans sa jeunesse, prit part à bien des intrigues contre Richelieu, comme on le peut voir dans Madame de Chevreuse, demeura fidèle à la reine d'Angleterre dans sa mauvaise fortune, la suivit en France, embrassa la religion catholique, et est souvent appelé dans les mémoires du temps l'abbé de Montaigu. Il s'attacha de bonne heure à la reine Anne et à Mazarin, et conserva toujours du crédit auprès d'eux.

savez la foiblesse de la Reine quand elle est coiffée de quelqu'un. »

Toutes les douceurs de la comtesse de Maure sont pour la duchesse de Navailles, Mlle de Neuillant, qui d'abord avait été une des filles de la reine Anne, puis avait épousé le maréchal duc de Navailles, et en 1660 venait d'être nommée dame d'atour et ensuite dame d'honneur de la jeune Reine. C'était en effet une personne du plus grand mérite, belle à la fois et irréprochable. Elle devait tout à la Reine-mère, et elle garda à sa jeune maîtresse une fidélité inviolable, quand le roi commença à faire la cour à Mlle de La Vallière[1]. Plutôt que de descendre à une honteuse complaisance, elle préféra, ainsi que son mari, renoncer à sa charge de dame d'honneur à laquelle pourtant elle tenait fort, et sortir de la cour. Mme de Motteville en fait partout le plus grand éloge, et l'intime amitié qui l'unissait à la comtesse de Maure les honore toutes les deux[2].

La comtesse s'était prise aussi d'un goût assez vif pour Monsieur, frère de Louis XIV, tout jeune alors, et qui venait d'épouser Henriette d'Angleterre. Elle ne tarit point sur l'éloge de l'aimable couple. Nous sommes charmés d'apprendre ici que Mme de Longueville, quoique déjà livrée à une austère dévotion, ait ressenti de l'attrait et une inclination particulière pour cette charmante et infortunée Henriette, si digne de toutes les louanges que Bossuet lui a pro-

1. La Société française au XVIIe siècle, t. II, chap. IX, p. 48, etc.
2. *Portefeuilles de Valant*, t. VII, fol. 247, 261 et 318.

diguées. Ses qualités de tout genre étaient admirables, et ses fautes ont été bien légères, car nous tenons pour vraies ses dernières paroles à son mari, et nous pensons qu'elle n'alla pas avec le comte de Guiche au delà d'une coquetterie tendre et exaltée.

« Je vis hier la nouvelle mariée[1]. Elle est telle que je souhaiterois de tout mon cœur que vous la vissiez. Elle est faite pour vous plaire, et pour se faire aimer avec tendresse de tous ceux qui en ont tant soit peu. Je m'imagine que Mme de Longueville entre autres vous en parle, car elle lui plaît tout à fait. Pour Monsieur, il est vrai qu'il n'y a rien de plus aimable... C'est le plus joli couple du monde que ce Prince et cette Princesse... En vérité[2], pour Monsieur, il est si aimable, que si l'on pouvoit le faire parler un peu plus de suite, je vous le mènerois. Vous auriez beau dire, vous l'aimeriez. »

La comtesse de Maure mena en effet Monsieur chez Mme de Sablé, qui plut infiniment au jeune prince, et il s'établit entre eux un commerce assez intime. Quand Mme de Longueville parle à Mme de Sablé du duc d'Orléans, elle l'appelle presque toujours : « *Votre bon ami Monsieur.* » Madame se laissa gagner aussi aux charmes de la conversation de l'aimable et spirituelle marquise. Elle allait assez souvent la visiter. Il ne faut pas oublier qu'outre la comtesse de Maure, il y avait entre elles un autre lien puissant et gracieux dans leur commune amitié pour

1. *Portefeuilles de Valant*, t. VII, fol. 247.
2. *Ibid.*, fol. 290.

Mme de La Fayette, qui était alors la favorite de Madame. Nous trouvons, parmi les papiers de Mme de Sablé, un petit billet de Madame à Mme de La Fayette[1] pour s'excuser de n'oser aller voir ce jour-là Mme de Sablé, à cause d'un rhume qui pourrait l'alarmer. On a si peu de choses de Mme Henriette que nous donnons ici ce petit billet :

« Ce mardi matin.

« Mon rnume est tellement augmenté depuis hier que je n'ose aller chez Mme la marquise de Sablé. Car quand bien elle n'en auroit plus de peur, elle en auroit sûrement mal au cœur, et je pense que pour éviter ces deux inconvénients, il vaut mieux remettre la visite à jeudi. Ne croyez pas cependant que ce soit par paresse que je manque au rendez-vous, mais seulement par la peur que j'ai qu'elle n'en ait de moi. Sachez-le d'elle, et vous me ferez réponse à l'Abbaye-au-Bois. »

On a vu combien Mme de Longueville avait été soigneuse et bonne pour la comtesse de Maure, pendant la Fronde lorsqu'à Bordeaux elle la remerciait des services de son mari et lui envoyait son portrait, et au retour de Condé en recevant avec tant de douceur et d'indulgence les plaintes du mari et de la femme, et en répandant les consolations les plus aimables sur les blessures de leur amour-propre. Depuis, elle n'avait cessé d'être parfaite pour eux, mais en les estimant et les aimant elle redoutait un peu

1. *Portefeuilles de Valant*, t. VII, fol. 331.

leur humeur difficile et se tenait dans une certaine réserve polie et affectueuse. Et puis Mme de Longueville était devenue dévote et Mme de Maure ne l'était pas. Celle-ci, tout en reconnaissant que Mme de Longueville a plus d'esprit que jamais [1], sent bien qu'elle est fort loin d'être avec elle sur le même pied que Mme de Sablé. Son cœur n'est point satisfait, mais il lui semblerait trop injuste d'élever des plaintes sans aucun fondement, et son humeur ombrageuse et hautaine cède au charme irrésistible de Mme de Longueville. Elle la juge d'ailleurs avec son indépendance accoutumée, sans nulle prévention, et sait fort bien découvrir en elle cet instinct de grandeur qui, habilement exploité par La Rochefoucauld, la précipita dans la Fronde.

« Vraiment vous êtes bonne ; vous vous enfuyez sans rien dire aux gens, et puis vous grondez de ce qu'on ne vous mande rien. J'ai été deux jours à songer toujours à vous écrire sans en pouvoir trouver le temps, et quand je vis hier Mlle de Chalais, je trouvai que depuis ces deux jours-là vous étiez à Auteuil rencognée sans rien dire. J'ai été fort aise que vous ayez été de mon opinion, ou pour mieux dire de m'être trouvée de la vôtre sur ce que la Reine n'a point baisé Mademoiselle. Cela est plaisant que, parce que M. le Cardinal veut favoriser Mme de Carignan et la Reine Mme la Palatine, les affaires de M. le Prince se fassent.

1. Manuscrits de Conrart, in-fol., t. VIII. Mme de Maure à Godeau, évêque de Vence, de Bourbon, 12 juin 1654 : « J'ai vu Mme de Longue« ville, et ne l'ai point trouvée changée, si ce n'est que son esprit « m'a semblé être encore augmenté... »

Pa. .à voilà les princes du sang égalés à Mademoiselle, et je ne saurois croire que cela se soit fait par d'autre principe que par celui de ne vouloir pas faire cette différence-là entre Mesdemoiselles et ces deux princesses qui étoient là présentes. Mme de Longueville sera bien aise de cela, c'est-à-dire autant qu'elle peut l'être de quelque chose en l'état qu'elle est; car elle est, ce me semble, encore un peu sensible à ce qui regarde la grandeur, et le grand rang que Mesdemoiselles ont eu du temps de Monsieur (Gaston, frère de Louis XIII) lui faisoit de la peine aussi bien qu'à M. le Prince. »

« Vous [1] voilà donc revenue d'Auteuil, dont je serois plus aise si je pouvois vous aller voir; mais il faut que j'aille dîner à Luxembourg pour une affaire, et que je coure l'après-dîner pour une autre. Il se fit hier un grand raccommodement entre Mme de Longueville et Mme de Montausier, laquelle en fut jusqu'à pleurer. Je crois que vous êtes cause de cette bonne œuvre-là, Mme de Longueville ayant dit à M. le comte de Maure que vous lui aviez dit qu'elle devoit être en scrupule d'être avec Mme de Montausier comme elle y étoit. Vous avez très bien fait de les remettre ensemble, et vous y avez eu meilleure main que moi qui ai fait ce que j'ai pu, il y a déjà un bon couple d'années. »

« J'ai vu M. le Prince de Conti [2] dînant avec Mme de Longueville. L'on est venu à parler de vous. Il a demandé si vous entriez souvent à Port-Royal. Après avoir un peu écouté cela, je lui ai dit d'une mine bien

1. *Portefeuilles de Valant*, t. VII, fol. 238.
2. *Ibid.*, fol. 269.

douce : « On ne se peut accoutumer à voir M. le Prince ne savoir plus ce que fait Mme la marquise de Sablé. » Il a paru d'abord un peu embarrassé, et puis il a repris ses esprits et a dit d'un air riant : « Il est vrai qu'il y a de quoi s'étonner. Après avoir été si longtemps sans la voir, je n'aurai jamais la hardiesse d'y retourner si ma sœur ne m'y ramène. » J'ai dit : « Cela ne sera pas, ce me semble, bien malaisé à obtenir. » Mme de Longueville a dit ce qu'il falloit, et de l'air que vous vouliez, n'y ayant paru nullement échauffée. M. le comte de Maure y étoit aussi. Enfin j'ai eu ce plaisir de lui dire ce petit mot-là. »

« Je vis hier Mme de Longueville[1], toujours la plus aimable qu'il est possible, mais si froide en elle-même qu'on croit bien qu'elle ne sauroit avoir de chaleur pour les autres, et que le peu qu'elle en montre n'est que par bonté. Elle me parla toujours de vous et me témoigna qu'elle auroit fort voulu être logée en ce quartier à cause de vous et de moi et des Carmélites. » — « Je[2] suis allée voir Mme de Longueville. On m'a dit qu'elle étoit retirée, et quand elle l'a su, elle m'a écrit une lettre fort aimable. Mais rien ne me sauroit faire changer d'opinion qu'elle se passe parfaitement bien de moi ; et c'est bien à ma confusion, car elle se plaît, ce me semble, avec toutes celles qui sont dévotes. Elle est fort édifiée de Mlle de Brienne[3] qui a souffert

1. *Portefeuilles de Valant*, t. VII, fol. 285.
2. *Ibid.*, fol. 286.
3. Une des amies d'enfance de Mme de Longueville. Voyez LA JEUNESSE DE MME DE LONGUEVILLE, chap. II.

avec une très grande patience une opération fort douloureuse qu'on lui a faite à l'œil. »

Nous n'hésitons pas à dire que dans toute l'affaire du jansénisme, de 1660 à 1663, la comtesse de Maure fit preuve d'un sens supérieur et du plus noble caractère. Ainsi que nous l'avons déjà dit, elle étoit pieuse sans être dévote, ni jésuite, ni janséniste [1]. Son mari et M. de Sourdis étaient molinistes; ils regardaient la grâce universelle comme suffisante, et alléguaient beaucoup de passages de saint Augustin pour défendre cette opinion. Mme de Sablé prétendait au contraire que saint Augustin considérait la grâce universelle comme insuffisante, et avec Port-Royal elle soutenait la nécessité d'une grâce particulière, efficace et irrésistible. De ces deux opinions, la comtesse de Maure préfère encore la première à la seconde, comme la moins dure à la raison et au cœur; mais elle rejette bien loin d'elle ces questions impénétrables; surtout elle repouse avec force la doctrine qu'il faut nécessairement des damnés. Elle déclare cette doctrine très dangereuse. Elle s'étonne que des créatures raisonnables entreprennent de voir clair dans ces abîmes, et elle est tout près de s'écrier aussi : *O altitudo!* Loin de se laisser embarrasser par les passages fort différents de saint Augustin que les deux partis lui citent, elle conclut de leur diversité que saint Augustin s'est contredit. Mais, en même temps qu'elle se sépare de son amie et de Port-Royal, elle témoigne, ainsi que

1. Voyez plus haut, chap. II, p. 85; chap. III, p. 147; et chap. V, p. 258.

son mari, de sa vénération pour la mère Angélique Arnauld, et par là elle se montre tout ensemble et philosophe et chrétienne; elle se place au-dessus de toutes les sectes, et rend hommage à la vertu partout où elle la rencontre.

« ..... [1] Vous savez comme M. le comte de Maure est sur la doctrine; mais pour les personnes, je vous dois dire dans la vérité que bien loin de lui avoir vu un moment de joie, il a eu bien de la compassion, estimant beaucoup leur vertu; mais enfin pour la doctrine vous savez que je ne saurois cacher cela; et moi je les admire de part et d'autre de s'échauffer si fort sur une chose si obscure. Cette pauvre mère Marie Angélique, ce sera un miracle si elle se sauve avec tant d'âge, et tout le reste, mais enfin ce sera une Sainte, et voilà bien de quoi ajouter à sa couronne. »

« Nous [2] nous sommes pensé arracher les yeux, M. de Sourdis et moi. Je lui dis que dans le livre où saint Augustin parle de la Grâce expressément, il parle si nettement de la manière la plus dure à la raison humaine que, quand il m'auroit fait voir tous les passages contraires qu'il prétend d'avoir trouvés, cela ne serviroit qu'à me prouver que saint Augustin se seroit contredit, parce que cela ne me feroit pas croire qu'il fallût plutôt donner créance à ce qu'il avoit dit par-ci par-là qu'à ce qu'il a dit dans le traité de la Grâce. Et comme je ne veux pas entrer plus avant dans tout cela, étant toujours revenue, après tout ce que j'ai vu

1. *Portefeuilles de Valant*, t. VII, fol. 255.
2. *Ibid.*, fol. 252.

et entendu, à ce que j'ai cru d'abord, qui est qu'on n'y verra clair que dans l'autre vie, et que dans celle-ci je n'y veux point chercher d'autre finesse que de croire ce que l'Église croit, je lui baise les mains de ses écrits, n'en ayant voulu voir pas un, parce que je voyois que ce n'étoit que pour me pétrir la cervelle de son opinion, et quelquefois lui et M. le comte de Maure étoient au désespoir de ce que je ne voulois pas du tout les écouter. »

« Ce[1] que vous écrivez à M. de Sourdis, que votre raison est pour lui et votre foi contre, et ce que M. le Comte m'a dit aussi de la dispute que vous eûtes ensemble avant-hier, me fait juger que c'est que vous tenez pour article de foi ce que dit saint Augustin dans le traité de la Grâce. Et moi, bien loin que je croie que ce soit un article de foi, je serois très fâchée qu'il le fallût croire, étant une opinion si dure, et qui selon mon sens est si contraire à la bonté de Dieu que je trouve que cela porteroit plutôt à l'athéisme qu'à toute autre chose. Ainsi je me tiens très volontiers à la Bulle qui, sans condamner saint Augustin, condamne pourtant les opinions que j'y ai trouvées; de sorte que sans avoir jamais rien pu entendre au raisonnement dont on se sert pour la grâce suffisante, je m'y tiens pourtant puisque c'est se tenir à la Bulle, et que je ne veux nullement chercher autre chose là-dessous. Je ne sais à qui il peut-être utile de croire qu'il faille nécessairement des damnés, et que Dieu

1. *Portefeuilles de Valant*, t. VII, fol. 257.

ne nous a pas donné la grâce qui est nécessaire pour accomplir ce qu'il a commandé; mais je crois bien que cette créance-là me seroit fort dangereuse. Je sais bien encore que, quand les plus savants hommes du monde seroient assemblés en un lieu où il me seroit très facile de me trouver, je ne les voudrois entendre que pour voir qui parleroit le mieux; car pour la doctrine, je suis persuadée que les plus simples en savent autant que les plus savants, et j'ai toujours été épouvantée quand j'ai vu une si terrible chaleur de part et d'autre sur une matière si obscure; non pas pour ce qui est de la dispute, car j'entends bien la chaleur que peut donner le désir de vaincre, mais pour bien des gens se prendre en haine parce qu'ils sont d'opinion contraire là-dessus; et j'ai eu la joie de vous voir toujours prendre comme moi ces chaleurs-là. Mais que cette grande matière ne vous empêche pas de me répondre sur la sentence, car je vais à vous sur ces choses-là comme à mon vrai maître. »

Les derniers mots de cette lettre nous amènent à rechercher dans cette correspondance et à en tirer ce qui se rapporte à un tout autre sujet que les querelles théologiques du temps; nous voulons dire les délassements littéraires et les agréables occupations d'esprit que Mme de Sablé avait transportées de la Place Royale au faubourg Saint-Jacques, et qui charmèrent ses loisirs pendant les années 1661 et 1662. C'était alors particulièrement le temps des maximes, des sentences, des pensées. Nous avons montré que le salon de Mme de Sablé était le foyer de toutes ces belles choses.

Mme de Sablé faisait des sentences; La Rochefoucauld en faisait; M. Esprit en faisait; M. d'Ailly en faisait : tout le monde en faisait, excepté la comtesse de Maure. Elle-même confesse son impuissance à cet égard. Elle se connaissait en sentences; elle les aimait, mais elle n'en faisait pas.

« ... Vous[1] ne pouviez pas me faire plus de plaisir aussi bien que plus d'honneur que de me dire que ce que je vous ai mandé sur les sentences est ce que vous avez toujours trouvé; et il faut bien que je ne sois pas capable de faire de ces sortes de choses-là, puisque je ne m'y suis pas déjà mise pour vous plaire... »

Bien entendu, les sentences qu'elle aime le plus sont celles de son amie. Elle en fait un éloge bien désintéressé, puisque la marquise ne pouvait le lui rendre.

« Votre sentence[2] est admirable : rien de faux, rien d'obscur, et de ce tour court que j'aime aux sentences. »

Quelle est donc cette sentence que Mme de Maure trouve si admirable? Elle ne nous le dit point. Parmi toutes les maximes, qui sont ici louées ou blâmées, nous en trouvons une agréable et bien tournée dont l'auteur n'est pas indiqué. Elle n'est ni dans La Rochefoucauld, ni dans Esprit, ni dans Mme de Sablé. On la peut croire écrite de la main même de la marquise,

1. *Portefeuilles de Valant*, t. VII, fol. 240.
2. *Ibid.*, fol. 251.

et elle est bien dans la mesure de son talent, dans sa manière aimable et polie sans être fort brillante, et judicieuse sans être jamais vulgaire :

« Comme[1] il n'arrive quasi jamais d'avoir en peu de temps beaucoup d'occasions de faire paroître sa vertu, et qu'à parler généralement la grande réputation ne se peut acquérir que par une longue vie, on peut dire que c'est un bien qui ne va qu'avec un grand mal, puisque c'est avec la vieillesse. »

Comme nous l'avons dit[2], Jacques Esprit, de l'Académie française, tenait le dé chez Mme de Sablé en fait de maximes. Toutefois les *sentencieux*, comme les appelle Mme de Maure[3], se critiquaient volontiers entre eux ; et Sourdis, le comte de Maure et un de leurs amis (car la manie des sentences avait gagné aussi la maison de la comtesse et n'avait épargné qu'elle), le marquis d'Antin, qui fut d'abord abbé, ne se faisaient pas faute de dire nettement leur avis sur les sentences d'Esprit[4]. Mais il est curieux de voir quels ménagements Mme de Maure garde envers l'académicien, avec quel respect elle en parle, et comme elle craint de le blâmer[5]. Elle le déclare même

1. *Portefeuilles de Valant*, t. VII, fol. 268.

2. Plus haut, chap. III, p. 118.

3. *Portefeuilles de Valant*, t. VII, fol. 282 : « Je vois que vous autres sentencieux, vous ne faites aucune difficulté de vous censurer ; mais il ne m'appartient pas de faire là-dessus ce que vous faites. »

4. *Ibid.*, fol. 257 et 258.

5. *Ibid.*, fol. 252. « Je vous prie, par la fidélité que nous avons l'une pour l'autre, de ne faire voir ceci qu'à Mlle de Chalais ; car

infaillible[1], mais on sent qu'au fond elle n'a pas grand goût pour ses maximes. Le reproche général qu'elle leur fait, c'est d'être trop absolues. Elles sont vraies dans bien des cas, mais elles cessent de l'être dès qu'on les veut appliquer toujours et partout; et elle voudrait avec Mme de Sablé qu'on ajoutât un *quasi* à toutes ces sentences[2].

Cette critique tombait juste sur beaucoup de maximes de La Rochefoucauld. Ainsi La Rochefoucauld prétendait que la vérité est l'unique fondement de la perfection et de la beauté[3]. Mais la marquise et ses amis soutenaient avec raison que la maxime est trop absolue, et que dans les productions de l'esprit, par exemple dans les tragédies et dans les romans, la simple vraisemblance suffit. L'avis de Mme de Sablé prévalut, et on chargea M. d'Antin de le défendre[4]. Mais le grand sujet de querelle dans la petite société était

pour M. Esprit, il n'y faut pas seulement songer. Je vous demande cela au pied de la lettre; c'est-à-dire qu'il ne sache jamais que je vous aie montré d'y trouver rien à redire. »

1. *Portefeuilles de Valant*, fol. 251 : « Pour la sentence de M. Esprit, encore qu'il me semble qu'il y a de la témérité de croire qu'il puisse faillir, je ne saurois concevoir que... »

2. *Ibid.*, fol. 251 : « J'eus une grande joie de ce qu'en disant cela à M. Esprit, il me dit que vous y avez fait mettre le *quasi* que j'y ai trouvé... » *Ibid.*, fol. 252 : « Je lui dis seulement quelque chose qui signifiait qu'il falloit le *quasi* que vous y avez mis. » Remarquez que dans la sentence anonyme que nous avons citée il y a *quasi jamais*.

3. Maxime CCXCIV.

4. Nous trouvons en effet dans notre manuscrit, fol. 259, un petit mémoire ou plutôt une note de M. d'Antin contre la maxime de La Rochefoucauld : « Défense pour Mme la marquise de Sablé par M. le marquis d'Antin, jadis M. l'abbé d'Antin. 14 mars 1661. »

le principe même des maximes de La Rochefoucauld, si en effet l'égoïsme est le ressort unique de toutes nos actions. Esprit était fort de cette opinion, mais comme nous l'avons fait voir [1], tout le monde chez Mme de Sablé n'était pas persuadé que cela fût vrai absolument et sans exception ; et la comtesse de Maure, qui n'était nullement janséniste, et n'avait pas besoin de tant avilir la nature humaine pour relever la grâce divine, combattait le principe de La Rochefoucauld avec autant de force qu'elle faisait le dogme de la prédestination. Elle avait si vivement blâmé l'illustre auteur dans une lettre adressée à Mme de Sablé qu'elle-même s'effraye d'avoir été si loin, et s'empresse d'écrire à la marquise une seconde lettre pour lui redemander la première, afin d'y faire la part de l'éloge si grande qu'une critique ainsi accompagnée pût trouver grâce aux yeux de La Rochefoucauld [2]. Malheureusement la première lettre a péri, et la seconde n'en rappelle qu'un seul passage, une seule ligne, mais qui nous peut tenir lieu de tout le reste : « M. de La Rochefoucauld, dit-elle, fait à l'homme une âme trop laide [3]. » Noble jugement digne d'être recueilli par la postérité, et qui doit demeurer comme un titre d'honneur attaché à la mémoire de la comtesse de Maure.

Nous sommes arrivés au terme de cette correspondance et de la vie de la comtesse. Dans l'hiver de

1. Plus haut, chap. III.
2. *Portefeuilles de Valant*, t. VII, fol. 207.
3. Voyez plus haut, chap. III.

1663, ses incommodités redoublèrent. Le comte de Maure était absent. Elle souffrit beaucoup pendant toute la semaine sainte et n'avait plus même la force de sortir de chez elle pour remplir ses devoirs religieux. « Je pensois, écrit-elle en avril à Mme de Sablé, me mettre en état de pouvoir aller à quelque église un des jours de la semaine sainte. Dieu a permis que cela ait tourné à souffrir toute cette semaine-là. Sa sainte volonté soit toujours faite. » Elle mourut à la fin d'avril avec la piété douce et modérée dont elle avait fait profession.

Notre opinion sur la comtesse de Maure sort des faits et des documents que nous avons mis sous les yeux du lecteur. C'était évidemment une femme d'esprit et de caractère. Il ne faut pas la trop vanter, mais il serait injuste de la laisser dans la foule et dans l'oubli. Elle avait de petits travers et d'assez grandes qualités. Les fragments de lettres que nous venons de publier montrent qu'elle était heureusement douée, et que si elle avait eu plus d'étude, si elle avait écrit beaucoup de lettres comme celles sur Mmes de Bouillon, elle aurait conquis un rang élevé parmi les épistolaires de son temps, et qu'elle mérite encore la place distinguée qu'elle avait obtenue dans la société polie et ingénieuse du XVIIe siècle, entre ces grandes dames belles, spirituelles, instruites sans être savantes, plus nombreuses à cette époque qu'elles ne furent jamais en France, qui comptent des talents de tous les degrés, et dont Mme de Sévigné est le représentant immortel.

Est-il besoin de dire quelle fut la douleur de Mme de Sablé? Elle perdait avec la comtesse de Maure la compagne et la confidente de toute sa vie, et en quelque sorte sa vie elle-même. Au premier bruit de la triste nouvelle, Mme de Longueville, absente, s'était empressée d'écrire à Mme de Sablé, de Rouen, le 2 mai 1663 : « Je n'ai garde d'être plus longtemps sans vous écrire, pour vous dire combien je sens pour vous aussi bien que pour moi la mort de cette pauvre comtesse de Maure. Je comprends si bien ce que cet accident peut produire en vous par tant de raisons que j'en suis toute transie quand j'y pense. Si mes prières étoient bonnes, je les offrirois de bon cœur à Dieu pour vous soulager. La douleur de M. le comte de Maure m'est si présente et si sensible qu'il ne se peut davantage. Je ne sais s'il aura reçu ma lettre, car on me mande qu'on ne sait où il est. Je prie notre Seigneur qu'il l'assiste [1]. »

Mme de Sablé reporta sur Mme de Longueville tout son cœur, toute sa tendresse. Leur liaison, qui avait toujours été si solide et si constante à travers tant de vicissitudes, prit de plus en plus un caractère affectueux. Mme de Longueville, ayant aussi perdu son mari dans cette même année 1663, venait plus souvent à Paris et faisait d'assez longs séjours aux Carmélites de la rue Saint-Jacques. Elle voyait donc très souvent Mme de Sablé ou lui écrivait; et c'est particu-

1. Le comte de Maure survécut plusieurs années à sa femme et mourut en 1669.

lièrement de ce temps que leur correspondance commence à devenir et plus fréquente et plus intime. Un jour nous la ferons connaître. On y verra la sœur de Condé entrant avec une patience et une douceur inconcevable dans toutes les faiblesses de Mme de Sablé, la soignant dans ses maux réels et dans ses maux imaginaires, compatissant à toutes ses frayeurs ; et elle, qui pendant la Fronde avait bravé tous les dangers, toutes les souffrances, vécu dans les alarmes, manqué de se noyer dans l'Océan, qui maintenant s'enfermait des semaines entières dans le désert humide de Port-Royal-des-Champs, portait presque toujours une ceinture de fer, et couchait aux Carmélites sur un plancher sans parquet[1], elle s'inquiétait des plus légères incommodités de sa vieille amie, aussi indulgente, aussi attentive, aussi délicate pour elle, qu'en ce qui la regarde elle-même elle dédaigne les jouissances de la fortune et les agréments de la vie. Elle lui fait part aussi de ses propres misères, ne se doutant pas qu'à son insu elle y mêle une incomparable grandeur.

C'est dans ce commerce noble et tendre, parmi ces soins affectueux, que Mme de Sablé parvint à une vieillesse avancée. Sur la fin, elle se pénétra davantage de l'esprit de Port-Royal, en le tempérant par sa raison et sa modération naturelle ; elle devint insensiblement plus pénitente, plus résignée, plus tranquille. Comme le lui avait prédit la mère Angélique[2], Dieu

1. Voyez Villefore.
2. Voyez plus haut, chap. IV, p. 191.

récompensa son humilité en lui envoyant son amour qui lui adoucit les approches de la mort. Après l'avoir tant redoutée, elle la vit venir avec moins de trouble qu'on n'aurait pu croire, et elle s'éteignit paisiblement en 1678, à l'âge de soixante et dix-neuf ans. Cette fille du maréchal de Souvré, cette femme d'un Montmorency-Laval, cette ancienne amie de Henri de Montmorency, cette élève de l'hôtel de Rambouillet, cette précieuse, cette raffinée, qui avait porté si loin le goût de toutes les délicatesses, mourut en véritable chrétienne. Elle ne voulut pas partager les tombeaux de sa famille, ni même reposer à Port-Royal à côté de ses saintes et nobles compagnes : elle ordonna qu'on l'enterrât dans le cimetière de sa paroisse comme une femme du peuple, sans pompe et sans cérémonie [1].

Pour nous, sans l'élever bien haut, nous nous sommes complu à recueillir tout ce qui pouvait rester d'une personne qui a tenu une si grande place dans son siècle, et pris part à tant d'affaires importantes en politique, en religion, en littérature. Le don particulier qu'elle avait reçu était une raison ingénieuse et aimable ; son rôle a été d'exciter et de faire valoir l'esprit des autres ; son honneur d'inspirer et de voir sortir de son modeste salon des productions illustres qui protégent sa mémoire. Son nom est à jamais inséparable de celui de La Rochefoucauld, comme aussi de celui de Mme de Longue-

1. Voyez l'Appendice, I, p. 346.

ville et même de Port-Royal. Il reste attaché au souvenir de la société grave et charmante qu'elle rassembla et garda longtemps auprès d'elle, et que nous avons essayé de faire revivre un moment dans ces légères peintures.

APPENDICE

I. — DIVERS TÉMOIGNAGES SUR L'ESPRIT, LE CARACTÈRE, LA VIE ET LA MORT DE MADAME DE SABLÉ.

Nous n'en finirions pas si nous voulions citer ici tous les passages des contemporains où Mme de Sablé est louée. On sait la haute estime que faisaient de son esprit et de son goût Voiture, La Rochefoucauld, Mme de Sévigné, Mme de La Fayette, Mlle de Scudéry, d'Andilly, et tant d'autres.

Nous avons vu Saint-Évremond, ou Barbin, son libraire, dédiant à Mme de Sablé, en 1671, la seconde partie des *Œuvres Meslées,* comme à la personne dont le suffrage importait le plus au succès d'un auteur. Voici maintenant une dédicace d'un genre bien différent. Gaspard, comte de Tende, ayant composé, sous le nom du sieur de Lestang, un traité de la traduction, qui est encore fort estimé des connaisseurs, en fit hommage aussi à Mme de Sablé, prétendant qu'il ne faisait qu'exprimer ses sentiments. *De la Traduction, ou règles pour apprendre à traduire la langue latine en la langue française,* par le sieur de Lestang, Paris, in-8°, 1660. A Mme la marquise de Sablé :

« Puisque la critique des hommes trouve quelquefois à redire aux actions qui sont purement de justice et absolument de devoir, il faut que je me justifie ici de la raison ou plutôt de la nécessité qui m'a porté à vous présenter ce petit ouvrage. J'étois obligé, Madame, de le dédier à une personne qui pût le défendre et le protéger, non-seulement par la grandeur de sa naissance, mais encore par l'étendue de son autorité et de son crédit. Et en qui est-ce que ces deux puissantes qualités se rencontrent dans un plus haut degré qu'en vous, Madame? Je ne parlerai point de la première que tout le monde connoît, mais seulement de la seconde qui n'est connue que des savants. Car je sais que les maîtres de notre langue vous consultent dans leurs doutes, vous font arbitre de leurs différends et se soumettent à vos décisions. En effet, vous êtes la personne du monde qui savez le mieux toutes les lois et toutes les règles du discours, qui savez le mieux exprimer avec grâce et netteté vos sentiments et vos pensées, qui savez le mieux employer ces belles formes de parler si ingénieuses, si charmantes et si naturellement françoises, et enfin qui savez le mieux toutes ces délicatesses et tous ces mystères de style dont parle M. de Vaugelas. Après cela, Madame, pouvois-je ne pas vous dédier ce petit ouvrage, pour vous supplier, comme je fais très-humblement, de le prendre en votre protection? J'ose dire que vous êtes obligée de le défendre, puisqu'il ne contient que vos sentiments, et puisque c'est le coup d'essai d'une personne qui est avec tout le respect et toute la sincérité possible, Madame, votre très-humble et très-obéissant serviteur, DE L'ESTANG. »

Nous trouvons dans les *Portefeuilles de Valant*, t. VII, fol. 177 et 178, une lettre d'un M. Lebon, qui nous est entièrement inconnu, mais qui apprécie le caractère de Mme de Sablé d'une façon très-remarquable, et la peint dégagée de tout préjugé de naissance et de rang.

« Je ne sais si vous sentez assez vivement la perte de Mme la marquise de Sablé. Si cela est, vous êtes fort à plaindre, persuadé que votre douleur est sans bornes comme est son mérite. Rien n'en marque mieux l'étendue que le peu de sentiment qu'elle avoit pour toutes les grandeurs d'établissement. Quoiqu'elle en fût tous les jours environnée, elle en recevoit si peu d'impression qu'il sembloit qu'elle ne les voyoit pas. Son goût n'étoit que pour les grandeurs naturelles, qu'elle réduisoit à la justesse de l'esprit et à l'équité du cœur. La personne qui avoit ces deux qualités avoit toute son estime. Vous savez, Madame, combien elle étoit inimitable dans sa façon d'obliger. Le moyen le plus aisé d'entrer dans son cœur, étoit de lui donner occasion de rendre un service, et la manière dont elle le rendoit en augmentoit toujours le prix. Elle n'étoit pas moins inimitable en parlant et en écrivant. Ses pensées et ses expressions étoient simples et propres. Quand elle louoit c'étoit sans compliment, et on découvroit toute la justesse de son esprit; et quand elle blâmoit, ce qui étoit rare, on sentoit toute la bonté de son cœur. Un avantage si peu commun venoit de ce qu'elle s'étoit accoutumée à ne rien voir au-dessus d'elle que la raison, et c'est la source de toutes les maximes solides dont je vous ai fait voir le recueil. Pour ces craintes qu'on lui reprochoit comme des foiblesses, je ne puis les désapprouver: ayant plus d'esprit que les autres, elle pouvoit voir des périls où les autres n'en voyoient pas. Vous regretterez longtemps la mort de Mme la marquise de Sablé, si vos regrets ne cessent que lorsque vous aurez réparé cette perte. Il y a des personnes qui sont du nombre des prodiges; on en voit rarement. Tâchez donc, Madame, de vous consoler; il faut que les réflexions de la religion arrêtent le cours de vos larmes. »

Citons aussi la notice que l'abbé d'Ailly a mise en tête des *Maximes* de Mme de Sablé, publiées en 1678, l'année même où elle mourut.

« L'illustre personne qui a composé les maximes qu'on donne au public, avoit des qualités si grandes et si extraordinaires qu'il est bien difficile de les exprimer par des paroles, quoiqu'on les sente bien et qu'on en soit vivement touché, pour peu qu'on ait eu l'honneur de la connoître. Elle a convaincu les honnêtes gens de son siècle qu'un mérite essentiel et achevé n'est pas de la nature de ces choses qui flattent en vain les espérances des hommes. Elle a été également honorée des grands et des particuliers, et elle avoit établi une espèce d'empire sur les uns et sur les autres par une supériorité naturelle à laquelle tout le monde se soumettoit aisément.

« Sans biens, presque sans crédit, même aux dernières années de sa vie, elle avoit une cour nombreuse de personnes choisies de tout âge et de tout sexe, qui ne sortoient jamais d'auprès d'elle que plus heureux, et comme charmées de l'avoir vue. Plusieurs même, par des établissements considérables selon leurs différentes conditions, ont éprouvé ce que pouvoit son extrême bonté, toujours agissante, toujours ingénieuse, et si féconde en mille moyens de faire du bien que les bons succès ont presque toujours suivi l'application constante qu'elle avoit à rendre de bons offices à ses amis. Sa vie a été presque tout occupée à leur faire plaisir, et son sommeil même, quelque précieux qu'il lui fût, n'étoit jamais interrompu qu'elle n'en remplit les intervalles par de nouveaux soins de leur procurer quelques avantages. Cette bonté étoit si pure et si délicate, qu'elle ne pouvoit souffrir les moindres médisances et les moindres railleries : elle les regardoit comme de grandes marques de petitesse d'esprit et de malignité.

« Sa charité égaloit sa bonté, ou, pour mieux dire, il y avoit un si juste mélange de l'une avec l'autre qu'elle étoit toujours également préparée à soulager le prochain, et même à prévenir ses désirs et ses besoins, autant qu'elle étoit en état d'y satisfaire. Elle avoit si bien trouvé cette parfaite union de toutes les vertus de la société civile avec les vertus chrétiennes, qu'elle étoit également respectée des solitaires et des gens du monde.

« Jamais un grand cœur ne fut conduit par un esprit plus vaste et plus éclairé. Elle l'avoit rempli de toutes les belles connoissances qui peuvent instruire et polir tout ensemble la raison. Elle savoit très-bien les langues espagnole et italienne, et surtout la véritable morale : les maximes qu'elle en a faites, sont des leçons admirables pour se conduire dans le commerce du monde. Elle écrivoit parfaitement bien; la bonté de son esprit et celle de son cœur lui donnoient une éloquence naturelle et inimitables. Ses sentiments étoient si justes et si raisonnables que, pour toutes les choses de bon sens et de bon goût, ils étoient autant d'arrêts souverains qui décidoient du prix et du mérite de tout ce qu'on soumettoit à son jugement.

« Elle avoit une raison si droite et tellement dégagée de tout ce qui trouble ordinairement les autres, que, bien loin d'être prévenue par des opinions particulières, elle estimoit la vertu et les bonnes choses partout où elle les trouvoit, dans les personnes et dans les livres, également ennemie de l'opiniâtreté et de l'indignation qui vient de l'opposition des sentiments, toujours prête à recevoir la vérité de quelque côté qu'elle lui fût présentée. Sa conversation avoit tant de charmes et étoit si pleine de choses si utiles, si agréables et si insinuantes, que tout le monde y trouvoit son compte ; et on ne la quittoit jamais qu'on ne se trouvât beaucoup plus honnête, avec plus d'esprit et des sentiments plus élevés.

« Jamais personne n'a porté la politesse à un plus haut point de perfection : elle étoit répandue en tout son procédé, dans les petites comme dans les grandes choses. Elle avoit une fermeté et une fidélité extrêmes à garder le secret de ses amis, et une discrétion si fine, si circonspecte et si juste pour tout ce qui regardoit leurs intérêts, qu'on ne peut rien imaginer au delà. Tant de rares qualités lui avoient acquis l'estime et la bienveillance d'un grand prince[1], qui lui en a donné des marques essentielles jusqu'à la mort.

« Ces grands soins de conserver sa santé, que tant de personnes qui ne la voyoient point accusoient de foiblesse, étoient justifiés lorsqu'on la voyoit de près. La grandeur de son esprit, qui lui donnoit tant de vues inconnues aux autres, jointe à une longue expérience, l'avoit si bien instruite de mille voies secrètes qui pouvoient altérer ou conserver la santé, que ses amis ont sujet de croire qu'elle leur auroit encore épargné la douleur de l'avoir perdue, si Dieu n'avoit limité nos jours, en leur prescrivant des bornes certaines que toute la science et toute l'industrie des hommes ne peuvent passer.

« Une si belle et si glorieuse vie a été enfin terminée par une mort très-chrétienne. Cette crainte de la mort, qu'elle avoit fait paroître tant de fois, mais qui étoit beaucoup plus dans ses discours que dans ses sentiments, après quelques derniers efforts, cessa enfin lorsqu'elle vit ce terme fatal de plus près. Elle s'abandonna aux décrets de la providence de Dieu, avec des sentiments si religieux et si dévots que, pensant uniquement à son salut, elle compta le reste pour rien. De là vint cette humilité profonde qui lui fit ordonner qu'on l'enterrât dans un cimetière, comme une personne du peuple, sans pompe et sans cérémonie.

« Pour finir son éloge, on peut dire d'elle qu'elle a été l'ornement de son siècle, les délices de ses amis, un bien général, et qu'elle laisse par sa mort un si grand vide dans le monde pour les personnes

1. Monsieur le duc d'Orléans.

qui avoient le bonheur de la voir et de la connoître, qu'il n'y a pas lieu d'espérer qu'on le puisse jamais remplir dignement. »

Terminons par cet article du *Nécrologe de Port-Royal*, p. 34.

« Ce même jour (16 janvier 1678), mourut dame Madeleine de Souvré, veuve de messire Philippe de Laval, marquis de Sablé, amie très-particulière et bienfaitrice de notre maison de Paris, où elle s'étoit fait bâtir le corps de logis qui est au bout du chœur, et dont le chapitre fait partie. C'est dans cet appartement qu'elle a fini ses jours, à l'âge de soixante-dix-neuf ans. Elle a eu sa sépulture dans le cimetière de la paroisse Saint-Jacques-du-Haut-Pas, comme son humilité le lui avoit fait ordonner par son testament. »

II. — SUR LA LOGIQUE DE PORT-ROYAL.

L'histoire exceptée, toutes les connaissances humaines étant bien venues auprès de Mme de Sablé, particulièrement celles qui relevaient de la réflexion et du raisonnement. La Chambre[1] lui soumettait ses petits traités philosophiques; Saint-Évremond ou Barbin les *Œuvres Meslées*[2]. Dans les lettres imprimées d'Arnauld (Œuvres de M. Arnaud, in-4°, *t.* Ier, p. 206), est un billet du grand docteur où il demande à Mme de Sablé son avis sur un discours à mettre à la tête de la Logique de Port-Royal, discours qui a paru en effet dans la 1re édition de cette logique en 1662; le billet d'Arnauld est du 19 avril 1660.

« Je vous suis très-obligé, Madame, de la colère que vous témoignez contre moi, puisqu'elle m'est si avantageuse, quoique à la vérité elle ne soit pas juste. Car est-il possible que vous vous soyez persuadée que je vous puisse oublier, et que je ne me tinsse pas toujours très-heureux de contribuer en quelque chose à votre satisfaction? Je vous avoue aussi que je ne puis croire que ce soit tout de bon que vous soyez fâchée. Mais si vous l'êtes, tout ce que je puis faire pour me réconcilier avec vous, c'est de vous envoyer quelque chose qui vous divertira une demi-heure, et où je pense que vous verrez exprimée une partie de vos pensées touchant la sottise du genre humain. C'est un discours que nous avons pensé de mettre à la tête de nos Logiques. Vous nous obligerez de nous en mander votre sentiment, quand vous l'aurez vu. Car ce ne sont que des personnes comme

1. Voyez plus haut, chap. III, p. 101, et plus bas dans cet Appendice.
2. Chap. III, p. 176.

vous que nous voulons en avoir pour juges. Je le fais copier, et j'espère de l'avoir dans deux ou trois jours. »

Jusqu'ici il n'y avait pas lieu de s'étonner beaucoup, puisqu'il s'agissait seulement d'un discours très-solide assurément, mais qui contient des vues assez générales pour être à la portée d'une personne aussi judicieuse et aussi réfléchie que Mme de Sablé. Mais ce qu'on ignorait et ce qui surprend davantage, c'est qu'Arnauld avait aussi communiqué à la marquise, pour en avoir son avis, la première partie de la logique, et que, Mme de Sablé l'ayant fort goûtée, Arnauld n'avait pas craint de lui adresser encore, d'abord un écrit sur l'Ame, tiré de Saint Augustin, où il aimait à trouver les premiers principes de la philosophie cartésienne, et ensuite la seconde partie de la logique, tout aride et épineuse qu'elle soit. Voilà ce que nous apprennent deux lettres inédites d'Arnauld, dans le *Supplément français*, 3029, 1, petit in-folio, intitulé : *Divers à madame de Sablé.*

Fol. 10 et 11. « Ce 31 juillet (1660). — Il semble que vous me vouliez corrompre par des louanges afin que je vous pardonne votre manquement. Vous ne m'avez payé qu'à demi ce que vous m'avez promis, et vous m'avez privé de la plus excellente partie de ce que vous m'aviez fait espérer. J'ai reçu les pensées des deux amis, mais je n'ai point reçu les vôtres. Je ne vous laisserai point en repos que vous ne me les ayez envoyées. Si j'avois la deuxième partie de la Logique, je me revengerois en vous l'envoyant afin de vous faire rompre la tête à des subtilités d'école, qui ne sont pas si agréables que ce que vous avez vu dans la première. Mais en attendant, je vous envoie un Discours de l'âme, que j'ai tiré autrefois de saint Augustin, et que je vous supplie de ne pas égarer, parce que je n'en ai que ce brouillon. Vous y trouverez beaucoup de raisonnements semblables à ceux de Descartes, et c'est, pour vous dire le vrai, ce qui m'a donné quelque affection pour ce nouvel auteur, de ce que j'ai trouvé plusieurs de ses pensées conformes à celles de saint Augustin. Car ce discours est traduit mot à mot de ce Père; et tout ce que j'ai fait a été seulement d'en retrancher quelque chose et d'y mettre de petits titres. »

Ibid. Fol. 14. « Ce 9 août. — Voilà la deuxième partie de la Logique, puisque vous désirez absolument de la voir. Mais ne vous en prenez qu'à vous-même, si vous en avez la tête rompue, puisque je vous ai déjà avertie qu'elle n'étoit capable que de faire ce mauvais effet, parce qu'ayant voulu démontrer toutes les règles, il a fallu nécessairement démêler beaucoup de petites choses qui ne se peuvent comprendre sans fatiguer un peu l'imagination. C'est pourquoi, Madame, je vous supplie de ne lire que ce qui ne demandera pas tant de contention d'esprit, car je serois inconsolable, si je vous avois fait du mal en ne pensant qu'à vous donner une heure de divertissement. »

Pour enrichir ce petit supplément à l'histoire de la Logique de Port-Royal, nous mettons ici une lettre fort bien faite d'un M. de Labrosse à Mme de Sablé sur cette même Logique. Nous ne savons quel était ce M. de Labrosse. Était-ce un des *deux amis*, comme parle Arnauld, qui lui avaient communiqué leur opinion par l'entremise de Mme de Sablé? Quoi qu'il en soit, cet avis est très-judicieux et mérite d'être connu.

Portefeuilles de Valant, t. VII, fol. 398. — « Enfin, j'ai reçu le livre que vous m'avez fait la grâce de m'envoyer. Je l'ai lu ou plutôt dévoré avec toute la satisfaction imaginable. Après le jugement que vous en aviez fait et que vous aviez eu la bonté de me mander, je n'attendois pas autre chose : aussi étoit-ce ce qui me faisoit porter avec impatience le long temps que j'étois à le recevoir. J'oserai néanmoins vous dire qu'elle eût été encore bien plus grande, si vous m'en eussiez nommé l'auteur. Mais sans doute que vous vouliez voir si je pourrois le reconnoître. Je crois, Madame, l'avoir fait, et c'est ce qui me donne davantage de vénération, s'il faut parler ainsi, pour cet ouvrage. L'auteur est une personne trop consommée en toute sorte de sciences pour croire qu'il pût rien sortir de sa plume que de très-rare et ensemble très-achevé. Cela me fait souhaiter que quelque jour il se veuille donner la peine de traiter la physique sur les principes qu'il semble le plus approuver dans cette logique. Assurément, ce seroit pour rendre très-commune cette sorte de philosophie qui, pour être la plus subtile aussi bien que la plus raisonnable, a besoin d'être expliquée d'une façon toute particulière, afin de détacher imperceptiblement les esprits des vieilles préoccupations de l'école. Que si jusques à présent elle n'a pas eu autant de sectateurs qu'elle devroit, ou plutôt si tous ceux qui se mêlent de philosophie ne l'ont pas embrassée, je crois que cela vient en partie de ce que celui qui l'a inventée ou plutôt renouvelée dans ces derniers temps, l'a proposée d'une manière qui n'est pas propre pour s'insinuer dans l'esprit de toutes sortes de personnes. C'étoit un homme[1] qui étoit tout dans la spéculation, et qui, ayant un esprit accoutumé aux abstractions, s'est persuadé que les autres suivroient aisément la force de son génie, et que, pourvu qu'il ne dît que des choses tout à fait raisonnables, elles seroient incontinent reçues. Mais il falloit auparavant détruire les préoccupations ordinaires, en les prenant dans leur première naissance, et en faire voir insensiblement la fausseté. C'est ce que l'au-

1. Descartes.

teur de cette logique fait admirablement bien en deux ou trois rencontres de son livre, et ce que je voudrois de tout mon cœur qu'il voulût faire dans un ouvrage entier de physique. Vous pouvez, Madame, beaucoup sur son esprit. Persuadez-le, s'il vous plaît, dans le relâche de ses occupations plus sérieuses, de donner quelques heures à ce travail. Quoi que ses ennemis en puissent dire, il a éclairé beaucoup de vérités très-importantes en la religion. Il ne doit pas pour cela négliger les vérités de la nature, puisque après tout la vérité est toujours la même, soit qu'on nous la propose comme divine ou comme naturelle. Je crois, Madame, qu'il fera cela d'autant plus aisément que c'est une chose qu'il a déjà assez méditée et sur laquelle il a fait toutes les réflexions possibles. Il ne lui reste qu'à les mettre en ordre et à les donner au public.

« Mais puisque je me suis déjà tant étendu sur ce sujet, permettez-moi, Madame, que je vous dise que j'eusse encore souhaité une chose dans la logique que cet excellent auteur nous a donnée. C'est qu'il eût donné quelques règles sur la manière de lire les livres qui sont déjà composés, et sur les principales réflexions qu'on doit faire en les lisant. Cela, sans doute, est une partie de la logique, et je suis assuré que ce grand homme ne manque point de quelque méthode particulière à cet égard. N'ayant jamais fait grand cas de la logique comme on la traite dans les écoles, je me suis plus appliqué à celles qui ont été composées par les Allemands. Ils s'étendent tous fort amplement sur cette matière et en donnent beaucoup de préceptes, mais le plus souvent, ils embrouillent plus l'esprit par leurs continuelles divisions et subdivisions qu'ils ne lui donnent de lumière. Je pense que cet illustre auteur n'auroit pas peu obligé le public, s'il avoit prescrit la méthode qu'on doit observer dans la lecture des livres. J'ai vu beaucoup de personnes qui m'ont témoigné que c'étoit là une des plus grandes difficultés qu'ils eussent dans leurs études. J'avoue Madame, que ce seroit apprêter à rire à toute autre personne de votre qualité que de l'entretenir de ces sortes de choses. Mais, outre qu'il n'y a rien de ce qui regarde les lumières de l'esprit où vous ne preniez une très-grande part, m'ayant fait l'honneur de me communiquer un ouvrage de logique, c'est-à-dire de la partie de la philosophie la plus épineuse, j'ai cru qu'il n'y avoit rien en matière de science dont je ne pusse prendre la liberté de vous parler. C'est, Madame, ce que j'ai fait en partie pour vous témoigner l'estime que je fais de toutes les choses auxquelles vous donnez votre approbation, mais principalement pour vous assurer du respect avec lequel je suis votre très-humble et très-obéissant serviteur De Labrosse. »

III. — SUR DES QUESTIONS DE GRAMMAIRE.

Il faut bien que Mme de Sablé s'intéressât à tout ce qui regardait la langue française et la meilleure manière d'exprimer ses pensées, puisque le comte de Tende lui a dédié son ouvrage sur l'art de traduire. Nous la rencontrons aussi mêlée à des discussions grammaticales. Le génie d'Arnauld embrassait tout, théologie dogmatique et théologie morale, histoire ecclésiastique, métaphysique, logique, mathématiques, littérature, et jusqu'à la grammaire. Touché comme ses amis de Port-Royal du désir d'imprimer à la langue une clarté, une régularité, une correction plus sévère, il s'était posé à lui-même quelques questions de grammaire dont il avait parlé à Mme de Sablé; celle-ci s'en était entretenue avec La Chambre, et on avait été d'avis de les soumettre à l'Académie française. La docte compagnie s'était empressée de résoudre une de ces questions, et elle avait négligé les autres. Mme de Sablé pria Arnauld de rédiger de nouveau ces questions pour les déférer au même tribunal. C'est à ce sujet qu'Arnauld écrit à la marquise la lettre suivante :

Suppléments français, 3,029, 1. *Divers à madame de Sablé,* fol. 6. « Ce 29 novembre 1659. — Ce que je vous avois envoyé n'étoit pas encore assez digéré, ayant été fait avec la plus grande précipitation du monde. Il faudra que j'y pense encore, mais je ne le puis maintenant, mon rhume s'étant beaucoup augmenté. Cependant je vous envoie une lettre que vous pourrez montrer à M. de La Chambre, pourvu que vous cachiez mon nom, et que vous en fassiez faire une copie afin qu'on ne puisse pas reconnoître mon écriture. Il est important que l'on n'entende point parler de moi dans tout ceci. C'est pourquoi je vous supplie, Madame, de m'y garder un inviolable secret. Je sais que vous êtes la personne du monde la plus secrète, mais je crains que la bonté que vous avez pour moi ne vous persuade qu'il n'y a pas de danger de découvrir une chose que vous croyez m'être avantageuse. Mais je vous dis encore une fois que je serois très-fâché qu'on me connût à l'Académie pour un faiseur de questions de grammaire. C'est un divertissement, mais il n'est pas bon que tout le monde sache nos divertissements, quelque innocents qu'ils soient. Vous n'en ignorez pas la raison. Je suis tout à vous. J'ai mis un nom à la fin de la lettre en forme, afin que vous puissiez me nommer de cette sorte à ces Messieurs. »

Voici cette lettre officielle, signée du nom imaginaire de de Saint-

Denys, que Mme de Sablé fit voir à ses amis de l'Académie françaisc. *Ibid.* Fol. 4. — « Madame, il ne se peut rien voir de plus obligeant que la manière dont Messieurs de l'Académie ont reçu ce que vous avez pris la peine de leur envoyer. Mais la réponse si exacte et si travaillée qu'il leur a plu de faire à l'une des questions qui leur étoient proposées, fait regretter davantage qu'ils ne se soient point appliqués aux autres qui étoient sans doute plus importantes. Après tout, néanmoins, il faut être raisonnable, et ce seroit une injustice de se plaindre de ce qu'ils ne nous ont pas donné toutes les instructions que nous désirions, au lieu de leur rendre grâce de celle qu'ils nous ont donnée. C'est à vous, Madame, à qui nous sommes redevables de cette faveur, et cette réponse de l'Académie doit être considérée comme une marque de l'estime singulière qu'une si célèbre compagnie fait de votre personne et de la lumière de votre esprit. C'est en quoi leur jugement sera universellement reçu et de ceux mêmes qui trouveroient quelques difficultés dans leurs remarques. Il m'en étoit venu quelque-unes dans l'esprit, mais j'aime mieux croire que je me trompe que de douter de leur intelligence dans toutes les finesses de notre langue. Ce sont nos maîtres, il faut révérer leurs décisions, et se réjouir de l'assurance qu'ils nous donnent qu'ils vont bientôt travailler tout de bon à la grammaire françoise. Nous avons sujet d'espérer que s'il nous reste quelques doutes, ils achèveront de les dissiper dans cet ouvrage. Je suis, Madame, votre très-humble et très-obéissant serviteur, DE SAINT-DENYS.

Ce 27 novembre 1659.

Arnauld ne fut pas très-satisfait du travail de l'Academie française; car, dans une lettre confidentielle à Mme de Sablé, il revient sur les questions proposées à l'Académie, et discute les solutions qui en avaient été données avec sa solidité et sa vigueur accoutumées. On peut voir cette lettre imprimée dans le recueil déjà cité, t. Ier, p. 125. Mais dans ce recueil, la lettre est adressée à une Mme ***, et datée du 21 novembre 1680; tandis que, dans notre manuscrit, Mme *** est la marquise de Sablé, et qu'au lieu du 21 novembre 1680, il faut mettre 21 novembre 1659.

Disons aussi que, bien d'autres lettres, et souvent très-importantes, adressées dans le recueil imprimé à des dames dont le nom n'est pas indiqué, le sont réellement à Mme de Sablé, et que les originaux de ces lettres se trouvent dans notre manuscrit, par exemple les lettres XCVII, XCIX et C. du t. Ier, p. 207 à 214.

IV. — DE L'INVENTION DES BILLETS.

Nous avons cité, chap. II, p. 80 et 81, un passage de l'histoire de la princesse de Paphlagonie, où Mademoiselle prétend que c'est Mme de Sablé et Mme de Maure qui ont inventé la coutume de s'écrire des lettres : « Ainsi, dit-elle, nous leur avons l'obligation d'une chose si commode pour le commerce. » Quoique Mademoiselle badine ici évidemment, il faut bien qu'il y ait un prétexte, un fondement quelconque à cette exagération. Ménage nous donne la clef de cette petite énigme. Il paraît que Mme de Sablé et la comtesse de Maure ont en effet inventé les billets et les ont substitués aux lettres. La différence du billet à la lettre consiste en ce que le billet est plus abandonné, négligé, sans façon, et que, par exemple, on ne met pas *Monsieur* ou *Madame* en tête du billet, et comme on dit, en vedette, mais dans le billet même, après les premiers mots, ce qui donne un air moins officiel et plus particulier. *Observations de M. Ménage sur la langue française*, deuxième édition, Paris, 1675, p. 395. « S'écrire par billets est une chose fort commode, et qui a été introduite depuis trente ou quarante ans, par Mme la marquise de Sablé et par Mme la comtesse de Maure. »

V. — LETTRES D'ARNAULD D'ANDILLY.

Déjà dans le Recueil des lettres imprimées d'Arnauld d'Andilly, Paris, in-4°, 1645, et in-12, en Hollande, 1668, il y a plusieurs lettres adressées à la marquise de Sablé. *Le Supplément français,* 3029, 8, nous en a fourni [1] quelques-unes de l'année 1667, entièrement inédites, où d'Andilly fait une petite querelle à Mme de Sablé, pour avoir continué sa confiance à un homme qui était devenu l'un des persécuteurs de Port-Royal. Mais le numéro 3029, 1, de ce même *Supplément français* contient une collection bien plus considérable : quatre-vingt-cinq lettres de d'Andilly à Mme de Sable, depuis 1659 et 1660 jusqu'à 1670 et même 1671. Ces lettres prouvent

1. Voyez plus haut, chap. IV, p. 215 et suiv.

que, malgré le court et léger refroidissement de 1667, leur amitié fut toujours affectueuse et même tendre, surtout pendant les malheurs de Port-Royal. Nous donnerons ici un certain nombre de ces lettres empruntées à diverses années.

Il n'est pas étonnant que Gaspard de Tende ait dédié à Mme de Sablé son *Traité de la traduction*, car Arnauld d'Andilly, qui est peut-être, avec d'Ablancourt, et sans parler de l'abbé de Marolles, l'homme du XVIIe siècle qui a le plus traduit, et quelquefois avec le plus de succès, comme les *Confessions* de Saint Augustin et les *Lettres* de sainte Thérèse, consulte assez souvent Mme de Sablé sur divers passages difficiles à traduire, et lui soumet son travail, non pas pour l'intelligence du texte original, mais pour la plus grande clarté, l'agrément ou la force de la version française. Par exemple, il lui adresse des morceaux de Tacite avec la traduction qu'il en propose, en mettant en regard celle de d'Ablancourt, et il demande à Mme de Sablé laquelle lui plaît davantage. Quelquefois, c'est la traduction d'une lettre de saint Paulin qu'il lui envoie; quelquefois c'est un passage de Tertullien; quelquefois même, non content de lutter avec d'Ablancourt, il s'en prend à Balzac.

Ibid. fol. 133. « Je m'avise que je vous dois répondre touchant les traductions. Celle dont le sujet ne vous plaît pas étoit dix fois plus difficile à faire que l'autre. Et quant à celle qui vous plaît, je vous envoie la traduction que M. de Balzac en a faite, et qu'il propose comme un original et un chef-d'œuvre de traduction, afin que vous jugiez si c'en est un, et s'il fait parler ses consuls romains avec une majesté digne de Rome, quoiqu'il se soit donné une entière liberté, puisque M. Valant vous dira que jamais traduction ne fut moins fidèle. »

Pendant tout le temps que dura le travail des Maximes et des Pensées dans le salon de Mme de Sablé, d'Andilly, bien que renfermé dans la solitude de Port-Royal des Champs, s'informait des occupations de la marquise, et celle-ci le tenait au courant de ce qu'elle faisait. Elle lui communiqua successivement ses maximes et ses petits écrits sur l'éducation des enfants, sur l'amitié, sur la comédie, etc. Leur correspondance à ce sujet n'est pas sans intérêt pour l'histoire littéraire. Nous en avons déjà tiré de précieuses lumières. Il nous paraît nécessaire, au risque de quelques répétitions, de mettre ici dans toute leur étendue les passages des lettres de d'Andilly qui se rapportent aux divers écrits de Mme de Sablé.

Ibid. fol. 46. « Ce 14 février. — En vérité, c'est moi qui puis dire sans cajolerie que vous m'intimidez, tant vos lettres sont belles en toutes manières, ce qui comprend beaucoup de choses en une seule parole. Je ne serois pas sincère si je n'avouois qu'il me semble que je comprends bien ce qui les rend si excellentes; mais il y a grande différence entre le comprendre et le pouvoir imiter... Est-il possible que vous me demandiez si je serai bien aise de voir ces maximes, qui ne peuvent être qu'excellentes, ou pour mieux dire admirables, puisque le jugement n'y aura pas moins de part que l'esprit, et qu'elles seront comme le fruit d'une expérience qui ne s'est pu faire que dans un monde où se rencontre le dernier raffinement de toutes choses. Envoyez-les-moi donc, je vous supplie, le plus tôt que vous pourrez, et faites-moi toujours la justice de me croire plus à vous que nulles paroles ne sont capables de vous l'exprimer. »

Fol. 54. « Ce 1er février 1660. — Je doute fort que M. Taumas vous ait assez dit jusques à quel point je fus satisfait de ce certain discours. J'en fus d'autant plus touché qu'il me parut d'abord un paradoxe. Mais vous y faites voir si clairement ce que vous avez entrepris de prouver, qu'il faudroit renoncer à la raison pour n'en pas demeurer d'accord. Rien n'est plus judicieux ni plus solide : et si les enfants étoient instruits de cette manière, il est sans doute que par la connoissance qu'ils auroient d'eux-mêmes, ils pourroient former en même temps et leurs mœurs et leur esprit, et, lorsqu'ils liroient ensuite l'histoire, en faire des jugements dont les vieillards sont incapables par l'habitude qui leur reste de la manière dont ils l'ont apprise en leur jeunesse, qui fait, comme vous le dites si bien, que, leur jugement n'y ayant eu nulle part, il ne leur reste presque que le souvenir des noms qui se sont conservés dans leur mémoire. »

Fol. 58. « Ce 28 janvier 1661. — En vérité, c'est moi qui puis dire, sans vous flatter, que quelque bien que vous ayez toujours écrit, vous écrivez encore mieux que vous n'avez jamais fait. Ce qui vient à mon avis de ce que le jugement croît sans cesse et se sert ainsi avec plus d'art et de conduite des lumières de l'esprit. Il n'en faut point de meilleure marque que ce que vous m'avez fait l'honneur de m'envoyer touchant l'amitié : rien de plus beau, de plus juste, de plus véritable. Mais ce qui me le fait encore plus estimer, c'est que, quelque grand que soit votre jugement et votre esprit, ils y ont beaucoup moins de part que votre cœur. Il faut sentir ces choses-là pour les pouvoir penser et les pouvoir dire, et il faut que la personne qui vous a engagée à les écrire ait non-seulement bien peu de disposition à les concevoir par elle-même, mais bien peu de mémoire pour ne se souvenir pas qu'on les lui a dites tant de fois. Elle me fait pitié de s'imaginer que la véritable amitié ait un fondement si foible que la conformité des intérêts et la ressemblance des occupations... »

Fol. 60. « Ce 9 février 1661. Si le plaisir que l'on prend d'entendre parler admirablement contre une chose qui est blâmable n'étoit le plus innocent du monde, je devrois être dans le scrupule d'avoir vu ce que vous avez écrit sur le sujet de la comédie, puisque je doute fort que ceux qui l'aiment le mieux y prennent plus de plaisir que je n'en ai eu à entendre traiter ce sujet d'une manière si délicate, si judicieuse et si forte tout ensemble, que les plus opiniâtres ne sauroient n'être pas persuadés de la vérité de ce que vous dites. Aussi faut-il avouer que ce langage ne s'apprend que dans le grand monde, et qu'il ne peut même s'y apprendre que par des personnes qui ont l'esprit fait comme vous l'avez : ce que je n'ose spécifier plus particulièrement, de crainte que vous ne m'accusiez de vous flatter lorsque je ne ferois que vous dire très-sincèrement ce que je pense. Mais je ne puis vous dissimuler que je crois que vous ne pourriez mieux employer quelques heures de vos journées qu'à écrire des choses semblables, puisqu'il seroit presque impossible qu'elles ne fissent impression sur les personnes raisonnables, et qu'ainsi Dieu n'eût très-agréable le bonheur que vous leur procureriez en les détrompant des fausses opinions que le relâchement a introduites, que la coutume a autorisées, et que l'exemple des personnes les plus considérables fait que l'on n'ose contredire, à moins que d'y être porté par l'amour de la vérité si rare dans un siècle aussi corrompu que le nôtre. »

Fol. 78. « Ce 20 février. — Si ma lettre n'étoit point demeurée ici quatre ou cinq jours à cause que personne n'alloit à Paris, je vous avoue que je serois déjà dans l'impatience de recevoir ce que vous m'avez fait l'honneur de me promettre, parce que, sans vous flatter, je trouve dans ce que vous écrivez, outre la délicatesse, l'esprit et le jugement, une certaine justesse procédante de ce dernier, qui fait que je ne me lasserois jamais de voir et de revoir de semblables choses. Et pour vous faire connoître que je dis vrai, vous n'aurez pas oublié sans doute la différence que je vous témoignai d'avoir remarquée entre ce que vous et celui que vous savez aviez écrit sur le même sujet, dont l'un étoit comme l'essence et l'autre n'était que le marc. Que si vous l'aviez oublié, ce que je ne crois pas, ces deux mots pourront vous en faire souvenir. Mais vous n'avez, je m'assure, point besoin de souvenir pour savoir jusques à quel point je suis à vous, puisque votre cœur vous le dit assez par ce qu'il vous fait ressentir pour moi. »

Fol. 135. « Ce 2 mars 1661. Vous auriez pu sans crainte m'envoyer vos brouillons, pourvu que c'eût été par la voie de ma fille Angélique, qui est extrêmement soigneuse, quoique, pour parler sincèrement, je ne pourrois voir sans quelque peine que l'on hasardât une chose si précieuse. Cet échantillon n'a servi qu'à me faire désirer le reste avec encore plus d'impatience. Si c'est contre votre intention que j'en ai retenu une copie, je vous en demande pardon et vous la renverrai fidèlement. Que si vous me la donnez de bon cœur, ainsi que je l'espère, je vous rends mille grâces d'un si beau présent, dont pour vous faire connoître combien j'en connois le prix, je n'aurois qu'à répéter ce que je vous ai déjà mandé sur un semblable sujet. »

D'Andilly se trouvait à Port-Royal de Paris, en 1664, quand M. de Péréfixe, archevêque de Paris, escorté du lieutenant civil et de deux cents archers, entra dans la sainte maison, et en fit sortir un certain nombre de religieuses parmi lesquelles étaient la sœur et les filles de d'Andilly. Il est certain que, dans cette scène déplorable, d'Andilly montra le caractère ferme et courageux de sa famille : malgré la douleur dont il était pénétré, il soutint la foi de ces pauvres religieuses, mena sa sœur et ses filles à l'autel pour les offrir à Dieu, leur donna sa bénédiction et les conduisit lui-même au carrosse qui devait les emporter en exil[1]. Mais on n'avait pas manqué d'envenimer sa conduite, et on avait supposé qu'il s'était adressé à la foule des assistants et avait tenté de la soulever contre les ordres du Roi. Ayant été lui-même relégué à Pomponne dans la maison de son fils, il crut que c'était à ces bruits calomnieux qu'il devait son exil; il pria donc Mme de Sablé de les démentir partout, et lui envoya même la copie d'une lettre très-forte qu'il avait adressée à ce sujet au marquis de Laigues. Celui-ci ne manqua pas de communiquer la lettre de d'Andilly à Mme de Chevreuse, dont il était l'ami bien connu. Marie de Rohan, comme on le pense bien, n'était pas plus janséniste que moliniste, mais elle se connaissait en grandeur d'âme, et elle admirait Port-Royal; son fils, le duc de Luynes, était dévoué au saint monastère, et il y avait mis ses filles; c'était Mme de Chevreuse qui était venue elle-même les chercher, lorsqu'on avait fermé les écoles de Port-Royal des Champs. Elle prit hautement la défense de d'Andilly et en parla avec force à Louis XIV; noble conduite que nous nous empressons de relever, parce qu'elle fait voir que Mme de Chevreuse a pu faire bien des fautes, mais qu'il lui faut tenir compte aussi de la constante générosité qui l'a toujours mise

1. *Histoire de l'Abbaye de Port-Royal*, t. IV, p. 95, etc.

du côté des opprimés contre les oppresseurs. D'Andilly nous apprend tout cela dans plusieurs lettres à Mme de Sablé, dont nous allons faire ici quelques extraits.

Ibid. Fol. 3. « Ce 8 octobre (1664). — Sachant la part que l'amitié dont vous m'honorez vous fait prendre à ce qui me regarde, j'ai pensé que je ne l'estimerois pas autant que je dois, si je manquois à vous envoyer la copie de la lettre que j'écris à M. de Laigues sur un sujet dont vous jugerez assez quelle est l'importance pour moi. Ainsi plus vous la répandrez dans le monde et plus vous m'obligerez. Il seroit inutile de vous en dire davantage puisque vous comprenez l'intérêt que j'ai de me justifier d'une si noire calomnie. »

A M. de Laigues. « De Pomponne, le 8 octobre 1664. — Comme je ne pensois qu'à demeurer ici dans la retraite et le silence, au sortir de la sainte solitude où je m'estimois si heureux de passer ma vie, j'apprends que ceux qui ont donné lieu à m'en éloigner par les mauvais offices qu'ils m'ont rendus auprès du Roi, en disant à Sa Majesté que j'avois voulu émouvoir le peuple le jour que M. l'archevêque de Paris fit sortir douze religieuses de Port-Royal, renouvellent maintenant cette calomnie, et que pour la rendre croyable, ils supposent que j'ai dit ces propres paroles, lorsqu'on enleva ma sœur et mes filles : *Vous êtes chrétiens, Messieurs. Ne serez-vous point touchés de compassion de cette extrême violence?* Dans le sentiment que je ne saurois pas ne point avoir d'une si noire malice, à qui puis-je mieux m'adresser qu'à vous pour vous supplier de dire hautement au lieu de moi, puisque je ne suis pas en état de le pouvoir faire, qu'il n'y eut jamais rien au monde de plus faux, et qu'il n'y a un seul de ceux qui m'accusent si hardiment en mon absence que je ne fisse rougir, si je le voyois en face. Il me semble que j'ai durant tant d'années donné assez de preuves de mon extrême passion et de mon inviolable fidélité pour le service du Roi, pour oser croire qu'il n'y a point d'homme en France qui dût plutôt espérer que moi d'être hors d'atteinte à de semblables impostures; et il faut avoir bien peu d'humanité et être poussé d'une étrange haine pour ne se contenter pas de tant de sujets de douleur que j'ai à un âge où j'aurois besoin de repos, mais vouloir encore y en ajouter un qui m'est le plus sensible de tous par cette affection si violente que tout ceux qui me connoissent savent que j'ai eue toute ma vie pour le Roi et pour l'État. Mais quelque envenimée que soit l'animosité de ceux qui m'obligent d'en venir à cette justification de mon honneur à laquelle ma conscience m'oblige, je leur pardonne de tout mon cœur. Ils ne sont que trop punis par les menaces que Dieu lui-même prononce contre les calomniateurs de leurs frères, et je ne prétends, par ce billet, que défendre mon innocence qu'il ne m'est pas permis d'abandonner. »

A Mlle de Sablé. « Ce 20 octobre. — J'ai sujet de croire que cette imposture si malicieuse avoit fait une telle impression sur l'esprit du Roi qu'elle a été cause de l'ordre que j'ai reçu de me retirer ici, et je n'aurois pas écrit comme j'ai fait, si je n'avois su de certitude qu'on l'avoit renouvelé plus hardiment que jamais. Si j'avois l'honneur d'être autant connu de Sa Majesté que de la Reine sa mère, je n'aurois eu rien à dire pour ma justification, sachant qu'elle m'a rendu en cela toute la justice que je pouvois désirer et espérer de sa bonté. Vous voyez la confiance que j'ai en la vôtre, puisque je n'ai envoyé qu'à vous la copie de ma lettre à M. de Laigues, quoique j'aie intérêt de la rendre publique et tant de facilité de le faire... »

« Ce 15 novembre. — Je vous rends mille grâces de la faveur de vos soins touchant ce sot bruit; et il faut avouer que l'on ne sauroit être plus obligé que je le suis à Mme de Chevreuse, qui ne s'est pas contentée de dire qu'il s'en falloit moquer, mais qui a fait tout ce qui se pouvoit au monde pour en détruire le mauvais effet jusque dans sa source, ainsi que je l'ai appris particulièrement par la lettre que notre ami m'en a écrite[1]. »

Mettons encore ici quelques billets de d'Andilly qui ne nous ont pas paru dépourvus d'intérêt, sans y mêler aucune réflexion et sans chercher à les placer dans un ordre arbitraire.

Sur ses occupations, sa santé et ses consolations dans la persécution qui tombe sur sa famille.

« Ce 29 janvier 1665. — Si vous aviez moins de bonté, j'aurois de grandes excuses à vous faire de me trouver obligé de vous répondre, au lieu de vous avoir écrit diverses fois. Mais comme ce n'est que le silence du cœur que vous condamnez, vous pardonnez bien sans doute ce silence extérieur qui n'empêche pas que je ne vous parle de la manière qui vous est la plus agréable, et qui ne se rencontre que dans les véritables amitiés. Aussi bien que vous pourrois-je dire sur tant de sujets auxquels la vive voix pourroit suffire à peine, et dont il n'est point besoin que je m'explique pour vous faire savoir mes sentiments, puisque personne ne les connoît mieux que vous? Je me contenterai donc de vous dire que pour ce qui est de ma solitude et de mes occupations, il n'y a autre différence entre celles que j'ai quittées et celles-ci, que le changement de lieu et cette cruelle séparation des personnes avec qui je passois une si heureuse vie. Et pour ce qui est de ma santé dont vous avez la bonté de vouloir que je rende un compte particulier, je vous avoue ne comprendre pas comment elle peut être aussi bonne qu'elle fut jamais. Je n'en sais point d'autre raison, sinon que tant de sujets de déplaisir qui la devroient altérer sont

1. Cet ami ne peut être que M. de Laigues, fort lié en effet avec Mme de Sablé, comme on le voit par plusieurs lettres de Mme de Longueville à la marquise.

mêlés de tant de consolations que, le bien me paroissant plus grand que le mal, ma joie surpasse ma douleur, lorsque je vois que le nombre de celles qui tombent est si petit en comparaison de celles à qui Dieu, par l'assistance tout extraordinaire de sa grâce, donne la force de demeurer debout au milieu d'une si violente et si cruelle tempête. C'est de ce juste et souverain juge que j'attends pour ces saintes filles la délivrance de tous leurs maux. Que si ce n'est en ce monde, ce sera en l'autre; et ainsi quand ils dureroient autant que leur vie, elles seront trop heureuses d'acquérir par ces souffrances passagères une éternité de bonheur. Je ne pensois pas vous en tant dire, mais vous avez si souvent éprouvé de quelle sorte mon cœur s'ouvre lorsque je vous parle, que vous ne serez pas surprise de voir que je ne puisse m'empêcher de répandre ainsi mes sentiments dans le vôtre; et que ne vous dirois-je donc point si je me trouvois en tiers avec vous et la personne qui, lorsque vous êtes ensemble, me fait, comme vous, la faveur et la justice de se souvenir de moi [1]. »

Sur une chute qu'il avait faite. « Le 9 décembre 1659. — Quelque grande que soit l'obligation que je vous ai d'avoir été si touchée de ma chute, je sais trop quel est votre cœur pour vos amis et particulièrement pour moi pour avoir pu en être surpris; mais je pense que vous me faites bien la justice de croire que j'en ai tout le ressentiment que je dois. Il est vrai qu'on ne sauroit courir plus de fortune, puisque ma vie ne dépendit que de l'espace presque insensible qui se trouve entre le lieu auquel je reçus le coup et celui où il eût été indubitablement mortel. Il ne m'en reste, grâces à Dieu, que le souvenir de la faveur dont je lui suis redevable d'avoir voulu me conserver dans un tel péril, afin de me donner loisir de me mieux préparer à ceux auxquels nous sommes tous continuellement exposés. »

Contre les saignées. « Ce 4 mars 1660. — Je pense que vous ne m'accusez pas de douter de vos sentiments sur tout ce qui me regarde, puisque ce seroit me rendre très-indigne de l'honneur de votre amitié. On ne sauroit être dans les vôtres plus que j'y suis touchant ces saignées continuelles qui ne sauroient ne point emporter toutes les forces et souvent même la vie. Je suis revenu de cette erreur il y a longtemps; mais le mal est que les autres n'en reviennent pas et en pâtissent. Jamais rien ne fut mieux dit que ce que vous dites, qu'il faudroit faire des corps à la mode qui fussent capables d'être traités de la sorte. Je ne parle que trop souvent contre cette cruelle méthode; car on ne la changera pas pour cela, et ce sera tout ce que je pourrai faire que de m'en exempter moi-même, ainsi que je le prétends bien, et me suis si bien trouvé de l'avoir fait depuis quelques années que je me porte mieux que je ne l'étois il y a vingt ans... »

1. Cette personne doit être Mme de Longueville.

Sur Mme du Plessis-Guénégaud[1]. « Ce 12 novembre. — Mme du Pl. m'écrit qu'elle vous est si obligée de votre manière d'agir dans l'affaire que vous savez, qu'elle ne peut assez à son gré me témoigner la reconnoissance qu'elle en a, mais qu'elle sait fort bien qu'elle désire que j'y prenne part. Je pense que vous croyez assez que ces dernières paroles étoient superflues, puisqu'il me seroit impossible de ne ressentir pas autant qu'elle-même cette preuve de votre amitié pour elle. Vous n'avez pour juger combien j'en suis touché, qu'à vous imaginer que c'est elle qui vous est aussi obligée comme elle reconnoît vous l'être, et à vous représenter de quelle sorte je partagerois avec vous le gré que vous lui en sauriez. J'ai bien mon compte en tout ceci en une manière puisque vous savez quel avoit toujours été mon désir que vous fissiez une grande amitié ensemble. Mais, en vérité, je crains fort de ne l'y pas trouver en l'autre, parce qu'étant un peu jaloux en matière d'amitié, j'ai sujet d'appréhender que, lorsque vous vous connoîtrez tout à fait, vous ne vous aimiez toutes deux davantage que vous ne m'aimez. J'avoue que je ne m'en devrois prendre qu'à moi-même, vu que ce ne sera qu'à cause que je vous dois céder à l'une et à l'autre en beaucoup de choses. Mais comme ce ne peut être en amitié, et que l'on ne s'aime toujours que trop soi-même, ma jalousie n'est-elle pas excusable? Pardonnez-la-moi donc, s'il vous plaît; et pour finir par où j'ai commencé, soyez, je vous supplie, bien persuadée que Mme du Pl. ne sauroit davantage ressentir que moi les preuves si obligeantes que vous lui donnez de votre amitié, et que je vois bien qui vont faire une liaison entre vous qui sera désormais pour l'une et pour l'autre l'une des plus grandes douceurs de votre vie. »

Sur la maladie et la mort de la mère Angélique. « Ce 13 juillet 1660. — Je vous assure que ce que vous me dites de vos sentiments sur le sujet de la maladie de la mère Angélique ne m'apprend rien dont je fusse capable de douter. Je connois trop votre cœur pour ne savoir pas ce qu'il vous fait souffrir pour vos amis en semblables occasions, et je sais la place qu'y tient la mère Angélique qui ne vous doit rien de ce côté-là. Sa foiblesse me fait trembler aussi bien que vous, et je vous assure que j'ai bien reconnu en cette occasion ce que peut sur moi à son égard, outre tant d'autres considérations, *la fuerça del sangre*. On fait tant de prières pour elle que je veux espérer qu'elles obtiendront de Dieu de nous la conserver encore. »

« 7 août 1661. — Quant à l'incivilité dont on a usé vers vous[2], j'avoue qu'elle m'a encore plus surpris que la cruauté (car quel autre nom peut-on donner à cela?) dont on a usé vers d'autres, parce que l'aveuglement de la passion peut bien faire faire des choses déraison-

1. Voyez chap. IV, la note 1 de la p. 205.
2. Le lieutenant civil l'avait visitée et interrogée, et avait voulu la comprendre dans son procès-verbal.

nables, mais il ne va guère jusqu'à perdre le respect pour ceux à qui on ne sauroit en manquer sans faire connoître qu'on a mal exécuté les ordres qu'on a reçus. Cependant il faut avoir patience, la patience ne pouvant manquer d'être couronnée lorsqu'elle ne procède point de foiblesse, mais de la soumission que nous devons aux volontés de celui qui, étant infiniment bon aussi bien qu'infiniment tout-puissant, ne sauroit rien faire qui ne soit juste. En écrivant ceci, je viens d'apprendre que la mère Angélique voit maintenant cette vérité dans sa source. Or, comme je sais qu'il est impossible d'avoir plus de charité pour une personne qu'elle en avoit pour nous; je ne doute point qu'à cette heure, qu'elle est en état de vous pouvoir être beaucoup plus utile que lorsqu'elle étoit dans le monde, vous n'en receviez des effets. Et puisque cette sorte de bonheur, qui est le seul solide et véritable, est le plus grand que je puisse vous souhaiter, vous jugerez, s'il vous plaît, par l'extrême désir que j'en ai, de ma passion pour votre service. »

Sur la mort de M. Singlin, le célèbre confesseur de Port-Royal « Ce 26 avril 1664. — Encore qu'il me suffiroit pour un autre de vous avoir écrit sur le sujet de notre commune affliction aussitôt que je l'eus appris, je ne crois pas que ce soit assez pour vous, parce que je sais jusqu'à quel point va votre ressentiment aussi bien que le mien d'une si extrême perte, que nous pouvons dire avec vérité être irréparable. Car où trouver une personne qui ait tout ensemble tant de rares et admirables qualités que Dieu avoit pris plaisir d'en rassembler dans celui que nous regrettons, et qui, par une grâce tout extraordinaire, n'étoient mêlées d'aucun défaut? Mais comme il est plus vivant dans le ciel qu'il ne l'étoit sur la terre, et sa charité pour nous plus ardente qu'elle ne l'a jamais été, nous devons toujours sans doute le considérer comme présent, et augmenter, au lieu de diminuer, la confiance que nous avions en son assistance, puisque c'est la consolation la plus raisonnable et la plus solide que nous puissions, après le secours de Dieu, recevoir dans notre douleur. Je vous supplie de me faire savoir encore des nouvelles particulières de votre santé, mais non plus par vous-même, n'étant pas juste que ma curiosité, quelque excusable qu'elle soit, continue à vous donner de la peine, et me devant suffire d'être assuré que vous me conservez toujours dans votre cœur la place si avantageuse qu'il vous a plu de m'y promettre. »

Sur l'arrestation de son neveu, M. de Saci. « Ce 9 juin 1666. —Vous avez grande raison de dire que je suis trop persuadé de votre amour pour la justice, pour avoir pu douter que vous n'ayez été touchée de l'action qui me donne un si sensible déplaisir. Qui peut être à couvert de semblables coups de tonnerre, puisque la vertu d'une personne de ce mérite et la vie du monde la plus retirée n'ont pu l'en garantir? Mais Dieu sait pourquoi il l'a permis, et je ne saurois ne point croire que ce ne soit pour en tirer quelque grand bien; car autrement, quelle apparence qu'un homme qui avoit renoncé à tout le reste pour ne s'occuper uniquement qu'à ce qui regarde le bien de l'Église, eût, par la perte de sa liberté, été privé du moyen de lui rendre un aussi grand service que celui de la traduction de toute l'Écriture sainte, d'une manière que l'on auroit pu dire être en quelque sorte digne d'elle! Je sais ce qu'a fait en cette rencontre et en toutes autres, avec affection et une fermeté toujours égale, la personne dont vous me faites l'honneur de me parler[1]; et ayant eu depuis deux jours celui de la voir, je pense que vous croyez bien que je n'ai pas manqué de lui en témoigner la plus grande reconnoissance qu'un cœur fait comme le mien peut avoir de celle de toutes les obligations qui le touche davantage. »

Sur la mort de Mme de Rambouillet. « Ce 10 février 1666. — Il n'appartient qu'à vous d'être également obligeante quand vous écrivez et quand vous n'écrivez pas. Rien ne sauroit l'être davantage que la lettre que je viens de recevoir. Votre silence ne l'étoit pas moins, et il ne se peut rien ajouter aux soins que vous me faites l'honneur d'avoir pour moi. Je connais parfaitement toutes ces choses et je les ressens autant que je les connois. Quant aux succès, c'est ce que je ne considère point du tout, parce que je suis assez heureux pour vous ressembler en cela, et ne regarder que la manière d'agir de mes amis sans me mettre en peine des effets qu'elle produit... C'est ce qui m'avoit fait vous choisir entre tous ceux qui m'honorent de leur amitié pour vous témoigner ma douleur de la mort de Mme la marquise de Rambouillet. Je n'ai jamais pris plus de soin de faire tenir une lettre, cependant elle se trouve perdue; et j'en suis fâché, parce que vous y auriez vu que je m'acquitte de mon devoir. »

A la fin de la persécution. « Ce 21 octobre 1668. — Il est vrai qu'il n'y avoit que Dieu qui pût calmer un si grand orage, et personne ne comprend mieux que moi quelle est votre joie de l'avoir vu cesser lorsqu'il y avoit si peu de sujet de se le promettre. Voulez-vous donc recommencer notre procès en croyant que ma main soit capable d'écrire ce que je n'ai pas dans le cœur? Je vous assure qu'elle n'a jamais agi plus librement que dans cette occasion, tant je suis persuadé que vous êtes maintenant détrompée de celui qui par sa douceur apparente, à laquelle j'ai le premier été si trompé[2], a été

1. Cette personne est encore Mme de Longueville qui s'intéressait si vivement à la traduction des Écritures.

2. Évidemment Chamillard. Dans un billet de Mme de Sablé, *ibid.*, fol. 93 : « M. Chamillard me dit qu'il ne songeoit à autre chose qu'à chercher des expédients pour mettre la paix dans l'Église. Il me paroît un très-homme de bien, franc et hardi à dire ce qu'il peut et ce qu'il ne peut pas. » D'Andilly, dans sa réponse, conçoit aussi de grandes espérances de la conduite de Chamillard.

la principale cause de ce qu'ont souffert tant de personnes dont vous connoissez l'innocence et la vertu. Mais je lui pardonne de bon cœur, et ne veux plus penser qu'à remercier Dieu du miracle qu'il vient de faire. Il ne reste plus que de voir le cœur de Mgr de Paris si attendri pour ces saintes filles, qu'il les mette en état de lui rendre toute l'obéissance qu'il peut justement désirer d'elles, et que nulles autres ne lui rendront jamais avec un respect plus sincère et plus véritable. »

Terminons ces extraits par un billet de Mme de Sablé à d'Andilly, après avoir reçu sa traduction des lettres de sainte Thérèse. *Supplément français*, 3029, 8, fol. 80.

« 13 août 1670. — Qu'avez-vous pensé de mon silence? Il semble que c'est la plus grande ingratitude du monde que de se taire si longtemps sur un si beau sujet. Mais j'ai été si affligée de la mort de Madame[1], qu'elle m'a rendue comme stupide, et tellement incommodée de la chaleur, que je ne pouvois lire moi-même ni écrire. Je puis pourtant vous assurer que vous avez été toujours présent à mon esprit, en admirant le vôtre, et votre courage à soutenir un si grand ouvrage, et enfin en vous regardant comme la personne du monde la plus extraordinaire en vous-même et à l'égard de vos amis. Toutes ces qualités, parmi la joie que j'ai que vous les possédiez, m'affligent de ce que je suis privée d'un si grand bien; car tous ceux que vous me faites, me renouvellent le déplaisir que j'ai de ne vous plus voir. Faites-moi, s'il vous plaît, la grâce de croire que j'ai une reconnaissance qui ne se peut exprimer, de l'honneur que vous me faites de me trouver digne de vos présents; ils sont aussi exquis que le cœur qui les donne. Il me semble que c'est tout dire, et qu'on ne peut mieux louer cette excellente sainte que par la peine que vous avez voulu prendre de la faire parler aussi bien en françois qu'en espagnol. Je vous en rends mille grâces pour elle et pour moi, car je l'ai toujours parfaitement aimée. »

VI. — QUELQUES BILLETS DE LA JEUNESSE DE MADAME DE SABLÉ.

Nous avons souvent cité un volume in-folio que la Bibliothèque impériale possède, et qui est composé des minutes des diverses lettres que Mme de Sablé a écrites à plusieurs époques de sa vie. Ces minutes sont de la main même de Mme de Sablé ou de celle du docteur Valant, avec des corrections de la

1. Henriette d'Angleterre.

marquise, ou ce sont de simples copies. Tantôt Mme de Sablé signe *la marquise de Sablé*, tantôt *Souvré, marquise de Sablé*, tantôt *Madeleine de Souvré*, tantôt *Souvré* tout seul; la plupart du temps, elle ne signe pas. Ce précieux volume doit être considéré comme faisant partie de la collection de Valant. On l'en a mal à propos détaché pour le mettre au *Supplément français*, 3029, 8. Au dos : *Lettres de madame de Sablé*. A la première feuille : *Lettres de madame la marquise de Sablé à divers*.

Les plus anciens de ces billets remontent à la jeunesse de Mme de Sablé, et sont adressés à un M. Renard, qui est ici tout à fait dans l'intimité de la marquise et lui rend bien des petits services. Les nombreuses lettres de l'abbesse de Saint-Amand, que nous ferons connaître tout à l'heure, parlent souvent de ce M. Renard comme d'un vieil ami de la famille. En cherchant quel peut être ce personnage, il nous vient une conjecture qui n'est pas au moins dépourvue de vraisemblance. Ne serait-ce pas le propriétaire du fameux jardin situé entre l'extrémité des Tuileries du côté de la Seine et la porte de la Conférence, qu'Israël Sylvestre a si agréablement dessiné et gravé, et qui était devenu, au milieu du XVIIe siècle, le rendez-vous de la haute compagnie, comme le disent les Mémoires du temps? Louis XIII d'abord, puis la régente Anne d'Autriche, donnèrent cet emplacement qui s'accrut successivement à M. Renard, pour le récompenser de ses services, car il était encore, en 1630, commissaire des guerres, chargé de la conduite et de la police du régiment des gardes. Il passait pour grand connaisseur en meubles et tapisseries, et faisait le commerce de curiosités. On dit qu'il avait commencé par être valet de chambre du commandeur de Souvré, frère de la marquise. Voyez M. Faucheux, *Catalogue raisonné de toutes les estampes qui forment l'œuvre d'Israël Souvestre*, Paris, 1857, p. 149 et suiv., les pièces qui établissent ce que nous venons de rappeler. A ces pièces ajoutons cet article de la *Gazette* pour l'année 1651, p. 648. « Le 22 juin, Leurs Majestés, sur le rapport qui leur fut fait des grands soin et industrie que le sieur Renard, sous le marquis de Souvré, premier gentilhomme de la chambre et par son ordre, apporte à la fabrique et façon des ornements et préparatifs du sacre prochain du roi, eurent la curiosité de les aller voir dans le jardin dudit sieur Renard, accompagnées de Monsieur, frère unique du roi, de Mademoiselle, de la princesse de Carignan, de la princesse Louise et de plusieurs princes, princesses et grands seigneurs et dames de cette cour. » Cela expliquerait comment Renard serait entré si avant dans l'intérieur de Mme de Sablé, et les familiarités qu'elle prend avec lui dans les billets suivants qui sont assez singuliers. Il y en a un où il est question de Mme de Hautefort et de ses chastes amours avec Louis XIII.

1. *Supplément français*, 3029, 8, fol. 21. — « J'accuse maintenant plutôt les soins que vous avez de votre mignonne Hautefort que notre ancienne brouillerie, de me causer votre oubli, duquel je me plains encore davantage, et vous en ai déjà témoigné mon ressentiment... J'espère que si je me conserve en l'état où je suis, vous ne me serez pas si cruel... Je vous prie par l'amitié passée de m'écrire, mais non pas pour me mander des nouvelles de l'amour du Roi; car encore que je sais ce qui s'en peut savoir, j'en crois si peu que je le nie tout à fait, ou ne lui donne pas un plus long terme que sa première confession. Je me réjouis pourtant que cela a valu une pension à Mme de La Flotte [1], et je vous dirois que je trouve la beauté de la petite cousine[2] digne de ce miracle si je n'étois fâchée de sentir que vous l'aimez mieux que moi à cette heure. »

2. *Ibid*. Fol. 19. — « Les paroles étant si fort au-dessous du déplaisir que j'ai de la disgrâce de mon frère (le commandeur de Souvré), il seroit inutile d'en employer pour vous l'exprimer. Néanmoins, il faut que je die pour me soulager que l'injustice du siècle mérite une punition du ciel, et que je ne suis point assez vertueuse pour m'empêcher de le désirer, étant la seule satisfaction que je puisse prendre en ce fâcheux accident. Car quoique j'aye comme vous le don de la prévoyance, je n'ai pas celui de la résolution, de sorte que je vois toujours les maux de loin pour les craindre, et non pas pour m'y préparer. Une lettre que je vous ai écrite, huit jours devant que vous m'ayez appris la nouvelle du retranchement des quatre mille écus, vous a pu donner une preuve que mes songes ne sont que trop véritables, puisqu'ils m'avoient représenté mon frère sortant du cabinet du Roi dépouillé jusqu'à la chemise. Mais tout cela ne m'empêcha point de me flatter d'une légère espérance que si vous avez pris la voie de M. le cardinal[3] pour nous recommander, il ne

1. La marquise de La Flotte était grand'mère de Mme de Hautefort et dame d'atours de la reine Anne. Voyez Mme DE HAUTEFORT.

2. Si M. Renard était cousin de Mme de Hautefort, il fallait bien que ce fût un homme de quelque considération.

3. Comme Renard était en commerce de bric-à-brac avec le cardinal Maza-

soit peut-être bien aise de se faire un ami assuré en remettant mon frère en son premier état... Si vos affaires vous obligent à partir sans me dire adieu, croyez que j'en aurai beaucoup de regret, et que je conserverai l'amitié que j'ai pour vous aussi véritable en votre absence qu'en votre présence... »

3. *Ibid.* Fol. 8. « 30 octobre 1668. — J'ai toujours une grande honte quand on me veut donner quelque chose, et elle devient bien plus grande quand je suis obligée de prendre ce qu'on me donne. Cependant je n'en ai point de recevoir le présent que vous avez la bonté de me faire, parce que je le regarde comme une véritable marque de votre amitié pour moi, et ainsi j'aurois cru vous offenser de le refuser. Je vous assure qu'encore que j'y considère tout ce qui y est de beau, d'exquis et d'utile, j'y sens bien davantage le mouvement de votre cœur qui s'est appliqué à remarquer que je donne quelquefois à dîner à des gens de considération avec des nappes rapiécées. Mais vous qui êtes aussi économe dans le besoin que magnifique dans l'abondance, comment avez-vous pu me donner la facilité de ne pas refuser les gens qui sont si friands de mes potages? Je n'entreprends pas de vous remercier, car quelles paroles pourroient exprimer ce que je sens et ce que je dois sentir pour vous ! »

VII. — LETTRES DE VOITURE.

Dans la première édition de Voiture, il n'y a pas une seule lettre adressée à Mme de Sablé[1]. C'est dans la seconde[2] que paraissent les sept lettres à la marquise, avec un billet à Mlle de Chalais. Depuis, ce nombre n'a pas été augmenté, même dans l'édition de 1745. Il est vraisemblable que ce fut Mme de Sablé qui communiqua ces lettres à l'éditeur, Martin Pinchesne, neveu de Voiture; et en les communiquant, elle y introduisit ou exigea bien des changements. On s'en peut assurer en les comparant avec les copies fidèles que Conrart nous en a conservées, dans ce même tome X, in-4°, d'où

rin, le prince des curieux et des amateurs, il pouvait fort bien avoir quelque crédit auprès de lui. Voyez M. Faucheux, *Catalogue raisonné*, etc.

1. Cette édition in-4° porte le millésime de 1650, mais elle a réellement paru à la fin de 1649. Après le privilége, on lit ces mots : Achevé d'imprimer pour la première fois, le 30 novembre 1649.

2. Elle est de la fin de 1650, et in-4° comme la première. « Achevé d'imprimer le 30 novembre 1650. » Voyez les lettres XIV, XV, XVI, XVII, XVIII, LXXXVIII, CVIII.

nous avons tiré la lettre de d'Avaux à Mme de Sablé avec la réponse de celle-ci, et les lettres jusqu'alors inédites de d'Avaux à Voiture sur Mme de Longueville, publiées dans la JEUNESSE DE MADAME DE LONGUEVILLE, ch. IV. Ce volume précieux, bien des fois signalé par nous à la curiosité des amateurs du XVIIe siècle, nous offre les sept lettres de Voiture à Mme de Sablé, telles qu'elles étaient avant les altérations qu'elles ont subies. On y trouve bien des phrases et quelquefois des pages entières qui manquent dans les éditions; et bien entendu les endroits supprimés sont précisément les plus piquants. Et on ne s'est pas contenté d'altérer les lettres que l'on publiait, soit celles à Mme de Sablé, soit celles à Mme et à Mlle de Rambouillet : on en a très-volontairement négligé un certain nombre. En effet, ce tome X contient une lettre inédite de Voiture à Mme de Rambouillet, commençant par ces mots : « Vous m'avez appris en trois lignes tout ce que je désirois savoir. Selon la brièveté du style et l'importance des matières, il me sembla d'abord que c'étoit une Lacédémonienne qui m'écrivoit, etc..... »; une autre lettre fort curieuse, adressée à Mlle de Rambouillet, le 3 juillet 1642, sur la défaite du parti de Monsieur, Gaston, frère de Louis XIII, après la découverte du complot de Cinq-Mars : « Mademoiselle, Monsieur est perdu et tous ses gens, d'une perte, à mon avis, infaillible et certaine. Voyez en quel état doit être mon esprit, etc..... »; enfin, une lettre nouvelle à Mme de Sablé qui, sans avoir beaucoup d'intérêt quant au fond, a, comme à l'ordinaire, un rare agrément, et nous a paru mériter de voir le jour :

A Mme la marquise de SABLÉ. — « Madame, les précautions avec lesquelles vous priez Mlle de Chalais de me parler de votre affaire, m'ont semblé être d'une personne peu judicieuse et peu généreuse; car vous avez mal jugé de mon cœur, et vous me devez faire présumer que vous ne vous résoudriez pas aisément à me faire un plaisir important, puisque vous avez tant de peine à demander de moi un si léger sacrifice. Sur ma part de paradis, j'aurois fait pour maître Jean ce que vous avez eu peur que je vous refusasse, et quand ce seroit ma vie que vous eussiez désirée, c'eût été encore la demander avec trop de façon que de la demander de la sorte. Je suis bien marri que vous, qui vous vantez dans la même lettre d'avoir un bonheur particulier pour connoître les cœurs, connoissiez si mal le mien, et que vous soyez si loin d'imaginer jusques où va mon affection pour votre service. Mais, dites-vous, il y a des personnes... Je vous avoue,

Madame, que je ne croyois pas qu'il pût arriver que vous parlassiez jamais de moi en ces termes-là; et, sans mentir, il ne se peut rien de plus offensant. Pour vous dire le vrai, toute cette procédure[1] me semble étrange, et d'une autre que de vous; et je m'étonne que cela soit arrivé à une personne qui a tant de jugement dans toutes les autres choses, et en laquelle je puis dire que je n'avois rien vu jusqu'à cette heure qui pût déplaire. Ne trouvez pas, s'il vous plaît, Madame, que je sois trop rude, ni que l'écrive du style de Mme de Querveno. Considérez le sujet que j'ai de me plaindre, et si vous voulez que mon ressentiment passe, trouvez bon que je m'en sois déchargé le cœur. Je fus hier voir M. d'Irval, qui est celui que vous appelez M. d'Avaux[2], et qui est surintendant des affaires de M. de Mantoue; je ne pus parler à lui, parce qu'il étoit malade. Je fus trouver de là un nommé M. Pépin, qui est intendant de la même maison, fort entendu et fort de mes amis; je lui dis que l'on m'avoit donné avis de telle chose touchant la pairie du Maine. Il me dit qu'il y avoit longtemps qu'il le savoit, et qu'il croyoit y avoir remédié. Je lui demandai comment? Il me répondit : En remontrant à M. de Bullion[3] et à M. le garde des sceaux l'injustice que ce seroit, et qu'ils ne sauroient venir à bout de cela, pour ce que ce seroit renverser toutes choses, et que nous nous opposerions partout à la vérification de l'Édit par lequel on voudroit faire passer cela. Et en effet, me dit-il, je crois que c'est une chose qu'ils ne sauroient faire, si ce n'est que le Roi y voulût à toute force employer toute son autorité, et qu'il ne craignoit point que cela se fît; que toutes les pairies étoient vérifiées au parlement; qu'ainsi il ne consentiroit jamais à la vérification; que quand bien même le Grand Conseil vérifieroit l'Édit, ils ne laisseroient pas de porter toujours les appels de leurs pairies au parlement, qui les recevroit toujours par l'intérêt qu'il a à les conserver. Il ajouta qu'ils avoient donné un mémoire à M. le garde des sceaux, par lequel ils lui montrent qu'en tirant quelque chose des justices des bailliages prochaines de Laval et des lieux circonvoisins, ils pourroient faire la même chose sans toucher à la pairie du Maine. Je lui demandai si dans ce mémoire Boisdauphin y étoit. Il me dit que non. Et Sablé? lui dis-je. Pour Sablé, ce dit-il, je n'en sais rien; et après y avoir un peu pensé : Oui, je crois que Sablé y est; oui, il y est. Mais, lui répliquai-je, c'est une pairie.

1. Dans la première moitié du siècle, on trouve toujours ce mot au lieu de celui de *procédé*.

2. Jean-Antoine de Mesme, seigneur d'Irval, le frère cadet de Henri de Mesme, président au parlement de Paris, et de Claude de Mesme, comte d'Avaux, le diplomate. C'est M. d'Irval qui a continué la maison des de Mesme. Il est le père du célèbre de Mesme, membre de l'Académie française, etc. Sur les de Mesme, voyez LA JEUNESSE DE MADAME DE LONGUEVILLE, chap. IV, p. 369.

3. Un des surintendants des finances, mort en 1640; donc cette lettre est du temps de Richelieu.

Il me dit qu'il ne le savoit pas. Je lui dis là-dessus que j'étois extrêmement serviteur de Mme la marquise de Sablé; que je serois bien fâché que l'on lui fît tort en cela; que je lui allois écrire pour lui en donner avis, et quel chemin il me conseilloit de vous faire prendre pour empêcher cela. Celui même, me dit-il, que nous avons tenu : crier, faire du bruit, parler à M. le cardinal, à M. de Bullion et au garde des sceaux. Il me dit que le garde des sceaux n'en avoit point envie. Voilà, Madame, tout ce que j'ai à vous dire sur cela; si à la suite il faut faire quelque autre chose, et beaucoup plus difficile, commandez-le-moi avec autorité, si vous voulez que j'oublie le dépit que vous m'avez fait; et croyez que je ne suis point de ces personnes qui ont peine à parler, à écrire, ou à faire quelque chose pour servir leurs amis. Que cette affaire, au reste, vous confirme en la résolution de venir ici, et vous fasse voir qu'il est toujours bon d'être à Paris pour mille rencontres. Je vous remercie très-humblement, Madame, de vos melons que je reçus hier, et qui sont bien meilleurs que les autres. Mais je ne suis pas à cette heure en humeur de faire des remerciements; et tout ce que je puis faire, c'est d'assurer Armande et sa secrétaire[1] que je les aime de jour en jour davantage, et que je ne souhaite rien tant que de les voir. Néanmoins, Madame, au milieu de tout mon mécontentement, je ne puis achever cette lettre sans vous dire que jamais personne au monde ne vous respectera, ne vous estimera, ne vous aimera autant que moi. »

VIII. — LETTRES DE COSTAR.

Les lettres de Costar, deux volumes in-4°, Paris, 1658 et 1659, n'ont pas même l'avantage de nous permettre d'y glaner quelques renseignements nouveaux et de quelque intérêt sur la littérature et la société du temps. Voici tout ce que nous tirons des onze lettres à Mme de Sablé, t. I, p. 362-390.

La première, qui est la 142e du recueil, nous apprend que Mme de Sablé, jeune encore, avait été fort malade de la petite vérole, et avait manqué d'y laisser sa beauté : « Je sais bien que les marques en paraîtront quelque temps encore, et que ce parfait mélange de blanc et de rouge, qui composoit le plus beau teint du monde, sera troublé quelques mois peut-être..... » Outre Mlle de Chalais, Mme de Sablé, dans sa jeunesse, avait aussi à son service, comme dame de compagnie, Mlle de Bois d'Amour, que Costar célèbre sur tous les tons.

1. Armande et sa secrétaire ne peuvent être que Mme de Sablé et Mlle de Chalais.

Dans une autre lettre (la 145e, p. 369), engageant Mme de Sablé à se consoler de la mort d'une de ses amies, il lui dit, en vrai style de l'abbé Cotin : « Ne gâtez pas les plus beaux yeux de la terre, et vous souvenez qu'il n'y en a point au monde, si ce ne sont ceux de la Jalousie, qui n'aient intérêt à la conservation des vôtres... » Quelquefois on est tout près d'un renseignement curieux, mais on le manque, parce qu'au lieu d'un nom propre, on trouve trois étoiles. Dans le passage suivant est caché le nom d'un des adorateurs de Mme de Sablé. Costar, qui, à la manière de Voiture, se donne pour fort épris de la dame, lui dit qu'il surpasse en amour tous ses rivaux. « Je m'assure aussi que M. *** même ne me disputeroit pas cette gloire, et s'il avoit vu mon cœur comme il a vu votre visage, il avoueroit que les deux choses les plus approchantes de l'infini, ce sont vos mérites et la passion avec laquelle je suis, etc... » — Lettre 149. Il la remercie de l'éloge qu'elle veut bien faire de lui dans le monde : « Si j'ai toujours aimé avec tant de déréglement les louanges que je recevois de vous, lorsqu'elles ne passoient pas votre ruelle et qu'elles n'étoient tout au plus écoutées que de vos femmes, il est impossible que la gloire que vous me donnez à cette heure, au lieu où vous êtes, ne me touche bien davantage sans comparaison. Maintenant où vous parlez, ce sont tous échos. Il ne sort pas un seul mot de votre bouche qui ne tombe dans quelque oreille qui en soit digne... Pour le moins me puis-je promettre que M. de Voiture ne s'opposera point à cette bonne opinion que vous voudrez donner de moi, et que Mme la comtesse de Maure, qui si souvent se rencontre avec vous dans les mêmes songes, ne sera pas en cette occasion d'un avis éloigné du vôtre. » — Lettre 151, p. 385 : « Quoi! Madame, vous faites à cette heure réponse comme une autre quand on vous écrit, et on reçoit ponctuellement de ces jolies lettres qui venoient autrefois si tard et qui me coûtoient tant d'inquiétudes et d'impatiences, quand je n'étois qu'à dix lieues de vous [1] et que *Saupiquet* me les apportoit? Je m'attends qu'un de ces jours on me mandera que vous allez à Saint-Germain tous les mois, et toutes les semaines au Petit-Luxembourg et à l'hôtel

1. Lorsque la marquise était à Sablé, à dix ou douze lieues du Mans, où se trouvait alors Costar, auprès de l'abbé de Lavardin.

de Condé, que même vous n'appréhendez plus le tonnerre, ni tout ce qui tue, et qu'il ne vous reste plus rien de vous que la beauté, l'esprit et la générosité, etc. Depuis que je suis ici, j'ai beaucoup lu et n'ai rien écrit qui mérite que vous le lisiez. Je n'ai songé qu'à devenir ce qui s'appelle bien savant, et n'ai guère fait autre chose que de me rendre capable de disputer quelque jour en votre présence avec M. *** sur quelques points de philosophie ou de la plus fine théologie. Nous dirons des mots étranges, et nous aurons bien de la peine à nous empêcher de parler latin ou à expliquer le français que nous aurons fait. Mais surtout je m'imagine que ce vous sera quelque divertissement de nous voir aux prises, M. *** et moi, dans votre petite chambre. Il en suera à grosses gouttes, je vous en réponds, Madame; il changera vingt fois de place, il criera bien haut et frappera même du pied. M. de Voiture sera là qui se moquera de notre jargon, et qui dira là-dessus de plaisantes choses. Il fera semblant de nous vouloir accorder, et je suis bien trompé s'il ne gâte tout. Vous en rirez de bon cœur avec mademoiselle de Chalais... »

IX. — LA MESNARDIÈRE.

C'est dans le Recueil de poésies de la Mesnardière que parut imprimé pour la première fois son discours de réception à l'Académie française; et ce discours, aujourd'hui oublié, et bien digne de l'être, contient pourtant une révélation précieuse sur un dessein littéraire de Richelieu, dont nous ne trouvons ailleurs aucune trace, mais qu'assurément La Mesnardière n'a point inventé.

« J'ai eu l'honneur d'être dépositaire des dernières pensées de ce grand homme... J'eus de Son Éminence de longues et glorieuses audiences vers la fin de sa vie. Durant le voyage de Roussillon, dont la sérénité fut troublée pour lui de tant d'orages, il me mit entre les mains des Mémoires faits par lui-même pour le plan qu'il m'ordonna de lui dresser de ce magnifique et rare collége qu'il méditoit pour les belles sciences, et dans lequel il avoit dessein d'employer tout ce qu'il y avoit de plus éclatant pour la littérature dans l'Europe. Ce héros, Messieurs, votre célèbre fondateur, eut alors la bonté de me dire la pensée qu'il avoit de vous rendre arbitres de la capacité, du mérite et des récompenses de tous ces illustres professeurs qu'il appeloit, et de vous faire directeurs de ce riche et pompeux Prytanée des belles-lettres, dans lequel, par un sentiment digne de l'immortalité dont il étoit si amoureux, il vouloit placer l'Académie françoise le plus honorablement du monde, et donner un honnète et doux repos à toutes les personnes de ce genre qui l'auroient mérité par leur travail. C'étoit là, Messieurs, dans l'intention du grand Armand, le premier et le plus noble ouvrage de la paix que sa dernière campagne avoit si noblement avancée, aussi bien que les bornes de ce royaume. »

Indiquons maintenant les pièces de poésie les plus intéressantes, sinon par elles-mêmes, au moins par les noms des dames qui en font le sujet et à qui elles sont adressées.

1. P. 35. *Aventure de madame la marquise de Sablé, à madame la marquise de Montausier, étant à Ruel quelques jours après son mariage. Épître.* C'est l'histoire burlesque d'un voyage de Mme de Sablé à Ruel, pour y voir Mme de Montausier, et comment une tempête força la marquise de regagner bien vite Paris. Cette pièce est de l'année 1645. Mme de Sablé avait alors 46 ans.

2. P. 32. *L'enlèvement de mademoiselle de Bouteville, par M. de Chatillon. Rondeau.* On peut comparer cette pièce avec celle de Sarasin sur le même sujet. Voyez LA JEUNESSE DE MADAME DE LONGUEVILLE, chap. II.

3. P. 42. *Pour madame de Saint-Loup, etc., après la bataille de Rocroy.* Il est difficile de rencontrer de plus mauvais vers. Sur Mme de Saint-Loup voyez aussi LA JEUNESSE DE MADAME DE LONGUEVILLE, chap. II.

4. P. 49. *Mademoiselle de Vandy* avec ce titre : *Aventure du Prés..... L.....* Il paraît que ce Prés... L... s'était blessé de douleur de ne pouvoir plaire à Mlle de Vandy, ou du moins qu'il en avait laissé courir le bruit, peut-être par plaisanterie, car tout ceci est un badinage. La Mesnardière part de ce fait réel ou supposé pour accuser la belle d'une férocité homicide. Il dit lui-même que cette *épistre* est *en vieux langage;* mais jamais poésie marotique n'a été plus froide et plus obscure. C'est de là que sont tirés les vers du *Recueil de Maurepas*, t. II, p. 295, dont nous avons donné le premier couplet, chap. v, p. 283, dans la note.

5. P. 57. *A une jeune et belle fille de qualité, fort spirituelle et fort passionnée pour le roman de Cyrus.* C'était Mlle de Maisons, fille du président de Maisons, l'ami de Mme de Sablé.

6. P. 71. *Épitaphe de Michelette*, gardienne des petits chiens de Sa Majesté, et un peu messagère d'amour. Le poëte fait dire à Michelette :

> « Du feu Roy j'ai de fort beaux glands,
> Le passement d'or de trois gants

Deux collets à grandes languettes
Et quatre paires de manchettes;
Car le Prince s'ajustoit fort
Durant madame de Hautefort. »

Sur cette Michelette, voyez Mme DE HAUTEFORT, chap. II.

7. P. 86 et 88. *A madame la duchesse de Longueville, contraire au sonnet de Job; et pour madame la princesse Palatine, favorable au sonnet de Job.* Ajouter ces deux pièces à celles qui ont été recueillies sur l'affaire des sonnets de Voiture et de Benserade.

8. P. 89. *Hymne des belles connaissances de la nature, à madame la marquise de Rambouillet.*

9. P. 113. Six pièces de vers sur la mort de Pisani, tué à la bataille de Nordlingen; aux divers personnages de sa famille.

10 P. 119. *A mademoiselle d'Escars, fille d'honneur de la Reine étant à Nanteuil. Épître.* Mlle d'Escars était la sœur de Mme de Hautefort. Le maréchal duc de Schomberg était aussi comte de Nanteuil, très-belle terre près Paris, et il y avait mené sans doute Mlle d'Escars avec sa femme.

11. P. 187. *A madame de Brégy.* Glose sur quatre vers d'elle.

12. P. 486. Une imitation de Catulle, *à madame la comtesse de Maure.*

« Attichy, dont l'esprit et brillant et solide, etc. »

13. P. 189. *La belle Indienne.* C'est Mme Scarron qui déjà était célèbre, avant 1656, par son esprit et sa beauté.

A propos de cette dernière pièce, disons un mot d'un document inédit assez curieux. Quand La Mesnardière répondit, dans son Traité de la mélancolie, à l'Écossais Duncan, un ami de celui-ci répliqua par une *Apologie pour M. Duncan, docteur en médecine, contre le Traité de la mélancolie.* Un exemplaire in-4° de cette apologie est à la Bibliothèque impériale, provenant de la Bibliothèque Falconet, et aux marges se trouvent des remarques manuscrites de La Mesnardière lui-même, où il est fait mention de Mme de Sablé. Cet exemplaire ainsi annoté a appartenu à une personne dont nous ignorons le nom, mais qui a écrit sur les deux gardes des notes qui ne sont pas sans intérêt. Nous transcrivons celle-ci :

« Les notes marginales et manuscrites de ce livre sont du sieur de La Mesnardière, qui étoit médecin de Mme la marquise de Sablé, à ses gages, et demeurant chez elle, et depuis lecteur du Roi. Ce fut lui qui donna pour un léger mal des pillules à feu M. Scarron qui lui causèrent une contraction de nerfs qui d'homme bien fait et trèsdispos le rendirent impotent, par une contraction des nerfs qui augmenta jusques à sa mort[1]. J'ai connu particulièrement Mme Scarron avant qu'elle allât aux Indes Occidentales. Je l'ai vue depuis à la Martinique chez sa mère, chez qui je logeai pendant que notre navire étoit en charge, et depuis à Saint-Christophe chez le commandeur de Poincy, où nous demeurâmes ensemble pendant deux mois, et où elle étoit venue chercher son mari, feu M. d'Aubigné, fils de celui qui a fait l'histoire de d'Aubigné et le baron de Feneste, la confession de Sancy et autres ouvrages. J'ai demeuré depuis avec M. et Mme Scarron, pendant trois ans, à l'hôtel de Troyes, rue d'Enfer, où ils furent mariés en 1652[2], Mme d'Aubigné, sa mère, m'ayant envoyé une procuration pour la validité du mariage, et m'ayant prié par des lettres de la mettre en quelque religion en attendant le mariage projeté, auparavant que sa fille fût en Poitou avec la marquise de Neuillan[3], à qui elle étoit et qui logeoit à l'hôtel de Troyes avec son frére, M. Tiraqueau ; et ce fut là où commencèrent leurs amours. M. Scarron y tenoit un appartement[4] dont il me loua une partie, ensuite de quoi il me prit en pension avec La Fleur, qui me servoit, et à qui il faisoit souvent faire des tourtes de frangipane devant lui. Ce fut là où il fit à ma persuasion le premier volume de son *Roman Comique*, qu'il dédia au cardinal de Retz, pour lors coadjuteur de Paris, qui venoit souvent passer d'agréables heures avec lui au sortir du Luxembourg pendant la Fronde[5]. Je lui fournis les quatre nouvelles en espagnol, qui sont si agréablement traduites dans ses deux volumes, aussi bien que les quatre autres qu'il a traduites et qu'il a données à part. Je lui proposai une nouvelle traduction du Don Quixote au lieu de la morale de Gassendi sur la traduction de laquelle je le trouvai attaché, mais il n'en voulut point tâter à cause de la précédente traduction par Oudin et un autre, quoique pitoyable. Je lui dis qu'il

1. L'auteur anonyme de la *Vie de Costar*, dans les historiettes de Tallemant, t. VI, p. 243, dit la même chose : « Il rencontra un jeune médecin qu'il connoissoit et qui étoit domestique de l'illustre Mme la marquise de Sablé... Il lu promit de lui envoyer une médecine toute prête à prendre, et il l'assura qu'elle achèveroit de le guérir... elle lui brûla les nerfs, et il sentit une si terrible contraction que jamais homme n'a été si estropié. » Tallemant lui-même, t. V, p. 256 : « Un charlatan voulant le guérir d'une maladie de garçon, lui donna une drogue qui le rendit perclus. » On explique ordinairement d'une tout autre manière la maladie de Scarron. Voyez *Vie de Scarron*, en tête de l'édition d'Amsterdam, 1752.

2. Segrais, dans ses Mémoires, dit 1650 ou 1651.

3. La marquise de Neuillant, mère de Mlle de Neuillant, depuis Mme de Navailles.

4. Il est certain que Scarron quitta vers ce temps le quartier de la Place Royale pour le faubourg Saint-Germain. Voyez parmi ses poésies *Adieu au Marais et à la Place Royale.*

5. Dans la dédicace, Scarron lui dit : « L'honneur que vous me faites de m'aimer, que vous m'avez témoigné par tant de bontés et de visites, etc. » *Histoire de Scarron et de ses ouvrages*, t. 1er de l'édit. d'Amsterdam, p. 94.

falloit donc qu'il entreprît quelque ouvrage de son chef et de son caractère enjoué plutôt que cette morale de Gassendi trop sérieuse pour lui, et qu'il y mêlât des nouvelles dont je lui fournirois les originaux en espagnol qu'il entendoit et dont j'avois quantité, en quoi il imiteroit au moins Don Quixote qui en a donné de si jolies dans sa première partie; de sorte que je puis dire que le public m'a en quelque sorte l'obligation de cet agréable ouvrage, bien que je n'en sois pas l'auteur, aussi bien que de ses quatre dernières nouvelles imprimées à part. J'ai cent jolies lettres qu'il m'a écrites, que je ferai peut-être imprimer quelque jour si sa veuve m'en donne la permission. Il m'en écrivit une entre autres pendant que j'étois à Sedan qui commence par : « Que diable faites-vous sur les bords de la Meuse, » où il fait l'éloge du maréchal de Fabert, et où il dit qu'il ne ressemble pas à ces maréchaux qui n'ont que de l'instinct tout au plus[1], etc. »

X. — MADAME DE SABLÉ A CUREAU DE LA CHAMBRE.

Supplément français, 3029, 8, fol. 25, note de Valant : « Mme de Sablé à M. de la Chambre, sur son écrit *du Souvenir*[2], qu'il avait laissé à Madame pour deux jours : »

« 17 juillet 1663. — C'est véritablement en cette occasion qu'on voudroit bien dire qu'on n'est pas esclave de sa parole, car rien n'est plus capable de donner la tentation d'y manquer que le plaisir que j'aurois de garder votre écrit un an au lieu d'un jour. Ce ne seroit pas trop pour étudier de si belles et de si grandes choses. Cependant par cet esclavage je vous le renvoie avec un fort grand regret. Pour la lettre[3], je crois que vous voulez bien me la laisser : il n'a jamais été rien écrit de si beau ni de si galant. »

Ibid. fol. 26 et 27. « 6 novembre 1663. — Il y a longtemps que l'on dit dans le monde que, quand j'ai peur ou que je suis malade, je n'ai point d'amis. Personne ne pourroit mieux prouver cette vérité que vous, car je ne crois pas en avoir un meilleur. Cependant la peur que j'ai eue que vous eussiez reçu le petit de Coislin[4], jointe à mon mal, m'a tellement troublée que je vous ai reçu comme un indifférent; et à cette heure que j'ai un peu repris mes esprits, je n'attends pas que je puisse vous écrire de ma main pour vous en faire réparation; car

1. En effet, on trouve ce billet-là, mais sans le nom de celui auquel il est adressé, parmi les lettres de Scarron, t. Ier, p. 223.
2. Cet écrit a depuis formé le chapitre II du livre IV du *Système de l'âme, par le sieur de La Chambre*, Paris, 1665, in-12.
3. Vraisemblablement la lettre de dédicace au Roi.
4. Le fils que sa belle-fille, la marquise de Laval, avait eu de son premier mari, le marquis de Coislin.

je ne puis être plus d'un quart d'heure sans vous assurer, quoi qu'on die de mes craintes et de mes maladies, que j'aurai toute ma vie la même amitié et la même estime que j'ai toujours eues pour vous; et quand mon rhume sera passé et que vous serez un peu purifié du mauvais air de ce pauvre petit, j'espère que vous voudrez bien reprendre le fil de l'histoire du coq et de la poule[1]; et comme je sais que vous aimez les parfums, je vous envoie les meilleures pastilles du monde. En attendant, j'achèverai de lire l'histoire du Nil[2]. »

Fol. 31 et 32, sans date. Peut-être ce billet, ainsi que le suivant, est-il adressé à l'abbé de La Chambre et non pas à son père. « L'espérance que vous m'avez donnée de me faire deux biens tout à la fois m'a fait regarder jusques à cette heure à vous remercier des soins que vous avez eus de faire réponse à la question que je vous avois envoyée. Mais je crains que le temps que vous prendrez pour accomplir votre promesse soit si long que, si je l'attendois, vous eussiez sujet de douter de ma reconnoissance. Il faut donc vous dire que je voudrois avoir d'aussi belles paroles que vous en méritez pour vous la bien exprimer. Mais comme les soins du plus honnête et du plus paresseux homme du monde ne se peuvent payer, je suis réduite à vous dire tout simplement que je vous suis infiniment obligée. Vous verrez bien que parmi cette civilité je fais un petit reproche à votre paresse, parce qu'elle m'a fait beaucoup perdre quand vous ne m'avez pas écrit dans les occasions où il sembloit que vous y étiez obligé, pour ne me laisser pas si longtemps en doute si vous aviez reçu mes lettres et mes questions. Et enfin toute cette petite querelle veut dire que j'aime mieux deux de vos lettres qu'une; et en vérité je crois avoir tant de part aux avantages que vous avez toutes les fois que vous vous montrez tel que vous êtes, qu'il me semble que c'est me dérober quelque chose que de me retrancher ce bien-là. »

Fol. 37 et 38. « Je prends mon temps en ces jours de jubilé pour vous demander pardon et pour vous pardonner aussi; car nous avons l'un et l'autre nos torts : moi, d'avoir été si engourdie que je n'ai pu me résoudre à vous écrire une seule lettre depuis que vous êtes parti; et vous, de vous être contenté de ne me dire que de petits mots jolis et fort spirituels, au lieu de remplir le vide de votre solitude par de grandes et braves lettres qui m'apprissent de vos nouvelles, et, comme vous portez cette grande retraite, et ce que vous y avez appris qui vous puisse aussi apprendre à bien faire. Je vous assure pourtant, contre toutes les apparences du plus vilain oubli du monde, que je

1. La Chambre avait sans doute parlé à Mme de Sablé du Coq et de la Poule, en l'entretenant de son opinion sur la connaissance des animaux. On peut voir, dans les *Caractères des passions*, t. II, le chapitre où il leur accorde le raisonnement et le langage, et les réponses qu'il fait aux objections de Chanet dans le *Traité de la connoissance des animaux*, Paris, 1647, in-4°.

2. Autre écrit de Cureau de La Chambre.

parle souvent de vous, que je vous souhaite sans cesse ici, et que toutes les fois que je vois des esprits de travers et des raisons sans raison, je m'écrie que vous n'êtes pas ainsi, et que j'ai toujours eu un plaisir parfait dans votre compagnie. »

XI. — MADAME DE SABLÉ A MADAME DE LA MEILLERAYE ET A MADAME DE GOUVILLE.

Le billet à Mme de La Meilleraye n'est pas daté, mais il doit avoir précédé 1664, puisqu'il y est question du maréchal de La Meilleraye, mort cette année même à l'Arsenal. Mme de La Meilleraye était Marie de Cossé, fille du duc de Brissac, mariée en 1637, morte en 1710. Retz, qui en fut un moment amoureux, dit peu de bien de son esprit, mais elle était fort jolie.

Supplément français, 3029, 8, fol. 56 et 57. « Je suis bien contrainte par votre condition, qui m'empêche de vous dire des injures. J'en ai tant d'envie et de sujet, que votre vénérable personne toute seule ne m'en empêcheroit pas. Y a-t-il rien de pareil à vous de vous être enfuie sans me dire adieu? En vérité, à moins que de m'apporter quelque élixir de vie, je ne vous le pardonnerai jamais. Je voudrois que M. le maréchal fît essayer à quelqu'un les remèdes avant que d'en prendre. Je ne crois pas qu'il y ait de mal à cela, car ce ne sera pas leur violence qui fera l'effet, ce sera plutôt quelque vertu spécifique. Avec tout le mal que je vous veux, je n'ai jamais eu tant d'envie de vous voir. »

2° Mme de Sablé à Mme de Gouville, le 22 juillet 1663, en lui envoyant un portrait de Mme de La Meilleraye :

Ibid. « Vous devriez, Madame, avoir plus de honte de vous soucier d'une personne qui est si hors de tous les commerces de ce monde, que de l'avoir oubliée. Car, comme vous êtes un de ses plus agréables ornements, ce seroit bien mal employer votre temps si vous aviez encore quelque soin pour une femme qui ne s'en donne plus aucun. Ainsi, je vous pardonne tout, et pour vous le témoigner je vous envoie de fort bon cœur ce que vous me demandez. Mme de La Meilleraye ressemble plus dans cette peinture de Juste à la reine de Pologne qu'à elle-même[1]. Mais M. le comte de Maure a une Flore de Beaubrun, qui est un vrai chef-d'œuvre. Vous verrez comme je lui ai

1. Encore un portrait de Juste que nous ignorions. Il n'a pas été gravé. Le seul portrait gravé de la maréchale duchesse de La Meilleraye que nous connaissions est celui de Moncornet, de 1659. Il est vrai que ce portrait en suppose un autre, Moncornet n'ayant guère travaillé *ad vivum*.

fait ajouter des marques de sainte[1]. J'espère de sa piété qu'elle en donnera dans sa vie; et vous, Madame, qui avec pris un si bon chemin, où en êtes-vous? Voulez-vous bien que je vous donne encore cette marque de mon amitié par cette curiosité, et que par là je raccommode un peu ma conscience des louanges que je vous donne, qui sont un peu trop selon le monde. »

XII. — MADAME DE SABLÉ A MADAME DE MONTAUSIER, EN FAVEUR DE M. PÉRIER, LE BEAU-FRÈRE DE PASCAL.

Ibid. « Encore que je sache bien que vous n'aimez guère à vous faire de fête, je sais pourtant que vous aimez si fort M. Colbert que vous voudrez bien lui donner un avis qui lui peut être utile. C'est que le Roi a écrit à la ville de Clermont pour l'affaire des Indes; cette ville a envoyé la réponse à un honnête homme qui est présentement ici, qui s'appelle monsieur Périer, et qui est conseiller à la Cour des Aides de Clermont, pour la porter à M. Colbert. Ils prient M. Périer de leur mander toute l'affaire et de leur donner tous les éclaircissements. Comme il doit voir M. Colbert, il est bon qu'il sache que c'est une personne qui a un fort grand pouvoir dans Clermont, qu'on n'y fait quasi rien sans son conseil, qu'il est des plus riches de ce lieu-là, fort habile en affaires et en finances, admirable pour le calcul, car il sait des choses toutes extraordinaires. Avec cela, il a le cœur fort droit. Si M. Colbert le reçoit favorablement, il pourra en tirer mille services, si on a le dessein de faire entrer la ville de Clermont dans ce trafic. Enfin celui qui portera la lettre et celui qui l'a écrite, sont deux personnes si rares pour la probité et pour la capacité, que c'est rendre service à ceux à qui on les fait connoître. Celui qui la porte n'est pas si poli que celui qui écrit. Mais il a un fort grand sens, et il se connoît en toutes choses. Il a beaucoup de bien, de belles maisons et de fort belles cascades; il est sans intérêt et sans ambition. Je ne sais si vous me croyez assez désintéressée moi-même pour vous dire tout ceci sans intérêt. Il est vrai que j'en ai un, qui est que j'aime de tout mon cœur la femme de celui de qui je parle[2]. Elle a toutes sortes de mérite par l'esprit et par la probité, et l'honneur d'avoir été fort connue de vous autrefois. Enfin, pour vous avouer la vérité, j'ai envie qu'elle demeure à Paris, et peut-être que si cette affaire de Clermont réussit, elle y demeurera. Je vous assure pourtant dans la vérité et en ma conscience que cela ne me fait en rien exagérer leur mérite, et que je suis persuadée que c'est rendre un service à M. Colbert de les lui faire connoître pour

1. Mme de La Meilleraye avait en effet fini par être assez dévote.

2. Gilberte Pascal, Mme Périer. Sur cette personne aimable et distinguée, voyez JACQUELINE PASCAL, chap. Ier, p. 24 et suiv.

l'affaire dont il est question. Je n'aurois garde de vous donner de ces corvées si ce n'étoit point un bien, dont je crois assurément qu'il sera bien aise. »

XIII. — MADAME DE SABLÉ A M. D'AVAUX, EN FAVEUR DE CONRART.

Conrart, in-fol., t. XI, p. 1385. 9 janvier 1658. — J'ai une grâce à vous demander avec plus d'empressement que je ne ferois pour mes propres affaires. Je sais que vous en avez tant de soin que je n'ai aucun besoin d'en prendre. Mais aussi celles que je vous veux recommander me touchent plus que les miennes propres. C'est pour M. Conrart que je vous demande avec toute l'affection imaginable d'avoir la bonté d'obtenir une audience pour lui de M. votre père, pour mardi. Il n'est pas besoin que je vous die quelle personne est M. Conrart; vous le savez déjà, et je sais que vous êtes si touché du mérite des gens, qu'encore que vous me vouliez beaucoup de bien, je doute si vous n'auriez pas encore plus de plaisir à en faire à une personne qui en est si digne, que vous n'en aurez à m'obliger parfaitement en cette occasion. Je vous en supplie encore de toutes mes forces. Je m'imagine que vous aurez bien peur de moi toute cette année de l'Édit. Mais si vous avez la bonté de faire ceci, je vous promets de ne pas vous parler de plusieurs autres personnes et même de celles qui me seroient bien chères, etc. »

Ibid. La même au même. 11 avril 1658. — Vous avez beau faire, vous n'échapperez pas de mes mains sur l'affaire de M. Conrart. Je vous tourmenterai sans cesse jusqu'à ce qu'elle soit jugée. Et après tout, si vous y voulez bien penser, vous vous trouverez quitte de moi à fort bon marché, puisque la chambre de l'Édit se sera passée sans que je vous aie demandé une faveur auprès de M. votre père, que pour M. Conrart. Je vous supplie donc très-humblement d'avoir la bonté de me mander si nous avons l'audience pour mercredi prochain; et sur toute chose obligez-moi de faire une grande sollicitation, afin que la cause ne soit pas appointée; car la perdre ou être appointée, c'est la même chose. Au nom de Dieu, ayez la bonté de faire tous vos efforts, afin que nous ayons l'audience mercredi, etc.

XIV. — MADAME DE SABLÉ AU MARÉCHAL D'ALBRET[1] ET QUELQUES BILLETS DU MARÉCHAL.

Ibid. 24 novembre 1670. — Je ne crois pas qu'il y ait jamais eu

1. Voyez plus bas une autre correspondance du maréchal d'Albret avec la

de gouverneur de Guienne [1], je dirois quasi de Languedoc, qui pût faire à quelque dame que ce soit une réponse aussi spirituelle et aussi agréable qu'est celle que vous m'avez fait l'honneur de m'écrire [2]. Vous me faites un refus, et tout ensemble des promesses si obligeantes que, quand je n'entendrois pas la raison aussi bien que je fais, je ne pourrois m'en plaindre. Mais, outre cela, Monsieur, je sens si fort pour vous le plaisir que vous aurez de récompenser un de vos anciens serviteurs que, si j'eusse su que vous eussiez eu un sujet propre à cet emploi, je n'aurois pas même voulu former une syllabe contre une si grande justice. Je vous honore, Monsieur, et, si j'ose le dire, je vous aime tant, et je prends tant de part à tous les biens que vous faites, que je me sens portée à vous remercier d'être si reconnoissant. Je vous ai toujours connu pour le plus grand et le meilleur cœur du monde, aussi bien dans la paix que dans la guerre. Mais la reconnoissance est encore plus rare que la bonté, car d'ordinaire l'on aime davantage à faire des grâces qu'à payer ses dettes. Ne croyez pas, s'il vous plaît, me devoir une seconde réponse; quelque agréable qu'elle fût, elle m'affligeroit en l'état où vous êtes, et j'ai donné la liberté à mes pensées sur ce fondement-là que vous ne me devez pas un mot que lorsque je serai votre voisine et que vous me ferez une visite de convalescence au coin de mon feu. »

2° *Ibid.* Le maréchal d'Albret à Mme de Sablé. — « Je suis trop jaloux de vos faveurs et de vos grâces pour n'apprendre pas avec beaucoup de plaisir que personne ne partage avec moi le compliment que vous me faites sur la charge qu'il a plu au Roi de donner à ma belle-sœur [3]. Ce compliment, Madame, ne pouvoit jamais être si bien reçu de qui que ce soit au monde que de moi, ni par un cœur si reconnoissant et si sensible qu'est le mien à tout ce qui vient de vous. Il y a longtemps, Madame, que vous avez bonne opinion de mon cœur, et je vous proteste que j'ai tiré plus de vanité du témoignage avantageux que vous en avez rendu en toute sorte d'occasions, que de toutes les autres bonnes fortunes de ma vie. Je ne sais si un tel aveu n'offensera pas d'autres dames; mais comme il est fort sincère, j'espère au moins qu'il me sera d'un nouveau mérite auprès de vous, et qu'il achèvera de vous persuader que rien ne me peut être

comtesse de Maure, où il montre encore cette politesse accomplie si vantée par Saint-Évremont, ci-dessus, chap. III, p. 174.

1. Le maréchal d'Albret était gouverneur de Guienne, et il est mort dans son gouvernement en 1676, âgé de soixante-deux ans.

2. Nous ne l'avons pas trouvée dans les *Portefeuilles de Valant*.

3. Le frère aîné du maréchal, Alexandre d'Albret, monsieur de Pons, avait épousé Anne du Vigean; celle-ci, restée veuve, épousa un petit-neveu de Richelieu, qui fut substitué au nom de son grand-oncle et devint duc de Richelieu. La duchesse de Richelieu a été dame d'honneur de la Reine, puis de Madame la Dauphine. C'est d'elle sans doute que parle ici comme de sa belle-sœur le maréchal d'Albret.

jamais si cher que votre estime et la continuation de vos bonnes grâces. Personne, Madame, ne vous honore avec tant de respect que je fais, et ne peut être plus véritablement que je le suis, votre très-humble et très-obéissant serviteur, Le maréchal d'ALBRET.

« Que de matières d'entretien et de réflexions si j'étois présentement à Paris! mais, Madame, je suis à Bordeaux, sacrifiant mon plaisir à mon devoir. — De Bordeaux, ce 7 décembre 1671. »

3° Le même à Mme de Sablé. *Portef. de Valant*, t. II, fol. 284. — « Le 7 janvier 1672. — La visite que j'avois eu intention de vous rendre étoit en effet une visite d'adieu, et ce fut pourquoi je m'opiniâtrai un peu plus à votre porte que je n'aurois osé faire en une autre occasion. Je crois, Madame, que le motif qui me le fit faire, porte son excuse, et que je n'aurai pas de peine d'en obtenir le pardon que je vous demande. Continuez-moi, s'il vous plaît, Madame, les mêmes bontés dont vous m'avez toujours honoré. Je serai toujours plus sensiblement touché de cette grâce que de toutes celles que la fortune me pourroit jamais faire, car je ne saurai jamais changer de goût ni de sentiment pour tout ce qui vous regarde, et je serai toute ma vie, avec autant de passion que de respect, votre très-humble et très-obéissant serviteur, Le maréchal d'ALBRET.

« Je vis M. de Troisvilles[1], et quoique je le regarde comme un défenseur du parti où il s'est, à ce qu'on dit, un peu trop engagé, je ne laissai pas de le voir avec un grand plaisir. C'est une personne bien digne de votre amitié, Madame, mais encore plus par son cœur que par son esprit, et pourtant je suis assuré qu'il y a longtemps que vous vous êtes bien aperçue qu'il a autant d'esprit qu'on en peut avoir. »

Prenons cette occasion de mettre ici au jour une lettre du maréchal d'Albret d'un tout autre genre, adressée à une tout autre personne, Marie de Bailleul, marquise d'Uxelles, fille du président de Bailleul, chancelier de la reine Anne, et quelque temps surintendant des finances, veuve du lieutenant général marquis d'Uxelles et mère du maréchal de ce nom. (Bibliothèque impériale, *Supplément français*, n° 376.) La lettre, tout entière autographe, est sans date, mais à peu près du même temps que la précédente.

« De Paris, le 8 septembre. — Votre lettre m'a été rendue au moment que je me jetois entre les bras d'une crénan[2] pour m'y laisser

1. Tréville, alors janséniste. Dans les manuscrits du temps, on écrit toujours son nom comme le fait ici le maréchal d'Albret.

2. Vraisemblablement un carrosse de louage, semblable à ceux dont le marquis de Crénan avait obtenu le privilége pour Paris, avec le duc de Roannez

transporter à Pons [1] en toute diligence. Je vous avoue que j'ai tant de hâte de quitter Paris et de m'aller délasser dans le sein de la maréchale, dure extrémité toutefois, des fatigues que la Meklebourg [2] m'a données ce parlement [3] que je sors d'ici avec plus de joye que je n'en ai jamais eu à y venir. J'ai perdu tous les procès que je n'ai pu empêcher de juger, et je vous assure que le parlement de Meklebourg ne sauroit être ni plus dévoué, ni plus complaisant à sa souveraine que celui de Paris l'a été à cette digne princesse. M. votre frère, comme chef de la chambre de l'Édit, en a donné l'exemple à la compagnie. Je prie Dieu de les récompenser en temps et lieu, et en attendant je le prie de me faire tomber quelque dame de sa famille entre les mains, afin qu'aux dépens de son sang, je puisse satisfaire ma vengeance. C'est donc à vous et à ma nièce de Saint-Germain à vous bien tenir, car si vous y tombez, vous ne devez espérer ni l'une ni l'autre ni grâce, ni merci de moi. Vous me direz peut-être que j'entreprends au-dessus de mes forces, et que la moindre de ces deux n'est que trop capable de venir à bout de moi: certes je n'en suis que trop persuadé, mais dans la colère où je suis contre les Bailleul, je hasarderois de les combattre tous à la fois. Je ne fais point état de voir ma nièce à l'Ille, car on ne m'y attend pas, et j'y passerai sans m'y arrêter; n'en soyez donc point jalouse, je ne la verrai, non plus que vous, qu'à mon retour à Paris, où je vous donne rendez-vous au mois de décembre. Au reste j'ai vu des Bourguignons qui m'ont dit que les yeux de Mme la marquise sont plus beaux que jamais, et m'ont fait entendre qu'elle ne m'est pas trop fidèle. Fi! vous devriez mourir de honte; mais patience, j'espère l'hiver prochain me venger de toute la race. »

XV. — LETTRES DE MADAME DE BRÉGY.

Voici des billets de la comtesse de Brégy à Mme de Sablé et à d'autres personnes, qui pourraient grossir agréablement le recueil de lettres et de vers que l'on a de cette dame et qui a été imprimé de son vivant : *les Œuvres galantes de madame la comtesse de Brégy;* Paris, 1666, in-18. Les trois premiers

et le marquis de Sourches, en 1662. Voyez les *Omnibus* du XVIIe siècle, par M. de Monmerqué, in-12, Paris, 1828. On disait donc *une crénan*, du nom du possesseur du privilége, comme on avait dit *un fiacre,* parce que la maison où d'abord se tenaient ces dernières voitures était à l'enseigne de Saint-Fiacre.

1. Séjour de la belle-sœur. Voir une des deux notes précédentes.

2. La duchesse de Meklebourg, Mme de Chatillon, contre laquelle le maréchal venait de perdre un procès.

3. Pour : cette session du parlement.

billets, adressés à Mme de Sablé, sont de la main même de Mlle de Brégy, de la plus mauvaise écriture et d'une orthographe pire encore, que nous n'avons pas jugé à propos de reproduire. Les deux autres billets sont des copies de Valant.

1° A Mme de Sablé. *Portef. de Valant*, t. II, fol. 299. « Mercredi, 18 janvier 1668. — Vous voulez bien, Madame, que, prenant part à vos nouvelles, je vous en demande quelquefois, quoique vous ne pensiez guère aux miennes; mais vous voulez bien que l'on fasse pour vous ce que l'on n'en reçoit pas. Au reste, Madame, Monsieur vous aime tellement qu'il ne souffre plus les autres personnes qu'à peine[1]. Pour moi qui l'honore beaucoup, quoi qu'il m'en coûte je suis très-aise de voir qu'il donne la préférence à qui la mérite le mieux, et qu'il soit persuadé d'un mérite qui me fait être votre très-obéissante servante, etc. »

2° A la même. *Ibid.* fol. 286. « 19 septembre 1675. — Je vous dis le peu que je sais, seulement, Madame, par esprit de déférence; car je crois que vous savez bien mieux les nouvelles que moi. Voilà l'avant-propos qui me sauvera devant vous du ridicule de faire la mieux informée de nous deux. Après cela, je vous dirai que je viens d'apprendre que samedi Monsieur et Madame et les poupons reviennent à Paris, et que, pour aujourd'hui, la Reine et Mme de Toscane vont à Saint-Cloud, dont la naturelle beauté sera rehaussée de toutes les musiques possibles et d'un repas magnifique dont je quitterois tous les ragoûts pour une écuelle, non pas de lentilles, mais de votre potage, rien n'étant si délicieux que d'en manger en vous écoutant parler. »

3° A la même. *Ibid.* fol. 390. « Ce lundi, 4 juin 1676. — De toutes les grâces que vous me sauriez faire, celle que je vous demande, Madame, avec le plus d'instance est de vous bien porter et de conserver par là une illustre personne dont le mérite seul peut soutenir le monde dans la décadence où il est; mais son lustre seroit absolument effacé s'il ne vous avoit plus. Demeurez donc encore un siècle, Madame, et réparez les maux de la terre. Le ciel n'a besoin de rien; il est assez paré, et nous avons besoin de vous comme d'une sorte d'ornement qui sert à faire la joie et l'instruction de ceux qui vous écoutent. Voilà bien des louanges, Madame, mais j'ai le plaisir de dire vrai, et vous, celui de voir qu'il n'y a rien de trop. Au reste, Madame, j'ai une prière à vous faire, ne me la refusez pas, car elle est pour une de mes amies, et j'aime bien à les servir. Ce seroit de me pouvoir tirer une lettre de Mademoiselle pour la première prési-

1. Le frère de Louis XIV. Il y a en effet dans les *Portefeuilles de Valant*, et nous donnons plus bas, un certain nombre de lettres autographes et inédites de Monsieur à Mme de Sablé, dont le ton est fort amical.

dente de Bordeaux [1], qui défère beaucoup à ses ordres, pour lui recommander un procès pour Mme de Mérague. Mon Dieu! Madame, que vous me feriez plaisir de m'obtenir et de m'envoyer une lettre de recommandation! »

4° A M. de Bellefond [2], en lui envoyant Épictète. *Ibid.*, fol. 288. « Décembre 1668. — Je vous envoie un de mes chers amis. Faites-en, Monsieur, le cas qu'il mérite. Pour moi, si je ne suis pas assez sage pour le suivre, je suis au moins assez juste pour l'admirer. Ce n'est pas qu'il marche avec la pompe des Césars; il n'a pas tant de légions à le suivre; il va accompagné de ses seules vertus; mais par là il jouit d'une tranquillité que les autres n'ont su ni donner ni prendre, et ne se méprend pas comme eux à savoir juger du bonheur. Ne vous attendez donc point qu'il vous dise comme on fait réussir ses prétentions : il apprend seulement à borner ses désirs, et par un chemin plus court et meilleur que celui de l'ambition il sait rendre content. Comme il prend plus de soin de l'âme que du corps, le bonhomme, mal propre et déchiré comme il est, n'ose aller aux Tuileries, si je ne l'avois assuré que notre Roi aime la vertu par son choix et la magnificence et l'éclat par la nécessité de sa condition, et que s'il a des yeux pour les belles choses il a un cœur pour les bonnes. Sur cette assurance, il est parti pour vous porter ma lettre que je vois bien qui est déjà trop longue; mais je n'ai pas si tôt fait quand il est question de louer ce qu'on aime, et si c'étoit d'aussi bonne grâce que c'est avec joie, il y auroit plaisir de m'entendre. Mais cela n'étant point, oubliez ma lettre, et vous souvenez seulement que je suis, etc. »

5° A M. de Saint-Laurent en lui renvoyant la vie de Socrate. *Ibid.*, fol. 208. « Juin 1680. — Je vous renvoie la Vie de Socrate, et j'avoue en même temps qu'en lui voyant et tant de raison et tant de vertu j'ai cru lire la vôtre; et lorsque je me suis trouvée à l'endroit du livre où l'on prépare la ciguë, la crainte m'a réveillée et m'est venue tout à propos éclaircir que j'en serois quitte seulement pour Socrate, et que ce n'étoit pas vous qui alliez mourir. J'en demande pardon à ce grand homme si je ne puis m'empêcher d'être bien aise de voir que ce qui nous demeure en vous vaut mieux que ce que nous avons perdu en lui. Je n'ai pourtant pas laissé de payer le tribut qu'on lui doit par une grande admiration et même par quelque regret de voir sa gloire bornée au souvenir et à la louange des hommes. J'aurois souhaité qu'il eût pu faire comme vous, qu'il eût mis si bon ordre à ses affaires, qu'il se fût assuré une gloire et une félicité qui ne finira point avec les siècles. Car il y a un paradis où je ne crois pas que beaucoup de grands hommes aient une si bonne place que dans l'histoire. »

1. Mme de Pontac, la sœur de de Thou. Voyez son portrait dans les *Portraits* de Mademoiselle.

2. Le maréchal de Bellefond, l'ami de Bossuet, le neveu de la mère Agnè de Jésus-Maria.

A ces billets inédits de la comtesse de Brégy, joignons une autre pièce de sa main également inédite et d'un genre plus grave, qui dans le temps fut assez estimée, l'épitaphe d'Henriette d'Angleterre, duchesse d'Orléans.

Conrart, in-fol., t. III, fol. 775. « Passant, arrête ici tes yeux pour y voir le glorieux tombeau d'Henriette d'Angleterre, illustre par sa naissance, par sa vie et plus encore par sa mort; et de son aventure fais-toi une règle qui t'apprenne à mépriser les choses qui passent avec la vie. Cette jeune princesse tira de tous côtés son origine d'une longue suite d'aïeux qui furent les maîtres du monde, et qui portèrent dignement leurs sceptres et leurs couronnes; mais elle vint au monde avec tant d'autres avantages qu'elle n'eut pas besoin du reste pour être désirée de tous les princes de son siècle. Philippe de France, la trouvant digne de son choix et de son alliance, l'épousa. Alors sa beauté, son esprit, son rang et sa jeunesse lui promirent une félicité parfaite et durable. Mais Dieu qui la destinait aux plus grands biens, vint borner tous ceux-là, et ne lui en permit point une paisible jouissance. Son noble cœur, aspirant de tous côtés à la gloire, alloit par son mérite établissant son empire sur toutes les âmes, et par le droit de ses bonnes qualités elle devint reine du monde entier. Ce règne glorieux étoit parfaitement établi, quand elle eut un fils digne de succéder à cette sorte d'empire, d'être, comme ceux de qui il tenoit le jour, les délices du monde. Mais bientôt la mort de cet enfant vint avertir sa mère que ce qui étoit aimable, jeune et beau, n'étoit pas immortel et pouvoit facilement entrer dans le tombeau. Après que le temps et l'espérance eurent essuyé ses larmes, elle reprit sa joie, et pour se rendre encore plus digne des hommages qu'on lui rendoit de toutes parts, elle entra dans la glorieuse intention de se servir du pouvoir que le sang et le mérite lui donnoient auprès de deux grands rois pour faire que l'un par l'autre ils procurassent de nouveaux biens à leurs sujets, et surtout elle désiroit établir la gloire de celui qui seul est le maître des rois. De si beaux desseins ne pouvoient qu'ils ne réussissent, étant conduits par une telle princesse; aussi, quand elle revint de cette entreprise, elle se vit adorer de l'un et de l'autre royaume pour qui elle avoit travaillé; quand Dieu, par ses ordres profonds, à qui il faut être soumis sans murmure, voulut trancher ses jours, et l'ayant frappée d'un coup mortel lui ôta en un instant les plaisirs, les grandeurs, les autres avantages, enfin tout ce que le monde suit et admire. Les charmes et les grâces, ces compagnes aimables et trompeuses, qui, depuis la naissance de cette princesse, avoient suivi ses pas et l'avoient environnée de tous côtés, l'abandonnèrent, et à leur place les seules douleurs vinrent s'emparer d'elle, et commencèrent à l'orner de toutes les beautés nécessaires pour plaire aux yeux de Dieu et pour oser paroître devant son redoutable trône, et, par un bienheureux échange, ayant tout perdu, elle trouva la grâce. Les agréments, comme infidèles amis, la laissèrent, mais ses vertus la vinrent secourir. Elle les reçut toutes et les exerça avec tant de ferveur, qu'elle se trouva avoir regagné en six heures de temps ce qu'auroit pu mériter une longue suite d'années; et sans regret de quitter la vie ni de souffrir la mort, elle sortit du monde avec des sentiments qui nous permettent d'espérer son éternel bonheur.

« Passant, après avoir arrosé d'inutiles larmes cette tombe, puisque tu n'en saurois tirer celle que l'on y vient d'enfermer, ne feras-tu rien pour toi-même, et pourras-tu bien voir cette mort sans changer ta vie, puisque le bonheur en est si traversé et la durée si incertaine? Que cela t'inspire le courage de répondre à la dignité du nom chrétien, qui veut que l'on méprise tout ce qui n'est pas éternel, et que l'on ne compte ni pour des biens ni pour des maux ce qui arrive dans la vie dont le seul usage doit être de nous acquérir un bonheur qui ne finira jamais. »

XVI. — MADAME DE SABLÉ A MADAME DE L'HÔPITAL, A MADAME DE GÈVRES, A ESPRIT, A L'ABBÉ DE LA VICTOIRE.

A Mme la maréchale de L'Hôpital[1]. *Portefeuilles de Valant. ibid.* « Décembre 1668. — J'ai le cœur si rempli de tous les sentiments de respect, d'amour et d'estime qu'on doit avoir pour vous, que je n'ai point eu peur de perdre l'honneur de vos bonnes grâces par mon silence. Car, Madame, la vérité est si forte qu'on se repose sur elle contre toutes les plus méchantes apparences. Je vous avoue qu'il n'y a rien au monde qui semble plus vilain que l'oubli dont vous m'avez pu soupçonner; mais, quand vous saurez que vous avez plutôt à me plaindre qu'à vous plaindre de moi, vous me pardonnerez aisément. J'ai été si terriblement malade d'une de ces fluxions que vous savez, que je n'ai pu écrire non plus que parler, parce que j'en avois une grande oppression avec un poulx d'une grosse fièvre continue. Jugez, Madame, si j'ai pu faire avec cela ce que j'eusse fait en santé avec le plus grand plaisir. Mais, en vérité, vous êtes encore plus cruelle que si vous ne m'aviez rien mandé. Car plus vous faites de grâces, plus je me sens touchée de votre absence, sans que vous me donniez aucune espérance de votre retour. J'ai bien parlé de vous avec une certaine personne, mais ce sont de ces choses qui ne se peuvent écrire. Je vous demande en grâce de me faire savoir le temps que vous reviendrez. Faites-moi l'honneur de croire que je n'ai pas passé un jour où je n'aie pensé en vous, et que personne au monde ne sera jamais si attachée à vous que je suis, etc. »

1. Alors veuve, le maréchal étant mort en 1660. C'est la même maréchale de l'Hôpital dont il est question dans la lettre de la comtesse de Maure des eaux de Bourbon, chap. VIe, p. 290 et suiv., etc.

A Mme de Gèvres[1]. *Supplément français*, 3029, 8, fol. 11. « Juin 1666. — Je voudrois bien savoir, Madame, ce que vous pensez de moi qui ne vous ai pas dit un seul mot sur la bonté que vous avez eue de venir ici sans que j'aie pu avoir l'honneur de vous voir. Avouez, je vous en supplie très-humblement, tout ce qui vous est passé dans l'esprit d'une si grande grossièreté, ou s'il ne vous y a rien passé du tout, ce que je ne puis croire. Quoi qu'il en soit et quelque réflexion que vous y ayez faite, je vous assure que j'ai bien souffert de cette privation à laquelle j'ai été forcée par beaucoup de petits maux qui m'ont empêchée de voir personne; et pour mon silence, je vous dirai un jour pourquoi je le garde dans les choses les plus agréables. Mais en attendant, je ne me puis empêcher de vous avouer que je ne devrois plus avoir pour aucune des choses du monde ce que je sens dans mon cœur pour vous, qui m'êtes présente à toutes les heures par le plaisir que je prends à parler de toutes vos perfections. »

A la même. *Ibid.* Fol. 15. « Février 1669. — En vérité, Madame, je vous ai considérée entre toutes les personnes qui me font l'honneur de m'aimer, comme celle qui sentiroit le mieux toutes mes peines. Cependant, comme je crains fort de les mêler avec les joies de ceux que j'aime, je ne vous ai pas voulu mander pour cette raison que je pourrois avoir l'honneur de vous voir, et je suis si accablée de fâcheuses pensées que je ne puis être que de fort mauvaise compagnie. J'ai pourtant toujours eu fort envie d'avoir l'honneur de vous voir. Je vous envoie ma poudre et le mémoire comment il la faut prendre, et de mon eau favorite, afin qu'il ne manque rien au remède. Je crois, par expérience, qu'il est infaillible, qu'il fera du bien, mais au moins qu'il ne sauroit jamais faire du mal; il en faut donner la dôse comme je vous l'envoie. Au reste, Madame, vous savez que mon cœur est à vous quasi par force; et ne l'ayant pu dégager de tous vos charmes, il vous est plus assuré que si j'avois toujours voulu vous le conserver. »

A M. Esprit. *Ibid.* Fol. 93. « Il n'est pas etrange que je me puisse accoutumer à l'indifférence d'une personne pour laquelle j'aurois beaucoup d'amitié si l'on en pouvoit avoir pour ceux qui n'en ont point. Je tranche net là-dessus, car si vous en étiez capable, pourquoi n'en auriez-vous point pour moi? Il faut donc que vous n'en ayez point du tout, et j'en ai ressenti une telle indignation contre vous, que les choses mêmes qui adoucissent d'ordinaire les autres, c'est-à-dire le grand mérite, la grande vertu, et toutes ces belles choses qui partent sans cesse de vos mains, m'ont rendu votre oubli plus insupportable. Vous direz sans doute que cela sent bien l'amour de soi-même. Quoi qu'il en soit, envoyez-moi promptement, s'il vous plaît, ce que vous me promettez. J'en ai une étrange impatience, encore

1. Vraisemblablement Mlle de Fontenay-Mareuil, mariée en 1651 à Léon Potier, frère de Louis Potier, marquis de Gèvres, tué au siége de Thionville, en 1643.

que vous m'ayez dérobé un titre que je voulois donner à de certaines badineries dont vous avez vu un commencement[1]. »

A l'abbé de La Victoire. *Ibid.* Fol. 49. « 1er octobre 1667. — J'aurois reçu par la dernière de vos lettres tout le plaisir qu'elles ont accoutumé de me donner, sans que vous ne parliez non plus de votre retour que si les feuilles ne commençoient point à tomber des arbres. Vos amies qui sont les plus indifférentes aux choses du monde, s'aperçoivent de votre absence et demandent quand vous reviendrez. En vérité, il y en a une qui a besoin de quelque chose d'aussi piquant que votre esprit pour la ranimer... Je ne vous mande point de nouvelles, parce que je n'ai que des restes, et que vos autres amies qui sont bien plus dans le monde que moi, ne vous en laissent pas manquer. Vous parlez admirablement de ce qui se passe dans les maladies; je suis tout à fait persuadée que le peuple, en laissant faire la nature, a l'avantage sur ceux qui s'abandonnent aux médecins, etc. »

Ibid. Fol. 94. « Octobre 1667. — Ce vilain rhume que vous savez, qui m'empèche à cette heure de vous faire une longue lettre, m'a aussi empêchée de vous écrire plusieurs fois depuis que vous êtes parti. J'ai toujours pensé en vous, et nous en avons souvent parlé, M. de Laon (le futur cardinal d'Estrées) et moi. Je l'aime de ce qu'il vous aime, et je l'aime aussi parce que je l'estime infiniment. Il ne fait que croître et embellir en raison, en esprit, en prudence. Sérieusement, c'est un aimable et excellent homme. Vous en jugerez plus avantageusement que jamais, quand vous le verrez à La Victoire où je sais qu'il doit aller. M. le grand prieur m'a souvent demandé si vous ne viendriez pas bientôt. Que voulez-vous donc faire en Picardie? Cela n'est guère bon que pour vous purifier de la Normandie. Pour moi, quand vous auriez été avec les barbares et au plus méchant air du monde, j'ai tant d'envie de vous voir que je n'aurois pas la patience de vous faire passer par le feu. »

XVII. — COPIE D'UNE LETTRE DU MARÉCHAL DE GRAMMONT.

Portefeuilles de Valant, t. II, fol. 273. « De Paris, ce 8 janvier 1654. — Monsieur, quoique j'eusse souhaité une occasion plus favorable pour avoir des marques de votre souvenir que celle qui vous a obligé de m'écrire, je ne laisse pas d'avoir beaucoup de joie en recevant les assurances qu'il vous plaît me donner de la continuation de votre amitié que vous savez bien que j'ai toujours parfaitement estimée. Et comme je sais que vous ne faites pas grand cas de ces bonnes volontés qui ne produisent rien, je vous dirai que j'ai déjà entre les mains du prévôt

1. Il s'agit ici vraisemblablement des maximes de Mme de Sablé.

sept de ces honnêtes messieurs que vous m'écriviez se promener sur les grands chemins. L'on travaille incessamment à leur procès, et je vous réponds de bonne et brève justice. Je dois encore vous informer d'une chose qui vous donnera de la joie, parce qu'elle doit faire espérer quelque remède à un mal bien invétéré : c'est la fermeté et la chaleur avec quoi le Roi a agi sur le sujet du duel de M. d'Aubijoux fait avant-hier avec seconds dans la place Royale, dont il y en eut un de tué. Sa Majesté en ayant été avertie envoya à neuf heures du soir quérir le procureur général, et parla aux maréchaux de France avec une chaleur et une colère qu'on ne lui a point encore vues, et je réponds qu'il n'y a rien dans le monde qui le pût faire relâcher de son édit. Il semble qu'en cette rencontre, Dieu m'ait voulu éprouver, car c'est un gentilhomme pour qui j'ai toute l'estime et toute l'amitié imaginable. Mais j'ai cru devoir encore davantage à Dieu, à mon honneur, à la parole que j'ai donnée au Roi, et aux fonctions de ma charge qu'à des sentiments de tendresse. Dès qu'il sera condamné, le Roi donnera sa charge. Enfin, l'on n'omettra rien pour arrêter l'épanchement d'un sang sacrifié au diable. Et je vous ferai horreur lorsque je vous dirai que, de compte fait, il y a, depuis la régence, neuf cent quarante gentilshommes tués en duel. Si vous vous plaignez de la longueur de ma lettre, vous aurez grand tort, et vous en auriez encore davantage si vous n'étiez persuadé que je suis de tout mon cœur, etc.»

XVIII. — LETTRES DE PHILIPPE, DUC D'ORLÉANS ET DES DEUX DUCHESSES D'ORLÉANS A MADAME DE SABLÉ [1].

Portefeuilles de Valant, t. II, fol. 265. «Juillet 1667. De Saint-Cloud, ce mardi. — Je n'ai que faire de vous dire la joie que j'ai eue de recevoir votre lettre, puisqu'il m'a paru que vous y aviez bonne opinion de moi. Cela étant, vous jugerez vous-même quelle elle a été, puisque vous m'assurez d'une chose que je considère beaucoup et que je tâcherai de me conserver, qui est votre amitié. Je n'en dois pas douter, et je vois bien qu'elle vous a aveuglée, puisque vous parlez de moi comme vous faites; car je n'entends dire autre chose à tous vos amis, sinon que vous chantez mes louanges. Vous savez que pour être agréables, il faut que l'on sente en soi-même qu'elles sont véritables, et je ne le sens pas au point où vous les mettez. Je ne les reçois pourtant pas comme une flatterie, car il me semble que je vous ai ouï dire que vous n'aimiez pas les flatteurs. Je vous avouerai que je ne m'estime pas le dernier du royaume, mais que je n'ai pas la bonne opinion de moi-même qu'un autre auroit s'il entendoit dire tout ce que vous me dites. Je l'attribue à l'inclination que vous avez

1. Voyez plus haut chap. v, p. 234 et p. 255; chap. vi, p. 325, 326, 327.

pour moi, qui est la principale chose qui me fait bien espérer de mon mérite à venir. Dieu veuille qu'il croisse aussi bien que votre amitié que je vous demande du meilleur de mon cœur ! J'avois espéré vous voir ce voyage, mais il m'est impossible, dont je suis au désespoir, m'étant trouvé un peu mal d'une incommodité qui ne me permet pas d'aller en carrosse, dont je suis fort fâché assurément, m'étant fait, avant partir, un très-grand plaisir de la conversation que j'espérois avoir avec vous. Mais il faut bien que je prenne patience. Cependant, soyez persuadée qu'il n'y a personne au monde qui vous honore et qui vous aime plus que votre serviteur. Je vous demande mille pardons si ma lettre est un brouillon, mais il m'en faut écrire plusieurs pour l'Angleterre, ce qui m'empêche de récrire celle-ci. »

Ibid. Fol. 269 et 270. « 19 juillet 1667, ce lundi au soir. — J'avoue que vous avez raison d'être mal contente de moi, et je vous demande mille pardons d'avoir été si longtemps à vous faire réponse, le Roi ayant été en partie cause de ma paresse, l'ayant attendu deux jours et faisant accommoder ma maison pour le recevoir. Ce ne sont pas là de bonnes raisons, mais la meilleure que j'ai pour moi est votre bonté et l'espérance que j'ai que vous ne croirez pas que c'est par paresse, puisque je n'en ai jamais dans les choses où je croirois que vous prendrez part. Pour ce qui est de l'abbé de La Victoire, aussitôt que j'eus reçus votre lettre, je donnois la sienne à Boisfranc, lui ordonnant de vous aller trouver et de faire dans cette affaire tout ce que vous souhaiteriez. Je désirerois avec ardeur qu'il se présentât d'autres occasions où je puisse vous témoigner qu'on ne peut pas être plus à vous que je suis, ni avoir plus d'estime et d'amitié que j'ai pour votre personne. »

La duchesse d'Orléans ayant reçu ce billet dans son paquet, s'empressa de l'envoyer à Mme de Sablé, avec ce petit mot de sa main : *Ibid.*, t. V, fol. 158. « Ce mercredi, à 10 heures demie. — Je[1] viens de recevoir cette lettre pour vous dans mon paquet de Monsieur. Il est en peine de savoir si Boisfranc vous a envoyé ce qu'il lui a commandé, et m'ordonne de lui dire encore une fois si cela n'est fait, de le faire au plus tôt. Je vous mande ceci parce que je crois que ce petit soin de Monsieur vous fera plaisir, et que vous ne serez pas fâchée aussi que je vous assure en même temps de l'estime et amitié que j'ai pour vous, qui est telle que vous la pouvez désirer. »

Mme de Sablé avait connu avant son mariage celle qu'on appelait alors la princesse d'Angleterre, et lorsqu'en 1660, elle était devenue duchesse d'Orléans, elle s'était empressée de la féliciter, comme le prouvent les deux lettres suivantes, dont

1. Ce billet est évidemment de la première duchesse d'Orléans, l'aimable Henriette, puisqu'il tient au précédent qui est de 1667.

nous trouvons les minutes dans le *Supplément français*, 3029, 8, la première, fol. 17, et la seconde, fol. 113.

« Comme votre Altesse Royale m'a toujours fait l'honneur de souffrir les témoignages que je lui ai pu donner de la constante passion que j'ai pour elle, il me semble que ce seroit plutôt une faute qu'un respect de ne rien dire à cette heure où vos jours vont être comblés de plaisir et de joie. Aussi me seroit-il impossible de sentir toutes les choses qui vous touchent aussi vivement que je fais et me taire. Enfin, Madame, voilà vos souhaits et votre ouvrage accomplis, et comme il n'y a rien qui ne le soit dans votre choix, tant par les belles qualités naturelles de la personne royale que vous avez choisie, que par celles de son éducation, on peut croire que votre contentement ne sera jamais traversé... »

« Tout ce qui regarde la satisfaction de Votre Altesse Royale m'est si sensible que j'ai été toujours agitée d'inquiétude par le souhait et l'impatience que j'ai de voir ses désirs accomplis, et comme ce qui la touche est aujourd'hui ce qui fait les plus considérables événements de la cour, encore que j'y aie renoncé, même par la seule curiosité, je ne puis m'empêcher d'avoir des soins continuels d'apprendre tout ce qui regarde le contentement et le repos de Votre Altesse Royale. Ce fut ce qui me rendit si hardie, Madame, que d'oser porter ma joye devant les yeux de Votre Altesse Royale, en me donnant l'honneur de lui écrire dès que j'appris la bonne nouvelle d'un si heureux mariage. Mais, Madame, comme je n'ai reçu aucune marque, dans la lettre que Votre Altesse Royale m'a fait l'honneur de m'écrire, qu'elle eût reçue la mienne, d'un côté j'ai une extrême joie de me voir honorée de son souvenir, et de l'autre de la douleur de pouvoir douter si elle avoit reçu ce que j'avois pris la liberté de lui écrire pour lui exprimer la continuelle passion que j'ai pour son service et les respectueuses assurances de ma grande tendresse pour elle. »

Monsieur à Mme de Sablé. *Portefeuilles de Valant*, t. II, fol. 267 et 268. « Du camp devant Lille, ce 23 août 1667. — Ce n'a été nullement ma faute si je ne fus pas vous voir le jour que j'allai au Val-de-Grâce, car c'étoit mon intention. Mais les religieuses m'assurèrent que vous n'y étiez pas, et je vous puis assurer avec vérité que je fus au désespoir, le même soir, quand j'appris que vous y étiez encore, m'étant un très-grand plaisir quand j'ai l'honneur de vous voir. J'espère que vous le croirez facilement, comme aussi d'être persuadée qu'on ne peut pas être plus aise que je le suis lorsque je reçois de vos nouvelles. Je ne vous manderai point le détail de celles qui se passent ici, car il faudroit parler de choses que vous n'aimez pas. Je me contenterai seulement de vous dire que tous les amis que vous avez ici se portent bien, et que l'on croit que la ville ne durera plus guère, à moins de secours qu'ils attendent tous les jours. Les dernières nouvelles que l'on a eues des ennemis étoient qu'ils s'assembloient pour venir. Si cela est vrai, on leur fera grand honneur, car on se prépare ici à les bien recevoir. A vous dire vrai, je ne crois pas qu'ils hasardent de forcer nos lignes, n'étant pas une petite entreprise. Mais je ne m'aperçois pas que je m'étends trop sur la guerre. Car y étant encore novice, il ne faut pas parler des choses sans bien les savoir. C'est pourquoi je puis vous assurer que vous n'aurez jamais de serviteur ni d'ami qui souhaite plus votre amitié que moi, ni qui vous estime davantage, etc. »

Ibid. Fol. 271 et 272. « 30 août 1669. Ce vendredi matin. — Seroit-il possible, Madame, que vous eussiez assez méchante opinion de moi pour croire que je vous eusse oubliée? Il ne me manqueroit plus que ce chagrin-là pour augmenter tous les autres de beaucoup; et sans compliment, je serois plus fâché de perdre votre connoissance et votre amitié que je n'ai été de n'avoir eu qu'une fille, espérant quelque jour avoir des garçons et non pas une amie telle que vous. Ne me faites donc pas cette injustice, et croyez que tant que je vivrai, je serai de vos amis. Je vois bien que l'on ne vous a pas dit que je fus vous chercher le jour que le Roi alla au Parlement et lundi dernier, puisque vous ne m'en dites mot, mais il est pourtant vrai. Si j'avois eu le temps, j'aurois été au Port-Royal, mais il étoit tard et je devois revenir ici. Je ne vous ai pas fait plutôt compliment sur votre petit-fils [1], ayant espéré le pouvoir faire moi-même, comme aussi ne sachant que dire, sinon que de vous assurer que personne n'a jamais pris tant de part à ce qui vous touche et touchera que moi, qui serai de vos amis et serviteurs, si vous le trouvez bon, jusqu'à la mort. »

Ibid., t. V, fol. 156. « Du camp devant Bouchain, ce 4e mai. — Il faut vous demander mille pardons si je ne vous ai pas fait réponse plus tôt, mais dans le vrai, je n'ai pu. Vous croyez bien que ce n'est pas manque d'amitié et de considération, si je ne l'ai fait. Je ne vous manderai aucune nouvelle de guerre. Je vous dirai seulement que je me porte mieux que je n'ai jamais fait... Enfin je suis si content de vous et de toutes les amies, que cela me fait mieux que tous les remèdes du monde, sachant que vous m'aimez. Je vous mande tout ce détail, vous assurant que vous me faites justice, puisqu'on ne peut vous honorer plus que je fais du fond de mon cœur. »

Madame à Mme de Sablé. *Ibid.*, t. V, fol. 162. « Fontainebleau, ce 2 septembre 1677 [2]. Monard m'a donné ce matin votre lettre en sortant de la messe; et pour vous montrer, Madame, que de tous les

1. Un des deux fils de son frère, Urbain de Laval, marquis de Bois-Dauphin, c'est-à-dire ou Charles de Laval, marquis de Bois-Dauphin, capitaine au régiment de Picardie, tué en 1672 en une sortie au siége de Woerden; ou Jacques de Laval, tué en 1669, à l'âge dix-huit ans, en Candie. Il s'agit vraisemblablement ici du dernier qui venait d'être tué.

2. Cette date dit assez que ce billet est de la seconde duchesse d'Orléans.

plaisirs de ce monde je fais le plus de cas de celui d'une bonne et sincère amitié, comme je crois qu'est la vôtre à mon égard, j'abandonne ceux d'une belle promenade pour vous faire réponse. Les remerciements que vous me faites d'un vilain portrait que je vous ai envoyé, comme aussi toutes les belles choses que vous me dites sur ce sujet, me feroient quasi faire de nouvelles plaintes sur votre grande bonté et douceur. Mais je me contenterai seulement de vous prier de songer que c'est une chose assez dure de se voir donner des qualités que l'on voudroit avoir et que l'on n'a pas. C'est pourquoi si dorénavant vous voulez regarder mon portrait, vous me ferez plaisir de n'avoir point d'autre pensée, sinon que celle que vous voyez devant vous est une de vos amies, qui reçoit avec joie les marques de votre amitié, parce qu'elle vous aime de bonne foi. »

Le deuil étant entré dans la maison royale, vraisemblablement à la mort de l'un des enfants du roi, Mme de Sablé n'avait pas manqué d'adresser à M. le duc d'Orléans un compliment de condoléance; et en même temps elle avait prié sa petite-nièce, Mme de Louvois, d'être auprès de la reine Marie-Thérèse l'interprète de ses sentiments.

Ibid., t. VII, fol. 428. — « C'est peut-être trop présumer, ma belle et chère nièce, de me considérer assez pour oser désirer que la Reine sache que je souffre sa douleur avec toute la tendresse imaginable. Quand je me souviens de l'honneur que la Reine, sa mère, m'a fait de m'aimer, il me semble que la Reine, sa fille, m'est quelque chose davantage que la Reine de France. Sa vertu, sa piété, sa bonté et sa beauté ont fait de telles impressions sur mon cœur, que je ne puis lui refuser ce soulagement de témoigner à cette grande Reine que sa douleur ajoute beaucoup à celle que je lui dois avec toute la France. »

La même à Monsieur. — « Ce triste objet que vous trouvez ici, Monseigneur, et qui touche tous ceux qui sont affectionnés à la maison royale, m'est une double douleur, y considérant votre sensibilité et votre tendresse pour tout ce qui regarde le Roi, que j'ai reconnues en tant d'occasions. Ainsi, outre l'habitude que j'ai eue toute ma vie à révérer et à aimer cette illustre maison, si j'ose ainsi dire, il ne lui peut rien arriver qui l'intéresse et qui vous touche, que je ne le ressente jusqu'au fond de mon âme. Je n'ai pu m'empêcher, Monseigneur, de prendre la liberté de vous le dire, et de protester à Votre Altesse Royale, que rien au monde n'est plus vrai que la reconnoissance et la passion que j'ai pour elle, etc. »

XIX. — LETTRES D'UNE NIÈCE DE MADAME DE SABLÉ, ÉLÉONORE DE SOUVRÉ, ABBESSE DU COUVENT DE SAINT-AMAND, A ROUEN [1].

Portefeuilles de Valant, t. V, fol. 6 et 86. — « Être à Paris et ne vous point voir, ma chère tante, c'est pour moi la plus grande mortification du monde. Mais je n'ose me hasarder d'aller chez vous, à cause que je suis un peu enrhumée. Peut-être ne vous en apercevriez-vous pas, car je ne tousse guère; mais il ne faut pas faire de trahisons, quoique je croye que l'état où je suis ne peut nuire à personne. Néanmoins, je n'irai point chez vous sans un commandement exprès de ma chère tante, de qui je suis la très-humble et très-obéissante servante.

« Dans un autre temps, ma chère tante, j'aurois été au désespoir qu'on m'eût dit que vous grondiez contre moi; mais dans celui-ci j'en ai été glorieuse, et Mme de Motteville ne m'a pu davantage obliger que de m'écrire cette nouvelle; car je ne savois comme revenir, m'imaginant que vous m'aviez tout à fait oubliée et que mes lettres vous seroient à charge. Ce petit rayon de bonté me ramène donc à vous avec une honte la plus grande du monde de mes fautes et un repentir qui, en vérité, mérite le pardon très-humble que je vous demande d'avoir été si longtemps sans vous rendre mes devoirs et répondre à toutes les attaques que votre bonté a bien voulu donner à ma paresse. Je les ai reçues dans le temps avec toute la tendresse et la reconnoissance possible, et toujours avec l'intention de vous en faire mes très-humbles remerciements. Mais les maladies surviennent, les bonnes fêtes arrivent, le reste du temps on est accablé de visites, le soir qu'on pense pouvoir écrire on trouve la Marquise [2] au coin du feu, qui gronde de ce que tout le jour s'est passé sans me voir; de sorte que tout l'hiver se trouve passé sans avoir fait ce qu'on veut; et l'été qu'on a un peu plus de temps à soi, on est si honteuse après avoir fait réflexion sur ses fautes qu'on n'ose plus paroître. Voilà ce qui a causé mon silence depuis le retour de la Marquise, et si Mme de Motteville ne m'avoit donné courage, je serois demeurée muette sans oser me justifier, étant si convaincue de mon tort, que je ne pouvois me promettre que vous voulussiez bien entendre parler de moi. Jugez donc de ma joie, ma chère tante, en apprenant que vous vous en souvenez encore, et que cette amitié que vous avez eu la bonté de me promettre n'est point éteinte dans votre cœur, auquel je m'adresse comme au plus généreux du monde, pour obtenir mon pardon et la continuation de la qualité de votre très-obéissante nièce et servante. « S^r DE SOUVRÉ. »

1. Voyez chap. Ier, p. 6, et chap. v, p. 234.

2. La marquise de Bois-Dauphin, veuve d'Urbain de Laval, marquis de Bois-Dauphin, frère de Mme de Sablé, mort en 1661.

Réponse de Mme de Sablé. *Ibid.*, t. VII, fol. 296. — « Voilà vraiment qui est bien trouvé : vous dites que vous croyez que je vous avois tout à fait oubliée, et que vos lettres me seroient à charge; je vous défie de l'avoir cru, ma très-chère; mais je trouve bon que vous appeliez toutes sortes de bonnes et de méchantes raisons à votre secours pour vous justifier du plus vilain et du plus offensant oubli qui se soit jamais commis. Je voudrois bien me pouvoir persuader qu'il ne vient point du cœur, car le mien en est blessé au vif; car je sais que toute cette grande suite d'occupations que vous m'alléguez ne vous sont des occupations que pour moi, puisque vous écriviez sans cesse à d'autres qui ne vous peuvent aimer ni estimer plus que je fais. Aussi je ne puis comprendre votre dureté pour moi. Je mandois l'autre jour à Mme de Bois-Dauphin que vous étiez la seule de qui j'avois jamais pu supporter le mépris, et que j'ai un naturel si méprisant quand l'on me méprise, qu'il n'y avoit guère de meilleure marque de votre mérite que mon amitié pour vous, mais qu'elle est à l'épreuve de vos dédains. J'ai lu pourtant et bien relu votre belle et adroite lettre. Elle m'a toute consolée de voir que je ne suis pas si anéantie dans votre cœur que je le pensois, et je sais bien gré à Mme de Motteville de vous avoir réveillée. »

Ibid., t. V, fol. 33. — « Je ne doute point, ma chère tante, que le bruit qui se fait si près de vous [1] ne vous soit fâcheux pour toutes sortes de raisons, et que vous ne soyez fort sensible aux peines qu'on fait souffrir à ces pauvres filles. S'il y en avoit quelques-unes que vous affectionnassiez particulièrement et que vous les jugeassiez mieux ici qu'en un autre lieu, je vous offre tout ce qui est en mon pouvoir, vous assurant que ce qui me viendroit de votre part me seroit précieux, et que j'aurois grande joie d'avoir ce gage de votre amitié. Mais, ma très-chère tante, que ne suis-je plutôt en un lieu où je pusse vous avoir vous-même! Car pendant tous ces désordres-là, j'y prétendrois, et je ferois mon possible pour vous obliger à me faire cette grâce qui seroit une des plus sensibles que je pusse recevoir dans ma vie. Car, en vérité, je vous aime de tout mon cœur, et vous me permettez bien de vous le dire de la sorte, puisque les autres paroles qui seroient plus respectueuses ne vous expliqueroient pas si bien ce que je sens pour vous, comme fait cette saillie que mon cœur n'a pu retenir. Aimez-moi aussi, s'il vous plaît, ma chère tante, et croyez que j'admire tous les jours la beauté de votre naturel qui se fait voir en mille rencontres, mais particulièrement dans l'affaire de notre Maréchale [2] à laquelle je prends assez de part pour vous en faire mille remerciements très-humbles. Si tout le monde avoit le cœur fait comme vous, on s'y attacheroit trop, et

1. A Port-Royal.

2. La belle maréchale de Lamothe-Houdancourt, comme on le voit par une des lettres suivantes.

l'on ne pourroit se résoudre à le quitter. C'est pourquoi il faut regarder ce qui vous est opposé comme une chose qui nous sert de moyen pour nous détacher de cette vie; car je vous assure qu'il n'est point agréable de vivre avec des gens qui n'ont pas le cœur fait comme ma chère tante, de qui je suis la très-obéissante servante,

« Sr de Souvré. »

Ibid. Fol. 36. — « . . . . Je ne vous dis rien sur Laval [1], car ma belle-sœur, à qui je n'ai pu cacher votre lettre, s'est donné l'honneur de vous écrire à ce sujet. Il faut qu'elle se prépare à bien d'autres peines, car je connois l'humeur du personnage. C'est ce qui me faisoit prendre la liberté de vous écrire sur son chapitre comme j'ai fait, parce que, ne doutant point que vous ne connoissiez son peu de disposition pour le bien, je me persuadois que cela vous dégoûteroit de lui parler; cependant c'est toute la consolation de la Marquise, car elle est si persuadée que personne ne peut résister à vos raisons ni manquer de se rendre à vos bontés, qu'il lui vient toujours quelque rayon d'espérance par ce moyen. Je prie Dieu qu'elle ne soit point trompée. Je vous avoue que j'ai été aussi surprise qu'on le peut être de ce mariage extravagant de Mme de Chaulne [2]. Je regarde cela comme le plus grand malheur qui lui pût arriver, de s'être remariée et mal remariée. Il vaudroit mieux, ce me semble, qu'elle fût morte; car aussi bien sa vie sera misérable, de la sorte qu'on parle du personnage. Je ne lui en dirai rien, car je ferois conscience de l'en dégoûter, à présent qu'il est son mari; mais je garderai le silence. Adieu, ma chère tante, j'oublie tous mes maux en vous écrivant. Je suis votre très-humble et très-obéissante servante,

« Sr de Souvré. »

Ibid. Fol. 52. — « Si j'ai cru être obligée, ma chère tante, de vous faire de très-humbles remerciements des bonnes volontés que vous avez fait paroître à Mme la maréchale de La Mothe, je dois bien les réitérer à présent que les effets s'en sont ensuivis, et qu'elle jouit de l'honneur que votre bonté et vos soins lui ont acquis. Il n'y a que vous au monde qui auroit, de dessus votre lit, conduit une affaire de cette importance aussi heureusement qu'elle l'a été, et je vous assure qu'on doit bien prier Dieu pour votre conservation. »

Ibid. Fol. 64. — « Je ne crois rien de ce que vous me mandez de Mme la Gouvernante [3]. Si ceux qui en font courre le bruit avoient autant de connoissance que vous avez l'une et l'autre du bonheur qu'il y a d'être maîtresse de ses actions, ils ne penseroient pas

1. Un des fils de la marquise de Bois-Dauphin; vraisemblablement Jacques de Laval. Voyez plus haut, la note de la page 395.

2. Élisabeth Le Feron, veuve du marquis de Saint-Mégrin, remariée au duc de Chaulnes. Il ne paraît pas du tout que ce mariage ait mal tourné.

3. La maréchale de Lamothe-Houdancourt.

qu'avec un peu de bon sens on peut changer cet état en un autre où il y a un perpétuel asservissement, et je suis assurée que quelque amitié qu'elle ait pour ses enfants, ce ne sera point en détruisant son bonheur qu'elle fera leur fortune... »

Ibid. Fol. 67 et 69. « Mars 1665. — Ce qui m'empêche d'avoir aujourd'hui l'honneur de vous voir, c'est que je suis engagée d'aller après-dîner chez Mme de Schomberg pour entendre le sermon de M. Jolly. Mais quand cela ne seroit pas, M. Thomas vous dira que j'ai un si grand rhume que je n'ose me présenter devant ma chère tante qu'il ne soit diminué. C'est ce qui m'empêchera de partir devant Pâques, et me donnera le temps d'avoir encore plusieurs fois l'honneur de vous voir. La Marquise dort, et je vous peux assurer qu'elle n'est pas en tort de ne vous avoir pas répondu. Car nous étions sur le pas de la porte pour sortir, et votre cocher nous parut si capable que nous lui dîmes de bouche ce que nous aurions répondu par une lettre. Mme de Toussy[1] vient aujourd'hui dîner avec nous. Elle ne me paroit guère contente du départ de M. de Vassé. Mais elle espère en vous, puisqu'il vous a remis ses intérêts. Je vous suis bien obligée, ma chère tante, d'avoir si bien disposé M. le Commandeur pour l'affaire que vous savez; cela s'est passé bien doucement. Le bonhomme Renard ne me semble pas bien, et en vivant à sa mode je crains bien qu'il ne nous prive d'un bon ami. Adieu, ma chère tante, M. Thomas qui m'attend me fait finir tout court. »

Ibid. Fol. 75 et 76. — « Puisque le rhume que j'ai m'ôte l'honneur de vous voir, il faut donc se contenter d'envoyer savoir de vos nouvelles. Mme Le Congneux vouloit aujourd'hui me débaucher pour aller dîner avec vous; mais en l'état où je suis, je n'ai osé me hasarder à cela. Cependant elle s'en va cette semaine à la campagne pour toutes les vacances. J'ai appris avec douleur la mort de M. Pasqual (*sic*), parce que je n'ai point douté qu'elle ne vous touchât; car je suis tellement votre enfant que je ne peux que je n'entre dans vos sentiments pour toutes choses. C'est ce que je vous supplie de croire et que je suis votre très-obéissante servante. »

Ibid. Fol. 77 et 78. — « Je me propose tous les matins d'avoir l'honneur de vous voir, et cela m'empêche de me donner celui de vous écrire et d'envoyer savoir de vos nouvelles. Pour aujourd'hui que je me vois de l'ouvrage taillé pour jusques au soir, il faut que je perde le dessein d'aller chez vous, et que je prenne celui d'envoyer sçavoir comme vous vous portez, et que je vous dise que Mme de Toussy me donna hier bien de la joye de me dire que vous venez bientôt loger à la rue de Cléry[2]. Si cela se fait pendant que

1. La mère de la maréchale.
2. Quand Mme de Sablé quitta Port-Royal, pendant la persécution, elle alla loger tantôt dans un lieu, tantôt dans un autre.

je suis ici, je profiterai bien du voisinage. Mandez-moi ce qui en est, s'il vous plaît, et me croyez toute à vous. Je crois qu'il y a mille ans que je ne vous ai vue, ma chère tante; je m'en meurs de chagrin, et si je n'eusse point eu quelque petite incommodité ces jours passés, je n'aurois pas manqué d'avoir l'honneur de vous voir. Ce sera le plus tôt que je pourrai. Si vous aviez bien de la charité pour ceux qui vous aiment, vous ne choisiriez point d'autre maison que la leur. Je vous en offre une de tout mon cœur, et avec toutes les conditions que vous pouvez souhaiter. Après cela, vous ne devez point craindre, mais seulement croire que vous y serez plus maîtresse que vous n'êtes chez vous. Je pense que vous m'accorderez cette grâce, et celle de penser que je suis avec une très-grande passion la plus humble et la plus soumise de vos servantes. »

Ibid. Fol. 81 et 83. « A Mme la marquise de Sablé, proche le Port-Royal à Paris. — Je ne doute pas, ma chère tante, que M. Renard ne vous dise de nos nouvelles. Mais ce n'est pas tout ce qu'il me faut pour me satisfaire, car je veux aussi vous en dire moi-même et vous assurer que quand j'ai reçu celle dont vous m'avez honorée par lui, j'en avois une tout écrite dans mon écritoire. Ma nièce a aussi reçu la vôtre, dont elle est fort contente. Je lui donne si peu de louanges sur ce qu'elle fait, qu'elle est ravie quand on lui dit qu'elle fait bien. C'est pourtant une bonne enfant, mais qui aimoit tant le jeu et le divertissement, qu'il a fallu user d'une sévérité continuelle pour lui faire apprendre tout ce qu'elle sait; et heureusement pour moi il s'est trouvé tant de feu et de vivacité dans son esprit que la contrainte dans laquelle je l'ai tenue ne lui a point nui; car vous lui trouverez assez de gaieté de reste. Mais pour en faire une honnête et raisonnable créature, il me la falloit encore laisser un an, car elle n'a pas encore l'esprit de se servir bien à propos des choses qu'elle sait, parce que, quelque soin qu'on prenne de l'éducation d'une jeune personne, on n'en a point de joie parfaite que son jugement ne soit formé. Cependant, vous voyez, ma chère tante, que sa famille en dispose d'une autre façon, et qu'elle veut la marier. Ma belle-sœur m'a mandé que vous approuviez cette affaire. Ma nièce ne croit pas que le bien et la fortune est ce qu'on doit le plus considérer, et elle souhaite une personne de bonne mine et de naissance. Mais parce qu'elle est dans l'ignorance de ces choses-là, il faut donner un peu de temps à son esprit pour s'en désabuser, et tâcher, par bonnes raisons, de la persuader, car c'est tout ce qu'on peut faire, parce que de la contraindre, si elle demeuroit dans ce sentiment, je n'en serois pas d'avis; puisque c'est pour elle qu'elle se mariera, il faut aussi que ce soit elle plus que tout autre qui soit satisfaite. Je la mènerai bientôt à Paris, etc., etc. »

Ibid. Fol. 86. « 4 novembre 1670. — Vous me faites des grâces, ma chère tante, et en même temps vous me dites des choses qui me font mourir de douleur. Car de penser que vous voulez m'arracher de votre cœur parce que vous croyez que je n'ai pas assez chéri et honoré la place que vous m'avez fait l'honneur de m'y donner, c'est me faire un outrage le plus sensible du monde, en me privant de ce qui m'est le plus cher, et en m'accusant d'un crime dont je ne me sens point coupable; car en vérité il n'y a personne au monde qui ait plus de tendresse et d'amitié pour vous que j'en ai. Mais pourrois-je faire autrement sans être la plus ingrate créature du monde? Et vous qui êtes si juste et si équitable, pourriez-vous conserver de l'estime pour une personne qui auroit un défaut aussi honteux que celui de l'ingratitude? Mais, ma chère tante, sondez votre cœur, vous verrez assurément que vous m'aimez encore, et que ce que vous baptisez du nom d'estime est un fonds d'amitié que vous ne pouvez refuser à la tendresse et au respect que j'ai pour vous, qui ne peut être altéré par le silence que je garde souvent mal à propos. Mais si vous saviez mes affaires et mes maladies continuelles, vous me plaindriez plutôt que de me condamner, car je suis si languissante que je ne crois pas passer l'hiver[1] à cause de ma méchante poitrine... »

XX. — LETTRES DE SUZANNE D'AUMALE DE HAUCOURT, MARÉCHALE DE SCHOMBERG. (Voy. chap. V, p. 259).

Elle était fille de Daniel d'Aumale, seigneur de Haucourt, premier chambellan de M. le Prince, amie de Mme de Grignan et de Mme de Sévigné. Protestante, elle épousa le maréchal Frédéric de Schomberg, qui devait commander l'armée de Portugal et semblait appelé à la plus haute destinée. Moreri dit qu'elle n'en eut pas d'enfants. Nous ignorons comment elle a fini, si elle suivit son mari en Angleterre à la révocation de l'édit de Nantes, ou si elle mourut avant lui. On voit ici que la société du temps n'a pas été le moins du monde complice de Louis XIV, et que le protestantisme était accepté, reconnu, établi, puisque la qualité de protestante n'empêche pas du tout Mlle de Haucourt d'être au mieux avec des personnes d'une assez grande dévotion. Ces billets de Mme de Sablé sont la plupart du temps sans date. Nous les laissons dans l'ordre où Valant les a mis.

Mme de Sablé à Mlle d'Aumale. *Portefeuilles de Valant*, t. II, fol. 64. — « Vous avez fait la meilleure partie de notre conversation entre notre maréchal et moi. Je vous aime tous deux encore davan-

1. Éléonore de Souvré mourut en effet l'année suivante, en 1671.

tage depuis que je sais que vous vous aimez d'une si bonne amitié. Car du côté de la passion, ce ne seroit pas une si grande merveille qu'on en eût pour vous, et c'en est une pour lui de vous aimer de bonne amitié. Pour moi, vous m'avez donné des espérances que je n'ai plus, et cela me fait un peu rabattre de votre bon jugement et de votre bonne conscience. Cependant, mon inclination l'emporte par-dessus tous vos torts, etc. »

Mlle d'Aumale à Mme de Sablé. T. V, fol. 29. — « Voilà qui paroît bien vilain que je ne vous aie rien dit sur la bonté que vous avez eue de m'écrire. Cependant, Madame, si là-dessus vous allez juger sur les apparences, vous me ferez une grande injustice, car en vérité, j'ai souffert beaucoup de ne vous pouvoir point dire à quel point je suis touchée de tout ce qui me marque votre souvenir, et de perdre par là un moyen de me l'attirer. Mais j'ai été à la campagne quelques jours; je me suis trouvée mal, et j'ai eu mille affaires; enfin j'ai été accablée d'une telle sorte qu'en pensant incessamment à vous et aux bontés que vous avez pour moi, je vous ai laissée douter si je savois mon devoir là-dessus. Vous croyez bien, Madame, que je n'ai pas manqué à le faire sur tout ce que vous m'ordonniez pour Mme de Ventadour[1], et qu'elle y répond aussi comme elle doit. Pour les autres gens, comme je ne leur ai rien dit de ce que vous me mandiez, dans l'incertitude où j'étois si vous le trouveriez bon, je ne vous réponds pas sur cet article. Si vous voulez que je leur en dise quelque chose, vous m'en donnerez la permission, s'il vous plaît, et vous vous souviendrez quelquefois que je vous honore comme vous méritez d'être honorée, et je prétends que c'est tout dire. S. D. »

Ibid. Fol. 196. — « Je ne sais, Madame, si ce que la reine de Portugal a fait pour moi m'est plus honorable que ce que vous en dites. Je sais bien au moins que je n'en suis guère plus touchée, et que la seule espérance d'avoir l'honneur de vous voir m'a empêchée de vous en témoigner ma reconnoissance. Mais, comme en ce monde il ne peut y avoir de biens parfaits, je suis si malade que je ne sens quasi point tous ceux que la fortune me fait, quelque grands qu'ils soient. Si jamais je suis en bonne santé et que je me retrouve auprès de vous, je sens bien que je serai fort heureuse, mais il n'y a pas moyen d'être privée à la fois de la santé et de vous. J'ai lu à Mme de Coverquin votre lettre. Elle est d'assez bon sens pour s'en trouver fort honorée. Il y a longtemps qu'elle m'a fait promettre de vous l'amener. M. de Laon (le futur cardinal d'Estrées) s'est chargé d'une autre visite dont je ne me mêle pas, quoiqu'il me semble qu'il n'y ait plus à désirer pour ces gens que votre approbation. Je serois

1. Il avait été question de mariage entre le jeune Ventadour et la petite-fille de Mme de Sablé, la fille de la marquise de Laval qui épousa en 1662 le marquis, depuis maréchal de Rochefort.

bien ingrate si je ne leur souhaitois, et si je n'étois à vous avec toute la tendresse et le respect imaginable. Mais quoi que vous puissiez faire, ce n'est jamais par reconnoissance qu'on se sent pressée de vous aimer. Vous pardonnerez bien sans doute cette façon de faire des ingrats, quelque haine que vous ayez pour l'ingratitude. S. D. »

Ibid. Fol. 199. — « Je m'en vais pour un mois de Paris, et mon voyage a été si précipité que je n'ai pu trouver un jour pour aller prendre congé de vous. Au moins, Madame, ne joignez pas à ce malheur celui de votre oubli. Je m'accommode trop mal du premier pour qu'il n'y ait pas quelque justice à me garantir du second. Je m'attends donc que vous aurez là-dessus cette équité que vous avez dans tout, et que vous ne bannirez point de votre souvenir une personne de qui vous occupez le cœur et qui est à vous avec autant de respect et d'inclination que j'y suis. Mme la duchesse de Ventadour m'a chargée de vous faire mille compliments de sa part. On vous aura dit sans doute qu'elle vous a été chercher à Auteuil, et je pense qu'on vous aura baillé une lettre que je me suis donné l'honneur de vous écrire et qui étoit la réponse à une que j'ai reçue de vous. Vous savez bien que Mme de Grignan est accouchée et qu'elle se porte bien. »

Ibid. Fol. 202. — « On m'a dit que le Port-Royal gouverne M. de Benoise, conseiller à la Grand'Chambre; et comme j'ai assez bonne opinion du Port-Royal pour croire que vous le gouvernez, je vous supplie très-humblement, Madame, de faire en sorte que ceux de votre connoissance qui sont le mieux auprès de ce M. Benoise, le sollicitent pour une affaire de M. et Mme de Richelieu pour laquelle Mme d'Esguillon sollicite. Ainsi, Madame, je crois qu'il sera aisé d'obtenir de vous la grâce que je vous demande, et je pense même que je ne la dois pas mettre pour mon compte, et que vous serez bien aise de la faire en l'honneur de ceux pour qui je vous la demande. Mais en voilà assez parler. Je suis assurée que vous ne m'éconduirez pas, et encore que vous ne serez pas fâchée de savoir que je ne m'en vais plus la semaine qui vient, et m'offre à aller passer une journée avec vous : j'attendrai vos ordres là-dessus. Cependant, prenez la peine de me mander en quel temps il faut arracher cette racine dont vous m'avez donné un bracelet et comme elle s'appelle. Je suis avec Mme de Grignan qui vous fait les plus grands compliments du monde, et qui ira au Port-Royal dès qu'elle sera désenrhumée. »

Ibid. Fol. 205. — « On n'a point assez d'esprit à Charenton pour faire de la pâte de fleurs d'orange, à moins qu'on nous explique combien il faut la faire bouillir, et s'il faut qu'elle soit pilée. Vous voyez, Madame, que je suis un peu importune et que je n'entends pas à demi-mot. Mais, quoi qu'il en soit, je suis tellement à vous et avec une si véritable tendresse, qu'il est bien raisonnable de m'aimer, tout importune que je puisse être. »

Ibid. Fol. 212. — « Si je me croyois telle que vous me dépeignez par votre billet, je vous assure, Madame, que je serois bien plus souvent à Port-Royal qu'en tout autre lieu, et que le monde n'auroit que ce que Port-Royal ne voudroit point, trouvant mon cœur bien plus occupé de ce qui y est que de tout ce qui n'y est pas. Cependant, par respect, je ne vous en ai rien dit, et, pour vous faire une confession bien sincère, parce que, aussi, j'étois bien aisé de découvrir si c'étoit à votre bonté toute seule que je devois les grâces que vous m'avez faites ; car, encore que, de quelque façon qu'elles me viennent, c'en soit trop pour moi, je vous avoue que j'eusse bien voulu les devoir à votre inclination, et que vous ayez trouvé à redire à mon silence et à mes manques de paroles. Me voilà justement où je voulois être, et vous pouvez penser, Madame, que je ne serai pas longtemps sans vous aller dire l'extrême joie que j'en ai; et j'irai dès cette semaine, sans que j'aie des maux de tête si violents que, hors à vous, je n'aurois pas la force d'écrire deux lignes; mais vous feriez bien d'autres miracles. J'aurai donc l'honneur de vous voir la semaine qui vient, et je m'attends que lundi vous me manderez quel jour vous me voulez voir et à quelle heure vous m'ordonnerez de commencer ma visite. J'ai envoyé chercher l'homme qui m'a apporté votre lettre pour lui bailler la mienne; mais on m'a dit qu'il n'y étoit plus. Je vous l'envoie donc par le moyen de M. de Laval, et vous aurez la bonté de me mander par son laquais ce que je vous suppliois de me mander lundi. »

Ibid. Fol. 215. — « Je ne viens que d'avoir la réponse de Frémont; je n'en suis pas contente, parce qu'elle ne m'assure pas contre le mal que je crains, qui, en vérité, seroit un des plus grands de ma vie, et présentement celui qui me trouveroit le plus sensible. Je ne vous dis jamais comme je suis pour vous, et je me contente de le sentir à tous les moments du jour, parce qu'il ne me semble pas que de simples paroles, dont tout le monde se sert également, méritent d'exprimer toute ma tendresse et mon respect. Mais je vous supplie de croire que ce que je sens sur votre sujet ne peut se comparer à rien, et quand vous me ferez cette justice, je suis assurée contre tout le reste. Je vous écris en si grande hâte, que si mon cœur ne parloit, je ne saurois ce que je dis. »

Ibid. Fol. 218. — « Qu'est-ce que je pourrois dire, Madame, sur toutes les bontés qui me viennent de votre part, pour vous témoigner la joie et la reconnoissance que j'en ai? En vérité, je ne trouve rien qui soit propre à vous exprimer les sentiments que j'ai sur votre sujet qu'en vous suppliant de croire qu'ils sont proportionnés à ce qu'ils doivent être, et que, quand une fois on les a, je pense qu'on les a toujours. Cependant pour revenir à notre commune affaire, il faut que je vous dise qu'il me semble qu'elle va encore mieux qu'elle n'alloit avant que Mme de Ventadour ne vous eût vue. Elle est contente de la visite qu'elle vous a faite, comme elle le doit; elle m'a chargée de vous dire aussi mille choses sur tout ce que vous me faites l'honneur de me mander pour elle. Mais vous vous les imaginerez, s'il vous plaît, car je ne trouve jamais rien qui puisse suffire quand il est question de faire entendre ce qu'on pense de vous. Mme de Grignan et moi en avons parlé tout le jour, et quand nous n'aurions toutes deux d'autres bonnes qualités que les sentiments que nous avons pour vous, nous aurions droit de prétendre quelque mérite auprès de vous. Au reste, j'ai montré votre lettre à M. et à Mme de Richelieu; mais je n'ai pas montré celle que vous écriviez à Mme de Laval. J'en ai ri un peu, mais j'ai senti une grande honte de ne pas mériter toutes les louanges que vous me donnez. »

T. VII, fol. 410. « Février 1668. — Vous avez assez bonne opinion de moi pour croire que je suis morte, puisque je ne donne aucun signe de vie; car vous savez bien que vous serez sans doute une des dernières pour qui je mourrai. Depuis un mois je suis dans une langueur qui m'a empêchée de vous demander de vos nouvelles, ce qui m'a fait manquer une commission dont j'étois chargée. C'étoit de la part de Mme de Montespan, qui vous faisoit bien des compliments dans une lettre qu'elle m'a écrite pendant le voyage qu'elle a fait ici. Je vous l'envoie cette lettre, quoiqu'elle ne soit pas nouvelle, et je ne puis finir celle-ci sans me plaindre avec vous de la continuation des maux de Mme de Montausier. Je les sens à tel point que j'en oublie les miens et je suis toute résolue de l'aller voir la semaine qui vient; mais j'irai auparavant recevoir votre bénédiction, car autrement mon voyage pourroit-il être heureux? »

XXI. — L'ABBESSE DE FONTEVRAULT.

Nous nous sommes contentés de donner quelques fragments de la correspondance de Mme de Sablé et de Mme de Fontevrault; mais dans les *Portefeuilles de Valant,* au t. V, comme au t. VII, il y a bien d'autres lettres de la noble et spirituelle religieuse à Mme de Sablé et à d'autres personnes, qui mériteraient d'être recueillies pour grossir le trésor des trop rares écrits que nous possédons de cette digne héritière de la beauté et de l'esprit des Mortemart. On y trouve une correspondance suivie avec le docteur Valant, de 1672 à 1683. Tirons-en quelques pièces d'un intérêt plus que médiocre, mais qui se soutiennent toujours par la politesse et l'agrément du langage.

I. — A M. LE DOCTEUR VALANT.

« Ce 9 février 1672. — Si j'avois su, Monsieur, que vous liriez ma lettre avec autant d'indulgence que vous m'en faites paroître, je vous assure qu'en priant Mme de Saint-Aubin (religieuse de l'abbaye aux Bois où Mlle de Mortemart avoit été élevée) de ne la montrer à personne, je n'aurois pas manqué de vous excepter; aussi, bien loin de lui faire reproche de son infidélité sur ce sujet, elle pourra vous dire que je lui en fais quasi des remerciements. Cependant je crains terriblement que vous n'ayez désapprouvé l'article de l'abbaye des Charmes (maison religieuse dépendante de Fontevrault), et tout ce que je vous ai ouï dire autrefois là-dessus me fait croire que cette crainte n'est pas trop mal fondée. En cas que cela soit, je vous prie de m'en gronder librement; car, afin que vous le sachiez, je suis aussi docile que jamais, et j'aime beaucoup mieux que mes amis me réprimandent que d'avoir quelque chose sur le cœur contre moi. Vous devez encore n'être pas satisfait de ce que je ne vous rends point compte de mes lectures, et je pense que vous ne m'en dites rien, parce que vous avez pris le parti de m'en punir en ne me parlant plus des vôtres. Comme j'espère que vous ne voudrez pas faire plus dure la punition de la faute, je me promets de me rendre bien toute cette satisfaction avant qu'il soit peu. Je lirai exactement pour cela les livres que vous m'avez envoyés. Mais il faut que je vous avoue que je ne m'y suis pas encore appliquée comme il faut, et que la honte m'ayant prise de ne savoir rien de l'histoire de France, j'en ai fait quasi ma principale lecture depuis que je suis ici. Si vous ne louez pas cette occupation, j'espère au moins que vous serez satisfait de la sincérité avec laquelle je vous en rends compte, et que vous jugerez par là que ma confiance et mon estime pour vous n'ont pas diminué. J'aurois une extrême joie, Monsieur, si je pouvois vous prouver l'un et l'autre en des occasions plus considérables. »

« Ce 2 octobre 1672. — Vous avez eu raison de juger que les ordonnances que vous avez eu la bonté de faire pour Mme Testu, seroient bien reçues ici et très-fidèlement exécutées. C'est une personne que j'ai tant d'envie de conserver qu'on ne peut me faire un plus grand plaisir que de m'en fournir les moyens, et de plus, vous savez bien, Monsieur, que je suis assez aise quand je reçois de vos lettres. Elles ont aussi tout ce qu'il faut pour plaire et je les trouve également utiles et agréables. Au reste je vois bien que Mme Testu vous a mandé des choses sur mon sujet que je suis bien éloignée de mériter. Je sçay très-bien que je ne remplis pas tous les devoirs de ma charge, que la force, la vigilance, la ferveur qui sont des qualités si nécessaires à une supérieure, me manquent tout à fait. Ainsi je vous assure que je ne suis encore nullement satisfaite de ma conduite. J'ai commencé depuis peu à lire la nouvelle traduction des Proverbes, par Mme Éléonore de Rohan. C'est un livre admirable, et il me semble que j'y trouve bien des choses qui me sont propres. Si je vous voyois je prendrois grand plaisir à en parler avec vous. Mais je pense que ce seroit trop long si je vous écrivois tout ce que je pense là-dessus. Cependant il faut que je vous die pour l'honneur de la vérité et pour le mien, que je donne tout le temps qui me reste après les affaires principales à des lectures solides dont j'espère profiter et qui me donnent même beaucoup de plaisir. Je sais que vous me voulez assez de bien, pour apprendre cela avec joie. Je suis édifiée au dernier point de la conduite de Mme de Meaubuisson et de ce qu'elle a dit au suject de Mme de Chelles. C'est un bel exemple pour toutes les religieuses et surtout pour nous autres abbesses qui n'avons pas toute l'humilité à laquelle nous sommes obligées, même au jugement des personnes du monde. Obligés moy, Monsieur, d'assurer Mme la marquise de Sablé que je suis toute à elle. »

« Ce 1er de l'année 1673. — Il y a bien du temps, Monsieur, que j'ai envie de vous écrire et que je n'ai pu le faire à cause d'un gros rhume dont je ne suis pas même encore tout à fait quitte. Je vous suis très-obligée de n'avoir pas eu égard à mon silence et de m'avoir donné la consolation de recevoir une de vos lettres. Vous m'avez fait aussi un extrême plaisir de me mander que je suis bien avec Mme de Montmartre. C'est une personne que j'honore et que j'aime avec la dernière tendresse. Ainsi rien ne me pouvoit plus toucher que d'apprendre par un homme aussi clairvoiant que vous qu'elle me donne quelque part à son cœur. Je me suis déjà réjouie pour elle et pour vous de ce que vous aviés fait connoissance. Je vous prie, pour m'en payer, de lui parler quelquefois de moi et de ne pas souffrir qu'elle m'oublie. Vous voiés, Monsieur, que je compte bien sur votre souvenir, puisque je vous donne de telles commissions. Au reste, quoique je sois touchée vivement de l'exhortation que vous me faites touchant le mépris qu'il faut avoir des choses de ce monde, je vous avoue cependant que je ne me trouve pas encore assez indifférente aux bruits qu'on pourroit faire courir, pour oser nous éclaircir l'histoire que Mme Testu nous a commencée. Ce n'est pas de vous que je me défie, comme vous pouvez penser; je sçais en quelle sûreté seroit ma lettre dès que vous l'auriez entre les mains; mais je ne suis pas assurée de ce qui lui peut arriver sur les chemins, et c'est ce qui m'empêche de vous dire ici ce que je vous conterois avec sincérité et avec joie si je vous voyois. Vous sçavés seulement qu'on a conté à Angers une histoire de Fontevrault très-fausse dans plusieurs de ses circonstances essentielles. Mme Testu, qui n'aime pas l'injustice, surtout quand elle s'attaque à ses amis, souffre très-impatiemment que des gens dont il y auroit grand plaisir d'être estimée ayent peut-être conçu de là une mauvaise opinion de moi; j'en souffre aussi beaucoup de mon coté; mais, voyant qu'on ne peut s'éclaircir de si loin, je me sers de votre exhortation pour prendre patience en cette rencontre. Je vous prie, Monsieur, de continuer à m'en faire et de me donner toujours quelque part en vos prières. J'ai un besoing infini de tous ces secours dans la place où je suis. »

« Ce 2 février 1673. — Je suis si heureuse d'avoir mal entendu tout ce que vous m'avez dit sur une certaine affaire, que l'horrible inquiétude où je suis de la maladie de mon père, ne peut m'empêcher d'essayer dès aujourd'huy à réparer cette faute. Ce que je m'en vais vous dire vous paroîtra incroyable. Cependant, Monsieur, rien n'est plus vrai. Mlle Testu assure qu'elle m'a montré la première lettre que vous lui écrivites sur ce sujet; je n'en doute pas, puisqu'elle le dit; ce qu'il y a pourtant de certain, c'est que je ne sçai que d'hier au soir les honnestetés que M. A. (Arnauld) a bien voulu me faire. Je ne puis vous dire la raison de ce malentendu : elle m'est incompréhensible, car je ne suis point sujette à rêver, et voilà pourtant la plus grande de toutes les rêveries. Au nom de Dieu, Monsieur, raccommodez tout cela du mieux que vous pourrez, et surtout prenez la peine de dire à M. A. que ma vanité seroit bien agréablement flattée s'il étoit vrai que j'eusse quelque part à son estime, et que rien ne me peut consoler de n'avoir point eu l'honneur de le voir, que la pensée qu'il a emporté une bonne opinion de moi qui auroit été assurément détruite par ma présence. Je voudrois dire des merveilles sur ce sujet et faire des remerciements proportionnés à ma reconnoissance; mais je sçay qu'il est dangereux de s'embarquer dans ces sortes de discours. Ainsi j'adjouterai simplement que rien n'étoit plus capable de me donner une sensible joie que de me voir honorée du souvenir d'une personne de son mérite et que j'ai toute ma vie admirée si particulièrement. Ce sont là mes véritables sentiments. Je vous prie, Monsieur, de les exposer à votre mode, afin qu'ils soient reçus plus agréablement et qu'on n'ait pas lieu de se repentir des avances qu'on m'a faites. Il est si tard que je ne puis vous mander tout ce que je voudrois vous dire. Ce sera pour une autre fois, car j'aime à vous écrire, parce que j'aime passionnément vos réponses. Mme de Sablé m'a mandé des choses qui redoublent la douleur que j'ai de ne la point voir. Dites-lui bien, je vous prie, et rendez-lui compte de tout ce qui est contenu dans cette lettre. Je n'ose lui écrire, parce que la petite verolle est céans. Je crois qu'elle auroit bien pitié de moi, si elle sçavoit qu'on se moque ici de ceux qui craignent cette maladie et que je n'ai pas encore pu empêcher celles qui gardent le malade, d'aller parmi le monde et de parler à moi comme si de rien n'étoit. Je ne puis finir sans vous faire mille remerciements de vos pillules; elles m'ont fait un bien qui ne se peut exprimer. »

« Ce 13 mai 1673. — Je n'ose me plaindre du long temps qu'il y a que je n'ai reçu de vos lettres, parce qu'il me semble que c'est un peu par ma faute que j'en ai été privée, et que je ne dois pas prétendre qu'au milieu de tous vos embarras vous puissiez songer à moi sans que je prenne le soin de vous en aviser. C'est donc, Monsieur, pour m'attirer quelques marques de votre souvenir que je vous écris présentement. Je serois la plus aise du monde d'avoir, outre cela, quelque chose à vous dire qui vous rendît mes lettres un peu agréables; mais il ne se passe rien du tout ici qui mérite d'être mandé, et cela est cause que j'ai souvent honte d'écrire à mes amis. J'ai lu, avec toute la complaisance possible, les deux mots obligeants que M. A. a bien voulu dire sur la lettre que vous lui avez montrée. Vous me ferez un sensible plaisir de lui témoigner dans l'occasion que j'en suis très-reconnoissante? Comme vous voulés sçavoir quelque chose de mes lectures, je crois vous devoir dire que je suis enchantée des constitutions de Port-Royal que j'ai lues depuis peu. Je trouve que toutes les religieuses n'en devroient point avoir d'autres, et je m'estimerois bien heureuse si je pouvois inspirer, dans mon ordre et surtout dans cette maison, quelque chose de ce qu'elles prescrivent. Je vous prie de ne pas faire part de cet article de ma lettre à Mme de Boisdauphin; car, comme le Port-Royal y est nommé, elle ne manqueroit pas de se déchaîner contre moi et de m'appeler Janséniste. »

« Ce 9 janvier 1674. — Quoique je n'aye aujourd'hui qu'un moment de loisir, je ne puis différer à vous témoigner la joye que j'ai que vous ayez enfin songé à moi. Je vous ai cru, à mon égard, dans un profond assoupissement. Quoi qu'il en soit, puisque vous vous êtes réveillé, je ne prétends plus vous faire de querelle, et je vous prie seulement de ne me plus remettre dans la même peine. Puisque vous voulez que je vous mande ce que je pense des plaintes que Mme P. fait de vous, je vous avouerai sincèrement qu'elles ne me surprennent pas, par la raison qu'elles sont déraisonnables, et que je ne puis plus être étonnée sur son sujet que quand je la verrai s'accommoder d'un procédé droit et juste comme le vôtre. Je ne sçay si la charité n'est point un peu blessée dans cette décision; mais comme je ne vous apprends rien de nouveau, et que je connois votre discrétion, j'espère que ma sincérité, en cette occasion, ne sera point criminelle. Il me semble que Mme la Coadjutrice n'épargne pas sa sœur plus que moi, lorsqu'elle dit qu'on trouble son repos en conservant la vie d'une de ses religieuses. J'admire comment on peut faire parade d'une telle injustice, et je voudrois bien savoir en quoi la blesse l'absence d'une personne qu'elle n'aime pas, lorsque sa conscience est à couvert par l'attestation de plusieurs médecins de probité, si elle ne veut pas laisser croire à tout le monde que c'est par malignité qu'elle souhaite son retour, et qu'en procurant la demeure de Mlle de M. à Saint-Menou, on ne fait autre chose que la priver du plaisir qu'elle prendroit à maltraiter cette pauvre fille. Je suis naturellement si chocquée de l'injustice que je m'emporterois davantage sur cette matière, si je ne craignois de vous trop scandaliser et si on ne me tourmentoit pour envoyer cette lettre. J'attends avec impatience vos réflexions sur les livres dont vous me parlez, et je vous conjure, Monsieur, de vouloir faire tenir les lettres que je vous adresse pour Mme de Montmartre et Mme de Sablé. »

« Ce 18 août 1674. — Il étoit temps, Monsieur, que vous songeassiez à me rassurer. Votre long silence me persuadoit presque que vous ne pensiez plus à moi, et je vous assure que ce soupçon me donnoit beaucoup de chagrin et d'inquiétude; vous jugez bien que je n'aurois pas manqué de m'en plaindre, et que je ne souffrirois pas patiemment la perte d'une chose aussi précieuse à mon gré que l'est votre amitié. Je vous prie de me la vouloir conserver, et, quand vos affaires vous le permettront, de me donner quelques signes de vie, car sans cela je m'imaginerai toujours que vous m'oubliez. Dans le délaissement où je suis, ma principale consolation sont les livres que vous m'avez choisis. J'emploie tout le temps que j'ai à les lire et je vous dirai, en confiance, qu'insensiblement je m'en suis fait un fonds qui me fournit sans peine toutes les exhortations que je suis souvent obligée de faire. Je suis si honteuse de parler sur ce sujet que je serois au désespoir si d'autres que vous voioient ce que je vous en mande. Je vous prie donc que personne ne voie cette lettre. Je ne puis la finir sans vous conjurer de ne pas souffrir que Mme de Montmartre m'oublie, et de lui dire souvent comme vous sçavez que je suis pour elle. »

« Ce 3 janvier 1677. — J'ai reçu, Monsieur, la lettre dont vous me parlez dans votre dernière; mais ce fut dans un temps où j'avois tant d'embarras qu'il me fut impossible d'y répondre. Cependant j'eus beaucoup de joie de voir que vous vouliez bien encore me faire part de vos sentiments, et que vous aviez assez bonne opinion de moi pour vouloir sçavoir les miens sur des matières aussi solides que le sont celles que vous me proposez. Il est certain qu'en effet il n'y a point de personne raisonnable qui puisse hésiter à s'humilier devant Dieu, et qui, connoissant toutes les misères de la condition humaine, ne se trouve infiniment éloignée de cet être parfait et éternel de qui toutes choses dépendent. Voilà un sentiment qui est, je crois, commun à tout le monde, et qui, à force d'être raisonnable, ne peut être d'aucun mérite et ne satisfait pas, à mon avis, à l'humilité que nous devons avoir devant Dieu. Cette première humilité naît de la seule lumière naturelle et se trouve aussi bien dans les païens que dans les fidelles. Mais l'humilité qui, je crois, est la seule méritoire, suppose une grâce qui, nous fesant connoître l'horreur du péché et surtout des péchés que nous avons commis, et nous approchant assez de Dieu pour nous donner quelque idée de sa pureté et de sa souveraine perfection, nous abîme en sa présence et nous persuade avec raison que nous nous sommes mis, par notre faute, au-dessous des bêtes, des créatures insensibles et du néant même. Il est assez aisé d'avoir ces pensées dans la superficie de l'esprit, et il n'y a guère de gens qui ne soient assez instruits pour tenir le langage qu'il faut sur ce sujet.

Mais je suis persuadée qu'il y en a peu qui en soient pénétrés au fond du cœur, et que, quand on en est là, on a déjà fait bien du chemin dans la vertu. Voilà, Monsieur, tout ce qui m'est venu dans l'esprit sur cette question. J'ai tant de confiance en vous que je m'assure que vous ne montrerez à personne ce que je vous mande, et même que vous serez assez bon pour ne vous en pas moquer en votre particulier, jusqu'à ce que vous me détrompiez là-dessus, ce qui, je crois, n'arrivera jamais. Je traiterai toujours avec la même liberté tous les chapitres sur lesquels vous voudrez bien sçavoir mon sentiment. »

« Ce 27 avril 1677. — Je vois bien, Monsieur, que vous m'avez punie de mon silence, puisque vous ne m'avez point envoyé le passage que vous m'aviez promis pour le commencement du caresme. Cependant, je ne méritois point cet abandon, car ç'a été malgré moi et par des occupations indispensables de ma charge que j'ai été privée du plaisir de vous écrire. Depuis les Roys jusqu'à la semaine de la Passion, j'ai eu huit filles à assister à la mort, et à cette occupation a succédé celle du Jubilé, de sorte que j'ai été contrainte de suspendre presque tous les commerces que j'ai avec mes amis. Je vous mande tout ce détail afin qu'en la réponse que je vous envoie pour M. Du Bois, vous lui fassiez bien comprendre ce qui est cause qu'il la reçoit si tard. Comme je l'estime beaucoup et que je serai ravie d'avoir quelquefois de ses lettres, j'ai grand intérêt qu'il ne me soupçonne d'aucune négligence à son égard. J'ai esté extrêmement satisfaite du passage de sainte Thérèse et encore plus de celui de saint Bernard que vous avez donné à Mme de Boisdauphin. Je vous prie, Monsieur, de recommencer à prendre soin de moi et de croire que tout ce qui me vient de votre part m'est toujours extrêmement agréable. »

« Ce 18 juillet 1677. — Je crois que vous avez appris à Montmartre les occupations que j'ai eues depuis quelque temps, et qu'ainsi vous ne m'aurez pas su mauvais gré d'avoir tant différé à vous faire response. J'ai eu la visite de M. du Maine, et notre chapitre général qui m'a fourni de grandes et de longues affaires dont je commence à peine à sortir. Je vous suis la plus obligée du passage que vous m'avez envoyé. Je suis persuadée que non-seulement on ne peut espérer le repos de l'autre vie que par les travaux qui sont attachés à la vie chrétienne, mais même que ce que l'on prétend être un repos selon le monde, est accompagné de peines et d'amertumes qui tourmentent bien plus réellement que les exercices de piété qui font le plus de peur. Votre passage explique cette vérité plus éloquemment que tout ce que j'ai jamais lu sur ce sujet. J'espère ne le jamais oublier et je voudrois bien en tirer quelque profit. Je vous supplie de vous souvenir que vous me devez un semblable passage tous les mois. Je serai plus exacte à vous faire réponse, parce que je vas être un peu moins chargée d'affaires. J'avois demandé à M. d'Angers la lettre qu'il a reçue du pape; mais comme il ne me l'a point envoiée, je vous supplie d'essayer à m'en trouver une copie. J'ai vu celle de M. Arnauld, dont je suis fort satisfaite. »

« Ce 6 novembre 1677. — Il est vrai, Monsieur, que je suis sujette à de grands embarras qui retardent souvent mes réponses ; mais rien ne m'occupe assez pour empêcher le plaisir que me donnent vos lettres. Cependant, comme de votre côté vous n'avez guère de loisir, je vois bien qu'il seroit injuste d'attendre de vous un commerce fort réglé. Je vous prie au moins de ne me pas oublier entièrement, et quand vous pourrés m'écrire, de continuer à me faire part de vos lectures. Je ne suis pas étonnée que le dernier passage ait esté du goût de Mme de Sablé : il est fort plein de bon sens et d'un usage universel pour les actions de la vie. Je vous envoie une lettre pour Mme de Montmartre que vous lui donnerés, s'il vous plaist, à condition qu'elle ne songera point à y faire réponse. Il faut bien qu'elle se garde d'écrire tant que son mal d'yeux continuera. Les vapeurs de M. l'abbé Testu sont depuis peu fort augmentées. Si vous le voyez, ayez, Monsieur, la bonté de m'apprendre de ses nouvelles un peu en détail. Lui ni ses gens ne m'en instruisent bien à mon gré, et je vous avoue que j'en ai une horrible inquiétude. Je crois que votre conversation lui seroit d'un grand secours. Je vous conjure de le voir le plus que vous pourrez. »

« 30 sept. 1681.— Quand on meurt à l'âge de cinq ans, on est bien heureux en toutes manières, car on ne sent ni les peines de cette vie ni celles de l'autre. Mlle de Tours (fille naturelle de Louis XIV et de Mme de Montespan) a été prise dans ce temps-là, et si c'eût été dans un autre on seroit bien en doute sur son état. M. Brayer (célèbre médecin) disoit à l'Abbaye-aux-Bois, à la mort de la petite de Dreux, que c'étoit un bonheur, et qu'une princesse qui mouroit hors de l'enfance étoit une chose bien rare en paradis. »

Valant. — « Ce 12 janvier 1683. — Comme je sçais, Madame, l'amitié que vous avez pour le pauvre petit prince (le comte de Vexin, fils de Louis XIV et de Mme de Montespan) qui vient de mourir, je ne puis douter de la douleur que vous en sentez, et comme je me trouve plus sensible pour tout ce qui vous touche, soit en bien, soit en mal, que je ne l'ai jamais été, je vous avoue que je suis aussi plus affligé que je ne le devrois être en cette occasion, où il y a tant de sujet de se consoler d'une mort qui est une véritable vie en la considérant dans toutes ses circonstances. On m'a dit qu'il avoit parlé comme un ange et qu'il avoit donné de l'admiration à tous ceux qui l'ont assisté et qui l'ont approché. Je crois qu'on n'auroit pas manqué à vous mander tout ce qu'il a dit, et si j'osois, Madame, je vous supplierois de nous en faire part, lorsque votre affliction vous le pourra permettre... »

Le même. — « 19 avril 1683. — Il est bien juste, Madame, de vous témoigner les sentiments de reconnoissance que nous devons avoir du soin que vous avez eu de nous envoyer la relation que l'on a faite sur la maladie et sur la mort de M. le comte de Vexin. Elle est fort bien faite, et les sentiments de ce jeune prince fort beaux et fort bien représentés. C'eût été un prodige d'esprit et de grandeur, si Dieu l'eût laissé en ce monde un peu longtemps. On m'a dit aujourd'huy que madame votre sœur de Montespan part mercredi prochain pour les eaux de Bourbon et que vous pourrez l'aller trouver là. Je souhaite de tout mon cœur que ces eaux qui ont accoutumé de si bien faire à tant de personnes, vous en fassent le centuple à l'une et à l'autre. On parle fort ici présentement d'un livre que M. de La Trappe a fait, et qui a pour titre de la *Sainteté et des Devoirs de la vie monastique*. On le loue de ce qu'il a écrit les choses qu'il pratique et qu'il fait pratiquer chez lui, et de ce qu'il n'a fait qu'un portrait fort naturel de ce qui se passe dans sa maison. Il y a pourtant des gens qui trouvent qu'il pousse les choses un peu trop loin dans certains endroits et disent qu'il met par là les gens au désespoir. Il ne veut pas que les religieux qui se trouvent mal en parlent jamais si on ne leur demande. Quand vous l'aurez lû, Madame, vous nous en dirés, s'il vous plaît, votre sentiment. Dieu vous a donné un esprit de discernement à qui rien n'échappe..... »

II.

Voici maintenant des lettres toutes différentes, que nous trouvons dans un autre fonds de la bibliothèque impériale, le fonds Gagnières, dans la partie qui a pour titre : *Lettres originales*, sept volumes. Le volume septième contient neuf lettres de l'abbesse de Fontevrault à un personnage que nous ne savions pas lié avec elle, Segrais. Ces neuf lettres inédites, de 1681 à 1699, nous apprennent que Segrais demeurait, lorsqu'il était à Paris, chez Mme de Lafayette, près du Luxembourg, que Mme de Lafayette et l'aimable abbesse étaient fort amies, qu'elles s'écrivaient, et quel cas Mme de Fontevrault faisait du caractère de l'auteur de *la Princesse de Clèves*. Qu'est devenue la correspondance de cette dernière avec la sœur de Mme de Montespan?

« A monsieur monsieur de Segrais. A Fontevrault, le 4e de juillet 1681. — J'ai, en vérité, Monsieur, une joye sensible de recevoir de vos nouvelles. J'avois appris en partant que vous deviez arriver bientôt à Paris, et je m'étois déjà plainte d'y avoir demeuré deux ans presque inutilement pour vous et d'en sortir précisément dans le temps que vous y reveniez. Je ne pouvois plus rien désirer là-dessus que de vous voir faire des réflexions pareilles aux miennes, et c'est ce que j'ai sujet de juger par votre lettre. Je suis fort fâchée que votre séjour dans Paris doive finir si tôt; il me semble que, sans y être, je ne laisserai pas de vous perdre quand vous en sortirez, puisqu'il n'y a que de ce lieu-là que vous me donnez des marques de votre souvenir. Cependant, Monsieur, j'en mériterois toujours par l'estime, le goût et l'amitié très-sincère que je conserve et que j'aurai pour vous toute ma vie; c'est sur quoi vous devez compter très-assurément et dont je voudrois bien que vous puissiez faire quelque usage. Vous me faites un grand plaisir de me répondre que Mme de Lafayette a de l'amitié pour moi. J'ai trouvé en elle toutes les bonnes et grandes qualités que vous m'aviez dites; et dans tout le temps que j'ai pu la voir, j'ai joui de sa conversation comme d'une des choses du monde la plus délicieuse. Présentement que je suis éloignée, ses lettres tiennent le même rang entre les seules joies qui me restent et qui sont en petit nombre. J'en attends avec impatience sur la mort de Mme de Fontange. Je m'assure que Mme de Lafayette sçaura des particularités que les autres gens ne m'apprendront pas, et que les réflexions qu'elle aura faites sur cet événement seront aussi meilleures que tout ce qui pourroit me venir d'ailleurs. Aiez la bonté de lui faire mes compliments, et apprenez-moi encore de vos nouvelles avant que de vous renfoncer dans votre province. »

« A monsieur monsieur de Segrais, chez Mme de Lafayette, au-dessus du Calvaire de Luxembourg, près l'hôtel d'Elbœuf. Fontevrault, le 14e de mai 1684. — Je suis très-aise, Monsieur, toutes les fois que je vous sais à Paris, parce que je crois que vous y êtes agréablement et que je vous trouve rapproché; mais c'est un séjour de si peu de durée qu'on n'a presque pas le loisir d'y faire attention. Je suis bien touchée que vous ayez celle de m'écrire dans un temps qui vous doit être si précieux. Rien ne me prouve mieux qu'en effet j'ai toujours quelque part à votre amitié à laquelle je vous assure, Monsieur, que je suis très-sensible. Vous pouvez juger combien je le[1] suis aussi à une séparation aussi désespérée que la nôtre, et combien je trouve mauvais qu'étant destinés l'un et l'autre à vivre si loin du monde, nous ne nous soyons trouvés tous deux dans la même province. J'eus un très-grand plaisir dans votre dernière lettre que vous songiez, Mme votre femme et vous, à me venir voir, et qu'il n'étoit pas impossible que cela n'arrivât quelque jour. Je vous laisse à penser comme je vous recevrois. Mais je crois, après tout, qu'il seroit ridicule de se flatter de cette espérance. Je ne suis pas surprise de ce que vous me dites des sentiments de Mme de Lafayette à mon égard; elle m'en donne des preuves dont je ne puis douter; et c'est encore une des personnes du monde qui me fait le plus regretter mon exil; je tremble

1. Remarquez ce *le*, que ni Mme de La Fayette ni surtout Mme de Sévigné n'eussent mis.

pour M. son fils, car je connois son extrême sensibilité sur ce sujet, et d'ailleurs la foiblesse de sa santé, qui ne pourroit plus résister à une violente affliction. Je vous remercie des nouvelles que vous m'avez mandées. Vous n'êtes pas tombé dans le défaut de presque tous les gens qui écrivent qui, supposant qu'on est instruit de tout, laissent les pauvres absents dans une ignorance entière. Vous avez peut-être tâté de ce procédé, c'est ce qui vous empêche de l'imiter. Pour la critique de Despréaux, je l'avois apprise d'abord sans m'en émouvoir, parce que c'est une chose inévitable et dont par conséquent on ne doit estre ni fâché ni surpris. Je savois aussi que M. l'abbé Testu l'avoit condamnée, et que tous les honnêtes gens avoient suivi son exemple. Si on ne vouloit être content de soi que lorsqu'on seroit approuvé de ces deux messieurs [1], il faudroit renoncer à ce bonheur, et il me semble qu'il n'y a rien qui condamne à une si dure soumission. Je vous demande, Monsieur, la continuation de votre amitié et vous prie d'estre toujours très-assuré de la mienne. Ma sœur de L'Hospital vous fait mille mille compliments. Je ferai faire les vôtres à Mme de Belin, qui est à une lieue d'icy pour prendre l'air, dont elle se porte mieux, grâces à Dieu. »

« Pour monsieur monsieur de Segrais, à Paris. Fontevrault, le 27e d'avril 1686. — J'attends toujours votre voyage de Paris avec une grande impatience, et je trouve, Monsieur, que j'en suis bien payée par les lettres que je reçois exactement de vous en ce temps-là. Je veux du mal à Mme votre femme d'être cause que ces voyages sont si rares et de si peu de durée, mais d'ailleurs j'ai une grande joye qu'il n'y ait que sur ce seul chapitre que vous ne soiez pas tout à fait d'accord, la plupart des maris achèteraient bien cher une pareille contradiction. Il me paroît toujours, par tout ce que vous me mandez, que votre vie est douce et tranquille, et quoique la fortune n'ait pas paru vous être fort favorable, vous devez vous trouver heureux, puisque vous êtes en repos. Il faut plutôt en juger par là, ce me semble, que par l'opinion du monde, qui attache le bonheur à des places où l'on ne peut trouver ni repos ni plaisir, sans quoi pourtant je ne vois pas que l'on puisse être heureux. Je suis assez dans ce cas-là. Il est vrai, comme on vous l'a dit, Monsieur, que je n'ai point voulu en sortir; ce n'est pas, comme vous voyez, que je manque d'en connoître les inconvénients, mais c'est que j'en trouverois encore de plus grands à changer de poste. Après avoir passé tant d'années dans celui-ci, j'en tire le meilleur parti possible : je m'accommode mieux que beaucoup d'autres de la solitude; je me divertis à lire, à bâtir, à jardiner, et mes affaires m'occupent trop pour me laisser remplir tous ces goûts jusqu'à la satiété, ce que je crois même qui ne m'arriveroit

1. Probablement Racine et Boileau, qui tenaient alors dans les salons le sceptre de la critique, et avaient pu se licencier sur le compte de quelque ouvrage de Segrais.

pas quand je m'en occuperois toujours. Dans ces affaires, qui à la vérité sont fort importunes, on se soutient du mieux que l'on peut par des vues solides, et parce qu'en effet il est honnête de n'être pas tout à fait inutile dans le monde. Le commerce de mes amis est ma consolation la plus sensible, et vous jugez bien, Monsieur, à quel rang je mets celui de Mme de La Fayette. On trouve en elle tous les esprits avec une attention, une exactitude et une sûreté qui n'est assurément pas ordinaire. Vous connoissez tout ce mérite-là, Monsieur, pour le moins autant que moi, et vous n'en êtes pas moins touché. Vous avez de plus le plaisir de la voir tous les ans, et c'est ce que je vous envie. Vous voilà instruit de ma situation presque autant que je le [1] suis moi-même. Puisque nous ne nous voyons pas, nous nous devons de temps en temps ce compte-là l'un à l'autre. Vous voyez par là que je fais toujours le même fond sur votre amitié, et que celle que je vous ai promise il y a longtemps ne diminue point par l'absence. Je suis persuadée qu'elle durera autant que ma vie, et je vous conjure de n'en jamais douter. Mme de Belin et ma sœur de L'Hospital sont ravies que vous ne les oubliez pas; elles vous font mille compliments. »

« A monsieur monsieur de Segrais, à Caen Normandie. Fontevrault, ce 22e de mai 1686. — Je fais mes compliments à Mme de La Fayette sur votre départ de Paris, et je crois, Monsieur, qu'il faut vous en faire aussi de l'avoir quittée. C'est apparemment la seule chose que vous ayez regrettée véritablement. Le reste du monde est un spectacle que vous venez voir de temps en temps pour n'en pas perdre tout à fait l'idée, et peut-être aussi pour en tirer quelque instruction. Je suis bien fâchée que Mme de Montespan n'ait passé devant vos yeux que de cette sorte, et que vous n'ayez point vu du tout Mme de Thianges. Je ne manquerai pas de faire savoir à la première ce que vous m'avez mandé de la beauté des deux petits princes et de la sienne; je suis certaine que cela lui fera un très-grand plaisir. En vérité, je ne me console point de ce qu'étant, vous et moi, destinés à passer notre vie en province, celles que nous habitons sont si éloignées l'une de l'autre. C'est un vrai malheur pour moi, et je compte si fort sur votre amitié que je crois que c'en est aussi un pour vous. Cependant c'est moi qui suis le plus à plaindre, car je n'ai rien dans tout mon voisinage qui m'accommode tant soit peu; et dans le vôtre vous trouvez d'anciens amis et beaucoup de gens capables de société. Je ne vous plains pas cette consolation, au contraire je suis ravie que vous l'aïés, mais j'avoue que je voudrois fort en avoir une pareille. Je me fais quelquefois pitié là-dessus, et je vois que je dois en parler et y penser le moins possible. Les personnes d'ici dont vous vous souvenez apprennent toujours de vos nouvelles avec bien de la joie, et me chargent, Monsieur, de vous faire mille compliments

1. (*Sic.*)

de leur part. La santé de Mme de Belin est presque toujours en mauvais état, et celle de ma sœur de L'Hospital est aussi très-fragile. Je vous en souhaite, Monsieur, une parfaite, c'est le fondement de tout le bonheur qu'on peut espérer en cette vie. Je vous supplie de croire que je ne changerai jamais pour vous et que je serois très-affligée si je soupçonnois jamais la moindre diminution dans l'amitié que vous me témoignez depuis si longtemps. Je fais, s'il vous plaît, mes compliments à Mme votre femme. L'ABBESSE DE FONTEVRAULT. »

Au même.—« Fontevrault, le 8e de juillet 1686.— Je vois par tout ce que vous prenez la peine de me mander, Monsieur, que vous avez pénétré tout ce qui peut augmenter la douleur de ma famille et la mienne particulière dans la perte que vient de faire mon neveu de Thianges. Je suis aussi très-persuadée que vous y êtes sensible, et cette assurance me donne beaucoup de consolation. C'est un grand secours de penser que nos amis prennent part à ce que nous souffrons, mais c'en seroit une encore plus grande de les pouvoir entretenir dans ces tristes occasions. Je vous assure, Monsieur, que je vois toujours avec une extrême douleur la séparation où nous sommes, apparemment pour notre vie. Si vous pouviez vous résoudre au moins à la visite que vous avez quelquefois la bonté de projeter, vous adouciriez un peu cette peine. Je vous supplie de gagner Mme votre femme là-dessus et de lui faire bien des compliments et des amitiés de ma part. Je n'envisage point du tout que je puisse aller à Paris, et il est bien certain que je n'irai jamais sans une vraie nécessité, qui est une chose assez rare. J'envoirai cette lettre par la voie que vous me marquez, et je serai fort aise de recevoir un peu plus souvent des vôtres. Surtout, Monsieur, continuez-moi l'amitié que vous m'avez promise, je vous assure que celle que j'ai pour vous et sur laquelle je me flatte que vous comptez, durera autant que ma vie. L'ABBESSE DE FONTEVRAULT. »

Au même.— « Fontevrault, ce 7e de janvier 1687.— Quand je reçus votre lettre, Monsieur, je n'étois pas encore tout à fait quitte des allarmes que j'ai eues sur la petite vérole de Mme la duchesse (peut-être la duchesse de Mortemart, sa mère), et vous savés qu'on a encore eu depuis d'autres sujets de chagrin. Tout cela a été cause, Monsieur, que j'ai différé à vous répondre. Je voulois avoir l'esprit libre pour cela, et, grâces à Dieu, les nouvelles sont meilleures depuis quelques jours, ce qui m'a fait espérer que cette année se passera plus gaiement que n'a fait la dernière. C'est déjà une chose bien agréable pour moi de connoître que j'ai toujours quelque part dans votre souvenir et dans votre amitié. Vous pouvez compter sur la même chose de ma part, et je vous assure que je ne me console point de l'impossibilité où je me trouve par ma situation d'espérer seulement le plaisir de vous voir; car quoique à la rigueur il fût en votre pouvoir de me rendre quelques visites et que vous ayez même la bonté d'en former quelquefois le projet, il n'y a cependant nulle apparence que cela arrive jamais. Il me paroît, par les choses que vous me mandez, que vous menez une vie fort agréable, et que vous avez le bon esprit de profiter des sujets de divertissement qui se présentent où vous êtes. Je suis ravie que M. de Saint-Martin dure encore et qu'il ait même eu la bonté d'empirer. Je me souviens de la calotte fourrée sur quoi il fit un procès, de sa royauté du mont Saint-Michel, et de tous les autres récits que vous m'avez faits de lui, mais je trouve tout cela au-dessous de la conduite qu'il a présentement; je vous suis fort obligée de m'en avoir instruite, et je vous supplie de continuer à le faire. Je prierai Mme de La Fayette de me faire part de sa relation[1]. Je suis toujours contente d'elle au dernier point; elle m'écrit plus exactement que personne, et avec une attention d'autant plus agréable qu'on ne doit presque pas se la promettre dans un éloignement où on n'envisage point de fin. Comme vous avez souhaité de tout temps de nous voir amies, je crois vous devoir rendre un compte exact du bon succès qu'ont eu vos désirs à cet égard. J'ai vu la fin de votre opéra, où j'ai trouvé beaucoup d'invention et le même agrément que dans le reste de la pièce, qui est beaucoup dire, comme vous savez. Je m'imagine que vous avez fait quelque autre entreprise nouvelle. Quand on a le goût et le talent que vous avez, on ne demeure point oisif, et on auroit grand tort de l'être. Il me semble, Monsieur, que vous me devriez un peu mieux informer là-dessus que vous ne le faites. Quand vos ouvrages devroient être cachés, vous ne doutés pas, je crois, de ma discrétion, et vous savez d'ailleurs que j'ai tant de goût pour ce qui vient de vous, que je mérite tout au moins par là d'en avoir connoissance. Je verrai si vous profitez de cet avis, et si cela arrive, je vous en serai très-obligée. Je fais, Monsieur, avec votre permission, mille compliments à madame votre épouse. L'ABBESSE DE FONTEVRAULT. »

Au même. — « Fontevrault, ce 13e de février 1689. — J'avois espéré, Monsieur, que vous me donneriez quelque marque de souvenir au commencement de cette année; mais je vois bien qu'il faut que ce soit moi qui vous réveille. Je n'ai pourtant garde de croire que vous m'ayez oubliée; j'en serois trop affligée, et il me semble aussi que nous ne devons jamais former de soupçon l'un de l'autre. Mais je ne puis m'empêcher de sentir de temps en temps que notre commerce est trop rare et de vous en savoir un peu mauvais gré; je vous demande donc de vos nouvelles, Monsieur, et je vous apprends que les miennes sont bonnes, grâces à Dieu. En disant que je me porte bien, je dis toutes mes nouvelles, car ma vie est si unie, qu'il suffit d'en avoir été instruit une fois pour la connoître toujours. Vous me

1. Quelle relation? est-ce l'*Histoire de Mme Henriette* ou les *Mémoires de la cour de France?* ou bien serait-ce la relation des particularités de la mort de Mlle de Fontanges que Mme de Fontevrault avait souhaitée, comme on le voit dans la première de ces lettres?

direz peut-être la même chose de votre fortune, et si vous en êtes content, il ne faut pas regarder comme un malheur qu'elle demeure toujours au même état. Je crois, Monsieur, que Mme de La Fayette vous aura témoigné l'envie que j'ai de revoir votre petit opéra, que le *Roland*, qui se publie, fait admirer à l'heure qu'il est de nouveau à ceux à qui vous l'aviez fait voir. Si vous voulez bien m'en confier une copie, Mme de La Fayette me la pourra faire tenir très-sûrement, et je vous promets d'être fidèle jusqu'au scrupule à n'en faire que l'usage que vous me voudrez prescrire. Vous pouvez certainement compter là-dessus. Je vous supplie de faire mes compliments à madame votre femme et d'être persuadé qu'il ne se peut rien ajouter à l'éstime et à l'amitié sincère que j'aurai pour vous toute ma vie. »

Au même.— « Fontevrault, ce 10e de juin 1689.—Je reçus votre lettre, Monsieur, dans le temps d'une mission qui nous occupoit ici depuis le matin jusqu'au soir et qui ne me permit pas de vous répondre sur l'heure, comme je l'aurois bien désiré. Je vous supplie de croire que je suis extrêmement touchée des marques de souvenir que vous me donnez toujours en arrivant à Paris. Vous y demeurez si peu et vous y trouvez tant de choses qui seroient capables de vous distraire, que cette attention que vous avez à moi est d'un double mérite. Je vous assure aussi, Monsieur, que je suis bien éloignée de vous oublier, et que mon goût et mon amitié pour vous sont toujours au même point que lorsque j'avois le plaisir de vous voir. Je voudrois bien que les projets que vous faites pour me le redonner encore puissent avoir quelque effet. Je suis infiniment obligée à madame votre femme d'avoir la bonté d'y entrer par toutes sortes de raisons. Je lui souhaitois déjà une santé parfaite, mais vous jugez bien que je vais m'y intéresser plus que jamais. Je renvoye le petit opéra à Mme de La Fayette après en avoir tiré une copie, suivant votre permission. Je vous supplie de ne pas craindre que j'en fasse jamais un mauvais usage. J'observerai au pied de la lettre ce que vous m'avez prescrit là-dessus, et pour rien du monde je n'y voudrois manquer. J'ai été plus charmée encore que la première fois de ce petit ouvrage, et je trouve, aussi bien que Mme de La Fayette, que celui de Quinaut lui a donné un nouveau lustre. J'avoue que j'aurois de la joie qu'il devînt public. Je ne puis vous exprimer à quel point je continue d'être contente de Mme de La Fayette; c'est une personne capable de remplir tous les goûts, et qui écrit avec tant d'exactitude et d'agrément, que l'absence n'empêche pas qu'on ne jouisse de son commerce. Je crois que vous vous en apercevez comme moi [1]. Je vous suis fort obligée du soin que vous avez pris de me mander les nouvelles. Mme de Belin et ma sœur de Lhospital vous font, Monsieur, mille compliments. »

1. Il faut conclure de là qu'il y a quelque part une assez ample correspondance de Mme de La Fayette avec Mme de Fontevrault et avec Segrais, qui serait fort précieuse à l'histoire littéraire.

Au même. — « Fontevrault, 31 janvier 1699. — Il faut toujours que ce soit moi qui rompe le silence; cela me fait craindre, Monsieur, de n'avoir plus guère de part en votre souvenir. Je ne veux pas laisser passer ce premier mois de l'année sans vous la souhaiter heureuse et sans vous assurer que mes sentiments pour vous sont toujours les mêmes. Je vous demande de vos nouvelles et de celles de madame votre femme, à qui je fais, s'il vous plaît, mille compliments. Je compte que votre vie, à l'un et à l'autre, continue d'être aussi douce et aussi heureuse qu'elle l'est depuis plusieurs années, et je désire de tout mon cœur qu'elle se soutienne encore longtemps de la même sorte. La mienne est toujours mêlée des agitations que ma charge ne peut manquer de produire, mais elle a aussi ses douceurs. Il me paroît que toutes les personnes avec qui j'ai à vivre ont de l'amitié pour moi. J'ai la compagnie de ma sœur au moins la moitié de l'année, et cela en attire encore d'autres qui peuplent assez ce désert pour lui ôter la tristesse que pourroit causer une solitude trop grande et trop continuelle. Ma sœur a amené ce voyage-cy votre confrère, l'abbé Genest, qui a, comme vous savez, un excellent esprit, et qui est d'un commerce très-doux et très-agréable. C'est une compagnie dont je m'accommode fort et que j'ai de temps en temps, c'est-à-dire tous les deux ou trois ans, et quelquefois moins. Je ne vous parle point des autres gens qui nous rendent visite, parce que je ne crois pas qu'ils soient de votre connoissance. Mme de Thianges, que vous avez vue sous le nom de Mlle de Bréval, est ici avec son mari, mais ce sera pour peu de jours. Ils reviennent des terres de Bretagne que mon neveu a héritées de sa première femme. Vous voyez, Monsieur, que quand je me mets à vous entretenir, je vous rends compte de tout ce qui me regarde; c'est une marque que je me flatte toujours de ne vous être pas indifférente; je serois bien fâchée de me tromper là-dessus, et vous me feriez une grande injustice. Est-il possible que vos *Géorgiques* ne soient pas encore imprimées, ou qu'elles le soient sans que vous ayez eu la bonté de m'en faire part? Je vous supplie de me mander ce qui en est, et, supposé que vous m'eussiez oubliée dans la distribution des exemplaires, de vouloir bien réparer cette faute le plus tôt qu'il sera possible. M.M. GABRIELLE DE ROCHECHOUART, abbesse de Fontevrault. »

III

Dans ce même septième volume des *Lettres originales*, se rencontrent encore dix-sept lettres de Mme de Fontevrault à Gaignières lui-même. L'amateur passionné de toutes les curiosités, tableaux, gravures, manuscrits, correspondances inédites de toute sorte, connaissait la docte abbesse, et lui servait d'intermédiaire auprès de leurs communs amis, les Noailles. Il lui rendait aussi de petits services pour lesquels elle lui témoigne la plus affectueuse reconnaissance. De loin en loin, quelques détails qui ne sont pas sans intérêt.

« A monsieur monsieur de Gagnières [1]. Fontevrault, 10 février 1700.—J'apprends, Monsieur, par le père Roucellet (*sic*) et par M. de Laroque que vous avez la bonté de vous intéresser vivement à notre affaire de Fontaines (maison de l'ordre), et que vous prenez la peine de la solliciter. Je sais depuis longtemps comme vous êtes pour vos amis, et je me flatte d'être de ce nombre. Cependant, je ne laisse pas d'être surprise d'une générosité si peu ordinaire. Croyez s'il vous plaît, Monsieur, que j'en suis touchée sensiblement et que je ne l'oublierai de ma vie. Ma sœur (Mme de Montespan) ne manque pas d'y prendre part et vous fait beaucoup de compliments. Vous ne devez pas nous tenir compte de l'estime que nous avons pour vous, puisque c'est une justice que vous recevez de toutes les personnes qui vous connoissent, mais nous joignons à cette estime une si sincère amitié qu'elle nous doit mériter quelque part en la vôtre, dont nous nous flattons aussi, et moi particulièrement, qui en reçois présentement une marque si essentielle. Je vous en demande la continuation, et vous assure, Monsieur, que je serai toute ma vie véritablement votre très-humble servante. M. M. Gabrielle de Rochechouart, abbesse de Fontevrault. »

« Fontevrault, le 27 février 1700.—Je croyois déjà bien, Monsieur, que vous entriez véritablement dans mes intérêts, mais vous me le prouvez nouvellement par la manière exacte avec laquelle vous prenez la peine de m'écrire touchant l'affaire en question. Il n'y a que les vrais amis qui soient attentifs à ces détails et qui prennent le soin d'en informer; les autres se contentent d'une sollicitation superficielle, et encore croient-ils beaucoup faire. Soyez, s'il vous plaît, Monsieur, persuadé que je connois et que je sens toutes les obligations que je vous ai, et qu'on ne peut être plus véritablement que je le suis votre très-humble servante. Ma sœur est fort aise des sentiments que vous témoignez pour elle; elle vous en demande la continuation, et vous assure, Monsieur, de l'estime et de la considération très-particulière qu'elle a pour vous. M. M. Gabrielle de Rochechouart, abbesse de Fontevrault. »

« Fontevrault, le 3 mars 1700.— En vérité, Monsieur, il n'y a rien de pareil à la manière dont vous soutenez les intérêts de vos amis. Je viens d'en faire une épreuve dont j'aurai toute ma vie le cœur pénétré. Je ne puis aujourd'hui vous dire que ce seul mot, à cause de toutes les lettres dont vous voyez bien que me voilà nouvellement chargée. C'est présentement un travail doux et léger en comparai-

1. C'est ainsi qu'on le nomme partout, et même dans le *Livre commode*, qui est une sorte de livre d'adresses.

son de celui qui l'a précédé, que la crainte et l'incertitude rendoient très-pesant. Je ne puis vous représenter la joie qui s'est répandue ici tant au dedans qu'au dehors. Je voudrois de tout mon cœur que vous en fussiez témoin; j'aurois l'honneur de vous voir, qui est une chose aussi agréable pour le moins que le gain d'un procès. Ma sœur vous fait mille compliments, Monsieur, et prend beaucoup de part à toutes les obligations que je vous ai. »

« A Bourbon, 25 mars 1700. — Je suis très-persuadée, Monsieur, que vous avés la bonté de vous intéresser à ma santé; mais je n'ai nul sujet de me flatter qu'elle soit aussi nécessaire que votre politesse, et peut-être votre amitié, vous le fait dire. Jusqu'ici je me trouve très-bien des eaux, et mieux que l'année passée. Ma sœur s'en trouvoit bien aussi, mais depuis hier elle a des maux de tête accompagnés de vapeurs qui la dérangent un peu et qui me donnent bien de l'inquiétude, quoique cette incommodité soit par la grâce de Dieu de nulle conséquence. Il est vrai que les religieuses de Fontaines m'ont écrit même jusqu'à deux fois dans des termes assés soumis, mais il ne paroît pas qu'elles se repentent de leur faute ni même qu'elles la connoissent; ce grand ouvrage appartient à Dieu et il faut l'espérer de sa bonté. Cependant je fais ce qui dépend de moi, et je suivrai le conseil que l'on me donne de profiter de ma sortie pour visiter ce monastère. Monsieur l'archevêque m'a paru de cet avis (vraisemblablement l'archevêque de Paris, le cardinal de Noailles), et cela seul auroit pu me déterminer. Assurez-le, s'il vous plaît, Monsieur, de mes respects et de ma reconnoissance, et ne perdez point d'occasion de me rendre de bons offices auprès de lui. Je vous demande la même grâce auprès de M. et de Mme de Noailles, et je vous supplie surtout de ne jamais douter de l'estime sincère avec laquelle je serai toute ma vie, Monsieur, votre très-humble servante. — Je n'écris point de ma main parce que cela est absolument défendu ici, et qu'en effet la moindre application ne peut s'accommoder avec les eaux. »

« Fontevrault, le 9 février 1701. — J'ai chargé ma sœur de La Verdrie de vous souhaiter la bonne année de ma part, Monsieur, et de vous demander de vos nouvelles, auxquelles je m'intéresserai toujours très-sincèrement. Je prens part à la joie que vous avez sans doute de revoir M. le cardinal en bonne santé, et je prens la confiance, Monsieur, de vous charger d'une lettre pour lui qui regarde une affaire de cloître dont je vous ferois volontiers confidence si cela ne demandoit trop de temps. Je n'ai point perdu de vue celle dont vous me parlâtes avant mon départ, mais je n'en ai pas encore dit un seul mot, parce que j'ai presque toujours été séparée de la personne que vous sçavez, et qu'elle a été jusqu'ici dans une disposition aux vapeurs peu favorable aux discours sérieux et solides. Je prendrai mon temps le mieux qu'il me sera possible, car j'ai la chose autant à cœur que vous pouvez le désirer. Quand je chargeai dernièrement ma sœur de La Verdrie de vous mander que je n'avois encore rien à vous dire sur une affaire parce que ma sœur étoit absente, comptez bien au moins que je ne fis nullement entendre de quoi il s'agissoit et qu'il n'y a personne au monde ici qui en ait le moindre soupçon. Soyés toujours, s'il vous plaît, persuadé, Monsieur, que je suis, avec une estime et une considération très-particulière, votre très-humble servante.»

« Fontevrault, le 23 février 1701. — Je n'avois point reçu de lettres de vous depuis mon retour, Monsieur, quand je vous fis souhaiter la bonne année par ma sœur de La Verdrie. J'en avois été en peine, connoissant comme je fais votre attention pour vos amis; je suis bien aise que vous n'en ayez point manqué pour moi, mais je regrette fort ces lettres que je n'ai point reçues. Il faut qu'elles ayent été brouillées ici, car il me semble qu'il ne s'en perd point à la poste. En voici encore une que je vous supplie de donner à M. le cardinal. Je ne puis trop me louer de ses bontés pour moi, non plus que de celles de M. le maréchal de Noailles, qui a songé dans son voyage à m'écrire et à m'envoyer des Leçons de Ténèbres que je lui avois demandées à Paris. Des cœurs faits comme ceux-là sont en vérité bien rares, et on ne sçauroit trop chercher à se lier à eux de plus en plus[1]. J'ai trouvé occasion de parler là-dessus plus d'une fois. On y est entré avec les sentiments que je souhaitois en m'assurant que cela plairoit fort. Comme la chose paroît un peu éloignée à cause de l'âge, je ne crois pas qu'on se presse de la traiter, surtout tant qu'on se trouve éloigné des gens à qui la principale décision appartient. Enfin ma proposition a été reçue agréablement et a attiré des louanges et des témoignages d'estime et d'amitié pour les gens en question, tels qu'en effet on les doit avoir. Je ne perdrai point d'occasion de remettre encore la chose sur le tapis et vous me faites bien la justice de croire que si elle dépendoit de moi elle seroit conclue tout à l'heure. Je vous supplie, Monsieur, de faire tenir ma réponse à M. le maréchal de Noailles et de reprocher à Mme de Noailles, la première fois que vous la verrez, qu'elle ne m'a pas donné un signe de vie sur une lettre que je lui écrivis le mois passé et que je lui adressai à la cour. Vous joindrez, s'il vous plaît, à ces reproches des compliments que ma colère ne m'empêche pas de lui faire de bon cœur. Vous faites bien d'habiter une maison qui est à vous et qui est très-belle[2]. Si j'étois à Paris, je ne manquerois pas de vous rendre une visite dans cette nouvelle demeure. Je suis toujours sincèrement, Monsieur, votre très-humble servante. »

1. Il semble bien qu'il s'agit de quelque projet de mariage.

2. Rue de Sèvres, près des Invalides, comme nous le verrons tout à l'heure; Gaignières habitait auparavant l'hôtel de Guise, et c'est là que le *Livre commode* le fait demeurer en 1692.

« A Fontevrault, le 29 mars 1701. — Je n'ai pu écrire pendant ces jours-ci, à cause des fonctions continuelles et un peu fatigantes qu'ils m'attirent, et que Dieu m'a fait la grâce de remplir entièrement cette année sans aucune incommodité. J'ai dit, Monsieur, au père Roucellet que vous aviez pris la peine de me répondre, et il a trouvé fort bon que vous vous en soyez tenu là, puisqu'il ne vous avoit écrit que pour moi. Il a d'ailleurs reçu avec beaucoup de reconnoissance et de sensibilité les compliments que je lui ai faits de votre part, car il vous estime au dernier point, et n'oubliera jamais, non plus que moi, tous les secours que vous avés bien voulu nous donner dans le procès de Fontaines. L'affaire dont ce père vous informoit a fait tout le chemin dont le petit religieux avoit menacé. Il s'est donné la liberté d'écrire au Roy. Cela est revenu à M. l'archevêque de Tours par M. de Torcy, et je n'en ai rien appris d'ailleurs; marque que ce ministre a connu de lui-même le peu de solidité des plaintes, ou, ce qui est le plus vraisemblable, que M. le cardinal de Noailles, informé favorablement par vous, Monsieur, a eu la bonté de me rendre justice en cette occasion comme en plusieurs autres. Ce religieux continue à nous faire toute la peine qu'il peut; et, quoique blâmé hautement par ses confrères et sincèrement par plusieurs, il ne laisse pas d'être approuvé et soutenu par quelques jeunes libertins qui ne cherchent qu'à troubler. Je ne sçais ce qui en arrivera, et j'avoue que les croix qui me viennent de ces cotés-là me tentent souvent d'un découragement auquel je vois bien cependant qu'il ne faut pas s'abandonner. Je vous supplie de faire mes très-humbles remerciements et mille assurances de mes respects à M. le cardinal, et d'être persuadé que je ressens, comme je dois, tout ce que vous avez la bonté de faire pour moi. Je ne sçay pourquoi vous voulez désespérer de l'affaire que vous sçavez[1]. On en a reçu avec joie et avec goût la proposition, comme je vous le mandois dernièrement. Toutes les fois que j'en ai parlé depuis, on m'a répondu de même, et quoique cela ne paroisse ni conclu ni dans les voies de se conclure avant un certain âge, il me semble que ce n'est pas à dire que la chose soit manquée, puisque, si l'on est obligé à attendre de ce côté ici, il y a de l'autre de quoi fournir pour le temps présent à d'autres sujets plus avancés, et pour le temps à venir à celui dont nous parlons et dont l'âge se trouve apparemment convenable à quelque dernière cadette. Si c'étoit à moi de décider, je quitterois ces vues éloignées pour assurer tout à l'heure ce que je souhaite, et pour préférer une personne que je connois et qui me plaît fort, à d'autres que je n'ai point vues et qui ne la vaudront peut-être pas. Mais comme je ne suis pas maîtresse, j'aime encore mieux espérer que cette vue éloignée pourra réussir, puisqu'elle regarde la même maison, que d'en envisager d'autres qui n'y auroient point rapport. Je reçus peu de jours après vous avoir écrit, Monsieur, une réponse

1. Le projet de mariage.

très-obligeante de Mme la duchesse de Noailles; il m'est venu encore de nouvelles Leçons de Ténèbres de la part de M. le maréchal. Je suis touchée au dernier point de cette attention, et je vous envoye une lettre pour lui que je vous supplie de lui vouloir envoyer. J'y en joindrai une, si le temps me le permet, pour M. de Laroque, dont j'espère que vous aurez aussi la bonté de prendre soin. Ma sœur est depuis quelques jours à Oiron[1]; je lui fis vos compliments avant son départ, et je puis vous assurer, Monsieur, qu'elle les reçeut, comme elle fait toujours, avec beaucoup de joie et de reconnoissance. »

« Fontevrault, le 27 août 1701. — Je reçois toujours vos lettres, Monsieur, avec beaucoup de joye, et je vous prie de croire une fois pour toutes que les nouvelles publiques ne leur donneroient aucun nouveau mérite auprès de moi. Celles qui intéressent véritablement ne manquent guère de venir par quelque voie que ce soit, et toutes les autres me sont indifférentes. Je serai ravie si l'amitié que Boudot (libraire connu) m'a témoignée peut vous être bonne à quelque chose. J'espère qu'il repassera ici, comme il me l'a promis, et en cas qu'il me tienne parole, je prendrai le livre que vous me marquez comme si je le voulois pour moi, et je vous l'enverrai en vous en marquant le prix; car je connois comme vous avez le cœur fait, et je sçais que vous seriez au désespoir de m'avoir témoigné votre goût pour ce livre si je m'avisois de vous le donner, ce que je ferois pourtant avec grand plaisir si je ne songeois à ménager votre délicatesse et si je ne voulois vous servir à votre mode. Si par hasard, ce que je ne prévois pas, Boudot manquoit à repasser par ici, je lui écrirois, que je veux acheter ce livre, et je le chargerois de le faire porter aux Filles-Dieu ou de le mettre entre les mains de M. de Laroque pour me l'envoyer. Vous le recevriés aisément de ces deux endroits, et le libraire n'auroit nulle connoissance que ce livre fût pour vous. Je ne profiterai point de l'avis que vous avez la bonté de me donner touchant les portraits de Santeuil. J'aime fort les estampes, mais en tableaux seulement et non pas en portraits[2]; vous avez raison d'avouer hardiment votre goût pour les curiosités, qui font votre principale occupation; c'est une passion non-seulement innocente, mais encore louable et utile. Je vous supplie, Monsieur, de me rendre toujours de bons offices dans la maison de Noailles, pour laquelle vous connoissez mes sentiments. Je me flatte que ceux que j'ai pour vous vous sont aussi très-connus, et que vous ne douterez jamais de

1. Bourg dans le canton de Thouars, où Louis XIV avait fait construire un château pour Mme de Montespan.

2. A la bonne heure, mais c'est se condamner à avoir bien peu de portraits, si précieux pour le cœur et pour l'histoire, car rien n'est au-dessous d'un médiocre portrait original, et les bons sont extrêmement rares et d'une valeur à désespérer l'homme de goût qui n'a pas une très-grande fortune. Nous avons nos raisons pour être ici de l'avis de Gagnières.

l'estime sincère avec laquelle je serai toute ma vie, Monsieur, votre très-humble servante. Permettez-moi, s'il vous plaît, de faire mes compliments à M. de Laroque. »

« Fontevrault, 2 septembre 1701. — On me dit hier par hasard que Boudot s'en étoit retourné, qu'il étoit passé à Saumur sans emporter la bibliothèque de M. Chevreau, qu'il avoit pourtant achetée huit mille francs, mais qu'il avoit vendue aussitôt pour dix mille aux Bénédictins de Saint-Jouin [1]. Me voilà par là privée du plaisir de vous procurer le livre que vous désiriez, et j'y ai beaucoup plus de regret qu'à ceux que je m'étois promis d'acheter pour moi-même. Je ne saurois comprendre pourquoi M. Boudot, bien loin de repasser ici, comme il me l'avoit promis, n'a pas seulement daigné me faire dire un mot de tout cela, et encore une fois, Monsieur, je regrette extrêmement de ne pouvoir vous rendre le petit service dont je m'étois chargée avec un très-grand plaisir. Je vous supplie de conter cette petite aventure à M. de Laroque, et de vouloir bien lui faire mes compliments; je m'imagine qu'il va souvent vous voir dans votre belle retraite, où je regrette bien que vous n'ayez pas été établi pendant que j'étois à Paris. J'aurois été fort aise de vous y rendre visite et de voir les ornements que vous y avez mis, qui doivent être plus à l'aise dans cette grande et belle maison que dans celle où ils étoient auparavant. »

« Fontevrault, le 11 janvier 1702. — Je suis très-persuadée, Monsieur, des souhaits favorables que vous faites pour moi et de la part que vous avez la bonté de prendre à ce qui me touche. Mais je ne laisse pas d'être bien aise que vous vouliez bien me faire la grâce de m'en assurer quelquefois. Quand vous ne m'auriez pas fait l'honneur de m'écrire, je comptois bien de ne pas laisser passer ce commencement de l'année sans vous la souhaiter heureuse et vous renouveler l'assurance de tout ce que je suis pour vous, c'est-à-dire, Monsieur, de l'estime très-particulière et de la sincérité avec laquelle je serai toute ma vie votre très-humble servante.

« Ma sœur vous fait mille compliments. Oserois-je vous supplier, Monsieur, de dire à la première occasion à M. le maréchal de Noailles que j'ai commencé à entendre la musique qu'il a eu la bonté de m'envoyer, et que je la trouve d'une beauté singulière? Je voudrois bien qu'il sût encore que j'ai honte d'avoir annoncé des noix confites pour Mme la duchesse de Noailles, que j'ai appris qui n'étoient pas encore arrivées à Paris. Je les y croyois quand je mandois qu'on les allât quérir aux Filles-Dieu, parce qu'il y avoit près de quinze jours qu'on les avoit fait partir d'ici. La cause de ce long retardement vient de ce qu'elles ont été mises dans un ballot sur la rivière, qui est, comme vous savez, Monsieur, une voie très-bizarre, quel-

1. Près de Parthenay, département des Deux-Sèvres.

quefois prompte et souvent extrêmement lente. J'aurois dû faire réflexion à cette incertitude, et c'est une faute que vous aurez, s'il vous plaît, la bonté de me faire pardonner. »

« Fontevrault, le 29 décembre 1702. — Ce n'est pas à vous, Monsieur, à me faire des remerciements sur mon portrait[1], c'est à moi à vous remercier d'avoir eu la bonté de le souhaiter et de le recevoir si favorablement. Il m'est bien honorable qu'il soit placé dans un cabinet aussi précieux que le votre, mais je suis encore moins touchée de cet honneur que du droit où il me met de compter sur votre amitié, beaucoup plus précieuse que toutes les raretés que vous avés rassemblées chez vous. Je vous supplie, Monsieur, de me la vouloir bien continuer et d'être persuadé que personne ne connoît mieux que moi le prix de cette grâce et ne désire plus sincèrement s'en rendre digne. M. de Laroque peut vous répondre qu'il n'entre point de compliment dans les assurances que je vous donne là-dessus. J'avois souvent le plaisir de parler de vous avec lui, Monsieur, dans le temps qu'il a bien voulu me donner et qui m'a paru très-court par rapport à l'utilité et à l'agrément qu'on trouve dans une société comme la sienne. Il n'y a rien à vous apprendre sur son mérite, non plus que sur ses sentiments pour vous, qui répondent bien en vérité à toute l'estime qui vous est due et aux obligations essentielles qu'il vous a. Il est triste que sa fortune se trouve si disproportionnée à son mérite, et je suis bien certaine que vous ressentez ce malheur encore plus que moi. Vous n'avez point d'amis malheureux qui ne doivent se promettre de trouver ce sentiment-là en vous, et d'en recevoir toutes les preuves qu'une amitié vive et ingénieuse peut fournir. Je ne finirois pas si tôt si je me laissois aller à vous donner toutes les loüanges que vous méritez là-dessus. Comptez seulement, Monsieur, que personne ne vous les donne de meilleur cœur que moi et n'est avec plus d'estime et de reconnoissance que je le suis, votre très-humble servante. — Je ne puis m'empêcher de vous dire que je suis plus contente que jamais de votre bon ami M. le maréchal de Noailles; il a le cœur fait comme vous, et c'est tout dire; j'en ai fait depuis peu de nouvelles expériences, dont je suis touchée au dernier point. J'espère que vous voudrez bien y prendre part. M. le cardinal continue à en user très-honnêtement pour moi, malgré mon malheureux procès; c'est une droiture et une bonté assez rares et que j'estimerois quand même elle n'auroit pas rapport à moi. »

« A monsieur monsieur de Gagnières, vis-à-vis les Incurables, à Paris. Fontevrault, le 19 may 1705. — J'avois bien espéré, Monsieur, que vous auriés la bonté de faire tenir ma lettre sûrement et que

1. Est-ce la belle gravure de Gautrel, de 1693, ou une copie de l'original de Mignard?

vous ne trouveriez point mauvais que j'eusse pris la confiance de la faire passer pas vos mains. Vous vous intéressez avec tant de bonté à tout ce qui me regarde que je ne puis jamais craindre que les prières que je vous fais vous soient importunes. M. de Laroque doit vous mander, Monsieur, jusqu'à quel point je porte l'opinion que j'ai de votre bon cœur et de toutes vos autres bonnes qualités; nous en parlons souvent avec plaisir, et il m'assure aussi très-souvent que vos sentiments pour moi sont tels que je le puis souhaiter. Sans vouloir lui rendre de bons offices auprès de vous, Monsieur, je dois vous dire qu'il paroît bien véritablement attaché à vous, et en effet il le doit bien être. C'est un grand adoucissement à sa mauvaise fortune que de pouvoir s'assurer que vous l'aimez, et toutes les personnes qui s'intéressent à lui, comme je fais, doivent sentir pour lui un bonheur comme celui-là. Il a apporté de votre part, Monsieur, un présent bien considérable pour la bibliothèque de nos religieux; le père Prieur a dû vous en faire ses très-humbles remerciemens, et je vous supplie de croire que je prends une grande part à ce bienfait. Je suis toujours bien véritablement, Monsieur, votre très-humble servante. M. M. Gabrielle de Rochechouart, abbesse de Fontevrault. »

« A monsieur monsieur de Gagnières, près les Incurables, faubourg Saint-Germain, à Paris. Fontevrault, 7 juillet 1703. — Je suis honteuse, Monsieur, d'avoir reçu deux de vos lettres sans avoir encore pu trouver le moyen d'y répondre. La vie que je mène seroit une bonne excuse, si vous pouviez la voir d'où vous êtes, et les sentiments que j'ai pour vous doivent encore plus vous répondre que je suis incapable de négligence à votre égard. Je reçus une lettre de M. le maréchal de Noailles, deux jours après que M. Laroque vous eut mandé que j'en attendois. Quand son silence auroit duré plus longtemps, je n'aurois pas douté de son cœur, que je connois à fond et dont je suis contente au dernier point. Je lui avois parlé de M. de Laroque suivant votre conseil, Monsieur; il ne m'a point répondu à cet article, mais je ne doute pas pour cela de son attention ni de sa bonté pour votre ami. Ce pauvre M. de Laroque est malade depuis trois jours d'un rhume accompagné de fièvre; ce ne sera rien, s'il plaît à Dieu, et on m'assure aujourd'hui qu'il est beaucoup mieux. La lettre que vous avez pris la peine de m'envoyer de M. le cardinal est comme à l'ordinaire très-honnête, et je lui en suis très-obligée. Je vous avouerai cependant, entre nous, Monsieur, que j'y ai trouvé un petit fonds d'âpreté qui me paroît sortir un peu de l'équité et de la douceur que j'ai toujours vénérées dans ce prélat. Je l'avois informé que la mère de la Busnelais, que vous avez vue ici dépositaire, avoit été forcée d'aller à Paris pour se faire traiter d'un cancer. J'ajoutois, comme il est vrai, que cette bonne fille étoit tellement attachée à la clôture que par son goût elle auroit plutôt choisi mourir que de la violer, et que ce n'avoit été que par pure obéissance qu'elle avoit fait ce voyage. On diroit, à la réponse de M. le cardinal, que j'aurois dû laisser mourir cette pauvre fille, et ne point combattre son zèle qui étoit pourtant indiscret en cette occasion, quoique notre règle qu'elle a professée, bien loin d'autoriser une telle rigueur comme la règle des Carmélites, des Capucines et de quelques autres, notre règle, dis-je, déclare expressément, comme tout le monde le peut voir, que nos religieuses peuvent sortir en cas d'infirmités, entre lesquelles il n'y en a aucune qui autorise plus légitimement une sortie qu'un cancer formé comme l'étoit celui de cette pauvre fille, qu'elle s'est laissé arracher avec un courage et une résignation qui a été admirée de toutes les personnes qui en ont eu connoissance. C'est aux Filles-Dieu que cette opération fut faite et où cette bonne fille est retirée. Cette communauté, très-difficile, est charmée de sa vertu et de sa régularité, et ne se lasse point de publier ses louanges. Elle ne sort point, tant à cause de son infirmité qui la retient nécessairement, que par son éloignement pour le monde. Il est vrai qu'à son arrivée, ma sœur et mes nièces la menèrent chez quelques médecins et quelques chirurgiens, pour épargner quelque chose sur les grands frais que font ces messieurs quand ils viennent chercher les malades. J'eus la bonne foi d'avertir M. le cardinal de ces visites nécessaires. Il paroît les condamner et me recommande qu'elles ne se fassent plus. Il est bien aisé d'ordonner en général ce qui paroît plus parfait; mais, en descendant dans les détails, on trouve quelquefois des difficultés insurmontables dans la pratique. Il y a de certaines précautions que la dépense qui les accompagne rend impossibles; et enfin s'il est juste et légitime de ne pas risquer la vie de la moindre des religieuses faute d'une sortie permise par la règle, à plus forte raison ne doit-on pas s'exposer à perdre une religieuse qui édifie et qui sert utilement sa communauté, comme a toujours fait la mère de la Busnelais. Pardonnez-moi, Monsieur, le petit soulagement que je me donne avec vous sur ce sujet. Je sçais que vous en userez avec discrétion, et je vous connois un si bon cœur et tant de droiture d'esprit que je suis assurée que vous entrerez dans mes raisons, si elles sont aussi bonnes qu'elles me le paroissent. »

« A monsieur monsieur de Gagnières, près les Incurables, faubourg Saint-Germain, à Paris. Fontevrault, le 21 aoust 1703. — Je n'ai que trop usé, Monsieur, de la liberté que vous me donnez de n'être pas régulière à vous répondre. Il y a longtemps que j'ai envie de vous remercier de l'intérêt avec lequel vous êtes entré dans l'explication que j'avois pris la confiance de vous faire touchant les sorties de mes religieuses; mais je me suis trouvée si chargée à toutes les postes qu'il m'a fallu toujours remettre ce remerciement qui me tenoit pourtant fort au cœur. Quand j'ai fait réflexion à la manière dont vous êtes avec vos amis, j'ai eu peur de vous avoir causé du chagrin et de l'inquiétude, et je me suis presque reproché le soulagement que je m'étois donné en vous montrant si librement le petit chagrin qu'on m'avoit donné. J'ai reçu depuis peu de ce côté-là une réponse très-honnête au compliment que j'avois fait et à l'avis que je donnois, selon ma conscience, de l'ordonnance qui avoit été faite à deux pauvres religieuses malades, l'une d'un cancer et l'autre d'une fluxion qui menace de la perte d'un œil. Mais cette réponse, toute honnête et toute oublieuse qu'elle est, revient encore à la charge sur une proposition dont j'ai montré plusieurs fois l'impossibilité: c'est que ces malades demeurent aux Filles-Dieu et qu'elles s'y fassent traiter. Je n'ai pas l'autorité de contraindre une communauté à recevoir ces malades, et, dans la vérité, comme vous pouvez le savoir, Monsieur, étant entré dans cette maison, la chose seroit absolument impossible, quand même les religieuses y consentiroient. Il n'y a dans ce couvent qu'une seule chambre pour toute infirmerie, et tous les autres logements, qui sont étroits et en petit nombre, se trouvent entièrement occupés. Quand on est forcé de m'y recevoir, on déloge les novices et les pensionnaires, et on les place dans une espèce de cave où il n'y auroit pas moyen de les établir pour toujours. La mère de la Busnelais, qui n'a été reçue que par excès de complaisance pour moi, et qui n'a demeuré guère plus de trois mois, a occupé la chambre de la mère-prieure, qui ne peut pas être cédée à tous les passants. C'est un fait dont on peut s'éclaircir. On ne peut pas bâtir une maison, et comme je vous l'ai déjà dit, mon pouvoir sur mes couvents ne s'étend pas jusqu'à les forcer à faire de leur maison une espèce d'hôpital entre les religieuses du même ordre. Chaque maison ne laisse pas d'avoir son esprit particulier, et cet assemblage est capable d'altérer la paix et la régularité d'une maison. Voilà ce qui rend les Filles-Dieu si difficiles à recevoir les religieuses des autres couvents. Je ne puis pas empêcher qu'il ne survienne certaines maladies que les seuls chirurgiens de Paris se trouvent capables de traiter. J'ai expliqué tout cela plusieurs fois et fort au long; cependant on me répète toujours que toutes les religieuses de mon ordre, nécessitées à demeurer à Paris, doivent être renfermées aux Filles-Dieu, et que je dois l'ordonner, ce qui me persuade que je n'ai pas été entendue. Je vous supplie, Monsieur, de ne rien dire là-dessus. C'est très-véritablement que je vous fais cette prière, et je ne me suis laissée aller à vous faire ce récit que par le plaisir qu'on trouve à parler franchement à ses amis. Le curé de Saint-Aignan s'appelle de la Malatie; il déguisera peut-être son nom, qui est fort décrié. J'apprends en ce moment qu'il y a un nouvel évêque à Montauban, que cet homme artificieux surprendra peut-être. Ce seroit un malheur pour cette pauvre maison de Saint-Aignan et pour moi. Ce curé a déjà la protection d'un des évêques de la province, mais, à cela près, il est fort décrié parmi les personnes qui le connoissent. M. de Larroque est dans une grande faveur auprès de ma sœur; elle l'a encore mené à Oiron et l'y retiendra, je croy, tant qu'elle y demeurera. Je suis fâchée d'être privée par là d'une aussi bonne compagnie que la sienne, mais je suis bien aise d'ailleurs que le mérite qui est en lui soit si bien connu. Je crois, Monsieur, que vous êtes dans les mêmes sentiments.»

« Fontevrault, le 28 novembre 1703. — J'ai toujours compté, Monsieur, que vous aviez la bonté de vous intéresser à la bonne fortune de Mme de Lesdiguière, et je n'étois point surprise de ne point recevoir de vos lettres là-dessus, parce que je savois que vous étiez incommodé. Je me flatte que votre santé est meilleure présentement. Conservez-la, Monsieur, et comptez qu'entre le grand nombre de gens qui s'y intéressent, personne ne connoît mieux que moi combien on est heureux de pouvoir compter sur votre amitié. Vous voulez bien, Monsieur, que je m'en flatte, et vous me faites aussi, je crois, la justice d'être persuadé qu'on ne peut vous honorer ni vous estimer plus sincèrement que je fais. M. de Laroque veut absolument nous quitter au premier jour. Il y a près d'un mois que je le retiens malgré lui. Je crois, Monsieur, que vous avez été bien aise d'apprendre par ma sœur elle-même combien elle goûte son esprit et ses manières, et le désir qu'elle auroit de lui rendre quelque service convenable à son humeur. Je me garde bien de lui faire aucun semblant de ce projet, auquel même vous voyez qu'il se rencontre des obstacles qui pourront le rendre inutile; c'est un malheur que je crains et qui m'affligeroit fort assurément. Vous ne doutez pas que je n'aye appris avec douleur la mort de M. de Beaumanoir. »

« Fontevrault, le 9 janvier 1704. — Je ne veux pas passer ces premiers jours de l'année, Monsieur, sans vous la souhaiter heureuse et suivie d'un grand nombre d'autres. J'ai pris part à la joie que vous aurés eue sans doute de revoir M. de Laroque, quoique son retour à Paris fût une perte pour moi. Je le prie, Monsieur, de vous lire à votre commodité un mémoire qui vous apprendra que le curé de Gascogne dont on me menaçoit et contre lequel vous aviez eu la bonté de prévenir plus d'une fois le cardinal de Noailles, que ce curé, dis-je, est venu à bout de ses desseins malgré mes précautions et l'indignité de sa cause et de sa personne. J'en écris fortement à M. de la Vrillière à qui mon mémoire sera aussi présenté; je charge M. de Castries de tout cela. S'il faut mettre d'autres gens dans la négociation, il me le mandera, et en ce cas je pourrois avoir recours à M. le maréchal de Noailles. Il ne me paroît jamais importuné des prières que je lui fais, mais je ne dois pas pour cela abuser de sa bonté. Je ne vous demande nul autre usage de mon mémoire que celui de vous instruire de l'affaire et de pouvoir répondre pour moi, supposé que cette question s'agitât en votre présence. Je me promets encore que vous désapprouverez et que vous ressentirez l'injustice qu'on me fait, et ce n'est pas un petit soulagement dans les peines de pouvoir compter que les amis les partagent, et surtout, Monsieur, un ami comme vous, qui a trop de droiture et trop de raison pour pouvoir être soupçonné d'appuyer une mauvaise cause. Je vous supplie d'être persuadé de l'estime et de la considération très-particulière avec laquelle je serai toute ma vie, Monsieur, votre très-humble servante. M. M. Gabrielle de Rochechouart, abbesse de Fontevrault. »

Le 15 août de cette année 1704, l'abbesse de Fontevrault mourut à l'âge de 59 ans, étant née en 1645. Nous joignons ici le seul morceau connu et imprimé de cette aimable amie et correspondante de Mme de Sablé, avec laquelle elle a tant de ressemblance. *Recueil de divers écrits* (par Saint-Hyacinthe), Bruxelles, in-12, 1736.

QUESTION SUR LA POLITESSE, résolue par Mme l'abbesse de F***. — « Pour découvrir l'origine de la politesse, il faudroit la savoir bien définir, et ce n'est pas une chose aisée. On la confond presque toujours avec la civilité et la flatterie, dont la première est bonne, mais moins excellente et moins rare que la politesse, et la seconde mauvaise et insupportable, lorsque cette même politesse ne lui prête pas des agréments. Tout le monde est capable d'apprendre la civilité, qui ne consiste qu'en certains termes et certaines cérémonies arbitraires, sujettes, comme le langage, aux pays et aux modes; mais la politesse ne s'apprend point sans une disposition naturelle, qui, à la vérité, a besoin d'être perfectionnée par l'instruction et par l'usage du monde. Elle est de tous les temps et de tous les pays, et ce qu'elle emprunte d'eux lui est si peu essentiel qu'elle se fait sentir au travers du style ancien et des coutumes les plus étrangères. La flatterie n'est pas moins naturelle, ni moins indépendante des temps et des lieux, puisque les passions qui la produisent ont toujours été et seront toujours dans le monde. Il semble que les conditions élevées devroient garantir de cette bassesse, mais il se trouve des flatteurs dans tous les états. Quand l'esprit et l'usage du monde enseignent à déguiser ce défaut sous la marque de la politesse, en se rendant plus agréable il devient plus pernicieux; mais toutes les fois qu'il se montre à découvert, il inspire le mépris et le dégoût, souvent même aux personnes en faveur desquelles il est employé. Il est donc autre chose que la politesse qui plaît toujours et qui est toujours estimée. En effet, si on juge de sa nature par le terme dont on se sert pour l'exprimer, on n'y découvre rien que d'innocent et de louable. Polir un ouvrage dans le langage des artisans, c'est en ôter ce qu'il y a de rude et d'ingrat, y mettre le lustre et la douceur dont la matière qui le compose se trouve susceptible, et en un mot le finir et le perfectionner. Si l'on donne à cette expression un sens spirituel, on trouve de même que ce qu'elle renferme est bon et louable. Un discours, un sens poli, des manières et des conversations polies, cela ne signifie-t-il pas que ces choses sont exemptes de l'enflure, de la rudesse et des autres défauts contraires au bon sens et à la société civile, et qu'elles sont revêtues de la douceur, de la modestie et de la justice que l'esprit cherche et dont la société a besoin pour être paisible et agréable ? Tous ces effets, renfermés dans de justes bornes, ne sont-ils pas bons, et ne conduisent-ils pas à conclure que la cause qui les produit ne peut aussi être que bonne? Je ne sais si je la connois bien, mais il me semble qu'elle est dans l'âme une inclination douce et bienfaisante, qui rend l'esprit attentif, et lui fait découvrir avec délicatesse tout ce qui a rapport à cette inclination, tant pour le sentir dans ce qui est hors de soi, que pour le produire soi-même suivant sa portée; parce qu'il me paroît que la politesse aussi bien que le goût dépend de l'esprit [1] plutôt que de son étendue, et que, comme il y a des esprits médiocres qui ont le goût très-sûr dans tout ce qu'ils sont capables de connoître, et d'autres très-élevés qui l'ont mauvais ou incertain, il se trouve de même des esprits de la première classe dépourvus de politesse, et de communs qui en ont beaucoup. On ne finiroit point si on examinoit en détail combien ce défaut de politesse se fait sentir, et combien, s'il est permis de parler ainsi, elle embellit tout ce qu'elle touche. Quelle attention ne faut-il pas avoir pour pénétrer les bonnes choses sous une enveloppe grossière et mal polie? Combien de gens d'un mérite solide, combien d'écrits et de discours bons et savants qui sont fuis et rejetés, et dont le mérite ne se découvre qu'avec travail par un petit nombre de personnes, parce que cette aimable politesse leur manque! Et, au contraire, qu'est-ce que cette même politesse ne fait pas valoir? Un geste, une parole, le silence même, enfin les moindres choses, guidées par elle, sont toujours accompagnées de grâces et deviennent souvent considérables. En effet, sans parler du reste, de quel usage n'est point quelquefois ce silence poli, dans des conversations même les plus vives? C'est lui qui arrête les railleries précisément au terme qu'elles ne pourroient passer sans devenir piquantes, et qui donne aussi des bornes aux discours qui montreroient plus d'esprit que les gens avec qui l'on parle n'en veulent trouver dans les autres. Ce même silence ne supprime-t-il pas aussi fort à propos plusieurs réponses spirituelles, lorsqu'elles peuvent devenir ridicules ou dangereuses, soit en prolongeant trop les compliments, soit en évitant quelques disputes? Ce dernier usage de la politesse la relève infiniment, puisqu'il contribue à entretenir la paix, et que par là il devient, si on l'ose dire, une espèce de préparation à la charité. Il est encore bien glorieux à la politesse d'être souvent employée dans les écrits et dans les discours de morale, ceux même de la morale chrétienne, comme un véhicule qui diminue en quelque sorte la pesanteur et l'austérité des préceptes et des corrections les plus sévères. J'avoue que cette même politesse, étant profanée et corrompue, devient souvent un des plus dangereux instruments de l'amour-propre mal réglé. Mais en convenant qu'elle est corrompue par quelque chose d'étranger, on prouve, ce me semble, que de sa nature elle est pure et innocente, et c'est dans cet esprit simple qu'elle doit être considérée ici, pour répondre à la question proposée.

« Il ne m'appartient pas de décider; je ne puis seulement m'em-

1. Ne faut-il pas : *de la qualité* de l'esprit plutôt que de son étendue?

pêcher de croire que la politesse tire son origine de la vertu; qu'en se renfermant dans l'usage qui lui est propre, elle demeure vertueuse, et que, lorsqu'elle sert au vice, elle éprouve le sort des meilleures choses, dont les hommes vicieux corrompent l'usage. La beauté, l'esprit, le savoir, toutes les créatures en un mot, ne sont-elles pas souvent employées au mal, et perdent-elles pour cela leur bonté naturelle? Tous les abus qui naissent de la politesse n'empêchent pas qu'elle ne soit essentiellement un bien, tant dans son origine que dans ses effets lorsque rien de mauvais n'en altère la simplicité. »

XXII. — LA COMTESSE DE MAURE ET MADEMOISELLE DE VANDY.

Nous avons donné dans le texte même de cet ouvrage quelques lettres de ces deux dames, sur lesquelles nous avons particulièrement appelé l'attention des lecteurs; mais il y en a un bien plus grand nombre dans les manuscrits de Conrart, qui ne sont pas indignes de voir le jour, et parce qu'elles sont toujours bien tournées, et parce que la multitude de petits renseignements qu'elles contiennent sur les choses ou sur les personnes, éclairent de mille façons l'histoire littéraire et politique et surtout l'histoire des mœurs au XVIIe siècle.

Le portrait de la comtesse de Maure dans les *Divers Portraits*, le XXIXe de la première édition in-4°, est de la main du marquis de Sourdis, et offert par lui à Mlle de Vandy. On y reconnaît une main amie à la façon dont Sourdis fait paraître toutes les qualités de la comtesse, et laisse dans l'ombre ses défauts ou ne les rappelle que sous forme de badinage. C'est un éloge encore plus qu'un portrait, et, à dire le vrai, un éloge à la fois prétentieux et vulgaire.

« Je ne puis m'empêcher de vous témoigner que j'ai été extrêmement étonné de ne pas voir le portrait de Mme la comtesse de Maure parmi ceux qui ont été faits depuis peu. Je sais que la difficulté du sujet est capable d'arrêter ce dessein, mais l'excellence en doit donner envie, et il y a plaisir à dire comme le Cid :

Et pour mon coup d'essai je veux un coup de maître.

N'étant pas d'humeur à blâmer personne, je ne puis aussi excuser les peintres qui m'ont précédé qu'en me persuadant qu'ils m'ont réservé ce portrait à faire, à cause de quelque connoissance qu'on me donne en cet art au-dessus du commun.

« Ce n'étoit point la difficulté de peindre les traits du visage d'Alexandre qui faisoit qu'il n'étoit permis qu'à Apelle d'en faire le portrait; mais c'est qu'Apelle étoit excellent en la connoissance de la physionomie, et que lui seul savoit donner cet air héroïque qui marquoit les grandes et rares qualités de l'âme d'Alexandre. Je ne prétends pas entreprendre ce portrait sur ma suffisance que je connois être fort médiocre, mais sur quelque connoissance particulière que j'ai de la physionomie, laquelle m'a donné moyen de remarquer en Mme la comtesse de Maure cet air héroïque qui faisoit en l'ancienne Rome autant de rois que de citoyens romains. Aussi son extraction est-elle de ce pays si fertile en grands personnages qu'ils servent encore dans toutes les parties du monde d'un modèle de la vraie générosité et de toutes les autres vertus; et dans un siècle dépourvu de ces âmes extraordinaires, la fortune sans doute nous a donné Mme la comtesse de Maure, pour nous faire comprendre qu'une ville qui se pouvoit vanter de porter une si grande quantité de personnes héroïques étoit à juste titre maîtresse de tout le monde.

« Pour ne pas tomber dans la faute de certains peintres qui commencent leurs ouvrages par les moindres parties, et qui réservent les principales pour la fin, je commencerai ma peinture par les qualités de l'âme qui sont les plus excellentes parties, et qui ont toujours été estimées telles par Mme la comtesse de Maure, laquelle n'a considéré son corps qu'autant qu'il a été nécessaire pour exercer les fonctions de son âme, quoiqu'il ait toujours été admiré de tous ceux qui l'ont vu.

« Sa générosité seroit plus universellement admirée si elle étoit moindre; mais le siècle est si éloigné de cette vertu qu'il ne peut connoître et admirer assez la perfection et le souverain degré où celle de Mme la comtesse de Maure est parvenue. Sa libéralité a quelquefois égalé celle des souverains en la grandeur des dons, et les surpasse toujours en la manière de les distribuer et au soin qu'elle prend de les cacher, ce qui est d'autant plus rare que la libéralité est quasi toujours accompagnée de vanité, laquelle souvent même en est la cause.

« Sa prudence a paru en tant de diverses rencontres, et paroît si ordinairement que l'on doit dire que ce n'est plus une vertu en Mme la comtesse de Maure, mais que c'est sa nature propre, et cela doit être tenu pour un miracle en une personne qui a les sentiments si vifs et si délicats, effets ordinaires d'un tempérament opposé à la prudence.

« Sa piété et sa dévotion n'est pas comme celle des autres femmes, fondée sur la nourriture et l'habitude seulement; elle est confirmée par le bon sens et par un raisonnement solide qui établissent la véritable perfection chrétienne sans faste et sans superstition.

« L'étendue de son esprit paroît en la capacité qu'elle a aux choses grandes et sérieuses, qui ne l'empêchent pas de s'appliquer aux médiocres, et même aux petites, lorsque la compagnie l'oblige d'en parler, et cela est fort extraordinaire aux personnes de grand esprit, et principalement à celles de son sexe, qui méprisent souvent les choses médiocres, pour faire croire qu'elles ont un grand esprit, bien qu'en effet il soit petit.

« Sa bonté est à tel excès qu'elle est pour tout le monde, excepté pour elle, qui ne se considère qu'autant qu'elle est utile aux personnes qu'elle aime ; elle entre tellement dans les sentiments de ses amis qu'elle en est pénétrée et s'y transforme entièrement.

« Sa conduite en tout le cours de sa vie est la bonne et vraie marque de son jugement. Son imagination lui représente les espèces de toutes choses si claires et si nettes, qu'elle juge comme les anges en un moment et par un simple regard. Le don de discernement des choses, qui est le véritable fondement de la sagesse humaine, est en elle si juste et si exact que ceux qui la connoissent en sont dans une admiration continuelle.

« Je ne puis mieux exprimer son savoir qu'en disant qu'à l'extrême vivacité de son esprit elle a ajouté une lecture continuelle; et qu'elle a une mémoire si heureuse qu'elle n'a jamais oublié aucune chose de ce qu'elle a lu en françois, en italien et en espagnol.

« Sa facilité à bien écrire sur toutes sortes de sujets est incroyable, et bien que la vitesse de sa plume éblouisse les yeux, elle ne peut néanmoins suivre la promptitude des conceptions de son esprit. La netteté et la politesse de son style seroient incomparables, si Mme de Longueville n'avoit jamais écrit.

« Il est temps que je laisse aux autres peintres à travailler sur ce qui est le plus facile en leur art, qui est la représentation des linéaments de son visage, pourvu que l'éclat ne les éblouisse pas. Je dirai seulement que la nature lui a donné un corps digne de son âme, et que j'ai vu la blancheur de son teint effacer et ternir celle du satin blanc et des jasmins dont elle portoit hardiment des guirlandes.

« La nature qui ne peut faire aucune chose parfaite, lui a donné une santé si délicate, que, ne pouvant avoir le repos si nécessaire à la vie à ses heures ordinaires, elle est obligée de le recevoir à celles qu'il veut venir, ce qui l'empêche de régler l'ordre de sa vie à celui de la plus grande part des autres personnes ; et on peut dire avec vérité que Mme la comtesse de Maure seroit une personne parfaite si elle pouvoit, comme le reste du monde, s'assujettir aux horloges. »

Comme Mlle de Vandy était de la maison de Mademoiselle, c'est la princesse elle-même qui se chargea de faire son portrait; elle le fit à sa manière, avec la négligence d'une personne qui ne sait pas écrire, mais aussi avec son aisance, sa hardiesse, sa verve accoutumée. Sans avoir vu l'original, on sent que ce portrait est vrai, et il est on ne peut plus agréable.

Il paraît qu'avant ou après l'impression des *Divers Portraits*, la comtesse de Maure eut connaissance de celui de Mlle de Vandy et qu'elle entreprit de le retoucher, soit pour ôter certaines négligences, soit pour ajouter quelques détails à une description déjà bien détaillée. Au moins nous lisons dans les Manuscrits de Conrart, t. XII, in-fol., fol. 897 : «Portrait de Mlle de Vandy, fait par Mademoiselle et corrigé par Mme la comtesse de Maure. » Le portrait corrigé est peut-être un peu plus correct en effet, mais il est bien moins naturel et bien moins agréable, et nous soupçonnons fort M. le secrétaire perpétuel de l'Académie française d'avoir plus d'une fois conduit la plume de la comtesse de Maure. Nous préférons de beaucoup l'œuvre naïve, fantasque et distinguée de Mademoiselle.

« Vous voulez donc que je fasse votre portrait, par une fausse humilité qui ne vous permet pas de dire du bien de vous; mais on verra bien que vous êtes telle que je vais le dire; et comme en vous disant tout, je vous dirai des choses mal agréables, quelqu'un jugera que c'est plutôt par une secrète vanité que vous ne l'avez pas voulu entreprendre. Quoi qu'il en soit, puisque vous avez voulu que ce fût moi, vous aurez contentement, et vous vous allez voir fort bien dépeinte.

« Pour faire votre portrait tout de votre haut, c'est ce qui tiendra le moins de temps et de place, car Dieu vous a faite des plus petites, toutefois fort bien proportionnée, et cela s'appelle une jolie taille[1] ! Quoique vous souhaitiez d'être grasse, je vous dirai en amie que la maigreur vous sied bien. Vos cheveux sont blonds, et par conséquent vos yeux blonds et beaux : la bouche grande, mais point désagréable[2]. Enfin, à tout prendre, vous êtes bien faite, et vous avez aussi bonne mine que peut avoir une petite personne. Pour de l'esprit, vous en avez naturellement, et cela ne me surprend pas : vous êtes d'une race dont tout ce que je connois en a infiniment, et j'ai ouï dire la même chose de tout ce que je n'ai pas connu. Comme vous l'avez fort vif, et que ces sortes d'esprits demeurent rarement sans agir, j'ai su que les premières années de votre vie, que vous avez passées aux champs, ont été employées à la lecture de tout ce qu'il y a jamais eu

1. Il est fâcheux que Mme de Maure ou Conrart ait corrigé ainsi cette phrase: « L'on peut faire votre portrait tout de votre haut sans qu'il tienne beaucoup de place, Dieu ne vous ayant pas faite si grande que vous voudriez bien être. *Mais dès qu'il commencera à vous ressembler, on verra bien que ce n'est que par l'espace qu'il peut être petit.* Vous êtes donc plus petite que grande, et votre taille est de celles qu'on appelle jolies.» On a passé ce trait agréable : « Quoique vous souhaitiez d'être grasse, je vous dirai en amie que la maigreur vous sied bien. »

2. Voici une addition qui nous paraît heureuse : « On oublie ordinairement le nez dans les descriptions de la beauté ; mais pour moi qui aime qu'on l'ait bien fait, je n'ai garde d'oublier à dire que le vôtre est de cette sorte-là. »

de romans en notre langue, en italien et en espagnol; car il est bon que l'on sache que vous possédez ces deux langues [1]. Cette lecture pour l'ordinaire porte volontiers à aimer la galanterie; les jeunes personnes y sont assez souvent conduites par ce chemin-là, et la province n'y nuit pas; mais cette galanterie n'est pas d'un bon tour, non plus que les lumières que ces livres donnent, si tout cela n'est corrigé par quelques années de Paris ou de la cour, ou de tous les deux ensemble; et quelquefois ne devient-on pas plus habile par là; mais quand tout cela prend ce bon tour, que j'ai dit être nécessaire, cette lecture n'est pas absolument inutile. Vous avez été à la cour en arrivant à Paris; et vous y êtes descendue chez la personne du monde la plus propre à faire les gens pour les faire fort aimables [2]. Mais d'entreprendre le portrait de Mme la comtesse de Maure avec le vôtre, ce seroit une grande hardiesse, et cela est au-dessus de mes forces. Revenons à vous et à vos romans [3]. Ils ne vous ont pas nui, puisque je ne vous ai vue vous servir de cette science que pour entretenir les dames de campagne qui venoient voir Mademoiselle à Saint-Fargeau; ne sachant souvent que leur dire, vous leur teniez de tels propos, croyant qu'ils leur devoient être agréables. Ainsi, cela sert à l'affabilité et à la civilité que vous avez naturellement pour ceux que vous croyez qui en auroient pour vous. Autrement vous êtes fière au dernier point, et quelquefois glorieuse, et j'ai découvert que cette fierté et cette gloire vous sont naturelles, et que ce sont des maladies de race; car comme votre maison est venue d'Allemagne, quand vous vous souvenez que vous y êtes princesse, vous oubliez que les chimères des autres vous donnent sujet de raillerie, et vous seriez toute prête à en donner aux autres. Votre vertu irrépréhensible [4], et cette haute prudence que vous professez intérieurement et extérieurement (cette explication est bonne en ce temps sans en dire davantage, car en vous disant des vérités favorables, il ne faut pas blâmer les autres), cette haute vertu donc est assurément comme il faut; et s'il y manque quelque chose, c'est que l'humilité n'est pas la dominante. Avec tout cela, si vous aviez trouvé un galant qui eût seul toutes les qualités que beaucoup de gens ont séparément, je ne sais pas ce qui en fût arrivé : mais comme c'est une chose impossible à trouver que des

1. La comtesse de Maure ne parle que de l'italien et ne fait pas mention de l'espagnol.

2. Addition : « Je ne sais si vous avez apporté chez elle (la comtesse de Maure) le tour que vous avez à écrire, ou si vous l'y avez acquis ; mais il n'y a rien de plus agréable que vos lettres; on y remarque même beaucoup d'air de celles de Voiture. »

3. Au lieu de cela, Mme de Maure parle du *Cyrus*, de la *Clélie*, de *Polexandre*, de l'*Astrée*.

4. Plus clairement et plus brièvement : « Vous faites profession de la dernière pruderie, et ceux qui endurent le plus difficilement qu'on fasse cette profession-là l'endurent en vous, parce qu'on voit que la vôtre n'est pas fausse. »

gens qui fussent propres à satisfaire un goût de chez la comtesse de Maure, c'est pourquoi vous êtes prude; car l'on ne fait point de bassesse chez elle de quelque nature que ce soit. Vous n'avez nulle dévotion [1], et cela vient de ce qu'ayant le cœur bon, vous êtes peu souffrante et que vous avez de la peine à pardonner; vous avez autant de délicatesse sur la haine que sur l'amitié; et la conduite uniforme de votre vie vous empêchant d'avoir des remords, vous croyez que vivant moralement bien, c'est assez; et vous n'êtes pas seule que cette pensée éloigne de la dévotion : cela est plus philosophe que chrétien [2]. Vous êtes fort paresseuse [3] : vous n'aimez ni à vous promener, ni à travailler, mais beaucoup à dormir et à être assise en bonne compagnie; car la mauvaise vous lasse encore plus que la promenade. Je connois même de telles gens qui vous feroient monter à cheval, ce que vous haïssez fort, pour éviter l'honneur de leur entretien. Vous seriez toujours volontiers dans une chaise, si ce n'est

1. Mme de Maure, qui pourtant n'était pas dévote, a fort adouci ce passage : « On ne peut pas dire que vous ayez autant de vertu chrétienne que de vertu morale, quoique vous ne manquiez pourtant pas de piété. Je vous ai toujours vu porter une grande envie à ceux qui ont une véritable dévotion, et n'estimer qu'eux de vraiment heureux. Vous avez beaucoup de piété des pauvres, et vous voudriez pouvoir secourir tous les misérables. Quoique vous soyez aussi libérale que l'on puisse l'être, on reconnoît au mouvement que l'on vous voit dans les occasions de charité, que c'est encore plutôt la bonté que la libéralité qui vous fait agir. Il y a véritablement quelque chose dans votre naturel qui fait un assez grand obstacle à la dévotion, c'est que la conduite uniforme..., etc. »

2. Cette réflexion manque dans la comtesse de Maure.

3. Mme de Maure développe assez agréablement ce passage; elle ajoute quelques traits nouveaux et finit là le portrait : « L'on n'auroit pas prévu, quand vous étiez chez la comtesse de Maure, qu'on vous pût jamais accuser de paresse; car au prix d'elle vous étiez fort diligente. Mais Mademoiselle dit que vous êtes fort paresseuse et que vous voudriez toujours être assise, pourvu toutefois que ce fût en bonne compagnie. Il n'y a pourtant personne qui ne s'étonne que vous puissiez fournir à tout ce que vous faites auprès d'elle. Ce qui fait cette différence-là, c'est peut-être que vous n'aimez pas plusieurs choses qu'elle aime; car vous n'aimez ni à danser, ni à vous promener, ni à faire aucun ouvrage. Pour ce qui est de monter à cheval, vous l'aimez à peu près comme celle avec qui vous avez été nourrie, qui n'a pas la réputation d'être une grande cavalière... Après tout ce n'est pas vous mal connoître de dire que vous n'aimez qu'à être en bonne compagnie. Vous n'aimez même, ce me semble, plus guère à lire. Il est vrai qu'au lieu où vous êtes, il seroit difficile que vous en trouvassiez le loisir. Vous ne vous souciez ni des belles maisons ni des beaux meubles. Vous sortez des lieux les plus magnifiques sans y avoir presque rien remarqué; en un mot, de tous les plaisirs, vous n'êtes touché que de celui de la conversation, et de toutes les passions que de l'ambition; car pour la haine, encore que j'aie assez marqué que vous n'en êtes pas exempte, comme vous êtes au fond fort bonne, et que vous craignez vraiment Dieu, ce que vous avez là-dessus ne va pas jusqu'à la passion. Vous devez être si assurée de celle que j'ai pour vous, que, quand ce portrait ne vous ressembleroit pas autant qu'il fait, je crois qu'il ne laisseroit pas que de vous être agréable venant de ma main. »

qu'étant toujours avec des personnes qui en donnent à fort peu de monde, en cela seul vous préférez l'honneur à la commodité, j'entends l'honneur de la compagnie; car pour l'honneur personnel il va devant tout, et quand on vous reproche toutes ces choses, vous vous excusez sur la foiblesse de votre tempérament, quoique vous ayez plus de force de corps qu'à vous n'appartient, mais l'esprit étant le principal ressort qui agit en vous, ceux qui vous connoîtront, ne vous accuseront jamais d'avoir rien de foible. Vous êtes généreuse et vigoureuse pour vos amis dès qu'il s'agit de leur faire plaisir ou de les servir, vous courez à ce qui s'appelle par monts et par vaux. Vous êtes sensible aux offices qu'on vous rend, et pour des choses de rien, vous en avez beaucoup de reconnoissance. Je vous assure que rien n'est plus difficile que de faire le portrait des autres; car de se guinder à la moyenne région, ou de grimper, comme vous dites, sur des flammes pyramidales, quoique je sois assez alerte, et que j'aie assez de disposition[1], cela me seroit difficile; et je crains toujours les choses dont on ne voit point le retour, et où l'on ne regarde que le commencement, car j'ai ouï dire que les retours valent bien matines. Mais comme je n'ai rien dit dans votre portrait qui puisse être interprété ni contre vous ni contre moi, je me mets l'esprit en repos. Je vous donne le bonsoir, et je vous supplie de me continuer l'honneur de vos bonnes grâces; je dois avec justice y avoir quelque part, par celle que je sais que vous avez dans les miennes. »

La plus ancienne lettre à nous connue de la comtesse de Maure est celle qu'elle écrivait, étant encore Mlle d'Atticby, à Mme de Sablé, en octobre 1632, l'année de la mort du maréchal de Marillac, pour la quereller de ce qu'elle semblait aimer Mlle de Rambouillet plus qu'elle; on la peut voir au chap. Ier, p. 33. Elle est assurément fort remarquable pour le temps où elle a été écrite, et la comtesse de Maure y est déjà tout entière.

Elle était fort liée avec Balzac, et il paraît qu'elle lui avait persuadé d'écrire une apologie du maréchal de Marillac, ce qui était, comme nous l'avons vu, le vœu le plus passionné de la comtesse et l'objet constant de toutes ses démarches. Nous n'avons rencontré nulle part cette apologie. Il eût été assez curieux de voir comment Balzac s'y prenait pour réhabiliter la mémoire de Marillac, sans nuire à celle de son héros, le cardinal de Richelieu. En 1645, Balzac, ayant imprimé ses *Lettres choisies*, avait chargé un de ses amis particuliers, Serizay, de l'Académie française[2], à la fois bel esprit et homme d'affaires,

1. Pour agilité. Partout dans la première moitié du XVIIe siècle.
2. Pellisson, *Histoire de l'Académie française*, édit. première de 1653, p. 531.

intendant de la maison La Rochefoucauld, d'en adresser de sa part un exemplaire à la comtesse de Maure. Serizay, qui était d'Angoulême, s'acquitta un peu tard de sa commission, en joignant aux *Lettres choisies* une lettre très-alambiquée. La réponse de la comtesse est simple en comparaison. Les voici toutes deux, telles que nous les trouvons à la Bibliothèque de l'Arsenal, parmi les papiers de Conrart, in-4°, t. XIV.

De M. de Serizai à Mme la comtesse de Maure, en lui envoyant les *Lettres choisies* de M. de Balzac [1] avec trois autres lettres sur le sujet de feu M. le maréchal de Marillac [2]. — « Madame, si cette lettre n'a pas sujet de craindre qu'on lui fasse son procès pour s'être trouvée en mauvaise compagnie, elle mérite bien qu'il lui en arrive comme à ces fâcheux qui sont assez simples pour mener avec eux de fort honnêtes gens. Aussi M. de Balzac se fût-il bien passé de me prendre pour introducteur, et de vous donner occasion, en vous faisant voir mes écrits à la tête des siens, de vous imaginer Mme de Longueville présentée par Mme Pilou [3]. Tout ce qui me console du personnage ridicule qu'il me fait jouer, c'est que vous jugez bien que je ne le joue pas sans le connoître, et que, ne lui sacrifiant rien que je ne veuille bien lui sacrifier, je donne plus de réputation à mon amitié que je ne cours fortune d'en faire perdre à mon éloquence. En effet, je hasarde si peu de ce côté-là, que je fais conscience d'en faire vanité, et il y a tant de disproportion entre nous que je m'en fais trop accroire si je me persuade qu'il daignât se prévaloir des avantages qu'il pourroit tirer de cette comparaison. Ce n'est pas peut-être, Madame, que ma confession fût si générale si je la faisois à d'autres qu'à vous, et je pourrois leur laisser juger si quelque sorte de rapport et de ressemblance n'auroit point inspiré à un homme si extraordinaire la pensée de se servir de moi pour vous faire valoir ses ouvrages. Mais comme cet artifice ne seroit pas à l'épreuve d'un discernement aussi délicat que le vôtre, j'essaie de me faire honneur de

« Jacques Serizay, né à Paris, intendant de la maison de La Rochefoucauld. Il n'y a rien d'imprimé de lui, mais il a beaucoup de poésies et d'autres œuvres en prose à imprimer. » Sur Serizay, voyez *OEuvres de Balzac,* 2 vol. in-fol., 1665, t. Ier, p. 282-284, lettres XIII, XIV, XV; *ibid.*, p. 432, lettre XXXII. Il mourut quelques jours avant Balzac, comme on le voit dans la *Relation* de la mort de celui-ci à la fin du tome II.

1. *Lettres choisies du sieur de Balzac;* à Paris, chez Courbé, 1645, 2 vol. in-12.

2. Ces trois lettres de Balzac sur le maréchal de Marillac ne sont point dans les *OEuvres de 1665,* quoique Balzac en parle dans une lettre au chevalier de Méré, t. Ier, p. 699, et que ce dernier en parle aussi, comme on peut le voir dans une des notes ci-après.

3. Femme célèbre par sa laideur et sa mauvaise tournure, comme par son bon sens et la liberté de son langage. Voyez Tallemant, t. III, p. 336-351. On en a un excellent portrait in-folio de Spirinx.

mon équité et de ma franchise, et je vous découvre de bonne foi ce que toute mon industrie vous déguiseroit inutilement. Au reste, Madame, ne doutez point que mon ami n'eût accompagné son présent d'une lettre qui eût été digne de vous et de lui, sans qu'il ne reçût ses livres qu'avec la nouvelle d'une mort qui a pensé le mettre lui-même au tombeau; et si je vous ai depuis tout ce temps-là gardé ce dépôt, sachez que les courriers se chargent malaisément d'un si gros paquet, et que la peste dont la ville d'Angoulême [1] étoit soupçonnée ne m'a pas permis de le confier à ces messagers que ce soupçon n'ait été dissipé au su de tout le monde. Pour votre jugement, Madame, je n'en suis point en peine, et je ne demande point si vous honorerez de votre approbation ce qui sort d'une main qui n'est presque plus occupée qu'à vous faire des temples [2], après vous avoir vue admirer son art dans les propres statues de vos ennemis [3]. Je ne vous recommande donc point ce que je vous envoie, et je sais qu'il en a si peu de besoin que je devrois me recommander moi-même par l'avantage que j'ai de vous l'envoyer, si je pouvois douter sans ingratitude du rang qu'a l'honneur de tenir en vos bonnes grâces, Madame, votre très-humble, très-obéissant et très-passionné serviteur. Verteuil, (château des La Rochefoucauld) ce 28 octobre 1647. »

Réponse de la comtesse de Maure à Serizai. — « J'ai fait un petit voyage à Attichy et j'y ai reçu votre lettre, mais non pas les livres; M. le comte de Maure les avoit retenus, parce que M. Conrart me les avoit déjà donnés quand il les fit imprimer [4]. Cela seul pourroit vous faire juger comme M. Conrart est bien informé de mes sentiments. Je me trouve la plus empêchée du monde, car je voudrois pouvoir remercier moi-même M. de Balzac, et je n'oserois seulement entreprendre de lui rien écrire qu'il puisse voir. Je fus dans la même peine quand M. le chevalier de Méré me donna avis de ce que fait M. de Balzac pour la mémoire de M. le maréchal de Marillac [5]; et comme la for-

1. Où demeurait Balzac.

2. Allusion aux Lettres sur le maréchal de Marillac.

3. Autre allusion aux ouvrages de Balzac consacrés à la gloire de Richelieu les premières Lettres lui sont dédiées, le *Prince* est un panégyrique de sa politique, etc.

4. Cela prouve que ce fut Conrart qui se chargea de l'édition des *Lettres choisies*. *L'Avertissement* qui est en tête doit être de lui, et il est le vrai éditeur des Œuvres complètes de 1665, comme les libraires le reconnaissent dans la dédicace qu'ils lui en font.

5. Lettre de Balzac à Méré, t. Ier, p. 699, du 14 décembre 1646 : « ...Vous sollicitez les dames de me témoigner leur reconnoissance par leurs compliments .. Il me suffit que mon action soit agréée, voire même qu'elle ne le soit pas, puisque mon zèle pour la mémoire du maréchal est aussi pur et aussi désintéressé que pour celle des consuls et des dictateurs... Gardez-vous bien de croire que j'aie dessein de vous obliger, ni que je vous demande un compliment, non plus qu'à la dame que j'estime et que j'honore de tout mon cœur... » *Lettres de M. le chevalier de Méré*, Paris, 1689, t. Ier, lettre XXIX, à

tune toute seule avoit pu lui donner quelque opinion de mon esprit, elle voulut avoir soin de ce qu'elle avoit fait, et fit perdre ma lettre. Il ne seroit pas mal à propos, dans l'embarras où je me trouve pour celle-ci, de lui donner la même adresse si j'écrivois à un autre qu'à vous ; mais quand vous n'auriez pas cette bonté que chacun sait, qui vous feroit cacher les défauts de vos propres ennemis, vous êtes trop engagé dans ma réputation pour me pouvoir manquer dans une telle rencontre. Je ne doute donc point que vous ne vous gardiez bien de faire voir ma lettre à M. de Balzac, et que vous ne lui disiez tout ce que je voudrois avoir su dire, pour lui témoigner la joie que j'ai de ce qu'il m'a jugée digne de ce présent. Mais je n'ai pas moins de besoin de vous pour une autre chose : c'est que je n'ai rien mandé à M. de Balzac sur cette mort, que vous dites qui a pensé le mettre lui-même au tombeau ; et je n'ai point d'autre excuse que celle que j'aurai en toutes les occasions où l'on seroit obligé de lui écrire. Je me suis contentée de le plaindre extrêmement dans mon cœur et d'en faire de grandes exclamations avec ses amis. Vous savez de quelle sorte mon expérience m'a appris à plaindre les miens quand ils perdent ce qu'ils aiment. Je suis sur le point de faire encore une perte qui me toucheroit fort, du pauvre M. d'Atri, quoique la longueur de cette maladie, à l'âge qu'il a, dût m'y avoir préparée. Les derniers embarras que nous avons eus ensemble sur le sujet de sa fille ont fait tant de bruit, qu'il est malaisé qu'ils n'aient été jusques à vous ; mais tout cela s'est raccommodé, et je vous assure que je la regretterois fort. Au reste, quoique la lettre que vous m'avez écrite soit la plus belle du monde, et qu'elle me donne la plus grande joie que je puisse avoir, en m'apprenant que M. de Balzac continue cet excellent ouvrage pour la mémoire de M. le maréchal de Marillac, je n'ai pas laissé d'y trouver un grand défaut de ce que vous ne me dites rien de votre santé. J'ai peur que ce soit mauvais signe, car vous ne sauriez douter que votre lettre ne m'eût été encore plus agréable si elle m'eût appris que vous vous portez bien. Et parce que je sais que vous avez le même sentiment pour moi, je ne veux pas manquer à vous dire que n'ayant pu aller cet été à Forges, l'on m'a fait prendre ici de certaines eaux de Sainte-Reine, nouvellement introduites, qui m'ont fait beaucoup de bien. M. le comte de Maure s'est trouvé mal, mais ce n'a été, Dieu merci ! rien de dangereux, et à cette heure il se porte mieux. Il ne me pardonneroit pas si je ne vous disois qu'en quelque état qu'il soit, il est autant votre serviteur que je suis votre passionnée servante. »

Nous avons dit. chap. V, p. 277, etc., qu'en 1649, à la fin

M. de Marillac, intendant de Poitou : « Ce fut moi qui obligeai M. de Balzac à faire ce discours que nous admirons du grand maréchal de Marillac. On voit des lettres que m'en écrivoit cet éloquent homme, où il me parloit de Mme la comtesse de Maure, parce qu'elle y étoit sensiblement intéressée et qu'elle m'honoroit de son amitié. »

de la première Fronde, le comte et la comtesse de Maure ne firent pas une fort bonne figure, et que la comtesse échangea avec Mme de Brienne plusieurs lettres qui ne tournèrent pas à son avantage, mais que s'applaudissant de ce qu'elle avait fait avec sa fierté accoutumée, elle le raconta, d'un air de triomphe, à son amie, Mme de Montausier. Dans cette même année 1649, une autre de ses anciennes amies, la belle Marie de Gonzague, devenue reine de Pologne, lui avait annoncé son second mariage avec le prince Casimir. La comtesse, en la remerciant, lui donne des nouvelles de Paris. Le curieux Conrart avait rassemblé avec soin toutes ces pièces qu'il tenait vraisemblablement de la comtesse de Maure elle-même. Nous en donnons un certain nombre, parce qu'elles montrent l'extrême facilité et l'agrément de la plume de la comtesse, et aussi parce qu'elles mettent à nu le fond des cœurs et découvrent toutes les misères de la Fronde.

Conrart, in-fol., t. XI, p. 1235. La comtesse de Maure à la comtesse de Brienne, à Saint-Germain-en-Laye. « De Paris, le... 1649. — Ma chère compagne [1], on dit ici que la Reine s'est fort récriée de ce que M. le comte de Maure s'est chargé de cette proposition contre M. le Cardinal; cela me fait croire qu'elle ne sait point le mauvais traitement qu'il a reçu de lui, ou qu'elle n'y a fait aucune réflexion, non plus que sur celui qu'elle lui a fait elle-même; car cette proposition n'étant qu'une suite de s'être mis dans le parti, il est question de savoir s'il a eu tort de s'y mettre; et comme vous êtes bien justement nommée la Bonne, et que je vous ai trouvée telle en d'autres occasions, j'ai cru que je ne pouvois m'adresser mieux qu'à vous pour essayer de faire entendre à la Reine les raisons de M. le comte de Maure. Vous saurez donc premièrement, ma très-chère, que depuis la Régence il n'a pas eu un seul bienfait de quelque nature qu'il puisse être, si ce n'est en papier. Véritablement pour du papier il a eu des lettres de conseiller d'État, dont la pension est de six mille francs, une ordonnance de dix mille écus pour la récompense que les maréchaux de France dirent à la Reine qu'il étoit juste de lui donner pour la compagnie des gens d'armes de la feue Reine que M. le maréchal de Marillac avoit achetée; et non-seulement il n'a jamais rien touché de tout cela, après que lui et moi en avons tant de fois parlé à M. le Cardinal, qu'enfin nous nous en sommes lassés, mais il n'a su même être payé des appointements d'une petite charge qu'il avoit prise en paiement de son oncle de La Vauguyon, pour une dette de vingt mille écus. Ce traitement qui lui devoit être assez

3. Il paraît que ces deux dames avaient été ensemble au service de la Reine.

sensible, durant que la Reine faisoit des grâces si considérables à tant de gens qui n'avoient pas eu l'attachement que nous avions eu à son service, ne l'empêcha pas de se mettre en pièces dans la première brouillerie du Parlement. Il crut qu'y allant du repos de l'État, il devoit préférer les sentiments d'un bon François à ses ressentiments particuliers; et comme il m'aime assez pour entrer dans mes obligations, et que j'avois à M. le Cardinal celle de m'avoir raccommodée avec la Reine, il voulut aussi le servir, encore qu'il n'eût jamais fait les moindres choses pour lui. Les soins qu'il prit eurent assez de succès, puisqu'ils empêchèrent au mois de septembre (1648) l'arrêt qui a été donné au mois de janvier (1649). Vous pouvez juger si l'on auroit vu dès lors ce que l'on a vu depuis. Cependant, après que M. le Cardinal l'en eut remercié en présence de M. le Prince et de M. le maréchal de Villeroy, comme d'un grand service qu'il avoit rendu à l'État et dont il lui étoit fort obligé en son particulier, toute la cour a vu que la Reine ne lui en a pas dit un mot, quoiqu'il fût tous les jours devant elle; et M. le Cardinal a témoigné d'être embarrassé de lui, lorsqu'il lui vouloit parler sur cet accommodement, jusques à donner sujet de faire dire par tout Paris qu'il étoit si accablé de lui qu'il ne savoit où se mettre; enfin il en fit des railleries qui vinrent jusques à M. le comte de Maure, et qui l'obligèrent à s'en déclarer à quelqu'un des gens de M. le Cardinal, qui avoit connaissance de l'affaire. Et voyant que M. le Cardinal ne prenoit aucun soin de réparer cela, il déclara à cet homme-là qu'il ne le verroit plus. Cela a duré trois mois sans que M. le comte de Maure ait ouï parler de M. le Cardinal, sinon par un compliment assez superficiel qu'il me fit au retour de Sainte-Reine, où j'avois été durant ce temps-là; et quoique M. le comte de Maure ne fût qu'à deux pas de lui, et qu'il le vît très-bien, il ne lui en dit pas un mot. Quant à la Reine, je sais bien que cet accommodement, qu'elle ne faisoit que par force, ne pouvoit lui plaire; mais il me semble qu'il auroit été de l'équité de témoigner, à ceux qu'elle savoit ne s'en pouvoir mêler que pour son service, de leur savoir gré de leur bonne volonté, et c'est aussi ce qu'elle a fait à d'autres : mais pour M. le comte de Maure il n'a pas été si heureux. L'on voit à cette heure si l'on s'étoit si fort trompé de croire que cet accommodement étoit de son service, puisque, si l'on s'y étoit tenu, tout ce que l'on a vu depuis trois mois ne seroit point arrivé. M. le comte de Maure étant donc piqué, comme vous le pouvez juger, la Reine sort de Paris; et comme il mettoit ordre à ses affaires pour que nous en sortissions aussi, M. le prince de Conti et M. de Longueville arrivèrent. Alors véritablement il ne put résister à la tentation de montrer son ressentiment. Il n'eût pas voulu pour cela aider à former un parti; mais étant tout formé, l'estimant juste, et voyant qu'on ne pouvoit pas même soupçonner qu'on voulût détruire la royauté, il crut qu'il feroit mieux de s'y mettre que de s'aller empresser à la cour, où il avoit été si maltraité, ou de s'enfermer dans une de ses maisons durant cette guerre; et bien loin de croire que la Reine dût s'en plaindre, il crut, ou qu'elle ne songeroit pas à lui, selon le peu de considération qu'elle a fait de nous depuis sa régence, ou que si elle y songeoit, elle seroit assez équitable pour trouver qu'il avoit eu raison. Mais de la façon qu'elle parle, il faut ou qu'elle n'ait rien su de ces particularités, ou qu'elle ne nous ait pas jugés dignes de ces réflexions que la seule équité lui auroit dû faire faire. Car pour cette proposition, vous savez si c'est autre chose qu'une suite de s'être mis dans ce parti, et si après les premiers pas on ne doit pas faire tous les autres. Voilà, ma très-chère, pour ce qui regarde M. le comte de Maure ; et pour ce qui est de moi, je vous dirai qu'encore qu'il s'y soit mis pour des causes où je n'ai pu manquer de m'intéresser extrêmement et qui auroient pu détruire dans l'âme de beaucoup de gens le sentiment d'une obligation plus grande que ne peut être celle qui n'a produit que deux années d'une pension de mille écus, durant que Mme de Fiennes et Mlle de Beaumont [1] étoient mieux traitées, je suis faite d'une façon que quand on m'a une fois obligée, il est assez malaisé de m'en faire perdre tout à fait le sentiment, et il m'est toujours demeuré quelque chose dans le cœur pour M. le Cardinal, qui a fait que je n'ai pu sans regret voir M. le comte de Maure prendre parti contre lui. Mais j'ai regretté cela comme une chose dans laquelle lui-même l'avoit poussé, et non pas que j'aie trouvé qu'il eût tort d'avoir faite. Je priai Mme de Montausier de lui dire, et je crois que d'autres encore lui auront pu témoigner que je n'ai point changé de langage en changeant de parti, et que je parle ici de lui de la même façon que lorsqu'il y étoit. Quant à la Reine, j'avois cru ne lui devoir rien faire dire, et qu'au peu de considération qu'elle faisoit de nous, elle se moqueroit si j'avois cru qu'elle se fût aperçue que nous ne fussions plus dans son parti. Mais à cette heure, ma très-chère, vous m'obligerez extrêmement de lui dire ce que vous jugerez qui pourra servir à la justification de M. le comte de Maure, et même si vous pouvez parler de lui à M. le Cardinal ; car j'ai appris avec assez d'étonnement qu'il avoit dit à M. le marquis de Mortemart : « Mais qu'ai-je fait à M. le comte de Maure? » Cela a renouvelé les sentiments que j'avois déjà là dessus ; et vous jugerez aisément que, par les mêmes raisons que j'a été fâchée que M. le comte de Maure ait eu sujet de se mettre dans ce parti, je l'ai été qu'il se soit trouvé engagé à être porteur de cette proposition ; mais enfin je n'ai su faire que M. le Cardinal fît de lui la considération qu'il croyoit mériter, et je n'ai su faire que M. le comte de Maure n'eût pas fait cette proposition. Mais, bon Dieu, seroit-il possible qu'il eût oublié ce qu'il lui a fait et ce qu'on lui en a dit ! La grandeur rendroit les gens bien misérables si elle les empêchoit de faire les réflexions les plus ordinaires, et si elle leur faisoit

1. Qui avaient été au service de la Reine comme la comtesse de Maure. Sur Mlle de Beaumont, voyez Mme de Motteville, t. Ier, t. III, t. IV, et sur Mme de Fiennes, Mademoiselle, t. IV, p, 168, etc.

oublier les choses dont ils auroient tant d'intérêt de se souvenir. Je parlerois de cela d'ici à demain ; mais ma lettre est déjà si longue qu'il faut la finir, après vous avoir assurée que je suis à vous de la même façon que j'ai toujours été, etc. »

« [1] L'aventure de cette lettre fut que Mme de Brienne l'ayant reçue, au lieu de se bien mettre dans la tête ce que Mme la comtesse de Maure lui mandoit, ou tout au plus d'en lire quelque chose à M. le Cardinal bien secrètement, elle donna la lettre à monsieur son mari, lui disant : Je crois que Mme la comtesse de Maure sera bien aise qu'il la voie. M. de Brienne, sans autre cérémonie, la donna à M. le Cardinal, comme il étoit près d'entrer au conseil. Il y entra cette lettre à la main, disant : Voici une lettre de Mme la comtesse de Maure, où il doit y avoir bien des choses, car elle est fort grosse. Et comme il avoit de la peine à la lire [2], M. le Prince la prit, disant : Je la lirai bien, moi, et la lut d'un ton ridicule ; ce qui, avec la mauvaise disposition où l'on étoit en ce jour-là pour M. le comte de Maure et pour madame sa femme, fit qu'elle eut un très-méchant succès. Cette copie a été prise sur l'original, qui étoit plein de ratures et où les feuilles inégales étoient attachées d'une épingle, ce qui fait bien voir que le dessein de Mme de Maure n'étoit pas qu'elle fût lue en bonne compagnie. Elle la retira bien vite, dès qu'elle sut tout ce bruit-là, afin de pouvoir faire voir qu'elle ne contenoit pas toutes les choses que l'on disoit ; et après que Mme la comtesse de Brienne la lui eut renvoyée, Mme la comtesse de Maure lui écrivit la lettre suivante : »

« De Paris, le... 1649. — Ma chère compagne, M. de Roquette [3] m'a dit que vous ne voulez point venir à Paris et que vous dites qu'on ne vous y aime plus ; et il m'a fait entendre que même de moi vous ne savez qu'en croire. Je vous assure que Mme de Longueville vous aime autant qu'elle a jamais fait, et si la marquise d'O [4] s'est offensée

1. Ce paragraphe est dans Conrart, et peut-être de Conrart.

2. On le conçoit ; car il est difficile d'écrire plus mal qu'elle et son mari, comme on le peut voir par les nombreux autographes de l'un et de l'autre qui sont dans les manuscrits de Lenet et dans les Portefeuilles de Valant.

3. Probablement l'abbé Roquette. Voyez, sur ce personnage, les Mémoires du temps, particulièrement ceux de Lenet.

4. *Sic.* Nous ne voyons pas trop quelle personne est désignée sous ce titre. Ce ne peut guère être Louise-Marie Seguier, marquise d'O, première femme de Louis-Charles d'Albert, duc de Luines, morte en septembre 1651 : on ne l'appelle jamais que la duchesse de Luines, et elle était étrangère à toute intrigue

des sermons que vous nous avez envoyés sur le parti, Mme de Longueville n'en a pas fait de même; elle a été aussi raisonnable en cette occasion qu'en toutes les autres : vous savez que c'est tout dire. Pour ce qui est de moi, ma très-chère, ce ne sauroit être que sur la lettre que vous auriez pu avoir quelque défiance; car pour les sermons vous avez vu que j'ai été assez douce, encore que j'eusse toujours fort envie de vous dire que si j'osois je demanderois à la Reine si elle a cru n'être pas en bonne conscience toutes les fois qu'elle n'a pas été du parti du feu Roi. Et pour l'aventure de ma lettre, je vous jure qu'à cette heure je ne me soucie nullement de tout ce qui en est arrivé; car comme je n'ai jamais douté que vous n'eussiez très-bonne intention, je vous ai été obligée dans le temps même que j'étois au désespoir qu'elle eût été vue. J'ai enfin découvert sur quoi on a tant trouvé à redire (La reliure a ici emporté une ligne du manuscrit. On pourrait suppléer ainsi : On n'en est pas venu à cette) heure sans savoir que dans une lettre que l'on auroit voulu que la Reine eût vue, il auroit fallu user d'un terme plus respectueux que celui de *raccommoder avec la Reine;* mais écrivant à une amie de la façon dont je vous ai écrit, on s'excuse de prendre un grand tour pour des choses qui peuvent être dites en une parole. Pour le retour de Sainte-Reine, j'avoue que cela me passe, et que je n'aurois jamais imaginé que ce lieu-là eût été pire à nommer qu'un autre. Et pour le bruit que l'on a fait de ce que j'ai dit de mes sentiments pour M. le Cardinal, je voudrois bien demander au plus redoutable des juges de ma lettre si les sentiments de gratitude ne sont pas dans le cœur, et cela étant, si c'est une chose fort extraordinaire et que l'on puisse faire passer pour une fort grande flatterie d'avoir dit que quand on m'a une fois obligée il est malaisé de m'en faire perdre tout à fait le sentiment, et qu'il m'est toujours demeuré quelque chose dans le cœur pour M. le Cardinal qui a fait que je n'ai pu sans peine voir M. le comte de Maure prendre parti contre lui. Vous savez que bien loin d'avoir voulu qu'il vît ma lettre, je ne vous ai point demandé de lui rien dire de moi, mais seulement de M. le comte de Maure, parce qu'il sembloit qu'il eût oublié le sujet qu'il lui avoit donné de faire ce qu'il a fait. D'ailleurs il me semble que j'ai assez montré jusques ici que je n'étois pas fort empressée du côté de la faveur, pour ne devoir pas être accusée de m'en soucier beaucoup à l'avenir, et qu'il étoit plus raisonnable d'attribuer ce que j'ai dit là-dessus à un sentiment de reconnoissance qu'à un sentiment d'intérêt; et je crois que de tous ceux qui m'ont accusée, il y en a peu que je ne

politique. D'ailleurs elle avait vendu le marquisat d'O en 1647 à Pierre de Montagu, conseiller au parlement de Rouen, dont le fils, Pierre de Montagu, deuxième marquis d'O, avait épousé en 1637 Catherine de Romère. Est-ce celle-ci dont parle la comtesse de Maure? Rien de moins vraisemblable. Ce doit être une dame d'assez grande qualité pour avoir été une ancienne amie de Mme de Brienne, et pouvoir être citée à côté de Mme de Longueville.

pusse défier de renoncer aux prétentions de la cour, quelque raison qu'ils en eussent, de la sorte que je le saurai bien faire en cette occasion. Au reste, je ne crains pas que vous montriez cette lettre. Véritablement pour la Reine, elle n'a qu'à faire d'avoir la tête rompue de tout cela; et en l'état où nous sommes auprès d'elle, je sais que les choses qui viennent de moi ne lui peuvent paroître raisonnables, etc. »

Réponse de la comtesse de Brienne à la comtesse de Maure. Conrart, in-4°, t. XIV. — « Ma chère compagne, je vous suis très-obligée de l'honneur que vous me faites de vouloir prendre quelque confiance en moi. J'ai fait voir votre lettre à la Reine et à monseigneur le Cardinal, ayant cru que je n'étois pas capable de dire si bien vos raisons que vous-même. Sa Majesté a dit en la voyant : « Je ne sais pourquoi elle a cru être mieux avec moi en un temps qu'en un autre; cela a toujours été en la même façon; je n'ai jamais changé pour elle, je m'étonne qu'elle soit changée pour moi, et que le comte de Maure, qui fait profession d'une si haute piété, se soit engagé par ressentiment, comme elle le dit, dans un parti déclaré contre moi. Je ne l'aurois jamais soupçonné de n'être pas mon serviteur; son frère et tous ceux de son nom sont trop attachés à mon service. Il falloit que lui-même se déclarât là-dessus comme il a fait avec assez d'éclat pour n'en pas douter ; mais je veux croire que c'est une tentation, comme dit sa femme, et ainsi je l'excuse et lui pardonne. » Pour monseigneur le Cardinal, il a parlé de vous non-seulement dans des termes très-civils, mais très-obligeants, et il proteste qu'il n'a jamais cru être mal avec vous, parce qu'il ne vous a jamais traitée que comme une personne pour qui il avoit beaucoup d'estime; de sorte que je crois que vous auriez tort, et je vous condamnerois, si vous n'étiez pas autant sa servante que vous dites que vous l'avez été; car ses sentiments sont toujours les mêmes pour vous. Après cela, permettez-moi, s'il vous plaît, ma chère compagne, de vous dire avec ma franchise ordinaire pour les personnes que j'aime comme vous, car je crois qu'il y a longtemps que vous êtes assurée de mon affection, qu'en vérité vous avez tort. Quoi ! parce que la Reine et monseigneur le Cardinal ne vous ont pas bien traités, M. le comte de Maure se met dans un parti contre le roi ! En vérité, est-ce là une raison et une excuse valable devant Dieu et devant les hommes? Une personne qui a autant de cœur, d'esprit et de bonté que vous, sera-t-elle sans scrupule dans un état qui est, ce me semble, digne de vous en donner? Consultez-le devant Dieu ; sans doute vous en aurez douleur, et vous oublierez vos intérêts pour entrer dans ceux d'une véritable chrétienne, qui ne cherche pas à se venger quand elle en auroit raison. Je ne prétends pas de vous prêcher, ni de choquer vos sentiments, ni moins vous donner des lumières, vous en avez plus que moi en toutes choses, mais seulement de vous dire, en véritable amie, mes pensées. Recevez-les avec autant de bonté que j'ai de sincérité en vous les disant, et croyez que je suis à vous d'une manière qui ne peut être exprimée et qui vous doit obliger à m'aimer toujours, etc. »

La comtesse de Maure à la reine de Pologne sur son second mariage. Conrart, t. XIV, fol. 9.— « Madame, la lettre que Votre Majesté m'a fait l'honneur de m'écrire m'a donné une grande joie et tout ensemble une grande confusion. Ce n'est pas que je puisse jamais être coupable du crime de l'avoir oubliée, dont il me semble qu'elle me veuille accuser, mais c'est toujours une grande faute de lui avoir donné sujet de le dire. Je puis assurer pourtant Votre Majesté que je ne l'ai fait que par la seule crainte de l'importuner, sachant bien que Mme de Choisy [1] lui mande toutes les nouvelles qui peuvent lui donner du divertissement, et elle aura pu lui témoigner que pas une de ses servantes n'a eu plus de douleur que moi de sa maladie, ni plus de joie de son mariage. Ce que Votre Majesté m'a fait l'honneur de me mander de l'instance qui lui a été faite de toutes parts, me donne une grande opinion de la Pologne. Pour ce qui est du Roi, il y a longtemps que nous avons vu par une lettre qu'il écrivit à Mme de Choisy qu'il étoit non-seulement amoureux mais encore fort galant; et toutes les choses qu'il a faites depuis pour Votre Majesté n'ont guères moins fait de bruit à Paris qu'en Pologne. Enfin, Madame, il me semble qu'il ne reste plus rien à désirer pour Votre Majesté dans une si grande gloire et parmi tant de sujets de satisfaction, que le parfait rétablissement de sa santé. Je n'ai point vu celui qu'elle avoit chargé de la lettre dont il lui a plu de m'honorer. Il la laissa et promit de revenir; je n'ai garde de le lui laisser oublier, ayant la plus grande impatience du monde d'apprendre les particularités de ce second triomphe de Votre Majesté; mais je n'ai pu attendre davantage à lui témoigner le ressentiment que j'ai de l'honneur qu'elle m'a fait en me donnant part de cette grande nouvelle, et à l'assurer que l'extrême passion que j'ai toujours eue pour elle durera autant que ma vie. J'ai vu aujourd'hui Mme de Fiennes, à qui je n'ai pas manqué de dire la grâce qu'il a plu à Votre Majesté de me faire. Elle se plaint que Votre Majesté l'a oubliée et que depuis son mariage elle ne lui a rien mandé. J'entends fort bien que c'est que Votre Majesté ne lui aura rien voulu dire là-dessus. Elle est toute telle qu'elle l'a toujours vue soutenant la gageure aussi bien qu'il est possible [2]. Je n'ajouterai rien ici touchant notre guerre; c'est une chose sur laquelle il seroit

1. Nouvelle preuve que la reine de Pologne entretenait un commerce assidu avec Mme de Choisy. C'était, comme nous l'avons dit, chap. II, p. 89, une dame qui était belle et d'un esprit très-agréable. Son mari était chancelier de Gaston, duc d'Orléans, et ils voyaient ce qu'il y avait de mieux dans leur riche hôtel de la rue des Poulies, un de ceux que Louis XIV fit acheter et abattre pour construire la colonnade du Louvre.

2. Mme de Fiennes, ainsi que Mlle de Beaumont, avait été congédiée du service de la Reine et de la cour, parce qu'elle était opposée à Mazarin. Elle fit bonne mine à mauvais jeu, comme Mlle de Beaumont.

assez malaisé de se satisfaire quand on pourroit parler tête à tête avec Votre Majesté, à plus forte raison par une lettre qui doit faire un si long chemin ; mais je la puis assurer que j'ai pensé bien des fois à elle. C'est une dure chose que ce grand éloignement. Il faut bien aimer la gloire de Votre Majesté pour se réjouir de son mariage, qui ôte l'espoir de la revoir. Mais, Madame, rien ne m'ôtera jamais les sentiments de respect et de passion avec lesquels je suis, plus qu'il ne se peut dire, etc., etc. — Le 21 mai 1649. »

A madame la marquise de Montausier. Conrart, t. XIV, fol. 13. — « J'ai toujours la plus grande joie du monde lorsque je reçois de vos lettres, et quand vous seriez en Pologne je vous écrirois avec plaisir, quoique je n'aime à écrire, comme vous savez, que quand je puis avoir la réponse au bout d'une heure. Je suis encore à Paris. Les gardes de M. le Cardinal sont à Attichy. Cela répond à la question que vous me faites, de la façon dont je suis à la cour ; mais je vous en veux encore éclaircir davantage, et pour cela je vous envoie cette lettre qui a fait tant de bruit, et d'autres encore, sans lesquelles il seroit malaisé de vous faire entendre tout ce que je désire que vous sachiez ; et ce qui pourroit être une assez grande importunité à Paris pourra être un divertissement aux champs. Vous saurez donc que cette lettre ayant été vue comme je vous ai mandé, la paix ne fut pas sitôt faite que le bruit courut que M. le Cardinal avoit dit devant la Reine : « Ce seroit le dernier de mes malheurs s'il lui restoit quelque amitié pour moi ; » et incontinent j'en fus avertie, et qu'il avoit ajouté : « Ce seroit alors qu'il faudroit quitter le royaume. » Je crus tout à l'heure que cela étoit vrai, et que par rapport à ce que faisoit M. le comte de Maure, il avoit trouvé que c'étoit une fort belle pointe ; et enfin j'en eus tant d'avis qu'il n'y a pas eu moyen d'en douter. Je m'assure que vous trouverez cela encore un peu plus admirable que tout ce que je vous ai déjà mandé. Je n'aurois point trouvé étrange qu'il eût dit quoi que ce fût de M. le comte de Maure ; mais de moi, après ce que vous lui avez dit et ce qu'il avoit vu dans cette lettre, j'avoue que cela me surprit, quoique j'eusse su d'autres choses de cette nature qui s'étoient passées devant la guerre, qui m'ont fait croire qu'il avoit plutôt fait ce beau discours pour plaire à la Reine et à cette cabale qui m'est si contraire, que par ressentiment de ce que faisoit M. le comte de Maure : et Mme de Brienne m'a dit depuis une chose qui m'a bien confirmée dans cette opinion, qui est qu'après qu'il eut vu cette lettre il dit à M. de Brienne : « Je vous prie de dire à Mme de Brienne que, quoi qu'il arrive, je ne veux point être mal avec la comtesse de Maure, et que je la prie de lui mander que j'ai toujours été son serviteur et que je le veux toujours être. » Ne pouvant donc douter de ce beau discours, je priai M. de Mortemar de lui dire que l'on me l'avoit dit, et que s'il ne sortoit du royaume que par mon amitié, il étoit assuré d'y demeurer toute sa vie ; qu'il étoit même en sûreté de mes visites, parce que du jour que M. le comte de Maure s'étoit mis dans ce parti, je m'étois résolue à ne pas mettre le pied à la cour, et qu'il pouvoit savoir comme j'en avois usé du temps du cardinal de Richelieu, et juger de là si j'aurois de la peine à suivre cette résolution. Vous pouvez croire que je lui aurois fait dire encore pis si j'avois trouvé quelqu'un qui lui eût voulu dire. Vous verrez dans la première lettre du marquis de Mortemar comme cela se passa. Incontinent la cour alla à Compiègne, et dès qu'elle y fut arrivée, j'appris que ses gardes étoient à Attichy; et ne voulant pas le prier de les en faire sortir, je fis écrire Mlle d'Atri pour l'intérêt qu'elle a à cette terre. Aussi, sitôt qu'il eut vu sa lettre, il commanda que l'on fit déloger les gardes; mais, selon qu'il a paru depuis, il donna un autre ordre quand il sut que j'avois part à la terre. Il a fallu bien des choses pour me faire croire que c'étoit par ce mouvement-là, me semblant que ce seroit une chose trop basse. Je crus d'abord que c'étoit que celui qui commande ses gardes trouvoit ce logement bon et qu'il faisoit ce qu'il pouvoit pour le conserver. J'écrivis au marquis de Mortemar ce qui se passoit, et que je croyois qu'il falloit qu'il dît au Cardinal que cela avoit peu de rapport à ce qu'il m'avoit dit de sa part, mais que, quoi qu'il pût arriver, il ne lui fit nulle prière de la mienne, et qu'en l'état où étoit M. le comte de Maure avec lui, je ne croyois pas lui devoir demander aucune grâce, et plus encore à cause de ce que tout le monde croyoit qu'il avoit dit de moi, et que, bien qu'il eût dit que cela étoit faux, l'on étoit tellement persuadé qu'il étoit vrai, qu'il seroit malaisé que je me pusse résoudre à lui rien demander. Vous verrez par la seconde lettre du marquis comme cela s'est passé. Je lui ai mandé qu'à cette heure que je voyois à quoi tenoit cette affaire, je m'en saurois bien reposer, et que, si M. le Cardinal le faisoit par vengeance ou pour me réduire à le prier, il n'y trouveroit pas son compte; que pour la vengeance elle étoit médiocre, et que pour le prier une plus grande affaire ne m'y feroit pas résoudre, parce que je croyois que ce seroit une bassesse. J'ai la plus grande envie du monde de savoir votre opinion sur tout cela, et quoique l'on ne puisse pas tout dire par lettres, je suis assurée que je vous entendrai à demi-mot. Mais du Monseigneur [1] de Mme de Brienne, d'être sa servante, et du sermon, ne pensez pas à vous exempter de me mander tout du long ce qu'il vous en semble. Je ne répondis qu'à cette aigreur que vous remarquerez de la Reine et au sermon. Je lui mandai que j'étois facilement entrée dans le sens de la Reine, que je n'avois jamais été assez bien avec elle pour que cela eût pu changer, et que je demeurerois aisément d'accord de tout ce qu'il lui plairoit là-dessus, et que j'aurois toujours cette consolation, qu'elle ne pouvoit désavouer que d'autres personnes n'y eussent été bien, avec lesquelles je ne me voudrois pas changer; et pour le sermon, qu'elle pouvoit juger que M. le comte de Maure n'avoit rien

1. Plus haut dans la lettre de Mme de Brienne, p. 451.

fait sans consulter de bons casuistes. Je dis à Mme de Longueville que je lui avois mandé cela, et que j'avois encore eu envie de lui mander ce que vous verrez dans cette lettre sur ce que la Reine n'avoit pas toujours été du parti du feu Roi. Elle me dit tant que je le devois faire qu'enfin je fis cette lettre sans avoir pourtant tout à fait dessein de l'envoyer; non pas que je me fusse trop souciée que la Reine l'eût vue, mais de peur qu'on ne dît que j'étois bien incorrigible sur les lettres, après ce qui m'étoit arrivé. Sur cela Mme de Brienne vint ici; de sorte que cette lettre n'a été vue que de Mme de Longueville et de la marquise [1]; et je vous l'envoie pour vous faire voir par où l'on a taillé en pièces la première. Il ne faut pas oublier à vous dire qu'après qu'elle eut été lue par M. le Prince du ton que je vous ai mandé, la Reine voulut qu'on la relût le soir, et elle dit au marquis de Mortemar, à cet endroit du Cardinal : « Vous nous permettrez de vous dire que cela n'est pas fort à propos, son mari faisant ce qu'il fait. » Il lui dit : « Mais, Madame, ce n'est pas elle. » Elle dit : « Comme si l'on ne savoit pas qu'il ne fait que ce qu'elle veut. » Il y eut quelque autre qui dit : « Tout le monde croit qu'elle a voulu l'empêcher d'être de ce parti. » La Reine répondit encore la même chose.

« Il me semble, ma chère sœur [2], que vous voilà suffisamment informée de ce que vous avez désiré de savoir. Ne montrez, s'il vous plaît, ces lettres qu'à M. votre mari, et ne dites point que je les ai envoyées; car il y a eu encore une chose fort agréable, c'est qu'après qu'on avoit parlé de cette lettre comme de la plus terrible chose du monde, et qu'on avoit été tout heureux de pouvoir retirer l'original pour montrer qu'elle n'étoit pas telle qu'on la disoit, la Reine s'en est formalisée, disant que j'en faisois vanité. Vous verrez qu'il n'y a pas de quoi, et qu'il y a des répétitions et d'autres choses dont je m'attends bien que vous ferez des excuses à M. votre mari. En effet, je l'écrivis dans une fort grande hâte, voulant prendre le temps du vacarme que faisoit la Reine pour lui faire dire ce que j'avois envie, il y avoit longtemps, de trouver occasion de lui faire savoir; et vous savez comme les choses passent vite à la cour. Je ne vous manderai rien du mariage de M. de Mercœur [3], ni de l'espérance qu'on a à la cour qu'ensuite M. de Beaufort adoucira le peuple de Paris. Je crois que vous savez tout cela comme nous. J'aime mieux vous parler du pauvre M. Esprit [4], dont je ne doute pas que vous ne soyez bien at-

1. Évidemment la marquise de Sablé.

2. C'est le titre qu'elle donne toujours à Julie d'Angennes, par une habitude de tendresse prise dans la jeunesse et continuée dans l'âge mûr.

3. Le duc de Mercœur était le fils aîné du duc de Vendôme, que Mazarin détacha de la Fronde en lui donnant une de ses nièces.

4. Jacques Esprit de l'Académie française, né à Béziers en 1511, mort en 1679. Est-il question ici de son entrée à l'Oratoire, de ses austérités et des maladies qu'elles lui causèrent? Sur Esprit et les vicissitudes de sa vie. Voyez LA JEUNESSE DE MADAME DE LONGUEVILLE, chap. II, p. 145, et plus haut, chap. III p. 118.

tendrie. Pour moi j'ai bien pleuré en le voyant. Il me parla de vous avec des sentiments fort tendres et enfin tels qu'il vous les doit. Il a fait un grand sacrifice, car il a fait un grand effort. Mon Dieu, ma chère, que j'ai envie de vous revoir! Si vous êtes encore à Angoulême quand j'irai en Poitou, qui sera après le voyage de Sainte-Reine, je vous irai voir. A propos de Sainte-Reine, on dit que M. le Prince en auroit plus besoin que moi. Je ne saurois m'empêcher de souhaiter qu'il fût réduit à y venir durant que j'y serai. J'ai eu des nouvelles de la Reine de Pologne. Elle m'a écrit sur la résolution de son mariage. Je ne doute pas qu'elle ne vous ait écrit aussi. Ma très-chère, faites-moi la grâce de m'aimer toujours et de me croire à vous au delà de ce que je puis dire. Permettez-moi d'assurer M. votre mari de mon très-humble service. J'ai fort envie de le revoir aussi. M. le comte de Maure est votre très-humble serviteur à tous deux. Il s'en va à Bourbon; le froid lui a donné moyen de retarder son voyage jusqu'à cette heure. Je vous supplie d'embrasser ma nièce [1] pour l'amour de moi.»

La comtesse de Maure à Lenet, à Bordeaux. Manuscrits de Lenet, t. IX, fol. 29. « Paris, 6 septembre (1650). — Vous avez une bien plus grande querelle avec moi de ne m'avoir point envoyé de gants d'Espagne et d'en avoir envoyé à Mme de Rohan [2], que quand je croyois que vous ne m'aviez point écrit sur les blessures et la prison de M. le comte de Maure, car vous pouviez fort bien n'avoir pas cru qu'étant aussi persuadée que je le suis de votre amitié pour nous, il fût nécessaire de faire des compliments. Mais vous ne sçauriez vous être souvenu d'envoyer des gants à Mme de Rohan et n'avoir point songé à moi sans l'aimer moins que moi, et je n'ai pas cru m'en pouvoir mieux venger, que de le dire à Mme de Chalais [3], qui ne trouve pas meilleur que moi que vous l'ayez oubliée, et quand vous sçaurez ce que j'ai dit sur ce voyage-là, vous verrez que vous auriez eu un grand intérêt de m'amollir le cœur par un tel présent. Mlle de Vandy, qui a d'autres querelles avec vous, à ce que j'apprens, ne vous en fait point sur ce sujet, mais elle n'en pense pas moins que Mme de Chalais et moi. Avec tout cela, personne ne vous aime tant que nous faisons toutes trois, et, en mon particulier, je crois que rien ne sçauroit vous faire douter que je ne sois très-véritablement votre très-humble et très-affectionnée servante. Nous avons été bien en peine ici de la maladie de Mme la Princesse. J'ai beaucoup de joye qu'elle soit hors de ce danger. Faites-moi la grâce, je vous supplie, de le lui dire, et que personne ne peut être plus que moi sa très-humble et très-obéissante servante. Ayez aussi la bonté de faire mes compliments à Mme de

1. La petite Montausier. Voyez LA SOCIÉTÉ FRANÇAISE, t. II, *Appendice*, Lettre de Mme de Montausier à la comtesse de Maure.

2. Vraisemblablement Marguerite de Rohan, duchesse de Rohan-Chabot, dont le mari était un des chefs du parti des Princes.

3. Est-ce la veuve de Chalais?

Tourville et à Mlle des Préaux. Adieu, Monsieur, Dieu veuille que la paix nous rassemble bientôt tous! »

Voici maintenant quelques dépêches du comte de Maure à Lenet, qui nous ont paru importantes et instructives pour l'histoire des partis pendant la seconde Fronde. Manuscrits de Lenet, t. III.

« Ce 24 août 1650. — J'ai reçu ce soir votre lettre du 18e, et ai vu avec joie la fermeté que vous représentez dans tous les esprits des différentes conditions de votre ville. Tout le monde y a grand honneur, chacun pour sa part, et je ne doute pas que vous n'obteniez bientôt la condition d'accommodement que vous dites être nécessaire, puisque la cour trouvera son avantage et sa sécurité dans la délivrance des Princes beaucoup plus que dans la dépendance des Frondeurs et dans l'occupation d'une guerre civile qui l'éloigne, et lui ôte les forces dont elle a si grand besoin pour éviter les progrès de l'armée d'Espagne. Enfin, si l'animosité n'aveugle tout à fait le Cardinal, il verra aussi bien que nous que l'État est perdu si les affaires demeurent durant trois mois en l'état misérable où elles sont: la France pleine de troupes, ravagée par les ennemis et par les amis, le Roi sans argent et sans autorité, les généraux d'armée sans créance non plus que les ministres, et Paris si fort divisé par des cabales puissantes qu'au lieu d'être en disposition de servir le Roi dans de si grands besoins, la cour a plus de sujet de craindre que d'espérer de cette grande ville, où est le peu d'argent qui en reste en France après la dissipation et le transport qui s'en est fait durant la guerre. Vous ne faites pas seulement pour vous et pour la sûreté du parlement et de la ville de Bordeaux en demandant la liberté des Princes, vous faites pour le Roi et pour l'État, puisque c'est un moyen tout à fait nécessaire pour faire cesser tous les soulèvements des provinces, pour réunir les esprits et les forces de la France, pour résister à l'Espagne, et l'obliger à conclure une paix raisonnable qui permettra de rétablir le bon ordre dans les affaires et l'autorité royale; et sans cela, ni la cour ne peut espérer de résister aux ennemis et de rétablir l'autorité, ni l'État ne peut espérer de voir cesser les désordres qui le ruinent, ni d'avoir jamais la paix, sans laquelle nous ne pouvons plus éviter de voir la désolation entière de la France et la subversion de la monarchie, puisque, tandis que les Princes seront prisonniers, leur parti subsistera toujours par le concours de tous les malcontents, et sera assez puissant pour favoriser les entreprises des Espagnols et pour résister aux troupes du Roi, lesquelles s'affoibliront tous les jours n'étant point payées et n'y ayant plus de quoi les payer. Tant plus le Cardinal tardera à se résoudre à cette délivrance, il empirera son malheur, et se mettra bientôt en état de ne se pouvoir plus sauver par cette voie ni par nulle autre, parce que la haine publique augmentera de jour en jour, et les Frondeurs la fomentant par leur animosité et par la crainte de ses vengeances s'il rentroit dans sa première puissance, ils chercheront leur sûreté dans sa ruine, ne s'étant ménagés avec lui depuis son départ que pour l'engager à remettre les Princes entre les mains de M. le duc d'Orléans, duquel ils espèrent de disposer, faisant paroître qu'ils lui sont fort utiles pour le rendre maître des affaires. L'on ne croit pas, quoi que disent les Frondeurs, que la Reine ni le Cardinal consentent jamais que les Princes soient transférés à la Bastille, et l'on ne craint pas non plus, quelque fanfare qu'ils fassent de leur crédit parmi le peuple, qu'ils puissent engager son Altesse Royale à user d'autorité et de violence pour tirer les Princes du bois de Vincennes, ni qu'ils puissent en venir à bout s'ils l'entreprenoient. De Bar[1] est trop brave homme et trop fidèle à son maître pour faire une foiblesse, et le parti de M. le Prince est trop puissant dans Paris pour que les Frondeurs puissent réussir au siége du bois de Vincennes, sans compter les secours que le maréchal de Turenne y pourroit amener, n'ayant aucune rivière à passer pour y venir des lieux où son armée est campée, entre les rivières d'Aisne et Marne. Le Cardinal auroit à craindre, s'il tardoit à délivrer les Princes, que les Frondeurs n'ayant plus d'espérance de le tromper par de foibles apparences, et voyant qu'il reconnoît les mauvais offices qu'ils lui font continuellement auprès du duc d'Orléans et dans le public, le mettant toujours en butte comme la cause de tous les maux de la France et la victime qui doit apaiser tout le monde, ils se résoudront à se joindre au parti des Princes pour achever à le perdre, et faire par ce service oublier à M. le Prince l'offense qu'il avoit reçue par le complot et sa prison. Je vous avoue que je ne me saurois assez étonner, connoissant la défiance mortelle qui est entre le Cardinal et les Frondeurs, que l'un ou l'autre de ces deux partis ait tardé jusques à cette heure à se réconcilier avec M. le Prince, qui est à l'un et à l'autre l'ennemi le moins entier et le moins irréconciliable. Les uns et les autres sont d'humeur à ne prévoir pas de loin, et à ne s'aviser des grandes choses où ils ont de la répugnance, sinon lorsqu'ils sont tout à fait pressés; mais il me semble que le temps est venu qu'il leur est nécessaire de se déterminer, et votre résistance aura produit un bon effet. De part et d'autre, c'est à eux à choisir, et chacun d'eux a intérêt de gagner son compagnon de la main. Je ne vous dirai point auquel j'aimerois mieux que les Princes fussent obligés de leur liberté. Il y a des raisons pour les uns et pour les autres. Dieu en ordonnera, et pourvu que le bien arrive, il sera toujours aussi agréable qu'utile, de quelque part qu'il vienne.

« Je vous dirai, touchant l'arrêt que vous m'aviez promis contre le Cardinal, que vous n'avez pas dû attendre que le Parlement de Paris donnât l'exemple ni le branle à cette affaire. Ne pensez pas que le Parlement de Paris, étant en paix, renouvelle une affaire qui lui a

1. Commandant de Vincennes.

causé autrefois la guerre sur un sujet qui ne le touche pas directement. C'est au vôtre, qui est attaqué, de se défendre, et de suivre l'exemple de celui de Paris, qui commença sa défense par l'arrêt contre le Cardinal, lorsque la cour lui déclara la guerre. Il est désormais temps de tenir votre parole, et cela serviroit à ôter l'opinion que la cour s'efforce de donner, qu'il y a disposition dans le Parlement à traiter avec la cour, et que M. de Bouillon n'est maître que du menu peuple. L'engagement que cet arrêt donneroit au Parlement contre le Cardinal, inspireroit plus de confiance aux gens des provinces voisines qui ont disposition à prendre votre parti; et ce seroit un bon moyen d'engager le Parlement de Paris et les autres à faire des remontrances à la Reine pour éloigner de ses conseils un ministre qui est venu à ce point d'aversion et de mépris, qu'il n'est plus capable de tenir une place qui demande le respect et la crainte de tous les peuples. Si vous ne croyez pas que l'on puisse réussir à donner cet arrêt, tâchez d'en faire donner un qui porte union et engagement pour la liberté des Princes, et lettres aux autres Parlements pour leur rendre compte des motifs de cet arrêt, et pour les convier de s'unir avec le vôtre pour un dessein qui se trouve en même temps tout à fait juste, puisqu'il est fondé sur les lois et la déclaration de 1648 touchant la sûreté publique, en faveur de deux Princes du sang qui ne sont ni coupables ni même accusés d'aucun crime, et qui est utile à l'État, puisque c'est le moyen de faire cesser les troubles du royaume, de réunir la maison royale, de rétablir l'autorité royale, la force et la réputation de l'État, et d'obliger les étrangers à faire la paix. Et vous êtes d'autant plus obligés à n'entendre à aucun accommodement sans cette condition de la liberté des Princes, que, ayant été réduits, pour éviter l'oppression dont vous étiez menacés, de vous appuyer de ceux qui avoient pris les armes pour procurer la délivrance des Princes, vous ne pouvez plus espérer de sûreté pour vos vies et vos biens et pour le corps du Parlement de la ville de Bordeaux, après les extrémités où vous êtes venus pour ne pas manquer à votre juste défense, si vous n'obtenez, par la liberté des Princes, une garantie sûre de votre traité. (Assurez bien[1]) que vous ne désirez rien tant au monde que de voir la Guyenne pacifiée et tout à fait dans l'obéissance du Roi, que votre intention n'a jamais été de vous en départir, ni de rien faire contre le service du Roi ni contre le bien de l'État, et toutes les autres raisons spécieuses qui se peuvent alléguer en faveur des Princes, et pour persuader que (leur captivité est[2]) aussi ruineuse qu'injuste, qu'elle n'a été causée et n'est entretenue que par l'animosité et pour les intérêts du Cardinal, et que leur délivrance est tout à fait nécessaire pour apaiser les troubles et faire cesser les prétextes, et ôter l'espérance aux enne-

1. Il semble qu'il y a ici une petite lacune que nous remplissons de notre mieux.

2. Mots ajoutés. Le manuscrit est déchiré en cet endroit.

mis de l'État de profiter de nos divisions ; que pour cela il faut réunir la maison royale et obtenir de la Reine, par les bons offices de M. le duc d'Orléans et par les remontrances des Parlements, la liberté des Princes, et que vous protestez d'être prêts à vous soumettre à toutes les conditions qu'il plaira à la Reine de vous imposer, pourvu que vous obteniez celle-là, qui ne regarde que le bien de l'État et votre sûreté, après les malheurs où la violence du duc d'Épernon et du cardinal Mazarin vous ont précipités. Cet avis ne vient pas de moi seul, mais de quelques amis qui entendent bien telles affaires et qui connoissent la disposition des esprits. Je crois qu'il sera bon d'écrire à M. le duc d'Orléans sur le refus ou sur le retardement d'admettre le gentilhomme qui est à lui. Il n'avoit point de lettres de son Altesse Royale pour votre Parlement, ni ordre d'aller à Bordeaux. C'est le Cardinal qui l'y faisoit aller, et il ne manquera pas de vouloir animer son Altesse Royale contre vous, comme il a voulu faire le Parlement sur ce que vous n'avez point député ou écrit à leurs députés. Ce sont des artifices continuels sur les moindres circonstances. L'autre jour, le Parlement étant assemblé, les ministres engagent Monsieur à faire lire par les greffiers des extraits des lettres de la cour qui portoient que Le Coudray[1], après trois jours d'attente aux portes de Bordeaux, y avoit été introduit par deux conseillers, députés du Parlement assemblé, et que l'on croyoit que l'affaire s'accommoderoit. Ils espéroient par là favoriser la délibération sur un secours d'argent que la cour vouloit demander. Mais ayant vu que l'on étoit averti d'ailleurs que Le Coudray n'étoit pas entré et que Bordeaux étoit dans la résolution de résister jusques à ce que les Princes fussent délivrés, Monsieur demanda seulement que l'on nommât des députés des compagnies souveraines pour conférer avec lui sur les affaires présentes. La conférence commencera demain, et déjà des billets ont été jetés dans la chambre de son Altesse Royale, qui disent que, pourvu qu'il veuille chasser le Mazarin, il sera aussitôt secouru de six millions. L'on ne croit pas qu'il se trouve aucun moyen de faire de l'argent. La dernière montre [2] n'a pu encore être amassée et l'armée se dissipera fort ; elle est séparée en divers lieux pour empêcher que les ennemis ne passent la rivière de Marne et n'y occupent quelques passages importants. Ils sont très-forts, surtout en cavalerie, et l'on croit ici que M. de Turenne traversera la France avec un grand corps de cavalerie et deux mille mousquetaires, et qu'il fortifiera le parti de Berry et d'Auvergne, et passera en Guyenne si vous en avez besoin. On dit qu'un gentilhomme de Mme la Princesse est allée tâter Turenne, après avoir laissé ici son blanc-seing et visité quelques-uns de ses serviteurs. De la façon que j'entends parler de cette jeune princesse, j'ai grand désir de la connoître et de la

1. Voyez les Mémoires du temps.

2. Montre, pour recrue et la solde de cette recrue. Faire une montre, c'est faire le payement des troupes.

servir. L'on dit des merveilles de son fils; Dieu le bénisse et lui redonne promptement M. son père! L'on dit qu'il se porte toujours bien et qu'il reçoit de bonne sorte la nouvelle de la naissance du petit prince d'Orléans, et Mme la douairière aussi qui a écrit une fort bonne lettre à M. le duc d'Orléans. Je ferai part de vos nouvelles à tous les amis; je n'ai pu le faire aujourd'hui, ayant reçu votre lettre trop tard. Le patron saura que vous faites merveille. Mais d'où vient que vous ne m'avez rien répondu sur ce que je vous ai mandé de lui? La dame des champs [1] aura ce qui est pour elle. Je n'ai reçu depuis longtemps qu'une de vos lettres du premier de ce mois, et vous n'accusez point les miennes; cela se doit toujours faire. Les dames vous baisent les mains, et je vous conjure de m'aimer toujours, et de faire mes compliments à vos principaux amis, qui sont bien heureux de pouvoir faire de si belles choses. Dieu vous conserve toujours et veuille bénir vos bonnes intentions. Le maréchal de Lamothe [2] est venu depuis quatre jours et assista l'autre jour au Parlement. Les Frondeurs font ce qu'ils (le manuscrit est déchiré en cet endroit), et donnent des défiances à Monsieur que les serviteurs de M. le Prince veulent entreprendre sur sa personne. A Dieu ne plaise que l'on eût des pensées si criminelles! Il vaut bien mieux travailler à l'adoucir pour M. le Prince, et l'on n'en doit point désespérer, et pour cela il faut bien se garder de rien dire ni rien faire qui lui puisse déplaire. M. Deslandes Payen [3], en opinant lundi pour la liberté des Princes, oublia de dire ce qui convenoit à l'honneur de Son Altesse Royale avant que de dire que l'on voyoit que M. le Prince étant en prison, il n'y avoit personne qui empêchât les ennemis d'entrer dans la France. Cela piqua Monsieur, et donna beau jeu aux ennemis de M. le Prince de renouveler sa jalousie. Il faut toujours garder respect à la Reine et à Son Altesse Royale. Espérons qu'ils s'adouciront et se résoudront à délivrer les Princes. Adieu. »

Manuscrits de Lenet, t. III. « Le 22 novembre 1650. — Si j'étois de légère créance et capable de croire du mal de mes amis, j'ajouterois foi aux discours que l'on fait de votre faveur et de la crainte que vous avez de vous brouiller à la cour, voyant que vous ne m'écrivez plus, quoique vous m'eussiez promis de m'informer de toutes choses dès que vous seriez en un lieu de repos. Mais je vous aime trop pour perdre aucune occasion de vous mander de mes nouvelles, jusqu'à ce que vous m'ayez témoigné de ne le plus désirer. J'attends une réponse de vous sur une affaire qui presse tout à fait,

1. Cette dame, alors à la campagne et à qui Lenet écrivait, pourrait bien être Mme de Châtillon, qui était en ce moment à Chantilly ou plutôt à Châtillon-sur-Loing avec la princesse douairière de Condé.

2. Le maréchal de La Mothe-Houdancourt qui, dans la première Fronde, avait été gouverneur de Paris.

3. Conseiller au parlement, attaché au parti des Princes.

et je vous conjure de m'instruire de vos sentiments et des choses que vous avez dites à la cour depuis la paix de Bordeaux, afin que je puisse répondre à ce qui se dit de vos propositions de plusieurs mariages, et détromper le monde de l'opinion que vous ne vouliez plus songer qu'à plaire à la cour, avec laquelle on dit que vous conservez intelligence par votre bon ami, M. de Navailles [1]. L'ami qui vous donnera cette lettre m'a dit que vous lui avez témoigné des sentiments contraires, et que vous étiez résolu de faire merveilles en toutes les occasions qui se pourront présenter, et de satisfaire l'attente des plus zélés; vous verrez par cette lettre, comme par mes précédentes, que j'ai toujours cru la même chose, et que ces bruits que j'attribue au Cardinal ne m'empêchent pas de vous parler d'une affaire qui ne lui sera pas agréable, parce qu'elle est utile aux personnes qu'il persécute plus que jamais, depuis qu'il a voulu vous persuader et à plusieurs autres qu'il vouloit les servir. Cette translation [2] fait bien voir qu'il se moquoit de dire qu'il n'y avoit que M. le duc d'Orléans qui rendit l'affaire difficile, puisque Monsieur y a montré une grande répugnance et qu'il avoit promis aux Frondeurs qu'il n'y consentiroit point. Vous jugerez bien qu'à cette heure que le Cardinal se croit maître des affaires à cause qu'il l'est tout à fait de la prison des Princes, il ne songera plus à leur liberté, s'il n'est pressé de quelque nouvelle peur, parce que les armes étant posées en Guyenne et en Berry l'on ne peut lui faire peur que par la voie du Parlement, au moins pendant l'hiver. Pour cela les amis ont jugé nécessaire de faire présenter requête par la mère ou la femme, plutôt que par un procureur, qui n'a point de pouvoir spécial pour cela; et comme la maladie de la mère ne lui permet pas d'entendre parler d'affaires ni de savoir la mauvaise nouvelle du Havre, qui la feroit assurément retomber et peut-être mourir, il n'y a que votre princesse qui puisse rendre ce bon office aux affligés, et il n'y a que vous qui puissiez lui faire bien comprendre l'importance de cette affaire. L'on m'a chargé de vous témoigner l'avis et le désir des amis les plus confidents, et de vous dire que tout le monde a montré tant d'indignation du transport des Princes du sang en un lieu si éloigné et si suspect, qu'il importe fort de se prévaloir promptement de l'occasion pour obtenir du Parlement quelque chose qui facilite la délivrance des Princes. Je ne pense pas que vous y trouviez difficulté, et si cela est, je vous supplie de me le mander, mais aussi de ne laisser pas pour cela de faire signer la requête, afin que les amis ayant examiné toutes les raisons pour et contre, l'on puisse, à l'ouverture du Parlement, présenter la requête, s'il se trouve qu'il soit à propos; et, parce qu'il n'y a pas grand plaisir de s'exposer au blâme de plusieurs amis indépendants ni de se charger des événements, je vous conseille en ami, sans intérêt et sans préoccupation, de nous envoyer la

1. Depuis devenu duc et maréchal, et le mari de Mlle de Neuillant.
2. La translation des Princes d'abord à Marcoussis, puis au Havre.

signature que l'on vous demande avec les difficultés qui s'opposent à la requête, plutôt que d'envoyer des raisons sans signature, de peur de donner sujet à quelques gens, qui peut-être ne sont pas de vos amis, de dire que les bruits n'étoient pas faux et qu'il ne faut rien attendre de vous que des difficultés sur toutes les propositions qui seront désagréables à la cour; et vous savez bien le danger qu'il y a de gouverner des affaires, lorsque les maîtres sont enfermés et qu'ils ne peuvent connoître la conduite de ceux qui les servent que par le témoignage d'autrui; et pour éviter d'avoir plutôt du blâme que de la satisfaction, il faut, autant que l'on peut, satisfaire toutes les personnes dont le témoignage sera considéré. Je souhaiterois fort de vous entretenir, ne pouvant vous dire tout ce que je crois nécessaire de vous faire savoir. Vous aviez fait dessein de passer ici en allant chez vous[1], et vous avez dit à l'ami qui va vous voir que vous n'osiez, de peur que l'on le trouvât mauvais. Si vous jugez quelque inconvénient à venir ici[2], la cour y étant, nous pourrions prendre rendez-vous à une journée d'ici sans que personne le sût, si ce n'étoit quelque ami confident dont vous demeureriez d'accord. Vous ne manquez pas de prétexte pour être quelques jours absent. Il est de la bienséance que vous alliez à Châtillon, Mme la Princesse ne pouvant pas y aller sans M. son fils, et n'osant le mener à cause du mauvais air. La permission de la cour que l'on vous envoie n'est pas un ordre, et ne vous doit pas obliger à faire un voyage auquel il pourroit y avoir de grands inconvénients. L'on ne peut aussi trouver à redire que vous alliez chez vous après une si longue absence, et de Châtillon vous feriez semblant d'aller chez vous, et viendriez secrètement à notre rendez-vous. Je vous supplie de croire qu'il seroit bon pour les affaires et pour vous-mêmes que nous nous vissions bientôt. En attendant, écrivez-moi amplement par cette occasion, qui est bien assurée, cet homme étant très-bien intentionné pour l'intérêt général et pour l'union de tous ceux qui y sont utiles. Il vous dira les nouvelles du monde. Nos dames voudroient fort vous voir et vous baiser les mains. Assurez Vos Altesses de mes respects, et me continuez vos bonnes grâces, je vous en conjure. Adieu; je retarde mon voyage de jour en jour, ne pouvant quitter tandis que l'on espère de pouvoir servir.

« La nouvelle vient d'arriver que Mme la Princesse douairière est retombée et qu'elle est fort empirée. S'il en arrivoit accident, il ne seroit point nécessaire que Mme la Princesse fît le voyage et qu'elle sortît de Mouron[3]. »

Manuscrits de Lenet, t. IV. « Ce 5 février 1651. — J'ai reçu vos

1. En Bourgogne.
2. Attichy, près Compiègne où la cour était.
3. On lit, dans les Mémoires du temps, Mouron, Montrond ou Monron; c'est la même place dans le Berry.

lettres des 23e et 27e de janvier, et ayant su tout présentement que l'on vous dépêchoit un courrier, je n'ai eu que le temps de vous faire ce mot pour vous dire que j'aurois fort désiré que vous eussiez vu la délibération d'ici. Nous demeurâmes au palais jusques à cinq heures du soir; M. le duc d'Orléans y a parlé admirablement; il s'est rendu garant des paroles que MM. les Princes donneroient, et que c'étoit une chose inutile de négocier avec eux pour chercher des sûretés avant que de les mettre en liberté; il a bien détruit le soupçon que la cour vouloit mettre dans le Parlement, que Monsieur et les Frondeurs n'avoient pas envie que les Princes sortissent; et l'union paroît si véritable et si puissante, que la seule chose qu'il y auroit à craindre seroit que la cour, n'espérant plus d'avoir aucune part à l'obligation de la délivrance des Princes, différât quelque temps à exécuter les paroles données pour leur liberté, afin d'essayer de regagner Monsieur ou de diviser le peuple dans le Parlement; ce qui ne me semble pas à craindre, n'y ayant pas assez d'argent ni d'autorité pour faire ni mal ni peine à tous ceux qui s'opposent au Cardinal, et l'engagement de Monsieur étant si grand et si public. La foule et la confiance que j'ai vues ces deux jours à Luxembourg et au palais m'a fait souvenir des premières journées du parti de Paris, qui étoit le plus puissant qui se fût jamais vu. Celui-ci l'est encore beaucoup plus par la présence de Monsieur, par le prétexte de la prison des Princes, et parce que M. le Prince nous protégera plus que Mazarin. Le premier président[1] a fort assuré de la part de la Reine que le maréchal de Grammont a l'ordre pour ramener les Princes, et qu'elle ne sortiroit point de Paris. L'on ne laisse pas de craindre cela, et si M. le duc d'Orléans n'étoit scrupuleux sur ce qui regarde la personne du Roi, il auroit pourvu à empêcher que le Cardinal ne l'emmenât à cette heure comme il fit il y a dix ans. Il a dit et mandé aux principaux officiers de la maison du Roi qu'ils lui répondroient sur leur vie de sa personne s'ils consentoient à la sortie du Roi. Ils ont fort bien répondu, et l'on ne doute point que la plupart n'appréhendent plutôt que de désirer la sortie du Roi, qui causeroit sans doute la guerre civile, si ce n'étoit que la cour allât en Normandie pour montrer à MM. les princes qu'ils n'auroient point été forcés par ce qui se passe dans Paris à les mettre en liberté.

« Je viens de voir présentement le duc d'Orléans, lequel paroît de plus en plus ferme et constant dans les résolutions qui ont été prises, et l'on continue cette semaine les délibérations du Parlement contre le Cardinal. Toutes les dames vous baisent les mains. Je suis votre très-humble serviteur, etc. »

« Paris, 13 février 1651. — Enfin l'ordre partit hier, et pourvu que la Reine demeure quatre jours dans Paris comme tout le peuple le souhaite et nous aussi, nous verrons arriver ces pauvres prisonniers

1. Matthieu Molé.

dans le plus grand triomphe du monde. M. le maréchal de Villeroy est parti ce matin pour Stenay avec les permissions et les lettres de la Reine qui prient Mme de Longueville de revenir au plus tôt pour ménager la paix entre les deux couronnes. Je crois pourtant qu'elle attendra pour partir de savoir que les Princes sont libres, comme M. le duc d'Orléans veut faire pour voir la Reine, qui l'en fait prier tous les jours[1]; il me l'a dit encore ce soir, et montre la meilleure et la plus sincère volonté du monde pour la liberté des Princes. Vous ferez de même dans votre petite cour, et vous ferez sagement, car en ces grandes affaires-là il faut avoir plutôt de la prudence que de l'impatience. Je me réjouis fort de ce que la cause de votre brouillerie avec M. le comte de Tavannes va cesser tout à fait, et je ne désespère pas que je ne vous revoie bons amis lorsque vous serez ici, quelque difficulté qui y paroisse de votre part plus que de la sienne. S'il n'étoit point si tard, je vous manderois des nouvelles et présenterois mes respects à Mlle la Princesse. Je vous supplie de l'assurer que nous prenons céans la part que nous devons à sa joie, et que nous souhaitons fort d'avoir l'honneur de la voir ici triomphante. M. le président Pereau ne se montre point, sur quelque avis qu'on lui a donné qu'on vouloit le reprendre[2]. Adieu, mon cher Monsieur, nos dames vous baisent les mains. »

Autres lettres du comte et de la comtesse de Maure pendant la troisième Fronde.

Manuscrits de Lenet, t. IV. Le comte de Maure, gouverneur de Libourne, à Lenet, à Bordeaux : « Libourne, ce 12 mars 1652. — J'envoie en diligence savoir s'il est vrai ce que l'on vient de me dire, que les vaisseaux des ennemis sont entrés dans cette rivière de Dordogne et qu'ils ont passé au delà de Boissy. Si cela étoit, il faudroit faire monter les Irlandois qui sont à Lormont, et qu'un maréchal de camp fût avec eux pour côtoyer la rivière et occuper les postes considérables pour le passage de la rivière ou pour les châteaux dont les ennemis se pourroient saisir pour couper les chemins de cette ville à Bordeaux, et que l'on hâte le convoi des blés qui doit venir ici, et que l'on fasse porter avec les blés des farines, car il n'y en a point ici, ni de moulins pour en faire. Si peu qu'il y eût d'ennemis ici autour, il faut, dans l'état où nous sommes, prendre garde à tout, parce que les moindres choses importent quasi de notre reste. Les deux majors et les deux capitaines qui avoient été députés sont partis il y a une heure; j'ai écrit par eux à M. le prince de Conti. Je vous prie encore, comme je fis hier au soir, d'amuser ces quatre capitaines, et de m'envoyer un ordre de Son Altesse en forme,

1. Mme de Motteville, t. IV, p. 273. Montgelat, collection Petitot, t. L, p. 260.

2. Un des présidents de la Cour des comptes, intendant de la maison du prince de Condé. Il avait été arrêté le même jour que son maître, puis relâché sur la réclamation de sa compagnie.

ou bien par une lettre de sa main (mais d'une façon ou d'une autre, il faut que l'ordre soit secret), pour réformer, à titre de ménage et pour pouvoir mieux donner la subsistance, quatre à six compagnies dans mon régiment, à mon choix, et mettre les soldats et sergents dans les autres compagnies, et quatre compagnies dans celui de Fronsac, qui est beaucoup plus foible et de plus malotrus soldats que le mien. Mais il faut que Son Altesse nomme Viaut, major de Fronsac, pour être réformé. Duret, qui étoit venu ici par l'ordre de Son Altesse, avoit entendu tout et sait que ledit Viaut est le principal auteur du bruit, et ne faut en façon du monde qu'il revienne ni qu'il sache ce que je vous écris, ni que vous ayez vu leurs lettres que leurs députés portoient hier à Bordeaux. J'ai écrit à Son Altesse que je gardois ces lettres. Le major de Fronsac m'a fort redemandé sa lettre et m'a montré défiance que je la voulusse garder pour m'en servir contre lui. Je lui ai dit, et à Consage (?) aussi, que je la gardois afin qu'elle ne fût pas vue, et que c'étoit plutôt pour leur faire bon que mauvais office; et il faudra que je la leur montre pour leur ôter ce soupçon. Envoyez-moi-la donc par ce porteur, et les deux autres aussi; autrement vous m'embarquerez dans un embarras avec les officiers de Fronsac qui m'obligeroit à user de quelque sévérité que le chevalier de Todias[1] pourroit attribuer à mauvaise volonté, selon son ordinaire, et je serai bien aise d'éviter cela. Faites-moi un peu de part des nouvelles de Paris, de Stenay et de Bordeaux, et me croyez tout à vous. — Le comte DE MAURE. »

« Je vous supplie de faire mes humbles baise-mains à Mme de Longueville. »

« Libourne, le 17 mars[2]. — Ce détail que vous me dites de la distribution de cette épave ne me satisfait pas, et je prétends bien d'aller faire un tour à Bordeaux pour en dire mon sentiment en particulier et en public, et pour me laver les mains des choses dont je suis chargé et qu'il semble que l'on a résolu d'abandonner. Je me tue le corps et l'âme, et je me lasse à la longue de voir que c'est inutilement. J'ai pressé M..... autant que j'ai pu; il m'a promis d'aller coucher demain à Bordeaux. Les ordres que vous m'avez promis ne sont point venus, et après avoir patienté huit jours à voir que le lieutenant colonel de Fronsac est assez insolent et se croit assez protégé pour ne me rendre aucune marque de respect, au point de n'avoir pas mis le pied dans mon logis, si ce n'est une seule fois que je l'envoyai quérir avec tous les capitaines du régiment pour leur parler sur leur députation, je me résous de lui ordonner demain matin de sortir d'ici, puisqu'il ne me rend pas ce qu'il doit, et que même il ne fait pas sa charge, ne se mêlant pas du service public du régiment,

1. Sur le chevalier de Todias, voyez les Mémoires de Lenet, édition de la collection Michaud.

2. Autographe très-mal écrit.

comme de se trouver lorsque l'on monte la garde. Après ce qui s'est passé ici entre son régiment et le mien, et les plaintes qu'ils ont eu l'effronterie de faire contre moi sans aucun fondement, il est de dangereuse conséquence pour le service, aussi bien que pour l'autorité que je dois avoir dans cette place, que je souffre qu'un officier principal vive avec moi comme s'il étoit mon ennemi et qu'il ne fût pas sous ma charge. Quoique cela m'ait déplu dès le premier jour, je n'ai pas voulu me hâter d'y mettre ordre, pour ne donner pas prétexte à ceux qui glosent sur ma conduite de m'accuser de violence et d'impatience, et pour lui donner loisir de réparer sa faute ou du moins de ne la faire pas toujours durer. Vous savez que j'ai dit à Son Altesse, devant son maître de camp, en présence de M. de Marchin et de vous, qu'il en avoit déjà usé de cette manière, et que tout le monde dit qu'il avoit tort. Et comme l'on disoit qu'il lui falloit ordonner de me rendre ce qu'il me doit, je dis qu'il n'étoit pas besoin que personne s'en mêlât que moi, que ce seroit lui faire trop d'honneur, et que s'il manquoit à me rendre tout le respect qu'il me doit, j'y mettrois bon ordre. J'ai voulu vous avertir de la résolution que j'ai prise, et que, puisqu'il est incorrigible, je ne veux plus être ni doux ni patient avec lui, comme j'ai été depuis quinze mois. Vous me pressez d'aller à Bordeaux, et vous ne faites pas que M. le prince de Conti m'envoie M. de Bourgogne. Je renvoie cela, mais en diligence, afin qu'il vienne demain, s'il est possible, car il faut que j'aille à Bordeaux mercredi, et j'y serois allé dès demain afin de revenir plus tôt, si Bourgogne fût venu aujourd'hui. Je ne sais si M. de Marchin pourra revenir demain, à cause que, s'il réussit à Bergerac, il y aura à faire pour quatre jours. Je suis bien fâché de ce que vous me mandez de ces malheureuses divisions. J'écris à M. le prince de Conti d'employer M. de Galaguan ou bien quelque autre maréchal de camp aux Irlandois dans l'entre deux mers. Je me réjouis de ce qu'a fait d'Aubeterre; il m'en a écrit, et j'en ai grande joie pour l'amour de lui. Adieu. Je suis tout à vous. »

Manuscrits de Conrart, in-folio, t. X, p. 245, etc. Mme de Longueville à Mme la comtesse de Maure : « De Bordeaux, ce 31 octobre (1652). — Il y a si longtemps qu'on a ouï parler de vous, qu'on devroit moins vous faire des douceurs que des reproches. Mais comme vous êtes de ces personnes qui donnez à celles qui vous connoissent des sentiments tout différents de ceux que l'on conçoit pour les autres, on vous traite aussi fort différemment; et, au lieu de remarquer des plaintes de votre peu de souvenir dans cette lettre, vous n'y verrez que des marques de celui qu'on a pour vous, et de l'envie que l'on a de vous voir en ce lieu. Le premier article vous paroîtra peut-être plus obligeant que le dernier, et en effet je confesse qu'il est au moins beaucoup plus désintéressé. Mais avec tout cela on est si mal en tous les lieux du monde de la manière qu'il est disposé présentement, qu'on ne vous convie que de changer d'ennui en vous conjurant de venir ici; et on prétend même que ce sera quelque soulagement au vôtre d'en apporter un aussi grand que celui de votre vue à celui des amis et amies que vous avez en ce pays. Le principal de ceux-là a besoin sans doute de la joie que vous leur apporteriez, car il a tant de fatigues, par l'emploi général de toutes les affaires qui sont présentement entre ses mains, qu'en vérité vous lui devez votre présence. Je vous dirai sur le propos de ces fatigues que, sans son secours, je mourrois des miennes, et que tout de bon je ne sais pas ce que nous deviendrions sans lui. Si vous ne venez, je vous dirai que je ne sais pas non plus ce que nous ferons sans vous. Venez donc afin de nous faire éviter cette fâcheuse extrémité où nous tomberons si vous ne nous secourez un peu. Sérieusement je le souhaite avec une passion que rien n'égale que le désir que j'ai que vous me conserviez votre amitié, et que vous croyiez que la mienne pour vous me fait mériter la continuation de celle que je vous demande. Vous voulez bien que je fasse ici mes compliments à Mlle de Vandy. »

La comtesse de Maure à son mari, à Bordeaux : « 9 septembre 1652. — Mme de Longueville a mandé à Juste[1] qu'il me donnât son portrait. Vous sentez la joie que j'en ai..... Je souhaite passionnément qu'elle le puisse voir bientôt dans ma chambre qui ne lui déplaît pas et qu'il rend tout à fait belle, et j'ai bien plus de peine à la quitter que je n'en avois quand il n'y étoit pas. »

La comtesse de Maure à Mme de Longueville : « Du 16 novembre 1652. — Quelque reproche que Votre Altesse me fasse du silence que j'ai gardé avec elle, je ne m'en saurois repentir, puisqu'il m'a fait recevoir des marques de sa bonté par la plus belle et la plus obligeante lettre du monde. Je sais bien aussi, Madame, que Votre Altesse n'a point cru que ce silence ait pu venir d'aucun manquement de respect pour sa personne ni de zèle pour son service, et que l'on ne sauroit courir ce danger-là avec elle quand elle ne croit pas que l'on soit tout à fait stupide. Si pourtant on restoit toujours à Paris, on croiroit pouvoir mander quelques nouvelles que Mme la marquise de Sablé auroit oubliées; mais, Madame, en ne faisant que d'y arriver, il en faut sortir, et ce n'est pas pour aller à Bordeaux. Jugez si ce n'est pas être tout à fait malheureuse, surtout après ce que Votre Altesse a eu la bonté de m'écrire là-dessus. Si du moins je pouvois rendre quelque service très-humblement à Votre Altesse durant le séjour que je pourrai encore faire ici, ce me seroit quelque consolation. J'ai eu assez d'industrie pour y être depuis quinze jours sans que la Reine l'ait su. J'espère que cela pourra encore durer deux fois autant. Et comme je ne suis pas persuadée que M. le comte de Maure soit si utile à Vos Altesses qu'elle a la bonté de vouloir me le faire croire, je voudrois lui pouvoir aider à mériter l'honneur qu'elle

1. Juste d'Egmont, peintre du Roi. Sur ce portrait, voyez LA JEUNESSE DE MADAME DE LONGUEVILLE, Introduction, p. 15.

lui fait de parler de lui si avantageusement, et faire voir aussi à Votre Altesse que je ne suis pas tout à fait indigne des grâces qu'il lui plaît de me faire de mon particulier, personne ne pouvant être avec plus de passion et de respect que moi, etc. »

Depuis la fin de la Fronde jusqu'à sa retraite au faubourg Saint-Jacques, la comtesse de Maure a écrit une multitude de lettres que Conrart nous a conservées, et dont les plus intéressantes sont assurément celles des eaux de Bourbon sur l'orgueil et les prétentions de Mmes de Bouillon. Dans une de ces lettres, la comtesse de Maure remarque elle-même [1] que, tandis que cette aventure lui arrivait à Bourbon, elle en avait une autre à peu près semblable à Paris, avec Mme de Guyménée. Il paraît qu'en 1655, celle-ci, recevant Mme de Maure, ne lui avait donné qu'un petit siége. Là-dessus, l'altière comtesse s'était fâchée et avait déclaré à Mme de Sablé qu'elle ne voulait plus retourner chez la princesse, à moins qu'on ne lui rendît ce qu'elle croyait lui être dû. Mme de Sablé se chargea d'arranger cette petite querelle qui donna lieu à deux lettres de Mme de Guyménée et de Mme de Maure. Nous négligerons celle de la comtesse de Maure qui, dans le même genre, est fort inférieure à ses lettres de Bourbon. Mais le billet de la princesse est à la fois superbe et très-raisonnable, et dans son extrême simplicité il ne manque ni d'agrément ni de distinction. Nous le joignons au peu de lignes que nous avons déjà recueillies de cette beauté célèbre sur les maximes de La Rochefoucault et sur celles de Mme de Sablé touchant la comédie plus haut, chap. III, p. 148.

Mme de Guyménée à Mme de Sablé. Conrart, in-folio, t. XI, fol. 271. « Septembre 1655. — Je suis fort surprise de ce que M. de Lenoncourt [2] m'a encore dit que Mme la comtesse de Maure se plaignoit de n'avoir trouvé que des siéges dans ma petite chambre. M. de Laon [3] m'en avoit déjà parlé. J'attendois d'elle une autre manière d'agir au cas qu'elle eût cru avoir sujet de se plaindre de moi, qui étoit ou qu'elle s'en fût éclaircie en me le disant, ou qu'elle n'en eût au moins

1. Plus haut, chap. VI, p. 298.

2. Les Lenoncourt étaient alliés aux Rohan, Madeleine de Lenoncourt ayant été la première femme d'Hercule de Rohan, duc de Montbazon, dont elle eut Marie de Rohan, d'abord la connétable de Luynes, puis duchesse de Chevreuse. On ne voit pas quel pouvait être le Lenoncourt dont il est ici question. Serait-ce le père de la trop fameuse Sidonie de Lenoncourt, Mme de Courcelles?

3. Le futur cardinal d'Estrées.

parlé qu'à vous jusqu'à ce qu'elle eût vu si elle en seroit pleinement satisfaite. Je ne sais comment elle se pouvoit imaginer que je fisse difficulté de lui donner une chaise, puisqu'elle sait bien que quand je la suis allée voir, je n'ai jamais souffert qu'elle en eût une différente que celle qu'elle me donnoit. Il me semble qu'il n'en faut plus d'autre preuve. Mais puisqu'il se faut justifier de ce qu'il n'y avoit que des siéges, j'en dirai ces deux raisons; l'une, que dans les petits lieux, je trouve que les chaises occupent trop de place; l'autre, que depuis que les plus grandes dignités du royaume ont été multipliées à l'infini, tout le monde a prétendu être autant l'un que l'autre, et la moindre petite dame s'offense de n'avoir pas des chaises, lors même qu'il ne s'en trouve plus dans les chambres, si elle en voit aux personnes de qualité. C'est ce qui en a obligé plusieurs de ne mettre que des siéges, même dans les grands lieux. Pour moi, je suis fort résolue d'user les chaises que j'ai dans ma grand'chambre; mais je le suis aussi de n'en point mettre dans les petites, et ainsi il me semble que cela n'offense personne. Mais je préfère si fort l'amitié et l'aise de mes amies à cette commodité-là que, si elles y étoient si attachées, j'en ferois plutôt faire exprès à doubles bras pour elles. Comme l'on a retranché toutes les conduites, il me semble aussi que pour la commodité l'on devroit aussi retrancher toutes les autres contraintes de droite ou de gauche dans les visites. Pour moi, quand j'en fais, je me mets souvent au lieu le moins honorable. Mais quand j'aurois quelque prétention aussi bien fondée que d'autres, je crois que Mme la comtesse de Maure a intérêt de maintenir ma maison, puisque M. son mari en vient, et j'attendrois d'elle des avis pour la relever, au lieu de se plaindre d'une manière contraire en faisant trouver à redire ce que j'ai fait sans dessein particulier. Si tout le monde retranchoit les chaises, pour les raisons que j'ai dites, trouveroit-on étrange que j'en suivisse la mode? etc. »

La comtesse de Maure était l'amie de cette aimable et malheureuse Marie du Cambout, que son oncle, le cardinal de Richelieu, fit épouser toute jeune à Bernard, duc d'Épernon, dans l'espérance de le gagner par ce mariage; mais dès que le cardinal eut fermé les yeux, le duc d'Épernon maltraita la pauvre femme, et finit même par s'en séparer, en la privant des avantages que son mariage lui assurait. Elle-même expose les tristes détails de cette affaire dans une lettre qu'elle adresse à la comtesse de Maure; et celle-ci, dont l'âme était généreuse, ne put s'empêcher, malgré la haine qu'elle gardait toujours à Richelieu, de plaindre sa nièce tombée dans l'infortune.

La duchesse d'Épernon à la comtesse de Maure. Conrart, in-fol., t. XI, fol., 1379. « Paris, 30 octobre 1657. — J'avois prié Mlle de Vandy de vous assurer de mon service très-humble. Je ne voulois point, Madame, vous écrire mes affaires, parce que c'est un détail fort importun, et à moins que d'être aussi bonne que vous êtes, cela ennuie d'entendre parler d'une chose qui est désagréable de soi. Mais l'honneur que vous me faites de prendre part à ce qui me touche, et d'une manière si obligeante, m'oblige à vous rendre compte de l'état où elles sont. Vous saurez donc, Madame, que M. d'Épernon m'ayant fait proposer par Mlle sa fille, le dernier voyage qu'elle étoit ici, de me séparer de biens et de renoncer à la communauté, et que cela étant, il me donneroit trente-quatre mille livres de rente, ma vie durant, comme une pension, en comptant mon bien, et que je n'aurois quoi que ce soit à disposer en cas qu'il mourût avant moi, voulant que tous les avantages que j'espérois légitimement de sa maison y retournassent sans que j'en eusse nulle disposition; je ne trouvai pas ce parti raisonnable, puisque, ayant part à toute la moitié de son bien on ne m'offroit pas assez. Je répondis que l'amitié que j'avois pour les enfants me feroit passer par-dessus bien des choses et m'empêcheroit de regarder de si près à tout le bien que je savois que je devois avoir, mais que cela étant ainsi, je souhaitois moi-même, Madame, de donner mon bien, et qu'il m'en eût l'obligation, et que de la manière dont on me proposoit la chose on vouloit me faire accroire qu'on me faisoit grâce. Car il est vrai que Mlle d'Épernon m'avoit dit que je n'en devois pas tant espérer qu'on m'en offroit, que c'étoit elle qui faisoit les conditions meilleures, croyant de sa conscience si elle faisoit autrement; mais que néanmoins son frère m'étoit si obligé que je pouvois m'assurer que de tout ce qui étoit à lui j'en pouvois disposer. Il me donna lui-même ces assurances, et que, s'il se falloit brouiller avec M. d'Épernon pour me servir il le feroit. Durant ce temps-là il eut affaire d'argent pour aller à l'armée, et il fut un mois sans partir, n'en ayant point, et M. son père ne lui en voulant point donner. Je sus cela : je lui voulus prêter encore douze mille écus; c'est qu'il m'en doit déjà autant que je lui prêtai quand il eut le gouvernement d'Auvergne, et dans un temps où il n'étoit point en âge d'emprunter, personne ne lui en vouloit donner. Dans cette dernière occasion, j'eus le même dessein, et je proposai à sa sœur qu'on prît cet argent que mon neveu me devoit. C'étoit tout ce que je pouvois faire que de donner cet expédient, puisque je ne pouvois le donner qu'avec le consentement de M. d'Épernon. On le lui demanda. La peur qu'il eut d'en être chargé l'empêcha d'y consentir. Cependant son fils me dit des choses admirables et m'en écrivit aussi. Il étoit à Colombe. Je crus donc que je n'avois point semé en terre ingrate. Néanmoins, dans ce même temps, on cherchoit des inventions pour acheter l'hôtel de Chevreuse [1], sous des noms empruntés afin de m'en frustrer. On a fait mille choses

1. Situé rue Saint-Thomas-du-Louvre, près l'hôtel de Rambouillet. Le duc d'Épernon l'acheta vers ce temps de Mme de Chevreuse, et le revendit en 1663 à Mme de Longueville.

sur cela, que j'ai sues depuis. M. de Candale me vint dire adieu, demeura deux heures avec moi, me fit des compliments sur les obligations qu'il m'avoit, et ne me dit rien de cette affaire. Quelques jours après qu'il fut parti, j'appris comme elle s'étoit passée. J'en fis des plaintes à Mlle d'Épernon, lui disant que, de la manière dont je vivois avec son frère, il me devoit au moins dire qu'il étoit bien fâché de ce qu'avoit fait M. d'Épernon. Elle m'assura qu'il n'en savoit rien, et que pour elle on ne lui en avoit rien dit. Mais pourtant elle me dit que M. son père lui avoit proposé d'acheter cette maison au nom de M. de Metz [1] pour que je n'y eusse rien. Quelque temps après, elle me dit qu'elle avoit eu réponse de son frère et qu'il étoit au désespoir que je fusse fâchée contre lui, mais qu'il ne croyoit pas que je dusse trouver mauvais qu'on eût cherché son avantage et que son père lui eût fait du bien. Je répondis que j'étois fort éloignée de le trouver étrange, puisqu'ils savoient bien l'un et l'autre que je lui en avois voulu faire; mais qu'à la vérité je n'aimois pas qu'on donnât mon bien sans que je le susse, et que j'en voulois avoir la libre disposition. Elle me dit qu'il demandoit si je trouverois bon qu'il m'en écrivît et qu'il n'avoit osé le faire de crainte d'un refus. Je trouvai le meilleur du monde de recevoir de ses lettres. Elles sont encore à venir, et il y a quatre ou cinq mois. Quand il fallut faire le contrat de ce logis, l'intendant de la maison me vint proposer d'y signer; je répondis que comme on en achetoit un sans moi, on en pouvoit bien vendre un aussi. Il me dit plusieurs raisons. Ne voulant point paroître opiniâtre, je lui dis de me les donner par écrit et que je lui rendrois les miennes de même; ce qu'il fit, et moi je consultai, on ne me conseilla pas de m'obliger, mais seulement de consentir. On voulut que je m'obligeasse de tout mon bien, ce que je ne pus faire, et je dis que ce n'étoit point ce qu'on avoit fait qui m'empêchoit de faire ce qu'il vouloit, puisque j'agissois par ma raison et non pas par dépit; mais qu'il n'étoit pas juste que je me ruinasse sans qu'on m'en sût quelque gré. La maison s'est vendue; cela n'a point retardé les affaires de M. d'Épernon, lequel paie ses dettes de mon bien et de ce qu'il a vendu, et nonobstant cela, il a ordonné qu'on ne me donnât que douze mille francs par an, pour me nourrir et m'entretenir avec toute ma maison. Ce retranchement m'a obligé d'en faire, et j'ai mis cinq ou six de mes gens dehors. Mlle d'Épernon sur cela m'a reparlé de cette séparation, disant que M. d'Épernon la souhaitoit fort. J'ai répondu la même chose; que je la voulois bien, pourvu qu'on ne me voulût pas tout ôter, et qu'ayant part à tout le bien on me devoit donner quelque somme à disposer. Elle m'a offert, de la part de son frère, vingt mille écus, et j'ai deux cent mille francs sur cette nouvelle acquisition [2]; deux cents sur les

1. Vraisemblablement l'évêque de Metz, fils naturel d'Henri IV et de la marquise de Verneuil, qui depuis quitta l'Église et devint duc de Verneuil.

2. L'hôtel de Chevreuse devenu l'hôtel d'Épernon.

diamants qu'on a vendus, la moitié à la comté de Foix qui est un acquet, la moitié à quatre ou cinq cent mille francs de pierreries et à cinq ou six cents de meubles, sans compter la vaisselle d'argent et l'acquit des dettes. M. le Chancelier [1], à qui j'en ai parlé, m'a dit que je devois acheter mon repos, sans tant songer à ce qui regarde mes intérêts. J'ai donc dit que je voulois bien me séparer, mais que je voulois aussi qu'on sût que je savois mes affaires, et que je ne les faisois pas en bête. Si M. le Cardinal [2] vivoit, cette fortune estropiée iroit plus droit; mais je n'en serois pas plus heureuse, puisque je compte le bien pour rien, et que ce n'est pas cela qui contente. Vous avez une bonté sans exemple, de souhaiter de l'avantage à une parente d'une personne que vous n'avez pas sujet d'aimer. Mais en cela, vous considérez que les fautes sont personnelles et que je n'en ai point de ce côté-là; au contraire, vous honorant comme je fais, je suis au désespoir que des gens que je dois respecter vous aient causé du déplaisir [3]. En vérité, cela m'en donne infiniment. Je vous demande pardon d'avoir entamé un discours fâcheux; mais pour vous faire voir mes sentiments, il a bien fallu vous en dire quelque chose. Mlle de Vandy a été nourrie à votre école; cela suffit pour qu'elle soit fort généreuse. Elle l'est à mon égard infiniment, et je lui en suis très-obligée. Elle a raison d'être persuadée de l'estime que j'ai pour elle. Voici une lettre dont je vous dois faire mille excuses parce qu'elle est d'une longueur insupportable, et qu'il n'y a rien qui vous puisse donner un moment de divertissement. Mais, comme vous me faites la grâce de m'aimer, j'ai cru que je vous devois informer de toutes choses. Si j'ai tort vous me condamnerez; et si j'ai raison vous me ferez l'honneur de me plaindre d'être entre les mains de gens qui n'entendent que ce qui leur est utile. Mais il faut prendre patience et se consoler avec ses amis des traverses de la fortune. Je m'estimerai très-heureuse si vous me faites l'honneur de croire que je suis dans la reconnoissance que je dois de vos bontés, et que personne du monde n'est avec plus de passion que moi, votre très-humble et très-affectionnée servante.

« Marie du Cambout. »

Réponse de Mme de Maure. « D'Attichy, novembre 1657. — Vous me faites, Madame, des excuses d'une chose dont je ne vous puis faire assez de remercîments. Il seroit malaisé qu'une lettre comme celle que vous m'avez fait l'honneur de m'écrire fût trop longue; mais quelque obligeant que soit le soin que vous prenez de m'informer si particulièrement de vos intérêts, je vous puis dire qu'il n'est pas mal employé, prenant autant de part que je fais à l'état où vous vous trouvez. J'ai été étonnée de voir ce que vous me mandez à l'égard de

1. Le chancelier Séguier.
2. Le cardinal de Richelieu.
3. Allusion à la persécution exercée par Richelieu contre les Marillac.

Mlle d'Épernon et de M. de Candale ; je croyois que cela alloit tout d'une autre façon. Je suis pourtant persuadée qu'ayant fait voir que le chemin qu'on a pris n'est pas celui qu'il falloit prendre, vous verrez que les choses changeront de face. Je ne sais comme il est possible de vous offrir la condition qu'on vous offre pour un droit tel que celui que vous avez sur la communauté de Monsieur votre mari, et il n'est pas besoin d'avoir, ce me semble, autant de bon sens et résolution que vous en avez, pour en user comme vous faites. J'ai toute ma vie autant souhaité l'opulence à ceux qui ont l'âme faite comme vous l'avez, que je l'ai plainte aux autres, de sorte que, quand je n'aurois rien eu de particulier pour vous, je n'aurois point laissé d'être de votre parti en cette occasion. Et bien loin que la raison dont vous me parlez avec tant de bonté et de civilité, m'empêchât d'avoir pour vous des sentiments équitables, mon inclination m'en a fait avoir de favorables avant même que j'y fusse obligée par l'honneur que vous me faites. Véritablement je ne saurois m'empêcher de vous dire que quelque aimable que vous soyez, ce n'est pas la moindre marque que vous en ayez donnée, que d'avoir touché autant que vous l'avez fait l'inclination d'une personne qui avoit dans le cœur ce que j'y ai. Car encore que les fautes soient personnelles, comme vous dites si bien, il y a une certaine répugnance que je crois qu'on peut avoir sans être injuste ; et cela même je ne l'ai point senti pour vous. Je ne croyois pas, Madame, entrer jamais si avant avec vous dans cette matière, mais il y a des personnes avec qui le cœur s'ouvre, comme avec d'autres il se ferme. Je veux pourtant m'arrêter tout court, ne voulant pas me soulager en vous faisant de la peine. J'ai une vraie impatience de savoir ce que deviendra votre affaire, et j'espère que vous voudrez bien me faire la grâce de m'en faire savoir quelquefois des nouvelles, encore que vous ne douterez pas que Mlle de Vandy ne me fasse part de ce qu'elle saura. Mais, Madame, vous entendez bien qu'on ne voudroit pas abuser de votre civilité, et que l'on ne désire cela qu'au cas que vous ayez des heures de loisir. Nous avons eu ici une affliction dont on croit vous pouvoir faire part, étant bonne comme vous êtes. Ce pauvre petit Saint-Mégrin [1], il était le plus joli du monde, et plusieurs raisons nous le font

1. Fils unique de Jacques de Stuert, et non Stuart, deuxième du nom, marquis de Saint-Mégrin, frère de la belle Marie de Saint-Mégrin, capitaine des chevau-légers de la garde du Roi, lieutenant général, tué en 1652 au combat de la rue Saint-Antoine, et déclaré, dit-on, maréchal la veille du combat. Il laissa enceinte sa veuve Élisabeth Féron, depuis remariée au duc de Chaulnes. Son fils, né après la mort de son père, mourut, non pas en 1663, à l'âge de dix-huit mois, mais à celui de quatre ou cinq ans, en 1657, comme on le voit ici certainement. Les Saint-Mégrin étaient Vauguyon, et par là parents des Mortemart, Diane d'Escars, comtesse de Vauguyon, ayant épousé d'abord Louis, comte de Maure, dont la fille, Louise, comtesse de Maure, est la mère du marquis depuis duc de Mortemart, et de notre comte de Maure ; et de plus cette même Diane d'Escars s'était remariée à un Saint-Mégrin et lui avait apporté le comté de La Vauguyon.

beaucoup regretter. C'est grand dommage encore de ce petit Châtillon [1]. Voilà une terrible perte pour sa mère. Les deux pauvres enfants ont eu un pareil sort en la mort, comme en la naissance, étant nés tous deux après la mort de leur père et ayant si peu vécu. L'on a de la peine à vous quitter, même par lettres. Il faut pourtant finir, après vous avoir assurée que personne ne peut être davantage que moi votre très-humble et très-obéissante servante. M. le comte de Maure, à qui je n'ai pas manqué de faire part de votre lettre, en a eu les mêmes sentiments que moi. Il ne vous souhaite pas moins de repos et de satisfaction que je fais, et il est votre très-obéissant serviteur. »

Il paraît que de tout temps le comte de Miossens, depuis le maréchal d'Albret, avait été fort lié avec le comte et la comtesse de Maure, et ne rompit jamais avec eux, connaissant leurs défauts, s'y prêtant avec esprit, et honorant leurs qualités. On verra ici quelques billets de lui écrits avec aisance et agrément qui s'ajoutent naturellement à la petite correspondance que nous avons publiée plus haut entre le maréchal d'Albret et Mme de Sablé, Appendice XIV, p. 382.

Le comte de Maure à M. de Miossens, sur sa promotion à la charge de maréchal de France. Conrart, in-folio, t. V, fol. 1085. — « Je m'assure que vous n'aurez pas peine à croire que je prends grande part à votre satisfaction, et que vous ne ferez point de scrupule de recevoir mes compliments en si bonne occasion. Car si elle est cause qu'au moins une fois je cesse de désapprouver la conduite de la cour, il est juste aussi qu'elle vous empêche de me traiter comme un rebelle. Vous savez, Monsieur, que dès la première vue je jugeois fort bien de M. de Scandillac [2], et qu'ayant toujours eu tant d'inclination à vous honorer, j'ai quelque droit de prétendre qu'il sera plus difficile de me condamner à cette heure que vous êtes des juges. Je vous supplie de me conserver l'honneur de votre amitié et de croire que je suis avec passion, etc. »

Mme de Maure au maréchal d'Albret. Conrart, in-fol., t. XI, f. 275. « Août 1655.—Mme de Castelnau, Monsieur, a dit à un homme qui est à

1. Ce petit Châtillon, mort en 1657, était né en 1649, après la mort de son père, le second fils du maréchal duc de Châtillon, l'ami et le compagnon de Condé, qui épousa la belle Angélique Isabelle de Montmorency Bouteville, se distingua particulièrement à Lens, en 1648, et fut tué lieutenant général dans les commencements de janvier 1649, au combat de Charenton, et déclaré maréchal le jour de sa mort.

2. Note de Conrart : « C'est le nom que portoit M. de Miossens quand il vint à la cour, étant encore fort jeune. »

nous, que, sur ce qu'elle vous a dit hier que je voulois avoir des portraits qui sont dans mon logis[1], vous avez dit: Je suis d'avis qu'elle emporte encore le plafond. Je vous avoue que rien ne m'a jamais davantage frappé le cœur que cette parole-là; et bien que je ne veuille pas faire envers vous la même chose que vous auriez faite envers moi, qui seroit de vous condamner sans vous ouïr, je ne puis pas tarder un moment à vous dire que Mme de Castelnau sait qu'elle n'a jamais parlé d'aucun de ces tableaux, que de celui de la Porcie qui est sur la cheminée de la grande chambre, dont elle parla à un de nos gens qui traitoit avec elle, avant qu'elle eût mis Mlle Cornuel[2] dans la négociation; et comme ç'a été entre elles deux que cette affaire s'est achevée, ç'a été Mlle Cornuel qui lui a parlé sur cette Porcie, lui disant que parce que c'étoit un original de Juste[3], que j'avois fait faire avec beaucoup de soin, et que Juste n'étoit plus ici et n'y vouloit plus revenir, je ne pouvois lui en donner qu'une copie; mais que je la lui ferois faire par tel peintre qu'elle voudroit. Mlle Cornuel sait si elle a trouvé rien à redire à cela, et si durant tout le temps qu'elles ont négocié, Mme de Castelnau lui a jamais parlé d'aucun de ces tableaux. Aussi, Monsieur, jugez la belle apparence qu'il y auroit eu de les demander, la plupart étant des portraits de la famille, et sachant, comme elle sait, que je n'ai laissé ni les uns ni les autres, que parce que je croyois retourner bientôt dans mon logis, et qu'y mettant une personne propre[4] comme elle, je lui pouvois faire aisément le plaisir de laisser cela pour l'embellissement de la maison. Mais enfin il est certain qu'elle n'a jamais parlé d'aucun que de la Porcie, et que quand elle vous a fait des plaintes de ce que je les voulois ôter, elle ne m'avoit pas seulement fait paroître songer à les avoir; et il faut qu'elle vous l'ait dit pour commencer à chercher quelque prétexte pour rompre. Voilà pour ce qui regarde Mme de Castelnau. Pour ce qui regarde monsieur son mari, qui ne sait pas, à mon avis, en ce sujet, tous les sentiments de madame sa femme, et qui va tout de bon, ayant envie d'avoir la maison[5], il a

1. Ce billet fait voir que Mme de Maure possédait bien des portraits de famille que nous serions aujourd'hui fort heureux d'avoir, entre autres celui de Mlle de Tonnay-Charente, depuis Mme de Montespan. — Mme de Castelnau ne peut être que Marie de Girard, qui avait épousé en 1640 Jacques, marquis de Castelnau, officier du plus grand mérite qui s'était signalé tout jeune à Fribourg et à Nordlingen, lieutenant général en 1655, puis maréchal en 1658 après la bataille des Dunes, où il commandait une aile de l'armée française, mort peu après de ses blessures à trente-huit ans. Mme de Castelnau est très-maltraitée par Tallemant, t. IV.

2. Marguerite Cornuel, belle-fille de Mme Cornuel, qu'on appelait la Reine Margot, et dont Vineuil a fait le portrait dans les *Divers Portraits* de Mademoiselle. Voyez LA SOCIÉTÉ FRANÇAISE, t. II, chap. XIV, p. 250.

3. Le célèbre Juste d'Egmont. Voyez chap. V, p. 282, et l'Appendice, p. 467. On ignorait que Juste n'eût pas terminé sa carrière en France.

4. Propre, dans le sens d'élégante.

5. Il paraît que Castelnau avait d'abord loué la maison de Mme de Maure

témoigné aujourd'hui à un homme par qui nous lui avons envoyé faire compliment sur la conclusion du marché, qu'il seroit bien aise que nous lui laissassions M. de Vivonne et Mlle de Tonay-Charente. Voilà, Monsieur, le grand tort que j'ai dans cette affaire-là : et bien loin d'avoir eu quelque sentiment d'intérêt, il me semble que je fais assez paroître le contraire en voulant plutôt rompre ce marché-là, que de faire autre chose que ce que je crois pouvoir faire avec bienséance; car enfin il pourra fort aisément arriver que ceux qui n'auront pas goûté cette maison, comme a fait Mme de Castelnau, ne voudront pas en donner ce qu'elle en donne, et vous pouvez bien voir que les tableaux ne valent nullement ce que je pourrois perdre sur ce marché-là, sans compter le retardement, si on la vendoit à d'autres, ne pouvant fait sortir M. de Castelnau qu'à la Saint-Remy, etc., etc. »

Le maréchal d'Albret à la comtesse de Maure, avant d'avoir reçu la lettre précédente. *Ibid.* Fol. 276. — « En présence de MM. de Saint-Luc, de Rouville, de Grammont, d'Estrées et de beaucoup d'autres encore qu'il seroit superflu de vous nommer, je me plaignis hier au soir à Mme de Castelnau de m'avoir fait faire un discours que je n'avois jamais fait et même que je ne serois jamais capable de faire. Tous ces mêmes messieurs vous pourront témoigner que vingt fois de suite elle jura qu'elle n'en avoit jamais parlé, et que toutes les fois que je lui voulus redire les mêmes mots qu'elle m'avoit supposés lorsqu'elle avoit parlé à M. Garnier, elle se récria toujours à ce bel endroit du plafond que je voulois faire emporter : « Quelle apparence que je vous aie fait dire cela? Je l'ai bien dit, mais ç'a été de moi, et je n'ai jamais songé à vous faire dire ni cela ni autre chose. » Enfin, Madame, cette conversation qui dura fort longtemps, finit par la déclaration que je lui fis que je ne trouvois que du caprice en son procédé et beaucoup de raison au vôtre. Saint-Luc et le petit Grammont[1] parlèrent presque dans le même sens; et comme elle n'en étoit pas d'accord, je m'en allai du logis, les laissant encore criant et disputant de toute leur force. Voilà au vrai, Madame, comme s'est passé l'éclaircissement que j'ai eu avec Mme de Castelnau, qui me doit, ce me semble, justifier pleinement envers vous et envers tout le monde, car dans les sentiments d'estime, de respect et d'amitié, s'il m'est permis de me servir de ce terme, que j'ai pour vous, je ne serois pas

telle qu'elle était, avec les tableaux, et qu'ensuite voulant avoir cette maison et l'acheter définitivement, il désirait garder quelques-uns des tableaux qui en faisaient l'ornement. Il s'agit vraisemblablement de la maison du comte et de la comtesse de Maure à la place Royale. Il faut se rappeler que Mme de Castelnau était sœur de Mme de Nouveau, laquelle occupait un des plus beaux hôtels de la place, aujourd'hui la mairie.

1. Chambellan de Gaston, duc d'Orléans. Sur ce petit Grammont, qui n'a rien à démêler avec les Grammont, et qui était d'une famille de robe de Toulouse, voyez Tallemant, t. IV, p. 363.

satisfait s'il y avoit une seule personne dans le monde qui me pût soupçonner d'un discours sur votre sujet, qui eût besoin non-seulement d'excuse, mais même de la moindre petite explication. Avant que mes manquements d'égards ou mes... (lacune dans le manuscrit) aillent jusques à la comtesse de Maure, je vous assure que toute la terre aura sujet de s'en plaindre ; et enfin, puisque sur le témoignage avantageux que vous m'avez rendu de M. Garnier, j'ajoute foi à son rapport, contre toutes les assurances contraires que m'a faites Mme de Castelnau, je vous supplie aussi de me faire la même justice en me croyant fort véritable et fort sincère dans les assurances que je vous fais, de n'avoir jamais parlé de plafond, ni dit une seule parole en cette rencontre qui vous pût déplaire et que pour mon honneur je fusse obligé de désavouer, etc., etc. ».

Réponse du maréchal d'Albret à la lettre de la comtesse de Maure. *Ibid.* Fol. 277. — « Pour être douce et civile, vous n'en êtes pas pour cela moins fière et moins ferme dans vos résolutions. Mme Pilou[1], devant qui je vous écris, me confirme la nouvelle que vous me fîtes hier l'honneur de m'écrire ; et je vous assure, Madame, que je n'ai pas eu peu de satisfaction d'apprendre qu'à la fin vos parties avoient été trop heureuses d'en passer partout où vous avez voulu. Si j'ai jamais quelque chose à désirer de vous, ce ne sera ni par hauteur, ni par brutalité que je prétendrai l'avoir, et je ne doute pas que l'exemple de ce qui s'est passé en votre démêlé avec Mme de Castelnau et ses adhérents, n'apprenne à tout le monde la manière dont on doit procéder avec vous. Votre lettre m'instruit de certains détails dont je me suis contenté de rire en mon particulier ; mais suivant votre ordre, je vous promets que je ne ferai part de ce secret à personne du monde, non pas même à Mme de Chalais : car je vous assure, Madame, que pour quelque raison ou quelque sujet qui se puisse, je ne serai jamais capable de manquer à ce que je vous dois et que vous devez attendre de la personne du monde qui vous honore avec le plus de respect et d'estime. Vous n'aurez plus, s'il vous plaît, la tentation d'en douter. C'est, Madame, votre très-humble et très-obéissant serviteur, etc., etc. »

La comtesse de Maure au maréchal d'Albret. *Ibid.* « De Bourbon, septembre 1655. — Si je n'étois partie de Paris le lendemain que vous eûtes parlé à M. le comte de Maure et à Mme de Cornuel, ou que je n'eusse point eu tant d'embarras avant que de partir, ce n'auroit pas été sans vous écrire, ayant été tout à fait surprise de ce que vous leur avez dit, que vous ne me reconnoissiez plus dans mes lettres. J'avois cru que le soin que j'ai pris de vous rendre compte de ce qui s'est passé dans la conclusion de l'affaire de la maison et la confidence que je vous ai faite du sujet qui l'a traversée, vous étoient des preuves

1. Voyez plus haut, p. 442, note 3.

infaillibles que je suis pour vous tout ainsi que j'ai jamais été. Aussi suis-je persuadée que ce n'est que pour en recevoir de nouvelles assurances que vous avez fait paroître d'en douter. Je vous dirai donc qu'il ne se peut rien ajouter à la satisfaction que j'ai de tout ce que vous avez fait là-dessus, et bien loin qu'il me puisse rien rester dans l'esprit dont vous devriez être en peine, je suis au contraire tout à fait obligée à la considération que vous avez témoigné de faire de moi en cette occasion. Et comme le sentiment que j'ai eu, quand j'ai cru que je pouvois avoir quelque sujet de douter de votre amitié, est la plus grande marque que je vous pouvois donner de la mienne, ce que vous avez fait pour m'éclaircir et pour me satisfaire m'en est une si grande de la vôtre, qu'il ne sauroit plus rien arriver qui m'en pût donner le moindre doute, quand même quelqu'un de plus véritable que Mme de Castelnau ne me l'a paru en cette occasion, s'en voudroit mêler, etc. »

La même au même. *Ibid.*, fol. 289. « Janvier 1656. — Bien que ce ne soit pas une fort mauvaise rencontre pour des gens qui ont tant d'occupations que vous en avez et qui n'ont pas encore le goût de la solitude, de ne pas trouver les ermites que par quelque bienséance ils viennent chercher, il me semble qu'il ne faut pas laisser de vous faire des excuses de ce que vous ne m'avez pas vue après ce que vous m'aviez fait l'honneur de me mander l'autre jour. Je n'ai pu éviter de donner un rendez-vous pour une affaire qui m'obligeoit à m'enfermer, et j'ai pensé vous mander quelque chose pour vous empêcher de venir, car je vous avoue qu'il m'a passé par l'esprit que cela pourroit arriver; mais j'ai trouvé que je n'eusse dû vous rien mander qui ne vous engageât à prendre cette peine-là une autre fois, et qu'il falloit plutôt essayer de vous l'épargner, dans l'incertitude que vous vinssiez. J'ai oublié de mettre ordre qu'on vous offrît de voir Mlle de Vandy, ce que nous avons appris qu'on vous a aussi refusé. Voilà dans la vérité comme la chose s'est passée. Je pense que vous ne douterez ni de son regret, ni du mien. Enfin, voyez ce que c'est que du monde : M. de La Rochefoucauld est venu céans deux fois depuis quinze jours; et au bout de trois mois que M. le maréchal d'Albret y vient, on le renvoie parce que je suis enfermée avec M. le commandeur de Jars. Il me semble que quand on verra M. le duc d'Orléans au Louvre, ce ne sera pas encore un si grand changement. Quoi qu'il en soit, vous voyez bien que vous êtes quitte de me vouloir rapporter la lettre [1], et que sans rien faire contre votre extrême civilité, vous pouvez me la renvoyer quand vous n'en aurez plus affaire, etc. »

Réponse du maréchal d'Albret. *Ibid.* Fol. 290. — « Les seuls termes

1. Probablement la lettre écrite de Bourbon sur Mmes de Bouillon, et qu'elle lui avait communiquée.

de la lettre que vous me faites l'honneur de m'écrire ne sont que trop suffisants pour me faire remarquer qu'il est depuis quelque temps arrivé bien du changement dans le monde, sans qu'il soit besoin de me le faire remarquer par l'exemple de M. le commandeur de Jars, à qui l'on ouvre votre porte quand on me la ferme. Le ressentiment que j'en ai ne me permet pas de remettre plus loin qu'aujourd'hui l'éclaircissement que j'en veux faire. Je passerai encore tantôt à votre porte, et je verrai si vous aurez la dureté de ne me la pas faire ouvrir. »

Le maréchal d'Albret à Mme de Maure. *Ibid.* Fol. 1383. « Paris, 6 novembre 1657. — La crainte que j'ai eue d'être le premier à vous mander la mort du pauvre petit Saint-Mégrin, est cause que je suis peut-être des derniers à vous témoigner que j'en suis tout à fait touché [1]. Car, bien que ce ne fût qu'un enfant, on ne peut s'empêcher de le regretter, par cette quantité de raisons qui, je m'assure, n'ont pas manqué à se présenter toutes à la fois à votre esprit dès le premier moment que vous avez su cette mauvaise nouvelle. J'ai fait mon devoir en cette occasion, vers M. et Mme du Brouté [2] qui sont un peu alarmés, si je ne me trompe, d'entendre dire tout haut et à tout le monde qu'il faut nécessairement que M. de La Vauguyon se remarie. Je ne vous demande point sur cela le sentiment de M. le comte de Maure ni le vôtre, car, bien que je n'aie vu personne qui vous ait vus l'un et l'autre depuis cet accident, je crois le savoir comme si vous m'aviez fait l'honneur de me le dire. Enfin, c'est un grand sujet de douleur de voir perdre des noms qui avoient paru longtemps avec éclat dans le monde, et par cette raison, vous devez croire que la mort du petit Châtillon [3] a fait aussi bien du bruit dans Paris, et bien fait faire des réflexions morales et chrétiennes. Je parle d'un lieu où il me semble qu'il est désormais temps que vous retourniez [4]. Je vous y souhaite avec passion, et vous supplie d'être bien persuadée que personne ne vous y honore et respecte plus véritablement que moi, etc. »

Réponse de Mme de Maure. *Ibid.* « Attichy, novembre 1659. — Comme vous avez deviné nos sentiments sur l'état où se trouve M. de La Vauguyon [5], nous savions les vôtres sur la perte de ce pauvre enfant avant que vous nous les eussiez fait savoir. J'ai quasi autant songé à vous en cette occasion qu'à ceux qui y ont le plus d'intérêt,

1. Voyez la lettre, p. 473.

2. Mme de Broutay était la sœur de Saint-Mégrin, cette belle Marie, qui avait épousé le comte de Broutay, officier du plus grand mérite, mort lieutenant général en 1666.

3. Voyez plus haut, p. 474.

4. Probablement la cour avec laquelle le comte et la comtesse de Maure se réconcilièrent peu à peu.

5. Le père du marquis de Saint-Mégrin et de Marie de Saint-Mégrin, grand-père de l'enfant décédé.

sachant que la noblesse de votre âme vous feroit sentir quelque chose d'approchant de ce que le sang et l'intérêt leur peut faire sentir. Le pauvre enfant! je regrette que vous ne l'ayez point vu; vous l'auriez sans doute trouvé assez joli pour juger qu'on le peut regretter par lui-même. J'en ai été tout à fait attendrie, en mon particulier. Et pour M. le comte de Maure, ayant vu, comme vous avez fait, la grande affection qu'il avoit pour son cousin, vous pouvez juger comme il a été touché de voir périr tout ce qui restoit de lui. Je vous supplie de croire qu'il prend grande part à l'obligation que vous a toute la parenté de la façon dont vous parlez sur leur perte, et qu'il a tout le ressentiment qu'il doit des marques que vous lui donnez en toutes occasions de l'honneur de votre amitié. Nous avons extrêmement plaint aussi ce pauvre petit Châtillon; c'est, comme vous dites, un grand dommage que de telles maisons soient éteintes. Je ne doute point que Mlle de Châtillon ne soit fort affligée. Les deux pauvres enfants ont eu un pareil sort en la mort comme en la naissance. Vous savez qu'ils sont tous deux nés après la mort de leur père. M. de La Vauguyon est d'autant plus à plaindre qu'il a une grande aversion pour le remède que chacun propose pour lui; une autre aversion pourtant pourroit être plus forte. Vous m'entendez bien sans que je m'explique davantage[1]. Mais Mme de Châtillon, qu'en dites-vous? Pour moi, je ne la connois pas assez pour en pouvoir juger. Il me semble seulement qu'il faudroit avoir bien envie de laisser quelque chose de soi pour vouloir préférer cela au bonheur de la condition où elle se trouve[2], etc. »

Mme de Maure au maréchal d'Albret. *Ibid.* Fol. 1290. « Mai 1659. — Vraiment, il faut bien vous faire part d'une aventure que j'ai eue, où vous aviez quelque intérêt, et qui m'a déjà brouillée sans doute avec quelques gouverneurs de province. Vous saurez que le marquis de Sourdis[3] vint, il y a quelques jours, pour me faire part d'une lettre qu'il a écrite à M. le Cardinal, pour l'instruire que les gouverneurs des provinces ne doivent pas être oubliés lors de la publication de la paix[4]. Il commença par me dire que les grands du royaume devant être appelés, les gouverneurs le devoient être aussi. Je lui dis : Mais ceux-là le sont quelquefois sans que les gouverneurs des provinces le soient; je crois pourtant bien que pour la paix ils le doivent être. Il

1. Mme de Broutay, après la mort de son frère, devenait l'héritière des biens de toute la maison. Est-ce là ce qui effrayait M. de La Vauguyon?

2. Elle se remaria au prince de Mecklembourg en 1663.

3. Le marquis de Sourdis était un des frères du cardinal et archevêque de ce nom; il avait été gouverneur de l'Orléanais, et joua un rôle dans la Fronde, mais passa bien vite du côté de la cour. Il mourut en 1666, tout occupé de théologie et de bel esprit. On peut voir plusieurs portraits de sa main dans les *Divers Portraits* de Mademoiselle, et quelques dissertations sur divers sujets dans les *Portefeuilles de Valant.*

4. La paix des Pyrénées qui couronna si glorieusement la carrière de Mazarin.

s'écria là-dessus que, non-seulement pour la paix mais pour toutes choses, et que c'étoient eux qui étoient les vrais grands du royaume, ce qu'il me voulut prouver par plusieurs raisons. Vous pouvez juger s'il m'a fallu davantage pour me récrier : Jésus ! Monsieur, qu'est-ce que vous nous venez conter? Vraiment, vous faites bien de l'honneur à M. le Cardinal, de prétendre lui faire accroire une telle chose! M. de Saint-Germain-Beaupré seroit donc un grand du royaume[1] ! » Le voilà à dire qu'il n'étoit pas question des personnes, que cela ne faisoit rien contre la chose, et qu'enfin cela étoit ainsi, et que les histoires en faisoient foi. Je lui dis que je croyois bien qu'en plusieurs occasions les gouverneurs avoient été appelés avec les grands du royaume, mais comme adjoints, et non pas qu'il ait pu jamais entrer dans l'esprit de personne qu'ils en fissent partie. Il me soutint toujours que ce n'étoit pas autrement que comme l'étant eux-mêmes, et moi, je le priai de m'excuser si, sur sa parole, je n'admettois pas M. de Saint-Germain-Beaupré ni une douzaine d'autres parmi les grands du royaume, qu'il y en avoit déjà assez, que M. le Cardinal qui en faisoit si aisément pourroit être plus débonnaire que moi là-dessus, mais que pour moi, il avoit beau crier, qu'il ne me mettroit pas cela dans la tête. Il recommença encore à alléguer tous les livres qu'il prétend qui font foi de son dire, me disant avec une vraie colère, qu'il n'importoit guère que je ne le crusse pas. Et moi, je voulus finir la dispute, en disant qu'il étoit vrai, pourvu qu'il le pût persuader à celui à qui il avoit écrit; mais qu'en attendant que nous en puissions savoir des nouvelles, nous pourrions trouver quelqu'un propre à juger notre différend, et je nommai M. de Béthune[2]; il s'y accorda ; et à peine l'avons-nous dit, que voilà M. de Béthune qui entre avec M. de Guymené[3]. Vous pouvez juger la joie que ce fut pour moi, et la hâte que j'eus de lui dire ce qui se passoit ici. Je ne voulois pas que M. de Guiméné en fût, rien ne pouvant jamais faire que je veuille tourner mes amis en ridicule. Mais enfin, quoique j'eusse parlé bas, M. de Béthune et le marquis parlèrent ensemble d'une sorte que le Prince devina ce que c'étoit. Il est assez inutile de vous dire que M. de Sourdis ne le gagna pas plus aisément avec l'un qu'avec l'autre, et qu'ainsi sa colère redoubla, encore que tous deux traitassent cela tout le plus doucement qu'ils pouvoient. Aussi aima-t-il mieux s'en aller avec eux que de demeurer un moment tout seul avec moi; et ayant été quatre jours sans revenir, je croyois l'avoir perdu; mais il y revint hier pour la seconde fois et me remit sur ce

1. Assez médiocre officier, devenu gouverneur d'une petite province, la Marche. *Mémoires* de Mademoiselle, t. VI, p. 203, et Tallemant, t. IV, p. 240.

2. François de Béthune, depuis duc d'Orval, le second fils du grand Sully, mort en 1698, connu par ses études sur l'histoire de France et sa belle collection de manuscrits qui compose le fonds de Béthune à la Bibliothèque Impériale.

3. Le prince de Guyméné, mari d'Anne de Rohan. C'était un plaisant assez redouté.

discours-là, quoique je ne lui eusse fait aucun semblant qu'il en eût jamais été parlé. Et après m'avoir dit que c'étoit une chose étrange que M. de Béthune sût si peu les choses qu'il faisoit profession de savoir le mieux, il me dit que la proposition qu'il avoit faite par sa lettre, n'avoit reçu aucune difficulté, et qu'aussi il n'y avoit rien de plus certain; que M. Le Tellier et autres en étoient tombés d'accord; et là-dessus il me voulut prouver que, hors la fonction de connétable, il n'y en avoit aucune dans l'État qui fût égale à celle des gouverneurs de province. Je lui dis tout doucement que je ne disputois rien que le caractère de grand du royaume, mais que pour cela je ne me pouvois rendre, et je m'aperçus dans son discours, qu'il s'étoit fait faire de grands remerciements par tous les gouverneurs, et notamment à l'hôtel de Rambouillet [1], et vous jugerez aisément que ce n'aura pas été sans parler de notre contestation. Si vous voulez parler de ceci à Mme du Plessis [2], vous le pouvez faire, Mme Cornuel lui en ayant déjà parlé; mais pour d'autres, je ne voudrois pas qu'on dise que je joue ce pauvre homme-là, etc. »

La petite correspondance qui suit s'explique assez d'elle-même. (Conrart, t. XI.)

De Mme la comtesse de Maure à M. le maréchal de Villeroy [3].

« Mai 1656. — Monsieur, je ne sais si, n'ayant jamais eu le bonheur de vous rendre aucun service, vous ne serez point surpris que j'aye recours à vous, dans un embarras où je me trouve, et que je le fasse même sans l'entremise de Mme votre femme [4]. C'est, Monsieur, que revenant d'Attichy, j'ai rencontré le régiment des gardes qui m'ont dit qu'ils y alloient loger. Je crus que si je pouvois mettre ordre à cela, ce seroit plustot en venant ici le plus vite que je pourrois, que de retourner sur mes pas, et j'ai trouvé que M. de Froulé [5], ni Descures ni Langlée [6] n'ont point donné d'ordre pour ce logement-là, de sorte, Monsieur, que n'ayant pas cru d'abord ce que ces mêmes

1. M. de Montausier était gouverneur de Saintonge et Angoumois.

2. Mme du Plessis-Guénégaud était belle-sœur de Madeleine de Guénégaud, femme du maréchal d'Albret. On a de Mme Cornuel dont il est ici question, une lettre adressée à Mme la comtesse de Maure sur ce même marquis de Sourdis, imprimée à la suite de l'article de Mme Cornuel, dans Tallemant, t. IV, p. 77. Voyez, sur Mme Cornuel, LA SOCIÉTÉ FRANÇAISE, t. II, chap. IV, p. 246.

3. Nicolas de Neuville, duc de Villeroy, maréchal en 1646, du conseil des finances en 1661, mort en 1685.

4. Magdeleine de Créquy, mariée en 1617, morte en 1675.

5. Probablement René de Froulay, IIe du nom, comte de Tessé, élevé enfant d'honneur de Louis XIII, puis mestre-de-camp et premier capitaine des dix compagnies dont on augmenta le régiment des gardes, enfin lieutenant général.

6. L'ÉTAT DE LA FRANCE, pour l'année 1669, p. 213 : *Régiments des gardes.* « Maréchaux-des-logis des camps et des armées : les sieurs Descures et de Langlée. »

gardes ont dit, que c'étoit le Roi même qui l'avoit donné, j'y trouve à cette heure quelque apparence, puisque l'on ne trouve point qui c'est, et que le bruit de ce logement continue. Et comme M. de Mortemart, ni M. de Vivonne ne sont point à la cour, ni aucun de ceux que je puis avoir droit d'employer pour mes intérêts, j'ai cru, Monsieur, que vous n'auriez point désagréable que j'eusse assez de confiance en votre générosité pour espérer que vous voudriez bien me protéger en cette occasion et demander au Roi la délivrance d'un lieu qui est déjà fort ruiné par les fréquents logements qu'il y a eu depuis quelques années, et par des tailles tout à fait excessives. Je ne saurois m'empêcher de vous dire, Monsieur, qu'encore que M. le comte de Maure ait eu le malheur de faire des choses qui ont pu déplaire au Roi, il ne seroit pas raisonnable qu'il voulût s'attacher à me faire un mal qui proprement me seroit particulier, ce lieu-là étant à moi; et je crois que ceux qui ont du zèle pour la personne de Sa Majesté peuvent désirer qu'il ait d'autres sentiments que ceux-là. Mais ce qui me pousse encore plus que cette considération à vous faire cette prière, c'est la compassion que j'ai de ces pauvres gens, qui ne me permet pas seulement d'attendre que je puisse avoir une lettre de Mme votre femme pour vous, bien que je sois assurée qu'elle ne me la refuseroit pas et même très-favorable, étant sa servante de longue-main comme je la suis. Et pour votre regard, Monsieur, quand je n'attendrois pas de vous la grâce que j'en attends, il suffiroit bien que vous eussiez le mérite que vous avez pour me faire être la vôtre, etc., etc.»

Réponse de M. le maréchal de Villeroy. « De Compiègne le dernier mai 1656. — Madame, je me sens extrêmement votre obligé de ce qu'il vous a plu m'employer en quelque chose pour votre personne. Le gentilhomme qui est venu ici de votre part vous aura pu mander comme je lui ai fait avoir le délogement de la cavalerie qu'on avoit mise à Attichy, ainsi qu'il désiroit. Je m'estimerois bien heureux, Madame, s'il s'offroit quelque meilleure occasion où je vous pusse témoigner combien je vous honore, vous suppliant de croire qu'en toutes celles qui se présenteront vous me trouverez avec passion, Madame, votre très-humble et très-obéissant serviteur, Villeroy. »

Remerciement de Mme la comtesse de Maure à M. le maréchal de Villeroy. « Juin 1656. — Monsieur, la diligence et la civilité avec laquelle vous m'avez fait la grâce que je vous ai demandée, justifie bien la confiance que j'ai eue en votre générosité, quelque grande qu'elle ait été, et me fait trouver du plaisir à vous être aussi obligée que je suis. Si M. le comte de Maure étoit ici, il ne manqueroit pas de joindre ses très-humbles remerciements aux miens; mais je vous puis assurer qu'il ne ressentira pas moins que moi la faveur que vous venez de nous faire, et ne désirera pas avec moins de passion de la pouvoir reconnoître. Je suis, Monsieur, d'une maison qui a eu de longtemps grand attachement à la vôtre, mon père ayant été serviteur particulier de vos grands-pères, et surtout de M. de Sancy [1] avec qui il étoit en fort grande amitié. Faites-moi la grâce de croire que j'aurai désormais pour votre personne les sentiments que j'avois pour votre maison, et qu'il ne vous sauroit plus rien arriver à quoi je ne prenne très-grande part. Cela tout seul me feroit extrêmement regretter cette pauvre Mme de Lesdiguières [2]; mais, Monsieur, vous avez quelque connoissance de la bonté qu'elle avoit pour moi. Elle vous a quelquefois écrit pour quelque chose de pareil à ce qui m'a fait avoir recours à vous, et je suis assurée que si elle étoit encore en état d'avoir de la joye, elle en auroit beaucoup que vous m'eussiez obligée comme vous avez fait. Il faut avouer que c'est un furieux dommage, et que vous êtes bien à plaindre de faire une telle perte. Je crois en mon particulier en faire une fort grande. J'ai peine à m'empêcher de vous en dire davantage, mais je crains d'augmenter votre douleur et d'abuser de votre civilité par une trop longue lettre. Faites-moi l'honneur de croire, Monsieur, que je serai toute ma vie autant que vous m'y avez obligée, votre, etc., etc. »

La comtese de Maure voyait souvent au palais d'Orléans Mme la comtesse de Langeron, gouvernante des jeunes princesses, femme de mérite et de vertu, dont Mademoiselle parle assez souvent, t. V. Nous supposons que cette Mme de Langeron devait être Claude de Faye d'Espeisses, mariée en 1641 à Philippe de Langeron, premier gentilhomme de M. le Prince, maréchal de camp, gouverneur du Nivernais, et qui mourut en 1675. Quoi qu'il en soit, Mme de Langeron demanda un jour à Mme de Maure la permission de lui présenter celui que l'on appelait alors le bean Candale, c'est-à-dire le jeune duc de Candale, célèbre par ses succès galants, l'amant de la jolie Mme de Saint-Loup, le frère de la vertueuse et sainte carmélite, Mlle d'Épernon, et le fils du duc de ce nom. Mme de Maure fut assez surprise d'un tel désir de la part d'un homme à la mode, et elle y répondit comme elle le devait.

La comtesse de Maure à Mme de Langeron. Conrart, *ibid.* « Janvier 1656. — Si M. de Candale fait quelque chose d'extraordinaire, pour un homme comme lui, de vouloir faire connoissance avec une per-

1. Nicolas de Harlay, baron de Sanci, colonel des Suisses. Sa fille avait épousé en 1596 Charles de Villeroi, marquis d'Alincourt, père du maréchal de Villeroi.

2. Il s'agit ici vraisemblablement de la belle-sœur du maréchal de Villeroi, Françoise de Créqui, mariée en 1609 au fils de Sully, Maximilien de Béthune, IIe du nom, et morte le 23 janvier 1657. Elle sera tombée très-gravement malade quelque temps avant sa mort.

sonne hors du monde comme je suis, j'en fais une qui n'est pas moins extraordinaire pour moi, de recevoir cela avec les sentiments que je le reçois. Car, outre que je crains, comme vous savez, les gens de son âge, je cherche plutôt désormais à perdre des connoissances qu'à en faire. Mais je suis encore bien assez informée pour savoir qu'il mérite qu'on soit pour lui d'une autre façon qu'on est pour les autres. Ce sera donc quand il vous plaira à l'un et à l'autre, que je recevrai l'honneur qu'il me veut faire, et du moins, pour la première visite, je ne craindrai pas qu'il s'ennuie, puisque vous y serez. »

Lorsque Mademoiselle publia *la Relation de l'Ile imaginaire* en 1659, elle fut bien aise de connaître l'opinion et rechercha le suffrage de diverses personnes recommandables par leur esprit. La comtesse de Maure engagea Mme de Sablé à lui écrire sur ce sujet une lettre qu'elle pût montrer à Mademoiselle. Nous avons donné cette lettre au chap. II, p. 78. Elle était aussi flatteuse que bien tournée, et plut fort au Luxembourg, comme on le voit dans ce billet de la comtesse de Maure à Mme de Sablé. *Portefeuilles de Valant,* t. VII, fol. 274 et 275.

« Mademoiselle a tellement goûté votre lettre qu'elle veut la garder, elle qui ne fait d'ordinaire que fort peu de cas de ce que les autres écrivent ; et elle ne fit pas semblant seulement de vouloir garder celle de Mlle de Scudéry. Aussi n'y avoit-il rien de pareil. Si je la puis retrouver, vous la verrez. Mais, m'amour, la vôtre est aussi flatteuse pour moi qu'elle est belle, et c'est beaucoup dire. Segrais, qui est à Mademoiselle, et que vous savez être un homme d'esprit, admire votre lettre... »

Cette lettre de Mlle de Scudéry dont parle ici la comtesse de Maure n'était autre chose qu'un billet de politesse adressée à la comtesse elle-même, en lui renvoyant *la Relation de l'Ile imaginaire* qu'elle lui avait prêtée. Nous l'avons rencontré dans les papiers de Conrart, t. XI, in-fol., fol. 79.

« J'ai lu avec beaucoup de plaisir, Madame, le livre que je vous renvoie; il y a de l'esprit partout, et je ne sais quel air de qualité qui marque la main d'où il vient. Il y a même une ingénieuse raillerie en beaucoup d'endroits, qui ne s'apprend point dans les livres; et si mon nom n'étoit point placé aussi avantageusement qu'il est dans cet agréable ouvrage, je n'aurois eu que de l'admiration et du plaisir en le lisant. Mais, malgré moi, il a fallu avoir de la confusion de savoir que je ne mérite pas les louanges que l'on me donne, et que tout ce que j'ai écrit de ma vie ne mérite, non plus que moi, la gloire d'être loué par une si grande et si illustre princesse. Voilà tout ce que vous peut dire une personne qui vous écrit avec beaucoup de précipitation, et qui est à vous avec tout le respect qu'elle vous doit, etc. »

Mlle de Vandy, qui alors était déjà entrée au service de Mademoiselle, écrivit à cette occasion à Mme de Sablé une lettre de remerciements, où elle lui témoignait le vif désir qu'éprouvait Mademoiselle de l'aller visiter dans sa retraite. Mme de Sablé ne se souciait pas beaucoup de cette visite, mais la comtesse de Maure insista si bien que Mme de Sablé, dans l'intérêt de son amie et de Mlle de Vandy, finit par recevoir Mademoiselle à Port-Royal.

Mlle de Vandy à Mme de Sablé. *Portefeuilles de Valant,* t. VII, fol. 243. — « Votre lettre, Madame, qui a paru ici, comme elle est, la plus belle du monde, pourroit empêcher les plus hardies de vous écrire. Ce n'est pourtant pas cela qui m'a fait garder le silence, mais le peu de santé que j'ai eu depuis quelques jours et la quantité d'affaires. Tout cela est cause que je n'ai pas eu l'honneur de vous dire plus tôt que Mademoiselle n'est pas moins charmée de vous que vous l'êtes d'elle, et que toute votre retraite ne vous sauroit mettre en sûreté contre elle, puisqu'elle est résolue d'aller vous voir souvent, et qu'elle est fort aimable, surtout quand les personnes lui plaisent autant que vous lui plaisez. Ainsi, Madame, comme la retraite n'est pas un bon remède contre elle, puisqu'elle peut l'interrompre quand il lui plaît, je pense qu'il faudra vous servir aussi de l'oraison pour vous mettre à couvert de ses charmes. Pour la belle princesse de Toscane[1] elle emporte si loin les siens, que je vous vois en sûreté de ce côté-là. Elle m'a témoigné n'être pas de même du vôtre, et emporter un regret extrême de ne pouvoir plus revoir jamais une personne qui lui a paru si aimable, et il me faudroit bien plus de temps que je n'en ai pour vous dire tout ce qu'elles m'ont dit toutes deux sur votre société. Toute leur compagnie étoit ravie de vous; il n'y a pas eu jusqu'à Bernaton[2] qui a dit que vous étiez une dame de grande élévation (?). Voici une terrible lettre pour être envoyée à une personne dont le mérite donne dans la vue à tout le monde. Mais vous êtes si bonne que vous me pardonnerez tous ses défauts, et que vous songerez seulement aux sentiments que celle qui l'écrit a pour vous, qui sont en vérité, Madame, les plus tendres et les plus respectueux du monde. Je suis au désespoir de partir sans avoir l'honneur d'aller vous le dire moi-même. Notre voyage ne durera que huit jours, et la première chose que je ferai en arrivant, ce sera d'aller vous assurer

1. Marguerite Louise d'Orléans, née en 1645, destinée au grand duc de Toscane, et mariée en 1661.

2. Quelque officier de Mademoiselle.

de la continuation de mes très-humbles respects et de la passion avec laquelle je serai toute ma vie votre très-obéissante servante. »

Mme de Maure à Mme de Sablé. *Ibid.* Fol. 242. — « Mademoiselle et Madame de Toscane, d'elles-mêmes, sans que personne leur en parlât, ont pris jour à demain pour vous aller voir après avoir été ici [1]. Il me semble que cela venant de la sorte vous ne devez pas refuser de les voir. Mademoiselle est assez fine pour juger que c'est que vous n'avez pas envie de les voir, quoi que je dirai, le mieux que je pourrai, que vous vous trouvez mal; mais quand je mens, encore que cela ne m'arrive jamais que dans des choses indifférentes, je ne parle jamais bien ferme. Enfin voyez; pour moi qui aime la règle en toutes choses, je ne trouve pas cela bien de refuser de voir des Princesses qui ne vous veulent voir que par un cas extraordinaire qu'elles font de vous, n'ayant voulu voir, hors les Princesses, que madame de Rambouillet et vous; car pour moi vous savez que c'est autre chose, étant de leur cour comme je suis. »

Ibid. Fol. 265. — « Mademoiselle dit hier, qu'elle prétendoit bien qu'à cette heure qu'elle ne prend plus d'eaux, M. d'Andilly lui enverroit des brignons qu'elle aime fort, et qu'il en envoyoit bien à d'autres qu'il n'aimoit pas tant qu'elle, c'est-à-dire à quelque autre: je ne sais si elle ne se trompe point, car, ne vous en déplaise, c'est la reine. Je vous avertis du reste qu'en peu de jours vous la verrez, car elle n'attend pour cela que d'avoir vu la Reine, ce qui pourra bien être aujourd'hui. »

Ibid. Fol, 291-292. — « Mademoiselle vit hier la Reine. Elle en fut très-satisfaite. Ce fut aux capucins. La Reine dans le discours l'embrassa deux fois. Mademoiselle lui baisant les mains, et sur les excuses qu'elle voulut lui faire de ce qui s'étoit passé, la Reine lui dit: « Nous avons été promptes toutes deux. Il n'y faut plus penser. » Et ensuite beaucoup de paroles d'amitié... Pour cette visite qu'elle veut vous faire, vous voyez que tout ce qu'on peut faire c'est de n'en pas parler la première, qui est ce que j'ai toujours observé. On n'ira pas lui faire entendre que vous ne le voulez pas, Elle en reparla, hier, la première, disant que ce seroit la première chose qu'elle feroit après avoir été à Saint-Maure. »

Ibid. — « Vraiment ma curiosité a été bien satisfaite quand j'ai vu ce rayon de lumière qu'on sent de Luxembourg à Port-Royal, qui réjouit et qui contente.... »

Mais Mme de Maure ne tarda pas à se refroidir beaucoup pour Mademoiselle. Elle était presque entrée dans sa cour et Mlle de Vandy était tout à fait à son service. Mais elle crut avoir à s'en

1. Chez elle, comtesse de Maure, c'est-à-dire rue d'Enfer, hôtel de Troyes.

plaindre, et sans cesser de la voir, et en conservant pour elle les plus grands ménagements et les respects convenables, elle ne dissimule pas à Mme de Sablé que son cœur en est fort détaché.

Ibid. — « Il faut remettre à parler de Mademoiselle quand nous nous reverrons. Il y auroit trop de choses à dire. Je n'y vais quasi plus. Je vous conterai tout cela. Ce n'est pas qu'elle ne me fasse aussi bonne mine qu'à l'ordinaire, mais c'est qu'on se dégoûte de voir qu'on n'a pas de crédit avec eux pour les choses les plus raisonnables. »

Nous donnerons fort peu de lettres de la comtesse de Maure à Mme de Sablé lorsqu'elles demeuraient tout près l'une de l'autre dans le quartier Saint-Jacques. Ces billets sont presque tous au tome VII des *Portefeuilles de Valant*, de la feuille 238 à la feuille 332, au nombre de 50 à 60, la plupart autographes sans être signés et n'étant datés que fort rarement et encore par Valant lui-même. Ils sont fort courts, et l'écriture en est souvent indéchiffrable; ils parcourent à peu près trois années, de 1660 à 1663. Nous ne grossirons pas nos extraits d'une foule de passages de ces billets qui montrent que la comtesse de Maure, sans pousser aussi loin que Mme de Sablé le goût des friandises, des confitures et des mets recherchés, avait cependant profité à son école, et que surtout elle pouvait rivaliser avec elle pour les soins qu'elle prenait de sa santé, et pour la crainte du froid, du chaud, du vent et de l'air; il n'y manque que la manie de voir partout de la contagion; en revanche, le goût des médecines y abonde, et elle va jusqu'à s'étonner que Mme de Sablé se porte si bien en faisant aussi peu de remèdes. Nous passons sur ces détails fort peu intéressants, sur lesquels Tallemant a épuisé toutes les railleries, et que Mademoiselle, dans *la Princesse de Paphlagonie*, a relevés avec une indulgente plaisanterie. Nous nous bornerons à tirer du t. VII des *Portefeuilles de Valant*, fol. 306, ce très-petit renseignement, que Renaudot était le médecin de la comtesse, comme Valant était celui de la marquise.

M. et Mme de Maure en étaient venus à cette fâcheuse extrémité d'avoir besoin d'une pension. Mme de Sablé en avait une depuis longtemps, et ç'avait été justice, car elle avait habilement et utilement servi le Roi pendant la Fronde, elle et toute sa famille. Nous avons vu qu'il n'en avait pas été ainsi du comte et de la comtesse de Maure. Celle-ci avait été dans sa jeunesse une des filles de la Reine, elle pouvait donc prétendre à une pension; mais, au lieu de la demander comme une grâce, il paraît qu'avec sa fierté ordinaire, elle la réclama comme une dette. Elle fit agir auprès d la Reine mère Mme de Chevreuse, et Mme de Sablé auprès de Le Tellier. Toutes ces sollicitations échouèrent. La comtesse de Maure s'en prit à tout le monde, excepté à Mme de Sablé; elle accusa la Reine d'ingratitude, et se plaignit surtout de Mme de Chevreuse, qui ne lui sembla pas avoir mis assez de zèle dans cette affaire et convenablement parlé à la Reine, réservant son crédit pour elle-même et pour le marquis de Laigues, son dernier amant.

Portefeuilles de Valant, t. VII, fol. 314. — « ..... Je crois que l'affaire ne réussira pas, soit que Mme de Chevreuse n'en parle pas comme il faut, soit par l'humeur où est présentement la Reine sur ces choses-là; mais pourvu que la dame parle, je serai satisfaite, parce que mon but est autant que la Reine sache bien nettement le sentiment que j'ai là-dessus, que de réussir... Je manquai hier à vous dire, sur ce que vous croyez que Mme de Montausier avoit contribué à cette pension de Mme de Puisieux, que personne n'y a rien fait, du moins qui ait paru, que Mme de Brienne qui a négocié cela avec la Reine mère d'un bout à l'autre. Mais je crois que Mme de Puisieux ne s'est résolue de parler au Roi que parce qu'elle avoit fait négocier avec Colbert par l'avocat Gaumont qui est fort bien avec lui. J'ai quelque lumière de cela, mais je vous prie de n'en point parler, car Mme de Puisieux le cache fort, et je ne veux pas lui faire de déplaisir. Ainsi la dame ayant eu Colbert favorable, et s'étant résolue de parler elle-même, il ne faut pas s'étonner qu'elle l'ait obtenue. Son fils trouve fort mauvais qu'elle l'ait fait, du moins de la sorte; il dit qu'elle a demandé l'aumône. L'on a fort ri de ce que j'ai dit que toutes les pensions des dames avoient commencé par « la pauvre femme, » et la plupart de celles des hommes par « le pauvre homme. » Mais pour Mme de La Trémouille, qui en a une de dix mille francs, c'est M. et Mme de Brienne qui ont fait que la Reine-mère en a parlé au Roi; ils se sont tués de dire : « La pauvre femme, son mari ne lui donne rien. » Cette pauvre Reine-mère a moins que jamais de grandeur d'âme. Il est certain qu'il n'y a nulle prise sur elle que par la pitié et pas par la reconnoissance; de sorte que moi, qui ne veux nullement qu'on die « la pauvre femme, » mais, comme je l'ai bien signifié à Mme de Chevreuse, qu'on le prenne par le mérite de mes proches et mon zèle d'autrefois, je suis, comme vous voyez bien, fondée à croire que l'on ne fera rien..... »

Ibid. Fol. 311 et 312. — « Vraiment, M. de Laigues n'a de ces incrédulités-là que pour ce qui touche les autres, car il étoit bien loin d'en avoir quand il vouloit à toute force que cette dame le fît chevalier, et elle en pressa la Reine mère au dernier point. Je pense qu'il n'y aura que lui qui trouve qu'il y avoit plus de probabilité pour cela que pour ce que j'ai prétendu. Et assurez-vous que cette dame n'en reparlera jamais, et que ce qu'elle en a dit à d'Haqueville[1], sortant de céans, ne fut que par la honte qu'elle eut; elle crut qu'il l'aideroit à sortir plus aisément de cette affaire-là que si elle eût été seule, et il m'a dit qu'elle l'avoit amené exprès; mais quand elle vit que je me récriois comme je fis sur des choses où elle ne trouvoit point de réplique, je crois qu'elle se repentit très-fort de l'avoir amené, et pour le satisfaire elle lui dit ce que vous avez vu qu'il m'a écrit. Assurez-vous qu'elle n'a fait que sonder la disposition de la Reine et lui dire doucement: « Mais c'est peu de chose et une chose aisée; » encore Dieu veuille qu'elle ait dit jusque-là. Enfin, tant par la façon dont elle me parla, que par ce que j'ai pu tirer de d'Haqueville, quoiqu'il die tout le mieux qu'il peut, mais vous savez que je suis découvrante quand je suis en quelque soupçon; assurez-vous que bien loin d'avoir pressé la Reine, elle n'a pas seulement raisonné; et l'accueil ayant été froid dans cette affaire comme il a été, je crois que sans d'Haqueville et Mme de Caen[2], elle s'en fût retournée à Dampierre sans en avoir parlé, disant toujours qu'elle n'avoit pas trouvé le temps. Haqueville m'a dit qu'en sortant de céans, elle lui avoit dit que jamais elle ne s'étoit trouvée plus empêchée; je crois bien aussi qu'elle aura dit ce qu'elle m'a dit sur la dignité que j'avois désiré qui fût gardée; mais enfin ce qu'on appelle prendre tous les biais pour faire réussir une affaire, elle s'en est bien gardée. Laigues, si je ne me trompe, veut qu'elle garde sa faveur pour lui; car, en quelque sorte, pour elle c'est pour lui... »

La comtesse de Maure avait fini par se brouiller avec Mme de Montausier elle-même, et si elle la ménage encore par égard pour Mme de Sablé, il semble qu'elle ne l'aime guère. Peut-être que tout en rendant justice à l'esprit de Mme de Montausier, au fond elle ne fut pas plus dupe que Mme de Motteville de ses grands semblants de vertu, et qu'elle jugea de la même façon la gouvernante du Dauphin, celle qui devait prendre la place de la duchesse de Navailles, pour laisser un champ plus libre aux amours du Roi avec Mlle de La Vallière et plus tard avec Mme de Montespan[3]. Ici Mme de Maure se défend de solliciter l'intervention

1. Sur d'Hacqueville, voyez chap. V, p. 232.
2. Éléonore de Rohan, d'abord abbesse de Caen, puis de Malnoue. Voyez chap. III, p. 156, etc.
3. La Société française, t. II, chap. IX, p. 57 et suiv.

de Mme de Montausier dans ses affaires, et à tort ou à raison elle va jusqu'à craindre d'aller à un concert de peur de la rencontrer.

Ibid. Fol. 318 et 319. — « Pour Mme de Montausier, je ne crois pas qu'elle ait jamais fait à personne rien de pareil à ce qu'elle me fit... Pour vous, elle vous craint; c'est pourquoi elle n'auroit pas songé à vous faire rien d'approchant de ce qu'elle m'a fait. La pauvre femme! elle m'a mise à tel point que je crains d'aller voir Mme de Navailles; car ne pouvant pas rompre avec elle, je ne puis aller au concert sans la voir. »

Mme de Maure confirme ce que nous avons dit ailleurs [1] du refroidissement qui s'était mis entre Mlle de Scudéry et Conrart à cause de Pellisson, et aussi de leur raccommodement dans une maladie assez grave du secrétaire de l'Académie française.

Ibid., fol. 318. — « Mlle de Scudéry a vu le pauvre M. Conrart, et cela s'est très-bien passé, comme vous le croirez sans que je vous le dise. Pauvre homme! J'y envoie sans cesse, mais d'y aller avec le mauvais temps on le craint en même temps qu'on le désire. »

Elle ne se gêne pas pour faire la critique de ses plus proches, et elle traite assez mal son neveu Vivonne, le frère de Mme de Montespan, de Mme de Thianges et de l'abbesse de Fontevrault, le futur duc de Vivonne, un des favoris de Louis XIV.

Ibid. Fol. 262. — « M. de Vivonne avoit dit qu'il le feroit. Dieu sait comme je compte sur ce qu'il promet, encore qu'il soit officieux; mais il est fort hanneton. »

En revanche, elle n'a que des éloges pour la jeune duchesse de Créqui qu'elle donne (*ibid.*, fol. 250) comme « une fort jolie femme, douce comme un mouton et très-raisonnable. » Il doit être ici question d'Armande de Saint-Gelais, fille de Mme de Lansac, la sœur de Mme de Sablé. La duchesse de Créqui figure dans les *Divers Portraits* de Mademoiselle, et Sourdis l'y a peinte avec raison comme une des plus belles, des plus sages et des plus vertueuses personnes de son siècle.

Mettons ici quelques billets de nièce aimable et spirituelle que la comtesse de Maure laissa après elle, Mlle de Vandy, entrée, comme nous l'avons dit, au service de Mademoiselle. Elle y faisait très-bonne figure, accompagna Mademoiselle aux Pyrénées et assista à toutes les cérémonies qui eurent lieu pour

1. La Société française, t. II, chap. xv, p. 272.

la conclusion de la paix et le mariage de Louis XIV et de l'Infante d'Espagne Marie-Thérèse. Sa curiosité spirituelle et malicieuse lui fit remarquer bien des choses intéressantes ou ridicules qu'elle manda à la comtesse de Maure; et les détails dans lesquels elle entre, éclairent et complètent les deux récits connus de Mme de Motteville et de Mademoiselle [1].

Conrart, in-folio, t. XI, fol. 1279. « A Saint-Jean-de-Lus, ce 4 juin 1660. — Enfin, Madame, le Roi fut marié hier en Espagne. Mademoiselle voulut aller voir cette cérémonie-là. Elle partit donc d'ici à 5 heures du matin, ayant seulement avec elle Mme de Navailles, Mme de Pontac [2] et moi. S. A. R. était dans un carrosse sans armes, n'ayant autour d'elle personne à cheval ni pas un valet de pied. Elle étoit seulement suivie du carrosse de M. Guilloire, dans lequel il étoit, et avec lui quelques-uns des domestiques de Mademoiselle. Avec ce grand équipage elle arriva en Andaye [3], où l'abbé Lenet et Caillet [4] l'attendoient. M. de Fréjus [5] et M. Lenet, qui la devoient conduire, s'y trouvèrent aussi; et après avoir attendu quelque temps sur le bord de la mer, il vint un fort joli vaisseau doublé de damas bleu dans lequel toute la troupe entra, et M. de Fréjus alla devant. Nous fûmes en une demi-heure à Fontarabie; Mademoiselle alla tout droit à la grande église que l'on trouva ornée des plus belles tapisseries d'Espagne, et remplie de quelques Espagnols et de la plus grande quantité de monde de François, hommes et femmes. Notre troupe se mêla parmi tout cela, assez près du grand autel et vis-à-vis d'une manière de chapelle de drap d'or, que l'on avoit faite pour mettre le Roi d'Espagne et l'Infante. Nous n'avions pas attendu un quart d'heure que nous les vîmes venir tous deux, accompagnés de six femmes et de plusieurs grands d'Espagne. Les aumôniers commencèrent aussitôt une petite messe, à la fin de laquelle, le Roi s'étant levé et l'Infante aussi, don Louis de Haro s'étant approché et ayant lu la procuration du Roi qu'il avoit pour épouser l'Infante, l'évêque de Pampelune la maria. Avant que de donner son consentement, elle fit la révérence au Roi son père; et lui, en lui donnant permission de dire oui, fut si attendri que les larmes lui vinrent aux yeux. Pour l'Infante, bien qu'elle parût un peu attendrie, elle ne pleura point, et elle acheva la cérémonie comme elle avoit commencé, avec un air modeste mais fort content. Aussitôt qu'elle fut Reine, le Roi son père lui donna la droite, elle fit beaucoup de résistance avant que de la prendre, et quoique nous

1. On peut aussi voir les différentes scènes du mariage fidèlement représentées dans les riches compositions de Lebrun, gravées par Jeaurat.
2. Femme du premier président de Bordeaux, et sœur de de Thou.
3. Village sur les bords de la Bidassoa.
4. Caillet, secrétaire de M. le Prince.
5 Ondedei, évêque de Fréjus, Italien, créature de Mazarin.

ne fussions pas assez proches pour entendre ce qu'elle lui disoit, on voyoit bien que c'étoit des paroles de respect et de tendresse, et tout le monde fut persuadé dès lors, par la manière dont on l'avoit vue agir et par l'air de son visage, qu'elle avoit beaucoup d'esprit; en effet elle a la physionomie fort spirituelle. Pour la beauté, elle ressemble tout à fait à la Reine, et elle a aussi bien qu'elle cet air de grande santé[1].

« Elle n'est pas si grande; mais, en échange, elle a un teint admirable. Mademoiselle ne se contenta pas d'avoir vu ces Majestés à l'église; elle voulut les voir dîner. Le Roi dîna dans une salle et la Reine dans l'autre. S. A. R. fut d'abord dans celle du Roi qu'elle trouva déjà à table, mais avec une telle gravité qu'il est plutôt comme une statue que comme un homme. Tous ses grands sont autour de la salle, couverts et plaqués contre les murailles. Cette Majesté est servie à genoux et avec le plus grand respect du monde. Mademoiselle, après avoir vu tout cela, entra chez la Reine, elle se mit fort proche d'elle; et cette jeune Majesté, qui n'a pas la gravité morte du Roi son père, mais au contraire un air doux, civil et spirituel, regarda fort cette belle inconnue, qu'elle avoit fort bien remarquée à l'église; car dès que Mademoiselle entra, on connut bien à sa mine qui elle étoit, et les Espagnols nous ayant demandé si en effet ce n'étoit pas Mademoiselle, et nous n'ayant pas jugé nécessaire d'en faire une finesse, nous le leur avouâmes. Ils disoient tous : « Qu'elle est belle! qu'elle a bonne mine! nous avons été bien proches de l'avoir pour notre Reine ; » et cela, d'un air comme s'ils avoient regret que cela n'eût pas été. Mais pour revenir à leur Infante, elle acheva de dîner, même avec quelque sorte de précipitation dès qu'elle eût vu Mademoiselle; et sortant de table en passant auprès d'elle, elle dit d'un air le plus aimable du monde : « J'ai bien envie d'embrasser cette inconnue-là. » Et en effet elle l'embrassa. S. A. R. voulut lui baiser la main, ce qu'elle ne voulut jamais souffrir. Elle passa, et étant entrée dans sa chambre, elle envoya prier Mademoiselle d'y venir. Mademoiselle y fut; elle la reçut fort civilement, lui parlant de la proximité qui est entre elles, ensuite de la Reine, de Monsieur et de M. le Cardinal. S. A. R. lui répondit sur tout, et puis lui parlant du Roi, elle baissa les yeux fort modestement, et se remit à parler de la Reine, disant qu'elle avoit bien envie d'avoir l'honneur de la voir. Mademoiselle ayant encore recommencé à parler du Roi, elle refit la même chose. Enfin S. A. R. prit congé d'elle. La Reine l'embrassa encore; et nous ayant fait approcher toutes trois, elle nous donna sa main à baiser, nous faisant des

1. Marie-Thérèse était en effet assez bien étant jeune, et la fraîcheur de son teint et une parfaite santé lui tenaient lieu de beauté, comme on peut le voir dans les admirables portraits de Beaubrun si bien gravés, l'un par Pitau, en 1662, l'autre en 1668, par N. Poilly. Mais cette beauté disparut bien vite, tandis que celle d'Anne d'Autriche dura presque jusqu'à sa mort.

sourires les plus gracieux du monde. Après que nous fûmes sorties, elle manda à Mme de Navailles qu'elle n'avoit point su qu'elle dût être à elle, et qu'elle lui auroit fait plus d'amitié. Je ne doute point qu'elle ne soit sa dame d'honneur, et lui ai fait vos compliments. J'oubliois à vous dire que l'Infante ne parle point françois ni Mademoiselle espagnol, de sorte qu'il leur fallut un truchement : ce fut le baron de Vateville. Nous trouvâmes Marchin des plus avant dans cette cour-là. Au reste je vous y souhaitai fort ; mais quand je me souvins que nous nous étions levées avant cinq heures, je vis bien que quand même vous auriez été ici, je ne devois pas présumer de vous mener là. M. Lenet fit merveille dans toute cette aventure ; et en effet il brilla fort en cette cour-là, aussi bien qu'en celle-ci.

« Cette lettre est pour M. le comte aussi bien que pour vous, Madame, et pour achever de vous effrayer des fatigues du jour d'hier, vous saurez que le bal attendoit ici Mademoiselle. En effet, en arrivant, elle n'eut que le loisir de se rhabiller pour y aller. Je ne vous dirai point ce qui s'y passa ; car ayant trouvé Mme de Pontac de bonne volonté pour suivre S. A. R. après qu'elle fut parée, je lui donnai ma bénédiction, comme aussi pareillement à Mademoiselle, et je me couchai. J'ai su depuis qu'elles y avoient paru toutes trois avec avantage.

« Voilà Mlle de Valois[1] qui m'attrape en médisant d'elle. Elle me le pardonne et me commande de vous faire bien des amitiés de sa part. Je ne puis me tenir de le dire devant elle, c'est un ange aussi bien en bonté qu'en beauté, et Mme de Saujon en dévotion. Je quitte cette plume pour la lui donner. Adieu, Madame ; je suis, comme je dois, absolument à vous. Je n'ai encore pu parler à M. de Lionne. La Reine est allée au lieu de la Conférence voir le Roi et l'Infante. Le Roi la doit voir sans se faire connoître. »

La même à la même. Conrart, *Ibid.* Fol. 1243. « 8 juin 1660, à Saint-Jean-de-Lus. — Vous êtes bien malheureuse et moi aussi, Madame, de ce que je n'écris pas si bien que Mlle de Scudéry. Si cela étoit, j'aurois de quoi vous faire la plus belle relation qui se puisse voir, ayant vu, ce me semble, depuis que je n'ai eu l'honneur de vous écrire, la plus grande chose du monde, puisque je me suis trouvée quand les Rois ont juré la paix. Ce fut avant-hier, au lieu de la Conférence. M. Garnier vous l'aura assez dépeint pour faire que vous m'entendiez bien, quand je vous dirai que, lorsqu'on arriva en ce lieu-là, les deux Rois et les deux Reines entrèrent chacun de leur côté dans cette grande salle où se sont tenues toutes les conférences. M. le Cardinal et don Louis de Haro y étoient avec eux. Ils furent enfermés ensemble pour le moins une heure. Après, on vint quérir Mademoiselle, Mlles ses sœurs, M. le prince de Conti, Mme de Carignan, Mme la Palatine, Mme de Bade, et on les fit entrer. Nous

1. Une des sœurs de Mademoiselle.

les suivîmes, c'est-à-dire Mme d'Usez, Mme la maréchale de Grammont, Mme de Navailles, Mme de Saujon, les filles de la Reine, une fille de Madame et moi. Nous vîmes entrer alors du côté d'Espagne tous les gens nommés pour entrer, et du côté de France la même chose; c'étoient les officiers de la Couronne et de la maison du Roi. En même temps, l'abbé de Coalin [1] apporta une croix et un livre des Évangiles. M. de Brienne lut le traité de paix pour la France, nommant M. le Cardinal devant Louis de Haro. Aussitôt le Secrétaire d'État d'Espagne lut la même chose de son côté, nommant aussi don Louis de Haro avant M. le Cardinal. Après, les Rois s'embrassèrent et la Reine-mère embrassa le Roi, son frère, qui reçut cela avec une gravité admirable et sans se baisser; les Reines s'embrassèrent aussi, et la Reine-mère présenta Mesdemoiselles et toutes les dames à la Reine. M. le Cardinal présenta au Roi d'Espagne tous les seigneurs françois, et don Louis tous les seigneurs d'Espagne au Roi. Monsieur les présenta à la Reine-mère, à qui ils baisèrent tous la main. Ensuite les Rois sortirent tous deux par leurs portes, se reculant, sans se tourner le dos, et ne faisant pas un pas l'un plus que l'autre. Ils furent tous deux dans un cabinet signer la paix. Les Reines ni les deux cours ne bougèrent de la salle. J'oubliois à vous dire que la cour de femmes de la nouvelle Reine n'étoit pas si belle que la nôtre, n'étant composée que de six personnes, trois vieilles femmes habillées de blanc et de noir, et trois jeunes filles habillées de couleur, mais les moins belles qui se puissent voir. Les Rois rentrèrent bientôt dans le même ordre; et après que l'on eut été ensemble un quart d'heure et que les Rois et les Reines se furent fait bien des amitiés, la compagnie se sépara, le Roi remmenant encore la Reine, sa fille. Il ne la donna que le lendemain, que la Reine la fut quérir. Mademoiselle n'y fut point. La Reine-mère lui ordonna de demeurer ici pour recevoir la Reine, ce qui fut fait.

« Mais, pour revenir à ce que nous vîmes à la Conférence, je vous assure, Madame, que tant que cela dura, je ne fis que penser au malheur que nous avons eu de ne pouvoir rien faire de l'affaire de Mlle d'Attrie [2], et que cela fut cause que je ne fus pas gaie comme je l'aurois été de voir jurer la paix, si vous y aviez trouvé la satisfaction que vous demandiez et que vous auriez eue sans doute, si vous étiez aussi heureuse que vous l'êtes peu. Je n'ai pu vous envoyer cette lettre aussitôt qu'elle a été écrite; de sorte que j'ai bien d'autres choses à vous dire à cette heure. Enfin la cérémonie du mariage du Roi fut faite hier. Ne vous attendez pas, Madame, que je vous dise tout ce que j'y ai vu, car je ne saurois donner l'ordre qu'il faudroit pour écrire une si grande chose. Vous saurez seulement par moi que

1. Pierre Arnault du Cambout de Coislin, premier aumônier du Roi, depuis évêque d'Orléans et enfin cardinal.

2. On trouve dans ce même volume de Conrart des lettres de la comtesse de Maure à Lyonne et à Mazarin sur cette affaire obscure.

les Reines, qui étoient chacune sur un haut dais, étoient les plus belles du monde. La mariée étoit à droite avec le Roi. Il étoit habillé à son ordinaire. Pour elle, elle avoit ce grand manteau royal, dont on entend parler toute sa vie, et que l'on voit quelquefois dans des tableaux, avec la couronne sur la tête. Mesdemoiselles et Mme la princesse de Carignan étoient derrière elle; et quand elle fut à l'offrande, Mlles d'Alençon et de Valois et Mme de Carignan portèrent sa queue. Monsieur présenta un cierge au Roi pour aller à l'offrande, et Mademoiselle un de même sorte à la Reine. La messe fut fort longue et à la fin on mit le Roi et la Reine sous une toilette [1]. On me dit que cela se nommoit le poêle. Toute la cour étoit ce jour-là, comme vous pouvez penser, à l'église, et tout le monde habillé magnifiquement. Sans mentir, cela avoit bien une autre pompe que ce que nous avions vu à Fontarabie. On sortit dans le même ordre que l'on étoit entré : le Roi et la Reine mariés, les premiers, la robe de la Reine étant portée par les Princesses que j'ai déjà nommées; Sainte-Mesme [2] portant la queue de Mlle d'Alençon; le marquis du Chastelet [3], celle de Mlle de Valois; et La Feuillade, celle de Mme de Carignan [4]. La Reine-mère marchoit après, Mme la comtesse de Fleix portant sa queue. Mademoiselle la suivoit, et M. de Mancini portoit sa queue. Enfin ce n'a point été M. de Roquelaure qui l'a portée; ces ducs à brevet ont fait difficulté de porter les queues de Mesdemoiselles; et Mademoiselle n'a point voulu avoir ce que Mlles ses sœurs n'avoient point; de sorte que M. le Cardinal lui a donné son neveu [5].

« Mais puisque j'en suis sur les queues, il faut bien parler de celle de Mme la Palatine. On fut tout étonné hier au matin quand on la vit arriver chez la Reine-mère avec une grande queue. Mme d'Usez dit à la Reine-mère que cela ne lui appartenoit pas; elle répondit qu'aux noces de la Reine d'Angleterre, toutes les Princesses de Lorraine en avoient. Mme d'Usez dit encore que cela ne leur appartenoit pas, et la Reine ayant obstiné que si, Mme d'Usez dit qu'elle ne se trouveroit point à la cérémonie, et s'en alla à l'église sans attendre. Un peu après, Mademoiselle vint chez la Reine-mère : on dit ce qui venoit d'arriver; S. A. R. trouva qu'il y alloit de son intérêt que Mme la Palatine eût une queue comme elle et comme Mlles ses sœurs. M. le Prince de Conti et Mme de Carignan, qui se trouvèrent là, dirent aussi que cela intéressoit toute la maison royale, et que Mademoiselle en étant l'aînée on devoit maintenir tous ses intérêts. Mademoiselle parla donc à la Reine, qui d'abord dit ce qu'elle avoit

1. Petite toile.

2. Le comte de Sainte-Mesme, premier écuyer de Madame, duchesse douairière d'Orléans. Voir les Mémoires de Mademoiselle, t. V, p. 206.

3. Le marquis du Châtelet, colonel du régiment de cavalerie du duc d'Orléans. *Ibid.*

4. *Ibid.*

5. *Ibid.*

répondu à Mme d'Usez, que les Princesses avoient des queues aux noces de la Reine d'Angleterre. Mme de Carignan dit que c'étoit comme parente, et Mademoiselle ajouta qu'il falloit savoir de M. de Rodes [1] comme tout s'étoit passé. Il vint et dit qu'en effet ces princesses avoient eu des queues, mais qu'on avoit trouvé depuis que cela leur appartenoit si peu, que l'on avoit défendu qu'il fût écrit sur le cérémonial. Là-dessus, le Roi et M. le Cardinal arrivèrent, et il fut conclu que Mme la Palatine n'auroit point de queue; de sorte qu'elle sortit de chez la Reine mère toute parée de diamants et pleurant de ce qu'elle n'avoit pas eu ce qu'elle prétendoit [2]. J'oubliois que l'on avoit dit aussi qu'elle ne pouvoit pas être sur le banc des princesses du sang, non plus qu'elle ne pouvoit avoir de queue.

« Il faut que je reparle encore de la cérémonie, pour vous dire que Mademoiselle y parut avec un air et une mine admirable, et qu'elle n'a jamais été plus belle qu'elle l'étoit là. Mlles ses sœurs étoient aussi comme deux anges aux deux côtés de cette jeune Reine. Enfin, j'ai regret que vous n'ayez point vu cela, et d'autant plus que vous l'auriez pu voir en ne vous levant qu'à neuf heures.

« Tout ceci est pour M. le Comte aussi bien que pour vous, Madame; je vous supplie aussi d'en mander ce que vous jugerez à propos à Mme la marquise [3]; car, pour ma lettre, elle est trop mal faite et trop barbouillée pour aller jusqu'à elle. Mademoiselle vous fait cent amitiés. Elle dit qu'elle sera très-aise de vous revoir; il n'y a que moi qui en serai fâchée. Nos princesses avoient à la cérémonie des robes de ferrandine et des mantes de crêpe volant, et toutes trois étoient parées de perles. Mais il faut bien quitter tout cela pour vous parler de la dame d'atour de notre nouvelle Reine. Plusieurs personnes croient ici qu'elle n'entrera pas en charge, parce qu'elle mourra de joie quand elle aura la nouvelle que l'on l'a choisie pour cela. Vous ne vous étonnerez point de ce que je vous dis, quand vous saurez que c'est Mme la comtesse de Béthune. Après cet événement, vous et Mme de Montausier ne devez jamais prétendre à rien. Je vous supplie de le lui dire de ma part. M. le Cardinal ne se contente pas de donner cette charge pour rien : on dit qu'il fait encore M. de Béthune ambassadeur à Rome. J'ai quasi envie de vous supplier de leur faire un compliment pour moi.

« M. de Bréau (?), étant venu comme j'écrivois, m'a dit que Biscarat [4] lui avoit écrit afin qu'il parlât de cette malheureuse affaire [5] à M. de Lionne, et qu'il lui avoit répondu que l'année passée on avoit parlé bien tard, et que cette fois il étoit tardissime. Je ne lui ai

1. Grand maître des cérémonies.
2. *Mémoires* de Mademoiselle, t. V, p. 115 et 116.
3. La marquise de Sablé.
4. *Mémoires* de Mademoiselle, t. V, p. 12, etc.
5. L'affaire de Mlle d'Atry.

point encore parlé, mais j'ai su par d'autres qu'il n'y a que M. le Cardinal et don Louis qui achèvent le reste des affaires. M. le Cardinal fut encore hier à la Conférence, et je vois avec grand déplaisir que nous n'avons plus rien à espérer de cette affaire. On dit que nous partirons lundi, de sorte que je vous dis adieu, Madame, et à M. le Comte aussi, jusqu'à Bordeaux. Qu'il sache, s'il vous plaît, que les assassins de cette pauvre Mlle de Neuvic [1] s'étant présentés, on les a bien renvoyés sans leur faire grâce. Mesdemoiselles partent après-demain, laissant tout le monde très-content d'elles.

« Cette lettre, qui a été écrite à plusieurs reprises, est achevée le 13. Je vous rends mille grâces très-humbles, Madame, de ce que vous avez fait pour nous vers M. le Prince. »

Mlle de Vandy passa le reste de sa vie à la cour de Mademoiselle, toujours très-considérée, et mourut en 1685.

Quant à M. le comte de Maure, le temps ne changea point son caractère. Tallemant dit que sa femme, dans ce style de tendresse que nous lui connaissons, l'appelait *le bon*. Il l'était probablement; mais cela ne l'empêchait pas d'être volontiers mécontent de tout le monde et un peu tracassier. Ce fut bien pis après la mort de la comtesse survenue en 1663. La longue correspondance de Mme de Longueville et de Mme de Sablé que nous ferons connaître ailleurs, montre qu'en vieillissant il devint presque intolérable par ses exigences, ses soupçons perpétuels, ses interminables explications qui fatiguaient, sans l'épuiser, la patience et la douceur de Mme de Sablé et de Mme de Longueville. Il mourut en 1669, après avoir mis aux plus rudes épreuves l'indulgence des deux amies de sa femme, et ne s'étant soutenu auprès d'elles que par le souvenir d'estime et d'affection que la comtesse de Maure leur avait laissé.

XXIII. — LETTRES DE LA ROCHEFOUCAULD A MADAME DE SABLÉ ET A ESPRIT.

Terminons cet appendice par les lettres de La Rochefoucauld à Mme de Sablé et à Esprit, dont nous avons cité çà et là quelques passages.

1. Mlle de Neufvic avait été autrefois une des filles de la Reine, avec Mlle d'Attichy.

Ces lettres ont vu le jour, pour la première fois, dans les *Œuvres complètes de François, duc de La Rochefoucauld*, chez Belin, in-8°, 1820. Cette édition est compacte et assez laide, mais faite avec soin par M. Depping, qui a signé la notice. L'estimable éditeur avertit que ces lettres « ont été copiées sur les originaux conservés à la Bibliothèque du Roi ; » mais il ne désigne pas le fonds de cette bibliothèque où il a trouvé ces originaux, en sorte qu'il était difficile d'y recourir et de contrôler son travail. Aussi l'édition des *Œuvres complètes de La Rochefoucauld*, chez Ponthieu, in-8°, 1825, donnée, dit-on, par la famille, se borne à reproduire ces lettres telles qu'elles étaient dans l'édition précédente, sans même l'indiquer, sans en ôter une seule faute, sans y ajouter aucun éclaircissement. Voilà où en était alors la critique, et comment on traitait encore, au commencement de notre siècle, La Rochefoucauld, aussi bien que Pascal et Mme de Sévigné elle-même.

L'édition de 1825 doit donc être négligée, et il ne faut tenir compte que de celle de 1820, qui, malgré ses imperfections, tire aujourd'hui une grande valeur d'une circonstance fâcheuse et bien inattendue.

Lorsqu'en 1849 et 1850, pendant nos études sur La Rochefoucauld, nous allâmes consulter, à la bibliothèque de la rue de Richelieu, les originaux des lettres données par M. Depping, déjà nous pûmes nous assurer que plusieurs d'entre eux avaient disparu, sans que l'on sût dès lors en quel temps. L'édition de Belin représente seule maintenant les originaux perdus; de là son prix tout particulier, et l'idée que nous avons eue de publier ici de nouveau ces lettres si tristement recherchées par les amateurs d'autographes, telles que nous les avions vues autrefois, en réparant avec un soin scrupuleux les fautes échappées au premier éditeur.

Disons d'abord que le fonds de la Bibliothèque impériale, qui contient ces manuscrits avec toute la correspondance relative aux *Maximes*, est le *Résidu de Saint-Germain, Portefeuilles du docteur Valant*, portefeuille deuxième, depuis le fol. 161 jusqu'à la fin du volume. La plupart des lettres conservées sont autographes, de cette belle et longue écriture qui prévalut à la fin du XVIIe siècle; elles se présentent dans un ordre, ou plutôt dans un désordre que l'édition de Belin a respecté et que nous suivrons aussi.

1re LETTRE.

Dans l'édition de Belin, cette lettre est adressée à *M***. Quelle est la personne désignée par ces deux étoiles? En ouvrant le deuxième portefeuille de Valant, fol. 169, on trouve, non pas l'original de cette lettre, mais une copie ancienne avec cette note : « *M. de La Rochefoucauld sur ses Mémoires à Mme de Sablé.* » On peut donc mettre cette lettre en 1662, année de la publication des *Mémoires* qui firent tant de bruit et soulevèrent tant de réclamations.

« [1] Les deux tiers de l'escrit qu'on m'a montré, et que l'on dit qui court sous mon nom, ne sont point de moi, et je n'y ay nulle part. L'autre tiers, qui est vers la fin, est tellement changé et falsifié dans toutes ses[2] parties et dans le sens, l'ordre et les termes, qu'il n'y a presque rien qui soit conforme à ce que j'ay escrit sur ce sujet-là; c'est pourquoi je le désadvoue comme une chose qui a été suposée par mes ennemis ou par la friponnerie de ceux qui vendent toute sorte de manuscrits sous quelque nom que ce puisse estre.

Mme la marquise de Sablé, M. de Liancourt et M. Esprit ont vu ce que j'ay escrit pour moi seul. Ils savent qu'il est entièrement différent de celui qui a couru, et qu'il n'y a rien dedans qui ne soit comme il doit estre dans ce qui regarde M. le Prince. M. de Liancourt le lui a tesmoigné, et il en a paru persuadé; ainsi il n'est pas nécessaire d'entrer davantage en matière, et je suis d'avis non seulement qu'on ne dise plus rien là dessus, mais qu'on ne responde mesme autre chose que ce que je viens de dire à quelque objection que l'on puisse faire.

Il faut aussi dire la mesme chose pour ce qui regarde Mme[3] de Longueville.

Pour ce qui est de l'article qui parle de l'affaire de l'hostel de ville, il ne me paroît pas qu'il y ait rien dans ce que j'ay veu qui puisse déplaire à M. le Prince[4], puisque après avoir dit l'impression que cette affaire là fit dans le monde, on me fait dire ensuite que je croy que M. le duc d'Orléans et lui n'y eurent aucune part. C'est en effet tout ce que je puis dire de cette action dont je n'ay jamais eu de connoissance bien particulière, estant arrivée deux jours après celle

1. Fol. 120.
2. L'édition de Belin : *les*.
3. L'édition, par une erreur étrange : *M.* de Longueville.
4. L'édition : *M. Esprit*.

de Saint-Antoine, qui est un temps où je n'estois pas en estat d'entendre parler d'aucune affaire [1]. »

IIme LETTRE.

« [2] A madame madame la marquise de Sablé, à Vertœil, 27 août [3]. Je suis bien fasché d'avoir appris par M. Esprit que vous continuez [4] de faire les choses du monde les plus obligeantes pour moi; car je voulois estre en colère contre vous de ne me faire jamais response, et de dire tous les jours mille maux de moi à La Plante [5]. J'ay quelquefois envie de croire que c'est par malice que vous me faites tant de bien, et pour m'oster le plaisir d'avoir sujet de me plaindre de vous. Au reste, M. Esprit me mande qu'il est ravi de quelque chose que vous avez escrit [6]. Je vous demande en conscience s'il est juste que vous escriviez de ces choses-là sans me les montrer; vous savez avec combien de bonne foy j'en ay usé avec vous, et que les sentences ne sont sentences qu'après que vous les avez approuvées. Il me parle aussi d'un laquais qui a dansé les tricotets sur l'eschafaut où il alloit estre roué. Il me semble que voilà jusqu'où la philosophie d'un laquais méritoit d'aller. Je croy que toutte gaieté en cet estat là vous est bien suspecte. Je pensois avoir bientost l'honneur de vous voir, mais mon voiage est un peu retardé. Je vous baise très-humblement les mains. »

IIIme LETTRE.

« A [7] madame madame la marquise de Sablé. Je ne pensois pas vous pouvoir faire des reproches dans un temps où vous me faites tant de bien; mais enfin je trouve que vos soins et vos bontés demandent toutte autre chose de moi que de soufrir patiement vostre silence. Je viens d'en faire mes plaintes à Gourville, qui va passer en Languedoc, en Provence et en Dauphiné, et qui sera cependant dans trois semaines à Paris. Il me parle si douteusement du jour du mariage, que je ne vous en puis rien dire d'assuré. Je suis mesme

1. Sur l'affaire de Saint-Antoine et sur celle de l'hôtel de ville, voyez Mme DE LONGUEVILLE PENDANT LA FRONDE, chap. III, p. 158-165; et *Appendice*, combat de Saint-Antoine, p. 415; et scène de l'hôtel de ville, p. 419-423.

2. Autogr., fol. 113.

3. L'année manque, mais c'est évidemment le temps des *Maximes*.

4. L'édit. : *continuiez*.

5. Quelque homme d'affaires de La Rochefoucauld.

6. Le petit écrit de l'*Instruction des enfants*, ou celui *de l'Amitié*. Voyez plus haut, chap. III.

7. Autogr., fol. 115. Pas de date; mais comme il est question du mariage du roi aux Pyrénées, cela date cette lettre, qui doit être de 1660.

fasché qu'il n'ait rien remarqué de vos bons amis les Espaignols[1] qui les face juger dignes de l'estime que je vous en ay vu faire. On ne parle que de la magnificence des habits de nostre cour ; il me semble que c'est mauvais signe pour ceux qui les portent, et qu'ils devroient souhaiter qu'on parlast d'eux aussi. Continuez-moy l'honneur de vos bonnes grâces, et croiez, s'il vous plaît, que personne du monde ne les souhaite et ne les estime tant que moi. »

IVme LETTRE.

Ce n'était pas seulement le prince de Condé, c'était aussi Mme de Longueville qui avait été offensée de la façon dont La Rochefoucauld avait parlé d'elle en ses Mémoires. A son tour, La Rochefoucauld s'étonne et se plaint auprès de Mme de Sablé des plaintes de Mme de Longueville. Cette lettre doit donc être de l'année 1662.

« Pour madame la marquise de Sablé[2], à la Tesne[3], le 21 de juin[4]. J'estois assez persuadé que vous trouveriez des raisons pour justifier vostre silence ; mais je ne croyois pas que vous voulussiez en mesme temps me reprocher de manquer de soin pour vous et de curiosité pour savoir l'estat où vous avez trouvé la persone que vous avez vu despuis peu[5]. On m'en a dit des choses si différentes sur les sentiments qu'elle a pour moi, que j'avoue que vous m'obligerez sensiblement de me dire sans façon ce que vous en avez remarqué ; car, à vous parler franchement, je ne puis comprendre qu'une persone qui donne tous les jours des marques d'une piété si extraordinaire ait mieux aimé prendre le parti de se plaindre de moi avec aigreur, et de m'accuser d'avoir fait un ouvrage[6] qu'elle cognoist bien que

1. *Sic*. On se souvient du goût déclaré de Mme de Sablé pour le genre espagnol en toutes choses ; voy. plus haut, chap. Ier, p. 13 et 14. Dans cette même année 1660, à propos de l'insistance de l'Espagne en faveur de Condé, Mme de Longueville écrit à Mme de Sablé, Bibliothèque impériale, *Supplément français*, n° 3029 : « Je comprends le mieux du monde la joye que vous avez de voir la glorieuse conduite de vos bons amis les Espagnols. En vérité, elle est digne d'une grande estime, et doit donner un grand goût pour eux à ceux qui n'en auroient pas eu jusqu'ici. »

2. Autogr., fol. 117. Cachet intact sur lacs de soie jaune.

3. Petit endroit près Vertoeil, dans l'Angoumois. Voyez Mme DE CHEVREUSE, *Appendice* du chap. III.

4. La date manque, mais le sujet de cette lettre dit assez qu'elle est de 1662.

5. Il s'agit incontestablement de Mme de Longueville.

6. Les Mémoires de La Rochefoucauld où Mme de Longueville était fort maltraitée, et qu'il désavoua avec plus ou moins de sincérité. Voyez plus haut, Ire lettre.

je n'ay pas fait, que d'adjouter foy au tesmoignage que vous lui en avez rendu. Ce que je vous en dis ne changera jamais rien à la conduite respectueuse que je me suis imposée sur son subjet; mais je voudrois bien savoir par une persone qui voit les replis du cœur comme vous, quels sont ses véritables sentiments pour moi, je veux dire si elle a cessé de me haïr par dévotion ou par lassitude, ou pour avoir cognu que je n'ay pas eu tout le tort qu'elle avoit cru. Enfin je vous demande de m'aprendre ce qui vous a paru là dessus; car je croiray bien mieux ce que vous m'en direz que tout ce que j'ay vu d'ailleurs. Je ne vous diray rien de ma belle-fille[1], puisque La Plante vous en a assez entretenue, si ce n'est que tout de bon il n'y a jamais eu une meilleure et plus commode persone. Elle est aussi enfant presque que quand elle a eu l'honneur de vous voir; mais avec cella elle a de l'esprit et de la douceur et une complaisance admirable. Vous ne vous pleindrez plus, après avoir lu cette lettre, de ma paresse ni de mon peu de curiosité; mais je crains bien que vous ne vous pleigniez de sa longueur; mais plus je vous en ferois d'excuses ici, et plus j'augmenterois ma faute. »

Vme LETTRE.

« A madame madame la marquise de Sablé[2]. [3] C'est ce que vous m'avez envoié[4] qui me rend capable d'estre gouverneur de M. le dauphin despuis l'avoir lu, et non pas les sentences que j'ay faites. Je n'ay en ma vie rien vu de si beau ni de si judicieusement escrit. Si cet ouvrage là estoit publié, je croy que chacun seroit obligé en conscience de le lire, car rien au monde ne seroit si utille; il est vrai que ce seroit faire le procès à bien des gouverneurs que je cognois. Tout ce que j'apprends de cette morte[5] dont vous me parlez me donne une curiosité extrême de vous en entretenir; vous savez que je ne croy que vous sur de certains chapitres et surtout sur les replis du cœur[6]. Ce n'est pas que je ne croie tout ce que l'on dit là dessus, mais enfin je croiray l'avoir vu quand vous me l'aurez dit vous mesme. J'ay envoié des sentences à M. Esprit pour vous les montrer, mais il ne m'a pas encore fait responce, et il me semble que c'est mauvais signe pour les sentences. Je vous baise très hum-

1. Mlle de Liancourt, fille du marquis de Liancourt et de Jeanne de Schomberg. Voyez chap. III.

2. Autogr., fol. 122. Cachet intact sur lacs de soie blanche.

3. La date manque, mais le sujet tient trop à celui de la lettre précédente pour que celle-ci ne soit pas de la même année.

4. Évidemment l'écrit sur l'*Éducation des enfants*.

5. Mme de Longueville.

6. Retour sur la question qui est le sujet de la lettre précédente.

blement les mains, et je vous asseure, madame, que persone du monde n'a tant de respect pour vous que moi.

« La Rochefoucauld [1]. »

VIme LETTRE.

« A M. Esprit [2], le 9 septembre [3]. Vous allez voir que vous vous fussiez bien passée de me demander des nouveiles de ma fame [4], car sans cella je manquois de prétextes de vous accabler encore de sentences. Je vous diray donc que ma fame a toujours la fièvre, et que je crains qu'elle ne se tourne en quarte; le reste des malades se porte mieux. Mais, pour retourner à nos moutons, il ne seroit pas juste que vous fussiez paix et aise à Paris avec Platon, pendant que je suis à la merci des sentences que vous avez suscitées pour troubler mon repos. Voici ce que vous aurez par le courier :

« Il faut avouer que la vertu, par qui nous nous vantons de faire tout ce que nous faisons de bien, n'auroit pas toujours la force de nous retenir dans les règles de nostre devoir, si la paresse, la timidité ou la honte ne nous faisoient voir les inconvéniens qu'il y a d'en sortir. »

« L'amour de la justice n'est que la crainte de soufrir l'injustice. »

« Il n'y a pas moins d'éloquence dans le ton de la voix que dans le choix des paroles. »

« On ne donne des louanges que pour en profiter. »

« La souveraine habiletté consiste a bien cognoistre le prix de chaque chose. »

« Si on estoit assez habille, on ne feroit jamais de finesses [5] ni de trahisons. »

« Il n'y a que Dieu qui sache si un procédé net, sincère et honneste est plus tost un effect de probité que d'habiletté. »

« La pluspart des hommes s'exposent assez à la guerre pour sauver leur honneur, mais peu se veullent toujours exposer autant qu'il est nécessaire pour faire réussir le dessein pour lequel on s'expose. »

Je ne sçay si vous l'entendrez mieux ainsi, mais je veux dire qu'il est assez ordinaire de hazarder sa vie pour s'empescher d'estre déshonnoré; mais quand cella est fait, on en est assez content pour ne se mettre pas d'ordinaire fort en peine du succès de la chose que l'on veut faire réussir, et il est certain que ceux qui s'exposent tout autant qu'il est nécessaire pour prendre une place que l'on attaque, ou pour conquérir une province, ont plus de mérite, sont meilleurs officiers, et ont de plus grandes et plus utilles vües que ceux qui s'ex-

1. La signature manque dans l'édition.
2. Autogr., fol. 121-123. Cachet sur lacs de soie blanche.
3. L'année manque, mais c'est encore le temps des *Maximes*.
4. *Sic*.
5. L'édit. : *finesse*.

posent seulement pour mettre leur honneur à couvert; et il est fort commun de trouver des gens de la dernière espèce que je viens de dire, et fort rare d'en trouver de l'autre. Pour moi, si c'est ici de la glose d'Orléans, si vous avez encore la dernière lettre que je vous ay escrite [1], je vous prie de mettre sur le ton de sentence ce que je vous ay mandé de ce mouchoir et des tricotets; sinon, renvoyez la moi pour voir ce que j'en pouray faire. Mais faites le vous mesme, je vous en conjure, si vous le pouvez. Je vous prie de savoir de Mme de Sablé si c'est un des effects de l'amitié tendre de ne faire jamais responce aux gens qu'elle aime, et qui escrivent dix fois de suite [2].

Je me desdis de tout ce que je vous mande contre Mme de Sablé, car je viens de recevoir ce que je lui avois demandé, avec la lettre la plus tendre et la meilleure du monde. Despuis vous avoir escrit tantost, la fièvre a pris à ma fame, et elle l'a double quarte. Je souhaite que madame votre fame [3] et vous soiez en meilleure santé. »

VIIme LETTRE.

« Pour monsieur Esprit, dans la rue Neuve-des-Bons-Enfans, Paris [4]. « La foiblesse fait cometre [5] plus de trahisons que le véritable dessein de trahir. »

« Un habile homme doit savoir régler le rang de ses intérêts et les conduire chacun dans son ordre; nostre avidité le trouble souvent en nous faisant courir à tant de choses à la fois; de là vient que pour désirer trop les moins importantes, nous ne les faisons pas assez servir à obtenir les plus considérables. »

« On est presque toujours assez brave pour sortir sans honte des périls de la guerre, mais peu de gens le sont assez pour s'exposer toujours autant qu'il est nécessaire pour faire réussir le dessein pour lequel on s'expose [6]. »

« Le caprice de l'humeur est encore plus bizarre que cellui de la fortune. »

Vous n'aurez que cella pour cette heure; mandez ce qu'il en faut changer. Je ne sçay plus aucune de vos [7] nouvelles, ni domestiques,

1. Cette lettre manque et laisse obscure toute cette phrase.

2. Nous avons vu que chez Mme de Sablé on dissertait fort sur l'amitié et ses diverses espèces. On voit que La Rochefoucauld avait écrit à Mme de Sablé bien plus de lettres que nous n'en avons.

3. Voilà qui prouve bien qu'Esprit l'académicien n'était pas ecclésiastique. Voyez plus haut, chap. III.

4. Autogr., fol. 126. Nulle date, mais toujours dans le même temps. Ce ne peut être la lettre dont parle La Rochefoucauld dans la précédente, puisqu'il n'y est pas question du mouchoir et des tricotets.

5. L'édit. : *connaître*, qui n'a pas de sens et gâte une pensée profonde.

6. Une des maximes contenues dans la lettre précédente.

7. L'édit. : *nos* nouvelles.

ni crestienes, ni politiques. Je croy que j'iray cet hiver à Paris et que nous recomancerons de belles moralités au coin du feu. Cependant aprenez moy l'estat ou vous estes, et qui vous fréquentez. J'ay tout de bon ici des occupations plus agréables que vous n'aviez cru, et ma belle-fille est la plus aimable petitte créature qui se puisse voir. Je vous prie de montrer à Mme de Sablé nos dernières sentences; cella lui redonera peut-estre envie d'en faire, et songez y aussi de vostre costé, quand ce ne seroit que pour grossir nostre volume. Il n'y a personne ici qui ne se pleigne de vous et qui ne s'attendist à quelque marque de vostre souvenir. Pour moi, qui cognois son estendue, je n'ay pas cru qu'il vous obligeast à de grands soins. Je vous conjure de m'envoier la condanation de Brutus [1]; je vous déclare que jusques ici je suis pour lui contre vous. »

VIIIme LETTRE.

« A madame de Sablé [2]. — J'envoie savoir de vos nouvelles et si vous vous estes souvenüe de ce que vous m'aviez promis. Je vous ay cherché un escrivain qui fera mieux que l'autre. Je vous envoie l'escrit de M. Esprit que j'emportay dernièrement avec ce que vous m'avez donné, et je vous envoie aussi ce qui est adjousté aux sentences que vous n'avez point vües. Comme c'est tout ce que j'ay, je vous suplie très humblement qu'il ne se perde pas, et de me mander quand je pouray avoir l'honneur de vous voir pour prendre congé de vous. »

IXme LETTRE [3].

« Je vous envoie un placet que je vous suplie très humblement de voulloir recommander à M. de Marillac, si vous avez du crédit vers lui, ou de faire que Mme la comtesse de Maure le donne avec une recommandation digne d'elle. Je n'ay peu refuser cet ofice à une persone à qui je dois bien plus que cella; et afin que vous n'aiez point de scrupule, cette persone est Mme de Linières. J'auray l'honneur de vous voir dès que je seray de retour d'un voiage de cinc ou sis jours que je vais faire en Normandie. Je n'ay pas vu de maximes il y a longtemps [4]; je croy pourtant qu'en voici une :

« Il n'apartient qu'aux grands hommes d'avoir de grands défauts. »

1. Nous ne trouvons pas cette condamnation de Brutus dans le livre d'Esprit: *la Fausseté des vertus humaines*, 2 vol., 1678; il n'y est même question de Brutus qu'une seule fois au chap. XIII, *De la mort de Caton d'Utique*, t. II, p. 250. Il paraît qu'il s'agit ici seulement d'une conversation chez Mme de Sablé.

2. Autogr., fol. 128. Sans date et sans adresse; mais Valant a mis de sa main: « La Rochefoucauld à Madame. » Madame, sous la plume de Valant, est Mme de Sablé. L'édit. : « *A Madame* **. ».

3. Toujours à Mme de Sablé, mais sans adresse et sans date. Autogr., fol. 129.

4. L'édit. : *depuis* longtemps.

Xme LETTRE.

« A mademoiselle mademoiselle d'Aumale[1]. — Il paroist bien que vous cognoissez vos forces : vous m'escrivez hardiment comme si vous aviez songé en moi[2] despuis que je suis parti. Vous me faites des excuses de ne me mander point de nouvelles du monde; vous savez pourtant bien en vostre conscience que ce n'est pas de celles là que je vous demande. Puisque vous voulez tant en savoir des miennes, je vous diray que je ne sçay si c'est l'intention d'aller à Barèges qui me porte bonheur, ou quelque autre intention; mais enfin je croy que je mettray bientost le baston au croc; il me semble que cela veut dire, jeter le froc aux orties. Vous m'en direz des nouvelles cet hiver. J'en ay eu de Richelieu, où on a fait des merveilles. Mesdames de Frontenac et Luine[3] vouloient venir ici, mais on m'a dit qu'elles s'en revont à l'Isle avec Mlle votre sœur. J'espère que je les y trouveray encore. M. le maréchal d'Albret[4] les verra plus tost que moi; il s'en retourne aussi viste qu'il est venu. Je ne puis croire que Mme de Mequelbourg[5] toutte seulle ait la gloire de lui faire faire tant de chemin. Il en sera ce qui plaira à Dieu, et moi ie seray toujours plus respectueusement que persone du monde,

« Vostre très humble et très obéissant serviteur.

« LA ROCHEFOUCAULD. »

Ce 7 octobre[6].

« Je croy que ce ne seroit pas estre si respectueux que je dis, si j'osois rendre grâces ici à Mme la duchesse de Montausier de l'honneur qu'elle me fait de se souvenir de moi. Je voudrois pourtant bien qu'elle sceut combien je lui en suis obligé. »

Il y avait autrefois une seconde lettre à Mlle d'Aumale, qui manque aujourd'hui dans le deuxième portefeuille de Valant; nous la donnons d'après l'édition de Belin.

« Vertoeil, 4 décembre. — Hélas ! je croyois que vous étiez au milieu des pompes et des félicités de la cour, et je n'ai rien su de l'état où vous avez été. Personne assurément n'a osé me l'aprendre : cette excuse est bonne pour me justifier auprès de vous, mais elle ne me justifie

1. Autogr. signé, fol. 130-131. Sur Mlle d'Aumale, voyez plus haut, *appendice XX*, p. 402.
2. Locution remarquable et propre à La Rochefoucauld; nous la trouvons en maintes autres lettres autographes que nous possédons.
3. M. Depping a lu *Luine;* mais ce nom est plus que douteux, et il faudrait ici un nom moins relevé.
4. Sur le maréchal d'Albret, voyez plus haut, p. 382, 474 et suiv.
5. Sur Mme la duchesse de Meckelbourg, voyez aussi plus haut, p. 385.
6. L'année manque.

pas auprès de moi, et mon cœur qui me dit tant de belles choses de vous, devroit bien aussi me dire quand vous estes malade. Pour moi, mademoiselle, je n'ay pas eu la goutte despuis que vous m'avez défendu de l'avoir, et le respect que j'ay pour vous a plus de vertu que Barèges. Je ne sçay si le remède n'est point pire que le mal, et si je ne vous prieray point à la fin de me laisser ma goutte. Après tout je seray dans trois semaines à l'Isle; vous ne vous aviserez jamais de m'escrire avant que je parte, mais tout au moins mandez-y l'estat de votre santé. J'espère que je vous porteray assez de nouvelles de ce lieu-là pour faire ma cour auprès de vous, et pour faire peur à vos voisins. Grands Dieux! qu'ay-je pensé faire? J'allois finir ma lettre sans mettre

Votre très-humble, très-obéissant et très-fidèle serviteur. L. R. »

XIme LETTRE [1].

« Ce mardi matin. — Vous ne pouvez faire une plus belle [2] charité que de permettre que le porteur de ce billet puisse entrer dans les mistères de la marmelade et de vos véritables confitures, et je vous suplie très humblement de faire en sa faveur tout ce que vous pourez. Je passeray après disné chez vous pour avoir l'honneur de vous voir, si vous me le voulez permettre. Il me semble que nous avons bien des choses à dire. Songez, s'il vous plaît, à me donner vos Maximes, car je m'en vais dans quatre jours. »

XIIme LETTRE.

« A madame, madame la marquise de Sablé [3]. — Après tout ce que vous avez fait pour moi, il me semble qu'il seroit plus juste de vous en rendre de très humbles grâces que de vous donner de nouvelles peines. Cependant je vous suplie, Madame, de trouver bon qu'un de mes amis vous rende conte de l'afaire que vous avez si bien soustenue, et de voulloir me mander vos sentiments sur ce qu'il vous dira. Je n'ose vous demander pardon, comme je devrois, d'en user si librement, parce qu'un compliment est une marque de recognoissance dont je croy que vous me dispenserez aisément. »

XIIIme LETTRE.

« Pour madame la marquise de Sablé [4]. — Ce mercredi au soir. Je suis au désespoir de m'en retourner à Liancourt sans avoir l'hon-

1. Encore à Mme de Sablé, quoique sans adresse et sans l'année. Autogr., fol. 132.

2. L'édit. : « Vous ne *sauriez faire plus belle*, etc. »

3. *Ibid.* Autogr., fol. 135. Sans date.

4. *Ibid.* Autogr., fol. 137. Sans date.

neur de vous voir, et de vous rendre conte de nos prospérités; car enfin vous savez bien, Madame, que quelque agréables qu'elles me puissent estre d'elles mesmes, elles me le sont encore davantage par le plaisir que j'ay de vous en entretenir. Je feray tout ce que je pouray pour aller prendre congé de vous à Auteuil avant que de commancer mon grand voiage. Cependant, s'il y a quelque sentence nouvelle, je vous suplie très humblement de me l'envoier. M. Esprit a admiré celle de la jalousie. »

XIVme LETTRE.

A la même [1]. — « Vous croirez sans doute que j'arrive de Poitou, mais la vérité est qu'il y a un mois que j'ay la goute, et qu'ainsi je n'ay pu vous rendre mes devoirs. Au reste, Madame, je vous suplie très humblement de voulloir bien tesmoigner à M. le commandeur de Souvré que vous lui savez gré de m'avoir rendu auprès de M. le Cardinal mille ofices dont je l'avois prié en partant, et de s'en estre acquité avec tout le soin et toute l'adresse imaginables. Il a fait cella le plus obligeamment du monde pour moi, et j'espère que vous me ferez l'honneur d'y prendre part. Je partiray dans deux jours, bien que je ne marche point encore: cella m'empeschera d'aller prendre congé de vous, et de savoir l'estat de vostre santé, dont je vous demande des nouvelles, et de me croire plus avant que persone du monde, etc. »

XVme LETTRE.

A la même [2]. — « Ce lundi au soir. Je scay qu'on disne chez vous sans moi, et que vous faites voir des sentences que je n'ay pas faites, dont on ne me veut rien dire : tout cella est assez désobligeant pour vous demander permission de vous en aller faire mes pleintes demain. Tout de bon, que la honte de m'avoir tant ofencé ne vous empesche pas de soufrir ma présence; car ce seroit encore augmenter mon juste ressentiment. Prenez donc, s'il vous plaît, le parti de le faire finir, car je vous assure que je suis fort disposé à oublier le passé, pour peu que vous vouliez le réparer. »

XVIme LETTRE.

A la même [3]. — « Je vous envoie vos sentences d'aujourd'hui, et j'ay escrit à M. Esprit pour venir demain voir l'ouvrage tout entier. Je vous suplie très humblement de ne rien dire à persone de l'espé-

1. Sans suscription et sans date. Autogr., fol. 140.
2. Sans suscription et sans date. *Ibid.* Autogr., fol. 142.
3. Sans suscription et sans date *Ibid.* Autogr., fol. 143.

rance que je vous ay dit que j'avois que Mlle de Liancourt vous feroit gagner vostre gageure, car on pourroit lui escrire des choses qui fortifieroient les sentiments contraires à ceux que je lui souhaite.

XVIIme LETTRE.

« Ce[1] mardi matin.—Vous voyez bien que je suis incorigible, puisque je demande encore à vous voir après tout ce que vous me faites. Il est pourtant nécessaire que j'aie cet honneur là pour une afaire dont je suis chargé de vous parler. Mandez-moi donc si les afaires n'auront pas plus de pouvoir sur vostre dureté que l'amitié, et quand vous me permettrez d'aller chez vous. »

XVIIIme LETTRE.

« Ce[2] samedi.— Je vous envoie cette manière de préface pour les Maximes; mais comme je la dois rendre dans deux heures, je vous suplie très humblement, Madame, de me la renvoier par le mesme laquais qui vous porte ce billet. Je vous demande aussi de me dire ce que vous en trouvez. »

XIXme LETTRE.

« Pour madame la marquise de Sablé[3]. Ce dimanche au soir[4].— Je ne sçay plus d'invention pour entrer chez vous; on m'y refuse la porte tous les jours. Je ne sçay si la fille à qui j'ay parlé vous aura bien expliqué la grâce que je vous demande : c'est de me prester pour une heure le discours que Mme de Schomberg vous a envoié sur les Maximes[5]. Je vous suplie très humblement de ne me refuser pas. Outre l'envie que j'ay de le voir, il est mesme nécessaire pour une raison que j'auray l'honneur de vous dire. Je vous donne toutes les seuretés que vous pouvez désirer pour le secret : mais, au nom de Dieu, ayez la bonté de m'envoier cet escrit par le retour de ce laquais. »

XXme LETTRE.

« A madame madame la marquise de Sablé[6]. Vertœil, 5 décembre[7]. — Ce que vous me faites l'honneur de me mander me confirme dans

1. Sans date ni suscription, mais certainement à Mme de Sablé. Autogr., fol. 144.
2. Sans date ni suscription, mais à la même. *Idem*. Autogr., fol. 145.
3. *Idem*. Autogr., fol. 146. Cachet parfaitement intact sur lacs de soie rouge.
4. Pas d'autre date.
5. Voyez plus haut, chap. III.
6. *Ibid*. Autogr., fol. 149-150. Cachet intact et lacs de soie blanche.
7. Sans autre date.

l'opinion que j'ay toujours eue, que l'on ne sauroit jamais mieux faire que de suivre vos sentimens, et que rien n'est si advantageux que d'estre de vostre parti. Le père Esprit me mande néantmoins que M. son frère[1] n'en est pas, et qu'il nous veut destromper. Je souhaite bien plus qu'il en vienne à bout que je ne croy qu'il le puisse faire. Je vous rends mille très humbles grâces de ce que vous avez eu la bonté de dire à M. le comandeur de Souvré. J'espère suivre bientost son conseil, et avoir l'honneur de vous voir à Noël. J'avois toujours bien cru que Mme la contesse de Maure condamneroit l'intention des Sentences, et qu'elle se déclareroit pour la vérité des vertus[2]. C'est à vous, Madame, à me justifier, s'il vous plaît, puisque j'en crois tout ce que vous en croiez. Je trouve la sentence de M. Esprit la plus belle du monde; je ne l'aurois pas entendu sans secours, mais à cette heure elle me paroist admirable. Je ne sçay si vous avez remarqué que l'envie de faire des sentences se gaigne comme le rume; il y a ici des disciples de M. de Balzac, qui en ont eu le vent, et qui ne veullent plus faire autre chose. »

XXIme LETTRE.

« [3] C'est à moi, à cette heure, à faire des façons pour mes[4] maximes, et après avoir vu les vostres, n'en espérez plus de moi. Je vous jure sur mon honneur que je ne les ay point fait copier, quoique je fusse fort en droit de le faire; et je vous assure de plus que je l'aurois fait, si je n'espérois que vous consentirez à me les donner. Je vous meneray, quand il vous plaira, M. de Corbinelly qui meurt d'envie de vous montrer quelque chose. Vous nous avez fait un cruel tour, à M. l'abbé de la Victoire et à moi; vous le réparerez quand il vous plaira. Je pensois vous rendre moi mesme hier vos maximes. »

XXIIme LETTRE.

« Je[5] vous envoie, Madame, les maximes que vous voulez avoir. Je n'en ay pas assez bonne opinion pour croire que vous les demandiez par une autre raison que par cette politesse qu'on ne trouve plus que chez vous. Je sçay bien que le bon sens et le bon esprit convient à tous les âges; mais les goûts n'y conviennent pas toujours, et ce qui sied bien en un temps ne sied pas bien en

1. Il y avait donc deux frères du nom d'Esprit, le père Esprit de l'Oratoire, et l'homme de lettres, l'académicien.
2. Voy. chap. III.
3. Sans date ni adresse. fol. 151.
4. L'édit. : *nos* maximes.
5. Sans adresse ni date. *Ibid.* Autogr., fol. 152. Une main étrangère, mais ancienne, a mis : « 2 aoust 1675. »

un autre. C'est ce qui me fait croire que peu de gens savent estre vieux. Je vous suplie très humblement de me mander ce qu'il faut changer à ce que je vous envoie. Mme de Fontevraux m'a promis de m'avertir quand elle iroit chez vous. Je me suis tellement paré devant elle de l'honneur que vous me faites de m'aimer, qu'elle en a bonne opinion de moi. Ne détruisez pas votre ouvrage, et laissez-lui croire là-dessus tout ce qui flatte le plus ma vanité. »

La feuille qui contenait les maximes de La Rochefoucauld a disparu comme la seconde lettre à Mlle d'Aumale. Heureusement, la première édition nous les a conservées.

« 1. La confiance fournit plus à la conversation que l'esprit. »

« 2. L'amour nous fait faire des fautes comme les autres passions; mais il nous en fait faire de plus ridicules. »

« 3. Peu de gens savent estre vieux. »

« 4. La pénétration a un air de prophétie qui flatte plus notre vanité que toutes les autres qualités de l'esprit. »

« 5. La plupart des amis dégoûtent de l'amitié, et la plupart des dévots dégoûtent de la dévotion. »

« 6. Il y a plus de vieux fous que de jeunes. »

« 7. Il est plus aisé de connoître tous les hommes en général que de connoître un homme en particulier. »

« 8. On ne doit pas juger du mérite d'un homme par ses grandes qualités, mais par l'usage qu'il en sait faire. »

« 9. Ce qui fait que la plupart des femmes sont peu touchées de l'amitié, c'est qu'elle est fade quand on a senti de l'amour. »

« 10. Les femmes qui aiment pardonnent plus aisément les grandes indiscrétions que les petites infidélités. »

« 11. Ce qui nous empêche d'estre naturels, c'est l'envie de le paroître. »

« 12. C'est en quelque sorte se donner part aux belles actions, que de les louer de bon cœur. »

« 13. La plus véritable marque d'estre né avec de grandes qualités, c'est d'estre né sans envie. »

« 14. La faiblesse est plus opposée à la vertu que le vice. »

« 15. Ce qui fait que la honte et la jalousie sont les plus grands de tous les maux, c'est que la vanité ne nous aide pas à les supporter. »

Les amateurs d'autographes nous ont au moins laissé la réponse de Mme de Sablé, qui était en simple copie. Valant a mis ici de sa main bien connue : « Maximes de M. de La Rochefoucauld, en juillet 1675, avec les réflexions de Madame. »

« Réponse de Mme de Sablé, fol. 154 : — C'est vostre complaisance plustost que la mienne qui vous oblige à me faire part de vos maximes, parce que je n'en suis pas digne. Je vous diray pourtant, Monsieur, comme si je ne vous disois rien, qu'il me semble que dans la 1re maxime il faudroit expliquer quelle sorte de confiance, parce que celle qui n'est fondée que sur la bonne opinion qu'on a de soi mesme est différente de la sûreté que l'on prend avec les personnes à qui l'on parle.

« La 4e est merveilleuse, et il n'y a rien de mieux pénétré. »

« Sur la 8e, il n'y a point de vraies grandes qualités, si on ne les met en usage. »

« Sur la 10e, il n'y a rien de mieux trouvé. »

« La 11e est bien vraie, car le naturel ne se trouve point où il y a de l'affectation. »

« La 12e, il n'y a rien de si beau ni de si vrai. »

« La 13e est très-belle. »

« La 14e est bien vraie; car le vice se peut corriger par l'étude de la vertu, et la foiblesse est du tempérament qui ne se peut quasi jamais changer. »

« Sur la 5e, quand les amitiés ne sont point fondées sur la vertu, il y a tant de choses qui les détruisent que l'on a quasi toujours des sujets de s'en lasser. »

XXIIIme LETTRE.

« Pour madame la marquise de Sablé [1]. Ce samedi [2]. — Vous me regaignez toujours quand il vous plaît, Madame, et il y a quelque chose de si vif dans les reproches que je vous fais, que j'ay souvent peur de m'y mesprendre moi mesme, et de me trouver trop sensible au bien et au mal que je reçoy de vous. Quoi qu'il en soit, Madame, je suis touché au dernier point des bontés que vous me faites l'honneur de me tesmoigner sur ce qui m'est arivé, et la part que vous y prenez en augmente encore le prix. J'iray vous rendre mes très humbles devoirs. Je vous demanderois mille pardons de m'en aquiter si mal, si vous ne saviez que je n'ay que trop de légitimes excuses [3]. »

XXIVme LETTRE.

« Pour madame la marquise de Sablé [4]. A Vincenes, ce mardi matin [5]. — « Le pouvoir que les persones que nous aimons ont sur nous est presque toujours plus grand que cellui que nous avons nous mesme. »

1. Autogr., fol. 156 et 157. Cachet noir avec des lacs de soie bleue.
2. Pas d'autre date.
3. Le billet de La Rochefoucauld finit ici. L'édition a joint des maximes qui se trouvent dans les papiers de Valant et peuvent être de La Rochefoucauld, mais ne sont pas autographes.
4. *Ibid.* Autogr., fol. 159.
5. L'année manque.

« L'intérest est l'âme de l'amour-propre, de sorte que, comme le corps privé de son âme est sans vüe, sans ouïe, sans cognoissance, sans sentiment, sans mouvement, de mesme l'amour-propre séparé, s'il le faut dire ainsi, de son intérest[1], ne voit, n'entent, ne sent et ne se remue plus[2]; de là vient qu'un mesme homme qui court la terre et les mers pour son intérest devient soudainement paralitique pour l'intérest des autres; de là vient le soudain assoupissement et cette mort que nous causons à tous ceux à qui nous contons nos afaires; de là vient leur prompte résurection, lorsque dans nostre naration nous y meslons quelque chose qui les regarde, de sorte que nous voions dans nos conversations et dans nos traités que dans un mesme moment un homme perd cognoissance et revient à soi, selon que son propre intérest s'approche de lui ou qu'il s'en retire. »

En voillà deux que je vous envoie pour vous reprocher vostre ingratitude de me laisser partir[3] sans m'avoir donné les vostres. Je m'en vais demain[4]. En voici encore une : « En vieillissant on devient plus fou et plus sage. »

XXVme LETTRE.

L'édition de Belin met ici une lettre très-intéressante, et qui porte son authenticité avec elle; mais elle n'est plus dans le portefeuille de Valant, où elle était encore en 1849, quand nous l'avons collationnée avec l'édition de Belin.

« Lettre à madame de Sablé. Ce vendredi au soir.— « Ce qui fait tout le mécompte que nous voyons dans la reconnaissance des hommes, c'est que l'orgueil de celui qui donne et l'orgueil de celui qui reçoit ne peuvent convenir du prix du bienfait. »

« La vanité et la honte, et surtout le tempérament, font la valeur des hommes et la chasteté des femmes, dont on mène tant de bruit[5]. »

1. *Son intérest*, l'intérêt qui s'y rapporte. L'édit. bien à tort : « *de l'intérest.*
2. L'édit. : « *ne remue plus.* »
3. Aujourd'hui, *partir* est déchiré.
4. Ici quelques mots déchirés.
5. On trouve cette expression remarquable dans une copie manuscrite du discours de Cléante, dans le *Tartufe*, sur les vrais et les faux dévots. Au lieu de :

> « Et comme on ne voit pas qu'où l'honneur les conduit,
> Les vrais braves soient ceux qui font beaucoup de bruit. »

La copie manuscrite donne :

> « Les vrais braves soient ceux qui *mènent plus* de bruit. »

Voyez nos FRAGMENTS DE PHILOSOPHIE CARTÉSIENNE, p. 451.

Villon, dans la fameuse ballade *aux Dames du temps jadis*, 1er couplet, avait déjà dit : « *Quand bruit on maine.* »

« Il y a des gens dont tout le mérite consiste à dire et à faire des sottises utilement, et qui gâteroient tout s'ils changeoient de conduite. »

« On se console souvent d'estre malheureux en effet par un certain plaisir qu'on trouve à le paroistre. »

« On admire fort ce qui éblouit, et l'art de savoir bien mettre en œuvre de médiocres qualités dérobe l'estime et donne souvent plus de réputation que le véritable mérite. »

« L'imitation est toujours malheureuse, et tout ce qui est contrefait déplaît avec les mesmes choses qui charment lorqu'elles sont naturelles. »

« Peu de gens cognoissent la mort; on la souffre, non par résolution[1], mais par la stupidité et par la coutume, et la pluspart des hommes meurent parce qu'on meurt. »

« Les rois font des hommes comme des pièces de monnoie : ils les font valoir ce qu'ils veulent, et on est forcé de les recevoir selon leur cours, et non pas selon leur véritable prix. »

« Voilà tout ce que j'ay de maximes que vous n'ayez point; mais comme on ne fait rien pour rien, je vous demande un potage avec carottes[2], un ragoût de mouton et un de bœuf, comme ceux que nous eûmes lorsque M. le commandeur de Souvré disna chez vous, de la sauce verte et un autre plat, soit un chapon aux pruneaux ou telle autre chose que vous jugerez digne de vostre choix. Si je pouvois espérer deux assiettes de ces confitures dont je ne méritois pas de manger d'autrefois, je croirois vous estre redevable toute ma vie. J'envoie donc savoir ce que je puis espérer pour lundi à midi; on apportera tout cella[3] dans mon carosse, et je vous rendray compte du succès de vos bienfaits. Je vous suplie très humblement de me renvoier les quatre maximes que nous fîmes dernièrement, et de vous souvenir que vous m'avez promis le traité *de l'Amitié*, et ce que vous avez adjousté à l'*Éducation des enfants*. »

« Qui vit sans folie, n'est pas si sage qu'il croit. »

XXVIme LETTRE.

« A madame, madame la marquise de Sablé[4]. Ce n'est pas assez pour moi d'aprendre de vos nouvelles parce qu'on a accoustumé[5] de m'en mander; je vous suplie de me permettre de vous en demander de temps en temps à vous mesme, et de soufrir, puisque je n'ai pu vous envoier des trufles, que je vous présente au moins des maximes qui ne les valent pas; mais comme on ne fait rien pour rien en ce

1. Nous avons lu autrefois dans le manuscrit : par *la* résolution.
2. L'original : *aux* carottes.
3. L'original : tout cella *ici* dans...
4. Autogr., fol. 168-169, 171.
5. L'édit. : *parce qu'on a coutume.*

siècle ci, je vous suplie de me donner en rescompense le mémoire pour faire le potage de carottes, l'eau de nois et colle de mille fleurs; si vous avez quelque autre potage, je vous le demande encore. »

« Il semble que plusieurs de nos actions aient des estoilles heureuses ou malheureuses aussi bien que nous, d'où despent une grande partie de la louange ou du blâme qu'on leur donne. »

« Il n'y a d'amour que d'une sorte, mais il y en a mille différentes copies. »

« L'espérance et la crainte sont inséparables. »

« L'amour aussi bien que le feu ne peut subsister sans un mouvement continuel, et il cesse de vivre dès qu'il cesse d'espérer ou de craindre. »

« Il est de l'amour comme de l'apparition des esprits: tout le monde en parle, mais peu de gens en ont vu. »

« L'amour preste son nom à un nombre infini de commerces qu'on lui attribue, où il n'a souvent guères plus de part que le doge en a à ce qui se fait à Venise. »

« Si nous n'avions point de défauts, nous ne serions pas si aises d'en remarquer aux autres. »

« Je ne sais si on peut dire de l'agréement séparé de la beauté que c'est une simétrie dont on ne sait point les règles, et un rapport secret des traits ensemble, et des traits avec les couleurs et l'air de la persone. »

« La promptitude avec laquelle nous croions le mal sans l'avoir assez examiné, est souvent un effect de paresse qui se joint à l'orgueil : on veut trouver des coupables, et on ne veut pas se donner la peine d'examiner les crimes. »

« Ce qui fait croire si aisément que les autres ont des défauts, c'est la facilité que l'on a de croire ce qu'on souhaite. »

« Le pouvoir que les persones que nous aimons ont sur nous, est presque toujours plus grand que cellui que nous y avons nous-mesme. »

« Le goust change, mais l'inclination ne change point. »

« Les défauts de l'âme sont comme les blessures du corps : quelque soin qu'on prene de les guérir, la cicatrice paroist toujours, et elles se peuvent toujours rouvrir. »

« Ne croiez pas que je prétende mériter par là [1] le potage de carotes: je sçay que touttes les maximes du monde ne peuvent pas entrer en comparaison avec lui, mais je vous donne ce que j'ay, et j'attends tout de vostre générosité. Mandez-moi, s'il vous plaît, si on les doit mettre au rang des autres, et ce qu'il y a à y changer. S'il vous en est venu quelqu'une, je vous suplie de m'en faire part et de me continuer l'honneur de vos bonnes grâces. »

1. L'édit. supprime : *par là*.

Le 10 de décembre. En voici une qui est venue en fermant ma lettre, qui me desplaira peut-être dès que le courier sera parti :

« La nature qui a pourvu à la vie de l'homme par la disposition des organes du corps, lui a sans doute encore donné l'orgueil pour lui espargner la douleur de cognoistre ses imperfections et ses misères. »

XXVIIme LETTRE [1].

« Vertoeil, 24 octobre [2]. — Je vous envoie l'opéra dont je vous ay parlé, je vous suplie que madame la marquise de Sablé le voie; car j'espère au moins qu'elle approuvera mon sentiment, et qu'elle sera de mon costé. Vous m'avez fait un très grand plaisir d'avoir rectifié les sentences. Je prétends que vous en userez de mesme de l'opéra et de quelque autre chose que vous verez que l'on pouroit adjouster, ce me semble, à l'*Éducation des enfans,* que madame la marquise de Sablé m'a envoiée [3]. Voilà escrire en vray auteur, que de commancer par parler de ses ouvrages. Je vous diray pourtant, comme si je ne l'estois pas, que je suis très véritablement fasché du retranchement de vos rentes, et que si vous croiez que pour en escrire à Gourville comme pour moi mesme cela vous fût bon à quelque chose, je le feray assurément comme il faut. Ma femme [4] a toujours la fièvre double quarte; il y a pourtant deux ou trois jours qu'elle n'en a point eu. Je lui ai dit le soin que vous avez d'elle dont elle vous rend mille grâces. Je pouray bien vous voir cet hiver à Paris. Je vous donne le bon soir.

Au [5] reste, je vous confesse à ma honte que je n'entends pas ce que veut dire *la vérité est le fondement et la raison de la beauté* [6]. Vous me ferez un extrême plaisir de me l'expliquer quand vos rentes vous le permettront. Car enfin quelque mérite qu'aient les sentences, je crois qu'elles perdent bien de leur lustre dans un retranchement de l'hôtel de ville, et il y a longtemps que j'ai éprouvé que la philosophie ne fait des merveilles que contre les maux passés, ou contre ceux qui ne sont pas près d'arriver, mais qu'elle n'a pas grande vertu contre les maux présents. Je vous déclare donc que j'attendrai votre réponse tant que vous voudrez: mais je

1. Fol. 203, 204. L'original a été enlevé, et il n'en reste qu'une copie imparfaite où manque le dernier paragraphe qui se trouve seulement dans l'édition de Belin. D'ailleurs cette lettre n'est pas adressée à Mme de Sablé, mais vraisemblablement à Esprit.

2. N'est pas dans la copie.

3. Quels étaient ces opuscules de La Rochefoucauld, et que sont-ils devenus? Il avait donc fait un opéra, et lui-même convient qu'il avait composé des poésies. Voyez chap. III, p. 137, et la note.

4. La copie : ma *femme*, mais l'original devait avoir : ma *fame*.

5. Toute cette fin manque dans la copie.

6. C'était une maxime qui courait chez Mme de Sablé.

vous la demande aussi sur l'état de vos affaires. La honte me prend de vous envoyer des ouvrages. Tout de bon, si vous les trouvez ridicules, renvoyez les moi, sans les montrer à madame de Sablé. »

XXVIIIme LETTRE [1].

« Je pensois avoir l'honneur de vous voir aujourd'huy, et vous présenter moi mesme mes ouvrages comme tout autheur doit faire; mais j'ay milles afaires qui m'en empeschent. Je vous envoie donc ce que vous m'avez ordonné de vous faire voir, et je vous suplie très humblement que personne ne le voie que vous. Je n'ose vous demander à disner devant que d'aller à Liencourt, car je sçay bien qu'il ne vous faut pas engager de si loin; mais j'espère pourtant que vous me manderez vendredi au matin que je puis aller disner chez vous. J'y meneray M. Esprit, si vous voullez. Enfin j'apporteray de mon costé touttes les facilités pour vous y faire consentir. »

XXIXme LETTRE.

« A Madame de Sablé [2].—Je vous envoie un billet que Mme de Puisieux m'escrit, où vous verez que j'ay obéi à vos ordres, et qu'elle voudroit bien avoir de la poudre de vipère. Si vous avez la bonté de lui en envoier, vous l'obligerez extrêmement. Souvenez vous, s'il vous plaît, de faire copier vos maximes, et de me les donner à mon retour. Je vous baise très humblement les mains, et je prends encore une fois congé de vous. »

XXXme LETTRE [3].

« Vous vous moquez de M. Mazarin et de moi; je n'ay que cella à vous dire. Il faudroit qu'il eust perdu l'esprit de prétendre ce que vous me [4] demandez, et je croy que je me pleindray de vous de m'avoir dit sérieusement ce qui est dans vostre lettre. Quand il seroit pape, vous vous moqueriez de lui de le traiter si honorablement. »

1. Autogr., fol. 205. Ni suscription ni date : mais évidemment à Mme de Sablé, et de l'année 1665, année où parurent les *Maximes*, dont l'auteur veut offrir un exemplaire à la marquise.

2. *Ibid.* Autogr., fol 236. Sans date ni adresse, mais Valant a écrit en bas : « M. de La Rochefoucauld à Mme de Sablé. »

3. *Ibid.* Autogr., fol. 237. Sans date ni adresse, mais évidemment encore à Mme de Sablé.

4. L'édit. : ce que *vous-même* demandez.

XXXIme LETTRE [1].

« Si vous pouviez me devoir des excuses, ce seroit de celles que vous venez de me faire, et de la méchante opinion qu'il me semble que vous avez de moi. J'iray bientost vous en faire mes pleintes, et vous demander la continuation de mes anciens droits, qui sont d'estre chassé de chez vous sans façon. Sans cella je ne serois jamais en repos, et je sçay trop bien qu'on incomode souvent quand on est persuadé de n'incomoder jamais. Il me parut que vous fustes bien contente de Mme de Montespan; j'en feray ma court auprès d'elle. Je l'ay déjà faite auprès de M. le Grand Prieur sur tout ce qu'il a fait pour M. le Bailly de Valençay. J'auray l'honneur de vous voir, et de vous entretenir sur cella dès que je seray revenu [2] de Saint-Germain. »

XXXIIme LETTRE [3].

« Ce jeudi au soir. — Voillà encore une maxime que je vous envoie pour joindre aux autres. Je vous suplie de me mander vostre sentiment des dernières que je vous ay envoiées. Vous ne les pouvez [4] pas désaprouvez touttes, car il y en a beaucoup de vous. Je ne partiray que lundi. J'essaieray [5] d'aller prendre congé de vous. »

XXXIIIme LETTRE [6].

« Je vous envoie ce que j'ay pris chez vous en partie. Je vous suplie très humblement de me mander si je ne l'ay point gasté, et si vous trouvez le reste à vostre gré. Souvenez-vous, s'il vous plaît, de la poudre de vipère et de la manière d'en user.

« De plusieurs actions diverses que la fortune arange comme il lui plaît, il s'en fait plusieurs vertus. »

« Le désir de vivre ou de mourir sont des goûts de l'amour propre dont il ne faut non plus disputer que des goûts de la langue ou du choix des couleurs. »

« Il n'est pas si dangereux de faire du mal à la plupart des hommes que de leur faire trop de bien. »

« Ce qui fait tant disputer contre les maximes qui descouvrent le cœur de l'homme, c'est qu'on craint d'y estre descouvert. »

1. Autogr., fol. 212. Ni date ni suscription.
2. L'édit. : *de retour*.
3. *Ibid.* Autogr., fol. 254. Ni date ni adresse, mais évidemment à Mme de Sablé.
4. L'édit. : vous ne *pouviez*.
5. L'édit. : *j'espère* d'aller...
6. *Ibid.* Autogr., fol. 255-257.

« Dieu a permis, pour punir l'homme du péché originel, qu'il se fît un Dieu de son amour propre pour en estre tourmenté dans touttes les actions de sa vie. »

Suivent, folio 257, quatre maximes, écrites de la main de Mme de Sablé, avec cette note de Valant : « M. de La Rochefoucauld escrit un billet qui est ici à Mme de Sablé, en la suppliant de lui en dire son sentiment. » Le billet manque, et il ne reste que les quatre maximes, écrites par la marquise, et que l'édition de Belin donne comme la suite des précédentes, en avertissant qu'elles ne sont pas autographes. Les voici :

« L'honneur acquis est caution de celui que l'on doit acquérir. »

« La vertu est un fantôme produit par nos passions, du nom duquel on se sert pour faire impunément tout ce qu'on veut. »

« On se mesconte toujours quand les actions sont plus grandes que les desseins. »

« L'intérest à qui on reproche d'aveugler les uns, est ce qui faict toute la lumière des autres. »

XXXIVme LETTRE.

L'édition de Belin donne cette lettre qui, depuis longtemps, n'est plus dans le portefeuille de Valant, et que nous reproduisons sans la pouvoir vérifier.

« Vertœil, le 26 octobre 1669. — J'ai bien cru, Madame, que vous auriez la bonté de me plaindre dans la perte que j'ai faite, et que vous auriez quelque compassion de la destinée d'une personne qui vous a toujours tant honorée, et à qui vous avez toujours témoigné tant d'amitié. J'ai dit à ma mère et à ma femme l'honneur que vous leur faites; elles vous en rendent mille grâces très-humbles. Pour moi, Madame, je crois que vous me faites bien la justice de croire que je reçois, comme je dois, toutes vos bontés, et que je suis plus que personne du monde votre très-humble et très-obéissant serviteur.

« L. R. »

L'édition de Belin termine par deux lettres de La Rochefoucauld à sa nièce, Mlle de Sillery, qui avaient paru, pour la première fois, dans un journal périodique, appelé le *Petit magasin des Dames*, in-12, 4e année, 1806, p. 111-114, avec cette note : « Copiées sur l'original écrit de la propre main du célèbre auteur des *Maximes*, et omises dans toutes les éditions faites jusqu'ici de ses divers ouvrages. » On ne dit point où se trouvait le précieux original. Du moins, nous pouvons affirmer qu'il n'est point à la Bibliothèque impériale. Nous publions de nouveau ces deux lettres sur la première édition du *Petit magasin des Dames*, que l'édition de Belin n'a pas toujours fidèlement suivie.

« A Mademoiselle Sillery. — Paix! chut! lisez ma lettre tout bas; prenez garde que persone ne vous la voie lire : les murailles parlent. N'en dites mot à âme vivante; ma sœur mourroît de mort subite, si elle savoit le malheur qui est arrivé. Vraiment! c'est bien pis que le chevalier, c'est bien pis que si ses filles avoient fait faux bond, que si elle l'avoit fait elle mesme : Dieu me pardonne, et elle aussi. Enfin que vous diray-je? Paris va abismer... Mais par où abismera-t-il? Vous croiez sans doute que c'est par le marais du Temple: point du tout, ma mie; c'est, l'oserois-je prononcer? Taisez-vous, bouchez toutes les fenestres, éteignez les bougies, fermez les yeux, lisez à tastons... C'est par le faubourg Saint-Jacques; nous sommes tous perdus, l'eussiez-vous cru? Par le faubourg Saint-Jacques? Quel faubourg, grand Dieu! A qui se fiera-t-on? Mais par qui le crime a-t-il esté commis? Un disciple de Baron[1], un ami de la vérité, un demi-Père de l'Église, un P... D. H. P. a esté trouvé couché entre deux draps, non seulement avec une femme, mais avec deux, dont l'une estoit sa cousine germaine, et l'autre sa pénitente. Toutes les bonnes âmes ont quitté le quartier, et l'on croit qu'on va raser le faubourg. »

A la même.— « Il me semble que vous vous mariez bravement sans me rien dire. J'avois cependant d'assez bons conseils à vous donner, mais la bonté de vostre naturel et l'éducation de ma sœur vous ont apris, sans doute, tout ce que vous aviez à faire dans une telle occasion. J'aurois cependant fort souhaité de pouvoir estre témoin de vostre conduitte; je m'attends que vous m'en rendrez conte, car, sans cela, au lieu des prospérités que je vous souhaite, je vous souhaiterois[2] les impossibilités, les jalousies réciproques, l'incompatibilité d'humeur, un beau-père amoureux de vous, une belle-mère acariastre, des beaux-frères querelleurs, des belles-sœurs ennuieuses, polies[3] de campagne et aimant à lire de mauvais romans, de la fumée en hiver, des punaises en été, des fermiers qui payent mal, de fascheux voisins, des procès en défendant, des valets qui vous volent, un meschant cuisinier, un confesseur moliniste, une femme de chambre qui ne sçayt pas bien peigner, un

1. Vincent Baron, célèbre théologien de l'ordre de Saint-Dominique; le religieux en question était donc un père dominicain.

2. L'édition de Belin : *je vous souhaite.*

3 *Sic.*

carrosse mal attelé, un cocher ivrogne, du linge sale, de l'eau trouble, du vin vert, du pain de Beauce, des créanciers impatients, un bailli chicaneur, des lévriers au coin de vostre feu, des chats sur vostre lit, un curé qui presche mal et longtemps, un vicaire mauvais poëte. Je parlerois des enfants; mais l'impossibilité y pourvoira, si tant est qu'elle puisse y pourvoir[1] : je m'en tais pour n'aller pas trop loin. Venez donc me voir quand ce sera fait, pour éviter tous ces malheurs, et pour vous rendre digne des biens que vous méritez, si vous faites vostre devoir. »

1. L'édition de Belin : *pouvoir*.

FIN.

TABLE DES MATIÈRES

CHAPITRE TROISIÈME.

CHAPITRE QUATRIÈME.

CHAPITRE CINQUIÈME.

CHAPITRE SIXIÈME.

APPENDICE.

FIN DE LA TABLE DES MATIÈRES.

Saint-Germain. — Imprimerie D. BARDIN et Cie.

www.ingramcontent.com/pod-product-compliance
Lightning Source LLC
Chambersburg PA
CBHW070835230426
43667CB00011B/1808